INTRODUCTION
A
L'HISTOIRE GÉNÉRALE
DE LA
PROVINCE DE PICARDIE,

Par DOM GRENIER, (Pierre - Nicolas)

RELIGIEUX BÉNÉDICTIN DE LA CONGRÉGATION DE SAINT-MAUR.

PUBLIÉE, D'APRÈS LE MANUSCRIT DE LA BIBLIOTHÈQUE IMPÉRIALE,

Par MM. Ch. DUFOUR et J. GARNIER,

MEMBRES DE LA SOCIÉTÉ DES ANTIQUAIRES DE PICARDIE.

AMIENS,

Imprimerie de DUVAL et HERMENT, Place Périgord, n.º 3.

A Paris, chez DUMOULIN, Libraire, Quai des Augustins, n.º 13.

—

1856.

MÉMOIRES

DE LA

SOCIÉTÉ DES ANTIQUAIRES

DE PICARDIE.

DOCUMENTS INÉDITS

CONCERNANT LA PROVINCE.

TOME TROISIÈME.

PRÉFACE

DES ÉDITEURS.

En 1845, la Société des Antiquaires de Picardie proposa pour sujet de prix à décerner en 1847, *une Notice sur la vie et les travaux de Dom Grenier*. C'était une dette de reconnaissance qu'elle voulait acquitter envers le laborieux Bénédictin qui, pendant plus de vingt-cinq ans, s'était occupé, avec un zèle qui ne se ralentit jamais, à amasser des matériaux sans nombre relatifs à l'histoire de la Picardie dont elle avait la première publié un catalogue sommaire dans le second volume de ses Mémoires. Le prix fut accordé à M. Damiens, pour un travail plein de curieux détails que l'un de nous a fait connaître, en qualité de rapporteur de la Commission chargée de juger le concours (1). Nous avions pensé qu'il était de toute convenance et de bonne confraternité de réserver à notre collègue la rédaction d'une courte notice à placer en tête du principal manuscrit de l'écrivain dont il avait si bien étudié la vie et les travaux, et nous l'en avions prié au nom de la Société. M. Damiens n'a point accepté cette proposition. Pour ne pas retarder plus longtemps une publication éminemment

(1) Voir le Tom. ix des Mémoires de la Société des Antiquaires de Picardie, pag. 399.

utile, nous avons entrepris cette Notice dont les principaux éléments ont été empruntés, nous devons le reconnaître, au travail couronné.

Pierre Nicolas GRENIER, né à Corbie le 10 novembre 1725, était fils de M.ᵉ Nicolas Grenier, procureur au comté de Corbie, et de dame Marie-Anne Caussin, fille de M. Caussin, commis aux aides. Il commença ses études dans l'école de l'abbaye de Corbie qui conservait encore un reste de sa vieille célébrité, et ne la quitta qu'en 1743, à l'âge de 18 ans, pour aller, en qualité de novice, les continuer à Saint-Faron de Meaux où l'appelait Dom Dehen, son parent et son compatriote, alors prieur de ce monastère. Le 8 mars 1745, le novice prend l'habit, fait profession et passe à Saint-Nicaise de Reims où il achève ses humanités sous D. Caffiaux dont il devait plus tard partager les travaux ; il y reçoit ses lettres de sous-diaconat. A la fin de 1748, il est envoyé à Saint-Médard de Soissons, pour terminer ses études théologiques, et prendre le diaconat ; il se fait ordonner prêtre à Paris, le 17 avril 1753.

Déjà Dom Grenier avait fixé l'attention de ses maîtres par son goût pour les recherches historiques, et ses études sur l'abbaye de Corbie, quand l'un de ses condisciples, Dom Gyot, l'engagea à étendre le cadre trop étroit dans lequel il s'était renfermé, et lui donna peut-être ainsi l'idée des travaux immenses auxquels il devait se livrer plus tard en vue d'une histoire complète de la Picardie.

Dom Grenier, en quittant Saint-Médard, alla passer une partie de l'année 1755 à l'abbaye de Jumièges ; l'année suivante, il fut envoyé à Paris aux Blancs-Manteaux, maison de noviciat littéraire où l'on réunissait les sujets les plus distingués et sur lesquels l'ordre pouvait fonder le plus d'espérances. Dès-lors la vocation de Dom Grenier est décidée, la Picardie comptera un historien de plus, il inscrira son nom à côté de celui de Dom Bouquet, picard comme lui, avec lequel il avait eu à peine le temps d'entrer en relation, car, le 12 avril 1754, la mort frappait le savant éditeur du *Recueil des Historiens de France* ; et tous les hommes d'études qui s'occupent des origines, des titres, des traditions et des monuments de la Picardie, annalistes, numismates, critiques, hagiographes, archéologues, deviendront ses correspondants et ses amis.

Bientôt nous le voyons passer des Blanc-Manteaux à Saint-Germain-des-Prés où il travaille en 1760 à la rédaction du *Galliana christiana*, sans interrompre toutefois ses études sur la Picardie et ses recherches sur Corbie auxquelles il doit les bons rapports qu'il entretient avec la famille de Béthisy; il dresse en effet la généalogie de cette famille pour l'abbesse de Penthemont, dont la haute influence ne fut point pour lui sans utilité.

Les histoires de Bretagne, de Paris, de Languedoc, de Bourgogne, avaient élevé si haut les Bénédictins que la congrégation avait cru devoir étendre ses travaux sur toute les provinces, et placer dans chacune d'elles un de ses religieux les plus savants pour en explorer les archives. Ce projet à peine conçu, elle s'était adressée au Roi, avait sollicité le concours et l'intervention du Gouvernement, et dès le 24 mai 1738, M. de Saint-Florentin recommandait à M. de Chauvelin, intendant de la Picardie, le bénédictin Dom Mongé qui avait été chargé de l'histoire de cette province; il s'en occupa de 1738 à l'époque de sa mort arrivée le 19 mars 1749. D. Caffiaux et D. Pardessus recueillirent cette succession demeurée vacante jusqu'en 1755 et fixèrent à Corbie leur résidence en 1756. Mais ces nouveaux historiographes étaient trop occupés d'autres travaux pour faire avancer de beaucoup les recherches sur la Picardie; aussi, malgré le voyage de D. Pardessus dans le Beauvaisis en 1757 et l'*Avis à la province* qu'ils publièrent en commun (1), ils n'ont guère indiqué que le plan de leur nouveau travail, sollicité le concours des hommes instruits de la province, et éveillé l'attention sur les monuments de toute nature qu'ils voulaient connaître; ils ne peuvent donc être considérés que comme les promoteurs des recherches qu'effectua D. Grenier nommé au mois d'octobre 1763 historiographe de Picardie, en remplacement de D. Pardessus.

Quelques mois auparavant, une ordonnance de Louis XV, du 2 septembre 1762, avait créé le Dépôt des chartes; mais les embarras de la guerre en avaient retardé l'organisation qui ne fut définitive qu'après la paix de Paris, au commencement de 1763. Moreau, qui avait déployé tant de soin et d'activité pour cette création; Bertin

---

(1) Avis à la province de Picardie, par D. Caffiaux et D. Pardessus, bénédictins de la congrégation de Saint-Maur, historiographes de Picardie, à l'abbaye de Saint-Pierre de Corbie, près d'Amiens. — Arras (1763), Michel et Nicolas, 8 p. in-4°.

dont l'habileté administrative lui rendit de si importants services, et l'infatigable de Bréquigny avaient senti de quelle utilité devait être la congrégation de Saint-Maur. Sa coopération fut donc demandée à leur sollicitation par le ministre, promise avec empressement, et non seulement les Bénédictins fournirent des travailleurs actifs, mais encore ils mirent à la disposition du gouvernement les richesses diplomatiques qu'ils avaient amassées depuis longtemps dans l'intérêt de leurs propres travaux.

Dom Grenier ne fut point oublié; dès le mois de juillet 1763, il était nommé officiellement collaborateur du Dépôt des chartes et invité par le Contrôleur général des finances à fournir les monuments de l'histoire et de la diplomatique qu'il avait déjà recueillis; le paiement des copies qu'il pourrait faire exécuter, lui était assuré. D. Grenier saisit avec ardeur une mission parfaitement en rapport avec ses goûts, et tel était le zèle dont il était animé, qu'il faisait marcher de front trois ordres de travaux dont il était alors chargé. L'un des cinq commissaires nommés pour dresser le catalogue des manuscrits de la bibliothèque de l'ancien collége de Clermont, il en préparait avec D. Clément la publication; attaché au Dépôt des chartes, il fournissait abondamment son tribut de pièces et de transcriptions; historiographe de Picardie, il poursuivait sa tâche avec autant de zèle que de succès. Mais la première mission n'était que transitoire et les deux autres devaient durer jusqu'à la fin de sa carrière.

Son premier soin, en succédant à D. Pardessus, avait été de vérifier les papiers que celui-ci avait laissés et d'en constater l'importance. Cent obstacles s'opposent à cette livraison, mais son activité sait les faire lever et bientôt toutes les difficultés sont applanies, tant ses travaux sont appréciés déjà et sont pour lui une puissante recommandation.

C'est alors que commence réellement la vie littéraire de Dom Grenier, laquelle doit n'être qu'une suite de voyages, d'explorations, de découvertes, interrompue seulement par les temps d'arrêts que nécessitent la rédaction de ses notes, ses instructions pour ses collaborateurs et la volumineuse correspondance qu'il entretient avec tous les savants qui l'aidèrent à recueillir cette abondante moisson de documents dont Moreau et le Ministre ne cessent de le féliciter. Aussi le recommande-t-on chaleureusement aux Intendants qui s'empressent de lui faire ouvrir les chartriers et les archives de la province qu'il doit visiter chaque année, pour contrôler les pièces reçues, juger de l'importance des dépôts et s'adjoindre de nouveaux auxiliaires, heureux de répondre à l'appel du savant Bénédictin. Car bientôt Dom Grenier n'est plus un simple collaborateur du Dépôt des chartes, un modeste collecteur de pièces, il a fait preuve de tant d'expérience et d'habileté qu'il fournit sa part d'observations aux instructions ministérielles et indique la marche qu'il croit la plus propre à assurer d'heureux résultats à l'intéressante mission qu'il partage. Dom Grenier passe à Corbie l'année 1764, il y organise son travail, choisit ses collaborateurs et distribue à chacun sa part de besogne. C'est là le premier des voyages diplomatiques qu'il doit faire chaque année jusqu'en 1788, c'est-à-dire pendant 24 ans. Ainsi nous le voyons parcourir le Boulonnais, Calais, Ardres, Saint-Omer, Montreuil dont il trouve les archives dans le désordre le plus déplorable, une partie de l'Artois, de l'Amiénois et du Ponthieu en 1765; visiter Laon et Soissons en 1766; Noyon et Saint-Quentin en 1768; le Soissonnais encore, le Senlisis et Montdidier en 1769; le Ponthieu, où il dépouille les archives de Saint-Vulfran, de Saint-Pierre d'Abbeville et de l'abbaye de Valoire, en 1770; Saint-Riquier en 1771; Péronne en 1772; Péronne, Nesle et une nouvelle partie du Santerre et du Vermandois en 1773; l'abbaye de Froidmont en Beauvoisis en 1774; Beauvais et l'abbaye de Wariville en 1775; Roye, mais sans grand profit pour la science, en 1776; en 1777 le Soissonnais, le Laonnais et le Senlisis dont il n'a point épuisé les richesses, car il y retourne en 1778, en 1779 et en 1780, et le compte-rendu de ses dernières pérégrinations est l'objet d'un rapport spécial dont il donne lecture, dans la séance du 6 décembre 1780, au Comité des chartes qui remplaçait l'ancien Dépôt depuis le 16 janvier de cette même année. En 1781 il visite Roye pour la seconde fois, fait une course à Saint-Omer où l'appelait l'archiviste de Saint-Bertin, car, plus heureux que D. Martène et D. Durand qui n'avaient pu se faire ouvrir les portes de cette abbaye célèbre, il avait obtenu, dès 1765, la promesse d'un facile accès. A son retour il passe quelques jours à Laon, à Soissons, à Ribemont et à Noyon. En 1782 il retourne en Flandre, à Poperinghen, où sont déposées les chartes de Saint-Bertin, et ses travaux avec D. Dewitte peuvent être considérés comme des plus importants. Nous retrouvons Dom Grenier dans le Valois, à Saint-Arnoud de Crépy, au Parc-aux-Dames, en 1783; dans l'Amiénois et le Sois-

b.

sonnais en 1784 ; en 1785 et 1786 à Amiens où il a peu à se louer de l'obligeance de l'abbaye de Saint-Jean ; à Ham et à Saint-Quentin en 1787 ; à Amiens encore en 1788 où il entreprend le dépouillement des archives de l'évêché, du chapitre, du bailliage et de l'hôtel-de-ville ; puis à Montdidier, à Noyon, à Péronne et à Saint-Quentin. Là s'arrêtent les courses de notre historiographe, il retourne à Saint-Germain à la fin de 1788, où sans doute il poursuit ses travaux dans le calme de la solitude, car les renseignements sur ses derniers jours font défaut, et ce n'est qu'en 1849 que M. Damiens découvrit, dans le nécrologe de l'abbaye de Saint-Germain-des-Prés, la date de sa mort, arrivée le 2 mai 1789, et deux lettres de D. Poirier qui transmet à Moreau, avec la juste appréciation des immenses travaux, du zèle et du dévouement désintéressé de Dom Grenier, les chartes fruits de sa dernière récolte.

Nous avons dit plus haut que Dom Grenier s'était mis en relation avec tous les hommes voués comme lui à l'étude de la Picardie ; sa correspondance s'étend, en effet, d'une extrémité à l'autre de la province avec une activité prodigieuse, et cette partie de sa biographie, amplement traitée, sera doublement précieuse, soit qu'on y recherche l'histoire des faits et des choses ou bien celle des hommes et de leurs travaux. Nous le trouverons, en effet, en communauté d'études avec Danse et Bucquet qui réunissaient si bien les conditions d'ardeur, de savoir et de sagacité nécessaires pour élever à Beauvais un monument historique digne des matériaux amassés par leurs devanciers. D. Lamy, le généalogiste De Ville, De Vauvillers, le Père Daire, notre fécond historien, le garde des manuscrits Bejot et Jean Capperonnier sont ses auxiliaires ; D. D'Autremepuy, D. Wezelier, D. Bugniatre et D. Muley dépouillent avec lui les archives du Laonnais et du Soissonnais dont ils avaient fait déjà une étude spéciale ; ce dernier surtout accomplit sa tâche avec tant de zèle que Dom Grenier le fait nommer officiellement son adjoint par le Dépôt des chartes en 1769. D. Gérardin, Dauphin d'Halinghen pour le Boulonnais, Lemoine de Clermont pour le Soissonnais, l'abbé Peitavy pour le Vermandois, Sézille, Caillet et Dom Gourdin pour Noyon, D. Quinsert pour l'Artois, Dargnies de Fresne pour le Ponthieu, Colliette et Carlier, le numismate D. Devis, le doyen de Saint-Rieul Afforty dont l'immense collection fait encore aujourd'hui la richesse de la bibliothèque de Senlis, le sigillographe Desmarets de la même ville, Le Scellier d'Amiens, le paléographe Lemoine, le collectionneur Beaucousin de Noyon, Mercier de Saint-Léger le bibliographe, D. Dewitte l'archiviste de Saint-Bertin, lui prêtent la collaboration la plus active. Mais, non content de ce concours d'hommes d'élite, Dom Grenier veut s'assurer encore celui de tous ceux qui ont recueilli dans la province des antiquités ou des productions naturelles. C'est dans ce but qu'il publie, en 1767, son *Avis aux naturalistes et aux antiquaires* (1) avec l'approbation du supérieur général D. Boudier, et cet appel n'est point sans résultats. Ainsi, tour à tour il est paléographe, diplomate, archéologue, naturaliste; rien n'échappe à ses investigations, il s'entoure de toutes les lumières, puise à toutes les sources.

Si l'on pense maintenant au temps considérable qu'ont dû absorber ses voyages, au classement des pièces sans nombre qu'il avait recueillies, aux obligations qu'il avait à remplir envers le Comité des chartes, on ne s'étonnera plus que sa rédaction soit si peu avancée. On ne trouve guères, en effet, dans sa collection, que l'histoire de Corbie qui fut l'objet de ses premières études, et l'*Introduction à l'histoire générale de la Picardie* qui forme ce volume, qui soient en état d'être imprimées. Les histoires d'Amiens, de Beauvais, de Saint-Quentin, de Senlis, de Soissons, de Laon, de Noyon et de Boulogne, les notices sur les Belges et la seconde Belgique, paraissent assez avancées, mais elles sont loin d'être complètes. Toutefois, son travail semblait l'autoriser à en entreprendre la publication; et, en 1786, il donnait au public son prospectus (2), sorte de préface de son ouvrage qu'il annonçait en 6 volumes in-4°.

Cette fois l'appel du Bénédictin ne fut point entendu, le nombre des souscripteurs fut très-petit, et les démarches faites auprès du Gouvernement pour obtenir un secours demeurèrent infructueuses. On le comprendra sans peine, si l'on pense à l'état des esprits à cette époque, où l'on était plus soucieux du présent et de l'avenir que du passé, et où l'agitation qui se préparait laissait déjà trop peu de liberté pour suivre des études de la nature de celle qu'annonçait notre compatriote.

Les papiers de Dom Grenier, laissés à sa mort dans la chambre qu'il occupait, sous la garde des bibliothécaires, ne furent point atteints, heureusement, par l'incendie

---

(1) Avis aux naturalistes et aux antiquaires de la province de Picardie—Paris. 1767. Valleyre. 4 pag. in-4°.
(2) Prospectus de la notice de Picardie. — Paris. 1786. P. D. Pierres. 23 pag. in-4°.

qui menaça de détruire, du 2 au 3 fructidor an II, la magnifique bibliothèque de Saint-Germain-des-Prés. Ils furent transportés à l'hôtel de la rue Richelieu où ils forment un fonds particulier, et y restèrent dans l'oubli jusques vers 1803 ou 1804 que M. Mouchet, ancien collaborateur de Saint-Palaye et de Bréquigny, entreprit le dépouillement et dressa deux tables, l'une alphabétique, l'autre par liasse, des 30 paquets qui composent cette immense compilation de documents historiques sur la Picardie. Mais comme le catalogue de Mouchet n'était point accessible au public, la connaissance de ce dépôt, si précieux pour notre histoire locale, ne date guères que de 1839 où l'un de nous en entreprit le pouillé (1) qu'il publia dans le II.e volume de nos Mémoires. Malheureusement un classement nouveau a rendu à peu-près impossibles les recherches avec ce travail, et nous devons faire des vœux pour qu'un catalogue dressé d'après l'ordre que l'on a cru devoir adopter pour la reliure des pièces, nous permette de puiser sûrement à cette source féconde et trop peu accessible qu'a ouverte notre savant Bénédictin.

Le travail de M. Dufour a révélé toutefois l'existence d'une partie entièrement terminée et qui pouvait être livrée à l'impression. La Société a pensé que ce serait tout à la fois honorer la mémoire du savant bénédictin et rendre un véritable service à la science historique que de publier son *Introduction à l'histoire générale de la Picardie*. Cette publication, entreprise en 1848, se trouve enfin complétée par l'apparition de la troisième livraison, qui renferme des tables dressées avec le plus grand soin par l'un de nos collègues, M. H. Cocheris, attaché à la Bibliothèque mazarine, paléographe de beaucoup d'avenir.

Pour compléter l'œuvre de Dom Grenier, la Société aurait désiré publier les preuves qu'il se proposait de faire paraître avec cette Introduction. Mais, disséminées dans sa collection, elles n'auraient pu être que difficilement retrouvées, et l'on avait à craindre de commettre des erreurs dans la reproduction de documents qui n'étaient point

---

(1) Pouillé des manuscrits composant la collection de Dom Grenier sur la Picardie, à la Bibliothèque du Roi, par M. Ch. Dufour.—Amiens 1839. Ledien fils. in-8°. (Extrait des Mém. de la Soc. des Antiq. de Picardie. Tom. II, pag. 385-474.)

suffisamment indiqués au manuscrit. Il a donc fallu s'en tenir à la partie principale de son travail, et nous nous sommes appliqués à la reproduire avec la plus grande exactitude, en conservant la rédaction de l'auteur, son orthographe même, si souvent variable pour les noms de lieux, en donnant fidèlement les notes que nous avons vérifiées, et en indiquant les preuves auxquelles le bénédictin picard devait renvoyer.

Nous ne ferons aucune observation particulière sur le style de Dom Grenier. S'il n'a point l'élégance que l'on apporte aujourd'hui dans les travaux historiques, il est toujours clair et intelligible, et ce sont là les points principaux, lorsque surtout, à cette précision, se joint un degré d'exactitude scrupuleuse dans les faits.

L'*Introduction à l'histoire générale de la Picardie* doit avoir été écrite à une époque contemporaine du *Prospectus de la notice de Picardie* que Dom Grenier faisait paraître en 1786. L'un de nous conserve dans sa collection de documents historiques sur la Province une lettre qui se rapporte à l'entreprise littéraire de notre bénédictin. (1).

La dernière partie du travail que nous publions et qui concerne les voies romaines de la Picardie ne paraîtra pas la moins intéressante; nous en devons la copie à l'obligeance de M. Labourt, notre collègue. Dom Grenier les a décrites à une époque où leur physionomie n'était pas encore altérée par notre nouveau régime vicinal; il a pu consulter les traditions anciennes, recueillir des renseignements qui n'existent plus, et plusieurs passages de son travail constatent qu'il a lui-même parcouru ces voies pour se rendre bien compte de leur authenticité ou de leur direction.

La Société se propose de compléter un jour le travail de l'infatigable bénédictin en publiant une carte des voies romaines en Picardie; cette publication, tout en s'appuyant sur les données que fournit l'Introduction à l'histoire générale de la Province,

---

(1) P. G. n° 702. *Notice historique du premier royaume des Francs, nommé ensuite Picardie, ou histoire détaillée de la plus grande partie de la seconde Belgique, etc., par Dom Grenier, bénédictin.*

Monsieur Bejot prendra, s'il lui plaît, la peine d'examiner ce manuscrit avec le plus d'attention et de diligence qu'il lui sera possible, pour en donner incessamment son jugement à M. le Garde des Sceaux.

Ce 10 mai 1786.

THIÉBAULT.
en l'absence de M. de Vidaud, et par ordre de M. le Garde des Sceaux.

NOTA. Vous êtes prié de rapporter en tête de votre jugement le N.° ci-dessus.

permettra de rectifier les erreurs que des découvertes postérieures ont signalées.

Nous devons ici rendre hommage à l'obligeance de notre honorable et savant collègue M. Paulin Paris, membre de l'Institut. En facilitant la copie que nous avons prise du manuscrit de Dom Grenier, il a rendu à la Société un nouveau service qu'elle tient essentiellement à reconnaître, en le priant d'en agréer ses biens vifs et empressés remerciments.

Amiens, 26 septembre 1856.

CH. DUFOUR.   J. GARNIER.

INTRODUCTION

A

L'HISTOIRE GÉNÉRALE

DE LA

PROVINCE DE PICARDIE.

INTRODUCTION

A

L'HISTOIRE GÉNÉRALE

DE LA

PROVINCE DE PICARDIE.

I.

ÉTENDUE DE LA PICARDIE AU MOYEN-AGE.

La Picardie, province septentrionale du royaume de France, s'étend du Midi au Septentrion depuis la Marne (1) jusqu'à la Manche, portion de l'Océan, c'est-à-dire jusqu'au Pas-de-Calais ; de l'Orient au Couchant depuis la forêt des Ardennes jusqu'à la Mer océane. Elle est divisée en haute et basse Picardie par la rivière d'Oise. La haute touche au Hainaut par la Tiérache, à la Champagne par le Laonnois et le Soissonnois, à la Brie par le Valois et le Senlisis, au Parisis par le même Senlisis et par le Beauvoisis. La basse confine d'un côté à l'Artois et au Cambraisis par l'Amiénois et le Vermandois ; d'un autre, au Vexin français, au pays de Caux par le Beauvoisis. Elle est séparée de l'Angleterre par la Manche, de la Flandre par la rivière d'Aa et par le Neuf-Fossé. Ce plan général combiné avec l'origine du nom de *Picard* est celui de M. de Valois (2), comme nous le ferons voir. Il avait été adopté auparavant par l'auteur de la topographie de la Gaule, imprimée en latin à Francfort, en 1656. Tillemont et Robbe l'ont admis,

---

(1) Gallos..... a Belgis Matrona..... dividit. — Cæsar. Comment. l. 1. c. 1.

(2) Not. Gal. au mot *Picardia*.

l'un dans sa description du royaume de France, l'autre dans sa méthode pour apprendre facilement la géographie. Ce dernier dit que l'on a détaché de la Picardie, le Beauvoisis aux environs du Terain, le Valois entre l'Oise et la Marne, le Soissonnois aux environs de l'Aisne, le Laonnois au-delà de cette rivière et le Noyonnois au-delà de l'Oise, pour en former le gouvernement de l'Isle de France, afin d'accompagner un peu mieux la capitale du royaume. Enfin ce plan vient d'être adopté par l'abbé d'Expilly, auteur du grand dictionnaire des Gaules et de la France.

II.

PICARDIE, GOUVERNEMENT MILITAIRE. — SON ÉTENDUE.

Il est certain que l'étendue de la Picardie, rapportée à celle du gouvernement moderne, ne renferme que l'Amiénois, le Ponthieu, le pays reconquis, le Santerre, la Tiérache, le Vermandois et le Vimeux; mais il n'est pas moins vrai que le Beauvoisis, le Laonnois et le Noyonnois faisaient encore partie du gouvernement de cette province au xvi.ᵉ siècle. M. l'abbé Carlier (1) parle d'une ordonnance de Louis XI qui le restreint à l'Amiénois, au Boulonois, au Ponthieu, à la Tiérache, au Santerre, au Vermandois, au Beauvoisis, au Noyonnois et au Laonnois. Si cette ordonnance a existé réellement, le gouvernement de Picardie était donc plus étendu auparavant. D'abord, il ne fut composé que des bailliages d'Amiens, de Lille et de Douay qualifiés frontières d'Artois et de Flandre. Dans les lettres des premiers lieutenants-généraux et gouverneurs de la province, leurs provisions et les chroniques de Froissart, la Picardie se bornait à ce qui était au-delà de la Somme. Gaucher de Chatillon, comte de Porcéans, connetable de France, prend le titre de *lieutenant du Roi monseigneur ès frontières d'Artois et de Flandres* dans des lettres datées de Saint-Omer, le 28 de mai 1319 (2). Pierre de la Palu, seigneur de Varenbon, qui était pourvu de ce gouvernement en 1341, joint au titre de *gouverneur*, c'est-à-dire d'administrateur *des bailliages d'Amiens, de Lille et de Douay*, celui de *capitaine des frontières de Flandres*, autrement de *gouverneur des Marches de Flandres* (3). Le même, en 1342, est nommé par le Roi commissaire avec Mathieu de Trie, lieutenant du Roi *ès frontières de Flandre et de Hainaut*, pour terminer un différend entre l'évêque et la ville d'Amiens (4). En 1348 (5) se

---

(1) Dissert. sur le *Belgium*, pag. 59.

(2) Beaumanoir. Cout. du Beauv., p. 450. Notes et observ.

(3) Du Cang. Gloss., édit. nov. au mot *Picardia*.

(4) La Morlière. Antiq. d'Am. liv. 3. p. 291.

(5) Chron. de Froissart., vol. 1. chap. 150, p. 154.

tenoit en la ville de St-Omer, messire Geoffroy de Chargny: et là gardoit les frontières, en usant de toutes choses, touchant aux armes, comme Roy... et essaya à ravoir la ville de Calais; mais il fut fait prisonnier par les Anglais. Dans cette circonstance, le Roi dépêche Charles de Montmorency, son chambellan, avec la qualité de *capitaine-général pour sa Majesté sur les frontières de Flandre et de la Mer et en toute la langue picarde* (1). Il prend cette qualité dans des lettres du 5 de février 1349 (1350), datées de Saint-Omer, ville de l'Artois. Edouard de Beaujeu lui succéda. Dans un compte de Barthélemi du Drach, trésorier des guerres en 1350 et non en 1250 pendant le voyage du roi Saint-Louis à la Terre-Sainte, comme l'a avancé le P. Daire (2), il est dit *capitaine pour le Roi aux parties de Picardie, de Boulogne et de Calais* (3). Geoffroi de Charni (4) reparut depuis le 29 d'août 1350 jusqu'au premier d'octobre 1352, comme *capitaine-général des guerres de Picardie*, et en cette qualité fit la visite au mois d'octobre 1351 des places de Boulogne, de Guines et des frontières; mais il y a lieu de croire que cette charge, ou était divisée alors, ou possédée alternativement par plusieurs seigneurs; car, suivant des mémoires manuscrits de M. de Rousseville, Pierre, duc de Bourbon, seigneur de Clermont en Beauvoisis était aussi lieutenant de cette province en 1350 et 1351, et la même année 1351, le comte d'Angoulême, connétable de France, est qualifié *lieutenant pour le Roi ès parties de Picardie, de Boulonois et d'Artois* (5). Gui de Nesle, seigneur de Mello, maréchal de France, était aussi *capitaine général et souverain ès parties d'Artois et de Boulonois* (6). Il fut tué dans un combat le 14 d'août 1352. L'Artois faisait donc partie aussi de cette lieutenance-générale. Elle passa de Gui de Nesle à Arnould d'Audenehem ou d'Audrehan. Il la possédait en 1355 (7) et l'année suivante, selon ses lettres du mois de mai et 14 juillet 1356 (8).

Le gouvernement militaire de Picardie demeura sur le même pied jusqu'à la captivité du roi Jean. Le duc de Normandie déclaré régent du royaume de France, jugea à propos d'y faire des accroissements en y réunissant le Beauvoisis, le Vermandois et autres lieux voisins. Robert de Fiennes, connétable de France, en fut pourvu le 6 de décembre 1358 (9). Les lettres du régent *lui donnent pouvoir par-dessus tous les autres lieutenants et capitaines desdits pays*. En sa qualité *de lieutenant du Roi et de M. le Régent du royaume de France ès pays de Picardie, de Vermandois et de Beauvoisis* (10), il casse et annulle, le 5 de juin 1359, les

---

(1) Du Chesne. Hist. de la mais. de Montmor. p. 203.
(2) Hist. d'Am., tom. I, pag. 507.
(3) Mém. de la Chamb. des Comptes de Paris.
(4) P. Ansel. Hist. gén., tom. VIII. pag. 201.
(5) Du Cang. supr.
(6) Ansel. supr., tom. VI. p. 50.
(7) Rec. des Ordon., tom. III. p. 91.
(8) Arch. de l'abb. de Saint-Vast d'Arras.
(9) Trés. des Chart., regist. 88, pièce 58.
(10) Preuv., part. II.

entreprises faites par les bourgeois de Corbie sur la justice des abbés et religieux de cette ville. En la même qualité il fait assigner le 13 de juillet suivant dans la ville de Béthune *plusieurs nobles et certaine quantité de gens de chacune bonne ville desdits pays* pour le fait du Roi et du Régent (1); mais Froissart semblerait insinuer qu'il avait pour adjoint Gui, comte de Saint-Pol. *Moult acquirent*, dit-il (2), *le connetable de France et le jeune comte de Saint-Pol, grand grâce parmi le pays de Picardie du secours qu'ils avaient fait à ceux d'Amiens.* Quelque chose de plus; le Recueil des ordonnances (3) cite des provisions du *lieutenant-général du Roi ès-parties de Picardie* en faveur dudit comte du 24 d'août 1358, antérieures par conséquent de plus de trois mois à celles du connetable. Nous n'avons point vu ces lettres, mais nous avons sous les yeux celles de Gui de Châtillon lui-même, du 30 novembre 1358, par lesquelles il casse et annulle le corps-de-ville d'Amiens alors existant, pour en substituer un nouveau; il s'y dit : *Lieutenant du Roi nostre sire et le lieutenant M. le Régent le royaume de France....... ès-partie de Picardie, de Vermandois et de Beauvoisis* (4). Les lettres qui le confirment dans cette lieutenance, expédiées à Melun le 14 juillet 1359, portent *ycelui* (comte de Saint-Pol) *faisons, ordonnons et établissons par la teneur de ces présentes lieutenant de Monseigneur et de nous ès-parties de Picardie, de Beauvoisis et de Vermandois outre la rivière d'Oise* (5). On lit dans d'autres du 29 de janvier 1359 (1360) *nostre amé et féal cousin le comte de Saint-Pol nous a signifié et fait monstrer que pour le prouffit et avancement de l'ouvraige de la monnoye de Tournay et affin que il puisse plus aisiément avoir finance pour la tuicion et déffense du pays de Picardie* (6). C'est que Tournay était de son gouvernement et faisait alors partie de Picardie, comme nous le ferons voir.

Des lettres de provision de ce gouvernement données par le roi Charles V à Tancarville, le 15 d'août 1369, constituent Philippe comte de Bourgogne son frère *lieutenant en tous les pays de Picardie* (7). Par d'autres du 12 de mars 1371 (1372), Hugues de Chatillon sire de Dampierre et de Rollaincourt, grand maître des arbalestriers, est établi *capitaine-général par tout le pays de Picardie* (8). Il est qualifié de même dans une quittance de Martel de Walhuion, écuyer qui servait sous lui avec quatre autres écuyers et qui fut reçu à Térouanne le 1.er de mai 1372. Ainsi Térouanne était aussi de son gouvernement. *Voulut le Roi de*

---

(1) Rec. des ordon. supr. Préf. p. 88.

(2) Chron., vol. 1. chap. 191, p. 198.

(3) Supr., p. 394, not.

(4) Preuv., part. II, n.°

(5) Preuve ibid.

(6) Ordon. supr., p. 394.

(7) Du Cang. rec. des MS., p. 334.

(8) Compt. de Jehan Le Mercier. tbrs. des guerres, id.

France, dit Froissart, *que le sire de Coucy fut régent de la Picardie* (1). Enguerrand VII.ᵉ du nom, sire de Coucy, comte de Soissons, grand échanson de France, remplaça en effet le duc de Bourgogne en 1380. Mais il faut retrancher de son gouvernement les villes que le roi Jean avait cédées à l'Anglais par le traité de Bretigny. C'est pourquoi Pierre de Cortenai, capitaine de Calais, est nommé en 1389 *lieutenant du Roi d'Angleterre ès-pays de Picardie, Artois et Flandre* (2). Quant à celles dont les Anglais s'emparèrent depuis dans le Senlisis, le Valois, le Soissonnois, le Laonnois, etc., elles furent toujours réputées de la Picardie : le Roi y envoya comme en Normandie, Bretagne, etc, des gens de guerre pour obvier, dit l'ordonnance du 23 de mai 1388, *aux malices de nos ennemis qui détiennent plusieurs châteaux et forteresses en plusieurs parties de nostre royaume, comme en Picardie, Normandie, Bretagne,* etc. (3) Cependant, comme dans le fait, le gouvernement de Picardie était fort abrégé, le roi Charles VI ne fit qu'un seul gouvernement de la Picardie, des prevôté et vicomté de Paris, de la Normandie, des bailliages de Sens, de Meaux, de Melun et de Chartres, comme il paraît (4) par les lettres de provision de lieutenant-général en l'absence de Jean, duc de Bourgogne, expédiées à Lagny-sur-Marne, le 10 juillet 1418, en faveur du comte de Saint-Pol. En 1434, Etienne de Vignole, dit la Hire, prend encore la qualité de *lieutenant du Roi, capitaine-général en deça la rivière de Saine ès-pays de l'Isle de France, Picardie, Beauvoisis, Laonnois et Soissonnois, bailly de Vermandois,* dans une lettre qu'il écrivit le dernier de décembre de la même année aux maire et échevins de Beauvais (5). Jean, comte de Nevers, de Rhétel et d'Etampes, en fait de même dans les lettres de provision de capitaine de la ville de Péronne qu'il expédia le 16 d'avril 1465 à Jean, seigneur de Sailly en Aroise. Il se dit *lieutenant de monseigneur le Roi, capitaine général pour icelui seigneur ès-pays de Picardie, Laonnois, Soissonnois, Beauvoisis, Tournaisis, Cambresis et autres* (6).

Louis XI, par les lettres du 3 août 1482, ordonna et établit Philippe de Crévecœur, seigneur des Querdes, qui était son conseiller et son chambellan chevalier de ses ordres, *lieutenant en et par tout ses pays, terres et seigneuries de Picardie et Artois et pays circonvoisins et enclavés en iceux* (7) ; mais l'Isle de France en avait été distraite ou le fut l'année suivante. En effet, le duc d'Orléans fut fait *capitaine gouverneur et lieutenant général des villes, prévôté et vicomté de Paris, de l'Isle de France, de la Brie, de la Champagne, du Gâtinois, de Senlis, de

---

(1) Chron., vol. 2, p. 38.
(2) Du Tillet. Rec. des traités.
(3) Rec. des ordon., tom. vii, p. 188.
(4) Preuve ibid.
(5) Loisel. Mém. du Beauv., p. 327.
(6) Registre de l'hôtel-de-ville de Péronne de l'an 1465.
(7) Preuve ibid.

Beauvoisis, de *Vermandois*, par lettres patentes du roi Charles VIII données à Amboise le 9 d'octobre 1483 (1). Par conséquent le Senlisis, le Beauvoisis et le Vermandois furent aussi démembrés du gouvernement général de Picardie ; mais le Beauvoisis y était rentré avant le 16 d'octobre 1567. Suivant les pouvoirs de Charles IX délivrés à Metz le 24 mars 1569 au duc de Longueville (2), le Boulonois, Calais, Guisnes et tout le pays reconquis en faisaient encore partie cette même année ainsi que l'Artois. Ce dernier en a été détaché de nos jours, c'est-à-dire, en 1765. D'où il résulte que le gouvernement militaire de cette province a essuyé trop de révolutions pour pouvoir servir de point fixe à la division de la vraie Picardie. Voyons si nous ne la pourrions pas trouver dans le gouvernement féodal.

III.

PICARDIE, GOUVERNEMENT FÉODAL DIVISÉ EN DEUX GRANDS BAILLIAGES.

Avant l'époque où cette province fut partagée en deux grands bailliages, Renaud de Betizi réunissait à sa baillie, comme l'on parlait alors (3), l'Amiénois, l'Artois, le Beauvoisis, le Boulonois et une partie du pays de Térouanne, en un mot tout ce qui était depuis la rivière de Somme jusqu'à la Lys, suivant le traité de Senlis de l'année 1183, non 1182, *(idem comes quietum clamavit regi Franciæ .. et totam terram inde usque ad aquam de Lys post decessum suum cum nepte sua filia comitis de Hanou)* (4) le Laonnois, le Senlisis, le Soisonnois, le Vermandois, le Valois, c'est-à-dire toute la Picardie, comme il paraît par le compte qu'il en a fourni au roi Philippe-Auguste à la Toussaint de l'an 1202. Ce prince, maître absolu pour lors du Vermandois, divisa toute l'étendue du pays depuis la Marne et l'Oise jusqu'à la Mer qui sépare la France de l'Angleterre en deux bailliages, savoir : en bailliage d'Amiens et en bailliage de Vermandois. Le premier enclavait une partie du Beauvoisis; d'un autre côté, il s'étendait bien avant dans les Pays-Bas. La chose est certaine par les lettres du roi Philippe VI, du mois d'octobre 1347, qui confirment les priviléges de la ville d'Aire, en Artois, et sont relatées dans d'autres du roi Jean, du mois d'août 1361 (5); par les lettres de sauvegarde accordées par le même prince, au mois de juillet 1351, à l'abbaye de Saint-Augustin de Térouanne (6) ; par d'autres de Sa Majesté données au mois d'août suivant en faveur de l'abbaye de Saint-Jean-au-Mont, près la même ville. Ces trois lettres

---

(1) Preuve ibid.
(2) Preuve Ibid.
(3) Brussel, usage des fiefs, p. 416.

(4) Roger Hoveden. Angl. script. p. 616, édit. 1601.
(5) Rec. des ordon., tom. III, p. 509.
(6) Ibid., tom. IV, p. 91.

sont adressées au bailli d'Amiens. Le Recueil des Ordonnances est rempli de lettres semblables pour plusieurs villes, tant de Flandre que d'Artois. Le roi Louis XI ayant retiré des mains du duc de Bourgogne les villes situées sur la rivière de Somme, réunit à perpétuité à la couronne celle d'Amiens, *pour servir de frontière entre le Hainaut et le Brabant et être ressort de justice de Picardie* (1). Ces lettres sont du mois d'avril 1471. Dans l'avant dernier siècle, lorsqu'il fut question de rédiger les Coutumes du Bailliage d'Amiens, le lieutenant-général donna commission le 2 d'août 1507, au prévôt de Beauquesne, de faire publier dans les châtellenies de l'Isle, de Douai et d'Orchies les ordres du Roi, de faire ajourner en conséquence les prélats et gens d'église, le comte d'Artois et les officiers, les seigneurs, les châtelains et les corps de ville desdites châtellenies (2). Même commission au prévôt de Montreuil pour la sénéchaussée du Boulonois. Suivant le procès-verbal du 20 de septembre 1567, relatif au même objet, le roi d'Espagne, en qualité de comte d'Artois, de seigneur de Lens, d'Aire, de Béthune, d'Hesdin, de châtelain de Lille, de Douai et d'Orchies, est ajourné par les mêmes officiers du bailliage d'Amiens (3) ; faute d'avoir comparu, les commissaires royaux donnent acte de défaut contre lui.

Or, toutes ces villes étaient vraiment picardes. Barthélemi de Breme (4), autrement dit l'Anglais, qui écrivait au XIII.e siècle, donne à cette province pour villes principales Amiens, Arras, Beauvais, Térouanne et Tournai. Au XIV.e siècle, Corbichon, son traducteur, entre dans un plus grand détail comme nous le ferons voir ailleurs. En remontant aux sources de l'histoire, la commune d'Aire en Artois, au mois d'octobre 1211, fait serment de fidélité au roi Philippe-Auguste (5), comme ville de Picardie contre l'empereur Othon, les rois d'Angleterre, etc. Daniel, avoué d'Arras et seigneur de Béthune, reconnaît, au mois de mars 1223, que la haute justice en toutes ses terres situées entre la rivière de Lis et le tronc de Bérenger du côté de Bapaume (6), appartient au roi Saint-Louis ; en conséquence de cette déclaration, le prince, par des lettres données la même année à Saint-Germain-en-Laye, conserve à ce seigneur et à ses héritiers la haute justice dans son château de Béthune et dans l'étendue de sa banlieue. Ces deux titres sont cités pour prouver les anciennes limites de Picardie contre les prétentions du roi d'Espagne (7). Au mois de décembre 1315, le roi Louis X termine un différend entre les nobles d'Artois, leurs alliés, d'une

---

(1) Trait. MS. des limites de Picardie.
(2) Cout. génér. de Fr., tom. I, p. 113.
(3) Ibid., p. 208.
(4) De propriét. rer. lib. 15.

(5) Rec. des Ordon., tom. III, p. 509... C. F.
(6) Leibnitz cod. jur. gent. lib. 1. n. 43, § 7., p. 88.
(7) Limit. de Picardie, MS. bibl. royale.

part et la comtesse Mahaud d'autre part, à condition *que pour ce que li dict maistre Thierry (prévôt d'Aire) est moult hayr au pays, que en nuls cas comment que il adviègne, il ne demeure au pays de Picardie ne ses frères, ne sa sœur, ne ses neveux.* Cette ville se trouve aussi comprise comme les autres villes d'Artois dans des lettres du roi Jean, du mois d'avril 1353; sous ces termes généraux : *in partibus Picardiæ.* Il y est question d'un traité de paix entre ce prince et le roi d'Angleterre. Gobelin (1), vicaire de Boulogne en Italie, qui a fini d'écrire en 1463 les mémoires du pape Pie II, dit que les Morins étaient du nombre de ceux que l'on appelait alors Picards: *Morini quos nostra ætas Picardos appellat.* Jean d'Ippre, abbé de Sithiu, aujourd'hui Saint-Bertin dans la ville de Saint-Omer, auteur d'une chronique et mort en 1383, place en Picardie les comtés de Térouanne, de Boulogne et la terre de Sithiu : *hæc nostra Picardiæ littora, maximeque Bononiensis et Terruanensis comitatus, terramque Sythiensem devastaverant (Normanni)* (2). Le calendrier de Louis XI rédigé à Tournai en 1507, cité par M. Hardouin de la Société littéraire d'Arras porte : que *le Roi Loys étant allé vers Boulogne, Hesdin et autres lieux de Pycardie pour les réduire et mettre en son obéissance, ceux d'Arras..... se tournèrent contre lui* (3). Enfin le procès-verbal manuscrit des limites de Picardie déclare expressément que Térouanne et sa banlieue Aire, les comtés de Saint-Pol, de Guines, etc., sont relevant du Roi et font partie de la Picardie (4). Voilà pour l'Artois.

La chose n'est pas moins certaine pour une partie de la Flandre. Nous ne répèterons pas ce qu'en ont dit Barthélemi de Brême et son traducteur. Froissart (5), sous l'an 1340, assure que Mortaigne, bourg de la Flandre wallone, près du confluent de la Scarpe et de l'Escaut, du diocèse de Tournai, du parlement de Douai, était situé en Picardie. Voici le titre du chapitre 60: *Comment le comte de Hainaut assaillit la forteresse de Mortaigne en Picardie.* Hornin, village de cette même partie de la Flandre et du ressort de Lille, est dit aussi (6) dans un arrêt du parlement de Paris de l'an 1362, *ad partes longinquas Picardiæ.* Robert de Fiennes, connétable de France, ayant sauvé en 1358 la ville d'Amiens et formé le dessein de faire le siège de Saint-Valery, *si le signifia par toutes les citez et bonnes villes de Picardie. Lors se cueillirent ceux de Tournay, d'Arras, de l'Isle, de Douay, de Béthune, de Sainct-Omer, de Sainct-Quentin, de Péronne, d'Amiens, de Corbie, d'Abbeville, et se taillèrent* (7).

(1) Comment., lib. 6, p. 148.
(2) Marten. thes. anecd., tom. III, col. 548.
(3) Merc. de Fr. avril 1745, p. 77.
(4) Cod. bibl. reg. fol. 66., vers.

(5) Chron., vol. 1, ch. 60, p. 68.
(6) Du Chesne, preuv. de la mais. de Châtillon, pag. 179.
(7) Froiss. supr., ch. 191, p. 198.

Le ressort du bailliage de Vermandois comprenait le comté de Vermandois, la plus grande partie du Beauvoisis à commencer à Breteuil, le Laonnois, le Noyonnois, le Senlisis et le Valois. Ses limites du côté du Cambresis étaient *le tronc de Bérenger* (1). On voit par quatre pièces de la Chambre des Comptes de Paris des années 1389, 1391, 1392 que *les originaires et natifs par delà le tronc de Bérengier*, venant demeurer en France, prenaient lettres de naturalité, *étant ledit tronc de Bérengier du Cambresis ou attenant à iceluy* (2). Par un arrêt des grands jours de Troyes, du mardi 3 d'octobre 1391, l'article de la coutume de Champagne, que *si aucune personne née d'oultre le tronc de Bérengier va de vie à trépas, en Champagne, sans hoirs de son corps, elle ne peut avoir héritier*, est confirmé. Dans un compte des *mortes-mains* et *fors-mariages* rendu à la Chambre susdite, il est fait mention *des fins et limites de France jusqu'au tronc Bérengier et bois d'Argone* (3). Or tout ce qui est dit France de ce côté était du bailliage de Vermandois, comme il paraît par une enquête du 3 de mai 1394, de Gui de Honcourt, chevalier, seigneur de Châteauguion et de Laidaing, relatée dans des lettres de Charles VI, du 30 de juillet 1402 (4). On lit dans l'imprimé : *trou Bérengier*, il faut : *tronc Bérengier*.

Quand nous n'aurions pas de preuves positives que la plus grande partie du Beauvoisis eût été de ce bailliage, il suffirait que nous en eussions qui fissent voir que Senlis et son comté en fussent : mais il est certain qu'au terme de la Toussaint 1261, le bailli de Vermandois porte dans sa recette deux marcs d'or ou 40 liv. pour les lettres de l'échange de la ville de Breteuil, fait entre Renaud d'Argies et Guillaume de Beausault, *de duabus marcis auri pro literis excambii villæ Britolii inter Dominum Renaudum d'Ardies* (d'Argies) *et Dominum Guillelmum de Bellosama (Bello saltu), xl libras* (5) ; qu'au terme de la Chandeleur 1253, Pierre Desfontaines, bailli de Vermandois, compte de la baillie du comté de Clermont en Beauvoisis, nouvellement retourné à la couronne (6), et qu'aux années 1255, 1256, Pierre Angelard, successeur de Desfontaines, en compte de même (7) ; que le bailli de Senlis enfin, qui faisait en 1256 un bailliage distinct de celui de Vermandois, porte en recette dans son compte du terme de l'Ascension de cette année : *de gisto Belvacensi ascendito, pro toto, c. libras*.

Il en fut du Valois comme du Beauvoisis, d'abord du ressort du Vermandois, ensuite du ressort de Senlis : *et vint après leur décès* (des comtesses Elisabeth et

(1) MS. bibl. R. supr., fol. 56 v°.
(2) Ibid.
(3) Ibid.
(4) Rec. des ordon., tom. ix, p. 117.

(5) Brussel. supr., p. 476, note.
(6) Ibid., p. 479.
(7) Ibid., p. 480.

2.

Eléonor sa sœur) *ledit comté (de Vermandois) à la couronne lors estant de grande étendue et en estoit le pays de Valois* (1). Quant au Soissonnois, la chose est incontestable par les lettres du roi Jean qui permettent aux habitans de Soissons d'élire leurs gouverneurs, trésoriers et collecteurs par-devant le prévôt de la ville en l'absence du bailli de Vermandois (2); d'ailleurs partie de ce pays est régie encore par la coutume de Vermandois, partie par la coutume de Senlis. Or, la capitale du Soissonnois était regardée à la fin du xvi.ᵉ siècle comme faisant encore partie de la Picardie, puisque M. de Perefix, parlant des villes de cette province qui se détachèrent de la ligue en 1594, dit qu'il *ne resta à ce parti dans toute la Picardie, que Soissons, La Fère et Ham* (3). Par conséquent le Valois et le Senlisis en étaient aussi; ces deux pays ont presque toujours suivi le sort du Soissonnois.

Brussel (4) donne la liste des baillis de Vermandois depuis 1202, commençant à Renaud de Betisy qui l'était encore en 1217 et dit que non seulement Senlis, mais aussi Amiens, Laon, Soissons, etc., étaient de sa baillie. En 1214 et 1216 Renaud (5) est qualifié seulement bailli de Vermandois, en 1217 bailli de Senlis ; il est certain que ces deux bailliages étaient réunis en sa personne, comme ils le furent jusqu'en 1265 en la personne de ses successeurs. En effet, depuis 1227 ils prennent le titre de Bailli de Vermandois, ou seul ou joint avec Senlis (6). André-le-Jeune, bailli du Roi en Vermandois, donne au mois de juin 1241 une sentence pour la grange de Troussures appartenant à l'abbaye de Châlis, dans les assises qu'il tenait à Senlis (7). Simon des Fossés *(de Fossatis)*, bailli de Vermandois, confirme le mardi après la saint Nicolas d'hiver de l'an 1251, un bornage que Pierre de Verberie, alors prévôt de Senlis, dans les comptes des deux années de sa recette avait fait *de mandato viromandensis baillivi* (8). En 1255 et 1256, Angelard prend la qualité de bailli de Vermandois et de Senlis dans les comptes des deux années de sa recette. Mathieu de Belne se qualifie de même dans une sentence prononcée, au mois de mars 1256 (1257), *in plená assisiá apud Silvanectum*. Mais Senlis ayant formé un bailliage particulier, le titulaire prit la qualité exclusive de bailli de Senlis, comme Adam Halot dans une sentence du 21 avril 1283, en faveur de l'évêque contre les maire et échevins de Senlis; dans des titres du mois de juin 1284 et dans l'acte de confirmation du mois de février 1284 (1285) d'une

---

(1) Du Tillet, rec. des rois de France, p. 74.

(2) Rec. des ordon., tom. ɪɪɪ, p. 598.

(3) Hist. d'Henri IV, p. 211.

(4) Trait. des fiefs, p. 486.

(5) Hemer. Aug. virom., p. 123.

(6) Bruss., p. 482.

(7) Arch. de Châlis, layette de Trouss., l. 18, cot. B.

(8) Cartul. II. S. M. Silvan., p. 158,

vente faite au village de Gouvieux, par Gilon de Versailles, écuyer et Agnès, son épouse (1); comme Gilles de Courcelles dans ses lettres du mois de juillet 1273, touchant une vente faite à l'abbaye de Saint-Denis, au village de Cramoisy (2), et dans une quittance de finance du samedi après l'Ascension 1277. Si Jean de Montigny donne des lettres de *vidimus* le samedi avant la nativité de saint Jean-Baptiste 1287, en faveur de l'hôpital de Compiègne et s'il y prend la qualité de *baillivus viromandensis* (3), c'est moins comme bailli de Vermandois que comme ayant la garde de la baillie de Senlis, *custos baillivæ silvanectensis;* suivant les mêmes lettres, la place de bailli était vacante alors.

Un célèbre jurisconsulte d'Artois (4) conjecture que *c'est à cause de cette juridiction immédiate, exercée en Artois, par les juges de Picardie que l'on confondait autrefois l'Artois dans la Picardie et que l'on nommait les Artésiens picards.* Pourquoi ne pas dire la même chose du Senlisis, du Valois, etc.? On pourrait donc faire remonter cette origine au moins jusqu'au règne de Philippe-Auguste qui a érigé ces bailliages (5).

Cette nouvelle forme de gouvernement devait influer sur les mœurs des peuples d'autant plus que les baillis étaient les dépositaires des lois; or ces lois étaient les mêmes à Amiens, à Senlis, en Vermandois, par conséquent à Beauvais, à Soissons, à Laon, dans le Valois. La déclaration de Louis X (6) en 12 articles du 15 mai 1315, ne fait qu'un même règlement touchant les priviléges des nobles et des habitants des bailliages d'Amiens, de Senlis et de Vermandois. Un autre (7) desdits mois et an, sur les plaintes des mêmes nobles et habitants, statue que la subvention qui se payait pour l'armée de Flandre, cessera dans ces trois bailliages. Charles V, jugeant qu'il est important de corriger certains abus que ses officiers commettaient dans l'exercice de leurs charges (8), député, le 6 d'avril 1374, les mêmes commissaires avec le titre de réformateurs dans les diocèses d'Amiens, de Soissons, de Noyon, de Beauvais, de Laon, de Thérouanne, de Tournai. Peut-il donc résulter de cette identité de priviléges confirmés, de charges ôtées, d'abus réformés autre chose, sinon que ces trois bailliages sont l'origine de la province de Picardie.

---

(1) Cart. album S. Dionys. in franc., t. I p. 907, col. 2.

(2) Ibid., p. 770, col. 1re.

(3) Preuv. de 1258. Lett. de Saint-Louis.

(4) Maillard. Cout. d'Artois, p. 3.

(5) Bruss. supr., p. 507.

(6) Reg. du Trés. des Chart. côté 32, fol. 33.

(7) Ibid. reg. 52, fol. 40.

(8) Rec. des ordon., tom. VI, p. 517.

IV.

PICARDIE, PAYS D'ETAT FAISANT PARTIE DE LA LANGUE D'OIL. SON ÉTENDUE.

Les différentes convocations des Etats de ces trois bailliages, aux mêmes temps et aux mêmes lieux, viennent à l'appui de ce que nous venons d'avancer. Le tiers-état fut assemblé à Noyon, par ordre du Roi, le jour de la Sainte-Croix, en septembre 1354, pour faire une imposition de six deniers par livre, suivant les registres aux délibérations de la ville de Péronne (1). Les trois ordres s'étant assemblés dans la même ville en 1356, sans la permission du Roi, le régent ordonna qu'ils fussent rompus (2). Ils s'assemblèrent au même lieu le mardi prochain après la Chandeleur 1357 (1358), à l'effet de donner un aide au Roi pour combattre les ennemis de l'Etat (3). Il ne nous reste que la lettre de convocation de la noblesse de Picardie, à Senlis en $135\frac{7}{8}$; mais M. Secousse (4) présume que les deux autres Etats de la province eurent ordre de s'y trouver aussi. Le régent s'y rendit lui-même le jour de Pâques fleuries (5). La plus grande partie de la noblesse ayant manqué de s'y trouver, le prince convoqua de nouveau ces mêmes Etats à Compiègne, pour le vendredi 14 de mai 1358 (6). La liste des députés existe (7). Les prévôts, jurés et échevins de la ville de Tournai ratifient par lettres du 22 de novembre suivant ce que leurs députés y avaient accordé (8), c'est-à-dire de contribuer de gens d'armes, à l'aide du subside délibéré et accordé par les trois Etats du pays de Picardie à l'induction et requête de M. le Comte de Saint-Pol, lieutenant du régent en Picardie. Le 20 d'août 1359, pareille convocation dans la ville de Noyon, pour voir quels châteaux de la province il conviendrait de détruire (9). Huit ans auparavant ces mêmes Etats, c'est-à-dire les députés des trois ordres des bailliages d'Amiens, de Senlis, de Vermandois, avaient été assemblés à Paris, par le roi Jean, le 16 février $135\frac{0}{1}$(10). Les lettres de convocation sont du mois de novembre précédent et adressées à la langue d'oil.

On appelait alors *langue d'oil* la partie septentrionale de la France et *languedoc* la partie méridionale, suivant les différentes manières de prononcer le mot *oui* (11). Ceux qui admettent une troisième division par rapport à la prononciation

---

(1) Reg. de 1354, fol. 51, rect.
(2) Reg. de 1356, fol. 73, rect.
(3) Ibid., fol. 78, rect.
(4) Rec. des ordon., tom. IV, préf. p. 7.
(5) Chron. de Saint-Denis, fol. 179, col. 1.
(6) Rec. des ordon., tom. III, préf. p. 79.

(7) Pr., part. I, n°...
(8) Rec. des ordon., tom. IV, supr.
(9) Reg. de Péron. 1359.
(10) Ibid., p. 34 et 35.
(11) Dissert. sur le *Belgium*, p. 50 et 51. Histoire du Valois, tom. II, p. 142.

en *ouen*, ne paraissent pas fondés, d'autant qu'il n'en est parlé ni dans les lettres du roi Jean, que nous venons de citer, ni dans celles de ce prince du 26 de septembre 1355, ni dans celles de Charles VI, du mois de juillet 1419, ni enfin dans celles de Charles VIII du 24 de mai 1486, au sujet de la rançon du duc d'Orléans. Nous admettrions plus volontiers une troisième division, savoir : en langue thioise *theotisca lingua* (1) qui, du temps même de Charlemagne, était celle des peuples de la Flandre flamingante. Or, la *langue d'oil*, en latin *lingua gallicana*, *lingua francica*, n'était composée alors pour la plus grande partie que des trois bailliages d'Amiens, de Senlis, de Vermandois (2) avec la Normandie, parce que la Bretagne et la Bourgogne n'étaient pas soumises au roi immédiatement. Aussi le bailliage d'Amiens est-il réputé de la *langue d'oil* (3) dans les lettres de commission du 2 mars 13$\frac{50}{51}$, expédiées à Philippe, élu évêque de Lectoure, à Jean de Laude et à Fauvel de Wadencourt, *sur le fait du subside, par lui requis, pour le fait des guerres ès-parties de Picardie*, et Amiens la capitale, dans d'autres du mois de mars et du 2 juin 1356. On voit par le registre aux délibérations de la ville de Péronne, de l'année 1358 (4), que cette ville en était aussi. Il y est dit que le duc de Normandie, régent du royaume pendant la captivité du roi Jean, en Angleterre, avait écrit à cette ville ainsi qu'aux prélats, aux nobles et aux bonnes villes de la *langue d'oil*, d'envoyer à Paris, au premier jour de mai, des députés, afin de prendre conseil touchant l'exécution des traités que le roi venait de conclure avec celui d'Angleterre, et lui régent avec le roi de Navarre. Par une seconde lettre, Péronne eut ordre d'envoyer son représentant quatre jours plus tard, non à Paris, mais à Compiègne où devait se trouver ceux des bonnes villes de la *langue d'oil*.

La Picardie, regardée comme pays d'état, était divisée par villes en deçà et par villes au-delà de la rivière de Somme, comme nous l'apprenons d'une quittance originale du 2 de janvier 1359 (1360), de cinq cents deniers d'or à l'écu du roi (5), somme à laquelle la ville de Saint-Quentin avait été taxée pour un armement qui devait servir à la délivrance du roi Jean.

V.
NATION DE L'UNIVERSITÉ. — SON ÉTENDUE.

Si l'on considère cette province comme nation de l'Université de Paris, qui joint au second rang qu'elle a toujours occupé dans la faculté des arts, la quali-

---

(1) Florix Vander Haer. Chatel. de l'Isle, p. 98.
(2) Rec. des ordon., t. III. p. 124., n. ib., préf. p. 36.
(3) Ib., p. 24.
(4) Fol. 79, vers.
(5) Preuv., part. II.

fication de très-fidèle, *fidelissima natio*, titre de *fidèle* aussi précieux qu'il est ancien pour la nation gauloise en général, puisqu'il est donné dans une épitaphe romaine (1) à une cohorte de ces peuples qui servait en Espagne sous Caius Furius Sabinus, *præfectus cohortis fidelis Galliæ* ; sous ce point de vue, la Picardie sera d'une étendue immense. Car sous les cinq tribus, savoir : Beauvais, Amiens, Noyon, Laon et Thérouanne sont compris, non-seulement les diocèses de Soissons et de Senlis, mais aussi les dix-sept provinces des Pays-Bas, c'est-à-dire, les évêchés de Cambrai, de Tournai, de Maestricht, de Liége, etc. (2). Enfin, par le traité passé le 18 juillet 1358 entre les nations de Picardie et d'Angleterre, la rivière de Meuse devait faire la séparation de l'une et de l'autre nation, de façon que les duchés de Brabant et de Gueldres, les comtés de Hollande et de Loost, les cantons de Cuke, de Holst, de Worsts, de Herpits, de Eiker, de Horne, de Kessel et de Pytrishein, faisaient partie de la nation de Picardie (3). Ce n'est pas à dire pour cela que tous ces peuples fussent vraiment Picards; il suffisait qu'ils fussent incorporés à la nation de Picardie. On ignore ce qui peut avoir donné lieu à cette division, parce qu'il n'existe dans les archives de l'Université aucun monument antérieur au mois de mai 1244 ; c'est un rescript du pape Innocent IV qui étend aux officiers de chacune des nations les priviléges de l'Université en général. Si les quatre se trouvent nommées dans un acte de la faculté des arts du mois d'octobre 1249, c'est collectivement : *quatuor nationes artistarum*, à l'exception pourtant de la nation de France dont il est fait mention expresse; mais il n'est pas difficile de juger, par le statut de Simon, cardinal-légat, dressé en 1266, relativement à l'affaire dont il est parlé dans l'acte de 1249, que les trois autres nations étaient celles des Picards, des Normands et des Anglais ; elles sont dénommées dans ce statut *nationes Gallicorum, Picardorum, Normannorum et Anglicorum*. La nation de Picardie a pris pour patron saint Nicolas, évêque de Myre, ce qui vraisemblablement a étendu le culte de ce saint dans la province.

Cette division fut admise dans les universités d'Orléans et de Poitiers. La Morlière (4) rapporte qu'un seigneur de Beaugenci, nommé Simon, guéri de la lèpre par l'intercession de saint Firmin, martyr, donna en reconnaissance aux *écoliers picards*, qui étudieraient dans l'université d'Orléans, une maille d'or à prendre tous les ans, le jour de la fête du saint, avec pouvoir, ajoute le P. Daire (5), au procureur de la nation de descendre dans une ferme du seigneur et d'y vivre

(1) Sponn. Micell. Erudit. Antiquit., p. 148.
(2) Mém. MS. de M. Du Cange, etc.
(3) Du Boulai, hist. univ. Paris, t. IV, p. 346 et seqq.
(4) Antiq. d'Am., l. 1, p. 30.
(5) Hist. d'Am., tom. II., p. 131.

aux dépens du fermier, avec un nombre d'écoliers tel qu'il jugerait à propos. Rumet (1) nous apprend que de son temps, c'est-à-dire, vers le milieu du xvi.ᵉ siècle, la devise des Picards, qui étudiaient dans l'université de Poitiers, était un pivert, à la fleur de lys en cœur, environné de flammes avec cette inscription : *Uror amore tuo*. Même distinction de la nation de Picardie en l'université de Bourges; les *fidèles Picards* y avaient leurs lois et leurs règles, lesquelles ayant souffert quelque altération, furent remises en vigueur en 1607 (2). A la suite de la loi renouvelée sont les noms des officiers, gouverneurs, lieutenants et trésoriers, dont le premier et le second prennent deux ans après les titres de prieur et sous-prieur, avec ceux des étudiants en l'Université depuis l'année 1607 jusqu'en 1622, et une délibération de l'assemblée du trimestre d'août 1621 touchant certain échange de districts entre les Picards et les Champenois.

La Picardie, comme nation de l'université de Paris, était partagée en haute et basse; celle-ci contenait les dix-sept provinces; la haute renfermait les diocèses plus voisins de Paris. Cette nation, en général, fit l'honneur de l'Université aux xvᵉ, xviᵉ, xvii.ᵉ siècles, et contribua plus qu'aucune autre des nations au rétablissement des sciences et des arts en France, comme on en pourra juger par la notice des lieux de la province où nous indiquerons les hommes célèbres qu'il ont produits.

VI.

SENTIMENTS DES GÉOGRAPHES SUR L'ÉTENDUE DE LA PICARDIE.

De ces différentes manières d'envisager la Picardie, ou comme nation de l'Université, ou comme gouvernement féodal et pays d'Etat, ou enfin comme gouvernement militaire, viennent les sentiments divers des géographes. Le premier connu qui ait traité de la Picardie en qualité de gouvernement militaire est Barthélemi l'Anglois, de l'ordre des frères Mineurs. Il a composé, au xiii.ᵉ siècle, un traité *de proprietatibus rerum* où il parle de la Picardie comme d'une province qui représentait une très-grande partie de l'ancienne Belgique; mais il n'a nommé que quelques-unes des villes principales. Le plus ancien après lui est son traducteur, Jean Corbichon, Augustin, docteur en théologie et chapelain du roi Charles V. Il a ajouté à son original. Il a considéré cette province comme tous les géographes postérieurs qui l'ont divisée en haute, moyenne et basse, c'est-à-dire, relativement au gouvernement militaire qui, comme nous l'avons dit, a varié beaucoup jusqu'au xvi.ᵉ siècle.

(1) Hist. Picard. MS.   (2) Pr., part. i, n.º 1.

VII.

SENTIMENTS DIVERS DES ÉCRIVAINS SUR L'ORIGINE DES NOMS PICARD ET PICARDIE.

Les autres écrivains ne sont pas moins partagés sur l'origine de son nom, que sur son ancienne étendue. André Thevet (1) fait venir le nom de Picardie de certains peuples qui s'établirent dans la Belgique, des partisans, sans doute, de ce riche bourgeois de Lyon, auteur, au xii.ᵉ siècle, de l'hérésie des Vaudois, qu'il porta en Picardie, dans les pays-bas, en Allemagne et en Bohême. M. de Thou (2) a fait mention de ces hérétiques dans son histoire; mais il les a confondus avec les Picards de Bohême, que Winceslas Hagec (3), historien de Bohême, fait venir dans ce royaume dès l'an 1176, tandis que, suivant la plupart des historiens, ils n'y arrivèrent qu'en 1418. Zacharie Thibaut, auteur fort exact, dit qu'il arriva de France cette année un certain homme nommé Picard, qui entretenait beaucoup de monde dans ses hérésies (4). Ces *Pighards*, dit Jean Slechta, secrétaire du roi de Bohême Ladislas (5), ont pris leur nom d'un transfuge de Picardie : ce sont de purs Vaudois. Cependant, les historiens contemporains, si l'on en croit Jacques Lenfant (6), ne les ont pas regardés comme tels. Thevet aurait bien pû entendre aussi par *Picards* les *Beguins* ou *Begards* : ceux-ci ont été confondus de même avec les Vaudois; mais l'un et l'autre sentiment paraissent aussi peu vrais que les étymologies suivantes du mot *Picard*.

Il vient, disent les uns, du mot latin *Pica*, en français Pie, oiseau revêche, opiniâtre et agaçant : c'est le naturel du picard d'être vif, entêté et de se piquer facilement. Un poète nommé Goneau, cité par Rumet (7), veut au contraire qu'il dérive du mot *Picus*, *Pivert*, autre oiseau qui a l'âme martiale. Voici comment il s'exprime en quatre vers, qu'il a composés à l'occasion de la pie d'un certain Jean de la Croix *(Crucei)*, picard :

> Pica loquax, crucei studium ; Picardia namque
> Dicta illi à picâ est ; fallitur usque tamen :
> Crediderim pici deductum à nomine nomen ;
> Martia gens etenim est , martia picus avis.

Les Picards, disent les autres, sont d'une humeur prompte et brusque ; c'est

---

(1) Cosmogr., l. 15, chap. 3.
(2) Tom. i, p. 544. Traduct. de Basle.
(3) Jacq. Lenfant. Concil. de Const., tom. i, p. 79.
(4) Bell. Hussit., c. 44, p. 93; c. 50, p. 105.
(5) Erasm., épist. 21, l. 14.
(6) Conc. Const. supr., p. 85.
(7) Hist. de Picardie MS.

pourquoi leur nom est composé de deux mots grecs, πικρα καρδια, qui signifient en latin *acre cor* (cœur âpre). Autant vaudrait dire que le nom de Picardie vient de ces deux autres mots grecs περι καρδια, c'est-à-dire, autour du cœur. En effet, lorsque la ville de Soissons était la capitale ou le cœur du royaume de Clovis, le reste de la Picardie était comme son péricarde : et cette province n'a-t-elle pas été longtemps le boulevart de la France ?

M. de Valois (1), sans admettre aucune de ces étymologies semble se déclarer cependant pour l'allusion du mot Picard à celui de *Picari* (se piquer). Sur quoi fondé ? sur une querelle survenue au récit de Mathieu Paris, en 1229, entre les écoliers de l'Université et les habitants du faubourg de Saint-Marcel de Paris ; les auteurs, dit-il, étaient des frontières de Flandre, appelés communément Picards, *quos vulgariter Picardos nominamus*. Mais Mathieu Paris les a-t-il représentés plus violents que les Anglais, étudiants en 1281, en la même université, qui, au rapport de Guillaume de Nangis (2), forcèrent les maisons des Picards, en tuèrent quelques-uns et forcèrent les autres à prendre la fuite : *Parisius inter clericos nationis Picardiæ et ibidem studentes Anglicos tanta fuit orta discordia quòd studium deficere crederetur ; nam domos Picardorum Anglici confringentes, et aliquos occidentes extrà Parisius Picardos fugere compulerunt*. D'ailleurs le fait rapporté par Mathieu Paris est bien postérieur au temps où le nom de *Picard* était connu, puisque le cartulaire de St. Avit de Chateaudun (3), rédigé au commencement du xiie siècle, fait mention d'un Martin surnommé Picard, *Picardus*. L'auteur anonyme des Gestes des Francs depuis l'an 1195 jusqu'en 1199, parle d'un *Wilhelmum Picardum* qui reçut la couronne du martyre au siège d'Acre en Palestine. Un titre de l'an 1125 porte que la terre de Saint-Vaudrille en Beauvoisis, fut délaissée à un certain Clément *cognominato Picardo*. Le mot même *Picardus*, à la fin du même siècle, était devenu un nom propre, témoin un acte de notoriété de l'an 1190 concernant la commanderie d'Eterpigny et l'abbaye du Mont Saint-Quentin (4). Or ce mot de *Picard* que l'on trouve aussi dans un acte capitulaire de l'église de Senlis en date du mardi après la Saint-Jean de l'an 1286, *domini Johannis dicti Picardi canonici*, et dans plusieurs autres, était, suivant l'auteur de la notice des Gaules, un surnom qui désignait la province de celui qui le portait. Il est vrai qu'à la fin du xiiie siècle ou plutôt au commencement du xive, le mot de *Piquars*, comme l'on prononçait alors, est employé collectivement par Guillaume Guyart dans sa branche des *Royaux*

---

(1) Notit. Gall. au mot *Picardia*.
(2) Spicil., tom. xi, p. 571.
(3) Annal. Bénéd., tom. v, p. 438.
(4) Pr., part. ii.

lignages pour désigner les peuples de la province. Une autre raison de M. de Valois est que nos anciens donnaient la terminaison *ard* aux mots qui exprimaient un vice, soit de l'esprit, soit du corps (1); ainsi comme les peuples de notre province étaient prompts à la colère, on leur a donné le nom de *Picards*. Par cette raison, les noms propres des personnes, comme Adalhard, Médard, Gildard, Godard, etc., doivent tenir du sobriquet.

D. Carpentier, grand partisan de cette opinion, a tâché de l'étayer par des preuves qu'il regarde comme décisives; ce sont trois extraits de lettres de grâce accordées par le prince pour des excès commis (2). La première, de l'an 1377, est en faveur d'un certain Thevenon, *doubtanz la mort et la grant austérité de Jehan le Pionnier, qui estoit homme estrange, Picart et de mauvaise vie.* La deuxième fut expédiée en 1388 à un nommé de Chatillon : *Icellui de Chastillon cognut au parler que icellui Thomas estoit Picart, et pour ce par esbatement se prit à parler le langage de Picardie et ledit Thomas qui estoit Picart prist à contrefaire le langage de France, et parlèrent ainsi ensemble longuement, et tant que ledit Thomas se prist à courcier de ce que ledit de Chastillon contrefaisoit son langage, et l'appella, pour lui faire déplaisir, Sires homs, en lui disant que c'estoit à dire, en langage de leur pays, coux.* Enfin la troisième est de l'an 1397 : *Icellui Pertat dist au suppliant, comment sanglant Picart banny, avoie tu paour que je ne te peusse paier... A quoy eust respondu ledit suppliant, je ne suis pas Picart, car je sueffre bien que on me desmente.*

Nous ne voyons pas qu'il résulte de ces preuves prétendues victorieuses autre chose sinon que le mot de *Picard* pouvait être en effet un sobriquet au xiv.ᵉ siècle. S'ensuivrait-il qu'il l'était cent ans auparavant? Que quelques particuliers, gens de la lie du peuple, aient jeté un ridicule sur ce nom, est-ce une conséquence que toute la nation l'ait adopté? De plus, si l'on fait passer pour colère, pour impétueux, un homme *austère* c'est-à-dire rigide sur le point d'honneur, un homme qui ne peut souffrir qu'on lui manque impunément, que de Picards aujourd'hui en France! En supposant à ceux-ci l'âme martiale des anciens Picards qui, semblables à ces anciens Gaulois dont parle Amm. Marcellin et Justin, imprimaient la terreur et l'effroi aux Romains, *Luminumque torvitate terribiles* (3)..., *Tantus terror Gallici nominis ut reges eorum auxilium implorarent* (4) et ailleurs, *Gallorum nomen quod semper Romanos terruit* (5)..., ils seront redoutables;

---

(1) Voyez au mot Picardie.
(2) Gloss. supp. au mot *Picardia*.
(3) Am. Mar. l. 15, c. 12

(4) Justin, l. 25, p. 183.
(5) Ib. l. 38, p. 234.

et par là leur nom deviendra une épithète de mépris, dans la bouche de ceux qui n'auront ni leur courage ni leur valeur, *turpis Romano Belgicus ore color* (1). Ainsi, ces raisons nous paraissent moins que convaincantes.

VIII.

CES DEUX NOMS VIENNENT DE CELUI DE PIQUE, ARME OFFENSIVE PARTICULIÈRE AUX PICARDS.

Au contraire, les preuves de ceux qui font venir le nom de Picards de l'arme offensive nommée *Pique* dont l'usage était particulier aux peuples septentrionaux de la France, paraissent plus évidentes. Un *Picard*, suivant la définition du terme, est celui qui se sert à la guerre de la pique ou *sarisse*, arme des Macédoniens : *picardus, qui picâ seu sarissâ in bello utitur*. Les nouveaux éditeurs du Glossaire de Du Cange ont emprunté cette définition de Fauchet (2). Suivant la description qu'il donne de cette arme, la pique était une hampe de bois, menue, longue de 15 ou 18 pieds, garnie d'un morceau de fer en pointe. Thevet (3) ne dit point où il a puisé que les Indiens barbares de la rivière de *Plata* se servaient du mot de *Picard* pour exprimer une égratignure faite par une pointe quelconque, ni qui lui a appris que les Canadiens occidentaux donnaient le nom de *Picard* au soleil lorsqu'il vient réchauffer leur froide région, et qu'ils employaient le même terme pour désigner quelque chose de chaud. Il serait bien étonnant que des peuples si différents d'habitation, de mœurs, de langage, se soient rencontrés en attachant les mêmes idées au mot de *Picard*.

Ce mot était si bien une dénomination militaire au XIIIe, XIVe et XVe siècle, qu'il était employé non seulement en France, mais aussi en Angleterre et en Italie, pour désigner un soldat armé de la pique. On voit (4), au nombre de ceux qui furent excommuniés en 1252 pour avoir maltraité l'official de Cantorbery, un certain Martin, arbalétrier, et Jean son frère *Picard*. L'un et l'autre sont désignés dans les lettres de l'archevêque, non seulement par leur nom, mais aussi par leur profession. En 1361, le pape Innocent VI écrivit au roi Jean qu'entr'autres *stipendiaires*, il a ordonné à Robert Dauphin de demeurer au service et aux appointements de l'Eglise romaine, avec une certaine escorte de gens d'armes, de massiers, d'archers et de *Picards, inter stipendiarios alios Robertum eumdem ad nostra et Romanœ ecclesiœ obsequia et stipendia cum*

---

(1) Propert., l. 2, p. 189.
(2) De la Milice, l. 2, fol. 530 v.°
(3) Cosmog., tom. II, l. 5, fol. 509 v.°
(4) Math. Paris, addit., p.

certâ armigerorum hominum, seu Clavorum et Arceriorum, Picardorum comitivâ jussimus remanere (1). Pour la France, le dictionnaire de l'Académie dit expressément que les piques ont été longtemps en usage dans l'infanterie. Aujourd'hui même la pique est l'arme des officiers à pied. Nous dirons plus, elle vient des Picards.

M. Du Cange (2) nous apprend que cette arme était particulière aux peuples de la plus grande partie de la seconde Belgique. Il cite une charte de Charles VI de l'an 1321, tirée du trésor des chartes, où il est dit : *A tous grans batons ferrés comme glaive et pique de Flandre.* La chronique française de Saint-Riquier parlant de l'armée du duc de Bourgogne sous l'année 1470 (1471) dit qu'il y avait *hommes portant piques qui sont mortels batons contre venues de chevaux.* On y voit aussi qu'au mois de mars de la même année, les Flamands envoyèrent au duc quatre à cinq mille compagnons *ayant chascun sallade, jacque, espée et piques aussi longues comme lances à menue fust et roide à long fer et ague trenchant de trois côtés.* Or nous avons prouvé que la Picardie considérée soit comme gouvernement féodal, soit comme gouvernement militaire, renfermait une grande partie de la Flandre ; et nous ferons voir que les comtés de Boulogne, de Saint-Pol, de Thérouanne et de Guines, étaient des arrières-fiefs de Flandre ; qu'ainsi les peuples de ces trois comtés peuvent bien être compris sous le terme général de Flandre. En 1480, le roi Louis XI ordonne une armée de vingt mille hommes de pied dont 7,000 Suisses, autant de *Picards*, autant de Normands armés de piques et de hallebardes pour demeurer toujours sur pied (3).

Nous croyons pouvoir donner les piques aux soldats de Picardie, avec d'autant plus de raison qu'on voit, par une quittance originale de Robinet de Créqui (4), seigneur de Rebertenghe, qui servait sous le comte de Saint-Pol, capitaine-général des pays de Picardie et de Westfrise, que ce chevalier passa en revue le 1er. de mai 1410, avec six écuyers de sa compagnie et le même jour avec quatre arbalétriers et vingt hommes armés à pied *que l'on dit piquars*, pour la garde du château de Fiennes ; sur quoi l'on observera que ce seigneur était de Picardie et par conséquent ceux de sa compagnie, conformément à la loi des fiefs qui était encore en vigueur, et que le nom donné par Guillaume Guyart aux habitants de la Picardie est *Piquars*, comme dans la quittance de Robinet de Créqui. Si ce témoignage ne suffit pas, en voici d'autres. Corbichon (5), chapelain du roi Charles V, s'exprime ainsi : *les Picards usent de piques et de dars plus qu'au-*

---

(1) Mart. thes. anecd., tom. II, col. 910.
(2) Gloss. supr.
(3) Mezerai. in-fol., tom. II, p. 183.
(4) Anselm. généal., tom. VI, p. 806.
(5) Propriét. des choses, tom. XV, c. 22.

tres bâtons, pourquoi aucuns les appellent Picards. C'est une addition qu'il a faite dans sa traduction de Barthélemi l'Anglois. Il fallait qu'il en fût assuré. Ortelius (1) dit aussi qu'on leur attribue l'invention d'une espèce de traïet, auquel on donne le nom de pique, et que l'on conjecture qu'ils ont tiré delà le nom de *Picards.* Ecoutons Fauchet : *et possible que la picque vient du pays, qui pour telle sorte d'armes en a retenu le nom de Picardie, d'autant que les gens de pied de ce pays là (plus volontiers que les autres nations) usaient de ce long bois appelé aussi hokebos* (2). Cet écrivain était très-versé dans les antiquités françaises. Enfin Guillaume Blaeu, après avoir rapporté différentes opinions touchant l'origine des Picards, conclut à dire : *aucuns pourtant ont cru que les Picards étaient anciens gaulois auxquels l'on attribue l'invention des piques d'où leur vient le nom de Picards.*

Nos modernes, qui ont approfondi cette question, parlent d'une manière plus décisive encore. Bergier, parlant des différents sentiments touchant les Picards, s'exprime ainsi : *Toutefois les autres disent que ce nom ne leur vient d'ailleurs que de longues piques que les peuples de Picardie portoient ordinairement à la guerre* (3). *Ceux qui ont écrit,* dit l'abbé Carlier (4), *que le mot de Picardie vient de pique, arme offensive dont les François se servoient encore au* XIII.*ᵉ siècle, me paroissent avoir saisi la véritable raison de cette étymologie.* L'auteur d'une lettre sur l'origine des Picards (5), qui a paru trois mois après la dissertation de l'abbé Carlier couronnée en 1752 par l'Académie d'Amiens, s'exprime presque dans les mêmes termes : *il semble,* dit M. de la Chapelle, *que ceux qui ont écrit que le mot de Picard vient de pique, arme offensive dont les anciens Belges se servoient, n'ont point eu grand tort.* Enfin, D. Vaissette, après avoir bien posé les opinions diverses sur l'étymologie du nom de cette province, décide (5) que *la plus vraisemblable est celle qui la fait dériver des piques dont les milices ou les communes du pays se servoient avec beaucoup d'adresse.* En effet, il n'est point de province en France où les communes aient été plus multipliées qu'en Picardie ; non seulement les villes et les bourgs, mais aussi la plus grande partie des villages ont participé à ce privilége ; les troupes qu'ils mettaient sur pied appelées sergents, *servientes,* étaient armées de piques, comme il paraît par les sceaux de quelques-uns de leurs maires. Un seigneur voulait-il punir ses vassaux, il les privait du droit de porter la pique ;

---

(1) Theat. orbis terrar.

(2) De la Milice, l. 2, fol. 530 v.°

(3) Antiq. de Reims, p. 343.

(4) Dissert. sur le *Belgium*, p. 38.

(5) Merc. de France, déc. 1752, p. 58.

(6) Géograph. histor., tom. VI, p. 48.

d'où vient que les habitants du comté de Guines regardaient comme une loi très-rigoureuse, de ne pouvoir se servir que d'une massue dans les armées (1).

Cependant D. Vaissette et M. de la Chapelle ne paraissent pas d'accord sur l'époque de la pique. Le premier ne la fait remonter qu'à l'institution des communes; par conséquent l'usage des piques ne serait que du commencement du xii.ᵉ siècle, puisque la commune de Laon, qui passe pour la plus ancienne, n'est que de l'année 1112; nous avons vu pourtant des Picards dès le xiᵉ. Le second croit les apercevoir dans ce vers de Luçain :

. . . . Longisque leves Suessones in armis (2),

et que ces longues lances dont les Soissonnais se servaient avec tant d'agilité, n'étaient autres que les piques. Il en fait venir l'origine des guerres que les peuples de la Belgique eurent à soutenir contre les Germains, ennemis redoutables par leur cavalerie; car les armées des Gaulois en général n'étaient formées que d'infanterie : *la nécessité,* dit-il, *fit chez eux ce que Machiavel observe qu'elle avait faite chez les Suisses, c'est-à-dire qu'ils eurent recours aux armes longues et fort pointues.* Strabon (3), en effet, donne aux Gaulois des espèces de lances. Guillaume-le-Breton (4) nous met à portée de juger combien il était difficile d'entamer un corps de picards, en rapportant la résistance vigoureuse du comte de Boulogne à la bataille de Bovines :

        Nullà parte comes metuebat ab hoste necari.
        Hastatos enim pedites invadere nostri
        Horrebant equites, dum pugnant ensibus ipsi,
        Atque armis brevibus; illos verò hasta cutellis,
        Longior et gladiis. . . . .
        . . . . non permittebat adiri.

IX.

LES HABITANTS DE NOTRE PROVINCE MÉRITENT A JUSTE TITRE LE NOM DE PICARDS PAR LEURS EXPLOITS MILITAIRES.

Les Crétois n'ont pu mériter à plus juste titre la distinction de meilleurs archers de toute l'antiquité ; les habitants des îles Baléares, celle d'excellents

---

(1) Lamb. ard.
(2) Pharsal., l. 1, v. 423.
(3) L. 4, p. 1709, édit. d'Amst.
(4) Philipp., l. 11, v. 606.

frondeurs; certains solduriers des Gaules, celle d'habiles Gesates, à cause de leur adresse à lancer un dard pesant, nommé *gœsum*, que nos Belges modernes le nom privilégié de *Picards*. Les armes furent dans tous les temps leur passion favorite. S'ils traversent les mers, s'ils courent de province en province pour combattre dans les tournois, c'est afin de s'y signaler par quelque exploit. Ce qui a fait dire à un célèbre évêque d'Avranches, Robert Senau (1), *Cenalis*, que les Picards étaient proprement ceux que les anciens appelaient Belges, l'un des plus vaillants peuples des Gaules : *ita quos hodie Picardos nostra œtas appellat, vere Belge dicendi sunt qui postmodum in Picardorum nomen transmigrarunt*. Jean Simonet (2) avait dit avant lui dans la vie de François Sforza, sous les années 1449 et 1453, que les Picards étaient du sang des Belges, nation prête à tout entreprendre, cruelle et féroce, etc., et comme eux, prodigues de leur vie : *In quibus merebant sagittarii, ex eo genere Belgarum quos hac tempestate Picardos appellant, ad facinus omne promtissimi, atque vitæ prodigi*. Et dans un autre endroit (3) : *Quatuordecim Galliæ (turmæ) quarum sagittarii quatuor ex ferocissimâ atque immanissimâ Belgicâ gente quam recentiore vocabulo Picardam dicimus*. On peut juger par ce dernier passage que la Picardie produisait également d'excellents archers au xv.ᵉ siècle. *Ils sont généreux*, dit Davity (4), *et vaillants comme les anciens Belges: leurs prédécesseurs, qui, selon le témoignage de César, étaient continuellement aux mains avec les Germains ou Allemands, ce qui les a rendus puissants et renommés en guerre.*

Voici quelques traits de l'ame martiale des anciens Picards, pris au hasard dans l'histoire. A la journée de Bovines, en 1215, la noblesse et les communes de Picardie firent des prodiges de valeur. L'incomparable Gaucher de Châtillon, comte de Saint-Pol, *quo nemo alius laudatior armis* (5), perce, comme un foudre à la tête de ses vassaux, les bataillons épais des milices flamandes, et les disperse comme on dispenserait une troupe de canards :

> Quique illum sequitur armati militis agmen,
> Per medias acies, per confertissima Flandræ
> Millia militiæ, trifidi transivit ad instar
> Fulminis, imbellesque velut dispergit anates (6).

D'un autre côté, les vassaux de l'abbaye de Saint-Médard de Soissons, aussi

---

(1) Descrip. Gall. périod. 15.
(2) Muratori, script. Italic, tom. xxi, col. 529.
(3) Ibid. col. 650.
(4) Descrip. des 4 part. du monde, tom. ii, p. 374.
(5) Guill. Brit., l. 10, ver. 483.
(6) Ib. l. 11, v. 202.

irréprochables qu'excellents guerriers, fondent sur la noblesse de cette même province :

>   Fulminat in Flandros . . . .
>   . . . . et quos Medardicus abbas
>   Miserat, immensâ claros probitate clientes,
>   Ter denos decies, quorum exsultabat in armis,
>   Quilibet altus equo, gladioque horrebat et hastà (1).

L'illustre Thomas de Saint-Valeri que Rigord (2) qualifie de *virum nobilem, virtute commendabilem*, se trouva à la même bataille, à la tête de cinquante chevaux et de deux mille hommes de pied, tous gens d'élite du Vimeux, hardis et courageux :

>   Hinc sancti Thomas Galerici nobilis hæres ;
>   . . . .
>   Quinquaginta parat equites in bella, clientes
>   Mille bis, audaces animis et robore fortes (3).

Rigord (4) remarque aussi, comme une chose extraordinaire, que Thomas, après avoir sauvé Guillaume des Barres, prêt à céder à une troupe qui l'environnait, quoiqu'il combattît en brave, et après avoir chargé et défait avec ses gens les Barbançons qui tenaient encore, même après la prise de l'empereur Othon, des comtes de Flandre et de Boulogne, ayant fait la revue de sa troupe, chose remarquable! ne trouva qu'un homme de moins. Nous ne ferons que nommer les autres vaillants Picards qui se trouvèrent à la bataille de Bovines : le comte de Beaumont, Barthélemi de Roye, Pierre de la Tournelle, Valon de Montigny, *miles fortissimus sed non dives* (5), qui porta la bannière du roi et qui la défendit courageusement, les frères de Coudun, Jean et Conon, qui eurent la gloire de faire prisonnier le trop fameux comte de Boulogne, Renaud de Damartin.

Ce comte, placé à l'aile gauche, combattit en lion. *Comes verò Boloniæ ab ipso pugnæ initio nunquam pugnare cessavit, nec poterat ab aliquo superari..... pugnavit, ut dictum est, diutiùs et fortiùs, quam aliquis qui eidem prœlio interesset* (6). Tel est le récit de Rigord. Vainqueur plus souvent que vaincu, voyant

---

(1) Ib, v. 56.

(2) Du Chesne supr. t. v, p. 63.

(3) Ib. l. 10, v. 490.

(4) Du Chesne ib., p. 63.

(5) Ib., p. 61.

(6) Ib., p. 62.

son parti défait, et lui prêt à succomber, il se jette en furieux, avec cinq hommes seulement, au milieu des Français :

> Nec vinci a quoquam se virtus efrena sinebat,
> Et cuicumque manum junxisset, victor abibat (1)...
> Ille autem, ut totos fugientibus undique campos
> Fervere conspexit, vix et superesse decem ter,
> Ex equitum peditumque omni legione suorum (2)...
> Francigenas ruit in medios, quem quinque sequuntur
> Vix socii . . . . (3)
> Tanquam nulla die gessisset prælia toto,
> Viribus et nisu toto furibundus in illos
> Sævit . . . . (4)
> Malo, inquit, salvo vinci pugnando pudore,
> Vivere quam fugiens ; vitam postpono pudori.
> In bellum redeo. . . . . (5)

Dans une circonstance moins humiliante pour la patrie, nous aurions pu opposer cet exemple de bravoure au défaut de fermeté reproché aux Picards en général :

> Isti Picardi non sunt ad prælia tardi,
> Primo sunt hardi, sed sunt in fine cohardi (6).

Guillaume Breton nous apprend qu'en même temps que la cavalerie de l'abbé de Saint-Médard donnait sur celle du comte Ferrand, l'infanterie soissonnaise ou les troupes des communes de cette province, impatientes de ne pouvoir partager la gloire du combat, vinrent fondre sur ces mêmes Flamands, et que le combat fut très-vif :

> Impatiens Suessona phalanx, suadente Garino...
> Invadunt illos, nec miles it obvius illis
> Flandricus . . . .
> . . . . cum sit pudor ultimus alto
> Sanguine productum superari a plebis alumno,
> . . . .
> Non puduit demum pugnare minoribus ipsis (7).

Tandis que ces choses se passaient, dit Rigord, les bataillons des communes, spécialement de Corbie, d'Amiens, de Beauvais, de Compiègne, d'Arras, voyant

---

(1) Guil. Brit., l. xi, v. 595.
(2) Ib., v. 634.
(3) Ib., v. 638.
(4) Ib., v. 642.
(5) Ib., v. 673.
(6) Gloss, sup.
(7) Guil. Brit., lib. xi, v. 77 et seqq.

en danger l'étendard chargé de fleurs de lys, se font jour à travers les escadrons et se viennent placer devant le roi pour le défendre des efforts des Allemands : *Interea adveniunt legiones communiarum..... supervenientes communiæ, specialiter Corbeii, Ambianenses, Belvaci et Compendii, Attrebatæ, penetraverunt cuneos militum, et posuerunt se ante ipsum Regem* (1).

Si le comte de Boulogne fit en cette journée mémorable le déshonneur des Picards, Philippe, son successeur, lava bien cette tache ; car suivant Nicolas de Brai, qui nous a donné en vers les gestes de Louis VIII, il imita si bien les vertus de son père qu'il fit la gloire de ses compatriotes par sa valeur :

> At comes egregius et martius ille Philippus
> Boloniæ, patris imitans pia gesta Philippi,
> Gloria Picardis. Comitem sed Flandria luget (2).

Les affaires de France allaient assez mal en Albigeois; Louis VIII mande les grands du royaume au mois de janvier $122\frac{5}{6}$, pour aviser aux moyens de réparer l'honneur de la nation (3). Les comtes de Boulogne, de Clermont, de Saint-Pol, de Roucy, Réné d'Amiens, Enguerrand de Coucy, Jean de Nesle, Florent de Hangest, etc., s'empressent d'offrir au prince leurs biens et leur vie. Il est question, en 1226, de faire la conquête des royaumes de Naples et de Sicile, et d'en mettre en possession Charles de France, frère du roi saint Louis. Les Picards, dit la chronique de Nangis (4), avec les Flamands, forment une armée sous la conduite du comte Robert: *Acies jam dicti Roberti ex Flandrensibus et Picardis aggregata*. Elle était composée des plus nobles et des plus vaillants hommes : *Nobilissimorum et robustissimorum virorum Domini Roberti primogeniti Comitis Flandriæ et Domini Johannis primogeniti Comitis Suessionensis, cum Bellovacensibus, Viromendensibus et Remensibus tanquam fulgura et coruscationes terribiles reddebant se hostibus tremebundos* (5). Ils eurent l'honneur de la victoire. *Lors quant la bataille Robert de Flandres, où il y avoit Flamens et Piquars a grant plenté, virent leur anemis fuir dou champ, il lor coururent sus tôt et isnelement, et en firent moult grant occision.* Ce sont les termes du traducteur de Guillaume de Nangis, en parlant de la bataille de Benevent (6). L'action fut très-chaude, dit Collenuces, dans son histoire de Naples, de la traduction de Stupan (7), surtout du côté des Picards qui faisaient un grand carnage: *pugnatur acerrime, et præsertim quâ parte Picardi constituti erant; ii enim*

---

(1) Du Chesne, tom. v, p. 61.
(2) Du Chesne, ibid., p. 300., v. 572.
(3) Inv. du Thrés. des chart., vol. 5 des mél.
(4) Du Chesne, ibid., p. 377.
(5) Ib., p. 843.
(6) Hist. de Saint-Louis, p. 258, édit. de 1761.
(7) Hist. Neapol., l. 4, p. 202 et 203.

maximam stragem edebant. Ce que voyant Mainfroy, il se porta de ce côté avec un courage héroïque; mais un Picard ayant donné un coup de lance dans l'œil du cheval de Mainfroy, le cheval se cabra, et les Picards fondant aussitôt sur le compétiteur de Charles, le percèrent de coups : *In eamque partem se conjecit quà a Picardis maxima strages edebatur..... tandem a Picardo quodam equo cui insidebat alter oculus lanceâ effosus est et equus ob doloris magnitudinem prioribus pedibus se sustulit, ut in posteriorem partem supra Manfredum caderet. Ac Picardi itidem in eum subitò irruentes, illum multis vulneribus cæsum interemerunt.* Quelques années après, ces mêmes Picards marchent contre Pierre d'Aragon, ils lui livrent bataille le 14 du mois d'août 1286. Mathieu de Roye s'y distingue pardessus tous et rend l'armée française victorieuse (1).

Il s'agit, en 1348, de soutenir l'honneur de la chevalerie française dans un pas d'armes devant Calais, Français contre Anglais. Les Picards s'en chargent, ils se comportent vaillamment, entr'autres Eustache de Ribemont : *il abbatit*, dit Froissart (2), *le Roy d'Angleterre à genoux, deux fois : mais il convint en la fin qu'il rendist son épée au Roy.* Eustache ayant été conduit à Calais avec les autres prisonniers français, le roi d'Angleterre lui dit dans un souper qu'il leur donna : *Messire Eustace, vous estes le Chevalier au monde, que veisse onques plus vaillamment assaillir ses ennemis, ne son corps deffendre ; ny ne me trouvé onques en bataille, ou je veisse qui tant me donnast affaire, corps à corps, que vous avez huy fait. Si vous en donne le pris et aussi sur tous les Chevaliers de ma court, par droite sentence. Adoncques print le Roi son chappelet, qu'il portoit sur son chef (qui estoit bon et riche) et le meit sur le chef de Monseigneur Eustace : et dit, Monseigneur Eustace, je vous donne ce chappelet pour le mieux combattant de la journée de ceux de dedans et de dehors : et vous prie que le portez ceste année pour l'amour de moy..... Si vous quitte vostre prison : et vous en pouvez partir demain, s'il vous plaist.* Renaud de Roye, Jean-le-Maingre dit Boucicaut, le sire de Sempy s'offrent de faire la même chose contre tous étrangers (3) en 1390. Dans un autre pas d'armes entre Boulogne et Calais, les Français remportent la victoire.

Les Anglais qui occupaient la ville de Creil firent l'épreuve aussi en 1359 de la bravoure des paysans de Picardie. Les habitants de Longueil, de Ribecourt et d'autres villages des environs de Compiègne (4), avaient promis au régent de défendre Longueil qui n'était qu'un chétif village, jusqu'à la dernière extrémité;

---

(1) Grande chron. de France sous cette année.
(2) Froiss., vol. 1, fol. 159, r°.
(3) Le Laboureur, hist. de Charles VI, tom. I, p. 193.
(4) Spicil., tom. XI, p. 857 et seq.

ce qu'ils firent en effet : car les Anglais étant venus s'en emparer, ils fondirent sur eux et les battirent comme on bat le blé, *qui percutientes in brachiis potentibus super Anglicos, ita se habebant ac si blada in horreis more suo consueto flagellassent.* Ces paysans avaient élu pour leur capitaine un certain Guillaume *Alaude* ou l'Allouete, qui périt dans la mêlée. Un de ses domestiques, homme fort et vigoureux, prit sa place et fit bien voir aux Anglais qu'ils n'avaient pas gagné au change. Ceux-ci revinrent en plus grande force. Le *Grand-Ferré*, *Magnus Ferratus* (c'est le nom qu'on donnait au nouveau chef) les accueillit, avec sa hache d'un poids énorme, de si bonne manière, qu'ils eurent bien regret de s'être présentés. Quelques jours après, la garnison de Creil ayant appris que le *Grand-Ferré* était tombé malade, envoya une escouade de douze hommes pour l'égorger. Il sauta de son lit, prit sa hache, en tua cinq et mit les sept autres en fuite. La chronique de Nangis, ou plutôt son second continuateur, qui était du pays, nous a transmis la connaissance de ces braves paysans du Beauvoisis.

Durant que les Anglais étaient occupés dans le cœur de la France, les nobles et les bourgeois de plusieurs villes de Picardie, enhardis par l'entreprise heureuse qu'ils avaient faite sur Saint-Valery, secondés d'un certain nombre de Flamands et de Normands, méditent d'aller en Angleterre délivrer le roi Jean de sa prison. Rien n'est difficile aux cœurs brûlant d'amour pour leur souverain. Ils s'embarquent le 14 mars 1359, c'est-à-dire 1360 de notre manière de compter. Arrivés aux côtes d'Angleterre, les Picards apprennent que le roi avait été transféré à Berkampstede ; réfléchissant qu'il pourrait y avoir de la témérité à vouloir pénétrer trop avant dans les terres, ils remontent dans leurs vaisseaux après avoir mis à feu et à sang le village de Winchelse: *Multi nobiles de Picardia et Burgenses et alii pedites cum magnâ multitudine armatorum et manuum dictæ patriæ..... posuerunt se in mare ut ad Angliam invadendum totis viribus transfretarent, et ut regem Franciæ Johannem in Angliâ detentum, si Deus bonam fortunam eis daret cum triumpho reducerent... et ob hoc intraverunt spatia quartâ decimâ die martii hujus anni* 1359. *Qui quidem per mare navigantes terras in Angliâ receperunt et villam quæ dicitur Nuinsele sic ceperunt vi armorum, ut eâ deprædatâ et crematâ, et populo interfecto, statim post duos dies ad propria redierint* (1).

Durant le siége d'Arras par le duc de Bourgogne, en 1414, les Picards se renferment dans la ville pour la défendre, faisant, dit Le Laboureur (2), *une continuelle décharge de grosses balles de plomb qu'ils tiraient avec des tuyaux de*

---

(1) Cron. de Nang. contin. — Spicil., tom XI, p. 865.   (2) Hist. de Charles VI, p. 960.

fer ; (cela s'appelloit des Canons à main, et j'ay voulu exprès traduire la machine, comme la décrit le manuscrit, parce que c'est icy le temps du premier usage des armés à feu en Fance).

Les Picards que la confusion de l'Etat, au commencement du règne de Charles VII, avait entraînés avec presque toute la France dans le parti d'Henri VI, roi d'Angleterre, se comportèrent avec tant de courage dans une action qui se donna près de Senlis, en 1429, qu'après le combat, dit Monstrelet (1), *vint le duc de Bethfort au long de leur bataille les remercier en plusieurs lieux trés-humblement, disant : mes amis vous estes très-bonnes gens et avez soustenus grands faits pour nous, dont nous vous mercions très-grandement, et vous prions s'il vous vient aucunes affaires, que vous persévérez en vostre vaillantise et hardement* (hardiesse).

Les premiers soins de François I.er, après avoir succédé à la couronne, furent de faire valoir les droits de sa maison sur le Milanais. Ce prince jette les yeux sur Adrien de Brimeu, seigneur d'Imbercourt (2), pour être un des principaux officiers de l'armée que le roi devait commander en personne. Il répond parfaitement à l'honneur que le monarque lui avait fait. Il surprend Prosper Colonne dans Villefranche, et fait un grand butin. Les Suisses viennent attaquer les Français ; un autre gentilhomme picard, nommé d'Hallencourt, se distingue dans la défaite de leur cavalerie ; ce qui facilite la victoire de Marignan du 13 septembre 1515. Les aventuriers picards, commandés par les sieurs de Montcavrel et de Chepy, grand maître de l'artillerie, ont la meilleure part à la victoire de Craval, gagnée le 13 de mai 1519 contre les Vénitiens (3). Entre les Picards qui combattirent vaillamment et furent faits chevaliers, sont Créqui-Canaple, Bernieul, son frère, Hocquincourt, Agincourt surtout qui rapporta de la bataille vingt blessures.

X.

LES FEMMES DE PICARDIE PARTAGENT LA BRAVOURE AVEC LES HOMMES.

Nous ne devons pas oublier qu'en plusieurs circonstances les femmes de Picardie ont voulu partager avec les hommes la gloire militaire. On lisait autrefois sur un tableau qui était attaché, le samedi saint, au cierge paschal de l'église d'Amiens : *A victoria vallis mulierum per matronas Ambianenses.* Il y a à Amiens, du côté de la porte de Noyon, un lieu qui se nomme encore *la Vallée.* Cette époque

---

(1) Chron., vol. 2, fol. 50, v°.　　　　　(3) Rumet, chron. MS. de Ponthieu.
(2) La Serre, hist. de France.

était placée entre l'invention du corps de saint Firmin, martyr, et la translation de la Cathédrale de Saint-Acheul dans la cité d'Amiens. Nous ignorons quelle fut la victoire remportée par ces amazones et à quelle occasion ; serait-ce dans la circonstance dont il est parlé dans l'ancien martyrologe d'Amiens au 14 juillet ? *In ista ecclesia veneratur principalis sanctæ Dei genitricis Mariæ et sancti Firmini senioris nostri commemoratio, pro bello in hujus civitatis suburbio nobiliter peracto anno ab incarnatione Domini* 957.

Au reste les Amiénoises signalèrent leur courage en plus d'une occasion ; car Guibert de Nogent nous apprend qu'en 1115, pendant le siége de la tour d'Amiens, quatre-vingts femmes environ eurent la direction des machines à lancer des pierres et qu'elles défendirent leur poste avec un courage d'Achille : *Quater vicenas pene mulieres ad saxa, quæ imposuerat, intorquenda disponit... Cumque Achilleis animis sua propugnacula defensarent, mulieres, viris æquiparandæ, missis ex tormento lapidibus utrasque (phalaricas) confregerunt* (1). En 1492 ou 1494 elles donnèrent de nouvelles preuves de leur magnanimité; au rapport de Rumet, les Anglais et les Bourguignons livrèrent un assaut pendant la nuit, les femmes volèrent aux secours de leurs maris, combattirent avec une audace qui étonna les ennemis et leur fit prendre la fuite : *Adjunctà mulierum Ambianicarum audaciâ et magnanimitate*. Des mémoires particuliers nous apprennent de plus que les ennemis y étaient entrés déjà en grand nombre faute de bonne garde, quand une femme nommée Catherine de Lice, qui s'en aperçut, courut par les rues criant aux armes et encourageant les bourgeois à sauver la ville. Les ennemis furent repoussés si vigoureusement que plusieurs ne trouvant le lieu par où ils étaient entrés se rompirent le cou en sautant pardessus les murailles.

En 1472, Charles-le-Téméraire, duc de Bourgogne, ayant assiégé la ville de Beauvais, les femmes combattirent avec autant de vigueur que les hommes (2). Au premier assaut, l'évêque Jean de Bar monta à cheval pour prendre la fuite. La femme de M. Jean de Briquigny arrêta le cheval par la bride à la porte de Paris, le fit retourner en disant au prélat qu'il ne quitterait pas la ville, qu'il mourrait ou vivrait avec les habitants (3). Jeanne Lainé, depuis femme de Colin Pilon, (André Favin, dans son histoire de Navarre, l'appelle Jeanne Hachette, et M. Simon (4), Jeanne Fourquet,) le jour de l'assaut général, se mit à la tête des femmes qui, à coup de pierres, avec du plomb, de la résine fondue et de l'huile bouillante, repoussèrent les ennemis. Jeanne, combattant sur

---

(1) Guib. de Novig., liv. 3.ᵉ de vita sua, cap. 12.

(2) Loisel, mém. de Beauv., p. 233.

(3) Louvet, hist. de Beauv., tom. ii, p. 569.

(4) Suppl. à l'hist. de Beauv., p. 18.

la brêche avec une valeur extraordinaire, arracha l'enseigne qu'un officier bourguignon y voulait planter. Enfin, le duc fut obligé de lever le siége le 22 de juillet. En conséquence Louis XI, en 1473, accorda à la ville, aux bourgeois et aux bourgeoises plusieurs priviléges, à celles-ci qu'à la procession et à l'offrande qui se fait le 14 d'octobre, fête de sainte Angadresme, les femmes et filles précèderaient les hommes, que tous les jours de leurs noces et toutes les fois que bon leur semblerait, elles pourraient porter tels atours, joyaux et ornements dont elle voudraient se parer. L'offrande que les dames de Beauvais avaient été dans l'usage de faire à la messe de sainte Angadresme, ayant été interrompue, elle fut renouvelée par ordre du Roi du 20 de février 1763. André Favin ajoute qu'après cet évènement notre héroïne marchait ordinairement à la tête de la milice bourgeoise, avec son étendart, qui, après son décès, fut déposé dans l'église des Dominicains de Beauvais.

Les femmes de Saint-Riquier et de Péronne ne montrèrent pas moins de courage au siècle suivant. La ville de Saint-Riquier est assaillie par les Bourguignons en 1524 (1). Une fille enlève une enseigne aux ennemis. L'année suivante, cinq cent soixante hommes de pied escortés d'un détachement de cavalerie de Flandre et de Hainaut, viennent livrer un nouvel assaut à la ville ; les femmes prennent les armes et les repoussent avec valeur. Quelques mémoires manuscrits rapportent la belle défense de Péronne au 28 de juin 1536. Des mémoires rédigés en 1537 par un avocat de cette ville, rapportent qu'une dame de Larier, voyant un capitaine de l'armée espagnole suivi de sa compagnie qui escaladait les remparts du côté de la porte de Paris, arracha l'enseigne qu'il portait, le renversa en bas des murailles en criant au secours. Ces mémoires ajoutent que le Roi, pour récompenser cette femme, lui fit donner de quoi vivre, c'est-à-dire le droit du mesurage des grains. L'ouvrage de Catherine Levêque que nous venons de citer, rapporte ce trait de bravoure avec toutes ses circonstances à Catherine de Poix. Voyez l'article de Péronne.

Un exemple plus récent, c'est celui de Marie de Barbançon, fille de Michel de Barbançon, seigneur de Davenescourt, Canny, etc., lieutenant du Roi en Picardie. Cette dame perdit son mari, Jean de Barres, seigneur de Neuvi-sur-l'Allier en Bourbonnois, pendant les guerres civiles sous Charles IX. Assiégée par les royalistes dans son château de Benegen en Berri, elle en vit les tours et les murs renversés. Sans perdre courage, Marie, une demi-pique à la main, se porta à la brèche et la défendit vigoureusement à la tête de ses soldats l'espace de quinze jours ; sa résis-

---

(1) Rumet, chron. MS. de Ponthieu.

tance aurait été plus longue si la faim ne l'eût forcée de se rendre le 6 novembre 1569, mais à condition que l'héroïne et tous ceux qui étaient dans le château auraient la vie sauve: Le Roi instruit de la bravoure de Mlle de Barbançon, lui remit sa rançon, et ordonna qu'elle fut conduite chez elle avec honneur (1).

Au mois d'août 1537, les femmes de Péronne, à l'exemple de celles de Saint-Riquier, se distinguent autant que les hommes, suivant du Bellay, pendant le siège opiniâtre que les impériaux, commandés par le comte de Nassau, tinrent ouvert devant cette place pendant plus d'un mois. On prête à l'impératrice, épouse de Charles-Quint, écrivant au comte, le propos que voici : *Je suis bien étonnée de ce que vous estes tant de tems devant Péronne sans la prendre, vû que ce n'est qu'un pigeonnier.* Nassau répondit : *Madame, il est vrai que Péronne n'est qu'un pigeonnier ; mais les pigeons qui sont dedans sont très-difficiles à prendre, de plus les femelles sont aussi courageuses que les mâles.* Contraint de lever le siége, on lui fit dire aussi: *Allons, quittons cette ville où les femmes nous battent comme les hommes* (2). La tradition orale du pays a conservé le nom d'une de ces amazones péronnaises : elle se nommait, dit-on, Marie Fouré.

XI.

ARDEUR DES PICARDS POUR LES ARMES QUE LES ROIS ONT BIEN DE LA PEINE A MODÉRER.

Le génie martial s'est perpétué ainsi de génération en génération dans le sang des Picards; c'est ce qui a valu sans doute au régiment de Picardie, de nom et d'effet dans l'origine, le pas sur tous les autres régiments de France. Il a remplacé la légion de ce nom instituée en 1534, sur l'idée de l'ancienne milice romaine (3). Elle devait être composée de six mille hommes levés dans la province. M. de Sarcus en fut le premier capitaine général, il avait sous lui Jean de Mailly, seigneur d'Anchy, Jean de Barbançon, seigneur de Canny, le seigneur de Saisseval et le seigneur d'Heilly-Pisseleu. Le roi François Ier fit la revue de cette légion l'année suivante dans la plaine entre Amiens et Saint-Fuscien, comme il appert par un compte d'Antoine de Mons du 23 d'août 1535 : *Item pour les mises par lui faites pour la maison à Hours* (échafauds), *faire pour le Roi, près le mont Saint-Denis, pour veoir par le Roi la montre des 6000 légionnaires de Picardie* (4).

(1) Hilarion de Coste, des dames illustres. — Thuani hist. sui temp.
(2) Les trois fleurs de lys spirituelles de la ville de Péronne, par Catherine Levêque. préf. p. 9.
(3) Daniel, de la mil. franc., tom. I, p. 258.
(4) Registre de la ville d'Amiens, cote S, folio 152, v°.

Delà, ces obstacles invincibles que nos rois rencontrèrent, tant de la part de la noblesse que de la part du peuple de Picardie, lorsqu'ils voulurent abolir les guerres privées, les tournois, etc. Le roi saint Louis défendit les joutes et les tournois en 1260 (1). Philippe-le-Hardi renouvela cette défense par une ordonnance qui fut enregistrée au parlement de la Pentecôte de 1280 ; Philippe-le-Bel, en 1304, 1305 et 1311 ; Philippe-le-Long, le 23 d'octobre 1318, et par une ordonnance particulière du 8 février suivant, adressée au bailli de Vermandois. Saint Louis travailla plus sérieusement à abolir les guerres privées (2), non-seulement par son ordonnance donnée à Pontoise au mois d'octobre 1245, mais aussi par une autre, citée dans une lettre que ce prince écrivit au mois de janvier $125\frac{7}{8}$ à l'évêque du Puy par laquelle toute espèce de combat singulier avec armes, bâtons, le poingt même, était défendue. Les bourgeois de Saint-Quentin y ayant contrevenu, furent condamnés à une amende de 1000 livres, somme très-considérable pour le temps (3).

Cet exemple et d'autres ne firent qu'irriter ces deux Etats de la province jaloux de leurs anciens priviléges. Philippe-le-Bel avait renouvelé les défenses, le pénultième de décembre 1311, par une ordonnance adressée aux baillis de Vermandois, d'Amiens et de Senlis : *prohibemus insuper in partibus supra dictis omnes portationes armorum et convocationes hominum armatorum* (4). Il les réitéra en 1314. Les Picards se soulevèrent. Louis-le-Hutin, son successeur, fut contraint d'entrer en composition l'année suivante (5). L'article vi du cahier des plaintes de la noblesse de Picardie porte : *Demandent les nobles qu'ils puissent user des armes quand il leur plaira, comme par le passé, et qu'ils puissent guerroyer et contre-gagner* ; accordé par le Roi. Le peuple de son côté, par l'article xv, demande le duel et gage de bataille, pour crimes qui ne pourraient être prouvés par témoins ; accordé de même. Il paraît par le livre rouge de la ville de Rue pour le comté de Ponthieu, *avint que en l'an de grace 1314 les batailles et le wage furent défendus du quemandement du Roi, et convint avoir en toutes côses 2 tesmoings pour prouver. Et ainsi en use on à Rue, à Abbeville et ailleurs par grant temps. Avint que li senesoaux de Pontieu empetra, pardevers le Roi de Franche, une lettre que le conté de Pontieu fut tenu en ses anciens usaiges, c'est-à dire de pouvoir prouver par un seul temoin.*

Le roi Jean, sur la plainte qui lui fut faite que les habitants d'Amiens, sans avoir égard à l'ordonnance de 1245, dite *la Quarantaine du Roi*, qui portait qua-

(1) Du Cange, hist. de S.t-Louis, dissert. 6, p. 172, 173.
(2) Ib., dissert. 29, p. 334, 338, 344.
(3) Preuv., part. ii.
(4) Du Cange, ib., p. 345.
(5) Preuv., part. i, n°...

rante jours de trève, avant que d'entrer dans une guerre particulière, commençaient à attaquer dès les premiers instants de la querelle, et commettaient plusieurs excès, ce prince leur enjoint, sous des peines très-griéves, de l'observer (1). Ses lettres sont du mois d'avril 1353. Par d'autres du 17 de septembre 1367, le roi Charles V défendit les guerres entre ses sujets, nonobstant toutes coutumes et tous priviléges (2). La noblesse de Picardie ne fut pas plus docile à ses ordres, car le monarque fut obligé, quelques années après, c'est-à-dire le 18 mai 1381, d'enjoindre aux baillis du Vermandois et d'Amiens, de sommer Charles de Longueval, écuyer, seigneur de Maigremont, qui avait donné un défi à Guillaume, chatelain de Beauvais, grand queu de France, et ses partisans, de se désister ; mais *comme ils persévéroient en guerre de mal en pis*, les baillis arrêtèrent de Longueval et dix-huit tant chevaliers qu'écuyers, ses parents ou amis. Enfin, cette fureur est tombée peu à peu que l'autorité royale a pris de nouveaux accroissements.

XII.
LA FIDÉLITÉ DES PICARDS.

D'AMIENS.

En Picardie la fidélité a marché toujours d'un pas égal avec la bravoure. La ville d'Amiens n'oubliera jamais les expressions flatteuses du roi Philippe-Auguste dans ses lettres de confirmation de la commune de l'année 1190, *quoniam amici et fideles nostri cives Ambianenses fideliter sæpius nobis suum exhibuere servitium ; nos eorumdem dilectionem et fidem erga nos plurimam attendentes* (3), et dans sa ratification de 1209 (4), expressions qui se voyent respectées dans les lettres de Louis VIII, données à Hesdin l'an 1225 (5). Amiens n'oubliera pas non plus la harangue que le chancelier de Louis XI fit, en $146\frac{5}{6}$, à tous les corps de la ville assemblés à l'Hôtel-de-Ville, *qu'il eut avec soy*, en parlant du roi Charles VII, *la loyauté de Picardie, ses finances de Normandie, et son conseil de Paris, il n'avait jamais garde de nullui qui fussent ses ennemis* (6).

D'ABBEVILLE.

La ville d'Abbeville conserve précieusement les belles prérogatives que lui accorda le roi Charles V. Ce prince, au mois de mai 1369, promet aux habitants d'Abbeville, *pour la bonne et vraye amour, loyauté et obeissance, que lui et ses prédécesseurs Rois de France ont toujours trouvés et qu'il trouve de jour en jour en ses très-bons, vrais et loyaux subjets, le Maire, les Echevins et les autres bour-*

---

(1) Du Cange sup., p. 346.
(2) Ordonn. des Rois, etc., tom. II, p. 552.
(3) Baluz. Miscell., tom. VII, p. 318.
(4) Daire, hist. d'Amiens, tom. I, p. 517.
(5) Ibid., p. 523.
(6) Regist. de l'hôtel-de-ville d'Amiens.

geois et habitants de sa ville d'Abbeville en Pontieu, de ne les séparer jamais pour quelque cause que ce soit du domaine royal (1). Le 19 juin suivant, le monarque considérant *la ferme constance, la vraye obeissance et la loyauté* des mêmes bourgeois et habitants, *en signe de plus grande union et de parfaite dilection, octroye que iceux Mayeur, Echevins, bourgeois et habitants en corps et en commune* puissent *porter au-dessus des armes de Pontieu un chef des armes de France*, c'est à savoir d'azur semé de fleurs de lys d'or, soit en leurs bannières, soit en autres enseignes et aux sceaux de ladite ville (2). Charles VII écrit aux Maire et Echevins, le 13 de mars $144\frac{6}{7}$: *Vous prions et admonestons en toute douceur et affection, que en la loyauté, amour et fidélité que toujours avez eu à nous et à nos prédéceseurs Rois de France, vous teniez*, etc. Dans celle qu'il leur écrivit de St.-Quentin le 1.er janvier 1589, M. le duc de Longueville s'exprime ainsi : *le naturel des François est d'aimer leur Roy, l'honorer et lui estre fidèle; ce qui vous a fait donner l'épithète de fidèles Picards, pardessus tous. Vous avez emporté ce tiltre à raison de quoy avez mérité d'être recogneus et gratifiés de priviléges particuliers, que ne pouvez conserver se ne rendez pareille obeissance que vos pères ausquels on les a donnés.* Enfin les bourgeois d'Abbeville n'effaceront jamais de leur mémoire les expressions flatteuses de la lettre dont le roi Henri III les honora le 22 juin 1588 : *Vous faites bien paroistre combien vous retenez et suivez la trace des vrays et anciens Picards, lesquels ont été tous jours loués d'une très-grande fidélité et obeissance envers leur Prince naturel et souverain comme je suis.*

Jean Juvenal des Ursins, évêque de Beauvais, écrivant au roi Charles VII qui tenait les Etats à Blois en 1433, s'exprime ainsi : *Considérez, qui estes notre Roy, la grande loyauté, fidélité et amour de vos subjets de Beauvais qu'ils ont eu envers vous et vostre service: car depuis la mort de nostre très redouté et souverain seigneur vostre père, vos adversaires ne leurs aliez n'ont eu aucune puissance sur eux en ladite ville, et ne fussent pas entrez les plus forts (3).*

DE BEAUVAIS.

Le roi Henri III adresse, le 16 de janvier 1589, aux maïeur et échevins de la ville de St.-Quentin, une lettre qui n'est pas moins honorable pour eux : *Vous nous avez tellement faict congnoistre la fidélité et affection que vous avez à nostre service que nous en recebvons ung très grand contentement, vous avez faict en cela ce que Dieu vous commande et ressemblez en vostre loyaulté à celle de vos pères.* On lit dans une autre du 20 de février suivant : *Nous avons receu tant de satisfaction de vos fidels comportements...... que nous en garderons pour jamais la*

DE SAINT-QUENTIN.

---

(1) Preuv., part. II, n°...
(2) Preuv., ibid., n°...
(3) Louvet, sup., tom. II, p. 559.

mémoire, vous priant et adjurant..... de continuer tous jours en ceste loyaulté, que jusques à présent vous nous avez gardée..... et croyez qu'en général et en particulier nous vous gratiffirons de tout ce qui sera éternellement en nostre puissance. Dans une autre du 8 mars : *La fidélité que vous avez gardée en ce temps plein de rebellion, et bon debvoir qu'avez faict pour vous conserver soubs nostre obeissance et résister aux entreprinses des ennemis rebelles..... nous a donné occasion de vous tesmoigner par la présente le contentement que nous en recepvons, vous en louer et vous asseurer qu'en continuant de même vous serez recognus de nous,* etc. Le roi Henri IV fit l'honneur de leur mander le 24 février 1591 : *En tout ce qui sera pour vostre bien, nous tiendrons toujours la main, sachant combien vous méritez pour la fidélité et affection qu'avez à nostre service.*

Plus de deux siècles auparavant, le roi Philippe de Valois, méditant de faire une descente en Angleterre, écrivait, le 23 d'octobre 1340, aux officiers de la même ville : *Les arbalestriers et pavesiens que envoyés nous avés en ce présent voyage, que nous entendons au plaisir de Dieu faire briefvement en Angleterre à l'encontre de nos ennemis, nous ont servis et encore servent chascun à la garde seureté et défense de nostre navire* (1). C'est à cause de cette même fidélité constante des Saint-Quentinois, consignée dans une foule de lettres de nos Rois depuis Charles V, conservées en original dans les archives de l'Hôtel-de-Ville, que M. de Longueville, gouverneur de la Province, écrivant aux maire et échevins le 12 de juin 1589, disait : *Je perdrai toute faveur vers Sa Majesté ou bien je la rendrai aussi privilégiée que nulle autre.*

DE PÉRONNE.

Si l'on jette un coup d'œil sur les lettres-patentes du roi François Ier, du mois de février $153\frac{6}{7}$, enregistrées dans les Cours souveraines, on y verra et un éloge magnifique et une récompense distinguée de la valeur des bourgeois de Péronne. *A plain informé du bon et loyal debvoir qu'ils ont fait à la répulsion et victoire que, à l'aide de Dieu, avons eue de notre dit ennemi* (Charles-Quint) *et sesdictes forces.... et afin qu'il soit perpétuelle mémoire de la loyauté et fidélité desdits supplians et de la victoire que avec l'ayde de Dieu, de nos bons et loyaux capitaines, vasssaux, subjets d'eulx, nous avons eu et obtenu à l'encontre de nostre dit ennemi et ses dictes forces, avons aux dicts supplians permis et octroyés, permettons et octroyons..... qu'ils et leurs successeurs présens et à venir puissent porter sur eulx chacun en sa faculté, en lieu insigne ou bon leur semblera pour devise un P.* COURONNÉ.

DE SENLIS.

C'est par les mêmes considérations que le roi Henri IV accorda à la ville de

(1) Preuv.

Senlis, au mois de juin 1590, ces lettres de privilège dont les termes dans lesquels elles sont conçues nous paraissent honorables autant que la grâce qui en fait l'objet : *l'exemple, dit le meilleur des princes, comme est à présent celui des habitans de nostre ville de Senlis, la fidélité desquels..... nous avons si bien remarquée, que nous les estimons digne sujet d'y exercer nostre libéralité..... lorsqu'il est question de reconnoistre les mérites..... comme sont ceux des habitans de notre dite ville de Senlis : lesquels ni la terreur qui leur a esté donnée de toutes parts par les perturbateurs de nostre Royaume, ni aucune promesse ne allechemens, qui leur ont esté proposés par les mesmes, n'a sceu ébranler de la fidélité que les subjets doivent à leur Prince... et combien que jusqu'à ce point leurs merites soient grands ; si est ce que en comparaison de ce qui s'est ensuivi, on les peult plutost nommer exercice, qui les ont conduits à la louange, que peu après ils acquirent ; lorsque..... ils soutinrent le siège que lesdits rebelles..... mirent devant ladite ville ; laquelle aiant été par eulx battue de neuf canons et une coulevrine, la breche faite à la longueur de soixante pas, l'assault donné par trois fois repoussé et contraint de se retirer en son camp*, etc. Nous nous bornerons à ces exemples. Le corps d'histoire en fournira une infinité d'autres pareils. Nous ajouterons seulement que c'est à ces considérations que, dans la création d'un corps de six mille hommes de troupes, sous le nom de légion, en chaque province du Royaume, François I.er donna le pas sur tous les autres à la Picardie commandée par des gentilhommes du pays, savoir le seigneur de Sarcus; Jean de Mailly, seigneur d'Auchy ; de Barbançon, seigneur de Canny ; de Saisseval et d'Heilly surnommé de Pisseleu. Ces capitaines passèrent la première revue devant le Roi vers le 20 juin 1534, dans une plaine entre Amiens et Saint-Fuscien (1). Aujourd'hui le régiment de Picardie conserve le même rang.

XIII.

DÉFAUTS DES PICARDS COMPARÉS AVEC CEUX DES GAULOIS LEURS ANCÊTRES.

Nous ne prétendons pas néanmoins dire que les Picards soient à l'abri de toute critique ; quoi qu'un auteur ait avancé qu'ils fussent parfaits, si on leur pardonnait un seul défaut qui est d'avoir *la tête chaude et un peu trop près du bonnet* (2), ils ont leurs vertus et leurs vices ; ces vices et ces vertus sont ceux des Gaulois ; et cette identité décèle une origine commune. Les Picards, dit-on, sont braves, hardis aux armes, quelquefois même jusqu'à la témérité ; mais le moindre revers

---

(1) Mém. de M. du Bellay., t. IV p. 234, édit. de 1588. (2) Les délices de la France.

leur abat le courage, les consterne. Ecoutons Strabon, parlant des Gaulois en général: *Universa hœc natio quœ Gallica seu Galatica nunc usurpatur, bellicosa est et ferox, et ad pugnam prompta* (1). Jamais peuple ne fut plus téméraire dans les combats; la témérité du soldat gaulois, dit Scaliger, avait passé en proverbe: *Gallicus miles proverbialiter temerarius dicebatur* (2). Consultons ensuite Silius Italicus (3): *Vaniloquum, Celtœ, genus ac mutabile mentis*. D'après Justin (4), leur choc serait insupportable, si leur ardeur était soutenue: *Intolerandi forent si quantus impetus est, vis tanta et perseverentia esset*. Consultons César (5), il nous assure qu'autant les Gaulois sont ardents et prompts à faire la guerre, autant ils sont mous et faibles dans la déroute: *nam ut ad bella suscipienda Gallorum alacer ac promptus est animus, sic mollis ac minime resistens ad calamitates perferendas*. La déroute de *Bibrax*, qui causa la ruine de la liberté gauloise, en est une preuve évidente.

Les Picards sont francs et unis. On dit communément des femmes : *les simples de Picardie*, comme l'on dit: *les coquettes de Paris et de Touraine, les vertueuses de Champagne, les grivoises de Flandre, les enjouées de Languedoc*. Strabon (6) reconnaît encore ces qualités dans les Gaulois: *ingenio simplici ac nulla malignitate devincto*. Hirtius Pansa (7) les dépeint comme des gens qui faisaient la guerre avec honneur, sans feinte et sans artifice: *Contra Gallos homines apertos minimè que insidiosos; qui per virtutem, non per dolum, dimicare consueverunt*. Mais les Picards sont brusques et acariâtres, ce qui a porté quelques-uns à croire que le nom de Picardie venait du grec πικρα καρδια. Cette épithète vaut-elle celle de *ferox* que Strabon donne aux Gaulois? La Morlière (8) et d'après lui l'auteur d'un ouvrage (9) donné mal à propos au célèbre Duchesne, interprète ces deux mots grecs de la magnanimité et de la grandeur d'âme qui ont mérité aux Picards un rang honorable parmi les peuples les plus braves et les plus belliqueux.

Le Picard est sincère, mais querelleur, violent même, lorsqu'il a une pointe de vin dans la tête; d'où vient le proverbe *Tête et fête de Picard* (10), voulant dire qu'il se passait peu de fêtes en Picardie sans effusion de sang. C'est précisément ce qu'Ammien Marcellin (11) censurait le plus dans les Gaulois: *Avidi jurgiorum, et sublatius insolescentes*. Athénée (12) avait dit avant lui que les Gaulois avaient cette

(1) Liv. 4.
(2) Scaliger in prop., p. 192.
(3) Liv. 8, v. 17.
(4) Liv. 41, p. 250.
(5) Lib. 3, c. 4.
(6) Supra.
(7) De Bell. afr., c. 9.
(8) Maisons illust. de Pic., p. 1.
(9) Antiquités des vill. de Fr., p. 415.
(10) Géogr. de Martineau du Plessis.
(11) Lib. 15, c. 12.
(12) Deiphnosoph., l. 4, c. 13.

coutume barbare de s'entrebattre pendant les repas jusqu'à effusion de sang et jusqu'à mort, à propos de rien, ou pour un mets dont le plus fort se saisissait pour pour avoir le plaisir d'en venir aux mains. Mais ce que ces deux auteurs rapportent des Gaulois en général, Strabon (1), qui écrivait sous Auguste, plus ancien par conséquent, l'attribue aux Belges en particulier, disant qu'ils avaient la réputation d'aimer la dispute : *Id quoque vulgi sermonibus tritum est, omnes Belgas contentiosos esse.* C'était un vice d'origine ; car Tacite (2) nous apprend que les Germains passaient les nuits à boire dans les festins, ce qui était l'occasion d'une infinité de querelles où l'on s'en tenait rarement aux paroles et qui finissaient d'ordinaire par des scènes tragiques et sanglantes : *Diem noctemque continuare potando nulli probrum. Crebræ, ut inter vinolentos, rixæ, raro conviciis, sæpius cæde et vulneribus transiguntur.*

Voici le portrait au vrai de Picards de la fin du siècle dernier, ou plutôt du nôtre, tel que M. Bignon, intendant de Picardie, nous l'a laissé dans ses mémoires de la généralité d'Amiens : *Une grande partie des habitans de la campagne et le petit peuple dans les villes, ne travaillent que par la nécessité d'avoir leur subsistance. Ils vivent de peu... ils préfèrent une vie oisive à des commodités qui leur coûteroient de l'action et de la peine. Très laborieux néanmoins lorsque les besoins ou les contraintes... les y obligent; la nécessité réveille leur industrie. Ils ne sont ni assez patiens ni assez souples, nullement susceptibles des inquiétudes qui mettent en mouvement pour augmenter des biens acquis, qu'ils ne risquent aussi jamais. Une possession tranquille et sûre les touche plus qu'un gain incertain. Il arrive rarement que l'activité et le désir de s'avancer les déterminent à sortir de leur pays. Quoique les esprits ne soient ni vifs ni raffinés, ils vont aussi sûrement et aussi droit à leurs fins et à leurs intérêts que les plus subtils, qui seraient assez embarrassés d'en avoir à démêler avec eux. Ils sont sincères, fidèles, libres, brusques, attachés à leurs opinions, fermes dans leurs résolutions, les insinuations trouvent peu d'accès auprès d'eux,* etc. En un mot, le caractère et les mœurs des Picards sont rendus parfaitement dans ce dystique de la façon d'un habitant du pays :

Cui domus est victusque decens et patria dulcis.
Hoc tria sunt vitæ, cætera, cura, labor.

Nous ajouterons à ce portrait que ceux qui ont avancé (3) que la Picardie n'avait

(1) L. 4.
(2) De Mor. germ., cap. 22.
(3) Diction. hist.

pas la réputation de produire des esprits fins et délicats, se sont trompés ; elle a donné naissance à des savants dans tous les genres, comme l'on verra dans la notice des lieux.

XIV.
ANTIQUITÉ DU NOM DE PICARD.

Il s'en suit de ce que nous avons dit que la Picardie tient son nom de ses propres habitants, et nom du château de Picquigny, comme l'on croyait au xiii.ᵉ siècle. C'était le sentiment de Barthélemi l'Anglois (1), qui l'avait pris d'un certain Érodoc, auteur d'une description des pays : *ut dicit idem de regionum descriptione videlicet Erodocus*. Jacques de Guise (2) a adopté ce sentiment au siècle suivant, avec cette différence qu'il attribue à un certain Pignon ou Picgnon, un des généraux d'Alexandre-le-Grand, qui débarqua sur la rive gauche de la Somme, la fondation du château de Picquigny, qui est venu par la suite le chef-lieu de la Picardie par la valeur et les conquêtes de son fondateur. Peut-on produire au jour de pareilles rêveries et de sang froid ?

Une autre conséquence, c'est que le nom de Picardie doit être moins ancien que celui de Picard. Si la lettre de Pierre de Blois, qui vivait vers l'an 1200, citée par Fauchet (3) est vraie, c'est le premier monument qui en fasse mention. Vient ensuite Barthélemi l'Anglois qui a donné la description de la Picardie. Nous retrouvons ce nom en 1256 dans les annales des Frères mineurs. Wadding (4) cite un bref du pape Alexandre IV en faveur de cet ordre, en date du 12 des calendes de novembre dont l'inscription est conçue en ces termes : *Venerabilibus fratribus Archiepiscopis et Episcopis ac dilectis filiis Abbatibus Prioribus et per Franciam, Burgundiam, Picardiam, Britanniam et Normanniam constitutis*. La chronique de Nangis (5) nomme la Picardie et la Flandre à l'occasion de certains imposteurs qui parcoururent ces deux provinces en 1251 pour faire des dupes ; mais l'auteur n'écrivait qu'à la fin du xiii.ᵉ siècle. En 1281, Gaucher, châtelain de Noyon et de Thorote, chevalier, nomme pour ses exécuteurs testamentaires *ès parties de Noionois et de Picardie*, Anson d'Offemont, son cousin, Perron d'Athechi ou Attichi, chevalier, Jacques Tricot, son bailli et Philippe d'Acci son secrétaire, suivant ses lettres données en faveur de l'abbaye d'Ourcamp. Plus l'on approche du xiv.ᵉ siècle, plus cette dénomination devient commune. Les annales d'Eber-

---

(1) De propriet. rer., lib. 15.
(2) Annal. de Hainaut, vol. 1, fol. 72, vº.
(3) De la Milice, fol. 530, vº.
(4) Annal., tom ii, p. 142.
(5) Spicil., tom. xi, p. 538.

hard (1) rédigées au commencement de ce siècle, font mention des troupes de Picardie au service du comte de Bourgogne en 1287: *Rudolfus romanorum Rex comitis Burgundiœ rebellantis sibi terram ingreditur... et licet comes idem multorum de Picardiâ et Flandriâ juvaretur auxiliis ; tamen cum prædicto rege congredi non audebat.* La chronique d'Iperius abbé de Saint-Bertin à Saint-Omer, mort en $138\frac{2}{3}$, parle d'un ravage fait par les Normands du temps d'Arnoul, comte de Flandre, sur les côtes de Picardie: *Normanni..... hæc nostra Picardiæ littora..... devastaverunt* (2). La Picardie est exprimée en latin par *Picardina patria*, dans les lettres de rémission de 1362, citées par dom Carpentier (3).

XV.

LES CANTONS DE LA PICARDIE CONSERVENT LONGTEMPS LE NOM DE LEUR CAPITALE.

Quoiqu'alors le nom de Picardie fut reçu généralement pour désigner la province entière, cependant chaque canton n'avait pas encore quitté le nom de sa capitale. On disait l'Amiénois, le Beauvoisis, le Corbiois, le Laonnois, le Noyonnois, le Ponthieu, le Soissonnois, le Vermandois, etc. Cette distinction était nécessaire afin de ne point confondre les vassaux d'un comté avec ceux d'un autre. Nous voulons parler du temps où tous les vassaux de la couronne étaient obligés de se rendre à l'armée du prince, accompagnés de ceux qui tenaient des fiefs de leur mouvance. C'est pourquoi, en 1054, le roi Henri I.er, suivant la chronique de Normandie (4), *fist semondre ceulx de Rains, de Soissons, de Lannois, de Vermendois, de Flandres, d'Artois, d'Amiénois, de Pontieu, de Noyonnois et de Beauvoisin, à estre et comparoir à certain jour à Beauvais.* Aussi voyons-nous (5) dans l'armée que le roi Philippe I.er fit marcher en 1071, à Cassel, au secours de Richilde, comtesse de Flandre : *Rocinenses*, ceux du comté de Roucy; *Noviomenses*, ceux du Noyonnois; *Torotenses*, ceux de la chatellenie de Torote; *Cocinienses*, ceux de la terre de Coucy; *Quintinienses*, ceux de Saint-Quentin; *Corbeienses*, ceux du Corbiois; *Peronenses*, ceux de Péronne; *Negilienses*, ceux de Nesle; *Montiacutenses*, ceux de Montaigu en Laonnois ; *Ribelmontenses*, ceux de Ribemont; *Suessionenses*, les Soissonnois, etc.; et dans l'armée de la comtesse, *Atrebatenses*, les Artésiens; *Audomarenses*, ceux de Saint-Omer; *Bolonienses*, ceux du Boulonois; *Ardenenses*, ceux de la baronnie d'Ardres; *Sancti polenses*, ceux du comté de Saint-

---

(1) Canisius Antiq., lect. 2, 4, p. 222, édit. 1725.
(2) Martenne, Thes. anecdot., tom. III, col. 148.
(3) Gloss. au mot *Picardia*.
(4) Rer. Franc. script., tom. XI, p. 340.
(5) Ib., p. 391.

Pol; *Gisnenses*, ceux du comté de Guines; *Tornelienses* plutôt *Tornehenses*, ceux de Tornehem, etc. C'est pourquoi *les pays de Vermandois, de Biauvoisis, d'Artois, de Pontieu*, sont dénommés dans des lettres royaux de l'an 1314. C'est pourquoi enfin on lit dans d'autres de Louis-le-Hutin. de l'an 1315 : *Li nobles des pays de Vermandois, d'Artois, d'Amiénois, de Biauvoisis, de Courbiois, de Pontif*, etc.

Il est plus que vraisemblable que les livres des héraults d'armes, appelés *Provinciaux*, ont perpétué ces dénominations particulières. On y écrivait les noms des nobles de chaque canton, *marche* en terme héraldique, c'est-à-dire province noble. Ainsi, suivant l'un de ces registres rédigé vers l'an 1350, on disait : *La marche d'Amiens, de Beauvais, de Corbie*, etc. Chaque marche avait *son Roy* ou *héraut d'armes* subordonné au *Roy d'armes* des François, nommé *Montjoie*. Le livre de Navarre, hérault du roi de France, composé vers l'an 1380, fait encore mention des pays de *Vermandois*, de *Beauvoisin*, de *Pontieu*, d'*Artois*, de *Corbiois*, etc. Il est parlé aussi des *Poihiers* dans un ancien cérémonial français rapporté par M. Du Cange, où il s'agit de la publication des tournois. Ces *Poihiers* sont les nobles de la châtelenie de Poix, canton de l'Amiénois.

XVI.
LA PICARDIE, PROVINCE NOBLE PAR EXCELLENCE.

On peut donc joindre aux titres de cette province celui de *Noble*, nous pourrions dire même la plus noble de France; car outre que l'on ne doute point, dit Robbe, que la plus ancienne noblesse n'en soit originaire, il n'est pas possible de fixer le nombre des fiefs de toute espèce que la Picardie renferme : on en compte plus de............ dans le Ponthieu seul. C'est ce qui a fait dire à La Morlière (1) qu'il faudrait de gros volumes pour traiter de la noblesse de Picardie : *les anciens Comtez, dit-il, d'Oye, de Guisnes, de Boulogne, d'Arthois, de Saint-Pol, de Ponthieu, d'Eu, de Vermandois, de Corbie, de Péronne, de Beauvais, de Clermont, de Beaumont, de Noyon, de Marle, de Soissons, de Senlis, de Rethel et autres, seroient suffisans de lasser ouy bien les plus acérées plumes des plus experts Généalogistes.*

XVII.
DIALECTE PROPRE A LA PICARDIE, NOMMÉ LANGUE PICARDE.

N'était-il pas juste qu'un peuple qui réunissait de si belles prérogatives eût aussi, indépendamment de la langue latine, un dialecte particulier dont il fai-

(1) Sup., p. 6.

sait encore usage dans les premières années du xii.ᵉ siècle pour se défendre dans les tribunaux comme firent les chanoines de Saint-Corneille de Compiègne. Il est dit dans un diplôme du roi Philippe, expédié vers l'an 1107, qu'ils plaidèrent leur cause *vulgari et latinâ disseruerunt eloquentiâ* (1). Des lettres de Charles de Montmorenci, capitaine-général de Picardie, données à Saint-Omer, le 5 de février 1349 (1350), l'appellent *langue picarde* (2), et Trithème (3), sous l'an 1303, *lingua picarda;* mais ce savant observe que cette langue picarde n'était autre que la française : *Eamque Flandriæ partem, quæ est ultra flumen Lisciæ, versus Galliam et utitur linguâ gallicâ, sive picardâ*. Ce que Trithème appelle *langue gauloise*, Lambert d'Ardres (4) le nomme *Romans* en parlant de plusieurs ouvrages que Beaudoin II, comte de Guines, avait fait traduire au xii.ᵉ siècle : *de Latino in sibi notissimam Romanitatis linguam*. Guí, comte de Flandre, confirmant au mois d'octobre 1282, les priviléges de la ville de Saint-Omer, la nomme de même (5) : *Nous avons veu*, dit-il, *aucun des previleges que chil de Saint-Omer ont de noz anchisseurs, qui sont telz en Rommans*. *In Romancio sive Romanâ linguâ*, disent les anciens statuts des cordonniers ou savetiers de Carcassonne, rédigés en latin en 1402 (6). Le picard n'était donc qu'un dialecte de l'ancienne langue française qui s'était formée du latin, langue des Romains, comme Ménage (7) l'a démontré.

Mais le picard, dès le xii.ᵉ siècle, avait des caractères qui le distinguaient de l'idiôme champenois, à en juger par une lettre des religieux de Clairvaux à ceux de Saint-Germer de Flay, *dissimilibus linguis ab invicem distamus* (8). De même le langage de Picardie était distinct de celui de France aux xiii.ᵉ et xiv.ᵉ siècles : cela est si vrai, que selon les lettres de remission de l'an 1388 (9) dont nous avons déjà parlé, *Icellui de Chastillon cognut au parler que icellui Thomas estoit Picart, et pour ce par esbatement se prist à parler le langage de Picardie; et le Thomas qui estoit Picart prist à contrefaire le langage de France, et parlèrent ainsi longuement*. Les caractères distincts du picard et du langage de France, quoique sortis de la même source, étaient, du côté du Picard, l'usage fréquent de la syncope. Les Picards retranchaient dans un mot une ou plusieurs lettres comme l'h dans les mots : *honneur, hôtel, hôpital, hoir, hôte, hostise, heure;* ils écrivaient *onneur, ostel, ospital, oir, oste, ostice, eure*. Ils retran-

SES CARACTÈRES AUX XII.ᵉ, XIII.ᵉ, XIV.ᵉ ET XV.ᵉ SIÈCLES.

---

(1) Preuv., part ii.
(2) Du Cange, gloss. supr.
(3) Chron. Hirsaug., p. 99.
(4) Pr. de la mais. de Guines par Du Chesne, p. 114.
(5) Rec. des ordonn., tom. iv, p. 260.
(6) Ib. tom. viii, p. 569, n°. 31.
(7) Dictionn. étymol. au mot *Romans*.—Voyez aussi la dissert. 1.ʳᵉ, pr., part. i, n.° 2.
(8) Louvet, hist. du dioc. de Beauvais, t. i, p. 446.
(9) Carpent. gloss. au mot *Picardia*.

chaient également une ou plusieurs syllabes, prononçant *vesque* pour évêque, *hom* ou *hon* pour homme, *com* pour comme, *cavestre* pour chevestre, en latin *capitis vestitura*, en français licol. Dans les coutumes du Beauvoisis, données par Beaumanoir, et dans les anciens usages de la ville de Rue en Ponthieu, on lit *m'aisné (minor natu)* pour moins né, que nous disons puisné; dans les anciennes coutumes de Vervins, *ve Roy*, vrai Roi, *per verum Regem*, serment par lequel on prend Dieu à témoin. Les Pairs du château d'Ancre, aujourd'hui Albert, sont nommés *Ric humes*, comme qui dirait *riches hommes*. Les noms de lieux fournissent un nombre infini d'exemples pareils. Les élisions ne sont pas moins fréquentes dans ce dialecte. Un comte de Soissons écrivait en 1261 *m'ame*, et Beaumanoir *m'arme*, pour mon âme. Plusieurs chartes portent *s'eglise* pour son église, *del incarnation* pour de l'incarnation.

Le picard est caractérisé particulièrement par le changement du *ch* ou en *c*, comme dans *caiere* pour chaire, *cathedra*, *cose* pour chose, *escoir* pour écheoir; ou en *qu*, comme dans *desquerquier* pour décharger; *esquievins* pour échevins; et plus ordinairement en *k*. Les Picards prononcent et écrivent *eskaance* pour échéance, *eskaoit* pour échéoit, *eskievins*, échevins; *faukier*, faucher; *markéans*, marchands; *markier*, marcher; *mikaeux*, Michel, nom propre; souvent aussi ils rendent le *que* par un *k* simple, ou joint à un *e*, le *qui* par *ki*, *qu'il* par *kil* : ils écrivent *kief* pour chef, *Paske* pour Pâques, le *kankan*, le *kiskis*, si fameux dans les écoles, pour *quanquan*, *quisquis*; le *ka-hin*, *ka-ha*, *quà hinc*, *quà hàc*, est de leur invention (1). Le changement du *ch* en *k* fut applaudi en France si universellement, que les savants de l'Université de Paris l'adoptèrent. Il a existé jusqu'à *Ramus*, qui introduisit la prononciation actuelle ou plutôt rappela l'ancienne; ce qui souleva contre lui presque tous les membres de l'Université. *Les gens de Picardie*, disait Corbichon (2), *sont de cler et agu entendement et de beau langage*. Est-il donc étonnant que les Picards, avec une réputation telle, aient exercé un empire souverain sur la langue de la nation.

L'idiôme picard était encore au berceau au XII.e siècle, et n'était pas distingué de la langue romance. Au XIII.e siècle, il commence à avoir des caractères distinctifs, on voit le mot de *baron* employé pour celui de mari. On lit dans une charte de Clémence de Maintenai en Ponthieu, du mois d'avril 1249 : *Willaume de Megnières, men Baron ;* dans le testament de Jeanne, femme de Nicolas de Lambersart, de l'an 1282 : *Nicolon mèn Baron devant dit..... Jehan de Lambersart, neveu men Baron;* dans une autre charte de l'an 1288 du cartulaire de l'abbaye du

---

(1) Du Radier, Récréat. histor, tom. 1, p. 289.   (2) Le grand propriét. des choses, l. 15.

Mont-Saint-Martin aux confins du Vermandois et de Cambrésis : *Jehenne, feme dou dit monseigneur Rogenon et men Baron.... de l'autorité de men dit Baron.... Maroie, feme audit Estevenart..... et de l'autorité du devant dit Estevenart sen Baron;* dans une autre de l'an 1294 du cartulaire rouge de la ville d'Abbeville : *Jake de Tofflet, frère et cheli oir Jakemon de Tofflet, sen frère, baron de celui Ade..... et ledit Ade paiast moitié des dettes des lais Jakemon sen baron;* dans une autre, enfin, de l'an 1295 du cartulaire de l'abbaye de Corbie : *Isabeau Guigneules de l'auctorité Pierron Tuepois, sen Baron.* Le glossaire que la Thaumasière a placé à la suite des ouvrages de Beaumanoir, en fournit plusieurs autres exemples. Cette dénomination, dit Littleton (1), était plus en usage chez les Belges, c'est-à-dire les Picards, que parmi les autres Gaulois : *Hâc voce Belgœ plusquam cœteri Galli utuntur, nam Belgarum mulieres maritos suos vocant barons meus vir.*

Voici quelques autres expressions propres à la Picardie au xiii.ᵉ siècle : *antain* pour signifier l'oncle, suivant Beaumanoir, aussi bien que la tante, selon une charte du seigneur de Coucy de l'an 1265 ; *les auteux, Altaria*, nom de plusieurs villages de Picardie qui a été défiguré dans la suite en écrivant *les zoteux*, pour désigner une église paroissiale ; *enkeus*, tombé ; *castellerie*, châtellenie ; *neufvisme*, neuvième ; *deraine*, dernière ; *conke*, ce que ; *sine*, sienne ; *kemun*, commun ; *aaisemens*, aisance ; *signerie*, seigneurie ; *sivir*, saisir ; *soier*, scier ; *quomandement*, commis ; *souders*, soldée de terre ; *joins*, joncs ; *parchoniers*, arpenteurs ; *périeus*, périls ; *soleil escoussant*, soleil couchant ; *Notre-Dame Marckeske*, Notre-Dame de Mars, date de deux chartes de l'an 1280 ; *loncdeneures ou lanchdeneures*, vendredi saint, dans une charte pour l'église de Guiscard en Vermandois ; *viel-je*, veuille-je ; *aléer manoir*, aller demeurer. Voyez parmi les preuves de l'histoire les chartes françaises depuis le milieu du xiii.ᵉ siècle et le sermon fait par un curé du diocèse d'Amiens, en 1240, pour engager ses paroissiens à contribuer par leurs aumômes au superbe édifice de la Cathédrale qui existe aujourd'hui (2). Cette manière de s'exprimer devait en effet paraître hétéroclite à ceux qui n'étaient pas de cette province ; c'est pourquoi Barthélemy l'Anglois ou de Brême (3), qui écrivait dans ce siècle, a dit que l'idiôme des Picards était plus grossier que celui des autres peuples de France : *Idiomatis magis grossi aliarum Galliœ nationum.*

Aux xiv.ᵉ et xv.ᵉ siècles, le Picard fit des progrès si considérables qu'on le re-

---

(1) Littleton., sect. 14, 15, p. 291.   (3) De propriet. rer., l. 15.

(2) Preuv., part. 1, n°...

gardait, en effet, en 1303 et 1350 comme une vraie langue ; c'est-à-dire que plus la langue de France s'éloignait de son origine, plus elle se polissait ; plus la langue de Picardie vieillissait, plus elle s'éloignait de son modèle et devenait féconde en expressions singulières et périphrases figurées. Voici quelques exemples des unes et des autres : *adhequier*, attacher; *ancorti*, accordé ; *avant hiers*, prédécesseurs ; *braisié*, rôti à la braise ; *seyme*, graisse ; *enseymer*, graisser ; *épeuter*, épouvanter ; *estoquer*, frapper d'estoc ; *bequet*, brochet, quarreau ; *boelles*, boyaux ; *flaitieur*, pêcheur de flaix ; *flaiqueur*, déchargeur de voitures ; *huchel*, comptoir de changeurs ; *huchier*, menuisier ; *maneches*, menaces ; *nageures*, ordures ; *panguis*, proclamations ; *queèvres*, chèvres ; *radentement*, roidement ; *rapotissement*, restitution ; *réabatance*, rabais ; *trauque* ou *trau*, trou ; *rebroquer*, repiquer, *replanquer*, refaire de planches ; *tourailler*, rôtir comme on rôtit le café ; *tristrer*, travailler du métier de tisserand ; *yauées*, marées ; *garnement de seel*, application du sceau à une charte ; *tenir venel*, vendre ; *heure de louette*, point du jour ; *nos pere li fiex*, le fils de notre père, c'est-à-dire Jésus-Christ ; *l'œuvrœul au cloquier*, l'hôtel-de-ville d'Amiens.

Les Picards affectaient aussi une prononciation qui révolta, à la fin du xv.⁵ siècle, l'auteur *du Jardin de Plaisance* au point qu'il recommande d'éviter avec soin l'accent des Picards, comme une manière de s'exprimer tout à fait grossière et désagréable à l'oreille. Nous allons donner pour modèle l'épitaphe d'un nommé le Mor, qu'on voyait autrefois, à Amiens, dans le cimetière de Saint-Denis :

Sy l'mort ne bailloit l'mort à l'mort quant on sou mort, os sroime tou dis mort ;
Mais chti qui baille l'mort à mort no foit quoir vivre après no mort.

Une autre épitaphe tirée du même endroit (1) :

Soubs my pierre
Cy gist Pierre
De Machy
Qu'on a chy
Mort bouté
Che bonté
Dieu lui fasse
Voir sa face
Che épousée
Est posée

(1) Dom Grenier fait erreur ; l'épitaphe de Pierre de Machy provient non du cimetière de Saint-Denis, mais bien du couvent des saintes Claires d'Amiens, En 1458, Pierre de Machy a été commis avec Jehan Dobe et Jehan Harle par Philippe de Morvillers, mayeur, pour dresser l'inventaire de l'*OEuvrœul des Cloquiers*. Voir à l'hôtel-de-ville d'Amiens, l'intitulé de l'inventaire coté S. 1. Note de l'Editeur.

Chy emprès ?
Qui après
Trespacha
Et pacha
De leu monde
Dieu le monde
Tant vesquirent
Qu'ils acquirent
Unze enfants
Grans, blonds, blancs
Or sont mors
Tous ces corps
Qui pourrissent
Vers nourrissent
Et attendent
Qu'ils repreignent
Sous ce lame
Corps et ame
Pour aller
Et voler
Es sains lieux
Che Dieu veut.

Les jeux de mots caractérisaient leur génie comme il paraît par cette épitaphe et par la suivante que M. de Riencourt, doyen de l'église d'Amiens, a tirée du même lieu :

Croc de le mort qu'eschaper ne pouvons crocqua l'eleu
Croquet qui crocquoit les capons.

Nous donnons parmi les preuves une lettre et un compliment en vers, comme modèle du picard moderne, tel que le parlent les paysans des environs d'Amiens et de Corbie. Il existe aujourd'hui en Picardie un accent sensible à Amiens parmi la populace, plus sensible à Abbeville et le long des côtes jusqu'à Boulogne. Cet accent est de trainer sur la finale des mots : serait-ce un reste de l'ancien accent de la province ?

XVIII.

CE QUI A LE PLUS CONTRIBUÉ AU PROGRÈS DU LANGAGE PICARD.

Plusieurs raisons paraissent avoir concouru au progrès de ce langage, d'abord les traductions en langues vulgaires qui ont pris leur origine dans les Pays-Bas, c'est-à-dire dans une partie de la Picardie, *parce que*, dit l'abbé Lebeuf dans sa

<small>LES TRADUCTIONS EN CETTE LANGUE.</small>

Dissertation sur l'état des sciences en·France depuis la mort du roi Robert (1), *le langage vulgaire y était plus éloigné du latin que dans les parties méridionales du Royaume, et que ces pays furent plutôt remplis d'étrangers venus du Nord.* En effet, Beaudoin II, comte de Guines, fit traduire, vers la fin du xii.ᵉ siècle, par Landry *de Wallanio*, le cantique des cantiques (2) et plusieurs évangiles des dimanches avec des sermons et des homélies par un certain *Alfri* ou *Aufri;* la vie de saint Antoine hermite ; la plus grande partie de la physique, par un savant connu sous le nom de maître Geoffroi ; par un autre, natif de Guines, nommé maître Simon, de Boulogne, le traité de Solin, dit le singe de Pline. Le comte enfin avait pour bibliothécaire un certain Hésard d'Aldehem ou d'Ahedem, qui entendait parfaitement la langue romance : *Omnes ejus libros de Latino in Romanam linguam interpretatos et legit et intelligit.* Le même Beaudoin, peut-être, et non Arnoul, comme le dit Lambert d'Ardres (3), fut si enthousiasmé du graduel *Jacta cogitatum*, qu'il entendit chanter du septième mode par ses chapelains, qu'il voulut qu'on le lui traduisît de même. On voit dans la bibliothèque du Roi, parmi les MSS. de M. Colbert (4), une traduction de psaumes en langue romance, dont l'écriture est vers l'année 1200. Elle fut faite pour une église de la Picardie où saint Ouen et sainte Foy étaient honorés avec distinction. Ce MS. avait passé au xiv.ᵉ siècle dans l'abbaye de Corbie (5). Vers le même temps, Gautier de Coincy ou Coinsi mit en vers français une partie de l'ouvrage qu'*Hye le Farsis* ou le gras *Hugo Farsitus* avait composé sur les miracles de la sainte Vierge. Dans l'inventaire des livres de Charles VI dressé au mois d'avril 1423 et déposé dans la chambre des comptes de Paris, on lit, n.° 6 : *Item le livre des miracles de N. D. en françois rimé, en un volume bien escript, en picart, de lettres de formes en deux colombes prisé* xii *liv. Par...* N.° 88 : *Item la vie de saint Jacques et vies d'autres saints ; comment Saladin print Hue de Tabarie ; la passion de J. C. en langage picart...* iv *liv. Par...* N.° 218 : *Item le livre de Charles et d'Ogier, et plusieurs autres choses rimées et en langage picard en grant vol. etc.* vi *liv. Par...* En 1268 un habitant de Saint-Omer traduisit en la même langue des règles de médecine pour la conservation de la santé selon les saisons. Ce livre, écrit avec beaucoup de soin, est conservé dans la bibliothèque du collége de Navarre (6). Guiard Desmoulins, chanoine d'Aire, diocèse de Térouanne, entreprit de même, en 1291, la traduction de toute la Bible et la finit en quatre ans (7).

(1) Dissert. sur l'hist. de Paris, tom. ii, p. 38.
(2) Du Chesne, hist. de Guisnes, pr., p. 114.
(3) Cap. 46.
(4) N.° 3133.
(5) Mém. de l'Académ. des Inscript., t. 17, p. 724.
(6) Codex MS. 218, 1. tabul.
(7) Ladvocat., diction. hist.

Au siècle suivant, Raoul de Presles traduisit l'ouvrage que Pierre de Cugnières avait composé au siècle précédent *de la destruction des puissances spirituelles et temporelles.* Jacques Bauchant, de Saint-Quentin, sergent d'armes du Roi, fit *les Voies de Dieu.* Cet ouvrage est cité aussi dans l'inventaire ci-dessus, n.° 95 : *Item un livre appelé les Voyes de Dieu, que translata un sergent d'armes du Roi nommé Jacques Bauchant, couvert de veluyau d'Inde, etc., xx S. Par.* Jean de Long, né à Ypres, d'où il a pris le prénom *d'Iperius,* bénédictin de l'abbaye de Saint-Bertin à Saint-Omer, a translaté en 1351 du latin en français la *relation de quatre voyages de missionnaires en Asie et en Afrique.* Evrard de Conty, médecin de Charles V, traduisit les *problèmes d'Aristote.* On conserve dans la bibliothèque de Saint-Corneille de Compiègne des traductions de César, de Salluste et de Lucain, par un anonyme de ce siècle. Au xv.°, un autre anonyme de la ville d'Hesdin donna, au mois de février 1447 (1448), une traduction de *l'Imitation de J.-C.* Elle est conservée dans la bibliothèque de l'abbaye de Saint-Jean d'Amiens. Sebastien Mamerot, de Soissons, commença en 1466 une nouvelle version de *Romuleon, pour la décoration,* dit-il, *du langage français, et par spécial du vrai Soissonnois.* Jean Chenart, théologal de Beauvais, donna celle de la vie *de Saint-Germer.* Jean Drouin, d'Amiens, mit en prose et en vers français l'histoire *des Trois Maries* et *la Nef des Folles.* Enfin l'on travailla aux xiii.° et xiv.° siècles, dans les églises, dans les hôtels de ville, dans les châteaux, à traduire les chartes et à en former des recueils que l'on a appelés depuis cartulaires. Voici pour modèle de ces traductions les dates de deux chartes, l'une de l'évêché de Noyon, l'autre de l'abbaye de Thenailles près Vervins en Tiérache. Pour exprimer l'année 1237, on lit : *li milieres couroit par mil cc et trente sept ans.* Dans l'autre : *ce fu fait l'an que li millieres couroit par mille cc et quarante sept pour ce dire ce fut fait l'an* 1247.

Maître Gautier *Silens* ou le *Silentieux,* officier du comte Beaudoin de Guines dans la ville d'Ardres, fit le roman du Silence, *Romanum de Silentio,* à la fin du xii.° siècle. Bernard de Moreuil, religieux et puis abbé de Saint-Pierre de Corbie, fit faire *le roman des chroniques de la terre d'Outre-Mer,* qui se trouve aujourd'hui dans la bibliothèque de Berne en Suisse. Fauchet en avait un second exemplaire, car selon la note écrite par une main moderne à la fin de celui de Berne, le livre de Fauchet portait : *ceste conte de la terre d'outremer fist faire le trésorier Bernard de St.-Pierre de Corbie en l'incarnation mille* cc xxxii. Vers l'an 1253, Pierre de Fontaine, alors bailli de Vermandois, composa son traité, *le conseil que Pierre de Fontaine donna à son ami;* et Guillaume de Saint-Amour, chanoine de Beauvais, *li livres des perieus (périls) dou*

LES OUVRAGES EN PROSE.

monde. Vers le même temps on entendit prêcher, dans une des églises du diocèse d'Amiens, un sermon en dialecte picard que nous ferons imprimer parmi les preuves (1); il a pour objet d'exciter la piété et la charité des fidèles envers l'église de N.-D. d'Amiens, qui était à rebâtir. Il y est parlé des reliques que l'on devait porter en procession par tout le diocèse ; nous avons la lettre que Gérard de Conchy, alors doyen de la Cathédrale, écrivit à ce sujet le 15 de septembre 1240 à l'abbé de Corbie. Le sermon commence ainsi : *Bele douce gent tant* (nombre) *poi-de vous, comme il a repairie* (recours) *a St.-Glise en l'ounor la glorieuse mere Diu sainte Marie d'Amiens, qui est nostre mere Eglise, dont vous tenez oile* (huile) *et cresme et bauptesme, noces et mariages, en oliement* (extrême onction)*, enterrement, sains Sacremens en et fais en sainte Eglise. Il mi convenra parler, car à ciaux et à celes qui ni seront ge ni parlerai mi*, etc. En 1303 le lignage de Dreux et de Coucy fut rédigé par un anonyme. Au commencement du xv.ᵉ siècle, Jean Douvrouville, nommé Cabaret, pauvre pélerin picard, composa *l'histoire de la vie, faits héroïques et voyages de valeureux prince Louis III, duc de Bourbon.*

LES OUVRAGES DE POÉSIE.

En fait de poètes, de chanteurs, de conteurs et de jongleurs ou ménestrels, la Picardie ne le cédait pas à la Provence à qui l'on donne la gloire de la naissance des troubadours ou trouvères. Gantez de Marseille dit dans sa 27.ᵉ lettre que les Picards étaient estimés pour leur composition qui approchait beaucoup de celle de Provence. Les Picards avaient aussi *leurs plaids et gieux d'amour*, c'est-à-dire des assemblées de gentils hommes et de dames qui s'exerçaient à la courtoisie et à la gentillesse. La plus grande partie des pastourels de Froissart roulent sur des prix proposés en divers lieux de la Picardie et de la Flandre, à la plus belle bergère du canton ou au berger qui chantera le mieux les amours (2). Dès le xɪɪᵉ siècle le roman de l'histoire de Foulques de Crête (3) donne à Dreux d'Amiens un rang distingué dans ces assemblées galantes :

> Droes Damiens de parler en savance,
> Bacheler fut et de bonne science.

On voit de même parmi les principaux conseillers de la cour amoureuse vers l'an 1410 les noms des seigneurs de Hangest, de Rambures, de Soissons, Moreuil, d'Ailly, de la Trimouille, d'Heilly, de Chatillon, de Monchy, de Lannoy, de Longueval, etc. (4).

Le plus ancien poème écrit en roman et en dialecte picard, si l'on en croit

---

(1) Part. ɪ, n°...
(2) Mém. de littér., tom. xɪv, p. 223.
(3) Aug. virom., p. 161.
(4) Mém. de litt., tom. vɪɪ, part. ɪ, p. 287.

Nicolas d'Herberay, seigneur des Essarts, qui se connaissait en romancerie, est l'*Amadis des Gaules*, roman bien différent aujourd'hui de ce qu'il était dans sa naissance (1) ; il en fait monter l'origine au xi.ᵉ siècle. Il soutient qu'il fut écrit d'abord en vers français, et donne lieu de juger que ce fut en dialecte picard. Vers le milieu du xii.ᵉ, Etienne d'Alinere, chanoine de Beauvais, se distingua par ses poésies en romance ; Hélinand en fait l'éloge dans sa chronique ; Thibaut de Mailly, par sa satyre intitulée : *l'estoire li romans de monseinor Thibaut de Mailly* ; Richard de Fournival, chancelier de l'Eglise d'Amiens, par son *roman d'Abladene* (2), ramas de fictions sur l'origine de la ville d'Amiens, et par plusieurs pièces de galanterie ; le châtelain de Coucy, nommé Regnault, par ses chansons : il est fameux dans l'histoire par ses aventures avec la dame de Fayel ; Raoul, comte de Soissons, par son dialogue avec Thibaut, comte de Champagne ; Raoul de Houdenc en Beauvoisis, par les *romans des Ailes* et de *Meraugis*, et le fabliau de la *Voie de l'Enfer ;* Raoul de Beauvais, par le roman *de Perceval*, et par des chansons ; Huon de Meri en Beauvoisis, par le roman *d'Ante-Christ ;* Girardin, d'Amiens, par celui de *Meliadus ;* Jean de la Fère, chanoine de Roye, par celui *du Riche homme et du Ladre ;* Gerard de Montreuil, par la vie de Saint-Eloy, évêque de Noyon, composée en latin par Saint-Ouen, qu'il a mise en vers français. Il dit à la fin du 3.ᵉ et dernier livre, qu'il a fini de l'écrire le dimanche après la St.-Nicolas d'été 1294. Il a composé, dans le même temps, un poème assez prolixe sur l'*Ave Maria ;* on y voit répété à chaque strophe ce vers :

Ave dame à v lettres (3).

Robin de Compiègne, par ses dits *moraux, sentencieux et satyriques en quatrain*, et *ses Jeux partis* ou questions problématiques sur l'amour ; Courtebarbe, par son *fabliau des trois Aveugles de Compiègne*. Blonduiax et Perrot de Nesle, Simon d'Autie, Vieillars de Corbie, Jacques de Hesdin, Colars li Bouteiller (de Senlis), un anonyme chanoine de Saint-Quentin, Beaudoin des Autiex (Auteux), Huistache et Vicquier d'Amiens, Girard de Boulogne, Jean de Boves, etc., sont connus par leurs poésies et leurs chansons, ainsi que le Bernardin de l'abbaye de Châlis, nommé Guillaume de Guillerville, et le Reclus de Molliens-le-Vidame (4). Le premier par *le songe du pélerinage*, autrement dit le pélerinage de la vie humaine, le second par le *traité de Carite*.

(1) Hist. littér. de la France, tom. vii, p. 129, n.° 156.
(2) Pr., part. i, n°...
(3) Pr., part. i, n°...
(4) L'inventaire des livres de Charles VI porte au numéro 94 : *Item le livre du reclus de Moilians rimé, couvert de veluyau inde, à une fleur de lys de bordure d'or, que donna au Roy le gouverneur du bailliage d'Amiens...* xlviii. Par... Ce livre du reclus de Moliens-le-Vidame comprenait le *pater* et le *miserere* en rimes croisées.

LES CONFRÉRIES DE N.-D. DU PUY A AMIENS ET A ABBEVILLE.

Les confréries de N.-D. du Puy à Amiens et à Abbeville n'ont pas peu contribué aussi aux progrès du langage picard. C'étaient des sociétés de beaux esprits qui lisaient ou récitaient des chants royaux ou ballades sur un lieu élevé, sur un théâtre dressé à cet effet, appelé *Puy* du latin *Podium* qui signifie une colline ou montagne (1). Une confrérie pareille existait à Rouen sous le nom de la Conception de la Vierge dès l'an 1047 (2) ; semblable à Caen, le même jour elle tenait ses séances dans l'école de l'Eloquence, sous le nom de *Palinode ;* semblable enfin à Toulouse. Les seuls vestiges qui nous restent de la confrérie du Puy à Abbeville sont quelques tableaux placés dans l'église collégiale de Saint-Vulfran et dans le chapitre des chanoines, que chaque maître de la confrérie faisait exposer dans l'église lorsqu'il entrait en exercice. Ce tableau devait représenter un mystère propre à la fête. A Amiens, la confrérie du Puy, si l'on en croit La Morlière (3), était établie dès le commencement du xiie siècle ; mais elle ne commença qu'en 1389 à former une association réglée, comme il paraît par le tableau des maîtres qui ne commence qu'à cette année. La Purification était la fête de la confrérie.

Le sacré en fut le principe. Outre le prix fixé pour celui qui avait composé la plus belle ode en l'honneur de la Vierge, sur le refrain qui avait été proposé l'année d'auparavant, il y en avait un second à la volonté du maître en charge pour le rhétoricien (c'était le nom qu'on donnait aux concurrents) qui avait le mieux réussi sur le refrain particulier qui était proposé huit ou quinze jours avant les fêtes principales de la Vierge, les fêtes de la Toussaint et de Noël. La Morlière conjecture que les proses rimées des deux Saint-Firmin sont des productions de cette espèce d'académie ; nous pensons la même chose des épîtres farcies ou explications en vers français sur chaque verset de l'épître qui étaient chantées à la messe à certains jours de fêtes, et des tragédies pieuses connues sous le nom de *Mystères* et de *Jeux des Saints,* dont nous aurons occasion de parler plus particulièrement ainsi que de la confrérie du Puy de la ville d'Amiens.

LES RÉBUS DE PICARDIE.

Le premier objet de cet institut dégénéra. On vit sortir des chansons, des refrains peu mesurés sur les règles de la modestie et de la charité, enfin des satyres connues sous le nom de *Rébus de Picardie,* que Ménage (4) a définis : *des équivoques de la peinture à la parole.* Marot en donne un exemple dans son coq-à-l'âne,

Car en Resbus de Picardie,
Une faux, une étrille, un veau,
Cela fait, Estrille Fau veau.

(1) Valesius, notit. Gal., p. 452.
(2) Taillepied, antiq. de Rouen, p. 158.
(3) Antiq. d'Amiens, p. 87, in-fol.
(4) Diction. étymol.

— 53 —

Ainsi la confrérie du Puy, à Amiens, telle qu'elle existait au xvi.ᵉ siècle, pourrait être comparée en quelque sorte au collége des Soixante que les Athéniens établirent dans la capitale de la Grèce, pour faire les railleries fines et les mots plaisants.

Nous avons sous les yeux un manuscrit de la bibliothèque du Roi (1), de cent cinquante feuillets, qui, en confirmant la définition de Ménage, offre un grand nombre de ces *Rébus*. Le recueil est intitulé : *Rébus de Picardie enluminés ;* ils sont représentés au nombre de 166 dans autant d'écussons. Le premier offre un *A* majuscule gothique, chargé de vingt nez, d'une coquille et de deux arcs bandés au-dessous ; au-dessus est cette inscription grotesque : *Sralliu quo cum zenime dasq*. L'explication de ce rebus est : *adevinnez coquillars*, c'est-à-dire, devinez coquillars. Le quatrième, une main, les doigts étendus chargés chacun d'un *guy* et une fleur de souci posée sur la paume de la main ; ce qui veut dire : *Qui à chacun doit a mains soucys*. L'inscription est aussi baroque que la première. Au folio 27 verso, pour exprimer ce proverbe : *Fol est qui se soucie*, c'est la mère folle, habillée mi partie de rouge et de bleu, tenant la marote, une seringue que les Picards nomment *esquisse*, et une fleur de souci. Pour exprimer cet autre qui se trouve au folio 41 : *Peu d'argent main d'amy*, c'est un pouce (peu en picard) d'argent, une main étendue, une dame et deux *y*. Cette phrase picarde : *Teste mal langue* (taistoi mauvaise langue), est rendue par un sein, une malle et une langue au folio 44 recto. Enfin, pour exprimer ce dicton, *cinq coqs chatrés font cinq chapons*, qu'on prononce en picard : *Cinq cos quatrés font cinq capons*, on voit *o o o o o*, *e e e e*, le verbe *font*, *k k k k k* et le mot *pons*.

Ce recueil cependant ne paraît pas être le même que celui dont parle La Morlière (2), au sujet de l'entrée de François I.ᵉʳ dans la ville d'Amiens en 1517. Madame d'Angoulême, mère du Roi, qui accompagnait ce prince, *prenant plaisir*, dit-il, *à la gentillesse et diversité des histoires, de tant de Tableaux, comme aux refreins encor et ballades y apposées, pria Messieurs de ville de luy en donner un extraict ; ce qui n'allant pas assez viste selon son désir, le 12 d'octobre au mesme an elle rescrivit au Révérendissime Evesque Monseigneur François de Halleuuin, le priant d'accélérer l'affaire. Messieurs donc lui envoyerent enfin par gens deputez un livre en parchemin, escrit à la main, où tout ce que dessus estoit contenu, et se voit encore aujourd'huy en la Bibliothèque du Roy, duquel mesmement elle les remercia beaucoup.* Ce recueil, ajoute un autre écrivain (3), fut exécuté en miniature sur vélin, en grand volume : le tableau d'un côté et les vers

---

(1) MS. côté 7618ᵉ.
(2) Antiq. d'Am., p. 89.
(3) Mém., hist. MS. de la ville d'Amiens par de Court, tom. 1, p. 465.

de l'autre, le tout relié ensemble et couvert d'un velours brun. Or, le manuscrit qui nous a été communiqué par M. Bejot, garde de la bibliothèque royale, est écrit sur papier.

XIX.

L'ANCIENNE PICARDIE RENFERMAIT LA PLUS GRANDE PARTIE DE LA SECONDE BELGIQUE.

De l'identité de langage, de caractère, de gouvernement des habitants de l'Amiénois, du Beauvoisis, du Boulonnois, du Laonnois, du Senlisien, du Soissonnois, du Vermandois, etc., s'ensuit que l'ancienne province de Picardie renfermait la plus grande partie de la seconde Belgique, qui était une portion de la Gaule que Pline (1) nomme *Chevelue*, dont les peuples étaient à peine connus des Grecs sous le nom général de *Celtes*, et des Romains, avant la conquête des Gaules, sous celui d'habitants de la *Gaule Transalpine;* en effet, César est le premier des historiens qui nous ait appris que la Gaule fut divisée en trois parties, savoir : en *Belgique*, *Celtique* et *Aquitanique*.

XX.

SA JONCTION AVEC LA GRANDE-BRETAGNE PAR UN ISTHME.

Il paraît probable que la première était jointe autrefois à la Grande-Bretagne, comme la Sicile à l'Italie, la Barbarie à l'Espagne, le Negrepont à la Grèce, par un isthme qui donnait une communication libre ou du moins praticable entre les Belges et les Bretons; que cet isthme a été rompu insensiblement par l'impétuosité des flots de la mer. Comme cette rupture avait été faite plusieurs siècles avant que les Gaulois eussent trouvé l'art de faire passer les événements aux siècles futurs, il n'est pas étonnant que l'histoire ancienne ne nous en ait rien dit : car Virgile et Claudien n'ont prétendu faire entendre autre chose, le premier par ce ver :

.... Toto divisos orbe Britannos (2).

le second par celui-ci :

.... Et nostro diducta Britannia mundo (3).

sinon que les Bretons, et la Bretagne par conséquent, étaient séparés du con-

---

(1) Lib. 4, c. 17.
(2) Georg. Eclog. Iª.
(3) Claud. De consul. Mallii Theod., v. 51.

tinent; mais les savants, comparaison faite des mœurs, des inclinations, des coutumes des anciens Bretons, c'est-à-dire de ceux qui étaient du voisinage de la Manche, avec celles des Belges, jointe aux observations physiques et géographiques des deux côtes, conviennent que l'Angleterre a été peuplée par les premiers hommes qui habitèrent la Gaule (1); *que la plus part des colonies gauloises qui se sont établies dans la partie méridionale de cette isle, partirent de la Gaule Belgique* (2); *que l'affinité de la langue angloise avec la nôtre, vient de ce qu'anciennement l'Angleterre étoit jointe par un isthme avec la France, à sçavoir par le Boulonois d'où elle a été divisée* (3). C'est aussi le sentiment de M. Desmarest, auteur d'une dissertation sur cette matière, dans laquelle il n'a fait que développer le système de Musgrave : cette pièce a été couronnée par l'académie d'Amiens, en 1751, et méritait de l'être. Nous suivrons l'auteur.

L'élévation des rivages de France et d'Angleterre, la nature des terres, la correspondance mutuelle de leurs couches, leur coupure perpendiculaire contre l'ordre que l'on remarque dans les montagnes et les hauteurs, situées sur les autres côtes, qui sont presque en pente vers les vallées, tous ces rapports frappants ont porté M. Buache (4) à dire que la montagne qui est coupée à Wissant par le détroit, et qui au-delà s'étend assez avant en Angleterre, en suivant la même direction, n'est que la continuation d'une branche de montagnes qui traverse les provinces du centre de la France. M. Guettard (5) a observé la même interruption par rapport aux mines dont les bandes schisteuses et marneuses passaient de même de Picardie en Angleterre.

Si l'on considère la forme du détroit, on apercevra que la Manche qui a trente lieues dans sa plus grande largeur, entre l'île d'Ouessant en France et le cap Lézard en Angleterre (6), va toujours en se rétrécissant, surtout depuis le cap de Saint-Valery qui répond à Bahihead jusqu'au Pas-de-Calais, de sorte qu'entre les caps de Blackness et de Ness, le canal se trouve avoir à peine huit lieues de large. Au-delà du Pas-de-Calais, les côtes de la mer Baltique s'ouvrent par une progression successive et même plus rapide que celles de la Manche ne se sont rapprochées; si l'on observe ensuite la disposition du fond de ce vaste bassin, on verra que la plus grande profondeur de la Manche étant de soixante-deux brasses entre Ouessant et le cap Lézard, la sonde ne descend plus qu'à seize dans la partie la plus étroite, parce qu'en cet endroit s'élève une chaîne de rochers de six

---

(1) Guill. Musgr. Belg. Britann., § 2 et 4.

(2) Mém. de litt., tom. xvi, p. 24, 169, 413.

(3) Borel, Thr. des rech. et antiq gaul. et franç. p. 31.

(4) Mém. de l'acad. des scienc. de 1752, p. 412 et suiv.

(5) Ib., en 1746, p. 362 et suiv.

(6) Musgr. præm. supr., p. 6.

cent vingt pieds de hauteur perpendiculaire au-dessus du fond de la mer, hauteur qui va toujours en diminuant du côté des côtes. Il en est de même à peu près du côté de la mer d'Allemagne. Tel est le résultat des observations faites par d'habiles Anglais, entr'autres par le célèbre Halley, qui a dressé des tables des différentes profondeurs de ce détroit (1). M. Borel (2) a fait remarquer aussi que en général les mers qui ont des isthmes sont peu profondes aux endroits où étaient ces isthmes, mais beaucoup au côté ; d'où il s'ensuit que le fond du détroit doit présenter le sommet aplati d'une montagne qui, en élevant autrefois sa cime au milieu des eaux, réunissait les deux extrémités des côtes de Douvres et de Calais, et séparait les deux mers. Autrement comment concevoir qu'une colonie d'hommes sans arts, sans connaissances, sans autre ressource que la barbarie, se soit déterminée à quitter un établissement vaste et tranquille tel que lui offrait la Belgique, à traverser un détroit sans avoir la première idée de la navigation, pour aller chercher une terre qu'elle connaissait à peine. On concevra encore moins que des animaux nuisibles, tels que les loups, y aient été transportés par les hommes ou en aient fait le trajet à la nage. Penser que ces premiers habitants soient éclos du sein de la terre comme des champignons, ce serait une crédulité aussi impie qu'absurde.

XXI.
CAUSES DE LA DESTRUCTION DE L'ISTHME.

Les causes qui ont dû déranger l'ordre primitif, sans remonter au déluge universel, comme a fait un moderne (3), ni admettre le système qui le détruit, sont l'intumescence et la détumescence des eaux de la mer, jointes aux vents d'ouest, qui régnent la plus grande partie de l'année dans la Manche. Ces vents soulèvent des vagues ; les vagues brisées par les côtes minent les terres et les pierres : il suffit, pour s'en convaincre, de considérer les atterrissements qui arrivent tous les jours sur la côte depuis Calais jusqu'à Saint-Valery ; mais ne pourrait-on pas dire avec raison qu'elle ne fait que rentrer dans ses anciens droits.

XXII.
INDICES DU SÉJOUR DE LA MER.

DANS LE PAYS RECONQUIS.

En effet l'isthme existant, les eaux qui occupent aujourd'hui sa place devaient se porter ailleurs, et pouvaient-elles refluer ailleurs que sur les terres voisines

(1) Musgrave, supr.
(2) Suprà.
(3) David, trait. de la nutrit. et de l'accroiss.

et dans les vallées, surtout lorsque les vents se mêlaient avec le mouvement périodique du flux? Si l'Angleterre a fourni des preuves certaines des invasions de la Baltique et de la Manche dans les plaines de Sandwich et de Romney-Marsh (1), la Picardie en offre d'autres qui ne sont pas moins incontestables. Il est certain que la mer a baigné autrefois dans le voisinage de l'isthme, une grande étendue de terrain entre Gravelines, Saint-Omer et Wissant. Une charte de Beaudoin, comte de Flandre, de l'an 1056 (2), le certifie par rapport aux environs de Saint-Omer, et plus loin encore dans la Flandre: *Tota palustris terra inter areas et vetus monasterium, et vetustum mare..... in cunctis parrochiis quas in castellaria de Broburg sanctus Bertinus habet. In Flandrià quicquid decimæ de nova terra, sive per secessum maris, sive ex palustribus locis.* La plus grande partie serait inondée encore sans les précautions qu'on a prises de creuser des canaux pour la dessécher. Ce sont peut-être ces marais qui, au rapport de César (3), servirent de retraite aux Morins, lorsque l'armée romaine s'approcha pour les soumettre. Au reste les noms de *Merck* ou de *Marck*, terre située entre Calais et Gravelines, de *Mardick*, canal qui se perd dans la rivière d'Aa, après avoir traversé le Bredenarde et le pays de Langle, de *Marquine*, seigneurie à une lieue de Saint-Omer, paraissent être autant d'indices du séjour de la mer.

En voici d'autres. Dans le temps que Blaeu écrivait, on découvrit du côté de Neuf-Fossés, plusieurs ancres, des ustensiles de fer, à l'usage des navires (4), d'où quelques-uns ont pris occasion de dire que ce canal avait été formé d'un bras de mer; à Mariekerke, on a déterré à six pieds de profondeur un fond marin; à Clermarais, une ancre d'une grandeur énorme; à Blandecque, une autre enfouie de plusieurs pieds; à Wisernes, village sur l'Aa, comme le précédent, mais en deçà de Saint-Omer, la proue d'un vaisseau. Ne dirait-on pas qu'Ovide (5) a voulu faire allusion à ce canton:

.......Vidi factas ex æquore terras ;
Et procul à pelago conchæ jacuere marinæ,
Et vetus inventa est in montibus anchora summis.

En admettant ces découvertes rapportées par le père Malbrancq (6), nous sommes bien éloignés pourtant d'adopter son système touchant l'emplacement du port *Iccius* de César, et de croire que la mer formât encore en 918 (7) un golfe

(1) Musgrave supr.
(2) Cartul. hist. Bibl. Reg., n.° 5439, p. 26.
(3) Comment., lib. 3, c. 7.
(4) Atlas, vol. 7, p. 232, col. 1.
(5) L. 15, v. 263 et seq.
(6) De Morinis, tom. I, p. 54.
(7) Ibid., tom. II, p. 433.

assez spacieux et assez profond pour que les barques des Normands pussent y voguer jusqu'à Saint-Omer. Nous ne citerons pas le nouvel historien de Calais qui voit ce golfe bien existant encore, du moins jusqu'à Guisnes, au commencement du xiii.ᵉ siècle (1), lorsque Louis de France s'embarqua pour aller recevoir la couronne d'Angleteterre; l'amour de la patrie lui a fait faire cette bévue comme bien d'autres.

DANS LE BOULONOIS. Si nous passons des environs de Saint-Omer et du pays reconquis, en Boulonois, nous y serons frappés de cette chaîne de montagnes qui forme comme une anse depuis la Canche à peu près jusqu'à la petite rivière de Vimereux; sans parler de la nature du terrain qui décèle un fond occupé autrefois par la mer, nous serons étonnés, en jetant les yeux sur l'ancien port de Boulogne enseveli presque sous ses ruines, port que les empereurs romains, il y a près de deux mille ans, ont choisi pour faire leur embarquement en Angleterre; mais nous reviendrons de notre surprise en faisant attention que le lieu du mouillage actuel des vaisseaux n'en était que l'entrée; que la rade de l'ancien port s'étendait plus avant dans la vallée où coule la rivière de Lianne. C'était dans cette rade vaste et spacieuse, aujourd'hui comblée par les sables, que les vaisseaux se trouvaient à l'abri des vents par la hauteur des montagnes et des dunes qui couvrent la péninsule d'Outreau : *ampla et tecta statio navium*. Ce port avait près d'une lieue en longueur, suivant une critique des annales de Calais (2) composée par Bernard, laquelle nous a été communiquée par M. Pigault, receveur des traites à Calais, et s'étendait jusqu'à Isque, village entre la Lianne et le grand chemin de Boulogne à Samer; c'était là que s'arrêtait la grande marée. On voit, en effet, par d'anciens aveux du fief d'Audisque, que le possesseur avait droit de vicomté sur les barques qui entraient au hable d'Isque : on nous a assuré que l'on avait trouvé des restes d'un bassin en ce lieu ; mais quelque étendue que l'on donne à ce port sous les empereurs romains, il est certain que la mer se portait bien plus loin avant la rupture de l'isthme.

Si nous suivons cette côte jusqu'à Etaples, nous y apercevrons les traces du séjour de la Manche par les dépôts qu'elle y a formés; nous aurons de la peine cependant à reconnaître, dans l'emplacement actuel du port d'Etaples, l'ancien Quentovic et à nous représenter qu'un port qui a servi au débarquement d'une armée considérable de Normands, n'ait consisté, comme aujourd'hui, qu'en une baie plus longue que large où la mer s'engage par les villages d'Enocq et d'Atin. On serait plus porté à croire que les dunes qui resserrent si fort l'embouchure de

(1) Tom. 1, p. 634.   (2) MS. de dom Ducrocq.

cette rivière, que ces monceaux énormes de sable depuis Etaples et au-delà, jusqu'à Merlimont, dans l'étendue de près de deux lieues de long, sur une lieue de large, ont pris la place des eaux comme porte le nom même du village de Merlimont, en latin *Maris-Mons*, et ont comblé le port. En faut-il d'autres preuves que les révolutions continuelles de ces dunes; telle montagne de sable formée aujourd'hui dans un endroit par un tourbillon de vent, sera portée demain dans un autre par un tourbillon contraire.

Consultons la science étymologique, la géographie et l'histoire; la première nous apprendra que les mots latins *Pontium*, *Ponticum*, *Pontivum*, viennent de celui de *Pontus*, qui signifie la mer; or, les deux premiers sont synonimes de *Taruanna* ou de *Civitas Morinorum*, Térouanne en français, capitale des Morins dans les anciennes notices des provinces et des cités; le troisième *Pontivum* est le nom latin de Pónthieu, comté qui a pour bornes les rivières de Canche et de Somme, et qui avait plus d'étendue autrefois de l'orient à l'occident : elle nous apprend que ces mots celtiques *mar*, *mer*, *mor*, qui entrent dans la composition des noms de lieux signifient aussi la mer. La géographie nous apprendra *que anciennement la mer soulait venir tout outre la ville de Villiers-sous-Saint-Josse*, ce sont les termes employés dans une enquête du mois d'octobre 1355 touchant les droits respectifs du comte de Ponthieu et de l'abbaye de Saint-Josse-sur-Mer (1); qu'en remontant la Canche vers Montreuil on trouve sur la rive droite le village d'Attin, appelé dans les anciens titres *Mero Attimacum;* sur la rive gauche, la ville de Montreuil, dite depuis longtemps Montreuil-sur-Mer; au-dessus Marenc, Marenlas, Marles, trois villages à peu de distance de la rive droite ; enfin, Marconne et Marconnelle près Hesdin. Les actes de sainte Austreberte (2) nous apprendront que cette sainte voulant aller de Marconnelle où demeuraient ses parents à Térouanne, pour consulter l'évêque, les eaux de la Canche se trouvèrent tout-à-coup tellement grossies qu'elles couvraient le pont, et que la sainte ne pût la passer que par miracle. D'où pouvait être venue cette inondation subite, sinon de la marée? A en croire Malbrancq (3), la marée refoulait les eaux de la petite rivière du bras de Broune, juqu'à Herly, village du comté de Saint-Pol, mais il s'appuie d'un passage des actes de saint Walbert, *villa marinis littoribus contigua*, auquel nous croyons qu'il a donné un sens trop étendu.

DANS LE PONTHIEU.

Il est d'autant plus croyable que la vallée où coule la rivière d'Authie servait

DANS L'AMIÉNOIS.

(1) Preuv., part. II, p...
(2) Act. ff. Bened. sæcul. 3. part., p. 30, n.° 7.
(3) De Morinis, tom. I, p. 440.

aussi de décharge aux eaux de la Manche, que l'ouverture de son embouchure était bien plus vaste autrefois qu'elle n'est à présent. Elle formait un havre qui s'étendait jusqu'à Waben (1), éloigné actuellement de près de mille toises du port formé par les bouches de l'Authie. On a découvert sur la rive droite de cette rivière, vis-à-vis l'abbaye de Dammartin, c'est-à-dire à ouze mille toises environ de ce port, un gros anneau de fer scellé dans une pierre. Malbrancq pense qu'il a pu servir à attacher de grands navires, *grandiora navigia* (2).

Cette vallée séparait le comté de Montreuil du Marquenterre. Or, il n'y a point de canton sur toute la côte qui conserve, comme celui-ci, des marques du séjour de la mer. Son ancien nom latin est *Mareskina terra*, d'où l'ancien picard a fait *Mareskine terre;* et celui du moyen-age, *Marquenterre*, comme qui dirait, terre occupée autrefois par la mer. La marée allait encore jusqu'à Rue en 1210, puisque Guillaume, comte de Ponthieu, se réserve un droit sur chaque navire qui abordait à cette ville; c'était vraisemblablement par le canal de la Maie, qui partage le Marquenterre, que ces navires y arrivaient; cette rivière *quæ per grevam currit*, dit la charte que nous venons de citer, était plus considérable qu'elle n'est à présent lorsque Harold y vint échouer vers 1066. Enfin les pâturages du Marquenterre sont nommés Molières, c'est-à-dire terres reprises sur la mer, comme à Cambron et à Quent dont les dîmes que l'abbaye de Saint-Valery y avait sont confirmées par une bulle du 3 juin 1266, malgré les changements que la mer apportait fréquemment à la surface de ce terrain par ses inondations : *Non obstante quod in illis per maris inundationem sœpe solet terre superficies immutari* (3). Ces molières sont appelées aussi *salines* dans une sentence de l'an 1483 du lieutenant-général du sénéchal de Ponthieu qui les adjugea aux habitants de ce canton (4).

Si un tel débordement a eu lieu sur un terrain qui sert aujourd'hui de barrière à la Manche, quels purent donc avoir été ses effets dans la vallée de la Somme. Il est constant, par une découverte qui fut faite il y a vingt-cinq ans environ, dans les marais d'Hangest-sur-Somme, qu'au temps de l'empereur Commode ou peut-être même plusieurs années après, son lit était de sable marin et non de vase. Nous parlerons de cette découverte dans un autre endroit. M. Lenain, ingénieur ordinaire du Roi, eut commission de la Cour, en 1644, d'observer les passages de la Somme dont les ennemis pouvaient tirer avantage. Il remarqua au-dessous du village d'Hangest, au pied d'une roche, un lit de cran,

---

(1) P. Ignace, hist. ecclés. d'Abbeville, p. 421.
(2) Mabrancq. sup., p. 67.
(3) Pr., part... n°.....
(4) Rumet, hist. picard. MS.

ensuite un lit de tourbe de deux à trois pieds d'épaisseur, après, un autre lit de cran de même épaisseur, enfin une terre fangeuse de la nature de celle de la tourbe: *Par où l'on doit juger,* dit-il, *que ce sont des terres coulées des côtés, depuis un long temps qui ont été recouvertes, tantôt de vase, tantôt de pierres détachées de la côte; et une chose bien curieuse, c'est un corps d'arbre entier trouvé à dix ou douze pieds dans la vase sous ces bancs de cran* (1). Sous la couche de tourbe, dit M. Bizet (2), qui est d'environ de douze à quinze pouces, y compris les déblais, sont des couches de sable, de glaise, de galets, telles qu'on les trouve dans nos plaines. C'était la surface de nos marais dans les premiers temps du monde. M. Bellery (3), chargé de quelques travaux en Picardie qui l'ont obligé de faire des sondes dans les marais de la Somme, a observé de même au-dessous d'un banc de tourbe, un lit de terre grisâtre de trois à quatre pieds d'épaisseur qui, quand on la tire, *paroît aux doigts à peu près grasse comme de la glaise; mais desséchée elle se réduit facilement en poussière, et l'on n'y remarque qu'un sable très-fin de couleur de cendre claire.* Nous avons fait la même observation à peu près dans les marais de l'abbaye du Gard; nous y avons vu un sable un peu dénaturé par son mélange avec les végétaux qui forment la tourbe. Les jardins de cette abbaye en sont sablés. *Quelques coquillages,* ajoute M. Bellery, *forts petits, il est vrai, et en petite quantité... nous annoncent que ce lit y a été déposé par les eaux de la mer.* Il croit ce lit comme universel dans une grande partie de la vallée de la Somme, parce qu'il a vu la même chose dans quantité d'ateliers. Ce lit est posé sur un fond de galets ou cailloux arrondis et parfaitement semblables à ceux dont le rivage des mers est couvert. M. Saulmon (4) donne aussi les galets arrondis comme une preuve certaine du séjour des eaux de la mer dans les lieux où ils se trouvent. *Ils sont arrondis,* dit-il, *et fort polis comme ayant été battus et usés par les flots; ceux au contraire qui n'ont pas éprouvé ces frottements réitérés, sont recouverts d'une croute informe.* Ainsi les montagnes de Bonneuil, de Broye, du Quesnoy, et la vallée de Clermont en Beauvoisis, présentent des tas de galets arrondis comme ceux de la mer et disposés comme s'ils eussent été déposés par cet élément; il y a lieu de croire que la mer a couvert autrefois tout cet espace.

Nous avons observé la même chose entre Breteuil et Montdidier, au bois des Galets, qui est entre Prévillers et le Hamel; à Bresle, sous les murs du parc de M. de Beauvais (5). Ici les galets se trouvent sur différentes couches de coquil-

---

(1) Plans MSS. des passages de la Somme.
(2) Mém. sur la tourbe, p. 26.
(3) Dissert. sur la tourbe de Picardie, p. 13.
(4) Mém. de l'acad. des scienc., an. 1707, p. 5.
(5) Supr., p. 24.

lages qui se mettent en poussière au toucher, si l'on en excepte les écailles d'huîtres qui ont conservé plus de consistance. Il est bon d'observer que ce lieu avoisine un marais d'où l'on tire de la tourbe. Mais autre chose plus concluante en faveur du séjour de la mer dans le Beauvoisis, c'est le grand nombre de coquillages marins que l'on trouve à fleur de terre à une lieue et demie de Bresle, entre la forêt de Hez et la rivière de Terain. L'on descend du mont d'Hermes au village de Saint-Félix par un chemin creusé dans un roc qui n'est qu'un assemblage de coquillages marins convertis en pierres *calcaires* dont la liaison est faite de débris d'autres coquillages, ce qui le rend très friable; mais malgré le peu de consistance de cette espèce de mortier, les cames de différentes espèces, les huîtres épineuses, les limaçons unis et tout blancs que l'auteur de la Conchiologie imprimée en 1742 (1) regarde comme fort rares; ceux à bouche aplatie qu'on appelle sabot; les buccins de toute espèce, surtout ceux qu'on nomme fuseau, mître; les vis à l'infini, parmi lesquelles on trouve le télescope, la tarière, la cheville et autres que nous avons en masse ou détachées et très entières, conservent jusqu'à leurs dents, leurs fascies, leurs stries et plusieurs même leur émail. La plupart de ces coquilles ne se trouvent plus dans la partie de la Manche qui borde la Picardie. Celles que l'on trouve dans la carrière du calvaire d'Hermes ne sont pas à beaucoup près d'une aussi belle conservation. On observera que la montagne d'Hermes est à près de trente lieues de la mer. A douze ou treize lieues de là est un banc d'huîtres qui s'étend depuis le mont Ganelon, à une lieue de Compiègne, jusque dans les environs de Noyon:

Et procul à pelago conchæ jacuere marinæ (2).

XXIII.

GOLFE PRÉTENDU ENTRE ABBEVILLE ET AMIENS.

Quoique la mer ait pénétré si avant dans notre province, est-ce à dire pour cela qu'elle montât encore jusqu'à Amiens au temps de César? L'historien des Morins prétend que la vallée de la Somme jusqu'à Amiens formait un golfe à l'arrivée des Romains dans la Belgique (3). Sur quoi fondé? Le voici : César (4) ayant repassé des côtes d'Angleterre aux côtes des Morins et retiré ses vaisseaux de la pleine mer, il fit transporter ses magasins à Amiens et y assembla les états de la Gaule; or l'on ne retire, dit-il, les vaisseaux que dans un port ou dans un

---

(1) pag. 254.
(2) Ovid., l. 15, v. 264.
(3) Malbranc. supr. Schol. in cap. 3, lib. 1, p. 585.
(4) Comment., l. 5.

golfe très long : *porrò in portum subducuntur naves, aut in longiorem sinum ;* donc ce port était sous les murs d'Amiens tout au moins, et la vallée où coule la Somme formait le golfe. Il aurait dû dire aussi que c'était le *sinus Gallicus* où Saint-Germain d'Auxerre, suivant les actes de sa vie, s'était embarqué pour passer en Angleterre. Mais n'est-il pas plus vraisemblable que ces vaisseaux furent partagés dans les ports *Iccius* inférieur et supérieur, et que ce fut pour les garder que César envoya C. Fabius avec une légion chez les Morins.

XXIV.
PORT DE MER A HANGEST-SUR-SOMME.

Le P. Ignace Sanson (1) conduit aussi les eaux de la mer dans la vallée de la Somme, mais seulement jusqu'à Hangest. Il croit que sous l'empire romain la grande marée formait un port vis à vis de l'Etoile, village à quatre lieues au-dessus d'Abbeville, d'où elle se répandait ensuite jusqu'au village de Bourdon (on a découvert en ce lieu, fort avant en terre, de vieilles ancres et autres ustensiles de navire), et remplissait cette vaste prairie qui s'étend entre l'Etoile et Hangest. Nous avons été sur les lieux; nous l'avons jugé en effet très-propre à former un beau bassin ; nous avons visité ce qu'on appelle le Camp de l'Etoile dont la situation, au sommet de la falaise septentrionale, domine sur toute la vallée : nous avons cru même apercevoir à l'extrémité méridionale de ce camp une plate-forme, de figure ronde, qui semble avoir servi de base à une tour où était placé un fanal pour éclairer les vaisseaux ; c'est peut-être de ce fanal qu'est venu le nom de l'Etoile que porte encore ce village : la charte de fondation de l'abbaye de Corbie, donnée en 660, le nomme *siderude,* corruption du mot *sidera.*

Le même auteur rapporte que suivant d'anciens titres de l'abbaye de Saint-Riquier, la marée montait par la vallée où coule la petite rivière de Cardon, jusqu'au-dessus de cette petite ville ; et que pour empêcher les inondations de la mer d'intercepter la communication entre Saint-Riquier et le village de Bersacles, les religieux firent construire un pont de fer à l'entretien duquel ils furent obligés, par arrêt du parlement, d'affecter une rente de quarante-huit septiers d'avoine, rente, dit-il, qui existe toujours *propter incertum rei eventum.* Quoi qu'on ignore le lieu où ce pont était situé, le nom du bourg d'Airaines, en latin *Arena,* et du hameau de Mermont, *Maris-Mons,* situés au-delà sont d'autres indices sinon du séjour de la mer, du moins du flux et du reflux dans la petite

---
(1) Hist. ecclés. d'Abbeville, p. 12.

vallée de la rivière d'Airaines. La marée montait encore dans les dernières années du xii.ᵉ siècle, par la petite rivière de Nièvre jusqu'à Bertaucourt : car il est dit dans une notice des bienfaits que le comte de Ponthieu avait reçus, en 1190, du roi Philippe-Auguste, en épousant sa sœur, qu'il avait xv livres x sols ou environ sur les marées de Bertaucourt : *Ad aquatios de Bertaucort circiter* xv *libras et* x *solidos.*

XXV.

EXCURSIONS DE LA MER EN PICARDIE DEPUIS LA DESTRUCTION DE L'ISTHME.

Il est impossible de donner une époque fixe à la destruction de l'isthme. La mer a quitté notre continent à mesure que la brèche s'est élargie, faisant encore de temps en temps quelques excursions sur le pays qu'elle avait abandonné. Musgrave (1) nous fait connaître celles qu'elle a faites en Angleterre. La chronique des Morins (2) nous instruit que leur pays souffrit de grandes inondations vers 580. Le 5 de novembre 1042, l'Océan rompit ses barrières et inonda une partie de la Flandre; hommes et animaux furent submergés (3). Le Boulonois était compris alors sous le nom de Flandre. La mer causa un dégât presque semblable en 1135, dans une partie de cette province (4). Le 24 décembre 1531, pendant l'office de la nuit de Noël, une inondation subite submergea les vallées voisines de la mer; les eaux passèrent par-dessus les toits des maisons qui étaient bâties dans les marais des environs d'Abbeville et de Montreuil-sur-Mer (5).

Les espèces de vol que la Manche fait encore tous les jours à nos côtes, donneraient à penser qu'elle n'a pas oublié son ancien séjour. On assure (6) qu'elle a repris au chemin romain qui aboutissait à Sangate, un quart de lieue environ; à Boulogne elle a miné la falaise où la tour d'Ordre était construite, au point qu'il ne reste presque plus de vestige de cet ancien monument romain. Rombly en Boulonois, près Etaples; Trépié et Cacque, autres villages entre la Canche et Saint-Josse, sont enterrés presque sous les sables. Ses entreprises furent si considérables au xv.ᵉ siècle dans le Marquenterre, que Philippe, duc de Bourgogne, engagiste du comté de Ponthieu, se vit obligé d'accorder aux habitants des bourg et banlieue de Marquenterre, la faculté de construire des digues contre les entre-

---

(1) Belg. Brit. præ, p. 14.
(2) Malbranc, tom. i, p. 242.
(3) Meyer. Comp. chron, Fland. ad hunc an.
(4) Robert de monte, chron. ad hunc an.
(5) Rumet, supr., fol. 199, rect.
(6) Sanson, dissert. MS. sur le Portus Iccins, c. 13.

prises de la mer (1). Les lettres patentes données à Bruxelles sont datées de 1460. Elles furent confirmées le 21 d'octobre 1463 par le roi Louis XI. Il est certain, par des titres de l'abbaye de Corbie, que le Marquenterre n'avait pas essuyé au x.ᵉ siècle des invasions aussi considérables; le terroir de Saint-Quentin de Tourmont était très-vaste encore, et aujourd'hui il est couvert de sables. *Au Crotoi, dit M. Sanson, l'on m'a fait voir l'emplacement d'un grand nombre de maisons que la mer a emportées il y a longtemps et dont les sables couvrent les ruines;* l'état de ce lieu est bien plus déplorable aujourd'hui. *Entre la pointe du Hourdel et Saint-Valeri, la mer y a gagné force terrains de nostre tems.* Elle a empiété si fort du côté de la falaise où est située la ville de Saint-Valery, qu'elle en a fait disparaître une rue entière qui était adossée contre les fortifications. Cayeux, bourg considérable autrefois, n'est plus qu'un monceau de sables. Nous ne finirions pas si nous voulions entrer dans le détail des entreprises que la mer fait tous les jours sur les côtes de Picardie.

XXVI.

RIVIÈRES DE PICARDIE QUI PORTENT LEURS EAUX A LA MER DIRECTEMENT.

Nos rivières concourent avec celles de nos voisins à l'entretien de ce vaste bassin par les eaux qu'elles y portent perpétuellement : les unes conservent leur nom jusqu'à leur embouchure, comme l'Aa, l'Authie, la Bresle, la Canche, le Hable, la Lianne, la Maie, la Petresse, la Selaque, la Somme, le Vimereux; les autres se déchargent dans celles-là et les grossissent. L'Oise, quoique plus considérable qu'aucune de celles dont nous venons de parler, par la jonction d'autres rivières considérables aussi, s'embouche dans la Seine à Conflans-Sainte-Honorine. On verra le détail des unes et des autres dans la notice. Passons à l'état de la seconde Belgique, lorsqu'elle commença d'être habitée.

XXVII.

LA BELGIQUE TOUTE COUVERTE DE BOIS AVANT LA POPULATION.

Figurons-nous, d'après le récit des voyageurs, ces pays demeurés déserts jusqu'à nos jours. La nature abandonnée à elle-même n'y a produit que des forêts : tel fut l'état de la Belgique pendant les premiers siècles du monde, après la confusion des langues et la dispersion des familles, cent cinquante ans après le déluge universel. Quelques colonies gagnèrent de proche en proche les extrémités de

(1) **Rumet** supr.

notre continent, à mesure que la nécessité ou leur bien-être l'exigèrent; parvenues dans nos cantons après avoir peuplé les parties orientales et méridionales de la Gaule, elles trouvèrent un pays couvert de bois. Nous ne croyons pas exagérer en disant que toute la Belgique était couverte d'une seule et même forêt dont la continuité n'était interrompue que par les rivières ou les marais. César qui avait vu la Belgique aussi peuplée, peut-être, qu'elle l'a été de nos jours, nous apprend qu'il existait encore de son temps des portions immenses de cette forêt dont l'origine remonte à la plus profonde antiquité.

LA FORÊT D'ARDENNE S'ÉTENDAIT BEAUCOUP DANS LA PICARDIE.

La plus considérable était l'Ardenne, nom appellatif dérivé, suivant tous les étymologistes, du mot *arden*, qui signifie une forêt. Elle avait plus de cinq cents mille pas de longueur : *Est totius Galliæ maxima....... millibusque amplius quingentis in longitudinem patet* (1), à la prendre, sans doute, depuis Coblentz sur le Rhin, qui était précisément l'extrémité du pays des Trévirois : *Atque ab ripis Rheni finibusque Trevirorum*, jusqu'à la Manche où le pays des Morins se terminait : *extremique hominum Morini*. Car comme l'ont observé fort bien Cluvier et M. d'Anville, si la forêt d'Ardenne n'eût été étendue que depuis le Rhin jusqu'aux sources de la Sambre et la haie d'Avesnes, César n'aurait dû compter que cent soixante mille pas. Strabon (2), qui prétend qu'elle n'avait pas même quatre mille stades, c'est-à-dire cinq mille pas environ, convient cependant qu'elle s'allongeait dans le pays des Atrebates, des Eburons et des Morins : *Menapiorum regioni similis est Morinorum, Atrebatum et Eburonum: est enim sylva arborum non excelsarum magna quidem, sed non tanta, quanta scriptores prodiderunt* IV. M. *stadiorum ei tribuentes ; eam vero Arduennam vocant*.

Cluvier (3) en lui donnant deux cent quarante mille pas, dit que les forêts des Ménapiens et des Morins n'étaient que des portions continues de l'Ardenne, comme Strabon l'avait pensé : *Haud inepte Strabo unam esse perpetuam sylvam judicavit Arduennam in plureis parteis, atque nationes distractam*. La Martinière (4) paraît n'avoir pas été éloigné de ce sentiment, en plaçant dans l'Ardenne tous les pays situés entre la Meuse, l'Escaut et l'Océan. D'Anville (5) veut qu'on lise cent cinquante mille pas, ce qui peut revenir à la distance du Rhin à la Sambre. M. de Valois (6) va plus au rabais; il ne lui en donne que cinquante mille; il la fait avancer cependant jusqu'aux confins des Nerviens et des Vermandois. Quoiqu'en dise le P. Watelain, de ces différents sentiments, celui de Cluvier nous

(1) Cæsar, l. 6, c. 29.
(2) Liv. 6, p. 296, édid. 1707.
(3) German. antiq., lib. II, p. 194.
(4) Diction. géogr.
(5) Notice des Gaules au mot *Arduenna*.
(6) Notitia Galliar.

paraît s'éloigner moins du texte de César, qui, en conduisant la forêt d'Ardenne jusqu'aux confins des Rémois et des Nerviens, n'a voulu parler sans doute que de la partie non interrompue de cette forêt depuis le Rhin, sans en exclure les portions qui s'étendaient dans les pays des Rémois, des Vermandois, des Nerviens, des Ménapiens, des Morins, etc.; portions qui paraissaient détachées et qui ne l'étaient pas plus que ces parties de bois épars aujourd'hui dans le Laonnois, qui sont de vrais démembrements de la forêt de Tiérache. Cluvier est d'accord parfaitement avec Tacite (6) qui, en parlant de l'Ardenne, ne dit point la forêt, mais les forêts : *Petebantque saltus quibus nomen Arduenna;* ce qui suppose que du temps de l'écrivain romain, cette forêt était composée de parties distinctes et séparées.

Qu'elles étaient donc ces branches séparées? Les plus connues sont : la Charbonnière et la Tiérache; celle-ci était séparée de la première par les bras de la rivière d'Helpes ou Hèpres, et par la Sambre; par la rivière de Vesle de la forêt de Rets, qui couvrait le Tardenois et la plus grande partie du Valois. La Rets a été divisée ensuite en forêts de Dole, de Fère, de Ris et en la portion qui a conservé l'ancien nom. Celle-ci tenait à celle de Cuise, qui touchait à celle de Halate, qui joignait aux forêts de Chantilly et d'Ermenonville, qui joignaient à celle du Lys, qui joignait à celles de Carnelle et de l'Isle Adam. La forêt de Tiérache avait sa jonction d'un autre côté avec la forêt de Vosges ou Vouais, dont les forêts de la Fère, de Saint-Gobain, de Folembray, de Coucy ne sont que des portions. La forêt de Folembray était contiguë à la forêt de Laigue, que la rivière d'Aisne séparait de la forêt de Cuise ou de Compiègne.

LA FORÊT DE TIÉRACHE. — DÉMEMBREMENT DE CELLE D'ARDENNE.

La Tiérache avait sa jonction avec la forêt de Baines en Noyonnois, qui touchait à celles de Bouvresse et de Chiry, qui touchaient à celle de Roye-sur-Mas, qui s'étendait dans le pays des Beauvoisins. Dans ce canton était une autre grande forêt, qui allait joindre celle de Hez, et celle-ci, la forêt de Telle. D'un côté et de l'autre celles de Grasse, de Selve, de Noirvaux et autres dont les noms nous sont inconnus et qui s'étendaient à l'occident et au septentrion. Ce détail est conforme à l'article du dictionnaire géographique de M. l'abbé d'Expilly, qui porte : *Du côté de la Tiérache, cette forêt* (l'Ardenne) *forme une espèce de branche, qui communiquerait avec la forêt de Compiègne, avec celle de Villers-Cotterets et plusieurs autres, si l'on n'avait point défriché certains intervalles, qui forment aujourd'hui des vuides; mais ces intervalles sont peu considérables, et le gibier passe facilement d'une forêt à l'autre surtout pendant la nuit.*

(6) Tacitus lib. Ann. 3. c. 42.

Depuis Ribemont, sur la rivière d'Oise, dans une partie du Vermandois et dans tout le Santerre, jusqu'aux rivières d'Avre et du Don, il reste fort peu de vestiges de forêts. De là jusqu'à la mer sont beaucoup de portions de bois, restes d'une grande forêt qui était située dans les environs de Fontaine-sur-Selle, dont il est mention dans une charte de 851, en faveur de l'Eglise d'Amiens; nous serions portés à croire que l'ancienne forêt d'Arguel près Aumale n'est qu'une branche de la forêt dont nous venons de parler.

Enfin la forêt de Tiérache avait sa jonction par celle de Nouvion à la forêt d'*Aridagamance* ou d'Arouaise, qui tenait à celle de *Belen selve* ou Baisieu, qui tenait à celle de Vicogne, qui n'était séparée de celle de Lucheux que par l'Authie et qui tenait à celle de Crécy en Ponthieu, qui s'étendait entre la Somme et l'Authie jusqu'à la mer.

LA FORÊT CHARBON- NIÈRE. — AUTRE DÉMEMBREMENT DE L'ARDENNE.

La seconde branche détachée de l'Ardenne est la forêt Charbonnière : elle avait son commencement au-delà de la Sambre, la forêt de Morinal en est un reste. Ainsi la Charbonnière dont parlent les annales de D. Mabillon (1), à l'occasion d'une défaite des Normands près ce lieu en 879 : *juxta Carbonariam, in loco qui dicitur Thimum*, ne peut être la forêt de ce nom, mais un hameau sur la gauche du grand chemin de Mezières à Rosoy : ce hameau est en effet à une lieue environ (ouest) de Thin-le-Moutier. La forêt Charbonnière était renfermée, suivant M. de Valois, entre la Meuse, au-dessous de Givet, sans doute, et l'Escaut, et touchait de bien près l'Oise et la Somme : *apparet Carbonariam silvam usque ad Isaram et Suminam fere pertinuisse*. Elle s'étendait bien d'avantage entre l'occident et le septentrion. Dans la grande contestation survenue entre la France et l'Espagne touchant les limites de la Picardie et de l'Artois, le procureur-général de l'archiduc d'Autriche produisit des titres qui certifiaient que la forêt Charbonnière couvrait tout le pays qui fut donné par le roi Charles-le-Chauve à Beaudouin Bras-de-Fer, en faveur de son mariage avec la princesse Judith, fille de ce prince. C'est de là que lui est venu le nom de Forestier de Flandre que plusieurs de ses successeurs ont conservé; d'un autre côté M. de La Guesle, procureur-général du roi Henri IV, dans son traité en forme de contredit des prétentions de l'archiduc sur le comté de St.-Pol (2), avoue que la forêt Charbonnière est l'ancien nom de la Flandre; quoiqu'il refuse de reconnaître que le don de Charles-le-Chauve eût compris toute l'étendue du pays situé entre la mer, les rivières de Somme et d'Escaut, il dit plus : *Qu'il y a de l'apparence qu'elle s'étendoit jusqu'à la mer, non seulement pour le regard de ce qui est appelé Flandre, mais*

(1) Annal. Bened., tom. III, p. 222, n.° 21.   (2) Pag. 4, 5.

pouvoit être qu'elle s'allongeoit le long du rivage du côté de la France jusqu'à Boulogne. Il ajoute : *Ce qui s'appeloit forêt Charbonnière contenoit la plus grande part des territoires, non le tout, que les anciens Morins habitoient.* Ses principales preuves sont prises et des commentaires de César et de la situation des lieux.

L'historien des Morins (1) regarde comme une portion de l'Ardenne, une ancienne forêt qui s'étendait au-delà de la Lys, du côté de la ville d'Aire, connue sous le nom de Triste; *Tristiacensis Sylva,* nom que lui a donné Alcuin dans les actes de Saint-Riquier : la forêt du Roi appelée Neppe en faisait partie. En deçà de la Lys, cette forêt était connue sous le nom de *Vastus Saltus,* vaste Selve, comme on lit dans la vie de saint Isberge, et s'étendait du côté d'Arras. Ces deux forêts, par conséquent, devaient toucher d'un côté à celles de Trefay, de Hesdin, etc., au comté de Saint-Pol; et d'un autre aux forêts de Desuresne, de Boulogne, de Guines, de Tournehen, etc., qui couvraient tout le Boulonois ; c'est pourquoi Lambert d'Ardres l'appelle *Nemorosus terrarum saltus.* Ainsi le P. Labbe (2) s'est trompé en disant que la forêt Charbonnière s'étendait fort au loin au delà et en deçà de la Somme dans le Santerre, et que le bourg d'Harbonnières en avait retenu le nom : *in Carbonaria sylva quæ eis et trans Somonam latissime patebat, cujusque vestigia hærent in vico populoso Harbonnieres dicto.*

XXVIII.

DÉFRICHEMENT DES FORÊTS DE LA PICARDIE.

Ces forêts ont été détruites. Comment ? Si nous voulions consulter les étymologistes, ils nous diraient que le terme *ard* est la racine du mot Ardenne (3); que de là est venu le verbe latin *ardere,* et le français *brûler,* avec tous ses composés, entr'autres *arsin,* terme consacré dans le Code des eaux et forêts (4), pour désigner des arbres auxquels on a mis le feu; dans le Code criminel pour la connaissance du crime d'incendie ; enfin *arsi,* qui, selon l'abbé le Bœuf (5), dénote un lieu incendié. En rapprochant ensuite le nom de l'ancienne branche de l'Ardenne, savoir la Charbonnière, en latin *carbonaria,* qui signifie un lieu rempli de charbons, nous déciderions que les forêts ont été ravagées par le feu; mais nous aimons mieux dire en général que ces forêts ont disparu peu à peu, à me-

---

(1) Malbranc, tom. 1, p. 25.

(2) Brev. geogr. append. vii, p. 662.

(3) Bullet. Diction. étymol.

(4) Froidour. Instruct. sur les bois du Roi, p. 21.

(5) Dissert.

sure que la population s'est étendue, et que les Belges se sont appliqués à l'agriculture.

PAR LES ROMAINS OU PAR EUX-MÊMES, OU PAR LES LÈTES.

Mais cette partie économique paraît avoir fait des progrès bien lents dans la Belgique, jusqu'à l'arrivée des Romains. Les Belges avaient respecté ces chênes, chargés de siècles, dont la cime vénérable se perdait dans les nues. Ils gémirent dans le secret en voyant les Romains y porter la coignée :

> . . . . Tunc omnia latè
> Procumbunt nemora et spoliantur robore sylvæ.
> . . . . Gemuere videntes
> Gallorum populi (1). . . . .

Ce n'était pas tout d'avoir abattu les forêts, il fallait défricher la terre. Un peuple qui avait perdu ce qu'il avait de plus cher, c'est-à-dire la liberté, pouvait-il se déterminer à semer pour ne point recueillir ; la présence des légions romaines, la rapacité des gouverneurs, les impôts exorbitants, par-dessus tout, les troubles qui survinrent dans l'empire par l'ambition des chefs, tous ces malheurs étouffèrent les sentiments de l'ame. Le pays se dépeupla insensiblement, l'Amiénois et le Beauvoisis surtout étaient réduits à la fin du III.e siècle de l'ère chrétienne à une telle extrémité, que l'empereur Constance Chlore, les voyant dégarnis d'habitants, y fit passer des colonies de Lètes, peuple cultivateur en même temps que soldat : *Ita nunc per victorias tuas, Constanti Cæsar invicte, quidquid infrequens Ambiano et Bellovaco...... restabat, barbaro cultore revirescit* (2).......... Parlerai-je encore, dit Eumenius, dans le discours qu'il fit à Constantin, en 309, des nations intérieures de la Gaule, tirées non de ces lieux dont les Romains s'étaient rendus maîtres autrefois, mais de leur propre pays, des confins de la Barbarie, afin qu'étant transportées dans les pays dépeuplés de la Gaule, elles pussent faire fleurir l'agriculture pendant la paix et fournir des recrues à l'empire en temps de guerre. : *Quid loquar rursus intimas Franciæ nationes non jam ab his locis, quæ olim Romani invaserant, sed à propriis ex origine suis sedibus, atque ab ultimis Barbariæ littoribus avulsas, ut in desertis Galliæ regionibus collocatæ, et pacem Romani imperii cultu juvarent, et arma dilectu* (3) ?

Quels furent ces Lètes cultivateurs de l'Amiénois et du Beauvoisis? Les Huns, peut-être, quoique la Notice de l'empire ne fasse mention que des Lètes Bataves, des Lètes Francs, des Lètes Suèves ; ils étaient compris comme ceux-ci sous le nom

---

(1) Lucan. Pharsal., lib. III. ver. 394 et seq.
(2) Eumen., panegyr. in Constant.
(3) Ibid.

général de Barbares. Notre conjecture est fondée sur le rapport du nom latin de la capitale du Santerre, canton le plus fertile de la Picardie, avec le mot *Huni*. Les chartes du xii.ᵉ siècle portent *Læti Hunorum*, d'où nous avons fait Lihons. Les noms des villages de Chuines et de Chuignoles, deux villages des environs de Lihons, peuvent être venus de la même source; car Grégoire de Tours a écrit indifféremment *Huni* et *Chuni* pour exprimer les Huns : *Sigebertus a Chunis rediens victor (an. 564)*. Le village d'Ons en Braic, dans le Beauvoisis, qui est écrit *Huns* dans une charte de 1161 du prieuré de Saint-Martin-des-Champs de Paris, n'a peut-être point d'autre origine, non plus que celui d'Onviller, placé sur le chemin de Montdidier à Noyon. Ces différentes colonies de Lêtes étaient distinguées par le nom de leur patrie. Les Lêtes établis en Vermandois, dans les environs de Condren-sur-Oise, étaient appelés Lêtes Bataves, *Lætorum Batavorum*. Une troupe de ces mêmes Lêtes ayant été transférée de Condren à Noyon, joignit à la dénomination de Bataves celle de Condrinois : *Lætorum Batavorum Contraginensium*. Les Lêtes, postés pour protéger les Remois et les Sylvanectes, étaient désignés par le nom général de Lêtes étrangers, *Lætorum gentilium*. Nous croyons qu'il est question des Suèves, parce que l'épithète de *gentilium*, dans trois endroits de la Notice de l'Empire, est appliqué aux seuls Suèves. Ainsi les Lêtes qui cultivaient le Santerre étaient de la nation des Huns.

Les Français vinrent ensuite, ils portèrent la coignée dans la fameuse forêt d'Hercinie : PAR LES FRANCS.

> Prorumpit Francus. Cecidit citò secta bipenni
> Hercinia in lentres (1). . . . .

Ils essayèrent de convertir en terres labourables ces bosquets, objet de la superstition de nos pères :

> Ut Salius jam rura colat, flexosque Sicambrus,
> In falcem curvet gladios. . . . .
> . . . . Lucosque vetusta,
> Relligione truces, et robora Numinis instar
> Barbarici nostræ feriant impunè bipennes (2).

Assurés de leur conquête, tranquilles dans leurs nouvelles possessions, les Francs négligèrent les défrichements.

Il était réservé aux disciples de Jésus-Christ de changer la face des affaires; c'est PAR LE CLERGÉ DES par vos soins, disait saint Paulin de Nole (3) en écrivant à saint Victrice apôtre des PREMIÈRES ÉGLISES.

---

(1) Sidon. Apol., carm. 7, in Avit. Aug.   (3) S. Paulini. ep. 18, alias 28, p. 101.
(2) Claudian., l. 1. De laud. Stilicon.

Morins, en 399, que dans ces lieux où des forêts désertes servaient auparavant de retraites aux barbares et aux brigands, on voit maintenant des chœurs angéliques de saints qui font retentir les villes, les bois et les îles des louanges du Seigneur dans des églises et des monastères nombreux : *Perpetuam sanctitatem..... ubi quondam deserta sylvarum ac littorum pariter intuta advenæ barbari aut latrones incolæ frequentabant, nunc venerabiles et angelici sanctorum chori urbes, oppida, insulas, sylvas ecclesiis et monasteriis plebe numerosis, pace consonis celebrant.* Oui, c'est aux travaux des prêtres, des cénobites particulièrement, travaux entrepris et soutenus pendant plusieurs siècles par les faveurs de nos rois, que la France doit le défrichement de ses forêts, et par conséquent l'état d'opulence et la sûreté publique qui règnent aujourd'hui dans ses provinces. En effet, si nous jetons les yeux sur les plus anciennes concessions faites en faveur des églises cathédrales et des monastères de la Picardie, nous y voyons que ces lieux, qui offrent aujourd'hui de si belles campagnes, un si grand nombre d'habitations, étaient autrefois tout couverts de bois. Les évêques, les chanoines employèrent leurs serfs à défricher les portions de forêts de leur dépendance. Ils assignaient à une famille un certain canton ; elle s'y établissait, y vivait du produit de sa culture, c'est-à-dire de la part qui lui était assignée, à proportion que le nombre de ses individus augmentait. Ainsi, d'une simple métairie, on voyait naître un village dont le chef de la première famille était qualifié doyen, prévôt ou maire. Voilà le premier titre de noblesse d'un grand nombre de familles distinguées.

PAR L'ORDRE BÉNÉDICTIN.

Les bénédictins mirent la main à l'œuvre et partagèrent le travail avec leurs serfs. En Picardie, les forêts défrichées, en tout ou en partie, par leurs soins, sous les deux premières races, sont, dans le Soissonnois, la forêt de Crouy près Soissons, par ceux de Saint-Médard; plusieurs portions de la forêt de Rets qui s'étendait fort avant dans le Tardenois, par les mêmes que ceux de Saint-Crépin-le-Grand de Soissons, de Chesy et de Mornienval; les forêts de Cuise et de Laigue, par les religieux des abbayes de Retonde, de Choisy et de la Croix-St.-Ouen ; les forêts de la Carnelle et de Thelle en Beauvoisis, par ceux de Saint-Denis et de Saint-Lucien de Beauvais ; la forêt de Brai, portion de celle de Thelle par les moines de Flay ou Saint-Germer; la forêt de la Gœselve par ceux de Saint-Denis et de Saint-Vast d'Arras; celle de Baine en Noyonnois par les religieux de Noyon, de Corbie, de Sithiu, autrement Saint-Bertin et de Bretigny ; les bois de Vosges ou Vouais, par ceux de Saint-Vincent de Laon, de Barisy et de Saint-Remi de Reims ; la forêt de Thiérace en partie, par les bénédictins de Saint-Remi et de Saint-Nicaise de Reims, de Saint-Vincent de Laon, etc. ; une partie de l'Arouaise, par les disciples de saint Fursy, établis à Péronne et par les moines du Mont-Saint-Quentin, etc. Toute la Vicogne fut défrichée par les soins des bénédictins de Corbie; partie des forêts du Vimeux par ceux de Saint-Valery-sur-Somme ; partie de la forêt de Crécy par ceux de Centule ou Saint-Riquier, de Forêt-Montier et de Saint-Josse; partie enfin des forêts des Morins, parmi lesquelles nous plaçons les forêts du Boulonois, par les bénédictins de Sithiu, de Samer, d'Auchy-lès-Moines, etc.

Cette nouvelle administration économique parut à Charlemagne, prince éclairé, si sage et si utile à l'Etat, qu'il en fit une loi pour tous ses domaines. Il ordonna, en 813, aux officiers préposés sur les forêts royales, partout où ils trouveraient des hommes utiles, de leur donner des portions de bois à défricher : *Ubicumque invenient utiles ullos homines, detur illis sylva ad extirpandum, ut nostrum servitium immelioretur* (1). Les ravages des Normands en arrêtèrent l'exécution. Les défrichements furent interrompus jusqu'à la fin du x.ᵉ siècle. Alors on commença à reconstruire les monastères ruinés. Les bénédictins reprirent le plan qui leur avait été tracé par leurs prédécesseurs. Les abbayes de Charoux, de Marmoutier, de Molème, de la Sauve-Majour, envoyèrent, à la demande des rois, des prélats et des seigneurs, des colonies de moines dans les diocèses d'Amiens, de Beauvais, de Noyon, de Senlis, de Soissons, de Térouanne, pour y fonder de petits monastères, et y établir la pureté de la règle de saint Benoît. Ceux-ci et à leur exemple les bénédictins de Saint-Sauve de Montreuil, de Breteuil, de Saint-Fuscien, de Nogent-sous-Coucy, de Saint-Nicolas-aux-Bois, de Saint-Michel-en-Tiérache, de Saint-Corneille de Compiègne, de Saint-Christophe en Halate s'occupèrent du soin d'améliorer les lieux de leur domicile.

Dans le même temps le tronc de l'ordre bénédictin, presque aussi ancien que la monarchie française, commença à jeter quelques branches. Celle que Cluny forma étendit ses rameaux dans toute notre province. Elle suivit le même plan touchant le défrichement des forêts. Citeaux, qui fit une autre branche de ce tronc, porta les mêmes principes jusqu'aux extrémités de l'Europe. Les Cisterciens, plus connus sous le nom de Bernardins, préférant des établissements hérissés de ronces et d'épines aux rases campagnes, forcèrent, à la sueur de leur front, les terrains de la Picardie incultes et abandonnés à une stérilité éternelle de devenir des champs fertiles et abondants en denrées de toute espèce. Les Papes, pour encourager ces pieux solitaires utiles à l'Eglise et à l'Etat, les exemptèrent de payer la dîme du travail de leurs mains ainsi que de leur économie : *ut de laboribus suis,* disent les Bulles, *quos propriis manibus aut sumptibus excolunt, sive de nutrimentis animalium suorum nulli decimas solvere teneantur.* Il serait

(1) Capit. C. M., an. 813, art. 19.

trop long d'entrer ici dans un plus grand détail, nous le donnerons ailleurs. Il suffit de dire que ces deux nouveaux ordres, ainsi que celui de Prémontré, ont fertilisé une très-grande partie du Soissonnois, du Laonnois et du pays des Morins.

Bien des gens auront de la peine à croire que des moines aient rendu des services aussi essentiels à la France : cependant un célèbre jurisconsulte (1) en était si persuadé qu'il assure *que ce qui induisoit si fort les hauts justiciers aux* XIe, XIIe *et* XIIIe *siècles en tentation sur les possessions jadis accordées aux moines, est que ces moines les avoient défrichées et mises en valeur, d'incultes ou peu profitables qu'elles étaient au temps où elles leur avoient été données.* L'auteur de l'*Ami des Hommes* et l'historien de François Ier (M. Gaillard), dans la partie de l'histoire littéraire de ce règne, ont pensé de même à l'égard des services rendus à l'agriculture par les moines. M. Rigoley de Juvigny, conseiller honoraire au Parlement de Metz, disait tout récemment dans son traité de la décadence des Lettres et des Mœurs depuis les Grecs et les Romains jusqu'à nos jours : *Nous méconnaissons aujourd'hui les services qu'ils ont rendus à l'Etat et à l'Eglise ; et prêtant l'oreille à des clameurs philosophiques qui s'élèvent de tous côtés pour les détruire, notre ingratitude oublie les avantages que nous en avons retirés, et nous fait regarder avec un œil d'envie les biens qu'ils possèdent, comme s'ils n'étaient pas le fruit de leurs travaux qui ont rendu fertiles des déserts.*

FAVORISÉS PAR LES ROIS ET PAR LES GRANDS SEIGNEURS.

Il est vrai que les princes de la race Capétienne contribuèrent beaucoup aux défrichements qui furent faits dans notre province durant ces trois siècles, non seulement en accordant aux églises, à cette condition, des portions considérables des forêts royales, mais aussi en affranchissant les habitants des lieux qui y voudraient travailler : c'est ce que Robert d'Auxerre (2) semble avoir voulu insinuer, en disant que le roi Louis VII fit couper un grand nombre de forêts pour y bâtir des bourgs et des villages dont quelques-uns ont conservé le nom de Neuville-Le-Roi. Philippe Auguste suivit les traces de son père ; ce prince consent, le 13 juillet 1193, que Jean Chatelain de Noyon ait la moitié dans les défrichements qui seraient faits dans la partie de la forêt de Laigue, qui appartenait au domaine royal. Il confirme en 1212, à Pierre Tristan, son chambellan, un bois situé entre la Ferté-Milon et Marisy-Saint-Mard que les chanoines de Sainte-Geneviève de Paris lui avaient cédé, à condition qu'il le défricherait. Il permet en 1220, aux religieux de Saint-Denis en France, de défricher les bois qu'ils avaient entre Estrée et Cressonsac. Saint Louis fit défricher, en 1268, une portion du bois de

---

(1) Brussel., usage des fiefs, p. 86, not. (2) Chron. Ludov. VII.

Hazoy, situé entre la rivière d'Oise et la Croix-Saint-Ouen, qui lui avait été cédée par l'abbaye de Saint-Médard de Soissons. Cette portion faisait partie autrefois de la forêt de Cuise. Les grands seigneurs, à l'exemple des Rois, s'occupaient sérieusement aussi de cet objet. Quels défrichements n'ont pas fait faire au xii.ᵉ siècle les comtes de Ponthieu dans la forêt de Crécy, par les Bénédictins, par les Bernardins et par les Prémontrés? C'est ainsi que notre province, par des progrès tantôt lents, tantôt rapides, est devenue une des plus riches de France.

XXIX.

CITÉS OU DIOCÈSES DE LA PICARDIE.

Ses anciens habitants, épars dans les forêts, ne laissaient pas de former divers petits états distincts, que les Romains ont nommés cités (quand César se sert du mot de *civitas*, c'est pour signifier l'Etat entier ou la communauté des habitants d'un canton, par exemple : *Treverorum civitas Rhenum tangit... civitas Helvetiorum in quatuor pagos divisa est... quòd eo oppido capto (Avarico), civitatem Biturigum se in potestatem redacturum confitebat... ne pulcherrimam urbem quæ et præsidio et ornamento sit civitati, suis manibus succindere cogerentur;* ici les habitants du Berri prient Vercingetorix de ne pas mettre le feu à leur ville, qui était une des villes de la cité de Bourges), et que nous appelons diocèse, c'est-à-dire un peuple, une totalité d'habitants unis par des liens qui les rendaient membres d'un même corps politique soumis aux mêmes lois, et attachés aux mêmes intérêts. Chaque cité avait le nom du peuple qui l'habitait : ainsi l'Amiénois portait le nom d'*Ambiani*; le Beauvoisis, de *Bellovaci*; les habitants des côtes de la Manche, de *Morini*; les Soissonnois, de *Suessionnes*; les Vermandois, de *Veromandui*. La cité des Sylvanecques est postérieure à César, et paraît avoir été composée, pour la plus grande partie, d'un démembrement du Soissonnois. Nous apprenons en effet que les successeurs de Tibère portèrent le nombre de ces districts de 64 à 115, en ôtant à plusieurs cités une portion de leur territoire, pour en former de nouvelles (1). L'ancienne cité de Soissons pourrait bien avoir contribué encore, avec celle de Reims, à la formation du Laonnois, territoire inconnu aux anciens Belges, puisqu'il ne date que de l'épiscopat de saint Remi. Au reste, le nombre de nos cités a dû varier, ainsi que les limites de la Belgique; car, suivant César, les Belges étaient séparés des Gaulois ou Celtes par la Marne et la Seine : *Gallos..... a Belgis Matrona et Sequana dividit* (2). Et suivant Strabon, qui florissait sous Auguste, c'était la Loire

---

(1) Dubos, hist. de la monarc. franç., tom. i, p. 2.   (2) De Bell. Gall., l. 1, c. 1.

qui lui servait de limite (1). En conséquence, il divise la Belgique en quinze peuples ou nations. Ptolomée, qui vivait plus tard, c'est-à-dire sous les empereurs Hadrien et Marc-Aurèle, lui donne vingt-neuf cités, et au commencement du v.ᵉ siècle, on en trouve vingt-trois dans la Haute-Belgique.

CES CITÉS DIVISÉES EN *Pagi*.

Nous n'entreprendrons point de rechercher l'origine des noms de ces différents peuples; excepté le nom de *Morins* que l'on convient être venu du mot celtique *Mor*, qui signifie la mer, tous les autres sont très-incertains. Les anciens et les modernes ne nous ont donné que des conjectures et plus souvent des fables que l'ignorance et l'orgueil ont fait imaginer à tous les peuples pour relever leur origine. Il suffit de donner pour une chose constante, que le district de chacun avait ses limites avant l'arrivée de César; que quelques-uns, comme les Morins, avaient plusieurs pays ou cantons *Pagi ;* que chaque canton avait un lieu principal appelé *Oppidum*. César en donne jusqu'à douze au Soissonnois (2).

XXX.

AUGUSTE CHANGE L'ANCIENNE DIVISION DE LA BELGIQUE.

La Belgique conquise, le général romain ne changea rien dans la division qu'il y avait trouvée établie; mais Auguste, son successeur, la divisa en trois provinces. La partie située entre la Seine et l'Escaut retint le nom de Belgique : *A Scalde ad Sequanam Belgica* (3). Le reste jusqu'au Rhin fut partagé en Germanie supérieure et Germanie inférieure (4). Auguste se réserva la disposition de ces trois nouvelles provinces, et nomma pour son lieutenant ou pour gouverneur de la Belgique : *Helius Gracilis Belgicæ legatus* (5). Marc-Aurèle conféra ce gouvernement à Didius Julianus (6), qui parvint à l'empire après la mort de Pertinax ; son administration fut longue et prudente : *Belgicam sanctè ac diu rexit*. Les choses demeurèrent en cet état jusqu'au règne de Dioclétien, qui fit un autre démembrement des provinces : *Provinciæ quoque in frusta concisæ* (7). Mais est-il l'auteur de la division de la Belgique en première et seconde ? Les savants ne sont point d'accord sur ce point. Au reste l'une et l'autre sont dénommées dans la lettre que saint Hilaire de Poitiers écrivit, en 358 (8), aux évêques des Gaules, dans l'Etat de l'empire, dressé par Sextus Rufus, et dans l'histoire des Gaules d'Ammien Marcellin.

(1) L. 4, p. 195.
(2) De Bell. Gall., l. 2, c. 1.
(3) Plin., l. 4, c. 17.
(4) Dio. cas., l. 53.
(5) Tacit., annal., l. 13.
(6) Spartian. de Didio Julian.
(7) Lactant. de Mortib. persec.
(8) Opera S. Hilarii, p. 1150, édid. 1693.

XXXI.

CE PAYS N'ÉTAIT PLUS PEUPLÉ ALORS DE BELGES ABORIGÈNES, MAIS DE GERMAINS.

Mais les differentes cités avec leurs *Pagi* que l'on pourrait comparer aux tribus des Hébreux qui n'étaient que des familles multipliées; mais chacune de ces cités, soumise à un chef qui était subordonné au sénat, dépositaire de ses lois particulières ; mais toutes ces cités réunies qui formaient un corps de province, pouvaient-elles se flatter, au temps de l'arrivée des Romains, d'être composées encore d'habitants de la race Aborigène, c'est-à-dire de la première race qui s'était établie dans cette partie de la Gaule? Ceux qu'on appelait Belges alors étaient originaires de Germanie; attirés par la fertilité du sol (1), ils avaient traversé le Rhin et chassé presque tous les naturels du pays : *Plerosque Belgas esse ortos a Germanis, Rhenumque antiquitus traductos, propter loci fertilitatem ibi consedisse, Gallosque, qui ea loca incolerent expulisse;* quoiqu'il en soit, cette conquête suppose dans ceux qui l'entreprirent beaucoup de hardiesse et de valeur.

XXXII.

CONJECTURES TOUCHANT LA FORMATION DU *BELGIUM*.

Du temps de César les Bellovaces ou Beauvoisins passaient pour les plus courageux des Belges : *Plurimùm inter eos Bellovacos et virtute et auctoritate et hominum numero valere* (2).

La première syllabe du mot *Bellovaci* se trouve dans *Belgius*, qui est le nom d'un célèbre capitaine gaulois (3), qui conquit et ravagea la Macédoine dans le cours d'une campagne ; dans *Belgœ*, nom général que César a donné aux Gaulois septentrionaux ; enfin, dans *Belgium*, nom d'un canton qui renfermait les trois cités d'Amiens, d'Arras, de Beauvais, d'où l'on pourrait tirer ces inductions : 1.° que les Bellovaces furent les premiers des nouveaux Belges qui formèrent un Etat; 2.° que cet Etat par l'association des Amiénois et des Attrébates fit le Belgium ; 3.° que le Belgium représente la première province de Belgique.

---

(1) Cæsar, de Bel. Gal., l. 2, c. 1.
(2) Ibid.

(3) Pausan. l. 10. — Justin, l. 24, c. 4 et 6.

XXXIII.

CONJECTURES TOUCHANT LA FORMATION DE LA PROVINCE BELGIQUE.

Elle s'est étendue ensuite. Voici comment la chose a pu arriver. Les premiers succès de ces conquérants, soutenus par une suite d'avantages qu'ils remportèrent sur d'autres Germains qui tentaient continuellement de pénétrer dans cette partie de la Gaule, *quibuscum continenter bellum gerunt* (1), auront porté leurs voisins, Morins, Soissonnois, Vermandois à conclure avec eux, pour la défense commune, une ligue à peu près semblable à celle qui unit les cantons suisses, sous le nom de Ligue-Belgique (2). Ces nouveaux alliés, en adoptant la dénomination générale de Belges, auront conservé la supériorité aux Bellovaces : c'est pourquoi César a dit (3) que ceux-ci jouissaient encore de son temps de la plus grande autorité parmi les Belges : *Plurimum inter eos, Bellovacos..... auctoritate valere.* Voilà l'origine la plus vraisemblable de la province Belgique et de ce peuple dont le premier empereur romain nous a donné une idée si avantageuse, relativement à sa bravoure et à son influence dans les affaires générales de la nation.

XXXIV.

CARACTÈRE DES BELGES.

Ces Belges différaient beaucoup du reste des Gaulois. Ils n'avaient ni cette douceur de mœurs, ni cette affabilité de caractère qui distinguaient ceux de la Provence : *A cultu atque humanitate provinciæ longissimè absunt* (4). L'entrée de leur pays était fermée à toutes les choses qui pouvaient affaiblir le corps ou énerver le courage : c'est pourquoi ils s'étaient interdits presque toute communication avec ceux qui en faisaient commerce : *Minimèque ad eos mercatores sæpe commeant, atque ea quæ ad effeminandos animos pertinent, important;* et par cette raison, dit César, c'est le peuple le plus courageux de toute la Gaule : *Horum omnium (Aquitanorum, Celtarum) fortissimi sunt Belgæ.* Les cantons de la Belgique n'étaient presque point différents les uns des autres. Leur gouvernement, leur manière de vivre, leur langue, devaient être les mêmes, puisqu'en temps de guerre l'autorité générale résidait dans un chef qui avait été élu par toute la province. On en voit la preuve dans l'expédition que les peuples de

---

(1) Cæsar, supr.
(2) Dissert. sur le *Belgium*, p. 21.
(3) Cæsar supr.
(4) Ibid., l. 1, c. 1.

plusieurs cités de la Belgique firent dans l'île de Bretagne : ils choisirent pour chef Galba, roi des Soissons (1).

XXXV.

GOUVERNEMENT DES CITÉS, PARTIE MONARCHIQUE, PARTIE ARISTOCRATIQUE.

Le gouvernement particulier de chaque cité était mixte : on y reconnaît quelque chose de monarchique dans l'élection du chef pour la guerre, soit qu'il eût le titre de roi, comme Divitiac et Galba, soit qu'il eût celui de général comme Corré chez les Bellovaces. Le choix tombait ordinairement sur un des plus puissants de la cité, par les factions qu'il avait eu l'habileté d'y entretenir, même jusque dans l'intérieur des familles. Ces factions étaient pour balancer l'autorité et la puissance des grands, et empêcher que le peuple ne fût opprimé, car le chef d'une faction ne souffrait pas que ses cliens fussent maltraités : c'est pourquoi les Eduens, chefs de la grande faction des Gaules, intercèdent auprès de César pour les Bellovaces, leurs fidèles, lorsque leur ville lui fut rendue : *Bellovacos omni tempore in fide atque amicitiâ civitatis Æduæ fuisse* (2). C'est pourquoi les Soissonnois, menacés par les Bellovaces d'une invasion prochaine des Remois dont ils étaient devenus cliens depuis la conquête de la Belgique, n'ont rien de plus pressé que d'en donner avis au général romain, pour avoir des secours (3). Réciproquement les cliens auraient passé pour des lâches, des perfides, s'ils eussent abandonné, même à la dernière extrémité, ceux à qui ils s'étaient dévoués (4). Aussi les Remois se font-ils battre par les Bellovaces, pour les Romains dont ils avaient épousé les intérêts préférablement à ceux de la nation (5).

L'aristocratie paraît dans le sénat, composé des principaux de chaque cité et dépositaire de l'autorité publique (6). Ces principaux étaient les Druides, qui sont représentés aujourd'hui par l'état du clergé et les nobles, qui répondent au corps de la noblesse : *Qui aliquo sunt numero atque honore, genera sunt duo..... alterum est Druidum, alterum equitum.* La troisième classe d'habitants sans être absolument esclave, *plebs pene servorum habetur loco*, ne pouvait rien par elle-même et n'était admise à aucun conseil, *per se nihil audet et nulli adhibetur consilio.* Aussi lorsque les députés des Bellovaces veulent rejeter sur le peuple l'odieux de leur révolte, disant que la populace, sous le gouvernement de Corré,

(1) Ibid., l. 2, c 1.
(2) Ibid., l. 2, c. 4.
(3) Ibid., l. 8, c. 2.
(4) Ibid., l. 7, c. 8.
(5) Hirt. com. de Bell. Gall., l. 8, c. 2.
(6) Cæsar, l. 6, c. 4.

avait plus influé dans le conseil que le sénat : *Numquam enim senatum tantùm in civitate, illo vivo, quantùm imperitam plebem potuisse* (1). César leur répond qu'ils ne lui persuaderaient jamais que la classe la plus faible des habitants eût pu faire naître et soutenir la guerre, sans le secours des principaux et du sénat de la cité : *Neminem vero tantùm pollere, ut invitis principibus, resistente senatu..... infirma manu plebis bellum conoitare et gerere posset.*

XXXVI.

CONSERVÉ PAR CÉSAR A TOUTES, EXCEPTÉ AUX CITÉS DES SOISSONNOIS ET DES MORINS.

Il est donc probable que, quoique la Belgique eût changé de domination, ni le gouvernement militaire, ni le gouvernement civil et politique des cités ne changèrent point, du moins tant que César en eut l'administration. Il faut en excepter cependant les Soissonnois qui, d'égaux qu'ils étaient avec les Remois, ayant même chef, même code de lois, même sénat, étaient devenus subordonnés à ceux-ci, *qui Remis erant attributi* (2), et les Morins que César avait soumis aux Attrebates, *ipsisque Morinos attribuerat* (3). Le général qui devait commander les troupes de la cité était élu comme avant la conquête. Le sénat agissait avec la même étendue de pouvoir, au nom des trois Etats; les cités étaient conservées dans leurs prérogatives, *honorificè civitates appellando* (4). Les grands étaient comblés de bienfaits, *principes maximis præmiis afficiendo.* Enfin les charges que le peuple devait supporter n'étaient pas augmentées, *nulla onera nova imponendo.* Si Auguste accrut considérablement ces charges (5) par le cens qu'il institua par tout le monde, l'opération d'Auguste, suivant la harangue de l'empereur Claude au sénat, était une chose neuve et inouie aux Gaulois, *opus novum et inauditum Gallis.* Du reste ces princes respectèrent la liberté des Belges. Les Soissonnois et les Sillanectes ou Silvanectes étaient libres encore sous les empereurs Vespasien et Tite : *Suessiones liberi; Ulmanetes* ou *Ulbanectes liberi* (6). Les Germains viennent fondre dans les Gaules; Probus vole au secours pour assurer le repos et la liberté de ses habitants; les Germains sont battus et les Gaules presque délivrés : *Omnes penitus Galliæ liberatæ* (7). En reconnaissance, les villes lui

---

(1) Ibid., liv. 8, c. 4.
(2) Ibid., l. 2, c. 2
(3) Ibid., l. 7, c. 14.
(4) Hirtii, comment., c. 8.

(5) Bergier, Chem. de l'Empire, p. 40.
(6) Plin., l. 4, c. 17.
(7) Flav. Vopiscus de Probo.

offrent des couronnes; ce sont les propres termes de la lettre que cet empereur écrivit au sénat de Rome. C'est pourquoi M. de Valois (1) a eu raison de dire qu'autrefois, quand les Romains, soit du temps de la république, soit sous les premiers empereurs, avaient fait quelques conquêtes, ils laissaient aux peuples soumis la liberté de vivre suivant leurs lois et leurs coutumes. L'abbé Belley (2) dit aussi que les peuples de la Gaule conservèrent sous l'empire romain leurs villes, leurs terres et l'autorité de leur sénat.

XXXVII.

TITRE DE CITOYENS ROMAINS ACCORDÉ AUX PRINCIPAUX DES CITÉS. — SECONDE RÉVOLUTION.

Il leur manquait le privilége de citoyens romains; Antonin Caracalla, vers le commencement de son empire, communiqua ce titre aux personnes distinguées dans les provinces, par une loi qu'Ulpien (3) nous a conservée, et que Spanheim a commentée. C'est pourquoi l'empereur Claude disait un jour en plein sénat: Les Gaulois, par leurs mœurs, leurs goûts, leurs alliances, sont presque confondus avec nous : *Galli jam moribus, artibus, affinitatibus nostris mixti* (4). Ce qui a donné lieu à ce distique de Rutilius (5) :

> Fecisti patriam diversis gentibus unam...
> Urbem fecisti, quod priùs Orbis erat.

Le sénat a voulu consigner cet événement à la postérité par une médaille (6) dont la légende, placée au milieu d'une couronne de lauriers, est conçue en ces termes : *S. P. Q. R. Ampliatori civium*, et par plusieurs autres où l'on voit les noms et les figures des provinces, sous l'emblême d'une personne qui se présente pour remercier l'empereur de sa libéralité. Ce fut alors que se fit la grande révolution dans le rit belgique : le langage et l'habillement romains devinrent propres aux habitants de notre province; ils se gouvernèrent par les édits et les rescrits des empereurs; en un mot, Rome devint la patrie commune, et chaque sujet, capable de posséder les charges civiles et militaires, comme s'il fût né dans Rome même. Tout le monde connaît la prééminence de ce droit : tout esclave en était exclus.

---

(1) Mém. de littér., tom. xvii, p. 27.
(2) Ibid., tom. xix, p. 496.
(3) Ulpian., leg. 7, Digesti, de stat. homin.
(4) Tacit., annal., lib. 11.
(5) Itiner., v. 63. et seq.
(6) Caylus, antiq., tom. vi, p. 340.

EN CONSÉQUENCE LES BELGES S'ÉTABLISSENT DANS L'ITALIE ET LES ROMAINS DANS LA BELGIQUE.

De là ces transfigurations de familles entières de Belges, en Italie, à Rome même. On découvrit dans cette ville, au xv.ᵉ siècle, dans la vigne du cardinal Vitellot, disent les uns (1), ou selon d'autres (2), dans les jardins du palais de Médicis, un autel sépulcral, à côté duquel étaient deux urnes : cet autel avait été dressé à la mémoire d'une Amiénoise, par deux de ses fils. Voici l'épitaphe qu'ils y avaient fait graver :

>   DIS. MAN
>   CLAVDIAE LEPIDILLAE
>   EX PROVINCIA
>   BELGICA AMBIANAE
>   FECERVNT LIBERI
>   EIVS. LEPIDVS. ET
>   TREBELLIVS MATRI
>   OPTIMAE
>   HIC MATRIS CINERES
>   SOLA SACRAVIMVS ARA
>   QVAE GENVIT TELLVS OSSA
>   TEGIT TVMVLO.

De là ces transmigrations de Romains dans la Belgique. Nous voyons à Amiens du temps de saint Firmin martyr, le sénateur Faustinien et sa famille; Ausence et sa famille; Attilia, femme d'Agrippin, de race impériale, avec ses enfants et ses domestiques, convertis par cet apôtre des Gaules. Ne serait-ce pas de cet Agrippin, que l'île nommée Agrappin, près Amiens, dont parle La Morlière (3), et possédée par l'abbaye de Saint-Acheul, aurait pris son nom? Nous voyons un Setubogius, fils d'Esaggus; un Lupus, négociant dans la même ville; un Justinien, oncle de saint Just, esclave et au service de ce négociant; une Claudia Lepidilla; un Calixte Patrice, dont le fils fut guéri de la fièvre par l'intercession de saint Firmin-Confesseur (4); dans les environs d'Amiens, un Fuscien, qui souffrit le martyre avec saint Gentien et saint Victoric, auxquels il avait donné l'hospitalité (5). A Beauvais, un Tiberinus; un Pius Paullinus; un Atticus, à la mémoire duquel Ulbius Atticus, son parent, fit faire une épitaphe; un C. Julius Healissus; un L. Censorinus, etc., dont les noms sont consignés dans des inscriptions découvertes dans cette ville. A Soissons, un Claudianus, un Rogatus, un Cerisius, un Papyrius, un Mercurius, convertis à la foi par saint Crépin et saint Crépinien; un Exspectatus, dont il nous reste l'inscription du

---

(1) Cod. Reg., n.° 5825, fol. 2, v°.
(2) Grevius, tom. vi, p. 367. — Gruter, p. 726.
(3) Liv. 1, p. 20 et 21 des Antiq. d'Amiens.
(4) Vita MS. Sancti Firmini confessoris, Bibl. Sancti Bertin. et P. Eligii Noviom.
(5) Salengre, Nov. Thes. antiquit., tom. iii, pl. 1013

vœu qu'il a fait à Isis; une Macro, sainte Macre, qui a souffert le martyre sous Rictiovare. Dans le pays des Morins, un T. P. Cenialis, duumvir de la colonie. A Boulogne, L. Longius Felix et Julia Vitutica, dont nous verrons l'épitaphe, sans parler de plusieurs noms de lieux qui ont conservé leur origine romaine, ou qui ont été peuplés par des colonies que les Romains avaient fait passer d'Italie, comme nous le ferons voir dans la description historique et géographique.

De là aussi la différence entre le municipe et la colonie, et la distinction de l'un et de l'autre d'avec la préfecture. Le municipe, dit M. de Valois (1), avait ses lois particulières. Les magistrats étaient pris de son sein et choisis par ses habitants. Les capitales du Vermandois et du Beauvoisis portaient encore le titre de *Municipium* au vii.ᵉ siècle. On lit dans les actes de Saint-Quentin, cités dans la Notice des Gaules de M. de Valois: *quoddam municipium quod antiquo nomine Augusta Viromandorum nuncupatur;* dans la vie de saint Eloi par Dadon ou saint Ouen : *Constituerunt custodem urbium seu municipiorum quorum hœc sunt vocabula, Veromanduensis scilicet....., Tornacensis, Noviomensis et Flandrensis, Gandensis atque et Coruriacensis* (2). Hincmar de Reims qualifie de même toutes les cités de la province ecclésiastique de Reims, même dans la ville de Laon, quoiqu'elle n'eût pas rang de cité dans le paganisme : *In paganismo inter civitates vel provinciales sedes nomen et locum non habuit... in christianismo... sicut et alia municipia quæ hodieque ibidem consistunt, municipalem locum tenuit* (3). Il fallait que le privilége de municipe fût quelque chose de bien important puisque l'empereur Hadrien le donne pour base du décret qui défend d'inhumer dans aucune ville de l'empire : *Ne sanctum municipiorum jus polluatur* (4); mais du temps d'Hincmar la signification du mot *Municipium* n'était plus la même, il était employé alors, comme nous l'apprend la nouvelle édition du Glossaire de Du Cange, pour désigner un château, un lieu fortifié; en effet, Adalberon, évêque de Laon, parlant du château de Pierrepont en Laonnois, dans une charte, de l'an 980, dit que Dudon, son prédécesseur, l'avait fait municipe pour servir de lieu de sûreté aux chrétiens contre les païens, autrement Normands, et y placer le siége épiscopal : *Municipium ad confugium munimenque christianorum constructum contrà paganos; et sedem pontificalem effecerat* (5). Mais ne serait-il pas ridicule de dire que le village de Sains eût été une cité municipale, parce que les actes de saint Fuscien et de ses compagnons lui donnent le titre de *Municipium*,

GOUVERNEMENT MUNICIPAL INTRODUIT DANS CERTAINES CITÉS.

---

(1) Mém. de littér., t. xvii, p. 21.
(2) Liv. 2, c. 2.
(3) Hincm. opera, edit. 1645, p. 431.
(4) Liv. 11, de Tabulis.
(5) Marlot, Métropol. Rem., tom. ii, p. 31.

ainsi que Lœuilly, village du même diocèse d'Amiens, parce qu'une charte de l'évêque Thibaut, de l'an 1197, le qualifie de même.

La colonie, au contraire, n'avait d'autres lois et d'autres usages que ceux de la nation à qui elle devait son origine. Si elle était romaine, elle suivait en tout le droit romain et les usages pratiqués à Rome; si elle était composée de peuples alliés des Romains, ceux-ci joignaient à leurs droits particuliers les priviléges de citoyens romains. La politique de cette maîtresse du monde était de faire de ces colonies, comme autant de citadelles et de forteresses, ou pour contenir les provinces, ou pour défendre les frontières des incursions des ennemis (1); elle trouvait en outre ce triple avantage, savoir, de peupler les provinces de la race des Romains, de se décharger de sujets mauvais ou inutiles et de récompenser de vieux militaires. C'est ainsi que les villes de Térouanne et de Boulogne furent repeuplées; celle-ci probablement d'habitants de Bologne en Italie; celle-là de peuples de la marche ou de la ville de Trévise *(Tarvisina)*, qui fait partie des états de Venise. Les Bolonois et les Trévisans ont communiqué leur nom à ces deux villes, qui ne formaient qu'une seule et même colonie sous le nom *Colonia Morinorum*. Cette colonie se trouve nommée dans une inscription découverte à Nimégue dans la Gueldre (2) :

```
        MINERVAE
        CVR. LADAE
        T. PVNICIVS. CE
        NIALIS. II.VIR. CO
        LON. MORINO
        RUM. SACERDOS
        ROMAE. ET. AVG
        OB. HONOREM
        F. V. A. M. O. V. L.
```

Les sept dernières lettres signifient peut-être, *Luciae* (3), *Vibianae* ou *Valeriae*, *Aureliae*, *Matris*, *Obtulit*, *Vovit*, *Libenter*. On trouve dans le trésor des antiquités de Goltzius une ancienne monnaie qui a pour légende : *Colonia Morinorum* (4).

Comme la colonie, dit Paul Merula, représentait dans l'endroit où elle avait été envoyée, la grandeur et la spendeur du peuple romain, quelques auteurs lui ont donné le pas sur le municipe : en effet, Lybeneus (5), dans son traité de *Ordine veterum Romanorum*, nous apprend que quelques municipes ambitionnèrent comme une grande faveur de passer de ce premier état dans le second;

---

(1) Sigon. de antiq. jur. Ital., l. 2, c. 2 et 3.
(2) Gruter, p. 80, n.° 6.
(3) La version que propose D. Grenier de la dernière ligne de cette inscription ne saurait être acceptée à l'égard surtout du premier sigle qui n'est point un L, comme le porte le manuscrit. Aussi, nous croyons devoir lui substituer un F, pour mettre le texte de cette inscription d'accord avec celui donné par Gruter. — *Note de l'Editeur.*
(4) Bouquet, Rer. Gall. Script., tom. I, p. 144, not.
(5) Joa. Polen. Thes. antiq. Rom. sup., t. I, col. 54.

cependant la colonie était formée toujours aux dépens des anciens habitants qui y perdaient leurs lois et leurs magistrats : il est vrai qu'ils se trouvaient dédommagés par le privilége qui était tel que Rome ne pouvait établir chez eux de préfectures; car les préfectures, au jugement d'Ulpien et de Bergier (1) étaient une espèce de servitude pour les cités.

La magistrature, dans les municipes comme dans les colonies, était exercée par des personnes choisies parmi les décurions, qui étaient les principaux habitants des lieux et qui représentaient le sénat. Les actes de saint Firmin, martyr, font mention des sénateurs de la ville d'Amiens. Les prêtres des faux dieux lui reprochaient de séduire les cœurs de tous les sénateurs et de les porter à suivre la secte des chrétiens, *ad christianam sectam corda omnium senatorum seducit* (2). Si l'on consulte l'ancien bréviaire de la ville d'Amiens, on verra dans un *Repons* pour la fête de la décollation du même saint, que Faustinien, qui accueillit le saint en arrivant dans cette ville, en était sénateur, c'est-à-dire un des principaux magistrats. Le nombre des juges du tribunal supérieur était proportionné à celui des habitants de la cité (3), tantôt deux, tantôt quatre, tantôt six, *duum viri*, *quatuor viri*, *sex viri*. La colonie des Morins n'en avait que deux, selon l'inscription rapportée ci-dessus ; *Titus Punicius Cenialis*, dont il est parlé, était en même temps prêtre de l'autel, consacré par les cités des Gaules à Rome et à Auguste. Ces officiers représentaient les consuls de Rome : ils en ont pris le nom ainsi que les comtes, sur le déclin de la première race de nos rois. *Mais Clovis*, dit M. le duc de Nivernois (4), *ne laissa point subsister la distinction, qui depuis Constantin, avait eu lieu dans tout l'empire et dans les Gaules, comme ailleurs, entre le pouvoir civil et le pouvoir militaire. Clovis les réunit, et par un mélange de la coutume des Francs aux coutumes romaines, il rassembla la puissance des lois et celle des armées dans la personne des ducs et des comtes.*

XXXVIII.
CONSTANTIN FAIT UN DIOCÈSE DE LA SECONDE BELGIQUE. — TROISIÈME RÉVOLUTION.

Depuis Constantin, l'empire romain ayant été réglé sur celui de Constantinople, chaque prétoire fut partagé en diocèses ou provinces régies par un consul ou président qui résidait dans la métropole. Reims était métropole de la seconde Belgique, qui jouissait du titre de province consulaire (5). Chaque diocèse avait dans

---

(1) Hist. des grands Chem., tom. II, p. 175 et suiv.
(2) Boll. act. SS., 7 sept. vit. B. Firmini, n.° 13.
(3) Caylus, Antiq., tom. VII, p. 264.
(4) Mém. de littér., tom. XX, p. 176.
(5) Dignitat. Imper.

son district plusieurs cités gouvernées par des comtes. L'église adopta cette division : chaque métropole eut à sa tête un évêque, nommé archevêque dans la suite, pour le gouvernement spirituel et ecclésiastique : chaque cité eut de même un évêque suffragant égal au métropolitain en caractère, mais inférieur en juridiction, de même que les comtes ou gouverneurs des cités étaient égaux en caractère aux consuls de la province, parce que les pouvoirs des uns et des autres étaient émanés de la même source, c'est-à-dire du prince, mais d'un rang inférieur dans l'ordre de la juridiction temporelle et politique.

NOS DIOCÈSES RÉPONDENT MIEUX QUE NOS GOUVERNEMENTS A L'ÉTENDUE DES ANCIENNES CITÉS.

Ces différentes subdivisions, dit M. Sanson (1), *ne paraissent presque plus dans l'état civil et politique, mais beaucoup mieux dans l'état ecclésiastique, là où les diocèses répondent aux cités,* civitatibus ; *les archidiaconés, aux pays,* pagis ; *les doyennés ruraux ou archiprêtrés, aux moindres parties,* partibus ; *et les paroisses, aux villages,* domibus. Comme le détail des cités ne se trouve dans aucun écrivain romain, nous y suppléerons par une notice qui, selon les conjectures du P. Sirmond (2), présente l'ordre que les provinces et les cités gardaient entre elles du temps de l'empereur Honorius. Voici le rang des cités de la seconde Belgique : la 1.re des Remois ; la 2.e des Soissonnois ; la 3.e des Catalaunois ; la 4.e des Vermandois ; la 5.e des Attrebates ; la 6.e des *Cameraci ;* la 7.e des Tournésiens ; la 8.e des Silvanectes ; la 9.e des Bellovaces ; la 10.e des Amiénois ; la 11.e des Morins ; la 12.e des Boulonois. De ces douze cités, sept appartiennent à la Picardie, savoir : la 2.e, la 4.e, les 8.e, 9.e, 10.e, 11.e et 12e.

Nous ne prétendons pas cependant que les diocèses ecclésiastiques aient conservé leurs premières limites. Selon la notice que nous venons de citer et d'autres postérieures, le pays des Morins était partagé en deux cités, Boulogne et *Morinum*, appelé depuis Térouanne ; dans d'autres dressées du temps de Charlemagne, Boulogne ne se trouve plus ; son diocèse est réuni à celui de Térouanne : il a été érigé de nouveau vers le milieu du xvie siècle. Saint Remi, évêque de Reims, érige un évêché dans la ville de Laon : est-il croyable qu'il ait tout pris sur lui et rien sur ses voisins ? Pourquoi le Concile de Noyon de l'an 814 decida-t-il que plusieurs paroisses au-delà de la rivière d'Oise, qui avaient été jusque là de ce diocèse, seraient désormais de celui de Soissons ? Pourquoi ces différends entre les évêques d'Amiens et les archevêques de Rouen, pour les limites respectives de leurs diocèses du côté de la ville d'Eu ? Pourquoi ces contestations entre les évêques de Beauvais et de Paris touchant les confins de leurs diocèses, du côté de l'Isle Adam (3), entre Eudes de Beauvais et Hildebaut de Soissons, pour une

---

(1) Remarq. sur la carte de l'ancien. Gaule, p. 10, au mot *aldua civitas*.

(2) Concil., antiq. Gall., tom. i.

(3) Louvet, antiq. du dioc. de Beauv.

église bâtie sur les confins de leurs diocèses que Charles-le-Chauve avait fait détruire (1)? Pourquoi enfin les prétentions réciproques de l'archevêque et de l'évêque de Beauvais sur le Vexin français? C'est que les limites de ces diocèses n'étaient plus les mêmes que dans leur origine.

XXXIX.

CHANGEMENTS FAITS PAR CLOVIS DANS LE GOUVERNEMENT GÉNÉRAL.

Cette dernière révolution peut avoir eu son principe dans l'établissement de la monarchie française, où l'on commença un nouvel ordre de choses; car quoiqu'on retrouve dans les anciens monuments et dans les anciennes formules les expressions de *Senatus*, *Senatores*, *Patricii*, *Consules*, *Curia publica*, *Civitates*, quoique *les contrats de vente*, dit M. de Valois (2), *les acquisitions*, *les manumissions*, *les mariages* (3) s'y réglassent *de même* que sous la domination romaine, parce que Clovis avait laissé les Gaulois vivre entre eux selon le Code Théodosien, néanmoins, comme nous l'avons déjà dit d'après M. le duc de Nivernois, *Clovis avait rassemblé la puissance des lois et celle des armées en la personne des gouverneurs, à qui, sous le nom de* Dux, *il confia le soin de ces différentes provinces*. Alors les cités furent partagées en autant de comtés différents qu'elles renfermaient de *Pagi*, les *Pagi* en centenies et les centenies en doyennés ; les comtes, chefs dans leurs départements de la justice, du militaire et des finances, furent subordonnés à des ducs; les comtes eurent sous eux des centenaires qui rendaient la justice dans les bourgs : nous en trouvons plusieurs aux vIII.ᵉ et IX.ᵉ siècles dans le pays des Morins, *Chumbaldus centenarius*, du temps de l'abbé Erkembod, abbé de Sithiu, aujourd'hui Saint-Bertin, *Vandelgarius centenarius*, témoins à deux chartes, l'une de 808, l'autre de 812, en faveur de la même abbaye (4), dans le Beauvoisis, dans le Chambly, etc. Sous ceux-ci étaient des doyens pour chaque village; on a retenu en certains lieux le nom de *décan*, pour dire le juge; le village de Ver près Corbie avait encore un doyen en 1212. Les vicomtes, les avoués, les maires des villages ont éclipsé ces anciens juges. Sur la fin de la seconde race, les comtes particuliers s'étant rendus propriétaires du civil et du militaire dans les villes, prirent le nom de la magistrature qui y était établie, d'où vient que le mot consul est aussi fréquent dans les chartes des xI.ᵉ et xII.ᵉ siècles que celui de *comes* pour désigner un comte.

DIVISION DES PAGI EN CENTENIES ET DECANATS.

(1) Flod., hist. Rem., l. 3, c. 23.
(2) Mém. de littér., tom. xvII. p. 28.
(3) Ibid., tom. xx, p. 177.
(4) Pr., part. II, nᵒ...

XL.

L'ÉRECTION DES COMMUNES NE CHANGE RIEN DANS LA JUSTICE MUNICIPALE DES CITÉS.

La tyrannie de ces petits souverains donna lieu à l'érection des communes. Les rois accordèrent d'abord ces priviléges aux cités comme une justice et une protection qu'ils leur donnaient pour les mettre à l'abri des lois arbitraires des seigneurs. Quelques auteurs les ont regardés même comme des confirmations des droits anciens, plutôt que comme de nouveaux priviléges. Louvet (1) rapporte ces mots de la charte de commune de la ville de Beauvais, *sicut prius instituta*, aux anciennes coutumes confirmées plutôt qu'établies par Charlemagne. La Morlière prétend que la ville d'Amiens fut décorée de tout temps du titre de ville de loi durant et avant les comtes, qu'elle était *ville d'arrêt* de toute antiquité comme porte la coutume. En effet, l'évêque Gui en 1073, pendant le séquestre du comté d'Amiens, et avant l'érection de la commune de cette ville, se donne le titre de *Procurator totius reipublicæ Ambianensis*. Garin, l'un de ses successeurs, prend la même qualité en 1133 (2). Enfin le même auteur prétend que le maire était le chef de la police et de la justice ordinaire. La ville de Saint-Quentin soutient depuis longtemps contre l'inspecteur-général des domaines de Picardie que cette ville est un franc aleu; que ses habitants furent conservés dans toutes leurs libertés, franchises et coutumes par les comtes de Vermandois; ce qu'ils prouvent par la charte de commune qui leur fut accordée par la comtesse Eléonore. Le titre 1.er de l'art. 12 de la coutume du Boulonois porte expressément, qu'il y a cinq villes de loi dans ce comté, dont les maïeur et échevins ont connaissance du fait politique et de toutes autres matières survenant aux bourgeois, droit qu'elles ont conservé quoiqu'il leur eût été contesté.

Boulogne, la capitale, forma opposition à l'article 71 de l'édit de Moulins qui ôtait aux villes la justice civile (3), alléguant pour raisons qu'elle lui appartenait de toute ancienneté, même avant l'établissement de la monarchie à laquelle elle s'était donnée, à la condition d'avoir communauté et justice, et qu'elle en avait joui toujours. Enfin Hariulfe, auteur de la chronique de Centule ou Saint-Riquier, pour désigner un lieu franc, se sert de la comparaison des cités : *ut ita dicam civitates quippe quibus nulla vis injustitiæ inferebatur*. Il faut consulter, sur cette matière, une excellente lettre d'un conseiller au Parlement de Nor-

---

(1) Hist. de la ville de Beauv.　　　(3) Loiseau, des seigneuries, c. 16.
(2) Antiquit. d'Amiens, p. 182, 189.

mandie (1) qui a combattu le traité du comte de Boulainvillers sur l'origine et les droits de la noblesse.

XLI.

LES ROMAINS TRAVAILLENT A LA SURETÉ DE LA CAPITALE DE CHAQUE CITE.

En Belgique, en paix sous les ailes de l'aigle romaine, on avait travaillé à réparer les villes détruites ou bien on les avait rebâties dans des lieux plus commodes. Les unes conservèrent leur ancien nom, les autres le changèrent, *Reges socii*, dit Suétone dans la vie d'Auguste, *amici atque et singuli in suo quisque regno, Cæsareas urbes condiderant* (2). La capitale des Amiénois, qui s'était rendue à César sans coup férir, conserva son nom de *Samarobriva*. *Bratuspantium*, capitale des Bellovaces, toujours rebelle, ayant été détruite, on fit construire une nouvelle ville qui prit le nom de *Cæsaromagus*. La capitale du Soissonnois était placée sur une montagne, à en juger par l'étymologie du mot *Noviodunum* : cette position était favorable relativement au génie des Gaulois, mais très-incommode aux Romains ; ceux-ci préféraient les plaines et le voisinage des rivières pour bien des raisons. Ils firent jeter sur les bords de la rivière d'Aisne les fondements de celle qui a été appelée *Augusta*, du nom de l'empereur ; il en arriva de même de la capitale du Vermandois appelée *Augusta*. On retrouve cet ancien nom dans un quartier de la ville de Saint-Quentin, dit le *détroit d'Aoust*, *districtus Augustæ*. L'érection de la cité des Silvanectes est attribuée au même empereur ; aussi leur capitale fut-elle nommée *Augustomagus*. Nous connaissons dans la province de Picardie deux autres lieux qui pouvaient être alors des villes du second ordre, dénommés de même *Augusta* : l'un et l'autre sont situés dans l'étendue de l'ancienne cité d'Amiens, c'est Aoust, village sur la rive droite de la Bresle, et un lieu situé sur les bords de l'Authie dans les environs de Labroie. Celui-ci est nommé *Auste* dans deux dénombrements fournis à l'abbaye de Saint-Riquier, l'un en 1387, du fief d'Estrée en Ponthieu, l'autre du 12 mai 1375, du fief de Seronville situé au terroir dudit Estrée.

XLII.

DISTINCTION ENTRE *CIVITAS* ET *OPPIDUM*.

Ce fut alors qu'on commença à distinguer aussi la capitale des cités du chef-lieu de chaque canton, car César a donné indifféremment le nom d'*Oppidum*,

(1) Des Molets, Mém. de littér., t. ix, p. 107 et suiv.   (2) Suet., in Aug., c. 6.

et à *Bibrax* (1) qui n'était certainement pas la ville principale des Remois, et à *Noviodunum* (2) et à *Bratuspantium*, qui ont passé toujours pour les premières des Bellovaces et des Soissonnois. Comment ce changement a-t-il pu arriver? Quand le sénat, qui représentait le peuple de la cité, fut fixé dans ces villes (3), qui dès lors joignirent au nom qu'elles portaient déjà celui qui appartenait au peuple entier : ainsi Amiens fut appelé *Samarobriva-Ambianorum;* Beauvais, *Cæsaromagus-Bellovacorum;* Térouanne, *Tervanna-Morinorum;* Soissons, *Augusta-Suessionum;* la capitale des Vermandois, *Augusta-Veromanduorum.* Cet usage, plus rare dans les premiers temps que la Belgique fut conquise par les Romains, devint presque général dans le iv.e siècle (4). Sur le déclin de l'empire ces prénoms disparaissent : Soissons et Amiens ne portaient plus que le nom de leur peuple du temps d'Ammien Marcellin, qui servit plusieurs années sous les fils de Constantin. Dans la Notice des Cités, dont nous avons fait mention, on voit ausssi que le nom des peuples était précédé du mot *civitas :* on lit même sur des médailles romaines du temps *Ambiani* tout seul, pour marquer qu'elles avaient été frappées à Amiens. Cet usage a prévalu dans la suite. L'ancien nom néanmoins *est resté affecté dans plusieurs villes capitales à certains quartiers qui, originairement, comprenaient dans leur enceinte les anciennes petites villes autour desquelles plusieurs de nos grandes villes se sont formées peu à peu* (5).

XLIII.

HABITATIONS DES BELGES. — CE QU'ETAIENT LEURS OPPIDES.

Les premières habitations des Belges furent comme celles de tous les peuples du monde, des tentes d'abord, ensuite des cabanes bâties au milieu des forêts ou sur les bords des rivières pour éviter la chaleur : *ut sunt ferè domicilia Gallorum, qui vitandi æstús causâ plerumque sylvarum ac fluminum petunt propinquitates* (6). Ces espèces de maisons, du temps de Diodore de Sicile et de Strabon, étaient de forme ronde, *rotundâ figurâ testitudinum instar* (7), construites de palis et de claies, surmontées d'un toit fort élevé, couvert ou de paille, suivant César : *casæ stramentis erant tectæ* (8), ou de joncs, *multiplici*

---

(1) Liv. 11, de Bell. Gall., c. 2.
(2) Ibid., c. 4.
(3) Mém. de littér., tom. xix, p. 495.
(4) Ibid., p. 496.
(5) Tom. x, p. 422.
(6) Cæsar, supr., l. 6, c. 6.
(7) Strabon, l. 4.
(8) Cæsar, supr., l. 5, c. 9.

calamo aquatico textas, selon Diodore de Sicile (1). A la rotondité près, qui ne reconnaîtrait les chaumières de Picardie?

Quelle idée ces abris, qu'on doit regarder comme des besoins de première nécessité, peuvent-ils nous donner des oppides belgiques? Il est prouvé que la Belgique avait été envahie par des peuples de Germanie ; or, les Germains n'avaient point de villes, *nullas Germanorum populis urbes habitari satis notum est* (2); ils ne pouvaient même souffrir un assemblage de maisons contiguës, *ne pati quidem inter se junctas sedes*; ils les regardaient comme des prisons, *oppida ut circumdata retibus oppida declinant*. Les Bretons, ces peuples qui avaient une origine belgique, appelaient *Oppides* un certain espace de forêts, défendu par un fossé et une redoute, *oppidum autem Britanni vocant cum sylvas impeditas vallo fossaque munierunt* (3). Les Morins ainsi que les Ménapiens et les Nerviens leurs voisins conservèrent plus longtemps qu'aucun autre peuple de la Belgique cette façon de se mettre à l'abri des efforts de l'ennemi ; en effet, lorsque César vint pour attaquer les Morins, ils se retranchèrent dans l'endroit le plus épais de leurs forêts et dans leurs marais impraticables à la cavalerie ; mais la plus grande partie de ces forêts ayant été abattue par les Romains et la grande sécheresse qui survint donnèrent la facilité à Labienus de les mettre à la raison (4).

Les Belges méridionaux et orientaux avaient des *Oppides* (5) fortifiés, partie de bois, partie de pierres, partie de terre : on couchait les unes sur les autres de longues pièces de bois équarries, à la distance de deux pieds, jusqu'à la hauteur qu'on voulait donner au mur ; d'autres pièces placées en travers empêchaient que les premières ne s'écartassent ; celles-ci étaient revêtues d'un placage de terre : l'intérieur de cet assemblage était garni de blocs de pierres qui serraient les poutres et donnaient à l'ouvrage une très-grande solidité. C'est ainsi que *Samarobrive* et *Vermand*, oppides des Amiénois et des Vermandois, l'un et l'autre situés sur les bords de la Somme; le *Bratuspance* des Bellovaces, bâti au confluent du Terain et de l'Avelon ; le *Noviodunum* des Soissonnois ; enfin, le *Bibrax* des Remois étaient construits, lorsque les Romains pénétrèrent dans la Belgique. Quoiqu'il en soit de ce genre de construction, on peut dire que ces villes étaient bâties de façon à ne pas laisser à la postérité des marques de leur existence ; ainsi il n'est pas surprenant que l'on ne trouve aujourd'hui aucun vestige même de leur emplacement.

(1) Diod. sicul.
(2) Tacit., de Morib. Germ., c. 16.
(3) Amm. Marcell., l. 16, c. 2.
(4) De Bell. Gall., l. 4, c. 7.
(5) Ibid., l. 7, c. 5.

XLIV.

LES ROMAINS LEUR APPRENNENT A FORTIFIER LES VILLES. — LEUR FORME ET LEUR BATISSE.

Les Romains apprirent aux Belges conquis la manière de construire avec plus de solidité. S'il ne reste rien absolument à Amiens et à Saint-Quentin des murs romains, c'est que ce qui a pu en échapper à la fureur des Vandales et des Normands est enterré aujourd'hui dans les marais de la Somme dont le sol s'élève tous les jours de plus en plus. Térouanne est ensevelie sous ses ruines. Au midi de la ville de Boulogne, sur le penchant de la montagne du côté des Capucins, on voit encore deux ou trois masses énormes, composées de pierres, de galets, de tuiles et de ciments, seuls restes de ces murs fameux que le rhéteur Eumenius appelle *Gesoriacenses muros* (1). L'ancienne clôture de la cité de Soissons offre par-ci par-là des indices de la solidité de sa bâtisse; mais ces précieux restes de l'antiquité y sont moins considérables qu'à Beauvais et à Noyon. Dans la première une société de gens de lettres aussi éclairés que jaloux d'illustrer leur patrie ont fait, à la faveur de ce qui en existe, lever le plan de la cité romaine de Beauvais. Nous aurions pu faire la même opération à Noyon; les secours nous manquèrent plutôt que la bonne volonté. Nous dirons à l'honneur de la ville de Senlis qu'il n'y a point de cité en France où les travaux des Romains, en fait de murs de villes, puissent être d'une conservation plus entière. Nous renvoyons, pour le détail, à la description historique de chacune de ces villes.

Nous dirons ici en général qu'il paraît que toutes ces cités romaines étaient de forme carrée, petites, plus longues que larges, comme l'avait déjà observé l'abbé le Bœuf (2). Les murs sont construits de moellons ou de petites pierres carrées en forme de damier, qu'on appelle pattoureaux; de six pieds en six pieds, plus ou moins, sur toute la hauteur des murs, était un double, quelquefois un triple lit de tuiles fort grandes et fort épaisses que quelques antiquaires nomment aussi briques; ces différents cordons étaient faits, sans doute, moins pour la vue que pour rejeter les eaux; nous avons cru apercevoir en effet, en quelques endroits des murs de Senlis, que les tuiles excédaient encore les pierres de plus d'un pouce; toute cette maçonnerie était posée sur un fondement fait de très-grandes pierres posées à sec. Ces murs étaient flanqués de tours rondes, distantes les unes des autres de la portée du trait. L'abbé le Bœuf (3), qui se connaissait en bâtisse an-

---

(1) Panegyr. In Constantin, c. 6.
(2) Mercure de Franc., juin 1736, p. 1292.
(3) Ibid., janv. 1738, p. 49.

cienne, juge que les ouvrages de ce genre sont du III.ᵉ ou du IV.ᵉ siècles. L'histoire romaine apprend que Posthume s'étant fait reconnaître, en 261, empereur dans les Gaules qu'il gouverna pendant sept ans, fit fortifier la plupart des cités et construire quelques camps ; que les Germains, ayant fait une irruption subite après sa mort, détruisirent ses travaux ; enfin, que Lollien les répara : *Nam plerasque Galliæ civitates, non nulla etiam castra, quæ Posthumius per septem annos in solo barbarico ædificaverat, quæque interfecto Posthumio subita irruptione Germanorum et direpta fuerant et incensa, in statum veterem reformavit Lollianus* (1). Nous observerons en passant que les Romains avaient construit les rues de ces villes de la même manière que les chaussées, c'est-à-dire à huit pieds de profondeur. Les rues de la capitale du pays Vendeuillois, près de Breteuil, avaient cette solidité. On en retire les cailloux aujourd'hui pour réparer les routes de Paris et de Beauvais.

Quoique ces forteresses fussent vraiment l'ouvrage des Romains, leurs murs sont pourtant nommés *Sarrasins*, comme s'ils eussent été bâtis par ces peuples : c'est le nom que les Boulonois donnent à ces restes de murs dont nous avons parlé. A Senlis une charte de la collégiale de Saint-Rieul, de l'an 1237, fait mention d'une maison située vers la place dite *as Charon subtus murum Sarracenorum*. La vallée de Gauffrecourt ou Gauffocourt, hameau près Chepoix en Amiénois, est nommée *Vallis de le Sarrasine*, dans un titre du mois de janvier 1280 (1281) de l'abbaye de Breteuil. Un autre du cartulaire noir de St.-Vulfran d'Abbeville, touchant une vente de plusieurs pièces de terres situées au terroir d'Haimeville en Vimeux, faite à cette église en 1271, porte qu'une de ces pièces était *in loca qui dicitur avernes Sarrasine*. Bergeron parle de la ruelle dite *des Sarrasins*, dans le village de Ronquerolles-lès-Chelles en Valois (2) ; c'est ainsi que les vilains du Bugey, dit Gabriel Simeoni dans son traité des observations militaires (3), appellent *Mottes des Sarrasins*, un ancien camp romain placé entre Saint-Maurice-le-Romain et Saint-Jean-le-Vieux ; c'est ainsi que les anciennes murailles de Grenoble sont appelées dans les titres *Muri Sarracenorum ;* c'est ainsi que des restes de bâtiments à une demi lieue au-dessus de Clermont en Auvergne, au quartier appelé Saint-Médard, sont nommés dans un titre de l'an 1201 *Als chnsals Sarrasine*. Il est vraisemblable que dans les siècles d'ignorance on a donné le nom de *Sarrasins* aux ouvrages des Romains, quoique les premiers n'y eussent pas plus contribué que les Anglais à la bâtisse délicate et

POURQUOI LES MURS DE CES ANCIENNES VILLES SONT NOMMÉS SARRASINS.

(1) Trebell. Pollio. de Lollian.
(2) Valois-Royal, p. 24.
(3) Mém. de littér., tom. VI, p. 652.

hardie de nos églises du xiii.ᵉ siècle; et que ce terme a été employé pour exprimer un ennemi du nom chrétien, ou au moins un païen, comme il paraît par la vie de saint Eloi, écrite en vers picards au même siècle :

> Et les vix (vieilles) superstitions
> Des Sarrasines nations (1)
> . . . .
> Dont li Sarrasins desrée
> Pour le non Dieu le clofichièrent (2)
> . . . .
> Et abati par sa vallance
> De la Sarrasine créance (3).

On pourrait conjecturer aussi que le nom de mur sarrasin fut donné à toutes sortes de bâtisses qui approchaient de la solidité des murs d'Avignon, que nos Français allèrent assiéger en 1227; car la chronique d'Ardres nous apprend que la force de ces murs les étonna d'abord, et qu'ils crurent Avignon imprenable : *Cum propria civitatis munitio se offerret inexpugnabilem* (4).

XLV.

LES CONNAISSANCES DES BELGES, TRÈS-BORNÉES EN TOUS LES ARTS, S'ÉTENDENT ET SE PERFECTIONNENT A L'ÉCOLE DES ROMAINS.

Ce que nous venons de dire de la bâtisse des cités, doit être entendu de tous les arts en général. Si les premières colonies de la Belgique en avaient apporté quelques-uns, la trace en était presque entièrement effacée : qu'y trouvèrent les Romains en effet? Quelques manufactures d'étoffes grossières pour habiller les Belges, des fabriques de voiles pour les navires. Cette fabrique était assez considérable chez les Morins, au rapport de Pline. Suivant le même auteur (5), les Belges possédaient assez bien aussi l'art d'étamer avec l'étain blanc les vases de cuivre, les mors, les harnais des chevaux et l'attelage des chars. Nous possédons plusieurs bossettes de mors ou d'attelages, étamées de même, avec un petit morceau de l'étain qui était employé à l'étamage. Il nous vient de M. Pannelier le jeune, qui en a trouvé un morceau assez considérable dans d'anciens fourneaux gaulois qui étaient construits dans l'ancienne forêt de Cuise, dite à présent de Compiègne. Les Gaulois en général avaient porté la perfection de l'étamage au point

---

(1) Liv. 2, c. 2.
(2) Ibid., c. 9.
(3) Ibid., c. 11.
(4) Pag. 655.
(5) Plin., l. 34, c. 17.

qu'il n'était guère possible de distinguer l'argent du cuivre apprêté; mais les habitants de l'Océan y mêlaient plus de variété : ces barbares, dit Philostrate (1), enduisent fort délicatement d'or et d'argent et de plusieurs couleurs le cuivre sortant rouge du fourneau, en sorte que tout ne fait qu'un seul corps et un mélange d'émaux excellent. Il paraît qu'ils savaient aussi employer l'or à des parures; car Diodore de Sicile (2) et Strabon (3) parlent de leurs colliers et de leurs bracelets. Le premier dit qu'ils travaillaient avec l'or non seulement des anneaux ou plutôt des cercles qu'ils portaient aux bras et aux poignets, mais encore des colliers extrêmement massifs.

XLVI.

RESTES DES ARTS BELGICO-ROMAINS DANS NOTRE PROVINCE.

A ces connaissances près, et à quelques autres semblables auxquelles la nécessité avait eu plus de part que l'industrie, on ne trouvait chez les Belges ni édifices publics, par conséquent point de temples, point de thermes, point d'amphithéâtres, point d'aqueducs, point de ponts, point de chaussées; par conséquent aucuns monuments d'architecture, de peinture, etc. Point d'édifices particuliers; DE L'ARCHITECTURE. par conséquent point de sépulcres, d'arches sépulcrales, d'inscriptions, etc. Enfin, ces peuples n'avaient aucun principe de la castramétation. Les Romains possédaient éminemment ces différents arts; jaloux de perpétuer leur mémoire, ils en firent passer la connaissance à nos pères. Quoiqu'il n'existe dans la province aucun monument tant soit peu entier, si l'on n'en excepte les murs de la cité de Senlis, d'architecture *belgico-romaine*, cependant chaque cité doit avoir eu son prétoire et un temple au moins. Le prétoire d'Amiens était nommé *Cuinilianum*. En 1596 on découvrit à Beauvais (4), en creusant le fondement du dortoir des Ursulines, une assise de grossses pierres dures de 15 à 20 pieds en carré, avec quelques colonnes et quelques chapiteaux. En 1753, en jetant les fondations de l'Hôtel-de-Ville, on vit des vestiges d'un monument élevé en cette ville en l'honneur de l'empereur Adrien. Louvet dit (5) que les fondements qui restent de l'ancienne église de N.-D. du Til, qui avait été détruite au v.ᵉ siècle par Attila, roi des Huns, sont de même bâtisse que les murs de la cité de Beauvais. Nous parlerons dans un autre endroit des restes du temple du Mont-Capron,

---

(1) Jeon., l. 1, venat.
(2) Liv. 2, p. 231, 232, traduction de l'abbé Terrasson.
(3) Liv. 4, p. 194.
(4) MS. sur le Beauvoisis.
(5) Antiq. de Beauvais, tom. 1, p. 387.

bâti près la même ville. A Boulogne-sur-Mer, les fouilles faites aux années 1594, 1633, 1635, lorsqu'on travaillait à fortifier cette ville, et depuis, lorsqu'il fut question de rebâtir dans les rues et dans les places de la haute ville, ont mis à découvert les restes de plusieurs bâtiments considérables, sans parler de ceux qui ont été trouvés du côté de la porte de Calais, en tirant vers le village de Saint-Martin (1). Aux environs de Breteuil en Beauvoisis, sur le terroir du village de Vandeuil, le seigneur des Ruisseaux fit détruire, vers l'an 1570, un reste d'édifice romain dont les murs avaient 4 à 5 pieds d'épaisseur, comme nous l'apprend une description de la ville de Breteuil rédigée en 1574 par ordre de M. le prince de Condé. Les travaux faits à Soissons en 1551 pour mettre la ville en état de défense, devaient fournir à un observateur curieux bien des connaissances sur l'état de l'architecture romaine dans la Picardie; Dormai rapporte (2) qu'on découvrit au nord-ouest de cette ville, entre les remparts et l'abbaye de Saint-Crespin en Chaye, des souterrains très-vastes et fort bien voûtés : c'étaient des restes d'un édifice antique auquel on a donné le nom de Château d'albâtre. Nous croirions volontiers que les deux belles colonnes de granit blanc, chacune de 10 pieds 4 pouces de haut, dont l'une a 4 pieds 8 pouces de circonférence, l'autre 4 pouces de moins, que ces deux colonnes placées derrière le grand autel de l'abbaye de Saint-Médard pour supporter trois châsses viennent des démolitions de ce palais : c'est ainsi que la belle église d'Aix-la-Chapelle, dont le plan avait été tracé par Charlemagne, fut ornée de colonnes de marbre qui provenaient de l'ancien palais impérial de Ravenne (3). Nous avons vu à Noyon, dans la cave d'un épicier dont la maison fait le coin de la rue Fromentresse, en face de l'église de Sainte-Godeberte, deux fûts de colonne accostés l'un à l'autre et posés sur une base commune. Ils sont égaux en grosseur, c'est-à-dire de 4 pieds 4 pouces environ, chargés de feuilles de chêne travaillées très-délicatement. Ces deux colonnes dont il ne paraît que 3 pieds tout au plus, s'élèvent perpendiculairement contre le mur de la cité qui allait passer près l'église de Sainte-Geneviève. Elles paraîtraient avoir été disposées en cet endroit pour orner la porte de Roye, à en juger par l'alignement de la chaussée romaine qui traversait cette ville. Combien de découvertes semblables n'a-t-on pas dû faire dans les xiv.ᵉ et xv.ᵉ siècles, lorsque la plupart des villes ont été agrandies et fortifiées? A Térouanne, ville capitale des Morins, avant que Charles-Quint l'eût réduite dans l'état où elle est aujourd'hui ; dans la cité des Vermandois, avant qu'elle fût en-

(1) Mém. MS.
(2) Hist. de Soiss., tom. ii, p. 450.
(3) Le Bœuf, Etat des scienc. sous Charlemag. p. 90, 94.

sevelie, partie sous les marais de la Somme, partie sous les déblais de la montagne où est située à présent la ville de Saint-Quentin ; enfin dans les autres cités de la Province ? L'indifférence des anciens habitants n'est pas excusable.

Les restes de la scuplture Romano-Belgique sont encore plus rares. Une statue de Mercure en pierre, taillée en ronde bosse, trouvée dans les environs de Beauvais et dont les journaux de 1695 ont fait mention ; trois autres divinités en marbre blanc, dont une de grandeur naturelle et à laquelle il ne manquait que la tête, découvertes à Soissons en 1551 (1) ; les membres de quelques statues mutilées, ramassés au hameau de Pont-d'Ancy, sur la rivière de Vesle, parmi les débris d'un vieux mur (2) ; deux autres plus petites trouvées à Saint-Quentin ; le chapiteau d'une colonne et plusieurs morceaux de pierres travaillés dans le même goût et déterrés près de Beauvais, sur le mont Capron ; (la frise de la colonne représentait un enfant nu devant une corbeille remplie de raisins, que des oiseaux venaient becqueter, et les côtés étaient parsemés de pampres) ; un autre chapiteau trouvé en terre près les murs du séminaire de la même ville ; quelques restes de colonnes et de chapiteaux trouvés en jetant les fondements du dortoir des Ursulines ; les feuillages sculptés sur la colonne de Noyon ; un bas-relief où l'on aperçoit les arts sur leur déclin, enchâssé dans le mur de clôture de l'abbaye de St.-Médard de Soissons ; enfin, un sarcophage déposé dans l'église de Saint-Corneille de Compiègne ; voilà toutes les découvertes en ce genre faites dans notre province depuis deux cents ans environ, dont la connaissance, du moins, soit venue jusqu'à nous. Cette disette de monuments pourrait venir en partie de l'espèce d'horreur que les Picards, éclairés des lumières de l'évangile, conçurent pour tout ce qui portait la plus légère empreinte du paganisme ; *tel fut le sort*, dit un savant antiquaire (3) *d'Ermensule, idole des Saxons, et des autres idoles que les Frisons avaient honorés. Lorsqu'on réparait les murs des villes, si l'on trouvait des statues des dieux du paganisme, on les renfermait dans l'épaisseur du nouvel édifice, de manière qu'elles ne fussent point aperçues.* DE SCULPTURE.

La peinture a dû nécessairement éprouver le même sort. Les Romains avaient communiqué aux Belges deux sortes de peintures, la peinture à fresque et la peinture en mosaïque. La première était trop délicate pour résister à deux ennemis redoutables, le temps et l'ignorance. Aussi n'en avons-nous trouvé que de faibles vestiges dans les débris des anciens châteaux de Réaulieu près Saint-Quentin, et de Vendeuil près Breteuil ; ce sont des morceaux de ciments chargés de bandes de DE PEINTURE A FRESQUE.

---

(1) Dormai, supr., tom. I, p. 41, tom. II, p. 451.　　(3) Le Bœuf, supr., p. 86.
(2) Hist. du Valois, tom. I, p. 475.

bleu d'azur, de rouge d'ocre, coupées par un filet de blanc de céruse large de trois lignes ou environ. Il paraît que ces bandes formaient l'encadrement des tableaux peints sur les murs. Les environs du château d'Albâtre de Soissons nous ont procuré plusieurs autres morceaux semblables ; ce sont des restes, sans doute, des belles peintures dont les voûtes des souterrains de ce palais étaient encore décorées en 1551, lorsqu'on en fit la découverte (1).

DE PEINTURE EN MOSAÏQUE.

La mosaïque est un assemblage de morceaux de marbre de différentes couleurs, quelquefois mélangés avec des pierres de verre ou de petites pierres coloriées, taillées en toutes sortes de formes, plates ou cubiques : le tout s'appliquait sur un fond de ciment. Du mélange de ces différentes couleurs on formait des personnages, des animaux, des arbres, des vases, enfin toute espèce de figures. M. Bertin, auteur d'une histoire de la ville de Soissons qui est restée manuscrite, assure qu'il fut trouvé dans la fouille de 1551 quantité de morceaux d'albâtre, de jaspe, de porphyre, etc., façonnés par petits carreaux, larges seulement de deux pouces ; c'étaient des débris de mosaïques. Nous tenons de la générosité de Mme de Mont-Guyot une pièce de mosaïque de la même espèce, mais moins précieuse : elle a neuf pouces de long sur sept de large ; elle est formée de petits morceaux de marbre noir, de pierres de liais, et de tuiles bien cuites, d'un demi pouce de face et d'un pouce et demi ou environ de queue ; ses parties sont liaisonnées entre elles par un mastic blanc très-fin et font parement bien uni. Le tout est posé sur une couche de ciment de tuiles très-rouges, d'un demi pouce d'épaisseur ; cette couche est appliquée sur un massif composé de petites portions de tuiles et d'un mortier très-dur. Nous n'avons pu déterminer son épaisseur parce qu'il n'en reste qu'un pouce environ adhérent à la couche du ciment : ce reste même porte des marques sensibles de sa dégradation ; mais il est facile d'y suppléer par le procédé des anciens dans le travail des mosaïques.

Ils faisoient, dit M. Fougeroux de Bondaroy (2), *avant que de construire leur mosaïque, destinée à servir de pavé à un grand et bel édifice, une excavation de trois pieds de profondeur ; ils jetoient dans le fond un mortier de chaux et de sable de l'épaisseur de deux à trois pouces. Ils arrangeoient ensuite des pierres plates jusqu'à la hauteur de douze à quinze pouces qu'ils lioient dans un mortier de chaux dans lequel étoient noyés quelques gros cailloux ou pierres cassées et anguleuses. Dessus ce mortier ils en plaçoient un autre de ciment avec très-peu de chaux, de trois pouces. Ils finissoient par mettre au-dessus de celui-ci un mastic de deux pouces d'épaisseur, dans lequel sont retenus les cubes de pierres qui*

---

(1) Dormai, sup., tom. II, p. 451. (2) Recherches sur les ruines d'Herculanum, p. 170.

forment la mosaïque. La nôtre est une portion de plancher ou pavé du bain du château de Reaulieu près Saint-Quentin, dont nous aurons occasion de parler dans la suite.

On a découvert aussi parmi les débris de cet édifice (1), comme dans les ruines des châteaux d'Albâtre de Soissons et de Vendeuil, à Saint-Quentin, dans les environs de Pont-d'Ancy, des restes d'une autre espèce de mosaïque que l'on nomme *Placage* : celle-ci était faite de morceaux de marbre sciés très-minces et plus grands que ceux qui étaient employés dans la mosaïque dont nous venons de parler. M. Petit, procureur du roi de la police à Soissons, homme curieux des antiquités et en histoire naturelle, a rassemblé un nombre infini de morceaux de marbre précieux de toute espèce qui ont servi à la mosaïque à placage qui ornait le château d'Albâtre. On y reconnaît entre autres le porphyre vert, la brèche d'Afrique, le vert d'Egypte, le vert cipolin, le jaune antique, le rouge antique, le rouge de Numidie, le rouge de Libie, le rouge griotte. Ces différents morceaux ont depuis deux jusqu'à six lignes d'épaisseur. Nous avons des échantillons de tous ceux-ci, dont M. Petit nous a fait présent. On voit aussi dans le cabinet de M. Jardel, à Braine, quelques débris de ces marbres précieux, sciés en feuilles très-minces; ils proviennent des environs de Pont-d'Anchy. D. Wiard, bénédictin de l'abbaye de Notre-Dame de Breteuil, qui en écrivait l'histoire en 1670, nous apprend que quelques curieux ayant fait fouiller, la même année, dans la vallée où était bâtie autrefois la capitale du Vendeuillois, y découvrirent quantité de petites pièces de marbre qui annonçaient un somptueux bâtiment (2).

MOSAÏQUE DITE PLACAGE.

Nous avons trouvé au même lieu, en 1769 et 1770, une pièce de placage de porphyre vert, qui a cinq lignes d'épaisseur; une autre de marbre cipolin; une autre d'albâtre onyx. M. Le Nain, ingénieur du roi à Saint-Quentin rapporte (3) qu'en faisant creuser, en 1639, un puits à l'est de l'ancienne Auguste de Vermandois, les ouvriers avaient découvert à quarante-cinq pieds de profondeur, un lit de démolitions *rempli de morceaux de marbre, jaspe et albâtre, tout brisés et qui avoient été autrefois polis et mis en œuvre, dont ils apportèrent plus de trois demandelées* (mannequins). M. l'abbé Piétavi, chanoine de la collégiale de cette ville, a en sa possession un morceau de jaspe de quatre pouces en carré, sur trois quarts de pouce d'épaisseur, taillé en biseau par dessous comme pour former une incrustation. L'art du placage consistait à appliquer ces feuilles de marbre sur

---

(1) Hist. du Valois, tom. I, p. 474.
(2) Hist. MS. Britul. monast., p. 54.

(3) Dissert. imprim. à Noyon, supr.

la surface des murs. Bergier (1) nomme ce travail *textorium opus ; les édifices des grands*, dit-il, *en étoient comme couverts et enduits de tous costez.* On employait dans les appartements moins somptueux de grandes tuiles. Le même D. Wiard, que nous avons cité plus haut, parle d'une muraille découverte de son temps dans la vallée de Caply, dont la face intérieure était plaquée, dit-il, de grandes pièces de terre cuite comme de la brique, fort longues et larges, toutes percées en plusieurs endroits. On appliquait ces pierres sur le ciment : on en coulait du liquide par les trous, ce qui rendait l'ouvrage très-solide (2).

LA MOSAÏQUE SE PERPÉTUE DANS LA PROVINCE, SOUS LES FRANCS.

Le goût de la mosaïque s'est perpétué dans la province de Picardie, après la sortie des Romains. On lit dans la chronique de Centule (3), écrite par le moine Hariulfe au XII.ᵉ siècle, que l'abbé Angilbert avait fait faire, sous le règne de Charlemagne, le pavé du chœur de cette abbaye de différents morceaux de marbre nuancés de diverses couleurs, et que cette sorte de travail était incomparable : *Videtur usque hodie in pavimento chori tam pulchra et tam distincta marmoris operatio, ut quicunque illud inspicit incomparabile opus asseveret.* On lisait dans la chapelle de Saint-Riquier ces quatre vers tracés en mosaïque :

Hoc pavimentum humilis Abbas componere feci
Angilbertus ego, ductus amore Dei.
Ut mihi post obitum sanctam donare quietem
Dignetur Christus, vita, salusque mea.

Jean de la Chapelle, continuateur d'Hariulfe, qui avait vu ce pavé existant encore à la fin du XV.ᵉ siècle, ajoute (4) qu'il était de porphyre rouge et vert, et tel qu'on n'en voyait point de semblable dans tout l'univers : *pavimentum porphyreticum rubei et viridis coloris, quale in toto terrarum orbe non est visum simile.* On a découvert depuis deux ou trois ans, au septentrion de l'église, en creusant dans une cour basse, des débris de cette mosaïque, c'est-à-dire beaucoup de petites pièces de porphyre rouge et vert, taillées de différentes formes. Nous en conservons plusieurs. Hariulfe nous apprend aussi que l'abbé Saint-Angilbert avait fait venir de Rome les différents marbres tant du pavé que des colonnes qui ornaient l'église de Centule : *direxit vehicula fortia et multa ad urbem Romam, ut marmor et columnæ ad ornatum jam dictæ ecclesiæ deferrentur*, et que l'empereur Charlemagne avait envoyé des ouvriers habiles pour mettre en œuvre le bois, la pierre, le verre et le marbre : *artifices doctissimos ligni et lapidis, vitri et marmoris Angilberto dirigit regia potestas.*

(1) Hist. des gr. chem., tom. II, l. 5, c. 11, n.º 3.
(2) Hist. Britul. MS. suprà.
(3) Spicileg., tom. IV, p. 458.
(4) Acta sanctor. bened. Sæc. IV, part. I, p. 110, n.º 7.

— 101 —

L'art de la peinture en mosaïque n'était pas encore tombé dans l'oubli dans la ville de Saint-Omer au commencement du xii.ᵉ siècle. Iperius, religieux de Saint-Bertin, rapporte (1) sous l'année 1109, que le corps de Guillaume de Flandre, fils du comte Robert, mort à Aire la même année, fut porté à Saint-Omer et inhumé dans l'église de Saint-Bertin, sous une tombe travaillée artistement en mosaïque : cette mosaïque était formée de petites pierres de différentes couleurs, qui représentaient un chevalier armé de pied en cap : *cujus sepultura artificè composita ex lapillis minutissimis diversorum colorum opere musiaco quasi depicta foret, armato milite fuit decorata.*

La peinture sur verre a commencé aux xi.ᵉ et xii.ᵉ siècles, à prendre la place de la peinture en mosaïque. Elle fut employée d'abord à orner les églises. Eléonore, comtesse de Beaumont et du Valois, qui mourut en 1214, avait fait présent à l'église de la Cathédrale de Soissons de deux vitraux peints (2). Ceux qui font aujourd'hui l'ornement de la Cathédrale d'Amiens ont été donnés dans le même siècle, savoir : la rose où est placée l'horloge, par Jean Coquerel, maïeur de la ville en 1241 ; les trois premiers grands vitraux de la nef à gauche en entrant par le grand portail, par Andrieu de Malherbe, Thomas de Regny, et Enguerrand de Saint-Fuscien ; les 14.ᵉ, 15.ᵉ, 18.ᵉ, 20.ᵉ, 28.ᵉ et 29.ᵉ, par les doyennés de Conty, de Poix, de Grandvillers, de Doullens, d'Abbeville et de Saint-Riquier ; les autres, par différents corps de métiers et par des chanoines, comme il paraît par les inscriptions qui sont au bas. La vitre qui est placée au-dessus du grand autel est un présent que Bernard d'Abbeville, évêque d'Amiens, fit en 1269 : *Bernardus Eps. me dedit an* m. cc. lxix. Celle de la Chapelle de Sainte-Marguerite est un autre don fait avant l'année 1303 par l'évêque Guillaume de Mâcon. Une reine d'Angleterre fit faire les vitraux de l'église de Saint-Yved de Braine.

LA PEINTURE SUR VERRE PREND SA PLACE.

Des églises, la peinture sur verre a passé dans les châteaux des princes et des seigneurs particuliers. Cet art s'est perfectionné sous le règne de François Iᵉʳ. *On est surpris,* dit M. Carlier, *de voir dans des espaces très-resserrés des objets sans nombre, des points de vue, des paysages variés par des situations innombrables.* On admire entre autres les panneaux des croisées de l'église Saint-Nicolas à la Ferté-Milon, peints en 1549, et ceux de la chapelle de Saint-Hubert. Peut-on voir travail plus fini que les métamorphoses d'Ovide représentées sur les vitraux de la salle d'assemblée des arquebusiers de Soissons ? C'est l'ouvrage de Pierre Tacheron, maître vitrier, peintre sur verre de cette ville, en 1622. Louis XIV passant à Soissons en 1663 admira la correction du dessin et le beau

---

(1) Chron. Syth. Thes. anecd., tom. iii, col. 606.   (2) Hist. du Valois, tom. ii, p. 543.

coloris de ces panneaux de vitres peintes, et en demanda quatre pour orner son cabinet (1). Il y avait aussi à Amiens, au xvi.e siècle, d'habiles peintres sur verre, comme il paraît par une délibération de l'Echevinage du 4 mai 1503. Ils faisaient corps avec les tailleurs, les brodeurs et les enlumineurs. Selon une autre du 18 février 1504 (1505) (2), cette sorte de peinture était encore en honneur à la fin du même siècle; on avait consulté, dit une autre délibération du 3 mars 1580, les plus habiles dans ce genre de travail, pour savoir leur avis touchant l'histoire que la ville ferait peindre sur le vitrage dont elle voulait faire présent aux Filles de Saint-Julien (3).

XLVII.—XLVIII.

PLUSIEURS AUTRES CONNAISSANCES VIENNENT AUX BELGES PAR LA MÊME SOURCE. — LES THERMES DONT FAISAIENT PARTIE LES ARÈNES.

Les Romains transmirent aussi à nos pères leurs coutumes, leurs usages, leur langage et leurs superstitions. Ces maîtres de l'univers n'eurent pas de peine à faire recevoir à des peuples vaincus ce qui semblait les consoler dans leur état, comme les jeux, les spectacles, les bains. Toutes ces parties de divertissement étaient réunies dans un édifice vaste et spacieux que les anciens nommaient Thermes, et que nous avons appelé arène, cirque, etc., en prenant une des parties pour le tout. On peut consulter sur cette matière le savant ouvrage imprimé à Rome, en 1622 (4), d'un Romain médecin du pape Sixte-Quint.

D'AMIENS.

Il paraît par les actes de saint Firmin, martyr, que les arènes de la ville d'Amiens étaient à la porte Clipéenne, puisque le saint y fut conduit pour être donné en spectacle au peuple : *Præcepit Sebastianus militibus suis, ut illum ad spectacula theatri ad portam Clipeanam post biduum præsentarent* (5). L'ancien gymnase amiénois a été transféré ensuite entre la porte de Noyon et l'abbaye de Saint-Acheul. La Fosse-Ferneuse, en latin *Ferarum noxiarum*, est encore connue. C'était là que l'Hôtel-de-Ville donnait le divertissement de la chole, le jour des Quaresmaux. Si cette fosse a été nommée dans la suite *Fovea ardens*, comme le dit le P. Daire, c'est que l'on y avait brûlé, en 1321 et 1330, plusieurs personnes convaincues d'hérésie. Le lieu dit *in Cavia* où est bâtie l'abbaye de Saint-Crespin en Chaye, près les murs de la ville de Soissons, indique l'ancien emplacement des arènes de cette ville, ou plutôt la fosse dans laquelle étaient

DE SOISSONS.

(1) Art de la peinture sur verre par Le Vieil.
(2) Registre coté xx. T.
(3) Regist. coté xliv. T.
(4) Andr. Baccius Elxidianus de Thermis, l. 7, c. 2, 3, 5, 6.
(5) Bolland. act. SS., tom. vii, sept. p. 27, n.° 15.

renfermées les bêtes destinées au combat. Elle servait aussi de prison aux criminels condamnés à paraître en spectacle devant le peuple. Saint Crespin et saint Crespinien y furent enfermés. Ce lieu avoisinait le château d'Albâtre. De là les arènes furent transférées au vi.^{e} siècle au sud de la cité. Nous apprenons de Grégoire de Tours (1), que Chilperic Ier, roi de Soissons, fit bâtir un cirque dans sa capitale ainsi qu'à Paris : *Apud Suessionas atque Parisius circos œdificare præcepit.* Les grandes chroniques de saint Denis ont ajouté au passage une espèce de commentaire que voici : *En ce temps fist le Roy Chilperich establir à Paris et à Soissons une manière de jeux qui sont appellez croques à la manière que les Rommains souloient faire anciennement. Si vault autant à dire comme cerne qui est fait à la ronde en une large place dedans laquelle les chevaulx couroient sans yssir des bournes qui y sont mises. Ces manières de jeux souloient faire les anciens qui payens estoient et sacrifier en leurs deffaulx. Les dieux pour ces deux Castor et Pollus fist jadis ce jeu establir si comme les fables Ovidianes le racomptent.* L'emplacement de ce cirque n'est indiqué ni par Grégoire de Tours, ni par l'auteur de ces chroniques, mais par une charte de Hugues, évêque de Soissons, de l'an 1100, en faveur de l'abbaye de Saint-Jean-des-Vignes : *Per viam a Pantelon usque ad crucem... in via de Valbuin; et a salice in via sancti Remigii, usque ad aliud juxta oulturam; et per terras tuas juxta montem arenarum.* Ainsi le cirque ou les arènes de Chilperic devait être placé au pied du mont où est bâtie l'abbaye de Saint-Jean-des-Vignes.

Plusieurs chartes de l'église de Senlis nous donnent des renseignements sur la position des arènes de cette cité ; elles étaient situées au sud-ouest, en tirant vers la Gattelière, au pied d'un monticule qui forme amphithéâtre, *quatuor masuris contiguis ex una parte vico qui dicitur des araines et alia parte grangie de Thioulis que dicitur a le Poterne* (2). Du pied de ce monticule sort une fontaine qu'une bulle du pape Luce III, de l'an 1182 (3), appelle *Fontem Arenarum*, fontaine des arènes. Elle est nommée de même dans une charte de l'an 1309, de l'évêque Guillaume, au sujet d'un différent entre ce prélat et la commune de Senlis, pour un mur *qui situs fuerat juxta fontem qui dicitur d'Airaines juxta prata nostra.* On lit la même chose dans une charte française du même Guillaume, de l'an 1310 : *Li quel mur estoit assis de lez la fontaine d'Araines et lez nos prés, que l'on dit les prés d'Araines.* Ce même nom se trouve répété dans des titres de 1358 et 1437. Mais peut-être que dans les premiers temps les arènes ou plutôt les thermes de

---

(1) Hist. franc., l. 5, c. 18.
(2) Charte de l'abbaye de Chalis du mois de juin 1275.
(3) Gall. Christ., tom. x, coll. 221.

Senlis étaient placés à la porte de la ville où a été bâtie depuis l'église de Saint-Rieul ; car on lit dans les actes de l'apôtre du pays que cette place servait à plusieurs usages, que les simulacres des dieux y étaient exposés, qu'on y vendait les victimes pour les sacrifier, et qu'on y exposait au supplice ceux qui refusaient d'offrir l'encens aux dieux (1). Si nous connaissions les noms anciens de tous les lieux qui avoisinent les cités de Beauvais, de Boulogne, de Térouanne, de Vermand, sans doute y retrouverions-nous la position de leurs arènes. Car suivant l'abbé Le Bœuf (2), chacune des villes qui était autrefois sous la domination romaine avait les siennes. On les reconnaît dans les vieux titres sous les termes d'*Arenæ*, de *Locus Arenarum*, de *Castrum Arenarum*, de *Campus Arenarum*, etc. Ces monuments ont été détruits, ou comme incommodes, ou pour en faire servir les matériaux à construire les nouvelles enceintes des villes.

XLIX.

LES THERMES ÉTAIENT DESTINÉS AUSSI AUX JEUX GYMNASTIQUES.

Ces lieux publics étaient destinés à toutes sortes de jeux, parculièrement à la lutte, à la paume, au ballon, à l'escrime, *ludum palestræ, ludum pilæ, ludum gladiatorum* (3). Auguste aimait passionnément les jeux de la paume et du ballon, au rapport de Suétone ; *Augustus ad pilam folliculumque transiit*. Ce dernier divertissement, suivant Martial, convenait à la vieillesse comme à la jeunesse :

Folle decet pueros ludere, folle senes (4).

Le mahon et la pye, les joûtes, les courses de bague, du chapelet, les jeux de battoir, de tamis, de chole, le combat des coqs, etc., ébattements pour la plupart en usage encore dans la Picardie, sont une image ou plutôt des restes des jeux gymnastiques qui firent les délices des Grecs et des Romains.

LES RESTES SONT LE MAHON ET LA PYE A AMIENS.

Les jeux de mahon et de la pye consistaient dans une certaine adresse à terrasser son ennemi malgré les différents efforts qu'il pouvait faire pour n'être pas vaincu, et à lutter à coups de poings. Ces deux exercices nous sont connus par une ordonnance de l'Echevinage d'Amiens, publiée le 28 janvier 1515 (1516) dont voici le titre : *Ordonnance touchant le jeu de mahon et la pye*. Suit l'ordonnance en ces termes : *pour ce que le commun populaire de ceste ville a accoustumé chascun an en la saison présente, faire plusieurs combats par bandes, com-*

---

(1) Bolland. Act. SS., tom. III, mart., p. 823, n.° 12.
(2) Mercure de juillet, 1727, p. 1512, 1513.
(3) De Thermis, supr., c. 5, p. 374.
(4) Epigram. 47, lib. 14.

pagnie les uns contre les autres par manière d'esbattement, dont plusieurs haynes, noises, débats et autres inconvéniens de maladies sont advenus et pourroient encoires advenir se prévision n'y estoit donnée, mesdits seigneurs ont fait et font présentement défense à tous les habitants d'icelle ville... de non faire lesdits jeux, sur paine et amandes de xx *L. parisis et de pugnir de prison : et enjoignent mesdits seigneurs à tous maisnager de non laisser aller auxdits combats leurs enfants ou serviteurs à paine d'encourir en ladite amande.* Malgré les défenses, ces jeux se sont perpétués jusqu'aujourd'hui parmi les jeunes gens. La loi dont ils sont observateurs fidèles est telle, que si l'un des deux combattants sent qu'il a besoin de reprendre haleine, il lui suffit de se mettre à terre pour que l'autre n'ose plus lui toucher; s'il le faisait, les autres jeunes gens, spectateurs du combat, se jeteraient sur lui pour le punir de son infraction des lois (1). Enfin après ce petit relâche, le combat recommence et l'honneur de la victoire demeure à celui qui a contraint son adversaire de se rendre.

Les joûtes ont été longtemps en usage dans les villes de la Picardie. Nous entendons, par le nom de joûte, non seulement tous les exercices qui étaient propres à la noblesse tels que les tournois, la table-ronde, mais aussi ceux qui étaient particuliers au peuple, comme les barres, la quintaine, etc. Tout le monde sait combien les seigneurs picards étaient passionnés pour les tournois. Les comtes de Guines, au rapport de Lambert d'Ardres, poussèrent cette passion jusqu'à la fureur. M. Du Cange (2) a fait sur les tournois une savante dissertation qu'il est à propos de consulter. Deux chevaliers picards, Antoine de Rubempré et Louis de Contai, le 12 de juin 1447, demandèrent permission aux maire et échevins de la ville d'Amiens de faire des joûtes le lendemain de la Saint-Jean et l'obtinrent. Nous voyons, par une autre délibération de l'Hôtel-de-Ville du 21 de février 1459 (1460), que le comte d'Etampes devait assister avec un grand nombre de seigneurs et de dames aux joûtes qu'Evrard et Henri de Sissay, chevaliers, gentilshommes du comte, devaient donner dans le courant du mois de mars, et que les officiers municipaux prirent des mesures dans une assemblée du 3 du même mois pour procurer à cette fête l'agrément, l'abondance et la sûreté. On trouve dans un compte de l'abbaye de Corbie pour les années 1347 et 1348, chapitre des mises, que l'abbé Hugues de Ver et ses gens revinrent de Paris *par Biauvois du commandement du Roy pour les joustes qui y devoient estre*, et revint à Corbie le mardi devant Noël 1347; dans les registres de l'Hôtel-de-Ville de Péronne, une délibération pareille à la précédente, du pénultième d'avril 1399, *auquel*

LES JOUTES, SAVOIR: LES TOURNOIS.

(1) Variétés hist., tom. II, p. 80.   (2) Hist. de Saint-Louis, dissert. 7.

jour, dit-elle, *fut mis en termes le feste des joustes que se doibvent faire ce jour de may prochain venant par M. Helin de Wasseur et autres.* Un compte de 1431 à 1432, de Jean Le Vasseur, argentier de la ville d'Abbeville, parle des joûtes faites en cette ville au mois de mai : *Item aux sergens à masse par quittance du 6 de mai audit temps pour avoir accompagné les maire et échevins par trois jours aux joustes faites en ladite ville au mois de mai.*

LA TABLE-RONDE. L'exercice de la table-ronde, dont il est parlé dans la chronique d'Albéric, et qui se fit à Hesdin en 1235, *Multi Flandriæ barones apud Hesdinum se exercebant ad Tabulam rotundam*, indique aussi des joûtes, suivant M. Du Cange (1); les chevaliers qui avaient joûté venaient souper chez celui qui avait donné la fête, ils étaient assis à une table ronde, *à l'exemple des anciens seigneurs gaulois qui, au rapport d'Athénée, avoient coûtume de s'asseoir autour d'une Table Ronde, ayans chacun derrière eux leur Escuyer.* Lambert d'Ardres semble donner à entendre que ces exercices de la noblesse se faisaient particulièrement dans le temps des foires, *Nundinas quas torneamenta vocant.*

L'ESCRIME, DIT BEHOURDIS, QUI FAIT ÉPOQUE DANS NOTRE HISTOIRE. Le peuple avait aussi un temps particulier pour les siens, que l'on peut nommer l'escrime en général. Ce temps était au commencement du carême. Le premier dimanche de carême est nommé dans une charte latine d'Enguerran de Picquigny, vidame d'Amiens, du mois de mars $121\frac{8}{9}$, *Dies hastiludii* (2); de même dans une autre de septembre 1242 (3), l'une et l'autre pour Picquigny; enfin, dans une troisième du mois d'avril de l'année suivante (4), pour la ville de Doullens où ce jour d'exercice faisait époque. On lit dans la date d'une sentence des mayeur et eschevins d'Abbeville, du mois de février $123\frac{4}{5}$: *Die veneris ante hastiludium*, et dans les chartes françaises : jour du *Bouhourdis, Beourdich, Bourdich*, etc., ce qui, suivant M. Du Cange (5), signifie la même chose que le combat du tournoi ou de la joûte. Nous avons une charte originale de l'abbaye de Saint-Bertin à Saint-Omer, datée du *samedi après le jour du grand Bouhourdich* $142\frac{5}{6}$ (6). Ce nom était devenu si célèbre en Picardie au XII.ᵉ siècle, qu'il a fait oublier presque le nom de *Brandons* qui était l'ancien nom de ce dimanche.

C'était un jour de divertissement et de régal. *A Pierre de Planques, sergent à maches* XLVIII *liv. pour deniers à lui bailliés pour le fait de ladicte ville, et pour payer le despenses faites le jour des Quaresmeaux et du Bouhourdis, dernier passé...*

(1) Ibid., p. 178.
(2) Pr., part. II.
(3) Ibid.
(4) Ibid.
(5) Du Cange, dissert. 7 sur l'hist. de St.-Louis, p. 182.
(6) Pr., part. II, n°... ou Boîte de Quesme, n.° 105.

en le manière que d'anchienneté a esté fait et usé. A Jehan le Bouchier, sergent à maches et faiseur de présens de la ville d'Amiens, payé XVI *S. parisis, c'est assavoir pour pain blanc et seminiaux* XII *S. et pour pomes de cappendu* IV *S. parisis dépensés en l'evrieul des Cloquiers, le jour du Behourdis 1444, ainsy que a chu jour chascun an messeigneurs ont accoustumé faire* (1).

Le Behourdis fit époque comme les Brandons dans les actes publics. Jean, vidame d'Amiens, confirme, au mois d'avril 1271, au prieuré de Saint-Pierre à Gouy, le don d'un millier de harengs à prendre chacun an au pont de Picquigny, *el jour del Bouerdis* (2). Jean de Thanes donne une charte au mois de mars $128\frac{3}{4}$ et à la date *du samedi prochain devant le Beourdich* (3). On trouve dans le cartulaire de l'hôtel-de-ville d'Abbeville un acte *du juesdi devant le Behourdiich* $129\frac{0}{1}$ (4). Il appert par un autre du mois de septembre 1294, en faveur de la chapelle de Raimbercourt, que le don d'un terrage situé dans les environs de Rollot sera chargé envers le seigneur de Sechelles, de trois sols parisis, pour le prix d'une paire d'éperons payable chacun an *au jour du Beourdich* (5). La ville de Saint-Quentin transige, en 1297, avec l'abbaye de Saint-Prix, pour le droit de Pontoise, moyennant un cens à *l'endemain du jour du Behourdich et commencha le premier payement à l'endemain de Behourdich 1297*. Au même temps l'évêque de Noyon avait plusieurs cens au village de Lassigny qui lui étaient dûs au *Behourdich* (6). La semaine du Behourdis est répétée plusieurs fois dans un compte de l'hôtel-dieu de Montdidier de l'an 1339. Différentes délibérations de l'hôtel-de-ville de Péronne sont datées de même : *ramembranches du samedi nuict du Behourdich 6 de février* $135\frac{4}{2}$ (7)...; *dimanche prochain venant jour de Behourdich...,* même année (8) ; *ramembranches du lundi prochain après le Behourdich 23 de février* (9). Une charte de l'abbaye de Saint-Sauve de Montreuil-sur-Mer est datée du jour du Bouhourdich 20 de mars $136\frac{4}{2}$. Par le dénombrement du fief d'Etrée en Ponthieu, fourni en 1387 à l'abbaye de Saint-Riquier, le possesseur avait cinq sols de cens à percevoir sur plusieurs journaux de terre au *Bouhourdich*. Nous parlerons bientôt de la recette des *Bouhourdichs* de la ville de Boulogne. En 1402, Antoine de Bethisy, suivant son dénombrement du fief de Campermont du 28 de mars 1479, devait au seigneur de Boves *un vere à piet au jour du Bouhourdis*. On lit dans

(1) Compte de l'Hôtel-de-ville de 1444 à 1445.
(2) Preuv.
(3) Cartul. noir de l'abb. de Corbie, fol. 126 vers.
(4) Fol. 25 v°.
(5) Cartul. de l'Evêché d'Amiens.
(6) Cartul. de l'hôtel-de-ville de Noyon, fol. 390 r°.
(7) Reg. de 1351, fol. 32 rect.
(8) Ibid., fol. 31 vers.
(9) Ibid. vers.

un bail à cens fait en 1480, par l'abbaye de Dommartin-sur-l'Authie, qu'on lui devait plusieurs pots de beurre *la veille du dimanche des Bourdiés*. Enfin, le premier dimanche de carême a conservé jusqu'ici dans le Vimeux le nom de dimanche du *Behourdis*. Dans la plupart des cantons de la Picardie on ne connaissait que le premier dimanche de carême. Dans le Vermandois le second et le troisième étaient dénommés de même. On les y distinguait en premier, second ou *moyen* et troisième *Behourdis*. Il est parlé du premier *Behourdis* dans le dénombrement du fief de l'Etalage des boulangers de la ville de Saint-Quentin, servi au Roi le 12 de juin 1383. Il y est dit que chaque boulanger devait un pain *le premier dimanche de Behourdie*. Du second, dans deux délibérations de l'hôtel-de-ville de Péronne : *ramembranches du mercredi prochain après le second Bauhourdich, dernier jour de février* $135\frac{7}{8}$ (1). Dans un autre de l'an $134\frac{9}{50}$, au lieu de second, on lit : *ramembranches du mardi prochain après le moyen Behourdich 23 de février* (2). Du troisième dans les délibérations suivantes du même hôtel-de-ville : *ramembranches du samedi 27 février 1349, nuict du tierch Bouhourdich* (3); *ramembranches du samedi 15 mars, nuict du tierch Bouhourdich* $135\frac{3}{4}$ (4); *le dimanche tierch Bouhourdich 16 mars* (5). L'exercice du Behourdis se faisait avec des bâtons, ou comme nous l'apprennent des lettres de rémission de l'an 1476, citées par dom Carpentier dans son Glossaire, *avec des perches de bois nommées Behou*. Aussi le premier dimanche de carême est-il nommé : *Dominica de lignis orditis*, dans un ancien livre de cens de l'abbaye de Saint-Valery ; *et le jour du bois hourdy* dans les coutumes locales manuscrites du village de Long au diocèse d'Amiens.

A QUINTAINE. La *Quintaine* ou l'exercice qui se faisait aussi le premier dimanche de carême, paraît avoir fait époque avant le précédent dans l'Amiénois, le Ponthieu, le Vermandois, le Boulonois, etc. C'était, dit M. Du Cange, *une espèce de bust*, de figure humaine, *posé sur un poteau, où il tourne sur un pivot en telle sorte que celui qui avec la lance n'adresse pas au milieu de la poitrine, mais aux extrémitez le fait tourner ; et comme il tient dans la main droite un baston, ou une épée, et de la gauche un bouclier, il en frappe celui qui a mal porté son coup*, c'est-à-dire que celui qui ne portait pas la lance entre les quatre membres était puni de sa maladresse. Plusieurs chartes du commencement du XIII.ᵉ siècle font mention de l'époque de la Quintaine. Les habitants de Rue devaient au comte de

---

(1) Reg. de 1357, fol. 79 rect.
(2) Reg. de 1349. fol. 13 rect.
(3) Supr., fol. 13 vers.
(4) Reg. de 1349, fol. 47 vers.
(5) Ibid.

Ponthieu un droit pour chaque navire *ad dominicam Quintanæ*, suivant la charte de ce comte de l'an 1210. Enguerran, vidame de Picquigny, donna à l'abbaye de Bertaucourt, par une autre du mois d'avril 1212, un millier de harengs à prendre au pont de Picquigny tous les ans, *in die quintaniæ*. Une autre de Clerembaud de Vendeuil du mois de mars, veille de Pâques $122\frac{5}{6}$, porte que l'abbaye de Saint-Vincent de Laon devait à ce seigneur une rente de onze livres et demie parisis, payable chaque année *ad quintanam*. On lit dans un dénombrement des fiefs de la châtellenie de Saint-Quentin, servi au roi Philippe-Auguste, que le prévôt tenait les châteaux de la Quintaine, *tenet et castella Quintane*. Il est parlé de la *Quintaine* dans un compte du domaine du comté de Boulogne de l'an 1402; on y lit au chapitre de la recette des *Behourdichs : c'est asavoir que tous ceus qui vendront poissons à haut estal au marquiet de Boulogne, doivent ce jour jouster, ou faire jouster à la Quintaine que Monseigneur leur doit trouver, et doivent jouster de tilleux pelez, ou de plançons d'armes, et les doit on montrer au Vicomte, qu'il ne soient cassez de cousteaux, ou autrement. Et au cas qu'ils ne joustent, ou font jouster, ils doivent à ce jour à ladite Vicomté 2 sols Par. Néant receu pour l'an de ce compte, pour ce qu'ils firent tous courre.*

LES BARRES.

A Abbeville, c'était les *Barres*, jeu qui se faisait pendant les jours gras. Il en est mention dans plusieurs délibérations de l'hôtel-de-ville d'Abbeville : une entr'autres du 15 février $146\frac{2}{3}$ porte : *On fera une course aux bos de laditte ville depuis le bailliage en venant jusqu'aux gros arbres dudict bos le dite nuict des karesmeaux, et sera donné pour le prix au mieulx courant, deux quennes de vin..... et ledit jour des karesmeaux seront faites barres par paroisses ou par dizaines, ainsi que l'on verra pour le mieulx*. On voit dans les anciens rôles des présents faits par le commandement des maire et échevins, les prix remportés par les différentes compagnies de cette ville. Celle du 25 de janvier $149\frac{6}{7}$ au 24 de février suivant, entre autres renferme ces articles : « *Quesnes de vin données le nuict des caresmiaulx aux compaignons du cuir qui avoient joués aux barres contre ceux du drap*....... » *Quesnes de vin données le jour des caresmiaulx aux compagnons du cuir*. Il est dit dans une délibération du 12 février $156\frac{0}{1}$ que le jour des *caresmeaux* après dîner, le mayeur et les quatre échevins, les conseillers et les officiers de la ville iraient au bois voir *le jeu de Barres*. Il y eut un *ébattement de barres* en la terre et juridiction de Cottenchy, en 1413, suivant une charte du mois de mai de cette année.

L'ESCRIME DU FLEURET DU POIGNARD.

En d'autres villes de Picardie on s'exerçait à l'escrime ou à la course. Le jour de saint Michel, 29 de septembre, les bourgeois de Saint-Quentin, qui désiraient éprouver leurs forces et montrer leur adresse, faisaient publier par toute la ville que tous ceux qui voudraient faire *escrime* n'avaient qu'à se présenter sur la grande place, lieu ordinaire. Ils y avaient fait porter des fleurets et des poignards. Ceux qui acceptaient le défi recevaient des tenants le fleuret d'une main et le poignard de l'autre. Pour que ceux-ci fussent réputés vaincus, il fallait leur porter un certain nombre de coups à une marque qui était attachée au pourpoint du côté du cœur. Cet exercice, qui avait ses lois particulières, n'est plus en usage depuis plusieurs années (1).

LES COURSES DE BAGUES A PIED ET A CHEVAL.

La *Course de bague* a été en vigueur longtemps dans la même ville. La jeunesse la courait à pied le premier dimanche de Carême. La course se fit à cheval le 3 de mai 1610. Cet exercice subsiste encore à Corbie. Le jour du Mardi-Gras la jeunesse monte à cheval et court la bague sur la grande place. C'était une imitation des jeux troyens, c'est-à-dire des courses et des exercices à cheval que la jeunesse de Rome faisait dans le cirque, sous la conduite d'un chef appelé *Prince de la jeunesse*.

CAVALCADE DU QUAREL DE S.ᵗ-GENTIEN OU LA FÊTE AUX CORNETS A CORBIE.

Cette cavalcade nous en rappelle une autre dite le *Quarel* de Saint-Gentien. *Quarellum*, suivant les lettres du roi Philippe V du mois de mai 1318 (2) portant déclaration des biens et revenus de la chapelle du palais de Choisi-au-Bac, était la portion d'un muid de vin d'Auxerre, ce qui pouvait être à Corbie un quartaud de vin du pays qui aura été distribué à la cavalcade lorsque les cornets n'auront plus été en usage. Elle est interrompue depuis longtemps. On en faisait monter l'origine à l'arrivée des reliques de ce saint à Corbie, c'est-à-dire à la fin du IX.ᵉ siècle. Le 7 de mai, veille de la translation de saint Gentien, après les vêpres, un grand nombre d'habitants de Corbie, qui tenaient de l'abbaye à demi-cens certaines portions de terres, montaient à cheval, se rendaient à la porte de l'abbaye chacun une corne de bœuf à la main; la parade faite, et les cornes remplies de vin, la compagnie s'en retournait bien contente. De là le nom de *fête aux cornets*, donné à cette cérémonie d'obligation.

USAGE TRÈS-ANCIEN DE BOIRE DANS DES CORNES D'ANIMAUX.

L'usage de boire dans des cornes ou cornets est très-ancien. On voit représentée sur d'anciennes tapisseries de la cathédrale de Bayeux (3), une troupe de chevaliers tenant une corne à la main; c'est un monument du voyage que le duc Harold fit en Normandie en 1065. Il est parlé de ces espèces de vases à boire dans la relation d'un grand festin que Guillaume-le-Conquérant donna à Fécamp en 1067 à son retour d'Angleterre: *cœnaculum ingens bibebat, aut cornibus bu-*

---

(1) La Fons, supr., c. 227.
(2) Pr., part. I, nᵒ...
(3) Monum. de la monarc. franç., tom. I, p. 375.

balinis metallo (auro) decoratis eodem circa extremitates utrasque (1). Ce duc de Normandie en fit présent à plusieurs abbayes. On se servait de ces cornes même pour la messe, en place de burettes. Helgaud, moine de l'abbaye de Fleury, rapporte (2) que le vase de corne qui servait à renfermer le vin pour la messe du roi Robert fut volé à Compiègne en 1017 : *scyphus corneus quo deferebatur vinum ad celebrandum sacrificium*. Dans la plus haute antiquité les cornets étaient en usage ; dans l'expédition de Cyrus, frère d'Artaxerce, chaque soldat avait le sien. Les troupes bachiques sont représentées avec des cornets. (3). Chez les Romains, la jeunesse s'exerçait à chasser dans la forêt d'Hercinie des bœufs sauvages appelés *uri*, dont la grandeur et l'espèce de leurs cornes étaient bien différentes de celles de nos bœufs. On apportait en public les cornes de ceux qui avaient été tués. On les travaillait, on en entourait le bord d'un cercle d'argent ; ainsi préparées, elles servaient, dit César (4), pour boire dans les grands repas : *atque in amplissimis epulis pro poculis utuntur*.

La course du chapelet était une autre course des jours gras, mais particulière à la jeunesse de la ville de Saint-Quentin (5). On nommait chapelet un chapeau fait de fleurs, de soie et de broderies, ou, selon le Mercure Galant (6), une couronne faite de satin avec une légère broderie d'or et d'argent. C'était le prix du vainqueur, qui devait être natif de Saint-Quentin. Trois semaines avant le Mardi-Gras, la jeunesse nubile s'assemblait à la suite du roi qui avait gagné le chapelet l'année précédente. Dès ce moment ce n'était plus que fêtes. Le jour du Mardi-Gras, au matin, la ville retentissait du son des tambours et des trompettes. Sur les dix heures, cette jeunesse richement vêtue assistait en bon ordre à la messe en musique qu'elle faisait célébrer dans l'église collégiale. L'heure de midi sonnée, elle montait à cheval au son des instruments, sortait de la ville par la porte Saint-Jean, pour se rendre en la Couture, lieu indiqué pour la lice. Après avoir fait le tour du moulin et placé le chapelet, on commençait par courir le coup des dames. Le prix était une couronne de lierre pour celui qui arrivait au but, ainsi que pour quiconque avait gagné un des autres coups. Celui qui avait passé trois fois le but était salué roi et recevait le chapelet ; il était reconduit en triomphe à la ville, précédé de la brillante jeunesse, tenant le chapelet de la main droite et marchant au milieu des rois des deux années précédentes. Arrivée sur la grande place, la troupe faisait la parade devant l'Hôtel-de-Ville. Le lendemain dans la matinée,

COURSE DU CHAPELET A SAINT-QUENTIN.

---

(1) Du Chesne, rer. franc. script., tom. II, p. 103.
(2) Ibid., tom. X, p. 106.
(3) Antiq. expl., tom. I, part. II, p. 263.
(4) César, de Bel. Gal., l. 6, c. 28.
(5) La Fons, hist. MS. de St.-Quent., ch. 227.
(6) Mai 1680, p. 90.

le roi, accompagné comme le jour precédent, allait offrir le prix de sa victoire au chef de Saint-Quentin. La fête finissait dans l'après-dîner par tirer l'oiseau. Le roi de l'année donnait le prix l'année suivante.

Cet exercice, interrompu en 1633 par la guerre, fut rétabli par la générosité de M. Rozet, chanoine de la collégiale (1). Il légua par son testament une couronne d'argent massif, à la charge qu'elle serait déposée dans l'Hôtel-de-Ville, que les maïeur et échevins seraient juges de la course et qu'ils marqueraient le camp; enfin que la course serait fixée au 2 mai, jour de la fête de Saint-Quentin. Quinze ans après, cette noble coutume fut encore négligée par la même cause. Elle reprit, au bout d'un certain nombre d'années, avec plus d'appareil que jamais. Le Mercure a donné la relation de la course faite le 2 mai 1680, première depuis la seconde époque de son rétablissement. Enfin, après être tombée une troisième fois dans l'oubli, elle en est ressortie le 2 de mai 1753 (2). Les maïeur et échevins ont adjugé le triomphe à M. Huet, qui reçut une bague d'or aux armes de la ville. Le journal de Verdun, du mois de juin 1774, donne la relation de la course du chapelet qui avait été faite le 2 mai de la même année dans la ville de Saint-Quentin (3). M. La Fons a remarqué que pendant que la jeunesse prenait ses ébats à la Couture, les hommes mariés s'exerçaient à la course dans une autre plaine, et que le cérémonial en était à peu près le même.

DES BOUCHERS DE SOISSONS.

On nous a assuré que les bouchers de Soissons avaient été en possession longtemps de faire une course d'une autre espèce au commencement du Carême. C'était une chasse véritable qui durait la journée entière, sans autres armes que des bâtons; ils faisaient main-basse sur les lièvres et sur les lapins. Le soir les échevins et la justice allaient recevoir les bouchers à la porte de la ville.

JEUX DU BATTOIR ET DU TAMIS.

Nous ne parlerons point des jeux de balle ou du battoir, de l'éteuf ou du tamis : on sait que les Picards excellent dans l'un et dans l'autre, et que ce sont deux exercices ordinaires, les jours de fête surtout, dans les villes et dans les campagnes.

DE LA CHOLE.

Le jeu de la *chole*, que l'on prononce *choule* dans notre province, *cheole*, *chaule* en d'autres, que les uns écrivent *sole*, les autres *soul* ou *soule* et que les Bas-Bretons nomment *melat*, n'a lieu qu'en certains jours solennels de l'année, c'est-à-dire aux fêtes des patrons des villages et dans le carnaval. *Les paysans,* dit M. Du Cange (4), *invitent leurs voisins à ces exercices. A cet effet on jette une espèce de balon dans un grand chemin, au milieu des confins des deux vil-*

(1) Merc. Gal., mai 1680, p. 91.
(2) Alman. de Picardie de 1753.
(3) Journ. de Verd. 1774, p. 416 et suiv.
(4) Hist. de St.-Louis, dissert. 8, p. 188.

lages, et chacun le pousse du pied avec violence, tant que les plus forts le font approcher des leurs, qui de cette sorte remportent la victoire; et le prix qui est proposé. C'est le jeu, continue ce savant, de la balle des anciens, appelée *pila paganica*, parce qu'elle était en usage parmi les paysans.

Lambert d'Ardres nous apprend que les habitants du comté de Guines étaient dans l'ancien usage de *choler; ubi rustici homines vel ad cheolandum......... propter agri pascui largam et latam planitiem convenire solebant* (1). En 1323, Simon de Goucamp, évêque d'Amiens, était en différent avec la ville touchant plusieurs objets, entr'autres *de ce que li Maires print l'estuef à la Chole le jour de Quaresmel en le terre de l'Evesque et de l'Eglise.* Le registre de l'Hôtel-de-ville de l'année $138\frac{5}{6}$ fait mention de la collation que les maire et échevins y prirent au retour de la *chole*, et des *quesnes* de vin qui furent données aux sergens à masse pour avoir accompagné en armes les officiers municipaux à ce divertissement. Une délibération de l'Echevinage du 17 de février 1465 (1466) fait mention *de la chole que ou temps passé Messieurs souloient faire à leurs subjets et chevauchement le jour des quaresmeaux; eulx et tous les échevins accompagnés des notables bourgeois de la ville chascun an à le Fosse-Ferneuse, à le Fosse-Alais et autres lieux; et donnoit monsieur le maïeur la boule ou estoef aux choleurs qui choloient; or estoit ainsi, que dès longtems avoit ladite chole à l'occasion des guerres et divisions et autres empeschemens estoit desmourrée sans être entretenue ne continuée. Et pour ce Messieurs eux recordans du tems passé et pour entretenir leur dite seignourie, ont ordonné et délibéré que demain, qui sera jour des quaresmeaux, ils iront es lieux ou ils ont accoustumés faire faire ladite chole, et donner la boule ou estœuf par M. le maïeur as compaignons come il souloit faire.*

Vers l'an 1458, les doyen et chanoines de Saint-Vulfran d'Abbeville consentent que *celui qui demoura Roy de l'escole la nuict des quaresmiaulx présente le coq victorieux, pour d'icelui faire le chole en la manière ainsi que anchiennement estoit accoustumé de faire.* Ce divertissement fut supprimé par une ordonnance de police du 15 de février 1463 (1464) *pour eschever aux noises, haines desbas et inconvéniens qui estoient avenus par cy devant et porroient avenir cy après eux cholles que l'en avoit accoustumé faire chascun an le nuit et le jour des karesmeaux, on ne chollera doresnavant cesdits jours.* Suivant un dénombrement de la pairie de Bouberch du 6 de septembre 1343, qui se trouve au bureau des finances de la généralité d'Amiens, *le Sgr. de Bouberch à cause de*

(1) Lambert. Ardens., p. 142.

sa pairie a en son domaine à Dom-Vast, Canchi, Bouberch, Franleu, Arrech, Houdenc et ailleurs le garde des fêtes des sains desdites villes et des paroisses et les gardes des cholles et esbatemens que on fait selon le temps et saison de l'an et gette l'etœuf et reprent fait choler et chesser quant il lui plaist. Le seigneur de Fouilloy près Corbie fait aussi choler le jour du Mardi-Gras après-midi. A Renancourt, village enclavé dans la banlieue d'Amiens, les paysans s'exercent aussi, le premier dimanche de Carême qu'ils nomment *dimanche des Brandons*, à pousser un ballon de cuir rempli de vent. Il est parlé des prés de la Choule, situés au terroir de Moreuil, dans un certificat des habitants de ce bourg du 3 d'août 1724. Il y a à. Boulogne-la-Grasse, sur le chemin de Montdidier à Noyon, le fief de la Choule, consistant en neuf ou dix journaux tant terres que prés, relevant de la salle de Montdidier. Enfin le jeu de la chole est en usage dans le Noyonnois le jour du Mardi-Gras, savoir, à Pont-l'Evêque, à Drailincourt, etc. M. Du Cange tire l'origine de ce mot de celui de *solea* (1), semelle, parce qu'en effet cette espèce de ballon est poussée avec la semelle du soulier. Ainsi on devrait prononcer *sole* et non *chole* : cette étymologie nous paraît plus naturelle que celle du P. Pezron (2), qui fait venir le *soul* des Bas-Bretons, du celtique *soul* qui veut dire *soleil*, prétendant que les Gaulois ont inventé ce jeu en l'honneur de cette divinité.

DE LA CROSSE, ESPÈCE DE CHOLE.

On voit dans notre province une autre espèce de chole : c'est le jeu de la crosse. Des lettres de grâce de l'an 1387 portent: *comme ilz jouoient à un certain jeu appellé choler de la crosse... la boulay du dit jeu feust envoyée*, etc. (3) On lit dans d'autres de l'an 1402 : *jouans et regardans jouer à la choule en un jardin en icelle ville de Puchevillers* (4). Enfin, dans d'autres de l'an 1381, il est dit : *comme le premier jour de janvier plusieurs jeunes gens de la ville et paroisse de la Chelles en Beauvoisis feustent assemblez pour chouler à la crosse les uns contre les autres*, etc. (5). Ces articles concernent la Picardie.

EXERCICE DE TIRER L'OISEAU AVEC L'ARC ET LA FLÈCHE.

La jeunesse a perpétué le jeudi de la mi-carême un autre exercice : c'est celui de tirer l'oiseau avec l'arc et la flèche. On voit par un compte de Jean le Vasseur, argentier de l'hôtel-de-ville d'Abbeville, que les sergents à masse lui donnèrent le 2 d'avril 1433, quittance d'une somme de x sols, qui leur fut payée pour avoir accompagné les mayeur et échevins *au gay du Ny, et a aler au bos au my-caresme.*

(1) Gloss. au mot *Cheolare*.
(2) Antiq. des celt., p. 284.
(3) Trésor des chart. du Roi, reg. 132, c. 121.
(4) Ib., reg. 157, c. 329.
(5) Ib., reg. 120, c. 129.

Les Romains prenaient plaisir aux combats des éléphants, des lions, des léopards, des panthères, des tigres, des taureaux, etc., souvent même à exposer des hommes à la fureur de ces animaux. L'empereur Titus, ayant fait captifs quatre-vingt-dix-sept mille juifs à la prise de Jérusalem, en distribua un grand nombre dans les provinces pour y servir aux spectacles (1): Combien de chrétiens sacrifiés ainsi au plaisir de ce peuple cruel! Grâce à la religion de Jésus-Christ, ces spectacles barbares ont été bannis de nos provinces avec leurs auteurs. Mais à ces spectacles réels que les païens ne manquaient jamais d'offrir à quelqu'une de leurs divinités, comme il paraît par les actes des martyrs, les Belges chrétiens en substituèrent d'autres, figures des premiers, sous les noms de mystères en général, de jeux de Dieu, de jeu d'un tel saint ou d'une telle sainte. Nous ferons voir dans un autre endroit que cette branche de superstition a conservé longtemps sa vigueur dans la Picardie.

SPECTACLES CRUELS REPRÉSENTÉS PAR LES MYSTÈRES OU JEUX DE DIEU.

L.

BAINS DES BELGES-ROMAINS.

Les bains faisaient aussi partie des thermes. Les Belges-Romains en eurent de publics et de privés. On croit que la découverte faite depuis peu d'années au sud-est et à 2,017 toises de la ville de Saint-Quentin, entre les villages d'Urvillers et de Neuville, à 100 toises environ et sur la gauche du grand chemin de Saint-Quentin à La Fère, était des restes de bains domestiques (2). L'emplacement est sur une colline assez élevée faisant partie d'un fief de 80 arpents de terre environ, qui appartient en partie à une ancienne famille noble, dite de Montguyot. La totalité du fief porte le nom de Reaulieu, en latin *Regalis locus :* ce qui semble annoncer que nos rois eurent un palais en ce lieu, avant que le Vermandois fût possédé par des comtes héréditaires, et que ces biens ne font qu'une bien petite partie de cette ancienne maison royale, qui avait appartenu auparavant à une famille romaine, comme on le verra par la suite. Ce qui conduisit à cette découverte fut l'affaissement des terres, dans un endroit où le sommet de la colline commence à se rabattre du côté d'Urvillers. A un pied de terre on commença à apercevoir des vestiges d'un bâtiment de 80 pieds de longueur sur 30 de largeur environ. Aux deux extrémités de la face septentrionale de ce bâtiment étaient deux carrés en maçonnerie faits de moellonnage et de mortier, de quatre pieds de profondeur, un peu plus, un peu moins. Le premier carré d'environ douze pieds, était partagé par un mur où passait un tuyau de plomb qui avait trois pouces et demi de diamètre.

A REAULIEU.

Le second construit de même, à l'exception qu'il n'était point partagé, portait

---

(1) Joseph., de Bel. Judaic. l. 6, c. 2.   (2) Nouv. recher. sur la France, t ıı, p. 225 et suiv.

treize pieds de long sur huit de large ou environ. A celui-ci paraissait une ouverture en forme de porte, mais trop étroite pour le passage d'un homme. Les basjoyers étaient deux têtes de maçonnerie montées d'aplomb, faites de tuilaux et de ciment. Un curieux, comme M Piétavi, aurait pu apercevoir la même ouverture au premier carré si les ouvriers ne l'eussent détruit avant que la découverte fût parvenue à sa connaissance. Le plancher de ces deux espèces de bassins était fait d'une couche de mortier composé de chaux, de ciment et de gravier d'environ cinq pouces d'épaisseur, très uni et très dur (1). Sous cette couche était un lit de tuiles à rebord de différente grandeur et d'un pouce et demi d'épaisseur. Nous traiterons ailleurs de ces tuiles. Au-dessous était une seconde couche de même mortier. Les murs étaient revêtus d'un enduit de trois pouces environ, composé de chaux et pierres broyées, appliqué immédiatement sur le moellon, recouvert d'un demi pouce de ciment, et le tout d'un ouvrage en mosaïque dont nous avons donné la description.

La politesse de M. et Mme de Montguyot nous ont mis à portée, trois ans après la découverte, de faire fouiller, non au même endroit où la terre avait été remuée, mais à peu de distance. Nous y avons découvert un carré semblable aux deux précédents. Il nous a paru moins grand peut-être parce qu'il n'était qu'une partie d'un tout plus considérable : en effet, les murs n'avaient pas un pied d'épaisseur. Le mur qui regardait l'occident était traversé par un canal de terre cuite. Le fond du bassin avait la solidité de la pierre la plus dure quoique le massif ne fût composé que de ciment et de chaux. Il avait un pied et plus d'épaisseur. Les pluies continuelles nous ont empêché de continuer la fouille et de connaître à fond l'ensemble de ce bâtiment. Il avait servi certainement à des bains, à en juger par la position des conduits de plomb et de terre cuite qui portaient l'eau dans les différentes chambres, et par les débris en grand nombre d'autres tuyaux de terre que les ouvriers ont trouvés parmi les déblais. L'ouverture d'environ un pied et demi que l'on a aperçue dans un autre carré, ouverture qui répondait à un puits perdu, indique une décharge des eaux par le moyen d'une vanne dont le ventail jouait dans des coulisses. Si nous avions pu pousser plus loin nos recherches, nous eussions découvert, sans doute, un quatrième carré qui, avec les trois déjà connus, devait offrir un bâtiment dans la forme de celui qui fut découvert, sur la fin de l'année 1737, à Montmartre près Paris; c'est-à-dire, un édifice carré oblong, partagé en plusieurs chambres pour prendre les bains, et en

---

(1) On voit aux restes du temple de Montmartre un lit de trois rangs de carreaux ou briques cuites au four qui ont treize pouces un quart de longueur sur dix pouces un quart de largeur, et environ cinq quarts de pouce d'épaisseur : ils ont une dureté extrême. Ils sont joints ensemble avec un mortier composé de la poudre de pierres, du sable, de la chaux, dans lequel on a confondu des fragments de cailloux ou de pierres dures. — Extrait de l'année littéraire de 1778, n.° 33, pag. 210. — *Note de D. Grenier.*

différentes cellules où étaient des fourneaux pour échauffer les eaux. Nous renvoyons aux mémoires que l'abbé Lebœuf a composés sur ce monument romain (1).

Mais d'où pouvaient venir les eaux qui fournissaient à l'entretien des bains de Reaulieu? Il est à observer qu'entre la colline où ces bains étaient placés et celle où est situé le village d'Urvillers, se trouve une espèce de bassin propre à rassembler des eaux. Peut-être même y avait-il une source que les terres des coteaux voisins, remuées continuellement par la charrue et charriées par les pluies, ont comblée insensiblement. La difficulté est de savoir comment les eaux pouvaient monter jusqu'au château de Reaulieu. Il a fallu forcer la nature; elle semblait se prêter à tous les besoins des Romains.

Les bains d'Athies en Vermandois, palais royal du roi Clotaire 1.er, sont appelés Thermes, nom consacré, dit l'abbé Le Bœuf (2), pour les palais des princes comme pour les édifices publics. La reine sainte Radegonde, pendant les séjours qu'elle fit dans ce palais, s'occupait, suivant ses actes, à laver dans les thermes les femmes pauvres et indigentes: *ipsa eas lavans in thermis* (3). A ATHIES ILS SONT NOMMÉS THERMES.

Le château de Bains, situé sur la voie romaine qui passe à Rollot et ensuite près de Boulogne-la-Grasse en Vermandois, est, au jugement de l'abbé Le Bœuf(4), une indication certaine de bains romains en ce lieu, d'une nature différente cependant de ceux dont nous venons de parler. C'étaient des bains naturels ou des eaux thermales, qui sont tombés dans l'oubli. Une colonie d'habitants de Boulogne en Italie aura choisi le voisinage de ces eaux pour y bâtir le village qui porte encore le nom de Bains. Rien n'empêche peut-être qu'on ne puisse dire la même chose des villages de Bagneux en Soissonnois et en Amiénois, Bainghem et Baingthun en Boulonois, que de Bains en Vermandois. PLUSIEURS VILLAGES DE LA PROVINCE TIENNENT LEUR NOM DES BAINS PUBLICS OU PARTICULIERS.

LI.
LES BELGES-FRANCS ONT DONNÉ AUX BAINS LE NOM D'ÉTUVES.

L'usage des bains a passé des Belges romains aux Belges francs et a subsisté en plusieurs endroits de notre province, jusqu'au siècle dernier. Les lieux destinés à cet usage sont nommés plus communément étuves dans les anciens titres.

A Amiens, l'Hôtel des Etuves, dite aussi du Heaume, était près du Petit-Quai (5). C'était les étuves des hommes : celles des femmes, *stufarum mulierum*, A AMIENS.

---

(1) Dissert. sur l'hist. de Paris, tom. I, p. 140 et suiv.
(2) Ibid., tom. II, p. 149.
(3) Acta SS. Benedictin., sæc. 1, p. 320, n.° 4.
(4) Ibid., p. 146.
(5) Hist. d'Amiens, tom. I, p. 462.

étaient placées, suivant un titre des archives du Chapitre d'Amiens, derrière une maison de la chaussée St.-Leu qui était au coin du pont *pullorum* joignant l'image de saint Georges. Nous avons une ordonnance de police de l'an 1351 qui défend aux étuveurs et aux *étuvresses* de baigner et étuver depuis que la cloche de la nuit aura sonné au Beffroi jusqu'à ce que ladite cloche ait sonné au point du jour. En 1590, les étuves de la ville d'Amiens étaient placées derrière l'église de Saint-Leu.

A ABBEVILLE. Dans la ville d'Abbeville, les étuves étaient situées vers la Porte-Comtesse, dans la rue de la Chaussée-au-Bois, vis-à-vis la rue qui conduit aux Minimes. Avant que cette partie fut renfermée dans la ville, la Porte-Comtesse était défendue par un bras de rivière, comme il paraît par un titre du mois de juillet 1240, par lequel la comtesse Marie assigne aux Chapelains de Sainte-Croix 40 sols de cens sur certains ténemens situés dehors la Porte-Comtesse, de l'autre côté de l'eau, au lieu qui fut appelé jadis le *Pourmenoir du Comte*. Une ordonnance du 12 de septembre 1493 porte *que lesdites étuves lesquelles sont situées en cœur de ville et rue honneste serviront à étuver les hommes, de jour seulement sans y coucher de nuyct.*

A COMPIÈGNE. Suivant le cueilloir des cens de l'abbaye de Saint-Corneille de Compiègne, les étuves de cette ville étaient situées au même lieu où a été construit le pont-neuf. Il y avait là une Tour dite des Etuves. Elles occupaient un terrain considérable.

A CORBIE, LE NOM DES BAINS S'Y ÉTAIT CONSERVÉ. A Corbie les anciens registres des droits seigneuriaux de l'abbaye de Saint-Pierre font mention de la *Ruelle-aux-Bains*, située du côté de la rue des Prés. Antérieurement les bains étaient situés à l'Est de la ville sur un ruisseau nommé le Ruisseau-des-Bains, dans une charte de la division des paroisses de Corbie de l'an 1188, *ultra rivium Balneorum.*

A LAON. L'emplacement des étuves de Laon était derrière la rue du Tronc, vers la porte Royer.

A MARLE. Le cartulaire de l'abbaye de Thenailles (1) au diocèse de Laon, parle des étuves de la ville de Marle. On lit dans une charte de l'an 1264, *partie de la maison monseigneur Regnier, curé de S. Nicolas de Marle, où les étuves furent et maintenant ja fosset.*

A MONTDIDIER. Le Cordelier Menot fait mention des étuves de Montdidier dans son sermon du mardi de la Semaine-Sainte. Nous y reviendrons. Il est parlé dans un compte

(1) Fol. 45, vers.

de l'an 1433 de la fabrique de Saint-Maurice de Noyon (1), de certaines maisons nommées *aux Etuves*, joignant au presbytère de cette paroisse : elles étaient situées, dit une charte de l'abbaye de Saint-Barthélemi du 9 d'août 1438, derrière Saint-Maurice, tenant d'une part au cours d'eau qui descend de la grande arche du moulin de Saint-Maurice. {A NOYON.}

A Péronne, les étuves étaient placées dans la paroisse de Saint-Sauveur, selon un ancien registre des cens de la collégiale de Saint-Fursy. La rue qui en avait pris le nom a été dite depuis la Franque-Rue, aujourd'hui la rue de Beau-Bois. De là elles furent transférées dans la rue de Naviaiges. On lit dans une délibération de l'Hôtel-deVille du mois d'août 1491 : *Il est venu en nostre congnoissance que le jour Saint-Laurent dernier passé environ quatre heures après midy, Protin de le Ruelle, fils de feu Jehan de le Ruelle meu de malvais corege ala en la maison des étuves de ceste ville de Péronne en la rue du Naviaige, où il donna et frapa en la temte d'une fille de joie nommée Mariette Simplette.* (2). {A PÉRONNE.}

A Senlis, les étuves étaient placées dans la rue de Saint-Gilles ou du Heaume, suivant le contrat d'acquisition faite par la ville le 1.er juin 1580, de la fontaine Saint-Gilles : *ou scellier de l'hôtel appelé les Etuves..... assis audit Senlis, ou carrefour de la fontaine Saint-Gilles y avait une fontaine qui rendait de bonne eau ; ladite fontaine estant audit Senlis, ou place basse dudit hostel des Estuves.* {A SENLIS.}

Depuis la destruction des thermes de la ville de Soissons, les étuves furent transférées dans la rue qui, dans un titre nouvel de l'abbaye de Saint-Crespin-le-Grand, du 17 février 136$\frac{6}{7}$, porte le nom des *Etuves-Neuves* et que l'on nomme aujourd'hui des *Vieilles-Etuves*, où une maison appartenant à l'abbaye de Saint-Crespin-le-Grand a conservé jusqu'ici le nom de Maison des Etuves. Simon, évêque de Soissons, amortit en faveur de cette abbaye la maison des étuves *assises emprés la porte* Bertin, devant les murs de la ville, par lettre du 25 janvier 137$\frac{0}{1}$. Elles n'étaient pas éloignées du cirque dont nous avons parlé. {A SOISSONS.}

La ville de Vervins, en Tiérache, avait aussi les siennes selon un état des cens et rentes de l'abbaye de Thenailles rédigé au XIIIe siècle (3). Nous ne finirions pas si nous voulions faire l'énumération de tous les anciens bains de notre province. {A VERVINS.}

Ces lieux destinés pour la salubrité du corps devinrent des lieux de débauche. La police des villes se trouva obligée d'en arrêter les excès. C'est pourquoi le corps de ville de Péronne *fu d'accord* (28 de mars 1412) *que pour esquiéver les noises* {LES ÉTUVES Y TOMBENT DANS LE MÉPRIS.}

---

(1) Le Vasseur, hist. de Noyon, p. 199.   (3) Cartul. Thelon, fol. 60, vers.
(2) Regist. de l'Hôtel-de-Ville, vol. 3, fol. 145, rect.

et debas qui adviengnent et porroient advenir aux estuves il ne y ara que une femme qui ait xl ans ou plus (1). La même ordonnance fut renouvelée le 10 de décembre 1485 : *Et quant aux ordonnances qui ont été faites sur les filles de joye et dames des Estuves a esté délibéré que ladicte ordonnance tiendra ; et si lesdictes filles se veulent tenir en la rue que l'on dit de Peronelle, faire le porront sans demourer ne converser aux Estuves ni y coucher* (2). C'est pourquoi le corps de ville d'Abbeville fit le règlement déjà cité qui fut publié le lundi 21 d'octobre 1493 : *Item pour ce que par cy devant plusieurs grans péchiers et dissolutions se commettoient par hommes mariés et à marier..... au moien des femmes et filles de joie qui se tenoient et que l'on menoit et soutenoit à l'hostel des Estuves de le rue à le canchie, qui pouvoit être malvaise exemple et estoit grandement au desplaisir des femmes et filles honnestes demourant à ladite rue à le canchie et auprès d'icelles estuves ad fin de ad ce obvier... a esté ordonné*, etc. Une autre ordonnance du 7 de septembre 1506 va plus loin : *Item que nul sus peine de dix sols ne voissent aux Estuves, Berdeaulx ni autres lieux deshonnestes, comme cabarets après ladite heure dernière sonnée et aussi que nuls hommes ne femmes ne couche aus dites Estuves ne cabarets de la nuyt, se ne sont les demourans esdits lieux.* De là l'ordonnance de la ville d'Amiens du 9 décembre 1484 (3), celle du lieutenant de la prévôté de Chauny du 3 décembre 1404 (4). Cependant les officiers de la ville de Péronne voyant que la liberté qu'avaient les filles de joie de se loger où elles voulaient, mettait le désordre parmi les habitants, ils firent construire, en 1518, un lieu public à *usage d'étuves*, pour les y rassembler toutes (5). Il n'en fallut pas d'avantage pour faire tomber les étuves. Les prédicateurs mêmes déclamèrent en chaire contre les étuves, les mettant au rang des lieux où la vertu était déshonorée : *il y a douze ans*, dit Menot, *que je passai par Mondidier. Il y avait des Etuves publiques comme à Tours, ce qui ne vaut pas mieux qu'un B...... car un B...... est un lieu* ubi reperiuntur meretrices. La politesse des mœurs acheva de perdre les bains publics. L'usage des bains particuliers reprend aujourd'hui. Ceux-ci ne sont point exposés aux mêmes inconvénients. Il est à désirer qu'ils se soutiennent. Enfin, tous les lieux de prostitution furent défendus absolument par l'article x de l'ordonnance des Etats tenus à Orléans en 1360.

---

(1) Regist. de l'Hôtel-de-Ville, vol. 2, fol. 3, vers.

(2) Ibid., fol. 29, vers.

(3) Pr., part. 1, n°...

(4) Ibid., n°...

(5) Pr., part. 1. n°...

LII.

L'ART MILITAIRE DES BELGES-GAULOIS.

Des Thermes les Romains passaient au Champ de Mars, c'est-à-dire que les exercices que l'on y faisait préparaient au service militaire : *nemo digne tam Romanam militiam profiteri visus esset, qui non haberet sua balnea et gymnasia in quibus commilitiones sui exercerentur* (1). Les Belges-Gaulois ignoraient cette marche. C'était un peuple à la vérité très-belliqueux, le plus belliqueux même de toute la nation gauloise, mais leurs armées nombreuses étaient sans discipline. Leurs chants barbares, leurs cris épouvantables étaient plus propres à répandre de vaines terreurs qu'à décider du sort d'une bataille. Faisaient-ils assaut, l'attaque était brusque; recevaient-ils quelque échec, leur ardeur se tournait en trouble : *ut vix judicari posset, utrum secundis minimisque rebus insolentiores, an adverso mediocri casu timidiores essent* (2). Lorsqu'il s'agissait de faire le siége d'une place, ils commençaient, comme au siége de Bibrax, par lancer une grêle de pierres pour balayer les remparts, et sans perdre de temps ils gravissaient au haut de la muraille. Les tours mouvantes, les béliers, les autres machines propres à faire des siéges leur étaient inconnus. L'usage qu'en fit César au siége de Soissons jeta une si grande épouvante parmi les Soissonnois, qu'ils crurent que les dieux combattaient pour les Romains, et qu'ils se rendirent à sa discrétion.

LIII.

USTENSILES MILITAIRES.

Les machines des Belges les plus redoutables étaient des chariots, dont les essieux armés de faulx portaient l'effroi dans une armée. César les nomme *Essedæ* et leurs conducteurs *Essedirii* (3). On croirait peut-être que ces chars n'étaient pas leur invention quoiqu'en dise Virgile : CHARIOTS ARMÉS DE FAULX.

Belgica vel molli melius feret esseda collo..... (4)

David ayant pris la ville de Rabbath, fit passer sur les habitants des chariots ferrés, armés de couteaux qui les mirent en pièces, *circumegit super eos ferrata*

---

(1) Baccius de Thermis, c. 31, p. 369.
(2) Cæsar, de Bel. Gall., l. 8, c. 2.
(3) Ibid., l. 4, c. 6.
(4) Georg., l. 3, v. 204.

carpenta, divisitque cultris (1). Les Cananéens s'en servaient à la guerre. Le livre des Juges nous apprend que leur roi Jabin avait neuf cents chariots armés de faulx : *nongentos enim habebat falcatos currus* (2). Il fit assembler ces neuf cents chariots et les fit marcher contre les enfants d'Israël : *et congregavit nongentos falcatos currus et omnem exercitum de Haroseth gentium ad torrentem Cison* (3). Mais les Belges en portèrent l'usage dans la Bretagne, suivant Jean Scheffer, dans son traité *de Re vehiculari* (4). Les Bretons s'en servirent avantageusement contre les Romains, ce qui les a fait nommer *Britanna :*

Esseda cælatis siste Britanna jugis (5).

Lorsque ces chars étaient en mouvement, les roues faisaient un si grand bruit qu'elle mettaient souvent le désordre dans les rangs de l'armée : *strepitu rotarum*, dit César, *ordines plerumque perturbant.*

Esseda concordes multisonora trahunt (6).

Ces chars, en outre, étaient couverts de soldats qui manœuvraient avec une dextérité étonnante. Voici, d'après le général romain (7), l'usage que les Belges faisaient de leurs chars dans une bataille : à la faveur de l'adresse des cochers à tourner ces chars en tous sens, de l'impétuosité des chevaux, du bruit des roues, des dards et des flèches qui étaient lancés de toute part, le soldat tâchait de se faire jour à travers la cavalerie. Y avait-il pénétré, il sautait à terre et combattait à pied. Alors le cocher s'éloignait peu à peu de la mêlée, et se mettait à l'écart avec son char, de manière à être à portée de rejoindre les siens. Ces conducteurs en général, dit César, sont tellement maîtres de leurs chevaux, que quelque emportés qu'ils soient, dans une descente, sur les bords d'un précipice, ils savent les arrêter, les mettre au pas, courir sur le timon, se tenir même sur les jougs, et regagner le char avec une célérité surprenante. C'est de ces chars ou des suivants que voulaient parler Hirtius et Dion Cassius. Le premier dit que les Gaulois de la Belgique étaient dans l'usage de se faire suivre à l'armée par un grand nombre de chariots: *magna enim multitudo carrorum etiam expeditos sequi Gallos consuevit* (8). Le second s'exprime ainsi en parlant de la défaite des Bellovaces près Froimont : *carrisque solis relictis, speraverunt se, dum hostibus ignis carrique moram injicerent, in tuta loca posse evadere* (9).

(1) Liber II Regum, cap. XII, vers. 31.
(2) Lib. Judic., cap. IV. vers. 3.
(3) Ibid., vers. 13.
(4) Polen., Thes. antiq. rom., sup., tom. V, col. 1445.
(5) Propert., l. 2, Eleg. 1.
(6) Claudian., épigram. 1.
(7) De Bel. Gal., l. 4, c. 6.
(8) De Bel. Gal., l. 8, c. 3.
(9) Lib. 40, p. 140.

Lucain donne aux Belges une autre sorte de char pour la guerre :

> Et docilis rector rostrati Belga covini (1).

Ce qui a donné lieu à ce vers de Guillaume-le-Breton :

> Belga covinorum, Lunaco teste, repertor (2).

Servius, commentateur de Lucain, dit que le covin est un char dont le devant est fait en forme de proue de vaisseau et armé de pointes : *covinus currus cujus frons erat tanquam rostratæ naves cuspidibus armata*. Selon d'autres, les anciens manuscrits portent *constrati* au lieu de *rostrati* ; c'est le sentiment de Bochard : *sunt vehicula constrata quæ superne tuta, sicut constratæ quæ alibi tutæ*. Quoiqu'il en soit, le moyeu des roues était armé de faulx : *quorum falcatis axibus utuntur*, dit Mela (3).

> Agmina falcifero circumvenit arta covino (4).

Ce sont les termes de Silius Italicus. Saint Jérôme en parla aussi dans son commentaire sur Isaïe, en disant que son char était un covin sans faulx : *sine falcibus itaque currus noster covinus est* (5). Cependant, à s'en rapporter à Martial (6), le principal usage de cette espèce de char était en temps de paix, et il paraîtrait, par un passage du même saint Jérôme, que c'était une voiture particulière aux principaux de la nation : *Qui autem senatoriæ fuerint dignitatis, et locum principum obtinuerint, de Britannis, Hispanis, Gallisque extremis hominum Morinis... in carrucis veniant, occurrentibus sibi cunctis gentibus, quæ eorum servituti fuerint præparatæ* (7). Ils étaient traînés non par des chevaux, mais par des mulets.

Pompeius Festus (8) donne aux Belges une troisième sorte de char que l'on appelait benne : *Benna, linguâ Gallicâ genus vehiculi ; unde conbennones vocantur qui in eadem bennâ sedent*, c'est-à-dire, que ce char était pour contenir plusieurs personnes. Jean Scheffer (9) pense que c'était encore un char militaire, et que ce pourrait bien être le *covin* dont on a fait depuis *cophin*. Au reste, le benne que l'on prononce aujourd'hui benneau, était en usage chez les Belges, suivant Ménage (10) qui cite plusieurs autorités, comme il l'est encore dans la Picardie. Nous ajouterons aux autorités de Ménage qu'il était connu

COVINS.

BENNES.

(1) Pharsal., lib. 1.
(2) Philipp., l. ix, vers. 368.
(3) Mela, l. 3, c. 6.
(4) Silius, l. 17.
(5) Comment. in Isaiam, cap. ult.
(6) L. 12, épigr. 24.
(7) Ibid., cap. lxvi, col. 511, édit. Ben.
(8) De verb. sign.
(9) Polen., supr., p. 1418.
(10) Diction. étymol. au mot *Benneau*.

dans la Tiérache du temps de Flodoart : *hæc omnia vehiculo, quod vulgo benna dicitur, imposuit* (1). Ce mot est employé encore pour désigner une voiture de guerre dans un traité de l'an 1000 entre l'abbaye de Saint-Sauve de Montreuil et le comte de Hesdin, au sujet de la terre de Caveron. Il en est parlé aussi dans une ordonnance du prévôt de Paris, de l'an 1320 (2), touchant les harengs que les Picards amenaient à Paris, sur quoi l'auteur du recueil des ordonnances ajoute que c'était une sorte de chariots des anciens Gaulois. Mais tout cet attirail leur était plus nuisible qu'avantageux, comme le dit César, *cum multis carris magnisque impedimentis, ut fert Gallica consuetudo* (3), et Hirtius (4), en parlant des chariots des Beauvoisins : *Quorum perturbatum et confusum dum explicant agmen, magna enim multitudo carrorum..... quam longius agmen impedimentorum suorum processisset.*

LIV.

LA CAVALERIE MÉDIOCRE. — L'INFANTERIE MEILLEURE.

Les Belges en général avaient peu de cavalerie, les Morins surtout, parce qu'ils n'avaient d'autres habitations que dans les bois et dans les marais : nous voulons parler des Morins les plus voisins des côtes. La cavalerie soissonnoise était meilleure que celle des Amiénois, des Bellovaces et des Vermandois. Corré, chef des seconds, met en embuscade mille hommes de sa cavalerie, *equites ex omni numero mille*, dont il avait fait choix, ce qui suppose qu'il en avait davantage. Le général romain fait distinction de la cavalerie soissonnoise (5). C'est dans l'endroit où il parle de quelques légères escarmouches entre les Belges et ses troupes, au passage de la rivière d'Aisne. Aujourd'hui les Picards passent dans les armées pour les meilleurs cavaliers. L'infanterie des Morins, au contraire, l'emportait sur celle des cités voisines, aussi donna-t-elle bien de la besogne aux troupes du conquérant.

LV.

ARMES OFFENSIVES ET DÉFENSIVES.

Le soldat, en général, avait pour arme l'épée, elle était longue, pesante, obtuse et d'une mauvaise trempe; le bouclier (6), il était fort long, peu large et

---

(1) Hist., l. 1, c. 20.

(2) Rec. des ordonn., t. II, p. 575.

(3) De Bel. civil., l. 1, c. 51.

(4) De Bel. Gal., l. 8, c. 3.

(5) Ib., lib. 2.

(6) Polyb., lib. 3.

plat ; le javelot, la pique (1), nous avons vu que les Soissonnois étaient distingués par la longueur et la légèreté de leurs piques ; l'arc et la fronde. La pointe des flèches, des javelots, des piques, était quelquefois d'os. Outre les exemples qu'en rapporte dom Montfaucon (2), nous avons trouvé sur la montagne de Ganelon près Compiègne (planche n°...), un morceau d'os travaillé en pointe, qui paraît avoir servi à cet usage. Il a deux pouces et demi de longueur et est rompu aux deux extrémités.

Les Belges étaient armés aussi de haches de cailloux, de pierres dures et d'une espèce de métal jaune beaucoup plus dur que le cuivre. On en a découvert et l'on en découvre encore tous les jours de ces trois espèces dans notre province. L'auteur de l'Antiquité expliquée (3) juge que la 1.re et la 2.me espèces y étaient fort communes. Il a fait graver (4) deux de ces haches trouvées vraisemblablement dans les environs de Corbie, puisque ce fut le P. Procureur de l'abbaye qui les lui avait envoyées : elles sont frustes l'une et l'autre. La première, plus entière, est d'une espèce de pierre à fusil qu'on appelle en latin *pyrites*, fort cassante, mais difficile à travailler à cause de sa grande dureté qui passe celle du porphyre. Cette hache est bien polie. Il lui reste quatre pouces et demi de long et deux et demi de large au gros bout. La seconde est d'une matière moins dure. Elle est plus épaisse que l'autre. Elle va en diminuant de la tête, qui a trois pouces de de large, à la pointe qui est cassée. Les numéros i, ii, iii, iv, v, vi, vii, viii de notre planche en offrent plusieurs de même forme, mais de cailloux de nature différente. Le n.° ix est une hache de caillou dont certains sauvages font encore usage. Nous la donnons pour servir de pièce de comparaison aux huit qui nous viennent des marais de la Somme. Nous avons rapporté des environs de Breteuil, les débris de deux autres haches de la même nature de caillou et de la même forme que la première ; mais l'un de ces restes a, du côté de la pointe, trois lignes de plus de largeur sur un pouce et une ligne d'épaisseur. Il ne reste que la partie du milieu, de l'autre elle est fort arrondie.

HACHES DE CAILLOUX.

M. Petist, Procureur du Roi de la police à Soissons, conserve dans son cabinet une hache faite d'un caillou noirâtre. Elle est percée dans le milieu pour y placer un manche. Elle a la forme de celle qu'on voit à la planche cxxxviii de l'Antiquité expliquée (5), et a été trouvée sur le mont Macret, du côté de Vauxbuin en Soissonnois. Nous avons vu, dans l'abbaye du Gard, une autre hache de

---

(1) T. Liv., l. 38.
(2) Antiq. expliq., tom. iv, part. i, p. 68.
(3) Ibid., supplém., tom. iv, p. 29.
(4) Ibid., t. v, part. ii, p. 196, pl. cxxxvii.
(5) Ibid.

caillou dont le large bout a la forme d'un croissant, et deux autres pareilles à Compiègne, dans le cabinet de M. de Beauval. Celles-ci sont de différente grandeur ; la plus grande a été découverte dans les environs de Verberie, l'autre près la forêt de Compiègne. Dom Devis, notre confrère, grand amateur d'antiquités, a trouvé près du moulin de Vron, village de Ponthieu, entre Abbeville et Montreuil, une petite hache de caillou de la même forme à peu près (n.° 1). La pointe en est rompue. Le tranchant, qui est la partie la plus large, a deux pouces une ligne d'une extrémité à l'autre ; de là elle va en se rétrécissant sur une longueur d'un pouce neuf lignes. Elle a huit lignes d'épaisseur. Un religieux du prieuré de Machemont, au diocèse de Noyon, nous a assuré qu'il avait trouvé dans son voisinage un caillou de la forme de ceux dont nous venons de parler, dont il n'avait fait aucun cas. M. le baron de Tournon, seigneur de Ville-sous-Flischecourt, en a possédé une qui avait été découverte dans sa terre.

M. l'abbé Carlier (1) dit que l'on a trouvé sur une montagne du Soissonnois où passe le chemin de Courcelles à Dhuisel, à une demi-lieue de Braine, trois haches d'une matière différente : elles étaient dures et légères, d'un beau poli et d'un tranchant bien affilé. Il assure que ces trois pièces étaient d'un grain différent, qu'une entr'autres paraissait être d'albâtre. M. Panelier fils a eu la complaisance de nous en communiquer une que nous croyons être de même nature. (N.° 11). L'intérieur est en effet d'un blanc d'albâtre ; mais la matière n'est pas de marbre, quoiqu'aussi dure pour le moins. Si l'on en juge par une autre hache très-fruste qui a été trouvée sur le mont de Ganelon près Compiégne, c'est un caillou d'un blanc éclatant à l'extérieur, mais dont le noyau est noir. La première est fort bien conservée. Son tranchant du côté du gros bout est encore très-affilé. Sa longueur est de onze pouces ; sa plus grande largeur, de deux pouces trois lignes ; sa plus forte épaisseur, d'un pouce deux lignes. Elle pèse une livre neuf onces et deux gros. Elle a été trouvée dans des broussailles au pied du mont de Ganelon, du côté d'Anel, château de M. Panelier.

DE MÉTAL. Il nous reste à parler de plusieurs autres instruments d'un métal très-dur qu'on croit avec fondement être un alliage de cuivre et de fer (2). L'espèce de hache qu'on voit (Pl. n°...) a été trouvée dans les environs de Compiègne, ainsi que deux autres semblables que nous avons vues dans le cabinet de M. de Beauval, à Compiègne : ils ont la bélière, c'est-à-dire un anneau fixé et fondu avec la pièce. Le comte de Caylus a fait graver dans son Recueil d'antiquités (3) trois pièces de cuivre qui en

(1) Hist. du Valois, tom. i, p. 113.
(2) Rec. d'antiq., tom. i, p. 238 et suiv.
(3) Tom. ii, pl. xcii, n.° 1, 2, 4.

approchent beaucoup quant à la forme, surtout le n.° 4. On y voit deux coulisses pratiquées de chaque côté de la pièce qui finissent en mourant aux deux extrémités. Elles ne peuvent avoir été faites que pour emboîter cet instrument. Dom de Montfaucon (1) regarde quelques instruments de ce genre comme des outils de menuisier ou d'autres ouvriers. Le comte de Caylus (2) se contente de dire : *Ces espèces d'instruments sont communs en France; on en découvre partout, et l'on dit ordinairement, sans autre examen, que ce sont des haches Gauloises. La grossièreté du travail paraissait confirmer cette idée; mais les coulisses disposées de la même façon que les Instruments trouvés à Herculanum, prouvent que cet usage a été plus étendu et qu'on peut le regarder comme une pratique des Romains.* M. Panelier, de la forêt de Compiègne, faisant replanter cette forêt dans le lieu dit la Muette, y a découvert une autre espèce d'arme de même métal que les précédentes, qui n'est différente du coin que par la belière qui en fait partie ; elle pèse une livre douze onces. On en voit une toute semblable dans le Recueil d'antiquités du comte de Caylus (3). Il y a lieu de croire qu'il y avait au même lieu une manufacture de ces mêmes armes, puisqu'il s'y en est trouvé non-seulement plusieurs entières et des manches de quelques autres, mais aussi des restes de la matière qui avait été fondue pour cela.

Nous placerons à la suite de ces instruments six armes de même matière et autres de même trempe. Nous les appellerons fers de lance, faute d'expression propre en notre langue. Elles ont été trouvées dans les vallées de la Somme et de Corbie. Dom Devis a en sa possession la première et la seconde. Nous tenons la troisième de sa générosité. Ces trois fers de lance viennent des marais de Bonnay. Le n.° 1 a sept pouces une ligne de long, deux pouces sept lignes de large à la partie qui était attachée à un manche de bois par quatre clous de cuivre rivés. Le n.° 2 est de huit pouces moins deux lignes de longueur et trois pouces moins une ligne de largeur. Le n.° 3 est plus court. Il a une ligne moins de cinq pouces, sa largeur n'a qu'un pouce neuf lignes. Le n.° 4 porte trois pouces trois lignes de longueur sur un pouce cinq lignes dans sa plus grande largeur. Ce fer de lance a été découvert en 1770 dans les fondations du Moulin-Bleu, placé au pied de la montagne du village de l'Etoile, ainsi que le suivant. Le n.° 5 a dix pouces neuf lignes de long et un pouce sept lignes de large. Il est chargé de quelques ornements dans la partie qui recevait la haste. Aux dimensions près, ces quatre fers de lance sont tous semblables à celui que le comte de Caylus a fait graver (4). Le n.° 6 est d'une forme différente. Il ressemble à une lame d'épée, de vingt pouces de long et d'un pouce

FERS DE LANCE DE MÉTAL.

(1) Supr., tom. III, part. II, pl. CLXXXVIII.
(2) Supr., tom. II, p. 319.
(3) Ibid., tom. II, pl. XCII, n.° 3.
(4) Rec. supr., tom. I, pl. XCVI, n.° 3.

trois lignes dans sa plus grande largeur. Cette lance a été trouvée la même année 1770, dans le marais de Bourdon, village sur la rive droite de la Somme entre Picquigny et l'Etoile. Elle était enterrée dans la tourbe à dix pieds de profondeur et posée sur le sable marin, à côté de quelques ossements humains. Le métal avait si bien conservé son éclat qu'on le prit d'abord pour de l'or. Le dessin de celle-ci nous a été donné par M. le baron de Tournon. Ces deux fers de lance de l'Etoile nous ont été envoyés à Paris par M. Jourdain, seigneur de l'Etoile. Une pièce de même métal, peut-être unique, c'est une épée fort bien conservée pour sa grande antiquité. Il n'y manque que ce qui formait l'arrondissement du fer de la poignée. Dom Devis, prieur de Saint-Eloy de Noyon, nous en a fait présent, telle qu'elle avait été tirée du fond des marais de la Somme aux environs de Corbie. Elle porte un pied onze pouces de long, non compris la poignée de deux pouces six lignes, et deux pouces deux lignes dans sa plus grande largeur. Le tranchant est distingué de la lame par un filet arrondi depuis la poignée jusqu'à la pointe. Elle pèse une livre dix onces. Voilà ce qui nous reste de ces anciens peuples, des cailloux, de l'airain, qui ne parlent qu'à l'imagination et à la conjecture, interprètes peu fidèles des mœurs et des usages qui ne sont plus.

LVI.

TROMPETTE DES BELGES-GAULOIS. LEUR MANIÈRE DE FAIRE PASSER TRÈS-RAPIDEMENT UNE NOUVELLE.

Les Belges-Gaulois se servaient de trompettes pour rallier les troupes et pour faire des assemblées. Hirtius (1) nous apprend que les Bellovaces ayant été défaits par les Romains, aussitôt les états de la cité furent assemblés au son de la trompette, pour aviser aux moyens d'envoyer des ôtages à César : *Bellovaci, concilio repente tubarum cantu convocato.* Avaient-ils gagné ou perdu une bataille, les Gaulois avaient un moyen sûr pour en faire parvenir la nouvelle en très-peu de temps à une grande distance ; c'était par des cris portés de proche en proche : *Clamore per agros regionesque significant; hunc alii deinceps excipiunt, et proximis tradunt* (2). C'est ainsi que César étant accouru au secours de Cicéron, qui avait fort à faire avec les Nerviens, et n'ayant pu rejoindre l'armée qu'à neuf heures du soir, la nouvelle de la défaite des Nerviens était arrivée avant minuit au camp de Labienus qui était éloigné de celui de Cicéron de soixante mille pas environ, c'est-à-dire de vingt lieues françaises : les Rémois avaient poussé un cri

---

(1) De Bel. Gal., l. 8, c. 30.   (2) Ibid., l. 7, c. 1.

pour annoncer cette victoire et féliciter Labienus : *antè mediam noctem ad portas castrorum clamor oriretur; quo clamore significatio victoriæ gratulatioque ab Remis Labieno fieret*. C'est ainsi que César, battu à Genabum, que l'on croit être Orléans, au lever du soleil, la nouvelle de la victoire remportée par les Gaulois était arrivée avant la fin de la première veille, neuf heures du soir, aux confins des Arvernes, éloignés de là d'environ cent soixante mille pas : *Nam quæ Genabi oriente sole gesta essent, ante primam confectam vigiliam in finibus Arvernorum audita sunt: quod spatium est millium passuum circiter* CLX (1).

LVII.
RUSES DE GUERRE DES BELLOVACES.

Nos Belges ignoraient les ruses de la guerre. Ils profitèrent des leçons que les Romains leur donnèrent. Voici un stratagème que les Bellovaces imaginèrent pendant la dernière campagne que César fit dans leur pays, pour cacher leur retraite au rusé général. Voyant l'ennemi prêt à fondre sur leur camp, les Bellovaces se donnent de main en main les bottes de paille et les fascines sur lesquelles ils étaient assis, les placent à la tête de l'armée, y mettent le feu à la pointe de la nuit, et décampent à la faveur de la flamme et de la fumée : *Fasces, ubi consederant, (nam in acie sedere Gallos consuevisse...) stramentorum ac virgultorum... per manus inter se traditos, antè aciem collocaverunt; extremoque tempore diei, signo pronunciato, uno tempore incenderunt: ita continens flamma omnes copias repente a conspectu texit Romanorum: quod ubi accidit, barbari vehementissimo cursu fugerunt* (2). Celui dont ils voulurent faire usage dans une autre occasion pour enlever les fourrageurs de César, ne leur réussit pas de même; au contraire, il tourna à leur ruine.

LVIII.
FABRIQUES D'ARMES DES BELGES-ROMAINS.

Instruits à l'école militaire des Romains, les Belges eurent des règles certaines pour attaquer et pour se défendre, pour assiéger une place, pour placer et ordonner un camp; enfin ils eurent des armes excellentes. A cet effet les Romains établirent chez eux plusieurs fabriques d'armes : deux à Amiens, l'une pour des épées, l'autre pour des boucliers. A Soissons, ils firent forger des boucliers, des balistes,

A AMIENS ET A SOISSONS.

(1) Ibid., l. 7, c. 1.   (2) Ibid., l. 8, c. 3.

espèce d'arbalètes, et des casques. M. l'abbé Le Beuf (1) croit qu'il est permis de conjecturer que l'une de ces fabriques était placée sur la petite rivière de Crise, dans l'ancien château de ce nom, qui était comme l'arsenal. Ne pourrions-nous pas soupçonner de même que le château d'Albâtre qui était situé à l'opposite de celui de Crise fut un autre arsenal, et que le nom d'Albâtre n'est qu'une corruption de celui de *Balista* ou du mot français arbalète?

<small>PLUSIEURS ANCIENNES ARMES DÉCOUVERTES EN PICARDIE.</small>

M. Jardel conserve dans son cabinet le fer d'un javelot antique à trois arêtes, trouvé dans les environs de Braine. M. Simon assure qu'on a déterré, sur le mont Capron près Beauvais, des armes antiques (2). On en a trouvé de même dans des tombeaux découverts à Rouy près Chauny, sur le bord du bois de Rosemont près Warloy, à quelques lieues au-dessus de Corbie et sur le chemin d'Abbeville à Saint-Riquier. J'ai appris à Vron, dit M. de Caylus, qu'on y avait trouvé aussi des corps morts à côté desquels étaient des espèces de hallebardes, ce qu'on appelait haches autrefois, comme on en a trouvé près de Breteuil (3). L'histoire du Valois (4) fait mention de plusieurs lances et d'anciennes épées de fer qui étaient renfermées dans des tombeaux découverts au mont Catillon, et à Champlieu près Bétisy en Valois. Les épées sont très-courtes et en forme de coutelas. Nous en avons trouvé une de cette espèce (n.°...) près la ville de Roye, dans le tombeau d'un militaire. Toutes ces pièces étaient rongées en grande partie par la rouille. Un des cercueils de Champlieu renfermait une hache de fer. Nous en avons une pareille (n.°...) qui a été déterrée avec une urne dans un champ situé au terroir de Couci-la-Ville : elle nous a été envoyée par Dom Mephuis, procureur de Nogent-sous-Couci. Elle a quatre pouces neuf lignes de la tête au tranchant. Elle en avait autant de large au moins du côté de ce tranchant avant que ses extrémités eussent été altérées par la rouille et rompues. Sa plus grande épaisseur est d'un pouce deux lignes ; elle est d'une belle forme. Reste à savoir si ces armes sont vraiment des Belges-Romains.

LIX.

CAMPS DE CÉSAR OU CAMPS ROMAINS.

<small>DU BAC-A-BERT.</small>

Une chose moins difficile à éclaircir, sont les camps romains qui existent en assez bon nombre dans notre province. MM. de Fontenu, Le Beuf, de Caylus ont donné les plans de la plupart avec les descriptions. Le dernier prétend que

---

(1) Dissert. sur le Soisson., 1735, p. 65.
(2) Suppl. à l'hist. du Beauv., art. des fond., p. 114.
(3) Rec. d'ant., tom. IV, p. 389.
(4) Tom. II, p. 511.

les camps en général formés par les Romains dans la Gaule n'étaient ordinairement que pour une cohorte, et tout au plus pour une ou deux légions (1). Le plus ancien de ces camps est, sans contredit, celui que César avait établi sur la rive septentrionale de l'Aisne; mais il n'en reste de vestiges que dans ses commentaires. Il était placé sur une colline qui, en s'élevant tant soit peu du milieu de la plaine, s'allongeait sur une largeur suffisante pour développer une armée. Les flancs de cette colline s'abaissaient en talus, et son front, quoiqu'un peu plus élevé, se rabattait de même dans la plaine : *Is collis, ubi castra posita erant, paululum ex planitie editus, tantum adversus in latitudinem patebat, quantum loci acies instructa occupare poterat, atque ex utraque parte dejectus habebat; et in fronte leviter fastigiatus paulatim ad planitiem redibat* (2). Les approches de cette colline étaient défendues d'un côté par la rivière d'Aisne, *quæ res et latus unum castrorum ripis fluminis muniebat*; des deux autres côtés qui répondaient à ses flancs, par deux fossés de quatre cents pas de long, avec deux tours garnies de machines de guerre à chaque extrémité, *ab utroque latere ejus collis transversam fossam obduxit circiter passuum quadringenta ; et ad extremas fossas castella constituit, ibique tormenta collocavit*. Son front était protégé par un marais qui n'était pas considérable à la vérité : *palus erat non magna inter nostrum atque hostium exercitum*. Mais l'armée des Belges était très-forte, et ces peuples avaient la réputation d'avoir beaucoup de bravoure. C'est pourquoi César ne se contenta pas de ces premières fortifications, il fit enclore aussi le camp d'un boulevard de douze pieds de haut et d'un fossé de dix-huit pieds de large y compris son parapet : *castra in altitudinem pedum duodecim vallo fossáque duodeviginti pedum munire jubet*. L'entrée était du côté de la rivière, il y avait fait jeter un pont. Est-ce au Pont-à-Ver, ou au Bac-à-Bery qui est au-dessus? Nous serions volontiers pour ce dernier passage de l'Aisne à cause de l'analogie de Bery avec le mot gaulois romanisé, *briva*, qui désigne un pont, et à cause de l'ancienne voie romaine de Reims à Laon qui y passait.

Si l'on en croit M. Le Beuf (3), la montagne où était placé le camp du général romain *était certainement celle qui s'élève au-dessus de Craone, Craonelle, du bout des bois de Cuissy, Ouche et l'abbaye de Vauclair, et peut-être aussi une partie de celle de Paissy tirant vers Ailles. Tout ce que dit César y convient parfaitement ; et l'on ne voit point qu'il ait pu y avoir de marais aux environs, que ceux de la vallée où depuis l'on a bâti le monastère de Vauclair, desquels se*

---

(1) Rec. d'antiq., tom. vi, p. 347.
(2) Lib. 2, c. 2 et 3.
(3) Dissert. supr., p. 24. Note.

forme la petite rivière d'Eletté. Mais notre savant antiquaire n'aurait-il pas forcé le passage des Commentaires? Voici ce qu'il porte touchant le lieu où les Romains étaient campés : *Is collis ubi castra posita erant, paululum ex planitie editus.* Or, une colline qui domine sur une plaine, mais de fort peu de chose, *paululum;* que le labour, joint aux alluvions de la rivière et au torrent des montagnes voisines, a pu mettre de niveau avec le reste de la plaine, quoique l'on aperçoive encore au sortir de Pont-à-Ver, sur la droite du chemin qui conduit à Craone, un monticule dont la forme est ovale : cette colline peut-elle être comparée avec la montagne contre laquelle sont adossés le bourg de Craone et le village de Craonelle. Si M. Le Beuf eût examiné bien attentivement les environs de Craone, il aurait aperçu, entre ce bourg et Craonelle, un ruisseau (1) dont l'une des sources se trouve dans ce village, et qui va se perdre dans l'Aisne au-dessus de Curi, après avoir fait tourner quatre moulins : *palus erat non magna.* Sur la rive gauche de ce marais est une habitation qu'on appelle *le marais.* Elle est jointe à un bois, *dit le bois de Beau-Marais.* Ces raisons de local auraient pu le déterminer à placer le camp des Gaulois non au-delà de la rivière d'Elette, mais en deçà, où il avait placé les Romains, c'est-à-dire depuis Craonelle jusqu'à Cerny, Troyon et même jusqu'à Commun, pour former l'espace de deux bonnes lieues marqué par les Commentaires.

DE COMMUN.

Nous observerons, au sujet de Commun, hameau au nord-est de Pont-Arcy sur la rivière d'Aisne, que suivant la tradition du pays, il y eut un ancien camp sur la montagne voisine. Cette montagne est très-escarpée de droite et de gauche et pour ainsi dire taillée à pic dans le roc. Sa surface, plus longue que large, s'étend depuis Paissy jusqu'à la rivière, où, en s'arrondissant, elle tombe en pente douce. Il y a de ce côté une grande ouverture que l'on prendrait pour l'entrée d'un camp. D'après ces observations, nous considérons ce lieu comme le quartier général des Gaulois. Elles nous ont été communiquées par une personne de Saint-Quentin, curieuse d'antiquités. Nous ne pouvons nous dispenser de la nommer : c'est M. Thibault, contrôleur des actes.

DU VIÉ-LAON.

M. le comte de Caylus a donné le plan et la description d'un autre camp romain situé sur une montagne au pied de laquelle passe la même voie romaine dont nous avons parlé, c'est le camp du Vié-Laon (2). Il est situé sur la paroisse de Saint-Thomas, à trois lieues sud-est de la capitale du Laonnois. Sa position est des plus avantageuses. Placé sur la cime d'une montagne qui termine la chaîne de montagnes du Laonnois du côté de la Champagne, ses abords sont presque

(1) Carte de M.r Cassini, n.° 44.   (2) Rec. d'antiq., tom. v, p. 316.

inaccessibles. Le camp peut avoir environ quinze cents toises de circuit; il est environné de terrasses épaisses et exhaussées, partagé en deux parties inégales par un boulevard de terre. La moindre est du côté de l'orient. Nous l'aurions pris pour le quartier du Prétoire; mais le savant académicien présume qu'elle était occupée par un corps de troupes étrangères au service de l'Empire, vers la fin du ive siècle. La Notice des dignités de l'Empire nous apprend à la vérité que le Préfet des Sarmates Gentils était posté entre Reims et Amiens, *Præfectus Sarmatarum Gentilium inter Remos et Ambianos*, sans doute pour la sûreté du chemin qui conduisait de Reims à Amiens par Laon et Saint-Quentin. On ignore qu'elle fut la destination de la plate-forme qui était adossée contre le boulevard. La face du grand et du petit camp qui donne du côté du nord sur la plaine, est retranchée de fossés plus profonds et de remparts plus élevés dans la partie qui répond au petit camp. Il n'y a pour les deux qu'une seule et même entrée, placée vis-à-vis du mur de séparation.

Les Commentaires de César font mention de plusieurs camps romains dans le Beauvoisis. Nous ne connaissons pas le lieu où était placé celui que le général dressa à son retour du pays Chartrain : *ad Bellovacos proficiscitur ; castrisque in eorum finibus positis...* (1) Nous savons seulement que son armée était composée des 7.e, 8.e, 9.e et 11.e légions avec peu de bagages. Il quitta ce camp pour en aller former un autre plus considérable sur la rive gauche du Terain, en face de celui des Bellovaces réunis avec les Amiénois, les *Atrebates*, les *Caletes*, les *Aulerci*, les *Velocasses;* ceux-ci étaient campés très-avantageusement sur une montagne escarpée et défendue par un marais, *locum castris excelsum, impeditâ circumdatum palude, delegisse...... castris palude et loci naturâ munitis*. Le lieu que le général romain avait choisi n'étant pas aussi favorable par sa nature, il eut recours à l'art pour s'y fortifier. Il commença par faire élever un boulevard de douze pieds, garni d'un parapet de même hauteur, *hæc imperat vallo pedum* XII *muniri, loriculamque pro ratione ejus altitudinis inædificari*, et creuser un double fossé à fond de cuve de quinze pieds, *fossam duplicem pedum quinum denum lateribus directis deprimi*. Ensuite il fit dresser des tours à trois étages fort près les unes des autres et jointes ensemble par des ponts garnis de parapets d'osier : *turres crebras excitari, in altitudinem trium tabulatorum ; pontibus trajectis constratisque conjungi, quorum frontes viminea loricula munirentur*. Il finit par fermer les avenues du camp de portes et de tours plus élevées que les autres, *portis fores altioresque turres imposuit*.

<small>PREMIER CAMP D CÉSAR EN BEAU VOISIS, INCONNU</small>

<small>(1) De Bel. Gal., l. 8, c. 2.</small>

SECOND CAMP SUR LE MONT DE FROIMONT.

A ces traits qui pourrait ne pas reconnaître la montagne de Froimont-la-Ville, située à un demi quart de lieue de l'abbaye de ce nom, à un quart de lieue et à quatre petites lieues de Beauvais. Isolée au milieu d'une plaine, cette montagne domine tous les environs. On y voit encore des marques sensibles d'un camp romain. *L'espace*, dit M. l'abbé de Fontenu (1), *qu'occupe ce camp sur le haut de la colline nommée le mont César, peut avoir environ quinze à seize cens pieds de longueur sur une largeur proportionnée. Il est environné en partie d'anciens restes des boulevars en talus des deux côtez, à la hauteur de cinq à six pieds, avec quelques vestiges d'anciennes entrées ou portes, sans aucune trace de fossez. Vers le milieu de la pelouse est une petite élévation de terre de quatre à cinq pieds de haut sur dix à onze pieds de diamètre, faite probablement de main d'homme, en espèce d'autel, pour y placer les drapeaux militaires..... Au-dehors des boulevars du camp, règne tout autour..... une esplanade de dix à douze pieds de large; c'est l'espace qu'ont dû tenir anciennement les fossez du camp, qui depuis ont esté comblez. Des amas de pierres qui se trouvent de distance en distance le long des boulevars, font conjecturer que dans leur origine ils furent revêtus de murs, ou en entier, ou en partie.* Mais après avoir dit que l'on reconnaissait dans le travail de ce camp le goût simple et régulier de la castramétation romaine, comment cet académicien a-t-il pu ajouter (2) qu'on n'avait point de preuve cependant que le camp eût été fait du temps de César, c'est-à-dire pendant les deux campagnes de ce général dans le Beauvoisis, parce qu'ayant une armée composée de plusieurs légions, il lui fallait un camp d'une plus grande étendue que n'était celle du camp du mont César qui ne pouvait contenir qu'un corps médiocre de troupes? Il avait oublié sans doute que César n'avait au camp de Froimont qu'une partie de ses légions, le reste de l'armée étant resté vraisemblablement avec le bagage, sur le mont de Hermes, à l'orient de celui de Froimont, sous les ordres de Caius Trebonius.

Ce n'est pas tout. M. de Fontenu dit que la surface de la montagne n'a que quinze à seize cents pas environ de longueur sur une largeur proportionnée. D'abord cette surface est fort longue et très-étroite ; car nous n'y avons compté qu'environ deux cent soixante-seize pas communs de l'Orient à l'Occident. Ensuite nous avons lu dans des papiers de l'abbaye de Froimont que *la plaine du mont de Froimont qui joint du long à la crête de la montagne*, c'est-à-dire aux anciens boulevards, contenait trente-deux arpens et trente-cinq verges, qui font trois mille deux cent trente-cinq perches ou verges. Des mémoires manuscrits de MM. Borel,

(1) Mém. de l'acad. des inscrip., tom. XIII, p. 423.   (2) Ibid., p. 424.

Buquet et Danse portent entre trente-six ou quarante mille toises. Quant à l'élévation de terre qui est vers le milieu de la surface, douze pieds sont certainement bien au-dessous de son diamètre vrai.

Quoique ce camp paraisse avoir été fréquenté par les Romains, depuis César jusqu'à Marc-Aurèle inclusivement, à en juger par les médailles de ces empereurs qu'on y a trouvées et qu'on peut voir chez M. Buquet, cependant aucun titre de l'abbaye de Froimont à qui le fond de la montagne appartient, ne lui donne le nom de *Camp de César*, ni même de *Mont de César*, quoiqu'il n'en ait pas d'autre dans le pays que celui-ci. La plate-forme est désignée dans une charte de l'an 1122, *patella montis*, ce qu'une autre charte française de l'an 1323 a rendu par le *Mont de la Paëlle*. Les Rémois alliés des Romains essuyèrent un échec (1) au pied de ce mont de la part de Corré, sans doute commandant des Bellovaces; il s'y trouve encore un lieu dit *Corbicamp*, qu'un titre de la même abbaye de l'an 1234 place au terroir de Hermes, et un autre de l'an 1477, au terroir de Froimont.

Ce camp n'était séparé de celui des Bellovaces et de leurs alliés que par une allée alors plus profonde que large, *valle intermissâ magis in altitudinum depressâ quam late patente ;* cependant le général romain (2) jugea à propos d'en aller asseoir un autre au-delà de la vallée sur une montagne plus voisine encore, puisqu'il ne se trouvait qu'un médiocre vallon entre ces deux camps : il traversa le marais du Terain vers Bailleul à la faveur des ponts qu'il y avait fait jeter, et alla occuper le nouveau poste avec ses légions, *atque id jugum quod trans paludem penè ad hostium castra pertineret, mediocri valle à castris eorum intercisum animadverteret, pontibus palude constratâ, legiones traducit.* D'abord il met quelques légions en bataille sur une grande plate-forme escarpée de deux côtés (3), ensuite il gagne le sommet, où il développe toute son armée : *celeriterque in summam planitiem jugi pervenit, quæ declivi fastigio duobus ab lateribus muniebatur. Ibi legionibus instructis, ad ultimum jugum pervenit, aciemque eo loco constituit... Castrisque eo loco metatis, muniri jubet castra.* Il est clair que le nouveau camp des Romains était sur la montagne qui se trouve entre Hez et Montreuil-sur-Terain, et que le médiocre vallon qui le séparait de celui des Belges était le vallon du hameau de Hez. Il ne reste aucun vestige de ce camp. TROISIÈME CAMP PRÈS DE MONTREUIL-SUR-TERAIN.

Nous avons quelques restes de celui de l'armée combinée des Belges. Il était placé sur une montagne qui est échancrée d'un côté par le vallon de Hez et de l'autre par le vallon de Villers-Saint-Sépulcre. Elle répond directement au mont PREMIER CAMP DES BELLOVACES.

---

(1) Cæsar, supr., c. 2.   (3) Suppl. à l'hist. du Beauv., p. 6.
(2) Ibid., c. 3.

de Froimont. Ces restes sont une grande fosse, autrement dit saloir, revêtue intérieurement de larges pierres et recouverte de même. Cette fosse est partagée en deux parties chacune de vingt-huit pieds de long sur cinq de large. MM. Borel, Buquet et Danse ayant eu la curiosité de faire ouvrir ce monument, y découvrirent une grande quantité d'ossements qui ne peuvent provenir que des Belges qui ont perdu la vie dans les différentes escarmouches qu'ils eurent avec les Romains. Nous parlerons dans un autre endroit de la pierre aux Fées, qui est le nom que l'on donne dans le pays à ce monument.

SECOND CAMP. Si l'on en croit M. Simon, les Belges, forcés d'abandonner une position si avantageuse, se rapprochèrent de Beauvais et s'allèrent camper vers la montagne de Saint-Symphorien. On a trouvé, dit-il, en ce lieu plusieurs vestiges d'un ancien camp. Il serait possible que ce camp fut celui de Mars, dont il est parlé dans des lettres d'Yves, doyen de Saint-Pierre de Beauvais (1), au sujet de Goscelin, fils de Roger, à qui le chapitre avait donné à cens au XII.⁰ siècle *Vineas in campo martis*. Ces vignes étaient en effet du côté de Saint-Symphorien. Ce qu'il y a de certain, c'est que le champ de bataille où les Bellovaces furent défaits totalement, et où Corré, leur chef, perdit la vie, était enfermé par des bois très-considérables et par une rivière très-profonde en cet endroit : *Sylvis undique impeditissimis aut altissimo flumine munitum;* enfin, qu'il n'était éloigné de leur dernier camp que de huit mille pas tout au plus : *Locum castrorum..... quæ non longius ab ea cæde abesse quam octo millibus passuum.*

CAMPS DE CÉSAR DANS LE BEAUVOISIS QUI SONT INCERTAINS. Les Romains eurent encore d'autres camps dans le Beauvoisis. Au retour de sa première expédition dans les îles Britanniques, César (2) mit toutes ses troupes en quartier d'hiver dans la Belgique. Après la seconde, il plaça trois légions dans le *Belgium* (3) sous les ordres de M. Crassus, de Munatius Plancus et de C. Trebonius. On voit (4) par les ordres qu'il fit expédier quelque temps après au premier de venir le joindre en diligence, que Crassus était campé dans le Beauvoisis à vingt-cinq mille d'Amiens. Enfin, Hirtius (5) nous apprend que César, la dernière année de son gouvernement dans les Gaules, envoya M. Antoine dans le Beauvoisis avec XV cohortes pour tenir les Belges en respect. Les trois camps dont il nous reste à parler auraient-ils été formés dans l'une de ces circonstances? Il n'y a pas d'apparence du moins quant à celui de M. Crassus. Il n'était campé, comme nous venons de le dire, qu'à vingt-cinq mille d'Amiens, c'est-à-dire à neuf, un

---

(1) Cartul. S. Petri, fol. 71, vers.
(2) De Bel. Gal., l. 4, c. 7.
(3) Lib. 5, c. 8.
(4) Ibid., c. 12.
(5) Lib. 8, c. 6.

tiers moins de nos lieues. Or, les camps de Gouvieux, de Catenoy et de Ganelon sont à plus de neuf lieues de la ville d'Amiens.

Bien des personnes ont de la peine à croire que la montagne, ou plutôt le mont, dit de Ganelon, situé à une lieue de Compiègne, au confluent de l'Aisne et de l'Aronde, ait servi d'emplacement à un camp romain. Ce mont, isolé de toutes parts et fort escarpé, a la forme d'un corps humain sans tête et sans cuisses, mais dont les bras seraient étendus. Son sommet aplati donne une étendue de 380 toises de long sur 290 toises bien près, dans sa plus grande largeur, c'est-à-dire entre le bois d'Anel et de Rutus. Le bras droit est plus étroit que le gauche. Il n'a pas 40 toises de large dans un endroit. A l'extrémité qui commande Coudun, est une plate-forme au milieu de laquelle on voit les débris d'un fort qui occupait un espace de 50 toises d'Orient à l'Occident, et de 36 du Midi au Septentrion. Il est environné d'un boulevard en terre et séparé du reste de la montagne par un double fossé. Le premier est au pied du boulevard, qui paraît un peu plus élevé de ce côté; le second est à 28 toises plus loin, garni de son parapet de terre; de sorte qu'entre l'un et l'autre est un espace que l'on prendrait pour une place d'armes. *DU MONT GANELON.*

L'extrémité de l'autre bras a plus de 200 toises de largeur dans l'endroit qui domine sur le chemin de Compiègne à Noyon et sur la rivière d'Aisne. Le terrain y paraît différent, du moins quant à la couleur; car toute la surface de la montagne étant ou de pierrailles ou de sable jaunâtre, celui-ci semble appauvri et de couleur noirâtre, mêlé avec quantité de tessons d'urnes et de vases faits d'une terre rouge très-fine. On trouve parmi ces débris des médailles et d'autres antiquités romaines dont nous parlerons ailleurs, d'où il paraît résulter que les Romains ont campé réellement sur ce mont. Le camp de l'armée était au centre; le quartier du prétoire, au lieu où était bâti le fort; le cimetière du camp, à l'extrémité opposée, vis-à-vis l'église de Clairoy. *CIMETIÈRE DE CE CAMP.*

Mais, dira quelqu'un, la superficie de ce mont passe dans le pays pour avoir appartenu à un seigneur de la Cour de Charlemagne, et les restes du fort ont conservé jusqu'ici le nom de Ganelon. Ce seigneur, suivant le roman de la vie de Charlemagne que l'on attribue à Turpin, archevêque de Reims, fut écartelé pour cause de trahison : *ce prince*, dit la traduction du roman, *fist loier Guanelon par les quatre principaux membres à quatre fors chevaux, les plus fors de l'Ost, et quatre fors homes fist asseoir dessus, puis le fit détraire, tant come chevaux porent aler ne pièces tenir o autres, si fatement mourut Guanelon de laide mort et de dépite.* Le château de Ganelon, placé sur cette montagne, est *POURQUOI CETTE MONTAGNE PORTE LE NOM DE GANELON.*

18.

précisément une raison de plus pour croire que les Romains l'avaient occupé avant lui ; car Bergier (1) nous apprend que de plusieurs des camps romains se sont faits non-seulement des châteaux, mais aussi des villes, des bourgs et autres places fortes. Les deux haches de cailloux dont nous avons parlé, qui ont été trouvées, l'une sur cette montagne, l'autre au pied, du côté d'Anel, pourraient faire présumer aussi que les Belges, avant les Romains, avaient occupé ce poste avantageux pour un camp d'observation.

CAMP DE CATENOY. La montagne de Catenoy paraît offrir un autre camp romain, quoique M. l'abbé de Fontenu pense le contraire. Nous lui donnons le nom de Catenoy parce que le village de Catenoy est placé au pied, du côté du septentrion, et que la majeure partie de cette montagne est située dans l'étendue de la paroisse. Elle s'étend en longueur depuis le village de Sacy-le-Grand, à l'orient, jusqu'à Breuil-le-Vert, à l'occident, où elle fait un coude qui va gagner la rivière d'Oise. Elle se termine en pointe fort longue et fort aiguë du côté de Sacy. Cette partie est fort escarpée. C'est précisément où était placé le camp. Notre célèbre académicien (2) l'aurait reconnu pour un camp vraiment romain, c'est-à-dire pour un camp d'observation qui pouvait contenir plusieurs cohortes, s'il eût considéré les lieux *comme nous l'avons fait*. Il est pris sur la plate-forme de la montagne, et séparé du reste par un fossé trisagone qui conserve encore six à sept pieds de profondeur. Sur le bord de ce fossé, du côté du camp, est un boulevard en terre semblable à ceux de Ganelon, de Froimont et autres, qui sont reconnus pour avoir été élevés par les Romains. Cette langue de terre, pour me servir des termes de M. de Fontenu, a, depuis le boulevard jusqu'à la pointe de l'angle aigu, 1,205 pieds, et dans sa plus grande largeur 403. On vient de construire un moulin à vent sur cette pointe. En creusant autour pour faire un fossé, et un peu plus loin, pour pratiquer dans la montagne même un logement pour le meunier, on a découvert quantité de tessons d'urnes, des os calcinés, des restes de charbon, enfin un petit canton où le sable était tout-à-fait noirâtre, tandis que celui des environs est de couleur jaune. *Quod vidi testor.* Au pied de cette montagne, à l'autre extrémité, du côté de Breuil-le-Vert, est un hameau dit Cercamp, en latin *Cæsaris castrum;* du côté du septentrion passe, au pied de la même montagne, l'ancienne chaussée romaine qui allait à Litz.

Ce camp ne pouvait pas se trouver en disette d'eau. Le plan que M. de Fontenu en a fait, d'après le dessin qui lui avait été envoyé par M. le curé de Catenoy, fait voir deux fontaines au septentrion de la montagne. Celle de Villers-sous-

---

(1) Chem. de l'Emp., l. 3, c. 37.   (2) Mém. de littér., supr., p. 425.

Catenoy, que nous avons examinée, est construite en grosses pierres. Le travail en paraît bien ancien. Les deux fontaines qui rendent aujourd'hui le marais de Sacy-le-Grand presque impraticable, formaient peut-être une pièce d'eau en cet endroit. De l'autre côté où est Bruyère, sont des marais considérables. A l'autre extrémité de la montagne, coulent presque au pied deux ruisseaux qui passent à Breuil-le-Vert. Ne pourrions-nous pas donner pour conjecture que le nom moderne de Catenoy vient du latin *Castelletum*, dont on aura fait dans la suite des temps *Castenetum*, en changeant les deux *ll* en une *n*. On verra dans la notice plusieurs exemples de pareils changements.

Le nom de César donné à tous les empereurs successeurs du conquérant de la Belgique, a fait attribuer à Jules-César tous les camps qui sont connus sous ce nom dans les trois Gaules, tandis que la plupart n'ont été construits que dans des temps postérieurs. Le camp situé près Saint-Leu d'Esserent, ou plutôt près le village de Gouvieux, est peut-être de ce nombre, quoique M. l'abbé Le Bœuf (1) ait avancé que les restes de retranchements qu'on voit au-dessus de Gouvieux n'étaient, au jugement des connaisseurs, que du temps des dernières guerres de la Religion. Nous préférons le jugement de M. de Fontenu, qui assure que ce camp est vraiment romain. Il avait été exprès le visiter. Il en a donné le plan avec la description de toutes ses parties (2) que nous allons analyser. Nous y joindrons quelques observations que nous avons faites sur les lieux.

DE GOUVIEUX OU DE CHAUMONT.

Sur la rive gauche de l'Oise, au confluent de cette rivière et de la Nonette, à une petite lieue en deçà de Chantilly, à un quart de lieue de Saint-Leu, bourg situé de l'autre côté de la rivière, au nord-est du village de Gouvieux, sur le sommet d'une montagne fort raide et fort escarpée des deux côtés surtout qui regardent, l'un vers l'Oise, l'autre vers la Nonette, est un camp que la nouvelle carte de France de M. Cassini appelle le *camp Chaumont*, du nom d'un petit village situé au pied de la montagne du côté de la Nonette. Mais il est connu de temps immémorial sous le nom de *Camp de César*. Il est indiqué sous ce nom dans la carte des environs de Paris par M. Jaillot. Les plus anciens titres originaux conservés dans les archives de Chantilly le nomment ainsi. La forme de ce camp, qui embrasse un espace d'une assez grande étendue, est un triangle irrégulier. Il se recourbe vers l'occident en espèce de demi-cercle saillant suivant le contour de la côte. Le flanc de ce côté peut avoir en longueur 1,850 à 60 pas. M. de Fontenu observe que quatre de ses pas font sept pieds. L'autre, qui s'étend le long des bords de l'Oise, n'en a que 1,660 à 70. Le troisième côté qui fait

---

(1) Merc. de juin 1736, p. 1290.   (2) Mém. de littér., tom. x, p. 431 et suiv.

le front du camp était la partie la plus faible, parce qu'elle se trouvait de niveau avec la plaine du côté de Chantilly et du village de Saint-Maximin; elle fut fortifiée d'un boulevard de seize à dix-huit pieds de haut et de six cents pas plus ou moins d'étendue, d'une lisière de la montagne à l'autre. Ce boulevard a été fort dégradé depuis une douzaine d'années.

Nous avons observé, dans l'intérieur de ce boulevard que l'on a commencé à entamer, quantité de charbons. Il paraît, à la grosseur de quelques-uns, que ce sont des restes de pieux qui ont passé par le feu. Or, suivant les règles de la castramétation romaine de Patricius et d'Hyginus, on se servait de pieux pour établir les boulevards et les rendre plus solides : *quo loco ducendum erat vallum, ibi in terram defigebantur densæ sudes, sive valli duo tres-ve, ramos singuli habentes, ut Polybius docet, quos ipsi milites cædebant et secum portabant; valli hi, multiplicata serie, in terram defixi, ope quadam vimineâ vel crate intexebantur* (1). On avait recours, dit Hyginus (2), aux troncs d'arbres branchus lorsque le sol n'était pas solide : *Cervoli trunci ramosi: ad hos decurritur, si soli naturæ nimiâ teneritate cespes frangitur*. Or, les environs de ce camp sont très-sablonneux. On ne voit aucun vestige de fossés au pied de ce boulevard; mais on remarque dans le flanc trois ouvertures où étaient sans doute les portes du camp. Celle du milieu, qui est la plus grande, peut avoir encore seize pas : c'était vraisemblablement la porte Prétorienne. Les deux autres, qui en sont à la distance de cent pas, et qui peuvent en avoir douze d'ouverture, étaient les deux portes dites *principales*. La Décumane était vis-à-vis le confluent des deux rivières, à l'autre extrémité du camp, derrière le quartier du Prétoire. Comme la pente de la montagne est plus douce en cet endroit, l'accès en était défendu par une élévation de terre ou épaulement dont il reste encore des vestiges. On voit aussi des restes de l'esplanade qui devait régner autour du camp.

L'intérieur est cultivé aujourd'hui dans sa plus grande partie. Les laboureurs y ont trouvé, en différents temps, un grand nombre de médailles dont nous parlerons bientôt. L'ancien curé de Gouvieux en avait fait une collection assez considérable. Elles ont été dispersées après sa mort. Une partie est tombée entre les mains de M. Afforty, doyen de Saint-Rieul de Senlis, homme curieux et éclairé, mais malheureusement c'était la plus petite et la moins précieuse. Nous ne devons pas oublier que la voie romaine qui conduisait de La Morlaye à Litz passait presque au pied de ce camp.

Les camps romains ne sont pas moins fréquents dans l'Amiénois que dans le

---

(1) Græv., Thes. antiq. romanar., tom. x, col. 947.   (2) Ibid., col. 1025.

Beauvoisis. César en forma trois dans le *Belgium* après les États-généraux tenus à *Samarobrive* ou Amiens, *tres (legiones) in Belgio collocavit* (1). Or, il est certain que l'Amiénois faisait partie du *Belgium*. Lors de la révolte des Nerviens, il donna le gouvernement de la ville d'Amiens, avec le commandement d'une légion, à Crassus : *Crassum Samarobrivæ præfecit, legionemque ei attribuit* (2). Après avoir soumis ces peuples, il prit la résolution de passer ses quartiers d'hiver dans les environs de cette capitale en trois camps différents, avec trois légions : *Ipse cum tribus legionibus circum Samarobrivam trinis hibernis hiemare constituit* (3). Ces différentes légions ont-elles été placées dans un seul et même camp ou en plusieurs ? C'est ce que César nous a laissé ignorer. Mais à distance presque égale de la ville d'Amiens, c'est-à-dire à une lieue environ, sont deux endroits que la tradition donne pour camps romains.

CAMPS RÉPUTÉS DE CÉSAR, DANS L'AMIÉNOIS.

L'un, au sud-est de cette ville, était situé sur une éminence de forme ovale, assez élevée, et tout près du village de Cagny. Il paraît de distance en distance, sur toute la hauteur de cette éminence, des espèces de terrasses qui règnent tout autour. Un particulier nous a assuré qu'on y avait trouvé deux médailles en cultivant les vignes dont le sommet est couvert. L'autre est au nord-ouest, à la droite du chemin d'Amiens à Corbie. Il est placé sur une colline qui commande le village de Camon, situé sur la rivière de Somme. Sa forme est singulière. Ses boulevards, qui sont peu élevés, ont la forme d'une étoile à six rayons. M. Cassini l'a marqué dans sa nouvelle carte de France, comme un ancien camp. Il passe dans le pays pour camp de César. Deux choses viennent à l'appui de cette tradition, savoir : le nom de Camon, formé du latin *Castrimons* et l'église du lieu qui est dédiée à saint Vast. L'on verra la raison de celle-ci à l'article des Chaussées romaines. C'est probablement de l'un de ces deux camps dont Cicéron a voulu parler dans son épître à Trebatius : *O castra præclara ! Quid tu fecisses, si te Tarentum, non Samarobrivam misissem* (4) ?

DE CAGNY.

DE CAMON.

A l'opposite de celui-ci, à deux lieues et demie plus loin de la ville d'Amiens, du côté de l'occident, sur la falaise qui borde la vallée de la Somme, du côté de l'Artois, est un autre camp qui a fixé les regards curieux du célèbre académicien (5). Il nous a déjà servi de guide ; il nous aidera encore dans la description de celui-ci. Sa situation est à l'extrémité du terroir de Tirancourt, et par cette raison il devrait, sans doute, être nommé camp de Tirancourt, plutôt que camp

DE PICQUIGNY OU MIEUX DE TIRANCOURT.

---

(1) De Bel. Gal., lib. 5, c. 8.
(2) Ibid., cap. 12.
(3) Cap. 13.
(4) Lib. 7, épist. 12.
(5) Mém. de littér., tom. x, p. 436.

de Picquigny, à moins qu'on ne lui ait donné ce nom parce qu'il était tenu en arrière fief de la baronnie de Picquigny, par le chapitre de Saint-Martin de cette ville. Il n'est éloigné que de deux cents toises de la rivière qui coule au milieu d'une prairie assez vaste. Ce camp a du côté de l'occident un ruisseau qui vient des bois de Bertangles et de Montonvillers, et serpente dans la vallée d'Acon qui aboutit à celle de la Somme. La partie septentrionale est couverte de champs fertiles, à la place de l'ancienne forêt dont le nom n'existe plus que dans les titres. La falaise étant fort élevée en cet endroit, l'air y devait être pur, autant qu'il peut l'être sur les bords de la Somme. Ainsi tout se trouvait réuni, suivant le désir de Végèce (1), dans cette position, bois, pâturages, eau, salubrité d'air : *Castra..... ubi et lignorum et pabuli et aquæ suppetat copia; et si diutius commorandum sit, loci salubritas eligetur.* Ajoutez à cela qu'il était à fort peu de distance de la voie romaine qui conduit d'Amiens à Boulogne. Sa forme est triangulaire, comme la plupart des camps que nous connaissons en Picardie, et comme les deux qui sont situés, l'un à Etrun, à une lieue d'Arras, au confluent de la Haute et de la Basse-Scarpe, l'autre à Etrum en Hainaut, au confluent de l'Escaut et de la petite rivière de la Sansé. Les camps qui paraissent avoir aujourd'hui la forme ovale, étaient peut-être triangulaires (2), mais les attérrissements arrivés aux montagnes sur lesquelles ils sont placés, empêchent de pouvoir juger précisément de leur forme ancienne.

Le camp de Tirancourt porte quatre cent cinquante toises dans sa plus grande longueur; il en avait d'avantage autrefois, car les monticules que l'on aperçoit du côté de la Somme, annoncent un écroulement dans cette partie. Sa plus grande largeur est de trois cent cinquante toises, ce qui donne une surface de deux cents arpens environ, où par conséquent un camp de 3,500 hommes (3), c'est-à-dire un peu plus d'une demi-légion (car la légion était composée ordinairement de 6,000 hommes, non compris la cavalerie), pouvait être logé assez commodément. Le côté dont la base est assise dans la vallée d'Acon et qui s'arrondit vers le milieu, est fort raide et escarpé de cinquante à soixante pieds de hauteur. Le côté qui, avec celui-ci, forme un angle droit et qui répond à la rivière de Somme, peut avoir à peu près la même élévation. L'art a pris soin du côté qui est de niveau avec la campagne. Il est fortifié d'un boulevard de terre de sept à huit pieds de haut. Il est recourbé en forme de quart de cercle. Au pied est un fossé assez large et profond, et au milieu du boulevard, une entrée dans le camp. L'inté-

---

(1) Lib 1, c. 22.
(2) Mém. de litt., tom. x, p. 429.
(3) Ibid., tom. xiii, p. 412.

rieur est cultivé en partie par les habitants de Tirancourt qui ont trouvé souvent, en labourant, des médailles romaines. On a donné pour certain à M. l'abbé de Fontenu que la plupart des belles médailles d'or de M. Houlon, chanoine de la cathédrale d'Amiens, étaient provenues de ce camp. M. Le Nain, ingénieur de la province de Picardie, sous Louis XIII, a reconnu le camp soi-disant de Picquigny, pour un vrai camp romain (1). L'intérieur n'est pas moins digne de l'attention d'un curieux; nous en parlerons ailleurs.

Le camp de l'Etoile, plus près d'Abbeville que d'Amiens, est situé plus avantageusement encore que celui de Tirancourt. Il a été examiné par M. Le Nain qui en a jugé comme du précédent (2), c'est-à-dire que c'était un autre camp romain. Il est distant de trois lieues de Tirancourt et placé sur la même falaise, qui est plus élevée vis à vis du village de l'Etoile; mais il n'est pas aussi étendu que le précédent. M. de Fontenu lui donne treize cents pieds de long sur huit cents de large, espace suffisant, dit-il, pour contenir 3 à 4,000 hommes à l'aise (3). Cependant nous tenons du seigneur actuel qu'il renferme vingt-sept journaux de terre. Il lui donne aussi une forme ovale, ce qui ne serait pas contraire aux règles de la castramétation romaine, car Végèce nous assure (4) qu'un camp romain n'avait pas de figure déterminée, qu'on le faisait rond, ovale, triangulaire, selon la situation des lieux où il fallait se retrancher : *Interdum autem quadrata, interdum trigona, interdum semirotunda, seu oblonga, prout loci qualitas aut necessitas postulaverit, castra facienda sunt.* Polybe, qui vivait plusieurs siècles auparavant, c'est-à-dire sous Scipion l'Africain, parle aussi des camps qui avaient la forme ovale, mais il se pourrait faire que notre académicien eût été mal instruit, comme il a été servi mal pour la hauteur de la falaise à laquelle il ne donne que quatre-vingts pieds d'élévation du côté de la Somme. La carte de M. Cassini lui donne trente toises au moins, à compter depuis le bord de la rivière qui coule au pied jusqu'au sommet. Le nombre de quatre-vingts pieds pourrait faire, tout au plus, la distance de l'église du village à la plate-forme du camp. La falaise peut avoir soixante pieds d'élévation du côté de l'orient et deux cents du côté de l'occident. La partie septentrionale tient à la rase campagne. Ainsi ce camp est placé à l'extrémité d'une portion de la falaise détachée du côté de l'orient par la vallée de Maureaucourt, du côté de l'occident par celle de Mouflers. Il est fortifié, du côté de la campagne, par un boulevard de terre qui forme le demi-cercle. L'en-

DE L'ÉTOILE-SUR-SOMME.

---

(1) Bendier, def. des prérogat. de Saint-Quentin, p. 46. Note.
(2) Ibid.
(3) Mém. de littér., tom. XIII, p. 410 et suiv.
(4) Lib. 3.

trée du camp est placée en cette partie, sans aucun vestige de fossés. Le plan de ce camp est un peu incliné du côté de l'Etoile. On y a trouvé des médailles d'or (1) dont plusieurs ont passé dans le riche cabinet de M. Houlon.

Une chose tout-à-fait particulière au camp de l'Etoile, c'est qu'il se trouve à l'une de ses extrémités, du côté de l'église, une plate-forme de figure ronde, séparée du camp par un fossé. M. de Fontenu l'a regardée comme un ouvrage moderne : cependant la tradition du pays veut qu'il y ait eu une tour en cet endroit, ou plutôt un phare dont le fanal servait à éclairer les vaisseaux pendant la nuit, dans le temps que la mer venait encore jusqu'à l'Etoile. Le nom même de l'Etoile vient à l'appui de cette tradition, soit que ce lieu l'ait pris du fanal qui, comme l'étoile polaire, servait à indiquer aux marins la route qu'ils devaient suivre pour arriver au port, soit que le nom de l'Etoile vienne de ce que ce village est le centre où aboutissent cinq vallées qui représentent les rayons d'une étoile. Il est toutefois vrai que ce lieu était connu au moyen-âge sous le nom latin *Sydera:* c'est ainsi qu'on doit lire dans la charte de fondation de l'abbaye de Corbie, expédiée vers l'an 662, et non *Siccasidera*, d'un seul mot, comme l'on voit dans les imprimés. Depuis quelques années M. Jourdain a fait planter en bois toute la superficie de ce camp, que la nouvelle carte générale de France nomme camp de César.

<small>PONT-DE-REMY OU PLUTÔT DE DUNC.</small>

Elle donne la même dénomination, ainsi que des mémoires de M. Le Nain (2), à un autre camp situé à l'opposite de celui de l'Etoile, vis-à-vis de Pont-de-Remy, bourg du Ponthieu, à deux lieues d'Abbeville. Il est surnommé aussi *camp de Dunc*, parce que ce hameau est au pied. Il est à peu près de même forme que celui dont nous venons de parler, c'est-à-dire ovale, et l'on dirait qu'il fut fait pour répondre en ligne diagonale à celui de l'Etoile; car l'une des extrémités de celui-ci répond à l'une des extrémités de l'autre. Ce camp n'a point été connu de M. de Fontenu : cependant il mérite l'attention des curieux, autant, pour le moins, que ceux dont nous avons parlé, tant pour sa situation que pour la belle conservation de ses retranchements. Il est placé sur une portion de la falaise méridionale, dont il est séparé par deux vallées : l'une, à l'orient, sera appelée de Grandsars; l'autre, à l'occident, sera nommée de Bellifontaine. Le fond de ce terrain, jusqu'à Grandsars, n'est que de pierrailles et de cailloux. Du côté de Dunc, qui répond au cours de la Somme, la montagne, un peu arrondie, est taillée presque à pic, ainsi que du côté de la vallée de Grandsars. L'un et l'autre côtés sont fort élevés. Elle est moins escarpée du côté de Bellifontaine, et c'est dans cette

---

(1) Mém. de littér., tom. x, p. 417.   (2) Bendier, supra.

partie que l'on trouve l'entrée du camp. Elle est protégée par de bonnes redoutes enterrées.

La partie méridionale qui regarde la plaine de Grandsars est fortifiée par un boulevard de plus de douze pieds d'élévation, dont la direction est un peu circulaire, et par un fossé de six à sept pieds de profondeur en quelques endroits. Mais ce qu'on n'aperçoit dans aucun de nos camps romains et qui existe dans celui-ci, c'est le parapet du fossé accompagné d'une banquette qui peut avoir huit à dix pieds de large. Le fossé, la banquette et le parapet paraissent avoir été faits pour protéger le boulevard qui ne règne pas cependant d'un bout à l'autre de cette partie. Il est à observer que le camp était divisé en deux portions, l'une supérieure et l'autre inférieure. Le boulevard protégeait la partie supérieure et ne s'étendait pas au-delà. L'inférieure était séparée de celle-ci par un degré de quatre ou cinq pieds de haut qui paraît avoir été fait moins pour réformer le terrain qui va beaucoup en pente du côté de la vallée de Bellifontaine, que pour y placer les bagages de l'armée, les munitions de guerre et de bouche. Cette partie pouvait servir aussi à protéger les soldats qui allaient abreuver leurs chevaux ou puiser de l'eau à la fontaine qui a donné son nom au hameau de Bellifontaine; peut-être même son surnom de *Belli* vient-il du voisinage de ces guerriers. Suivant un fort bon mémoire qui nous a été envoyé par M. Dargnies de Fresne, avocat à Abbeville, ce camp peut avoir 1500 pas communs en longueur et mille en largeur. Il a une remise plantée dans l'intérieur, du côté de la vallée de Grandsars.

Le père Le Quien, dominicain, dont la mort nous a privés d'une savante histoire du Boulonois, a reconnu deux camps romains dans cette partie de la Picardie, l'un à Wissant, l'autre à Neufchâtel (1). M. l'abbé de Fontenu qui parle de l'un et de l'autre, n'a reconnu pour camp vraiment romain que le premier. Il nous en a donné le plan et la description à la suite de celui de l'Etoile (2). Wissant est un petit bourg aujourd'hui, situé sur le bord de la mer, presque à distance égale de Boulogne et de Calais. *S'il était vrai*, dit l'académicien (3), *ainsi que le croit M. Du Cange, que Wissant ait été le fameux port Icius, où César à son premier passage en Angleterre avait laissé Publius Sulpitius Rufus, avec une garnison suffisante pour le mettre à couvert contre les entreprises des Morins*, il n'y aurait pas de difficulté d'en attribuer l'origine à ce lieutenant du général romain, mais la chose n'est pas décidée et ne sera peut-être jamais. Ne paraîtrait-

DE WISSANT EN BOULONOIS.

---

(1) Desmolets, mém. de littér., tom. VIII.
(2) Mém. de littér., tom. XIII, p. 414 et suiv.
(3) Ibid., p. 416.

il pas plus vraisemblable que Labienus en eût été l'auteur, lorsque César s'embarquant pour sa deuxième expédition dans l'île de Bretagne, laissa sur la côte d'*Icius* son lieutenant, avec trois légions et 2,000 hommes de cavalerie, pour veiller à la conservation des ports de cette côte? *Labieno in continente cum tribus legionibus et equitum millibus duobus relicto, ut portus tueretur* (1). Le port de Wissant était, sans contredit, un des plus importants, tant par sa situation dans le pays des Morins, que par sa proximité des côtes de la Grande-Bretagne ; César ne devait pas négliger de mettre ce port en sûreté, en y plaçant un détachement, *et où ces troupes*, ajoute M. de Fontenu, *pouvaient-elles mieux camper que sur le mont Catel* ou, en langage du pays, *la Motte-Catel ?* La tradition immémoriale du pays lui a conservé le surnom de César, comme qui dirait petit camp César.

Ce mont commande le bourg et le port qui sont détruits presque totalement. Il est situé au confluent de deux ruisseaux, ou plutôt de deux larges et profondes ravines formées par les eaux de la mer, lorsqu'elle venait battre le pied du mont; dans l'une desquelles coule la Sombre. Le camp placé au-dessus est de forme ovale sans vestige de fossés et avec une seule entrée. M. de Fontenu dit qu'il n'a guères plus de 50 toises de long. Le plan de ce camp que nous avons vu dans les manuscrits de M. Du Cange déposés à la bibliothèque du roi, lui en donne 40 environ sur une largeur proportionnée; il est ceint par un boulevard en terre tapissé de verdure, comme l'intérieur du camp. Autour de ce boulevard règne une esplanade assez large. La porte du camp, pratiquée dans ce boulevard, à la pointe de l'ovale qui répond à la mer, était défendue par une redoute élevée dans l'intérieur, à peu de distance de l'entrée. Le plan tracé par M. de Baurain n'en fait pas mention. Ce camp ne présentant que peu de front à l'ennemi, un petit corps de troupe pouvait suffire pour le défendre. La partie la plus faible paraît avoir été du côté de la source de la Sombre où la montagne était moins escarpée. La nouvelle carte générale de la France donne aussi à ce camp le nom de César.

Il ne serait pas étonnant, et il y a même lieu de croire que le camp de Wissant a donné origine au bourg de ce nom. Nous avons déjà dit, d'après Bergier, que plusieurs villes, bourgs, châteaux et autres places fortes avaient été formés par des camps romains, surtout par ceux, dit Juste-Lipse, où les troupes demeuraient en garnison : *Ubi perpetuæ stationes et prætenturæ contrà hastem... et ea origo et genitura nobilium hodie oppidorum* (2). Cette révolution commença, suivant Tite-Live (3), par le commerce fréquent des habitants des provinces,

(1) De Bel. Gal., lib. 5, c. 4.
(2) De Milit. Rom., l. 5, c. 1.
(3) Lib. 2. — C. F.

avec les troupes qui étaient campées dans leur voisinage. Ils formèrent peu à peu des alliances les uns avec les autres, tellement que ces camps devinrent une seconde patrie : *Ab exitu Neronis provinciales suete militum contubernio gaudebant, plerique necessitudinibus et propinquitatibus mixti, et militibus vetustate stipendiorum nota, et familiaria castra in modum penatium diligebantur.*

L'autre camp que le père Le Quien a donné aussi pour un camp romain, est celui de Neufchâtel, village entre Boulogne et Etaples, à une petite lieue du port de Camiers : placé sur le mont Violette, l'un des sommets de la montagne escarpée de Neufchâtel, qu'on nomme dans le pays la montagne *Enroyer*, le terrain qu'occupe ce camp est assez vaste. Il est divisé en trois parties : voici la description qu'en a donnée M. l'abbé de Fontenu (1). *La première partie est une élévation de terre de figure ronde, et faite de main d'hommes, en façon de cavalier, environnée d'un large fossé. Au centre de cette hauteur sont les vestiges d'un puits presque comblé. La seconde et la plus étendue est une plate-forme fort large, de figure presque ovale, qui règne tout autour du premier ouvrage, qui en est comme le donjon. Cette seconde partie est aussi entourée d'un grand fossé. Enfin, la troisième est une avance en dehors, en espèce de pâté, ou de bastion irrégulier et sans angles. Cette fortification extérieure, qui domine sur les environs est aussi munie de son fossé;* mais cette fortification, comme l'a observé le savant académicien, n'a nulle conformité avec les camps anciens. Il ajoute que ce n'est qu'un ouvrage construit dans le goût de la castramétation moderne. Mais ce qu'il regarde comme les restes d'un puits presque comblé, ne serait-il pas plutôt la base d'un phare placé autrefois en cet endroit? La description qu'il en donne ferait concevoir la base d'une tour, telle que l'on aperçoit au milieu de la petite plate-forme qui tient au camp de l'Etoile.

DE NEUFCHATEL AU MÊME CANTON.

La Notice de l'empire d'occident nous indique un autre camp romain à Merc, entre Calais et Gravelines. Il était occupé par un corps de cavalerie étrangère, commandé par le général de la seconde Belgique : *Equites Dalmatæ Marcis.*

DE MERC, AU PAYS RECONQUIS.

César, informé que les Bellovaces se préparaient à faire une excursion dans le Soissonnois, écrivit à C. Fabius de se transporter sur les confins du Soissonnois avec deux légions qu'il avait sous ses ordres : *ut in fines Suessionum legiones duas quas habebat adduceret* (2). Où son camp fut-il placé ? *Je m'étais proposé*, dit l'abbé Le Bœuf (3), *de faire regarder comme anciens les restes des retranchements qu'on voit sur la montagne au-dessus d'Epagny, à un quart de lieue de Vesa-*

D'ÉPAGNY EN SOISSONNOIS, INCERTAIN.

(1) Mém. de littér., tom. XIII, p. 420.
(2) De Bel. Gal., l. 8, c. 2.
(3) Merc. de juin 1736, p. 1290.

ponin ; mais d'autres croyent que ces élévations de terre ne sont pas plus anciennes que celles qu'on voit au-dessus de Gouvieux, proche Chantilly, que les Connaisseurs disent être seulement du temps des dernières Guerres de la Religion. Si ce camp ressemble à celui de Gouvieux, comme nous l'avons déjà dit, nous ne faisons aucune difficulté de le regarder comme un camp romain, d'autant mieux qu'il était à fort peu de distance de l'ancienne chaussée qui conduisait de Soissons à Pont-Saint-Mard, où elle traversait la rivière d'Eleste ; mais il était trop éloigné du Beauvoisis pour avoir été le camp de Fabius.

DE CHAMPLIEU EN VALOIS.

M. l'abbé Carlier (1) parle d'un autre camp qui pourrait revenir un peu mieux à l'indication de César. Il est situé aux confins des diocèses de Soissons et de Senlis, sur la gauche du chemin qui conduit de Verberie à Crépy en Valois, c'est-à-dire dans la plaine de Champlieu, qui peut passer pour un sommet de montagne, au regard des vallées voisines. Sa figure présente un carré long de six cents toises sur deux cent quatre-vingt-dix de large. Ce carré s'étend du nord au sud. Sa base septentrionale se perd dans la forêt de Compiègne. Ce qui reste de l'ancien camp a la forme d'un fer à cheval de vingt-deux pieds d'élévation, formé de terres rapportées, et soutenu en dedans comme en dehors par deux murs parallèles. La terrasse pouvait avoir dix à douze pieds d'épaisseur et finissait en talus. L'historien du Valois croit avec assez de fondement que le camp occupait toute l'étendue, non-seulement de l'ancien château des Tournelles, mais aussi du village de Champlieu, à cause des antiquités romaines, des tombeaux et des médailles que l'on découvre tous les jours dans les environs. Il pense que ce camp a été formé sous les Césars, et revêtu, dans le Bas-Empire, d'ouvrages en maçonnerie dont la description se trouve dans Végèce ; enfin, qu'il a servi aux troupes des Lètes étrangers, dont parle la Notice de l'Empire, qui étaient cantonnées entre Reims et Senlis : *Præfectus Lætorum gentilium (inter) Remos et Sylvanectas.*

DE NOYON.

La même Notice fait mention d'un corps de troupes de Lètes-Bataves-Condrinoises postées à Noyon : *Præpositus Lætorum Batavorum Contraginensium, Noviomago Belgicæ secundæ.* Il était campé vraisemblablement, partie sur la montagne dite de Saint-Siméon, montagne très-escarpée qui domine sur la rivière d'Oise, partie au pied de cette montagne du côté de l'occident, dans l'emplacement occupé aujourd'hui par l'église Cathédrale et par les rues adjacentes. C'est ce qui a donné naissance à la ville de Noyon : *Erant enim castra Romana urbium simillima... aggere ac vallo atque fossâ circumdata, viisque secta formâ*

---

(1) Hist. du Valois, tom. I, p. 40 et suiv.

quadratà ac opportunis in locis fermè posita (1). Cette ville fut fortifiée, sans doute, par Posthume, comme plusieurs cités de la Picardie, dont il existe encore des portions de murailles bâties dans le même goût de celles de Noyon.

Vermand, village à deux lieues environ de la ville de Saint-Quentin, sur la petite rivière d'Aumignon, conserve des marques plus apparentes d'un camp romain. L'inspection du local suffit pour s'en convaincre. C'est une terrasse plus longue que large, de vingt-cinq arpents de terre ou environ, suivant M. Bendier (2), ou de quarante et même plus, selon une dissertation manuscrite en faveur de Vermand; *elle est détachée*, dit l'auteur (3), *de tous côtés, et élevée comme une petite colline qui tient le chef exhaussé pour viser et commander partout.* C'est sur ces mémoires, sans doute, qu'a été tracé le plan de Vermand que l'abbé Le Bœuf a fait graver en petit (4). Il fait observer en effet que Vermand y est représenté, non tel qu'il est aujourd'hui, mais suivant les indices qui ont été fournis par les restes de fondations de ses murs et de ses tours. Cette terrasse est placée à la pointe d'un angle, formé par deux voies romaines dont l'une conduit de St.-Quentin à Amiens, et l'autre part de Bavay. Elle était fortifiée par la nature d'un côté, c'est-à-dire à l'orient, par la rivière d'Aumignon, qui est bordée d'un marais; des trois autres côtés, par un boulevart (5) d'environ soixante pieds de hauteur en dehors et de vingt en dedans (6), que les anciennes déclarations des héritages appellent murs et remparts, et par un fossé qui régnait tout au tour, excepté du côté de la rivière. La partie parallèle à la chaussée de St.-Quentin à Amiens peut avoir cinquante toises de long, ce qui est précisément la largeur du camp en dehors. La paroisse de Vermand, l'abbaye de Notre-Dame de l'ordre de Prémontré et le village qui est fort chétif aujourd'hui ont été bâtis dans l'intérieur.

On y a trouvé un grand nombre de médailles et on en trouve encore quelques-unes; mais presque toutes sont du Bas-Empire, depuis Posthume père jusqu'aux Constantins inclusivement, preuve que l'antiquité de ce camp ne remonte guère au-delà de l'an 260 de l'ère chrétienne. M. Le Nain, ingénieur de la province de Picardie, déjà cité plusieurs fois, ayant été envoyé en 1638, par le cardinal de Richelieu, pour examiner si Vermand était un lieu propre, comme on l'avait persuadé à Son Eminence, à être fortifié et à arrêter les courses des ennemis dans le Vermandois, jugea que la chose demanderait trop de dépenses. Voici comment il s'exprime dans sa disssertation de l'antiquité de l'Auguste de Ver-

---

(1) Vales., Notit. Gal.

(2) Def. des prérogat. de Saint-Quentin, p. 6.

(3) Anc. cité de Vermand., chap. 8.

(4) Dissert. sur l'hist. de Paris, tom. I, p. 226.

(5) Nouv. recherc. sur la France, tom. II, p. 222.

(6) D. Viard, hist. MS. de St.-Quentin-en-l'Isle, p. 11.

mandois, imprimée à Noyon en 1671 : *Je trouvai que la terrasse ou rempart que l'on y voit estoit un vieux camp des Romains de mesme façon que ceux au-dessus de Péquigny près Amiens, de l'Etoile, de Duncq-sur-Somme, du Mont Saint-Eloy au-dessus d'Arras, et plusieurs autres que j'ai veus et visités, et qui subsistent toujours sous le nom de César, et qu'il couterait plus à remuer les terres, pour leur donner forme que de dépenses pour faire une fortification toute neuve : ce qui lui fit perdre l'envie qu'il en avoit formé.... Ce lieu là est un véritable camp des Romains posé dans l'un des angles de la croisée de deux chaussées militaires.... Voilà ce que je peux dire sur le sujet de cette antiquité, de quoy je peux répondre pour estre chose que j'ai veue.* Le Préfet des Sarmates-Gentils pouvait être posté aussi avantageusement à Vermand qu'au Vié-Laon. L'un et l'autre étaient également entre les Rémois et les Amiénois. Celui-ci avait cet avantage d'être éloigné plus de Reims et moins d'Amiens.

LX.

MÉDAILLES ROMAINES TROUVÉES DANS LES CAMPS DE CÉSAR.

DE VERMAND. C'est dans ces camps différents qu'on a découvert et qu'on découvre encore tous les jours un si grand nombre de pièces d'or, d'argent, de bronze, de cuivre que nous nommons médailles. Prudence dans son hymne de St.-Laurent les appelle *argentea œnigmata* parce que la plupart représentent l'image d'un prince qu'on est obligé quelque fois de deviner. Du temps de St.-Louis on donnait en général aux médailles de bronze et de cuivre le nom de *Quacuel*, et le cuivre dont elles étaient composées prenait chez le vulgaire celui de *Mahon* (1). Il ne faut pourtant pas confondre dans la classe des monnaies les médaillons qu'on reconnaît à l'épaisseur, à la grandeur et à la grosseur de la tête. Nous avons touché déjà quelque chose de celles qui ont été découvertes dans le camp de Vermand. Nous transcrirons ici ce que M. Caignart, avocat en parlement et mayeur de Saint-Quentin en écrivit le 15 d'avril 1671 à M. Bendier : *celles de Vermand sont presque toutes du Bas Empire, d'Aurélien, de Dioclétien, de Maximien, de Constance, des Constantins, de plusieurs sortes et d'autres suivans. En une seule fois on m'en a apporté de ce lieu environ un mille entre lesquelles il n'y en avait pas une grande, ni moyenne, ni du Haut Empire.* Nous avons rassemblé en 1768, à Vermand, une douzaine de ces médailles en bronze. La plus ancienne est Gordien Pie. C'est une de ces médailles qu'on appelle saussées parce qu'elles

---

(1) Le Bœuf, dissert. sur l'hist. de Paris, tom. II, p. 169.

ne sont qu'argentées. Les autres, en petit bronze, sont deux de Philippe père avec le *Fides militum S. C.* et le *Felicitas Imperatorum;* deux de même, mais saussées, de Salonine, femme de Gallien. La tête de cette impératrice est posée sur un croissant. On voit au revers le temple qu'elle avait fait bâtir à Rome à la déesse Segeste, protectrice des blés pendant la moisson, *Deae Segetiae.* Le revers de la seconde porte *Felicitas publica.* Une de Tetricus-le-Jeune, *imperator Caius Tetricus,* avec le *Fides militum.* Une en petit bronze, de Constance II, *Providentia Augustorum,* de la fabrique de Lyon. Trois Constantins, *Appollini Victori* et *Gloria militum.* Deux enfin de Gratien, marquées *S. Con.*, ce qui signifie *signata Constantinopoli.*

Dans l'emplacement du camp de Champlieu en Valois, en tirant vers la forêt de Compiègne, on a trouvé, dit l'abbé Carlier (1), en différents temps, un grand nombre de médailles de toute espèce qui avaient été rassemblées par un particulier et qui ont été dispersées après sa mort. Celles que l'historien du Valois a trouvées ou qui ont été trouvées par d'autres sur les lieux, sont en bronze, savoir : un Trajan, un Marc-Aurèle, une Faustine, un Constance, et quelques autres rongées de rouille, à ne pouvoir distinguer le moindre trait. Si l'on a découvert des médailles dans le camp de l'Etoile-sur-Somme, la connaissance n'en est pas venue jusqu'à nous; mais le seigneur, M. Jourdain, nous a assuré que des ouvriers travaillant par ses ordres au bas de la montagne près le Moulin-Bleu, en avaient trouvé près de quatre cents, parmi lesquelles sont des Galba, des Nerva, beaucoup d'Antonin, de Faustine la mère et de Faustine la jeune, des Verus, des Lucilla Augusta, son épouse, des Alexandre, etc. Un gentilhomme des environs en a eu trente-deux, la plus grande partie est demeurée au seigneur.

DE CHAMPLIEU.

Du nombre des médailles découvertes au camp de Tirancourt qui avaient passé dans le cabinet de M. Houlon, conseiller au bailliage d'Amiens, ce magistrat en fit graver trois d'argent, de trois modules différents, sous ce titre : *Numismata antiqua argentea è museo D. Houlon, senatoris Ambianensis explicanda proponuntur rei antiquariæ studiosis.* La première, de très-grand module, est de Constantin ; elle fut frappée à Carthage, S. M. K. (n.° 1). La seconde, d'Hostilien (n° 2). Le graveur s'est trompé dans les deux prénoms : *C. Oval*, il faut lire *Ca Val*, c'est-à-dire, *Caius, Valens, Otilianus, Mescius, Quintus, Augustus.* La troisième de Constantin-le-Grand (n.° 3) : *Flavius, Valerius, Constantinus, nobilis Cæsar.* Voyez la planche. Les médailles de M. Houlon ont passé successivement à M. le président Des Maisons et à M. Du Vau. Le cabinet de l'abbaye

DE TIRANCOURT.

(1) Hist. du Valois, tom. I, p. 41.

de St.-Jean d'Amiens a été formé en partie de médailles du camp de Tirancourt, parmi lesquelles se trouvaient des Antonin, des Faustine, des Tetricus, des Victorin, des Constantin-le-Grand, des Valentinien, des Valens, etc.

DE GOUVIEUX.   Nous avons dit que M. Afforti, doyen de Saint-Rieul de Senlis, avait une petite portion des médailles qui avaient été trouvées dans le camp de Gouvieux ou de Chaumont : ce sont des Antonin, des Faustine, des Crispine, des Domitien, des Posthume, des Dioclétien, des Maximien, des Constantin, des Probus, des Tetricus et plus en moyen et petit bronze qu'en grand, et encore assez mal conservées. Il me manda, par une lettre du 1.er de janvier 1772, que le curé de Mauregard près du Mesnil-Madame-Rance, mort depuis quelques années, en avait eu la meilleure et la plus saine partie. Le curé actuel de Gouvieux a fait présent à M. Afforti de l'apothéose de Vespasien, qui a été trouvé dans le même camp. Enfin, M. de Caylus assure que les tombeaux découverts en 1751 dans le camp de Gouvieux renfermaient des médailles (1).

DU MONT GANELON.   Depuis que l'on travaille à défricher le sommet de la montagne de Ganelon, près Compiègne, on y a ramassé la valeur au moins de deux boisseaux de médailles à commencer à Trajan et peut-être au-dessus jusqu'à la chute de l'empire. Nous ne parlerons que de celles que nous avons acquises d'un particulier du village de Clairoy. La plupart sont en très-petit bronze, quelques-unes même ne sont pas plus grandes qu'une lentille. Les principales sont de Trajan ; l'une d'entr'elles porte au revers : *Consul III. Pater Patriae Senatus consulto*, c'est-à-dire que cette médaille de moyen bronze est de l'année 100 de l'ère chrétienne ; de Faustine, femme de Marc-Aurèle, deux médailles fourrées, c'est-à-dire de fer recouvert d'une feuille d'argent et de la grandeur d'une de nos pièces de six sols. Les types sont bien faits. La face de la première porte : *Imperator Caesar Antonius Augustus*, et le revers, le soleil personnifié avec la légende *Pontifex Maximus Tribunitia Potestate IIII pater patriae*. La seconde est certainement de Marc-Aurèle, à en juger par la face et l'inscription : *Imperator Caesar Marcus Aurelius Antoninus Augustus*. Ces deux pièces peuvent passer pour l'ouvrage de quelques faux monnayeurs ; une Faustine-la-Jeune, avec le beau vernis antique et en petit bronze ; un Philippe-le-Père en grand bronze, *Imperator Marcus Julius Philippus Augustus* avec le *Victoria Augusti* et le *senatus consulto*. Un autre en moyen bronze avec l'*Aequitas Augustorum*. Une saussée de son épouse, *Maria Otacilla Severa Augusta*. La tête est posée sur un croissant, son revers est *Concordia Augustorum* ; une Salonine saussée, de la grandeur d'une de nos pièces de douze

---

(1) Rec. d'antiq., tom. I, p. 258.

sols, la tête posée comme la précédente, avec le *Felicitas publica*. Un Posthume père en grand bronze avec un trophée d'armes auquel sont enchaînés deux captifs; six médailles du même tyran des Gaules, dites semisses, parce qu'elles n'ont que la moitié du poids des médailles ordinaires, du nombre desquelles est l'apothéose de ce tyran. Trois Claude II, *Fides militum*. Six Tetricus, *Salus Publica Laetitia Augusti*. Un Probus, *Restitutor orbis*. Un Licinius père, *Licinius pater Felix Augustus*, de la fabrique de Lyon. Toutes ces médailles sont de la forme de celles de Posthume. Enfin, un Constant, fils du tyran Constantin, qui s'était fait reconnaître empereur depuis Boulogne jusqu'aux Alpes, *Dominus Constans Augustus*. Sa tête est ornée du diadême en qualité d'Auguste. Le revers est remarquable en ce que ce prince paraît debout sur une galère, tenant une enseigne dans le goût du *labarum*, et portant sur le poing droit un oiseau. A côté de la galère est un terme, c'est-à-dire un buste de Mercure posé sur une colonne et derrière le buste un fouet. La légende *Felicitas temporum* semblerait annoncer les circonstances heureuses où ce prince s'embarqua pour aller en Espagne combattre l'empereur Maxime, son compétiteur. Cette médaille fut frappée à Lyon.

Les Bernardins de l'abbaye de Froimont en Beauvoisis ont fait voir à M. l'abbé Danse, chanoine de Beauvais, deux médailles de Faustine-la-Jeune, l'une en grand et l'autre en moyen bronze, qui avaient été trouvées sur le mont César où nous avons dit qu'était situé le petit camp de ce général. L'une de ces médailles offrait une femme tenant un enfant dans les bras avec quatre autres autour d'elle. Ces deux médailles et plusieurs autres d'Auguste, de Claude, de Néron, de Trajan, d'Hadrien, d'Antonin, de Marc-Aurèle, de Crispine, toutes trouvées au même lieu; presque toutes en grand et moyen bronze, dont très-peu en argent. Toutes ces médailles ont passé dans le cabinet de M. Buquet, de Beauvais. Il nous a assuré qu'il n'avait jamais entendu dire qu'on en eût trouvé du Bas-Empire sur le mont de Froimont.

DU MONT DE FROIMONT.

LXI.

LA LANGUE ROMAINE PREND LA PLACE DE LA LANGUE BELGIQUE, IDIOME DE LA GAULOISE.

Tandis que nos Belges avaient gagné à être soumis aux Romains, du côté des arts en général, ils y avaient perdu d'un autre par l'anéantissement de leur langue, par l'altération de leur chronologie, de leur culte religieux et de leurs cérémonies. C'était un des principes de la politique romaine, dit saint Augustin, d'imposer aux nations vaincues l'obligation de parler sa langue, après leur avoir imposé celle de lui obéir : *At enim opera data est ut imperiosa civitas, non solum jugum verum etiam linguam suam domitis gentibus..... imponeret* (1). Il paraît incontestable, par les assemblées générales de la nation gauloise, composées de députés de chaque province, pour délibérer sur les intérêts communs, que ces peuples avaient une langue commune. (Voyez la Dissertation sur la langue des Belges) (2). Sans cela comment leurs députés eussent-ils pu conférer, délibérer, former sur-le-champ des résolutions, les notifier aux provinces? Aucun auteur n'a dit qu'ils se fussent servis d'interprètes. *Ce qui fortifie encore ce jugement, est de voir que les noms propres des Seigneurs de tous les pays de la Gaule, et plusieurs noms de lieux* (3) *avaient une même terminaison,* c'est-à-dire que chacune des provinces, même des villes de la France, a sa prononciation particulière et des expressions propres. *Etiam hodie,* dit Casaubon, *de Gallis vere dixeris, quod olim de Græcis Strabo; nam in Gallia certè nostra tot fere linguæ sunt, aut certè tot ejusdem linguæ dialecti ac diversi pronuntiandi modi quot sunt Galliæ, non dicam provinciæ, sed urbes;* de même la gauloise avait ses dialectes particuliers et c'est précisément ce que César a voulu dire au commencement du premier livre de ses commentaires: *hi omnes linguà..... inter se differunt* (4). Nous ne dirons rien du fond de cette langue, parce qu'il est difficile de concilier tout ce que l'on trouve dans le récit de César. M. de Caylus (5) croirait que la communication que les Gaulois eurent avec les Grecs et les Etrusques pouvait avoir ajouté à des emprunts plus anciens. Samuel Bochard (6), il est vrai, a travaillé à faire voir la conformité de l'ancien gaulois avec le Phénicien ; Adrien Scrieck a composé son ouvrage *des origines celtiques et Belgiques* imprimé in-folio à Ipres en 1614, tout exprès pour prouver que la langue Belgique était la plus ancienne de l'Europe. L'opinion presque générale des savants est, sur la foi de César, que les Gaulois se servaient de caractères grecs pour écrire : *in reliquis ferè rebus, publicis privatisque rationibus, Græcis litteris utuntur* (7). Cependant le général romain écrivant à Cicéron, le fit en caractères grecs, de peur que les Gaulois venant à intercepter ses lettres n'eussent connaissance de ses desseins. *Rien n'est plus facile,* dit Dom Rivet, *que de concilier cet endroit de César avec les précédents. Il nous en fournit lui-même les moyens, lorsqu'en faisant la division des Gaules, il nous apprend que les Belges, les Aquitains et les Gaulois proprement dits avaient une langue,*

---

(1) Aug., de civit. Dei, l. 19, c. 7.

(2) Pr., part. I, n°...

(3) Mém. de l'acad. des inscrip., tom. xv, p. 566.

(4) De Bell. Gall., l. 1, c. 1.

(5) Rec. d'antiq., tom. v, p. 270.

(6) De Phænicis.

(7) De Bell. Gall., l. 6, c. 4.

des lois et des coutumes différentes les uns des autres. Ainsi les Belges pouvaient fort bien ne pas avoir l'usage des caractères grecs, quoique les autres Gaulois s'en servissent (1). En effet, nous n'avons aucun monument qui témoigne que les Belges en aient fait usage. Au contraire, la lettre que César a écrite en grec (2), pour cacher son arrivée aux Belges, est plutôt une preuve qu'ils ignoraient les caractères de la langue grecque, quoiqu'on aperçoive cependant dans le picard certains tours de phrases qui lui appartiennent. D'ailleurs les médailles dont nous venons de parler, et que l'on donne pour vraiment Belgico-Gauloises, n'offrent aucune lettre grecque.

LXII.

ALTÉRATION DE LA LANGUE BELGIQUE PAR LES GERMAINS ET PAR LES FRANCS.

Il faut convenir que l'invasion des Romains dans la Belgique, longtemps avant César (3), pouvait avoir apporté une altération notable dans la langue de cette partie de la Gaule, et y avoir formé un dialecte tenant du Belgico-Gaulois et du Germain, car le Germain était différent du Gaulois. En effet, Arioviste, chef des peuples de la Germanie, n'avait acquis la facilité d'entendre et de bien parler la langue gauloise que par une grande communication avec les habitants du pays : *propter linguæ Gallicæ scientiam quâ... longinquâ consuetudine utebatur Ariovistus* (4). Or, si l'on juge du dialecte belgique d'alors par celui que parlaient, au temps de saint Jérôme (5), les Trevirois, dont la capitale fut pendant longtemps celle de toute la Belgique, il différait peu de celui des Galates, c'est-à-dire des Gaulois établis dans la Grèce; le dialecte des Belges paraît s'être maintenu plus longtemps que tous les autres. *Je ne crois pas,* dit M. Bonamy (6), *qu'à l'exception des parties méridionales de la Belgique, la langue latine ait été en usage chez les Belges comme elle le fut dans la Gaule celtique et dans la Gaule aquitanique.* Il est vrai que Sidoine Appolinaire (7) disait sur la fin du règne de Mérovée; que la langue romaine était abolie depuis longtemps dans les villes de la Gaule Belgique ; il répondait au comte Arbogaste qu'il avait retrouvé dans son style la majesté de la langue romaine : *Quocirca sermonis pompa Romani, si qua adhuc uspiam est, Belgicis olim sive Rhenanis abolita terris, in te resedit.* Quel était donc alors le langage des Belges? Un mélange de la langue

---

(1) Hist. littér. de la France, t. I, part. 1, p. 12 et 13.

(2) Ibid., l. 5, c. 48

(3) Ibid., lib. 2, c. 1.

(4) Ibid., l. 1, c. 11.

(5) Comment. in Epist. ad Galat., l. 2, c. 3.

(6) Mém. de l'acad. des inscrip.

(7) Epist. 17, l. 4. Sirm. opera, tom. I, col. 952.

tudesque, *thioise* ou *teutonique* que Juste Lipse (1) appelle la langue des grands parce qu'elle était celle des Francs, avec la romance, c'est-à-dire le latin vulgaire, prononcé par les marchands, les artisans, les soldats, les esclaves, et avec l'ancien dialecte belgique qui lui servait de base. C'est ainsi que s'est formée la langue française.

LXIII.

LA TUDESQUE BANNIE PAR LA ROMANCE, SOURCE DE LA LANGUE FRANÇAISE.

Le plus ancien monument qui nous reste de ce mélange est un traité de paix ou un serment d'alliance de l'an 842, entre Charles-le-Chauve et Louis-le-Germanique (2). Au temps de Luitprand, qui écrivait au x.ᵉ siècle, la romance avait banni de la France l'usage de la tudesque, et c'est par cette raison qu'il donne à ce royaume le nom de *Francia Romana* (3). Cependant nous ne trouvons dans notre province aucun instrument ou acte légal écrit en cette langue avant le règne de saint Louis; celui de Drogon ou Dreux d'Amiens, seigneur de Vinacourt, n'est point de l'an 1183, comme il est marqué dans la nouvelle édition du Glossaire de Du Cange (4), mais de l'an 1274 au mois de janvier, c'est-à-dire 1275, comme nous l'avons vérifié dans le cartulaire en parchemin (5) des vidames de Picquigny, dit le Livre-Rouge, conservé dans les archives de l'abbaye de Corbie. Il en pourrait être de la charte d'Helvide, abbesse de Notre-Dame de Soissons, de l'an 1206 (6), comme des lettres du roi Louis-le-Gros, de l'an 1122, et de celles d'Eudes II, évêque de Beauvais, de l'an 1147 (7), qui ne sont que des traductions en langue romance, faites postérieurement à leur date. La charte de l'abbesse de Soissons, donnée par D. Michel Germain, est rendue en trop bon français pour le temps. En général, quoique la langue latine ait été moins pure dans la Belgique que dans les autres provinces de la Gaule, cependant elle y fut aussi longtemps en usage, surtout parmi les gens de loi.

LXIV.

CHRONOLOGIE BELGICO-GAULOISE.

Il en fut de la chronologie comme de la langue. La manière des Belges-Gaulois de régler les jours, les mois, les années et les siècles, s'est perpétuée malgré les

---

(1) Centur. 3, ad Belg. Epist. 44.
(2) D. Bouquet., Rer. Gall. Scrip., tom. vii, p. 27 et seqq.
(3) Luitpr. hist., l. 1, c. 6.
(4) Gloss.
(5) Fol. 69.
(6) Hist. de N.-D. de Soissons, p. 166.
(7) Loisel, mém. du Beauvoisis.

obstacles jusque fort près de notre temps. On en trouve même un reste dans le langage du peuple de Picardie. On ne peut douter que les Belges ne fussent obligés aussi d'adopter, ou du moins d'en faire semblant, le système chronologique des Romains. Ceux-ci comptaient le jour civil d'un minuit à un autre, et divisaient la nuit en quatre parties égales, qu'ils appelaient veilles, *Vigiliæ* (1). Chaque veille était composée de trois heures, plus ou moins longues, suivant les saisons, parce que comptant la première heure du jour au lever du soleil et la dernière à son coucher, et n'ayant que douze heures en toutes saisons, ces heures devaient être plus longues en été et plus courtes en hiver, selon que le soleil se levait et se couchait plus tôt ou plus tard. Leurs mois étaient lunaires et divisés en calendes, en nones et en ides. La division en semaines leur était inconnue. Après la réformation faite au calendrier par Jules César, leurs années furent presque purement solaires, mais alternativement communes et intercalaires. Leurs siècles étaient la révolution de dix fois onze années, comme ledit Horace dans son poème séculaire : *Undenos decies per annos*, c'est-à-dire de cent dix ans.

Chez nos Belges-Gaulois le siècle était la révolution de trente années. L'année était réglée par le cycle lunaire (2). Les mois commençaient au sixième jour de la lune ; ils croyaient que cet astre était alors dans sa force, quoiqu'il ne fût pas encore parvenu à la moitié de sa grandeur : *Ante omnia sexta luna, quæ principia mensium annorumque his facit; et sæculi post tricesimum annum, quia jam virium ab unde habeat, nec sit sui dimidia* (3). Les mois étaient divisés non par le nombre de jours, mais par celui de nuits qui marchaient toujours devant, de sorte qu'ils comptaient par nuits le jour de leur naissance, les commencements des mois et des années. La raison qu'en donne César est, qu'ils croyaient tirer leur origine du Dieu *Dis*, que les uns nommaient Jupiter, les autres Pluton : *Galli se omnes ab Dite patre prognatos prædicant..... Ob eam causam spatia omnis temporis non numero dierum, sed noctium finiunt, et dies natales, et mensium et annorum initia sic observant, ut noctem dies subsequatur* (4). Ne faudrait-il pas remonter à une source plus pure ? Le texte de la Genèse porte : *Factumque est vesperè et manè, dies unus* (5). Ces mots *vesperè* et *manè*, répétés ainsi aux six premiers jours du monde, semblent dire, pris au pied de la lettre, que la nuit devait marcher devant les jours. Plusieurs peuples, dit André Crusius (6), ont été dans l'opinion que les nuits étaient plus anciennes que les jours :

LES BELGES COMPTAIENT PAR NUIT ET NON PAR JOURS

---

(1) Plin., l. 7.

(2) Scaliger, de emendat. temp., p. 172, édit. Gen., 1629.

(3) Plin., l. 16, c. 95.

(4) Cesar, de Bell. Gall., l. 6. c. 4.

(5) Cap. 1, n.os 5, 8, 13, 19, 23, 31.

(6) Salengre, Novus thes. antiq., tom. 3, col. 807, n.° 11.

Non paucos in eâ opinione fuisse reperio, quasi noctes diebus priores antiquioresne fuissent. C'était là que les Hébreux qui comptaient de la même manière que les Gaulois, avaient puisé; ceux-ci ensuite et les Grecs, dont le jour civil était d'un coucher du soleil à l'autre. Cette pratique des Hébreux, des Grecs et des Gaulois décèle en même temps une origine commune. Pelloutier (1) prétend qu'elle vient de ce que les assemblées civiles des Celtes commençaient par un sacrifice, ou par quelqu'autre acte de dévotion, qui, suivant l'usage de ces peuples, devait s'offrir pendant la nuit.

<small>CETTE MANIÈRE DE COMPTER CHANGÉE PAR LES ROMAINS, RÉTABLIE PAR LES FRANCS DANS LES ACTES CIVILS ET MILITAIRES.</small>

Un premier soin des Francs, peuples de la Germanie, après avoir chassé les Romains de la Belgique, fut de rétablir l'ancienne manière de compter des Gaulois, qui était aussi la leur : supposé, cependant, que la Romaine eût prévalu. Nous comptons, dit Tacite (2), par les jours, les Germains comptent par les nuits. C'est le style qu'ils employent dans les ordonnances, dans les convocations. Il leur semble que la nuit marche devant le jour : *Nec dierum numerum, ut nos, sed noctium computant. Sic constituunt, sic condicunt: nox ducere diem videtur.* De là les délais pour comparaître en justice, de tel ou tel nombre de nuits porté par la loi salique : *Si vero jam tribus noctibus exactis, qui res suas quærit, et invenerit* (3). Dans un autre endroit : *Si intra Ligerim aut Carbonariam, aut citra mare ambo manent... in nootes* XL *placitum faciant* (4), etc. On lit même chose aux titres 55 et 59 : *quia res meas noluisti reddere quas tibi præstiti in hoc, eas tene nocte proxima, quod Lex Salica continet : et sic ei solem collocet. Et si nec tunc voluerit reddere, adhuc super septem noctes similiter facere debet, et si nec tunc voluerit reddere, ad alias septem noctes similiter facere debet : et si nec tunc voluerit reddere, ad alias septem noctes id faciat. Post quas ad hunc cum testibus venire debet, etc.* Les ordonnances de nos Rois de la première race et même de ceux de la seconde s'expriment de même. Celle que D. Bouquet attribue à Clotaire I, et M. Baluze à Clotaire II, dit expressément, article 9 : que si quelqu'un des principaux esclaves d'un maître tel qu'il soit, est soupçonné d'un crime, qu'il soit assigné à comparoir pardevant le juge dans vingt nuits : *si quis cujuslibet de potentioribus servis.... de crimine habetur suspectus.... condicatur ut intra* XX *noctes ipsum ante judicem debeat præsentare* (5). Dans un jugement en faveur de l'Abbaye de Saint-Denis, de la première année du règne de Clovis III, les parties sont assignées à comparoir dans quarante nuits : *in noctes quadraginta.* Le

---

(1) Hist. des Celt., l. 4, chap. 3, § 1.
(2) Corn. Tacit., de Mor. germ., n.° 11.
(3) Titul. 40.
(4) Titul. 50.
(5) Rer. Franc. Script., tom. IV, p. 114.

jour qu'une affaire devait être plaidée et les parties comparaître en justice après un ajournement, est exprimé dans un plaid du roi Pepin, tenu à Compiègne le quatre des calendes de novembre 759, au sujet de la foire de Saint-Denis, en ces termes : *ut iterum simul ad noctes legitimas concurrerent in eodem palatio* (1). Charlemagne fit quelques changements à la loi salique, mais sans préjudice à la manière de compter de ses prédécesseurs, comme il paraît par l'article 14 du titre 42 de son Code (2) où les trois sommations à comparaître sont faites *infra septem noctes*, c'est-à-dire à sept nuits de délai. La même chose se voit dans le plaid que ce prince tint à Aix-la-Chapelle la quarante-quatrième année de son règne : *infrà noctes* XIII *ante nos sibi ad præsentare debuisset*. Louis-le-Débonnaire suivit l'exemple de l'empereur son père. Le troisième capitulaire de l'an 819 commence ainsi : *de hoc capitulo judicatum est, ut ille, qui mannitur, spatium mannitionis suæ per quadraginta noctes habeat.... et deinde detur ei spatium ad respectum ad septem noctes* (3). Le même usage était observé sous Charles-le-Chauve, comme on le verra ci-après.

Cette manière de compter n'était pas particulière aux actes judiciaires ; on l'employait de même dans les ordonnances militaires : *Post quam Comes*, dit le titre 13 du Capitulaire de l'année 829, *et pagenses de qualibet expeditione hostili reversi fuerint, ex eo die super* XL *noctes sit bannus resisus* (4). Charles-le-Chauve répète la même chose dans son édit de Pise, de l'an 864. Le titre 33 s'exprime ainsi : *Et quia sacramenta post quadraginta noctes juranda legaliter accipiuntur... multi contendunt... Numerant enim dies, et non numerant cum eis noctes, sicut numerantur dies, et non numerantur noctes à Nativitate Domini usque ad Purificationem S. Mariæ, et à Resurrectione Domini usque ad Ascensionem... constituimus ut ab ipso die quo sacramentum accipitur, post quadraginta dies et quadraginta noctes, id est quadragesimo secundo die de sex septimanis.... qui sacramentum legaliter accipit, legaliter in locis constitutis juret* (5).

Il paraîtrait, par cette constitution, que l'usage de l'Église qui avait conservé la manière des Romains de compter par jour, comme nous l'apprend une lettre de Geoffroy de Vendôme (6), quoique bien postérieure au temps dont nous parlons : *in hoc tamen non noctes, secundum consuetudines laïcorum, sed secundum instituta Canonum, inducias postulamus*, que le style ecclésiastique, disons-nous, commençait à prendre le dessus, et que depuis Noël jusqu'à la Purifica-

---

(1) D. Felibien, hist. de St.-Denis.
(2) Rer. Gall. Scrip., supr., p. 219.
(3) Ibid., tom. VI, p. 422.
(4) Ibid., p. 443.
(5) Ibid., tom. VII, p. 664.
(6) Liv. 2, Epist. 27.

tion, et depuis Pâques jusqu'à l'Ascension on comptait par les jours et non par les nuits. Ainsi, Charle-le-Chauve, en fixant le terme de six semaines à quarante jours et à quarante nuits, c'est comme s'il eût ordonné que le jour civil fût composé dorénavant du jour et de la nuit.

<small>PERPÉTUÉE LONGTEMS DANS LE BARREAU.</small> Ce nouveau style s'est perpétué dans le barreau jusques bien loin au-delà du XIII.ᵉ siècle. Au commencement de ce siècle, les lois données par Louis-le-Gros à la ville de Compiègne, s'expriment ainsi : *Per totam placiti diem atque noctem futuram.* Dans un plaid tenu à Senlis, en 1117, touchant la propriété du bourg de Crépy-en-Valois, Enguerrand d'Amiens fonde la justice de ses prétentions contre les religieux de Saint-Arnoul, sur ce que sa mère avait possédé ce bourg pendant des jours et des nuits : *Per dies et noctes tenuisse Burgum.* Suivant les anciennes coutumes judiciaires de la ville de Corbie (1), qui étaient observées avant l'abbé Jean I, et qui furent abolies sous Hugues II, c'est-à-dire vers le milieu du XIII.ᵉ siècle, sept jours et sept nuits étaient le dernier terme des délais : *Ad ultimum possunt habere* VII *dies et* VII *noctes; scilicet ut nullo modo possint habere neque diem neque horam.* Voilà pour le XII.ᵉ siècle. Au XIII.ᵉ siècle, les anciens usages de la chatellenie de Noyon, rédigés en 1236, et traduits en langue romance au XIV.ᵉ siècle, portent à l'article des plaids : *Après quarante jors, sept jors et sept nuict continues, et après les sept jors et les sept nuict, quarante jors continus* (2). On rencontre souvent cette manière de compter dans les coutumes du Beauvoisis, publiées en 1233 par Baumanoir, *si li* (au gentilhomme) *puet on fere commandement de paier se il doit dedens sept jours et sept nuis.* (3). A l'article des gages pris pour dettes en général, *Qui n'obest au commandement qui est fait de paier che qui est deu dedans le terme qui est donné, chest à sçavoir quinze jours au Gentilhomme, et sept jours et sept nuis à l'Home de poote* (puissance) (4). Pour dette de gentilhomme en particulier : *Il ne les gardera, se il ne li plest que sept jours et sept nuis..... il n'est tenus à garder les Nans* (gages) *de ses pleges que sept jours et sept nuis.* Dans un autre endroit : *Chil se replaint à tort qui atant à se replaindre quarante jours après le jour des nuis accomplis* (5). Dans les nouvelles lois de commune données le 4 de novembre 1353, par Jacques de Bourbon, pour lors comte de Ponthieu, et Nicaise, abbé de Saint-Josse-sur-Mer, aux habitants de Saint-Josse des villages circonvoisins, l'article qui concerne les débiteurs porte : *li sera fais commandemens du maieur et esquevins que*

---

(1) Pr., part. I, n°...
(2) Le Vasseur, annal. de Noyon.
(3) Cout. de Baum., c. 30, p. 152.
(4) Ibid., p. 153.
(5) Ibid., c. 55, p. 288.

dedens sept jours et sept nuys il ait payé le debte. Enfin, le terme *en nuict* ou *au nict*, qui est encore fort usité parmi les paysans de Picardie pour dire *aujourd'hui*, est un reste de la manière des Belges de compter par nuits.

LXV.

LES ANNÉES BELGICO-GAULOISES, BELGICO-ROMAINES, BELGICO-FRANÇAISES.

Nous avons dit que la lune réglait les mois et les années des Belges-Gaulois. Le commencement du printemps ou plutôt le six de la lune de mars était vraisemblablement le premier jour de leur année. Devenus romains, janvier prit chez eux la place de mars. Quelques témoignages déposent que le premier janvier était encore le premier jour de l'année des Belges-Francs sous la première race de nos rois (1). Quoique quelques-uns aient prétendu que depuis le concile de Nicée, tenu en 325, l'année française commençât à Pâques, il est certain qu'elle commençait en mars au vIII.e siècle. On lit dans un manuscrit de la bibliothèque de M. le prince de Soubise, qui comprend les épîtres et les évangiles de l'année, écrit sur vélin pourpré, dans le courant de ce siècle : *In letania majore die* xxv *mense primo*. On sait que *litania major* est la procession du jour de saint Marc. Le texte de la vie et des miracles de saint Marcel, tiré d'un autre manuscrit (2) qui a passé de l'abbaye de Corbie dans celle de Saint-Germain-des-Prés, aussi ancien pour le moins que le premier, est plus clair encore : *A mense Augusto usque ad mensem Martium, qui apud nos primus sine dubio vocitatur*. D. Mabillon (3) s'est servi de ce passage pour prouver qu'en France, au vI.e et vII.e siècle, l'année commençait au mois de mars. Alors le jour n'était plus divisé, comme du temps des Romains, en quatre parties principales qu'on appelait Prime, Tierce, Sexte, None, ni le mois en Calendes, en Ides et en Nones ; mais on disait 1, 2, 3, 4, etc. de tel mois, comme il paraît par la date des chartes mérovingiennes : *Datum quod ficit mensis N. dies N.* Telle est notre manière de dater.

LXVI.

L'USAGE DES ÉTRENNES AU 1.er DE JANVIER.

L'époque de l'année romaine cependant ne fut pas entièrement oubliée en France. On a conservé, dit M. Secousse (4), l'usage des Romains de donner des

---

(1) Nouv. traité de diplom., tom. IV, p. 693.

(2) MS. n.° 1038, fol. 46.

(3) De re diplom., p. 172.

(4) Rec. des ord., tom. III, p. 583. Not.

étrennes le 1.ᵉʳ janvier, quoique l'année commençât à Pâques. En quelques endroits de Picardie, on datait, même après le milieu du xIII.ᵉ siècle, du mois de janvier. La charte du seigneur de Vinacourt, de l'an 1274, déjà citée, porte : *Ou mois de janvier lendemain du premier jour de l'an.* Les chroniques de Froissart ont été rédigées suivant le même style. On lit, en effet, sous l'année 1348, que : *Si devoit le Lombard livrer la cité de Calais, la nuict de l'an* (1) ; et le roi d'Angleterre étant arrivé en cette ville sur la fin de décembre : *Si leur* (aux prisonniers françois) *fit dire le Roy que, celle nuict de l'an, il leur vouloit à tous donner à souper, en son chastel de Calais* (2). Enfin, nous avons lu dans un compte de Guillaume Petit, receveur de la ville de Soissons pour l'année $142\frac{8}{9}$, *à Monsieur Charles de Bourbon, pour don à luy fait à estreine le jour de l'an premier jour de janvier* LV *livres.*

LXVII.

L'ANNÉE DES PICARDS COMMENÇAIT AU JOUR DE L'ANNONCIATION, EN CERTAINS LIEUX.

Mais l'époque a prévalu dans notre province de commencer l'année, ou le jour de l'Annonciation, ou la veille de Pâques. Selon les actes du concile de la province de Reims de l'an 1233, au sujet du fameux différent entre le roi et l'évêque de Beauvais, le renouvellement de l'année au jour de l'Annonciation passait pour être de l'ancien rit gallican : *Notandum quod more Gallicano mutatur annus in Dominì Annunciatione dominica* (3). De là ces formules employées dans nos chartes du xIII.ᵉ siècle : *Anno incarnati verbi, incarnationis Domini, dominica incarnationis.* Deux chartes entr'autres, l'une de 1225, l'autre de 1283, aujourd'hui 1284, passées dans le Laonnois, sont une nouvelle preuve de cet usage. Il s'est perpétué jusqu'au xvI.ᵉ siècle. Dans la ville d'Amiens on trouve un acte de vente du 2 avril 1528, *date renouvellée en nostre eschevinage le jour de l'annonciation de Nostre-Dame, dernier passé avant Pasques.* Il est immédiatement après un autre du 24 mars 1527. Un second acte du 9 avril 1528 est daté comme le précédent (4). Cette manière de compter s'est perpétuée aussi dans la ville de Montdidier ; des lettres du prévôt royal, conservées dans les archives du prieuré de cette ville, sont datées du 8 d'avril 1441, *incarnation renouvellée.* On lit dans des lettres transcrites dans le Livre-Rouge de l'Hôtel-de-Ville : *Le 29 mars 1500, incarna-*

---

(1) Chron., vol. 1, c. 150, p. 154. Note.

(2) Ibid., ch 152, p. 159

(3) Thes. anecd., tom. IV, col. 182.

(4) Reg. aux délib. de la ville, $152\frac{7}{8}$.

tion renouvellée (1). Dans les registres aux délibérations de l'échevinage : *Le 26 mars 1536, incarnation renouvellée avant Pâques.* Le 4 avril 1542 et le 26 mars 1500, de même. Enfin, deux actes de vente passés audit échevinage, l'un le 2, l'autre le 9 d'avril 1528, portent expressément : *Date renouvellée en nostre eschevinage le jour de l'annonciation de Nostre-Dame, dernier passé avant Pâques.*

A Amiens, chose particulière, dans le même temps que l'année commençait le 25 mars *à l'eschevinage*, comme nous l'avons vu, elle ne commençait au bailliage qu'à Pâques, non le jour, mais la veille. Cette époque était réglée par la bénédiction du cierge paschal. En voici la preuve tirée d'un registre de François Martin, notaire royal à Amiens : ce sont deux obligations à la suite l'une de l'autre. La première est datée du *samedi cinq avril 1549, veille de Paques avant le cierge béni;* la seconde, du même jour, *cinq avril 1550 avant Paques après le cierge béni.* (Ce registre était autrefois entre les mains de M. Creton de Wiamville, président au Présidial d'Amiens).

A Péronne, l'époque de la nouvelle année était la même, dès le xv.ᵉ siècle. On voit dans les registres aux délibérations de l'Hôtel-de-Ville de Péronne une ordonnance du duc de Bourgogne touchant les monnaies, publiée dans cette ville *le nuict de Paques* (1429) *après cierge béni* (2). Les officiers de la ville s'assemblent extraordinairement le 23 d'avril 1451, *nuict de Pasques communiaux après cierge béni environ heure de 8 heures en la nuict* (3). A Corbie, l'abbé Jacques de Ranson fait une transaction avec les habitants le 5 d'avril 1466, *la nuyt de Paques communiaux après le cierge benit* (4). A Noyon, l'année des stages 1498 commença avant l'épitre *presentationes stagiorum in vigilia sancte pasche anno Domini millesimo cccc nonagesimo septimo finiente et nonagesimo octavo incipiente hora et moribus solitis videlicet ante epistolam* (5). L'année 1534, relativement aux priviléges et aux stages, commença pendant l'hymne du *Gloria in excelsis: presentatione privilegiorum et stagiorum facta die quarta mensis aprilis vigilia pasche anni Domini quingentesimi tricesimi quarti post benedictionem cerei, hora quæ cantatur gloria in excelsis Deo* (6). Un registre capitulaire de la collégiale de Saint-Fursy (7) renferme deux actes dont l'un commence par *Sabatto in vigilia paschæ 14 aprilis 1487 post cerei benedictionem.* L'autre *Sabatto in vigilia paschæ anno 1488 die quinta aprilis* (8). L'enregistre-

(1) Cartul. rouge, fol. 264.
(2) Regist. de 1428, fol. 293, recto.
(3) Regist. de 1450, fol. 33, verso.
(4) Reg. de l'abb. de Corbie, coté Esdras, fol. 162, vº.
(5) Regist. capitul., an 1498.
(6) Regist. de 1534
(7) Reg. capitul., an 1486-1488., fol. 12, rect.
(8) Ibid., fol 26, vers.

ment en la prévôté de cette ville du privilége de François 1er, du mois de février 1536 (1537) en faveur des habitants, est daté du dernier jour de mars 1536, *veille de Paques avant le cierge béni*. En d'autres endroits on datait de la bénédiction des fonts; mais cela supposait toujours celle du cierge. On lit à la fin d'une quittance d'Antoine de Waurans, écuyer, châtelain d'Arras : *le deuxième jour d'avril* 1490, *nuict de Paques communiaux avant le cierge béni* (1). Un contrat passé pardevant le bailli du prieuré de Saint-Prix près Béthune, est daté du 5 d'avril 1539, *aprés fonts bénis* (2). On comptait 1538 avant la cérémonie. On serait peut-être moins embarrassé de retrouver en Picardie autant de commencements d'années divers que de lieux différents, qu'on ne le serait de dire précisément quelle fut l'époque de l'année la plus généralement suivie.

LXVIII.

L'ANNÉE FIXÉE PAR TOUTE LA FRANCE AU PREMIER JOUR DE JANVIER PAR CHARLES IX.

Pour éviter la confusion qui résultait de cette multiplicité d'époques, le roi Charles IX les ramena toutes à la romaine, et fixa pour toujours le commencement de l'année au 1.er janvier par l'ordonnance de Roussillon de l'an 1564, ou plutôt, suivant l'extrait des registres du bailliage d'Amiens que nous donnerons parmi les preuves, par l'édit fait aux Etats d'Orléans. Le Parlement de Paris ne s'y étant conformé qu'en 1567, c'est-à-dire n'ayant commencé qu'au mois de janvier 1566, vieux style, l'année 1567, le bailliage d'Amiens n'adopta cette réformation qu'au mois de février suivant. Voici la date de son enregistrement : *7 de février* 1566 *et* 1567, *date renouvellée au premier janvier*. Elle fut enregistrée postérieurement dans les prévôtés ressortissantes audit bailliage. L'église de Noyon ne commença à compter suivant le nouveau style que le 1er de janvier 1568 (3) ; l'église de Beauvais, douze ans plus tard (4), c'est-à-dire qu'elle n'exécuta l'ordonnance de 1564, que le 1.er de janvier 1580. Deux ans après, le roi Henri III donna un autre édit le 3 de novembre 1582 pour retrancher dix jours de la même année ; il fut publié à Amiens le 9, pour compter 20 au lieu de 10, et commencer l'année 1583 sept jours après la fête de Noël (5). Le Chapitre de Saint-Fursy de Péronne (6), le samedi 17 de novembre, enjoignit aux curés et aux chefs des

(1) Hist. généal. de Montmor., pr., p. 224.
(2) Nouv. traité de diplom., tom. IV, p. 694, note.
(3) Regist. cap. an 1558.
(4) Alman. de Beauv. 1760, p. 6.
(5) Pr., part. 1, n°...
(6) Regist. capitul., an 1582, fol. 38, rect.

communautés de la ville de commencer le jour même les vêpres de l'Avent, et le lendemain 18 le premier dimanche, selon le nouveau calendrier, c'est-à-dire le calendrier réformé par Grégoire XIII.

LXIX.
RELIGION BELGICO-GAULOISE.

La religion des Romains ne prévalut aussi que pour un temps sur celle des Belges. Il n'est point de peuple qui n'ait eu un culte particulier de religion, suivant les idées plus ou moins nettes qu'il avait de l'Etre-Suprême. Trop éloignés de la pureté de la source, nos pères prirent l'ombre pour la réalité, et, à l'exemple des autres peuples, ils se forgèrent des dieux. Mais à travers les épaisses ténèbres qui voilent leur culte bizarre, on aperçoit comme dans la langue et la chronologie une communication avec des peuples éclairés, et ce qu'ils avaient ajouté à des emprunts plus anciens, ainsi qu'à des usages particuliers à toute la nation gauloise. Leur culte laisse entrevoir qu'ils avaient conservé quelques idées de la divinité. Ils étaient si persuadés qu'elle ne pouvait être renfermée dans aucune enceinte, ni représentée sous aucune forme corporelle, qu'ils n'avaient ni temples, ni statues; et, dans les provinces où ils en trouvaient, ils avaient grand soin de les détruire. Les autres nations, disait Cicéron (1), prennent les armes pour leurs religions; les Gaulois les prennent contre la religion de tous les autres peuples : *Cæteræ pro religionibus suis bella suscipiunt, istæ contra omnium religiones.* Mais cette divinité suprême était émanée, suivant leur façon de penser, d'une infinité de divinités subalternes, ou plutôt de génies, dont chaque partie du monde visible était le siège et le temple. Il y en avait dans la terre, dans l'eau, dans le feu, dans l'air, dans les astres; les arbres, les forêts, les fleuves, les montagnes, les rochers, les vents, la foudre, les tempêtes en contenaient aussi et méritaient par là un culte religieux.

CULTE RENDU AUX ÉLÉMENTS ET AUX ASTRES.

On croit que les Gaulois, en général, avaient emprunté des Perses le culte religieux qu'ils rendaient au feu et à l'eau, au soleil, à la lune et aux étoiles (2). En effet, Pline assure (3) que les Gaulois et les Perses pratiquaient si bien les mêmes cérémonies qu'on eût dit que les uns les eussent prises des autres; mais ces deux peuples avaient-ils les mêmes motifs en offrant les sacrifices au feu et à l'eau? Il est certain que les Gaulois croyaient qu'un jour ces deux éléments pren-

---

(1) Orat. pro. Fonteio.
(2) Banier, myth., tom. II, p. 518.
(3) Plin., l. 30.

draient le dessus (1), c'est-à-dire que tout se résoudrait en feu et en eau. Dans les commencements, le culte devait être dirigé vers l'intelligence qui animait ces êtres et non vers l'objet visible; telle fut la religion des Belges avant qu'elle eût été altérée par le commerce avec les peuples qui, passant pour plus policés, avaient aussi donné plus d'essor à leur imagination.

AUX ARBRES, PARTICULIÈREMENT AU CHÊNE.

Au culte des astres et des éléments ils joignirent celui des arbres, particulièrement celui du chêne; *robora*, dit Claudien, *numinis instar* (2). Rien n'égalait le respect qu'ils portaient à ces bois sacrés, *robora sacra* (3), soit qu'il eût son principe, comme plusieurs l'ont cru, dans le chêne de Membré sous lequel Abraham invoqua le nom du Seigneur (4); soit qu'il vînt des actes de religion que les premiers hommes habitant les forêts firent sous des arbres, car cette coutume a pu passer à leur postérité comme une pratique religieuse dont on ne devait pas se dispenser; soit enfin qu'il eût son origine dans une certaine correspondance de la vénération qu'ils avaient pour les forêts, avec le culte qu'ils rendaient aux astres et aux éléments. En effet, comme nos pères avaient été portés, sans doute, à honorer le soleil et la lune, parce que le premier, en dissipant les ténèbres et en échauffant leur terre, la seconde, en les éclairant pendant la nuit, leur procurait un bien sensible; c'est ainsi que les Germains, dit César (5), ne reconnaissent point d'autres dieux que ceux qu'ils voient, et ceux dont ils reçoivent évidemment quelques bienfaits: *Deorum numero eos solum ducunt, quos cernunt, et quorum opibus apertè juvantur.* De même les Gaulois, voyant ces deux astres se perdre dans leurs épaisses forêts et en sortir, il n'en fallait pas davantage pour leur faire croire que ces forêts étaient le temple des deux divinités, et pour former dans l'esprit de ces hommes grossiers une espèce de consécration de ces lieux. Les eaux pouvaient avoir été consacrées de même par ceux qui habitaient les côtes de la mer et le voisinage des grandes rivières.

LXX.

L'INVASION DE LA BELGIQUE PAR LES GERMAINS NE CHANGE RIEN DE L'ANCIEN CULTE.

L'invasion de la Belgique par les Germains ne doit rien changer dans l'ancien culte. Ces conquérants révéraient non-seulement le soleil, la lune et le feu, au

---

(1) Strabo, l. 4, p. 179.
(2) Claud. de Laudib. Stilio., l. 1.
(3) Lucan. Phars., l. 3.
(4) Genes., c. 21, n. 33.
(5) Cæsar, l. 6, c. 4.

rapport de César, *Solem et Vulcanum et Lunam* (1), mais aussi, suivant Tacite, les forêts et les bois, *Lucos et nemora consecrant* (2). Nous verrons qu'il s'y est perpétué par la conquête des Francs, mais avec des altérations considérables ; car la devination et la magie qui étaient mêlées dans le culte des arbres surtout, font juger que ces arbres n'étaient plus parmi les Belges seulement des symboles auxquels ils attachaient l'idée et le culte de la divinité, qu'au contraire nos Belges étaient persuadés qu'il y résidait une intelligence capable de donner aux hommes les grâces qu'ils venaient lui demander et de les instruire de ce qu'ils attendaient dans l'avenir.

LXXI.

LES BELGES-GAULOIS DE POLYTHÉISTES, DEVIENNENT IDOLATRES.

Les premiers pas que nos ancêtres avaient faits vers le polythéisme, c'est-à-dire la pluralité des dieux, ne tardèrent point à les précipiter dans l'idolâtrie. Ils associèrent à l'Etre-Suprême d'autres êtres subalternes, et s'accoutumèrent peu à peu à donner à ceux-ci le nom de leurs héros, n'ayant point de moyen plus à leur portée pour exprimer tout ce qu'ils pensaient. Comme ils supposaient que ces divinités avaient chacune un département dans l'univers, le dieu qui présidait à la guerre devint le plus grand de tous, parce que l'élévation du courage était ce qu'ils estimaient de plus. Néanmoins il y a lieu de croire qu'ils ne perdaient pas absolument l'idée d'un dieu suprême, créateur et modérateur de l'univers. Les noms que César a donnés aux dieux des Gaulois, en général, sont fondés sur une ressemblance d'attributs qui ne pouvaient pourtant revenir qu'imparfaitement à ceux des divinités grecques ou romaines, *parce que*, comme le dit l'abbé de la Bletterie (3), *toutes les fictions de la gentilité, ouvrages de l'imagination et du fanatisme, étaient relatives aux traditions historiques de chaque peuple, à ses coutumes, à ses préjugés, à son caractère, à la nature du pays qu'il habitait.* Ainsi quand les Romains disent qu'un peuple barbare adorait tel ou tel dieu, il faut entendre que ce peuple adorait un dieu dont les fonctions ou la fable avaient une conformité quelconque avec celle du dieu romain. Les noms de ces dieux sont : *Teutates* ou Mercure romain; *Belenus* ou Apollon; Minerve, son véritable nom gaulois est inconnu, à moins que ce ne soit *Onvana* ou *Onea*, comme le prétend l'auteur d'une dissertation sur la langue gauloise (4) qui cite, pour appuyer son sentiment, Samuel Bochard. *Onea* est en effet le mot latin d'un

NOMS DE LEURS DIEUX.

---

(1) Ibid.
(2) Corn. Tacit., de moribus Germ., c. 9.
(3) Descrip. de la Germanie. Remarq., p. 136.
(4) Merc. de France janv. 1742, p. 45.

village du Vermandois, du côté de Chaussoy, nommé Ogne ; *Taranis* ou Jupiter; *Esus*, la grande divinité des Gaulois, qui répondait à Mars, dieu des Romains, et *Dis* dont les Gaulois se vantaient de descendre : *Galli se omnes a Dite patre progenitos prædicant* (1). Les uns croient que c'est Pluton ; les autres que c'est un des noms de Mars, ce qui est plus vraisemblable.

Si *Esus* est le nom de Mars, habillé à la romaine, comme l'a cru l'abbé Le Bœuf (2), si les Gaulois prononçaient *As ou Ais*, d'où est venu *Aesis*, on pourrait trouver ces différentes étymologies dans les noms latins de plusieurs lieux de la Picardie. *As*, dans la première syllabe d'*Asciacus*, d'*Asceium*, d'*Ascium* (Acy, Achy), noms de cinq villages, le premier dans le Senlisien, le deuxième dans le Soissonnois, le troisième dans le Laonnois, le quatrième dans le diocèse de Terouanne, le cinquième, c'est-à-dire *Achy*, dans le Beauvoisis, sans parler d'autres que l'on pourra voir dans la notice des lieux. *Ais* reparaîtrait sans aucune altération dans les noms des villages d'Aix-en-Ergnie, d'Aix-en-Issart, de l'ancien pays des Morins, et dans *Aix*, hameau du Vermandois. Ce même mot pourrait entrer aussi dans la composition des noms d'Aizy et d'Aizelles en Soissonnois, d'Aizecourt en Vermandois, etc. *Aesia* est aussi l'ancien nom latin de la rivière d'Oise. C'est une tradition dans le Vimeux que la montagne où est bâti le bourg d'Oisemont, en latin *Esi-Mons*, était consacrée au dieu *Esus* ; la motte d'Oisemont près de Chevincourt-sur-le-Mas, peut être regardée de même. Dans le même canton du Vimeux, vers Abbeville, est un lieu situé au terroir de Lambercourt, dit dans une charte de 1256, *Esoa-Faus*, comme qui dirait le Fau ou le Hêtre, consacré à *Esus*. *Esiacus* est un village près de Betizy-en-Valois, nommé depuis le Mesnil, suivant une bulle du Pape Eugène III, de l'an 1148, en faveur de l'abbaye de Notre-Dame de Soissons : *Esiacum villam juxta Bestisi qui Mesnil nuncupatur*. Esoviler était un lieu du diocèse de Beauvais, dont la dîme fut confirmée, en 1157, à l'abbaye de Saint-Lucien, par l'évêque Henry. Enfin, *Hes*, nom d'une forêt située près Clermont en Beauvoisis, pourrait représenter l'ancien nom de ce dieu, tel que les Belges le prononçaient (3), et auquel les Romains ont donné la terminaison latine *Hesus*. Cependant D. Jacques Martin semble avoir démontré que le nom gaulois de Mars était *Camulus* (4). Mais l'abbé Le Bœuf (5) a prétendu, dans une réplique qu'il publia le 15 d'avril 1736 contre D. Duplessis touchant le mot celtique *Dunum*, qu'il n'était connu que des Belges et des Bretons. Il avait

---

(1) Cæsar, suprà.
(2) Ecrits sur l'histoire de Fr., tom. II, p. 339.
(3) Pelloutier, hist. des Celtes, l. 3, c. 7, § 3.
(4) Relig. des Gaulois, t. I, p. 486.
(5) Ecrits sur l'hist. de Fr., tom. II, p. 272.

pourtant dit ailleurs que le nom de *Camulus* lui paraissait renfermer celui que les Gaulois, en général, donnaient à Mars, nom, ajoute-t-il, qui servit quelquefois à composer celui d'un homme... quelquefois à former celui d'une ville. Il ne serait pas impossible que *Chambly* en Beauvoisis, *Chamouille* en Laonnois, *Camelin* au diocèse de Soissons, un autre lieu de ce nom qui existait en Vermandois entre Homblières et Regny, peut-être aussi *Canly* en Beauvoisis, etc., eussent tiré leur nom de *Camulus*.

Le nom de la rivière de Tère ou Terain, en latin *Tara*, est formé des deux premières syllabes de celui de *Taranis*. *Tar* ou plutôt *Torri*, racine du même mot, suivant M. de Chiniac (1), entre aussi dans la composition de plusieurs noms de lieux, tels que *Torcy* en Boulonois; *Tory*, aujourd'hui *Thury* en Beauvoisis; *Torigny*, ferme du Vermandois; *Tormont (Tori-Mons)*, Saint-Quentin de Tormont en Marquenterre, sur les bords de la mer; Torsincourt, au diocèse d'Amiens; *Tortoir*, ferme du Laonnois, près Saint-Nicolas-au-Bois et autres. *Beleu*, dont les Romains ont fait *Belenus*, était le nom d'une forêt qui a laissé son nom au village de Bezieux, à deux lieues environ au-dessus de Corbie. Il existe encore dans ceux des villages de *Beleu-Eglise* en Vermandois, de *Bellencourt* en Ponthieu, etc. *Teutates*, l'un des noms de Mercure, que l'on croit avoir été aussi le *Thou* ou *Theom* des Hébreux, le *Theos* des Grecs (2), le *Thot*, *Thout* ou *Thoit* des Egyptiens (3), le *Tuis* des Germains (4), le *Cotis* des Thraces, pourrait avoir laissé aussi des traces dans la Picardie, suivant toutes ses différentes acceptions. La première syllabe des mots *Telau*, forêt de Teles, *Teucera* (Thievres) revient à la première du mot *Teutates; Ton*, rivière de la Tiérache, au Thom des Hébreux. *Teoracia*, *Theoratia*, nom que les anciens titres donnent au pays et à la forêt de Tiérache, commence par le *Theos* des Grecs. *Totendal*, *Totinghem*, *Totinctum*, en Boulonois, conservent le *Tot* des Egyptiens, comme le village de *Thoix* en Beauvoisis représente leur *Thoit*. *Tuigny*, en Vermandois, conserve quelque chose du *Tuis* germain. Tuison près Abbeville, dont les Chartreux ont fait oublier le nom, approche beaucoup de *Tuiston*, que Pelloutier (5) donne pour fils de *Tuis*. Enfin le lieu de *Tau* en Soissonnois, que l'on écrivait autrefois *Teu*, conserve la première syllabe de l'ancien nom de Mercure dans les Gaules. La Motte qui porte le nom de *Tau* ou *Taf*, passe encore dans le pays pour avoir servi d'autel aux druides; nous en parlerons ailleurs. Quant à son nom

CEUX DE TARANIS.

DE BELENUS.

DE TEUTATES.

(1) Discours sur la nat. et les dog. de la Rel. gaul., p. 86.
(2) Mém. de l'acad. des inscrip., tom. xv, p. 569.
(3) Relig. des Gaul., tom. I, p. 17.
(4) Pelloutier, hist. des Celtes, l. 3, c. 6, § 4.
(5) Hist. des Celt., ibid.

de *Cotis* qui se retrouve aussi dans *Cotia*, nom de la forêt de Cuise, aujourd'hui de Compiègne, dans *Coste-Resti*, Cote-Rets (Cotterets), et dans *Cottiacus*, nom de la petite ville de Coucy, selon une charte de Raoul, seigneur de ce lieu, de l'an 1174, c'est sans doute un emprunt que les Belges ont fait aux Thraces.

LXXII.

NOMS D'AUTRES DIVINITÉS QUI SE SONT PERPÉTUÉS DANS NOTRE PROVINCE.

DE LA LUNE.   Les mythologistes conviennent que ce serait une erreur de croire que César ait nommé tous les dieux de nos pères. Il ne parle point en effet de la Lune. Cependant cette divinité réglait toutes leurs opérations comme nous l'avons fait voir. Pline s'est contenté de dire qu'elle avait un nom qui, dans la langue gauloise, signifiait qui guérit de tout : *omnia sanantem* (1). Il ne dit mot non plus

DE LA TERRE.   de la Terre, dont le nom celtique ou gaulois était *Ar*, *Er* ou *Erd* (2). *Artain* en Valois ou *Arten* en Vermandois, *Artemps* en Valois, *Arthèse* ou St.-Baudrid, *Arder*, *Hardere*, montagne où croît le meilleur vin du Soissonnois, conservent l'*Ar*. *Erche* au diocèse d'Amiens, *Ercheux* dans celui de Noyon, *Erci* et *Ergnies* en Ponthieu, *Erquery* en Laonnois, *Erquy* et *Erreuse* en Beauvoisis, *Erque*, fief de la châtelenie de Creil, retiennent l'*Er*, qui se trouve écrit avec aspiration dans *Here*, hameau du Marquenterre, dans *Herelle* en Beauvoisis, *Herly*, au diocèse de Boulogne et dans le Santerre. Les Thraces et les Scythes donnaient à la Terre le nom d'*Apia* (3). Nous voyons dans le Laonnois un village dont le nom en approche beaucoup, c'est Aips.

DE DEUX ATTRIBUTS DE MERCURE.   On ne trouve pas non plus dans les Commentaires de César les noms des deux attributs de Mercure, savoir, la Bonté et l'Eloquence. Ils avaient été divinisés, le premier sous le nom de *Wodam*, *Guodam* ou *God*; le second sous celui d'*Ogmius*. Celui-ci que Lucien (4) a pris pour l'Hercule des Gaules était révéré sur la montagne de Boulogne-sur-Mer, où fut bâtie la tour d'Ordre, si l'on en croit Richard Wit, dans son histoire de la Grande-Bretagne (5), *in littore Morinorum, loco qui dicitur Ogmia*. Il ajoute que ce nom venait peut-être de celui d'Hercule que les Gaules appelaient *Ogmius* : *forte ab nomine Herculis quem Galli Ogmium vocabant*. Mais il s'est trompé en disant que César y avait fait construire la tour

(1) Plin., l. 16, c. 97.
(2) Pelloutier, suprà.
(3) Ibid., supr.

(4) Lucian., de Hercul. gallic., p. 858.
(5) Hist. Britan., l. 4.

d'Ordre, pour pouvoir s'y mettre en sûreté à son retour d'Angleterre : *quo se posset è Britanniâ tuto recipere.* Le culte du *Wodan* fut si fort répandu dans la Belgique que plusieurs forêts de la Picardie en ont retenu le nom. On voit, en effet, *Guaden* ou *Gode-Silva*, près Abbeville, nous pensons que c'est l'ancien nom de la forêt de Crécy; *Goé*, *Guo*, *Geo-Silva*, entre Canli et Frénoy en Beauvoisis; *Wadogia*, *Wadesia*, *Vecosia*, *Vosagus* (Voois), forêt entre Folembray et Crépy en Laonnois : le *Vosagus* ou *Vosegus* est consigné dans une inscription donnée par Gruter (1); Wa-Folt, forêt près Noyon; enfin Wès ou Ves, autrefois la capitale du Valois. Le nom de cette divinité avait été apporté dans la Belgique par les Germains, *Wodan* était leur grand dieu, selon le témoignage de Jonas (2) et de Paul Diacre. *Wodan*, dit celui-ci (3), que quelques-uns appellent, en retranchant une lettre, *Godan*, est le même dieu que les Romains nomment Mercure ; il est adoré par toutes les nations de Germanie : *Wodan sane quem, abjectâ litterâ, Godan dixerunt; ipse est qui apud Romanos Mercurius dicitur et ab universis Germaniæ gentibus ut Deus adoratur.*

Un autre nom divin, inconnu encore au général romain, était *Alcis* (4); il a pénétré en notre province par le même canal des Germains; car, selon Tacite (5), ceux qu'on nommait Naharvales montraient un bois sacré où l'on adorait ensemble sous le nom d'Alcis, deux divinités que les Romains ont prises, par conjecture, pour les deux frères Castor et Pollux : *Apud Naharvalos antiquæ religionis lucus ostenditur.... sed Deos, interpretatione romanâ, Castorem Pollucemque memorant; ea vis numini : nomen Alcis.* Ce nom semble s'être perpétué dans *Auchy* ou *Auxy*, noms de plusieurs lieux de Picardie. En effet, *Auchy*, village qui tient à la petite ville d'Aumale, est appelé *Alcis* dans la charte de fondation de l'abbaye qui fut bâtie au xi.ᵉ siècle dans le lieu d'Auchy.

DU DIEU ALCIS.

LXXIII.

DES DIEUX BELGICO-GAULOIS INDIGÈTES.

Combien de Dieux indigètes, c'est-à-dire particuliers à une cité ou province, ont été ignorés de l'écrivain romain ! Par exemple, il ne fait point mention du *Verjugodumnus* des Amienois, dont il est parlé dans une inscription qui a été découverte à Saint-Acheul-lès-Amiens. La voici telle que Du Cange l'a donnée

---

(1) Gruter, p. 94, n.º 10.
(2) Vit. S.¹ Columbani.
(3) Paul. diac. Hist. Longob., l. 1, c. 8, p. 357.

(4) Hist. des Celt., suprà.
(5) De morib. Germ., c. 43.

dans la dissertation sur les médailles du Bas-Empire qu'il a fait imprimer à la fin de son Glossaire (1):

PRO SALVTE ET
VICTORIA EXX G
APOLLINI ET VER
IVGODVMNO
TRIBVNALIA DVA
SE TVBOGIVS ESVGGI
F. D. S. D.

c'est-à-dire, *pro salute et victoria exercituum Galliæ Appolini et Verjugodumno tribunalia duo Setubogius Esuggi filius de suo dedit.* Spon nous assure, en quelque endroit, avoir lu sur des médailles : *Debellatori gentium barbararum Verjugodumno.*

LXXIV.

DES DIEUX BELGICO-GAULOIS TOPIQUES.

Combien de dieux topiques ou locaux de la Belgique ont échappé aussi à sa connaissance, ou du moins dont César n'a rien dit ! Les seules divinités des eaux sont innombrables. En déifiant ou le cours des rivières ou leurs sources, les Belges avaient donné, sans doute, à chacune un nom propre et relatif à l'objet divin qu'ils voulaient représenter, car il n'y a ni fontaine, dit Pelloutier (2), ni ruisseau qui n'ait son esprit, son génie particulier. Ainsi *Aesia* (l'Oise), *Agniona,* ou suivant d'autres, *Ennona* (l'Aa), *Alba* (l'Aube), *Alteïa* (l'Authie), *Attomna* (l'Automne), *Alucia* (l'Aluste), *Andria* (l'Andrie en Tiérache), *Aquila* (l'Ailette), *Arida* (l'Arde), *Arona* (l'Aronde), *Au* ou *Auva* (aujourd'hui la Bresle), *Axona* (l'Ame), *Briga* (la Brèche), *Corbeia* (la Corbie), *Crisia* (la Crise), *Daula* (la Daule), *Dilgia* (la Douille), *Diva* (la Dive), *Edivinia* (la Dordonne aujourd'hui), *Elna* (l'Iane), *Hala* (la Hale), *Hama* (aujourd'hui l'Avre), *Ista* (l'Epte), *Lætia* (la Lis), *Maia* (la Maie), *Matrona* (la Marne), *Newena* (du côté de Guisne), *Noia* (la Noye), *Oneta* (l'Onete), *Quantia* (la Canche), *Rotumna* (la Retourne), *Sala* (la Selle), *Samarra* (la Somme), *Sara* (la Sere), *Sidraga* (la Sidrague, au comté de Saint-Josse-sur-Mer), *Suppia* (la Suippe), *Thara* (la Thére ou Térain), *Toena* (la Ternoise), *Tria* (la Trie), *Tuva* (la Theve), *Versa* (la Verse), *Vidula* (la Vesle), *Visma* (la Visme), *Vonna* (dans le Bredenarde), *Ulter* (l'Outre), *Urc* (l'Ourcq), *Wasconingala* (au comté

---

(1) Dissert., n.° 54. (2) Hist. des Celtes, supr., c. 9, § 1.

de Guines), tous ces noms pourraient passer pour des noms de la consécration belgique qui ont été latinisés. Pourquoi n'en serait-il pas de nos rivières comme d'*Helenus* (1), lac du Gevaudan, du Rhin (2), du Danube (3), de la *Divona* (4), fontaine de Bourdeaux, de l'Eure et de la Vistre à Nismes (5), du Mein, de l'Yonne, des eaux d'Aix-la-Chapelle, etc. C'était des divinités chez les Germains, chez les Aquitains, chez les Celtes. On pourrait dire la même chose des forêts dont nous parlerons bientôt.

LXXV.

STATUES DANS LES PREMIERS TEMPS DE LA BELGIQUE.

Mais toutes ces divinités n'avaient ni statues, ni temples. Les Germains étaient persuadés que la majesté des dieux ne pouvait être renfermée dans des temples, ni la divinité représentée sous aucune figure : *Nec cohibere parietibus deos, neque in ullam humani oris speciem assimulare, ex magnitudine cœlestium arbitrantur* (6). Or, supposé que les Belges eussent un système de religion différent avant la première invasion des Germains, ceux-ci, maîtres du pays, n'eussent pas manqué d'y faire valoir le leur; mais tous les auteurs anciens conviennent que ces deux peuples pensaient de même. En effet, Pline assure (7), par rapport aux statues, que de son temps même, chaque espèce d'arbre représentait encore un dieu, comme le chêne représentait Jupiter, et que les Romains n'avaient vénération plus grande pour leurs simulacres tout brillants d'or et d'ivoire, que les Gaulois en général en avaient pour un grand arbre : *Etiam nunc Deo prœcellentem arborem dicant. Nec magis auro fulgentia atque ebore simulacra..... Arborum genera numinibus suis dicata perpetuo servantur, ut Jovi esculus*, etc. Cet auteur ne parle que du chêne consacré à Jupiter. Phèdre (8) fait l'énumération de plusieurs espèces d'arbres consacrés de même à différentes divinités, tel que le myrthe à Vénus, le laurier à Apollon, le pin à Cybèle, le peuplier à Hercule, l'olivier à Minerve :

> Olim, quas vellent esse in tutela sua,
> Divi legerunt arbores. Quercus Jovi,
> Et myrthus Veneri placuit, Phebo laurea,
> Pænus Cybel, populus celsa Herculi
> Oliva nobis (Minervœ)...

---

(1) Greg. Turon., de glor. conf., c. 2.
(2) Cornel. Tacit., hist., l. 15, c. 18.
(3) Max. Tyr., dissert. 38, p. 451, 460.
(4) Auson., de clar. urbib., vers. 156.

(5) Murat., Inscrip., p. 54.
(6) Tacit., de mor. Germ., c. 9.
(7) Plin., l. 12, c. 1.
(8) Phædri fabul., liv. 3, fœbul xvii.

Les figures du dieu des bois, dit Lucain (1), sont sans art et consistent en des troncs bruts et informes qui sont sur pied : c'est le génie des Gaulois de n'être ainsi saisi de respect que pour des dieux représentés sous des figures éloignées du goût de celles que leur donnent les autres nations. On ne voyait encore du temps de Tacite (2), dans le bocage consacré à *Alcis*, ni simulacre, ni vestiges d'un culte étranger. Telles étaient les statues des divinités belgiques du premier ordre. Les dieux du second, comme les rivières, etc., les sources et les courants étaient les figures des intelligences ou des génies qui y étaient adorés.

LXXVI.

TEMPLES DANS CES MÊMES TEMPS.

Comme les bords de ces rivières étaient le temple de la divinité subalterne, car, suivant Pelloutier, nos pères appelaient le temple d'un dieu, l'élément ou la portion de matière à laquelle il était uni, le lieu où il résidait et où il rendait ses oracles (3), de même les dieux représentés par les arbres n'avaient d'autres temples que les forêts mêmes... *Sylva alta Jovis, lucusve Dianœ* (4). *Rien n'est si ancien dans le paganisme*, dit l'abbé Banier (5), *les forêts ont servi de temples aux premiers hommes, de sorte que quand on commença à en bâtir on ne manqua presque jamais de planter des bois autour*. De là ces *luci* si célèbres dans toute l'antiquité, terme dont les historiens et les poètes se sont servi pour désigner un temple, à prendre ce mot dans sa propre signification : c'était donc au milieu des bois que les Belges offraient les sacrifices et faisaient leurs assemblées, soit religieuses, soit politiques. Le silence profond qui y régnait avait quelque chose pour eux de si divin, qu'à peine osaient-ils porter les yeux, particulièrement sur le lieu sacré où la divinité résidait: *Quod sola reverentia vident* (6). Il est vraisemblable qu'*Archania*, forêt située à la porte de Corbie ; *Aridagamantia*, l'Arouaise ; *Baina*, la Baine ; *Belen Silva*, Belen Selve ou Besieux ; *Cotia*, la Cuise ; *Guaden Silva*, la forêt de Vaudan, ou la forêt de Crécy en Ponthieu ; *Goe Silva*, la Goe Selve ; *Hermes*, l'Herme ; *Halata*, l'Halate ; *Hes*, la Hès ; *Lesiea*, *Esgua*, l'Egue ; *Rhetia*, la Rest ; *Tellau*, la Telle ; *Teoracia*, la Tiérache ; *Wafolt*, Wafault ; *Windegonia*, la Vicogne ; *Vosagus*, *Wadogia*, la Vouais, etc., sont également les noms romanisés de ces anciens temples et des dieux qui y étaient honorés :

---

(1) Lucan., phars., l. 3.
(2) De mor. Germ., c. 43.
(3) Hist. des Celt., l. 3, chap. IV, n.° 7.
(4) Eneid., l. 3.
(5) Mythol., tom. II, p. 625.
(6) Tacit., sup., c. 9, v. 681.

Lucos ac nemora consecrant, deorumque nominibus appellant secretum illud, etc. (1) Peut-il être plus certain que la forêt des Ardennes fut consacrée à Diane sous le nom d'*Arduina*, et fut proprement son temple, comme le dit l'abbé Banier (2), qu'être vrai que l'*Arouaise*, *Belenselve*, la *Guaden Selve*, la *Goe Selve*, la *Cuise*, l'*Hermes*, la *Hes*, etc., représentassent la première la divinité de la Terre et son temple; la deuxième, Apollon ou le Soleil et son temple; les troisième, quatrième, cinquième et sixième, Mercure sous différents noms et son temple ; la septième, Esus et son temple. Voilà les premiers temples de nos pères formés par la nature.

LXXVII.

DANS LE SECOND TEMPS.

Dans la suite l'art commença à y entrer pour quelques chose. Dieu avait défendu aux Israélites de dresser des colonnes et des monuments (3), d'ériger dans leurs terres des pierres remarquables et superstitieuses pour les adorer : *Nec titulos erigetis, nec insigem lapidem ponetis in terra vestra, ut adoretis eum* (4). Le savant et judicieux Pelloutier nous apprend que l'épithète de *Saxanus* fut donnée à Hercule , parce que on lui offrait un culte religieux au milieu d'un grand nombre de grosses pierres. M. de Caylus a ajouté à cette interprétation *que les anciens Celtes n'avaient point de temples fermés ; qu'ils consacraient à leurs divinités dans des espaces tracées par de grosses pierres* (5). L'Allemagne et l'Angleterre nous offrent plusieurs de ces pierres d'une grandeur énorme, fichées en terre et alignées avec une sorte de symétrie (6). On en trouve aussi en France, surtout dans l'Anjou et la Basse-Bretagne, le Maine et le Poitou (7). Elles sont plus rares dans la Picardie, et à proprement parler il ne s'en trouve que dans le Valois et dans le Soissonnois. On en voit six placées en pleine campagne à certaine distance les unes des autres, entre Verberie et Rhuys (8). Elles sont d'un grès brut. La plus considérable des trois qui sont plantées assez près de la rivière d'Oise, a neuf pieds d'élévation hors de terre et quatre à cinq en terre. Sa largeur est de sept pieds dans le milieu, et son épaisseur assez uniforme de dix-huit pouces environ. A cinquante pas à l'ouest on en aperçoit une quatrième penchée du côté du midi,

---

(1) Tacit., suprà.
(2) Mythol., supr., p. 681.
(3) Hist. des Celt., l. 3, c. 14, § 8.
(4) Levit., cap. xxvi, vers 1.
(5) Rec. d'antiq., tom. v, p. 340.

(6) D. de Monf., antiq. expliq., sup., tom. v, p. 147, 150.
(7) Ibid., p. 145 et suiv., et Caylus supra, tom. iv, p. 371 ; tom. vi, p. 361, 388.
(8) Carlier, hist. du Valois, tom. i, p. 7.

haute de huit pieds, non compris sa base qui est enterrée, et large de cinq; et un peu plus loin sont deux autres; l'une n'a que trois pieds au-dessus de la surface du champ, l'autre ne montre qu'une tête brute qui sort à peine de terre. La première des six a sa pareille, mais isolée absolument, près Borest, sur le chemin de Senlis à Baron. Celle-ci a neuf pieds trois pouces de hauteur, cinq pieds en terre, sept pieds de largeur dans le bas et trois seulement vers son sommet; ce grès est plus dur que le précédent. On objectait, il n'y a pas trente ans, à ceux qui soutenaient que les Druides avaient eu un temple dans le bois de Tau, en Soissonnois, que ce lieu était couvert aujourd'hui de grès et de rochers accumulés les uns sur les autres, ce qui rendait le terrain inabordable (1). C'est précisément la preuve de l'existence d'un temple gaulois dans ce canton.

LXXVIII.

PIERRES PRISES POUR DES INDICES DE SÉPULTURE.

La plupart des savants, Guillaume Mulgrave (2), Keysler (3), D. de Montfaucon que nous venons de citer, ont pris ces pierres pour des indications de sépulture, parce qu'en effet on a trouvé à côté de quelques-uns des corps enterrés. M. de Caylus (4) avait donné dans ce sentiment en 1761. Mais en 1762, une lecture réfléchie des ouvrages de Pelloutier le fit penser comme ce savant (5), c'est-à-dire que les peuples celtes avaient eu en effet la manie de porter dans les lieux où ils avaient coutume de tenir leurs assemblées religieuses, un grand nombre de grosses pierres pour avertir les passants qu'il y avait là un sanctuaire. Ainsi quoi qu'en dise D. de Montfaucon, *Inigo Jones* (Ignace Jones), auteur anglais, n'a pas été si mal fondé à regarder le beau monument de Salisbury comme un temple de l'espèce de ceux dont nous venons de parler.

LXXIX.

CONJECTURES TOUCHANT CES PIERRES ET TOUCHANT CELLES QU'ON NOMME *PIERRES-LEVÉES*.

Mais ces différents sentiments ne pourraient-ils pas s'allier en disant que ces masses de pierres, surtout celles qui sont isolées, servaient à indiquer tout en-

---

(1) Mém. MS. de l'acad. de Soissons.
(2) G. Musgrav. Belg. Brit., p. 207 et seqq.
(3) Keysler, antiq. select. septentr., p. 103, 187, 404.
(4) Rec. d'antiq., tom. IV, p. 373.
(5) Hist. des Celtes, l. 4, c. 2, § 2.

semble, sinon un temple, du moins un autel et un tombeau, c'est-à-dire un *lieu de Fées*, comme disent les Bretons; *car c'est ainsi*, dit-on, *que le vulgaire appelle certaines pierres élevées couvertes d'autres pierres plattes, fort communes en Bretagne, et où ils disent que les payens offraient autrefois des sacrifices* (1). Et en Beauvoisis ne donne-t-on pas le nom de *Pierre-aux-Fées* à cette masse qui couvre le tombeau des Bellovaces encore existant sur la montagne de Hez? Keysler a pris pour des autels pareils un assemblage de pierres qui se voient près Artolf en Allemagne (2). Eh! qu'étaient les premiers autels des chrétiens? les tombeaux des martyrs. L'abbé Le Bœuf (3) met dans la même classe les pierres levées, disant que partout où pierre levée se trouvera, il signifiera probablement un lieu où il y a une tombe élevée en mémoire de quelque sépulture notable. Par conséquent, le lieu dit *Petram-Levatam*, entre Noyon et Larbroye, dont il est mention dans une charte de l'année 1162 (4), était l'indication d'une sépulture et en même temps d'un autel; on pourrait en penser de même peut-être du lieu *qui dicitur ad altam Petram* dans un titre de l'abbaye de St.-Germer, du mois de juin 1257 (5). Ce lieu était situé près la ferme d'Auviler, entre Gaudechard et Hetoménil en Beauvoisis. La pierre élevée n'était certainement pas une colonne milliaire, car il n'y avait pas de chaussée romaine qui passât dans les environs.

LXXX.

TOMBELLES, AUTELS DES ANCIENS BELGES.

Les Belges des cantons où le grès et la pierre manquaient, ont suppléé à ces espèces d'autels par d'autres monuments nommés *Tumuli*. Toute la Picardie est pleine de monticules qu'on appelle Tombelles ou Montjoie. On en voit une dans le Boulonois près Hesdin-l'Abbé, vis-à-vis Isque; une autre dans l'ancien comté de Guines du côté de Licques, au terroir d'Herbinghen, autant que nous pouvons nous rappeler; on remarque encore à côté l'endroit où la terre a été prise pour former cette tombelle. Suivant la charte d'érection de la commune de Noyelle-sur-Mer, au comté de Ponthieu, du 8 de mars 1194, la banlieue devait s'étendre jusqu'à la *Tombelle de Martimont*. Il y a dans le Laonnois, sur la droite du grand chemin de Marle à Reims, vis-à-vis Ormicourt, un canton dit de la Tombelle; dans la châtellenie de La Fère, *le bois de la grande et de la petite Tom-*

DANS LE BOULONOIS.

DANS LE PONTHIEU.
DANS LE LAONNOIS.

---

(1) Rostrenen, diction. franç. celt. au mot *Fée*.
(2) Antiq. expl., suprà, p. 148.
(3) Dissert. sur l'hist. de Paris, tom. I, p. 337.
(4) Cartul. Ursicampi, fol. 30, vers.
(5) Cartul. S. Gerem., p. 241.

belle; près le village de Marcy, la cense de la *Tombele;* dans les environs des bois de Bourgemont, appartenant à l'abbaye de Saint-Jean de Laon, un lieu dit *la Tombele*, comme nous l'apprend le petit cartulaire de cette abbaye; c'est peut-être ce qu'une charte de l'an 1164 nomme *la Tumbele;* un autre nommé de même dans la forêt de Compiègne, du côté du chemin de Soissons, suivant une enquête faite du temps de Philippe-Auguste au sujet des habitants des environs qui avaient droit d'usage dans cette forêt.

DANS LE SOISSONNOIS.

Elles sont plus fréquentes dans le Noyonnois. Un titre de l'abbaye de Saint-Barthélemy de Noyon, de l'an 1268 (1), fait mention du bois de la Tombelle: *nemus quod vulgariter dicitur nemus valentres de le Tombele.... prope dictum locum qui dicitur li bos de le Tombele...; nemus quod dicitur nemus de le Tombele in territorio Noviomensi...* (2); *versus nemus de le Tombele* (3), c'est la tombelle au bois de Salency, placée entre le moulin de Salency et la fontaine dite aux Soupirs. Cette tombelle est surnommée la Sargine dans un bornage de la banlieue de Noyon du 14 de mai 1402. On en aperçoit une autre à une demi-lieue de cette ville sur le bord du chemin de Saint-Quentin. Elle pouvait avoir soixante pieds d'élévation et cent pas communs de tour avant que nous y eussions fait fouiller. Elle a donné son nom à un bois qui n'en est éloigné que d'une portée de fusil. Un titre de l'abbaye de Saint-Eloy de Noyon (4), du mois de juillet 1305, nomme *le bos du Tombel:* c'est aujourd'hui le bois de Crisolles. Une autre sur la droite du chemin de Guiscard à Ham, sur laquelle est un bouquet de bois. Une autre au terroir de Marais entre Chauny et Noyon : *locus dictus ad Tombellam in territorio de Marais*, dit une charte de l'an 1260 du cartulaire de Longpont ou plutôt de la grange d'Hérouval. Il en est mention aussi dans une charte de l'an 1239 du cartulaire moderne de l'abbaye de Saint-Eloy-Fontaine. (5). Une charte de l'an de 1223 nous fait connaître une tombelle dans le Senlisien, au terroir de Ville-Metrie : *Apud tombeeles, tumberel* (6). Un titre de l'an 1181 nous apprend qu'il y en avait une au terroir de Blanzi dans le Soissonnois : *Campus asinorum juxta tombellam de Blanzi* (7).

DANS LE NOYONNOIS.

Dans le Vermandois, rien de plus commun. Il y en avait deux autrefois dans les environs de la ville de Saint-Quentin, suivant des lettres du mois de février

DANS LE VERMANDOIS.

---

(1) Archiv. de S. Barthél., layette 42, liasse D. n.º 1º.

(2) Cartul. 1. Ibid., fol. 59, rect.

(3) Cartul. 2, fol. 35, vers.

(4) Arch. Layette de Crisolles, liass. 3, cote C, pièce 2.

(5) Cartul. S. Elig. font., p. 625.

(6) Gall. chron. Instrum., tom. x, col. 231.

(7) Cartul. S. Evod. Bran., bibl. reg., fol. 86, vers.

1316 (1317). Elles bornaient l'étendue de la banlieue, l'une du côté d'Omissy, *ad tombellam de super Omussi;* l'autre, du côté de Giffecourt, *ad tombellam de super Giffecourt;* une entre Happencourt et Fluquières, près du grand chemin de Saint-Quentin à Ham. On y a bâti un moulin qui a pris le nom de la *Tombelle*. Une au terroir de Genlis, au-dessus du Moyen-Vivier, entre le *vivier des Planquettes* et le *vivier de Sombrai*, suivant un arpentage de l'an 1406 (1). Plusieurs dans les bois de Foillouel, d'où ces bois ont pris le nom des *Tombeles* (2). Si nous passons des environs de Chauny aux confins du Vermandois vers le Cambresis, nous voyons, par un dénombrement de la terre de Monchy-Lagache, du mois de juillet 1372, qu'il y en avait une nommée le *Tombele Hustin*. Une autre au terroir de Vraignes, dite *Tumbellam Warini*, suivant une charte de l'an 1121 (3). Une autre au terroir de Savy, dite dans des lettres d'amortissement de l'an 1295, en faveur de l'Hôtel-Dieu de Saint-Quentin : le *Tombele ou Mont*. Une autre près Beaulieu, située dans un lieu dit du *Fonds-du-Feu*, comme il paraît par une charte de l'abbaye de Saint-Crépin-le-Grand de Soissons (4), de l'an 1246, en faveur du prieuré de Beaulieu. Une autre au terroir de Dury : *Terra au tombel de Duri..... vers le tombele de Les-le-Ville* (5); il s'agit ici des revenus de Bray–Saint-Christophe, près Ham, appartenant à Saint-Eloy de Noyon. Une autre entre Biache et Marché-le-Pot : *In territoris de Biarch*, dit un titre du mois de mai 1240 : *In campo au Tombel, inter Biarch et Martel* (6). Une autre près du chemin qui conduit de Péronne à Lihons-en-Santerre : *Juxta tumbellam de Riercourt*, comme il paraît par une charte du mois de mai 1230 (7). Nous voyons dans une autre charte du mois de mars 1265, un lieu dit le *Tombele*, au terroir de Soyecourt : *In territorio de Soyecort, in loco qui dicitur inter la Tombele et longam Rogam*, dit une charte du mois de mars 1263. Dans une charte de saint Louis, du mois de septembre 1236, un lieu situé dans la banlieue de Roye, nommé le *Tombel*. Une autre *Tombele* entre Liancourt et Crémery. Une autre au terroir de Maisicourt, près Nesle; elle est nommée la *Tombe au Persin* dans un dénombrement de Simon-le-Duc, du mois de juillet 1475, *et la Tombelle au Persin* dans un second dénombrement du dernier septembre 1510. Il est mention aussi dans celui de 1475 de *la Tombe parée*, près de Cressy. Enfin, *le fief de la Tombele*, à Marcaix-Viller (8).

(1) Cartul. S. Elig. font., p. 516.
(2) Ibid., p. 835.
(3) Cartul. S. Barthél., suprà, fol. 59, vers.
(4) Cartul. S. Crespin, tom, I, fol. 111, vers.
(5) Dissert. sur l'hist. de Paris, tom. I, p. 227.
(6) Cartul. S. Barth., fol. 158, verso.
(7) Ibid., fol. 119, verso.
(8) Aujourd'hui Marquiviller.

LXXXI.

LES TOMBES DOIVENT PASSER DE MÊME POUR DES AUTELS BELGIQUES.

DANS LE PONTHIEU, LE VIMEU, L'AMIÉNOIS, LE SOISSONNOIS, LA TIÉRACHE, LE LAONNOIS ET LE SENLISIEN.

Les tombes ne diffèrent, sans doute, des tombelles que par la forme ; car le vrai nom latin des uns et des autres est *Tumulus*. Les tombes occupent plus de terrain et sont plus élevées. Les deux éminences qu'on voit en Ponthieu, à une petite distance de la rive droite de la Somme, entre les villages de Port et de Noyelle, sont appelées dans la charte de commune de Noyelle, que nous avons citée, les tombes de Port : *Ad tombas de Portu ;* elles ont donné le nom au *fief des Tombes.* Leur forme est allongée, de quinze à seize pieds, sur une largeur de dix à douze. Elles sont élevées d'environ quinze pieds et terminées en pointe. On voit par une charte de l'an 1281, de l'Hôtel-Dieu d'Abbeville, un champ situé au terroir de Mautor en Vimeux, dit *le camp de la Tombe.* Il en existe une dans le Boulonois entre le moulin d'Etaples et Fromessent. Il y a dans la sixième garde de la forêt de Crécy un lieu nommé *la Tombe;* dans le bois de la Ferté-lès-Saint-Riquier, au terroir de Bourg-Fontaine, un monticule appelé, dans une charte de l'an 1263, *la tombe d'Isembart,* nom d'un seigneur de la Ferté, perfide à la patrie. Il y en avait plusieurs dans les bois de Guisonville, au terroir de Vers, près la rivière de Selle; elles sont appelées *les Tombes* dans un traité du mois de juillet 1226, entre Gerard, seigneur de Picquigny, et le chapitre d'Amiens : *Apud villam quæ dicitur Ver inter metas des tombes et de Losieres.* On en voit une du côté de Pont-Arcy en Soissonnois, dans un endroit qu'on nomme le *camp de Commun;* l'autre à deux cents pas de Coucy-le-Château, du côté du nord. Deux chartes de l'abbaye de Foigny en Tiérache, des années 1236 et 1247, font mention de *tombeaux Raynonardi*, dans les bois de Festieux (1). Une autre de l'an 1162 (2) parle de la tombe de Landouzi : *Ad tombam de Landouzies.* Il paraît par trois titres de l'abbaye de Saint-Vincent de Laon, des années 1186, 1206 et 1472, qu'il y avait au terroir de Moreines, de la paroisse de Mons-en-Laonnois, une tombe nommée de Brunehaut ; le premier (3) porte : *Ad tumulum Brunehaudis;* le second (4) : *In territorio de Moreines sicut extenditur a viâ quæ dicitur ad tumulum Brunehaudis ;* le troisième (5) : *Item un bois au chemin des Vaches..... tenant au-dessoubs de la tombe de Brunehaud.* On lit dans une autre charte (6) sans date, mais plus ancienne que les précédentes : *A Petra Conchie per crepi-*

---

(1) Cartul. Fusniac., bibl. reg., fol. 151, v.° 126, r°.
(2) Ibid., fol. 25, vers.
(3) Titre orig.
(4) Cartul. parv. antiq., fol. 91, vers.
(5) Cartul. papir., fol. 35, vers.
(6) Ibid., fol. 36, vers.

dinem montis usque ad tombam quœ dicitur Brunehaut, et ab illa tomba per crepidinem montis usque ad montem falconis. Nous dirons ailleurs ce que nous pensons de cette tombe qui porte dans le pays le nom de la reine Brunehaut, et que l'on aperçoit des remparts de la ville de Laon. Nous connaissons dans la forêt de Chantilly, près la ferme de Comelle, une route appelée *la Voie des Tombes.*

Repassons dans le Vermandois où les tombes sont aussi communes que les tombelles. L'abbé Le Bœuf (1) parle d'une tombe qui se trouve au village de Neuflieu près Chauny. Les bois de Saint-Eloi-Fontaine en renferment une qui domine sur tous les environs, du sommet de laquelle on découvre parfaitement la ville de Saint-Quentin qui en est éloignée de sept lieues. Elle a environ cent trente pieds de circonférence, y compris un marchepied en glacis qui s'allonge du côté de l'occident de cinquante pas ou environ pour monter au sommet. Les bois de Ferrières ou Frières en avaient une autre, comme nous l'apprennent deux titres, l'un de l'an 1212 (2) : *Superficiem nemoris a vid de Boissy usque ad tombam de Civegnie;* l'autre de l'an 1261 (3) : *A le tombe au terroir de Ferrières.* Il est mention dans un ancien état des terres (4) dépendantes de la cense de Capones, appartenante à l'abbaye de Saint-Eloi-Fontaine, *du chemin de la tombe Loys menant au bout du chemin de Moy;* c'est vraisemblablement la tombe qui est sur le bord d'un ancien chemin de Vandeuil à Saint-Quentin, qu'on appelle dans le pays la *Tombe de Moy;* dans un autre état des biens de l'Hôtel-Dieu de Péronne (5), *de la Tombe d'Harville;* dans une charte du mois de décembre 1260, d'un lieu dit *la Tombe,* au terroir de Forest, *in territorio de Forest locus dictus le tumbe;* dans une bulle du pape Eugène III, de l'an 1145, en faveur de l'abbaye de Nogent-sous-Coucy, et dans une charte du mois de janvier 1215 (1216), de la ferme *de Tombe : Apud Tumbas..... inter Tombas et Beauvoir;* dans une délibération capitulaire de Saint-Fursy de Péronne, de la *Tombe de Faucocourt* en Santerre; dans des titres du même chapitre : de la *Tombe d'Aubregicourt* ou *d'Aubrechicourt,* du côté de Vermandoviller.

Les tombes les plus célèbres du Vermandois sont celle de Voel, de Pontru et d'Etreillers : celle-ci est située dans un angle formé par la rivière d'Aumignon et la chaussée romaine de Saint-Quentin à Amiens. L'abbé Le Bœuf (6), qui nous en a donné le plan, l'appelle la Motte d'Etrillet. Elle est placée entre le midi et le couchant de Vermand. La tombe de Pontru ainsi nommée par Héméré : *Tumulus*

---

(1) Dissert. sur l'hist. de Paris, tom. I, p. 227.
(2) Cartul. S. Elig. font., p. 855.
(3) Ibid., p. 835.
(4) Ibid.
(5) Cartul. S. Barth. supr., fol. 212, vers.
(6) Dissert. sur l'hist. de Paris, tom. I, p. 226.

Pontrudiensis (1) et *Motte* par l'abbé Le Bœuf, est située à l'orient du même bourg, et à peu de distance de la voie romaine de Bavay. Elle a la même forme que la précédente, à en juger par le dessin que l'abbé Le Bœuf a joint au même plan. Une dissertation sur l'ancienne cité de Vermand (2) dit que sa base contient en circonférence un arpent de terre. Selon Claude Héméré (3), le diamètre de sa base peut avoit deux mille pas. M. Pietavy (4) ne lui en donne que cent quatre-vingts dans tout son circuit, sur quarante pieds ou environ de hauteur. La tombe de Voel, située à une demi-lieue de Condren, n'est pas inférieure en grosseur et en hauteur aux deux précédentes, quoiqu'en dise l'abbé Le Bœuf (5). Un livre des cens de l'abbaye de Nogent, dressé en 1296, en parle en ces termes : *Vers la Tombe de Voel; la voie de la Tombe*. Selon les dimensions qui en furent prises en 1767, en conséquence des ordres de M. l'intendant de Soissons, par Claude Capperonier, arpenteur de la maîtrise des eaux et forêts de Chauny, sa figure planimétrique est de 163 verges 7/8, mesure de Roi ; sa longueur de l'orient à l'occident, de 66 toises ; sa largeur du midi au septentrion, de 40 toises 2 pieds ; sa hauteur depuis A jusqu'à B de 9 toises 2 pieds ou 56 pieds.

OPINIONS DIVERSES TOUCHANT CES TOMBES.

Ces *tumuli*, tombes et tombelles qu'il ne faut point confondre, peut-être, avec les mottes, sont l'ouvrage des hommes et formées de terres rapportées. Il est aisé de s'en convaincre par les fosses d'où la terre a été tirée et que l'on voit encore dans les environs. Quelques-uns les ont pris pour des buttes de paix, *tumulus testis, acervum testimonii*, comme celles que Laban et Jacob firent élever pour servir de séparation à leur domaine respectif (6). Buchanan (7) nous apprend que celles que l'on voyait encore en Ecosse de son temps étaient appelées *Duni Pacis*, parce qu'elles avaient servi de limite aux conquêtes des Romains. M. Dreux du Radier (8) soupçonne aussi que la destination de ces monuments fut de marquer les limites des champs ou des différents territoires. Guibert de Nogent (9) nous assure que les éminences dressées au milieu des champs étaient appelées vulgairement *Métas* : *in modum turrium per agros stabilitas, quas nos metas vulgariter vocare solemus*. L'abbé Le Bœuf (10) dit au contraire *que ces sortes de petites montagnes isolées qui restent en France et ailleurs, sont plutôt des lieux de sépulture des anciens payens que des marques pour la séparation des royaumes*. M. de Caylus (11) dit aussi, en parlant des tombelles : *C'est ainsi qu'ils*

---

(1) Aug. virom., illustr., p. 33.
(2) Dissert. MS., c. 8.
(3) Aug., sup.
(4) Nouv. rech. sur la Fr., tom. xi, p. 225.
(5) Dissert. sup., p. 226.
(6) Genès. c. 31, n.° 47 et 48.
(7) Historia scotica, fol. 5, édit. 1583.
(8) Journ. de Verd., févr., 1752, p. 139.
(9) Oper. Guib. Hist. Dei per Franc., p. 381, col. 1.
(10) Dissert., supr., p. 236, 237.
(11) Rec. d'Antiq., tom. iv, p. 395.

nomment ces tumulus que l'on voit fréquemment dans la Flandre et la Picardie, et que l'on regarde avec raison comme des tombeaux élevés par les soldats aux officiers de distinction. Il est vrai que les Gaulois, les Germains et les Romains étaient dans cet usage. On voit, dit Procope (1), sur le mont Apennin, plusieurs buttes que les Gaulois avaient élevées sur les tombeaux de leurs morts : *plurimi visuntur hic mortuorum illorum tumuli, terra aggesta editi.* Les Germains apportaient de la terre sur un tombeau et y formaient une motte revêtue de gazons : *sepulcrum cespes tegit* (2). Les Romains en faisaient de même. C'est ainsi qu'Enée, selon Virgile, dressa un tombeau au malheureux Polydore :

> Ergo instauramus Polydoro funus, et ingens
> Aggeritur tumulo tellus (3).

Plus le défunt était distingué par sa place ou par son mérite, plus le monument était vaste et élevé, au rapport de Flavius Vopiscus dans la vie de l'empereur Probus : *Postea tamen ingens ei sepulchrum elatis aggeribus, omnes pariter milites fecerunt* (4). Et en parlant d'un certain Aradion que l'Empereur avait défait dans l'Afrique, Vopiscus ajoute qu'il l'honora d'un tombeau de 200 pieds d'élévation parce que c'était un homme très-courageux ; *et quia fortissimum ac pertinacissimum virum viderat, sepulcro ingenti honoravit, quod adhuc extat tumulo usque ad ducentos pedes terræ lato per milites quos otiosos esse nunquam est passus.* Dans l'extrémité du Madagascar, à trois ou quatre journées du fort Dauphin, les gens du pays montrent aussi avec beaucoup de complaisance, au récit de M. de Lalande (5), comme autant de trophées de guerre, une suite de *petits mondrins ou terbes* de terre élevés en forme de tombeaux, qu'ils assurent devoir leur origine à un grand massacre de Quimos défaits en plein champ par leurs ancêtres.

Quelque respectables que soient ces autorités, nous ne pouvons cependant nous empêcher de croire que la plupart de ces monticules aient servi d'autels aux druides, car ils avaient suivi la prévarication du peuple choisi à qui Dieu fait cette menace par l'organe de son prophète : *vous sçaurez que je suis le Seigneur lorsque vos corps morts et tout sanglans seront étendus au milieu de vos idoles autour de vos autels, autour de vos collines les plus élevées et sur toutes vos plus hautes montagnes.* Les leurs sentaient aussi l'odeur de l'encens que les prévaricateurs brûlaient à leurs idoles : *locum ubi accenderunt thura redolentia universis idolis suis* (6). En effet, avant les défrichements des vastes forêts

---

(1) Procop., p. 647.
(2) Dissert. sur l'hist. de Fr. Paris 1749, 101.
(3) Eneid., l. 3, v. 63.
(4) Hist. August. scriptor., p. 241, édit. Salmesij.
(5) Journ. des sav., décemb. 1771, p. 852.
(6) Ezechiel, chap. vi, vers. 13.

qui couvraient la meilleure partie de notre sol, les Tombes, les Tombelles et les Mont-Joie dont nous parlerons ailleurs s'y trouvaient renfermées ; quelques-unes même sont encore dans des bois ou dans les environs. En outre, quantité de monticules semblables ont conservé le nom des divinités auxquelles ils étaient consacrés. Ce livre des proverbes de Salomon appelle Monceau de Mercure, *acervum Mercurii* (1), certains petits monts qui étaient dédiés à ce Dieu. Une tombelle voisine de la nouvelle Carthagène, en Espagne, portait le nom de Mercure-Teutatès, *in tumulum quem Mercurium Teutatem vocant* (2), c'est-à-dire, que le nom de la divinité à laquelle on rendait des honneurs sur cette montagne avait passé à la tombelle même. Il en fut de même des *Martis-Mons*, c'est-à-dire des monts consacrés à Mars. En effet, Marti-Mont dont il est mention dans la charte d'érection de la commune de Noyelles-sur-Mer y est désigné par le nom de *Tumbulam*. Les Gaulois, au rapport de Polyhistor (3), cité par Solin, entretenaient sur leurs autels un feu éternel. Or quels étaient ces autels? Les Hauts-Lieux. Quelques-uns ont conservé le nom de *Fées*, c'est-à-dire de *sacrifices*, comme nous l'avons déjà dit ; tel que le mont de *Fées* dans la forêt de Retz (4). Pelloutier parlant des sacrifices qui étaient offerts dans le champ-de-mars au Dieu qui présidait à la guerre, dit *que le lieu où l'on offroit ces sacrifices, étoit une espèce de colline artificielle que l'on formait avec de la terre et des fascines. Cet usage étoit un reste de l'ancienne superstition, qui vouloit que les sanctuaires fussent dans les lieux élevés* (5). Il avait déjà avancé (6) que les Celtes ou Gaulois, en consacrant à la divinité des collines montant jusqu'au sommet des plus hautes montagnes pour y offrir leurs sacrifices, croyaient comme les Pelages et les Perses s'approcher de Dieu en s'approchant du Ciel. C'est ainsi, au rapport de Maxime de Tyr, que les anciens habitants de la Grèce offraient leurs sacrifices sur les montagnes et qu'au lieu d'avoir des idoles et des statues, ils consacraient à la divinité des pierres brutes (7). On voit encore près des villages nommés Zoteux, des élévations de terre couvertes de gazons qui passent pour avoir servi d'autel, entr'autres près du hameau des Zoteux en Vimeux, à peu de distance du village de Tours. *Zoteux* est une corruption du mot latin *Altaria*, mieux conservé dans ceux d'*Auteux*, portion du fief de Romescams dont il est parlé dans une charte de l'an 1206 et *des autels*, lieu situé au terroir de Broye. Raoul de Clermont fait mention de celui-ci dans ses lettres du mois de mai 1281 en faveur de l'abbaye de Breteuil.

(1) Proverb. Salom., c. 26, n.° 8.
(2) Tit. Liv. hist., l. 20, c. 44.
(3) Banier, mythol., tom. II, p. 618.
(4) Hist. du Val., tom. I, p. 5.

(5) Hist. des Celt., l. 4, c. 2, § 12.
(6) Ibid., § 5.
(7) Maxim. Tyr., dissert. III, p. 451, 460.

Enfin pour dernière preuve, M. l'abbé Capperonnier, étant au château de Moy en Vermandois, fit ouvrir la tombe dont nous avons parlé. Il n'y trouva aucun vestige de sépulture. Nous avons fait fouiller en 1768 dans la tombelle de Noyon, située sur le bord de la chaussée de Saint-Quentin, nous n'avons pas été plus heureux malgré toutes les mesures que nous avons prises. D'autres ont été visitées de même, et nous n'avons pas appris que la curiosité ou la cupidité aient été satisfaites. Nous finirons par une observation que voici : personne ne se persuadera jamais que le monticule des environs de Laon, qui porte le nom de *Tumulus Brunehaudis* dans les anciennes chartes, fût en effet le tombeau de la reine Brunehaud. C'était un de ces anciens autels sur lequel la reine d'Austrasie, dont le Laonnois faisait alors partie, avait fait bâtir un château. Voilà d'où lui est venu le nom de *Mont-de-Brunehaud* qu'il conserve, ainsi qu'une ferme et une fontaine du voisinage.

LXXXII.
MINISTRES DE LA RELIGION BELGICO-GAULOISE.

La religion belge ou gauloise avait ses ministres sous le nom général de Druides. Ils étaient tout à la fois prêtres, théologiens, philosophes, jurisconsultes, médecins, rhéteurs, orateurs, mathématiciens, géomètres, astrologues (1). Faisant les fonctions du clergé de la Belgique, les Druides présidaient aux assemblées religieuses et au culte public de la Divinité : *Illi rebus divinis intersunt* (2). Ils étaient chargés des sacrifices publics et particuliers : *sacrificia publica ac privata procurant*. Ils étaient les interprètes des différents points de la religion, *religiones interpretantur*, maîtres de la doctrine, comme les prophètes dans l'Egypte, les Chaldéens dans l'Assyrie, les Semanéens dans la Bactriane, les Mages dans la Perse, les Gymnosophistes dans les Indes, etc. (3). Ils disputaient dans leurs écoles, dit César (4), des astres et de leurs mouvements, de la grandeur du monde et de la terre, de la constitution de l'univers, de la puissance et de l'empire des dieux immortels : *multa praeterea de sideribus atque eorum motu, de mundi ac terrarum magnitudine, de rerum natura, de deorum immortalium vi ac potestate disputant*. Aussi pouvaient-ils se flatter d'être les seuls qui connussent ou qui ne connussent pas les dieux :

   Solis nosse Deos, et Cœli numina vobis,
   Aut solis nescire datum (5)......

(1) Hist. littér. de France, tom. I, part. 1. p. 32.
(2) Cæs., de Bel. gal., l. 6,
(3) Clém. Alexandr., Stromat., p. 359.
(4) Cæs., supr.
(5) Lucan, Phars. l. 1, vers. 452.

Voici comme Brebœuf dépeint ces sages de l'antiquité gauloise dont l'origine se perd dans la nuit des temps :

> Sur les esprits divers ces esprits curieux
> Ont seuls droit de connoistre ou d'ignorer les Dieux ;
> Au milieu du silence et des bois solitaires
> La nature en secret leur ouvre ses mystères.

M. de Caylus (1) ajoute à ce tableau, qu'on ne peut leur refuser l'hommage d'avoir inculqué à la nation en général ces principes de conduite et de politique qu'elle a fait paraître dans le temps de l'arrivée des Romains. Ainsi, il ne faut pas être étonné *que les Rois assis sur des trônes d'or, habitant des palais magnifiques, nourris splendidement, ne fussent, dans la réalité, que les ministres des ordres des Druides* (2).

LEUR CROYANCE TOUCHANT L'IMMORTALITÉ DE L'AME.

L'immortalité de l'âme faisait un point capital de leur croyance. Ils étaient persuadés que les âmes ne mouraient point, mais qu'elles passaient de cette vie dans une autre : *in primis hoc volunt persuadere, non interire animas, sed ab aliis post mortem transire ad alios* (3). Et les Gaulois persuadés qu'ils revivraient après leur mort, en devenaient plus courageux et plus intrépides : *atque hoc maximè ad virtutem excitari putant, metu mortis neglecto*. Mais cette doctrine ne fut jamais celle de la métempsycose, ou la circulation des âmes en différents corps pour les animer successivement, comme l'a enseigné Pythagore. Le savant Peloutier (4) a fait un chapitre exprès pour faire voir la fausseté de cette asssertion.

LEURS SUPERSTITIONS.

Au reste, nos pères tenaient à bien d'autres superstitions : *Natio admodum dedita religionibus* (5). Superstitieux dans les sacrifices, ils croyaient lire dans les entrailles des victimes l'avenir et leur destinée. Ils immolaient des victimes humaines à Esus et à Teutatès, *Æsum Galli atque Teutatem humano cruore placabant* (6), prenant en un sens erroné le principe, d'ailleurs véritable, que la vie d'un homme ne peut être rachetée que par celle d'un autre homme : *Quod pro vita hominis nisi vita hominis reddatur* (7). Mais les Gaulois n'étaient pas les auteurs de cette coutume barbare, car on voit par les paralipomènes (8), que les pères sacrifiaient leurs enfants à Moloch, et Lactance, que nous venons de citer, remarque que les personnes de la première qualité d'entre les Carthaginois brûlaient leurs enfants en l'honneur de Saturne. Superstitieux dans l'as-

---

(1) Rec. d'antiq., tom. IV, p. 357.
(2) Dio. Chrysost., orat. 49.
(3) Cæs., supr.
(4) Hist. des Celt., l. 3, c. 18, § 5 et suiv.
(5) Cæs., supr.
(6) Lactan., de divin. instit., l. 1, c. 21.
(7) Cæs., supr.
(8) Liv. II, chap. XXVIII, v. 3.

tronomie, ils s'occupaient particulièrement de l'influence des astres. Superstitieux dans la médecine, la pratique de cet art était dégénérée chez eux en magie. Que de mystères, au rapport de Pline (1), pour cueillir l'herbe appelée *Selago*, et une autre nommée *Samolus*, l'hierabotane ou la verveine dont ils faisaient usage dans leurs sortiléges et leurs divinations! Que de propriétés n'attribuaient-ils pas à ces différentes plantes ainsi qu'à l'œuf de serpent : *Ovum anguinum!* Le même écrivain nous a laissé la description de la cérémonie observée pour recevoir cet œuf (2).

Mais rien de tout cela n'égalait la superstition du Gui de Chêne, parce que rien n'était plus sacré parmi les Gaulois, par une suite de la haute idée qu'ils avaient de l'arbre qui le portait. Le Gui, en latin *viscum*, est une plante parasite qui naît aussi bien sur le pommier, le poirier, le hêtre et autres arbres que sur le chêne. Il est plus rare de le trouver sur celui-ci : *est autem rarum ad modum inventu* (3). S'il était très difficile à l'y trouver du temps de Pline, à combien plus forte raison aujourd'hui, que nous n'avons plus de ces forêts dont l'origine pouvait remonter jusqu'aux premiers temps du monde. Nous n'entrerons point dans le détail de la cérémonie du Gui de Chêne et de ses propriétés chimériques, elles sont connues de tout le monde. Nous dirons seulement que les Gaulois s'imaginèrent trouver dans la découverte de cette plante la source du bonheur et le remède à toutes les maladies, et que le temps de la cueillir n'était pas indifférent. *Il n'y avait*, dit l'abbé Banier (4), *qu'au mois de décembre, qui était parmi eux un mois sacré, et au sixième jour de la lune, qu'il fût permis de l'arracher.* Il ajoute qu'au premier jour de l'an, après avoir béni et consacré le Gui, on en faisait la distribution au peuple, en lui annonçant la nouvelle année, et en la souhaitant heureuse par cette formule : *à Gui l'an neuf*. Elle revient à ce vers que Paul Merula (5) et Picard (6) citent comme appartenant à Ovide et qu'on ne trouve pas cependant dans ses œuvres :

SUPERSTITION DU GUI DE CHÊNE.

Ad viscum Druidæ, Druidæ clamare solebant.

Le cri d'*à Gui l'an neuf* s'est conservé jusqu'aujourd'hui, bien défiguré à la vérité; il était peu de lieux en Picardie, au commencement du siècle dernier, où, soit la nuit de Noël, soit les veilles du premier jour de l'an et des Rois, soit les jours du Mardi-Gras, les pauvres gens n'allassent chez les personnes à

---

(1) Plin., l. 24, c. 62 et 65.
(2) Ibid., l. 29.
(3) Ibid., l. 16, c. 44.

(4) Mythol., t. II, p. 640.
(5) Cosmog., part. II, l. 3, ch. II.
(6) Celtopedia.

leur aise, et les enfants chez leurs parents demander l'*a Guillan-neuf*. On répondait : *Plantez, plantez* (1), c'est-à-dire abondance, *vous donne Dieu;* aujourd'hui à Corbie, à Boves, à Lihons-en-Santerre, etc., on va demander les *Ognenelles* le jour du Mardi-Gras. A Amiens et dans tous les villages le long de la Somme jusqu'à Abbeville, dans tout le Vimeux, on va chanter des *Agnenelles*. Feu M. de Thuison nous écrivait le 25 d'octobre 1770, qu'il se ressouvenait très-bien qu'au commencement du siècle une bande de jeunes filles d'Abbeville, la plupart enfants de matelots, venaient la veille de la nouvelle année, chanter chez son grand-père les *Hognignelles*, c'est-à-dire, des chansons sur la nouvelle année. On donnait à chacune un coup de vin dans le même verre. *Elles allaient ainsi*, dit-il, *dans toutes les bonnes maisons; mais cet usage est aboli depuis longtemps*. J'ai vu, dit aussi M. Dargnies de Fresne, *dans le bourg de Crécy*, limitrophe de la forêt de ce nom, *des enfants et des pauvres aller de porte en porte* chanter des Noëls dans les temps de Noël et de nouvel an jusques aux Rois. Ils disaient *qu'ils allaient chanter des au-gui-gnelles. Leur but était d'avoir de l'argent et surtout des étrennes*. Le peuple du Boulonois est dans l'usage, les veilles de Noël, de l'An et le jour du Mardi-Gras, d'aller crier aux portes *O-guegnelles*. A Péronne, à Roye et dans les villages des environs, le cri usité est *Roguignelles*, mais seulement dans les Jours-Gras, comme à Chauny, *O-guenoleu*, la veille de Noël. *Ogueuguy*, qui est l'ancien nom du fief de Saint-Souply, situé dans la banlieue d'Amiens du côté de Saint-Fuscien, et dont il est mention dans un dénombrement de l'Evêché du xiv.e siècle, pourrait être aussi une altération de *l'An-gui-l'an neuf;* car tous ces cris ne diffèrent que par la manière de les prononcer. Vers la fin du xiv.e siècle, ne se servait-on pas, au village de Cue, près Etaples-sur-Mer, du terme d'*Heler* (2), pour exprimer les divertissements de la veille de l'An?

LES DRUIDES CHANGENT LEUR NOM EN CELUI DE *SENANI*. VESTIGES DE CE NOM. Les Druides et leurs superstitions s'abolirent peu à peu; si l'on en croit même l'auteur de la religion des Gaulois (3), les Druides, pour ne pas faire ombrage aux Romains, leurs maîtres, qui voulaient proscrire et leur nom et leur religion, changèrent leur ancien nom en celui de *Senani*, du mot *Sena*, île voisine des Gaules, habitée par des espèces de vestales, ce qui a donné lieu d'appeler *Senantes* les lieux habités et frequentés par les ministres de la religion gauloise. Quoiqu'il en soit, nous retrouvons des traces des mots *Druides* et *Senantes* dans les noms de plusieurs villages de Picardie. Celui-ci est tout entier

(1) Banier, sup.
(2) Glossaire franç. de D. Carpentier, au mot *Heler*.
(3) Rel. des Gaul. t. 1, p. 277.181.

dans *Senantes*, village du Beauvoisis, en partie dans *Nemtocenna* ou *Nemetosena*, ancien nom de la capitale des *Attrebates*, qui était une portion du *Belgium*; *Nemeto* ou *Nemetes*, suivant Fortunat, signifie un temple *(Nemeto-Sena*, temple des Senes)*: dans *Senave* et *Senerent*, deux hameaux du Vermandois; dans Sendeneuf, *Sendenodum;* dans Senlecque en Boulonois; dans Senercy en Laonnois; dans Senqueux, *Senquatium* en Beauvoisis; dans Senefle, au Pays reconquis, etc. Saron, village du Beauvoisis, pourrait bien venir aussi des Sarondes, qui formaient une classe dans l'ordre des Druides.

Quant au mot *Druide*, nous croyons l'apercevoir en partie dans *Druisencurtis*, Drancourt en Vimeux, et Driencourt en Vermandois; dans *Drusciacum*, Drugi en Ponthieu; dans *Druciacum*, Drucy ou Droizy en Soissonnois. C'est encore une tradition (1) dans le pays, comme nous l'avons déjà dit, que les Druides avaient un collége où est actuellement le village de Droizy (on voit au terroir de Droizy un lieu nommé *Ceni*, vendu au mois de novembre 1262, à l'abbaye de Saint-Jean-des-Vignes de Soissons); qu'ils faisaient l'exercice de leur religion dans le bois de *Taf*, qui s'étendait d'un côté jusqu'au lieu où a été bâti le village de *Tau*, d'un autre jusqu'à la *Fontaine-au-Chesne*, où l'on prétend que les Druides ont dressé un autel *ad instar* de celui de Chartres, à la vierge qui devait enfanter. Cette tradition a été attaquée 1.° à cause de l'éloignement de la butte de *Taf* ou *Tau* de la capitale du Soissonnois; 2.° à cause de l'abondance des grès ou roches accumulés les uns sur les autres, qui rendent le terrain inabordable; 3.° parce que les arbres qui y croissent ne sont que des bois blancs; 4.° parce qu'on n'y voit point de chêne, par conséquent point de Gui. Toutes ces raisons ne paraîtront certainement pas victorieuses à des personnes qui sont instruites des révolutions que la surface du globe a essuyées. L'abbé Le Bœuf (2) dit qu'il est bien éloigné de rejeter la tradition que les Druides faisaient des sacrifices au pied des chênes : *Je dis plus*, ajoute-t-il, *et j'ose avancer que la forêt d'Artenes ou Artannes qui en est fort voisine (de Tau) servit au même usage.* Comme il s'était trompé sur la position de cette forêt, M. Cothon, curé de Gislocourt en Valois, qui connaissait la carte du pays, a envoyé le 21 de mai 1735 à l'Académie de Soissons, les observations suivantes : *Selon l'ancienne tradition, dit-il, et le témoignage des naturels du pays, l'auteur a mis le village d'Arthenes au lieu de celui de Droizy. On trouve la dénomination des Druides dans celui de Droizy. Ce village n'est éloigné de celui de Tau que d'une demi-lieue. Il y a même entre Tau et Droizy une*

RESTES DU NOM DE DRUIDES.

(1) D. Gilleson, hist. MS. de Soissons. (2) Dissert. sur le Soissonnois, 1735, p. 95.

élévation de terre en forme de calvaire, laquelle a été fabriquée par les Druides, et qu'on prétend avoir été beaucoup plus élevée dans les siècles reculés, puisqu'on fait remarquer qu'il n'est pas naturel que ce monceau, qui est tout à fait formé en rondeur, aboutissant en pointe en forme de pain de sucre par le haut, puisse naturellemeut s'être trouvé en cet endroit. On prétend donc que ce sont des terres rapportées où les Druides allaient sacrifier. C'est ce qui s'appelle encore aujourd'hui la Butte de Tan (1). Tel fut le premier temps de la religion belge.

LXXXIII.

RELIGION BELGICO-ROMAINE.

Le second temps est celui qui s'écoula depuis la conquête de Jules César jusqu'à l'établissement du Christianisme dans la Province. Dans cet intervalle, les dieux des vainqueurs, grands et petits, y furent introduits avec leur religion, bien différente de celle des Gaulois qui avaient de Dieu, dit l'abbé Banier, (2) des idées bien plus justes et plus spirituelles que les Grecs et les Romains; ou plutôt ceux dont ils avaient emprunté le culte, et qui avaient cherché dans les livres saints, comme nous l'apprend celui des Machabées (3), quelque chose qui eût du rapport avec leurs idées d'idolâtrie: *expanderunt libros legis de quibus scrutabantur gentes similitudinem simulachrorum suorum.*

Ils avaient déguisé Eve en Isis (4), Tubalcaïn en Vulcain, Noema sa sœur dont le nom signifie *belle* en Vénus, Noé en Saturne (5), ses trois fils Sem, Cham et Japhet en Jupiter, Neptune et Pluton, Moïse en Bacchus (6), Samson en Hercule etc., ce qui a fait dire à un savant (7), au sujet du passage d'Homère sur les trois dragons que Saturne avait placés dans les nues, que s'il se trouve une si grande ressemblance entre les mœurs des héros qui figurent dans ses poëmes et celles des anciens patriarches, c'est que tous les hommes étaient descendus de Noé; qu'ils avaient conservé chacun de leur côté les traditions originales.

D'autre part, la reconnaissance et la tendresse pour les morts les portèrent à consacrer leur mémoire. La vénération pour les princes passa jusqu'à l'adoration. Enfin les objets de toutes les passions sont devenus les objets du culte d'une religion toute charnelle. Si l'on joint à tout cela plusieurs superstitions gauloises que les Romains ne purent venir à bout d'anéantir, il devait résulter d'un

(1) Mém. de l'Acad. de Soissons.
(2) Mithol., supr., p. 619.
(3) Machab., l. 1, c. 23, verso 48.
(4) Mém. de Trévoux, mars 1702, p. 10.
(5) Tertul. Apologet.
(6) Mém. de Trévoux, supr.
(7) Journ. de Verdun, juill. 1770, p. 11.

pareil mélange une religion plus ridicule encore, si l'on peut parler ainsi, que la grecque et la romaine, de sorte que jamais l'esprit humain n'a fait voir tant de misères et de faiblesses que dans le choix extravagant des objets de son culte.

C'est donc à la même époque qu'on doit rapporter les statues et les temples que l'art a élevés aux faux dieux dans la Province. Il paraîtrait que les Romains eurent bien de la peine à empêcher nos pères de sacrifier dans les forêts, et à se servir des arbres pour représenter les dieux, car César ayant fait abattre des arbres d'une forêt sacrée dans les environs de Marseille, pour les employer au siège de la ville, les soldats gaulois ne prirent la coignée qu'en tremblant, effrayés par la majesté du lieu, et par la crainte qu'en frappant les chênes sacrés, elle ne réfléchit sur eux-mêmes :

...... Tremuere manus motique verenda
Majestate loci, si robora sacra ferirent,
In sua credebant redituras membra secures (1).

Du temps de Lucain les simulacres de leurs dieux étaient encore des troncs de chêne coupé :

.... Simulacraque mœsta Deorum,
Arte carent, cæsisque extant informia truncis (2).

Sous le règne même de Marc-Aurèle (3), la statue du Jupiter Gaulois n'était qu'un chêne fort élevé; ce qui pourrait donner lieu de croire que ces nouveaux maîtres ne les gênèrent point absolument sur l'article, pourvu qu'ils ne se dispensassent pas dans les actes publics de suivre et de pratiquer la religion dominante (4). Si l'on vit donc s'élever de tous côtés dans la Belgique des temples où furent déposées les statues qui représentaient et les anciens dieux du pays et ceux des Romains, ce fut l'ouvrage de ceux-ci plutôt que des Belges. Le temple bâti à Lyon, au confluent du Rhône et de la Saône par les soixante-quatre cités des Gaules en l'honneur de Rome et d'Auguste, fut vraisemblablement le modèle des nouveaux temples.

LXXXIV.
TEMPLES.

Chacune des cités eut un temple au moins, et dans ce temple la statue d'un ou de plusieurs dieux romains de la première classe, c'est-à-dire Jupiter, Mars, Mercure, Apollon, Saturne, Diane, Cérès, etc. Si vous n'approchez aussitôt,

(1) Lucan., phars., l. 3, vers. 429.
(2) Ibid., v. 412.
(3) Max. Tyr., dissert. 38, p. 451-460.
(4) Le Bœuf. Ecrit sur l'hist., tom. II, p. 350.

dit Rictiovare (1), dans le premier interrogatoire qu'il fit subir à Amiens à saint Quentin, et ne sacrifiez à nos dieux, je vous jure par les dieux et les déesses que je vous ferai tourmenter jusqu'à la mort: *nisi nunc accesseris, et diis nostris sacrificaveris, per Deos Deasque juro.* J'en jure par les dieux très puissants, Jupiter, Mercure, le Soleil (Apollon), la Lune (Diane) : *per potentissimos deos Jovem et Mercurium, Solem et Lunam........ juro.* Si vous ne sacrifiez aux dieux immortels, disent les persécuteurs aux compagnons de saint Lucien (2), nous ordonnerons que vous soyez punis par le glaive: *nisi sacrificaveritis diis immortalibus, gladio vos mox puniri jubemus.*

Voici le discours qu'on leur fait tenir à l'apôtre du Beauvoisis (3) : Si vous êtes Romain, pourquoi faire une si grande sottise que d'abandonner le culte des dieux que l'Empereur, le Sénat et l'univers entier révèrent? *Qodsi Romanus es, cur à culturá deorum insanissimè recessisti, quos Augustus Cœsar veneratur cum omni senatu romano, et colit universus orbis.* Les actes de saint Rieul (4) font dire au préfet Quintilius, qui était à Senlis, en parlant aux faux prêtres des dieux : *ite et diis nostris libaminum victimas ex more diluculo preparate...*, allez et préparez dès la pointe du jour les victimes qui doivent être offertes aux dieux. Leurs simulacres, suivant les mêmes actes, étaient vendus publiquement à la porte de la ville, dans une place qui servait en même temps à exposer en vente les victimes pour les sacrifices, et aux supplices ceux qui refusaient de brûler de l'encens aux dieux: *comperit* (Regulus) *locum esse ante portam civitatis ad hoc habilem, ubi plurima exercebantur negotia. Erant enim ibi deorum simulacra, sacerdotum mensæ sacrificii victimas vendentium, atque diversi tormenti genera, quibus sacrificare nolentes graviter afficiebantur.* (5).

De quelle religion êtes-vous, disait Rictiovare à saint Crépin et à saint Crépinien? Quel Dieu adorez-vous? Est-ce Jupiter? est-ce Diane? est-ce Apollon? est-ce Mercure? est-ce Saturne? *Cujus Dei cultores estis? Cujus religionis vos veneratores fatemini? Utrum Jovem, aut Dianam, aut Apollinem colitis aut Mercurium vel Saturnum?* Le tyran était à Soissons où il interrogea aussi sainte Macre en lui disant de sacrifier aux grands dieux et de jeter les yeux sur le Capitole: *sacrifica, inquit, diis magnis............. prospice ad Capitolium et sacrifica diis* (6)? Le conseil du Préfet voyant qu'elle refusait constamment d'immoler aux dieux prononça qu'elle serait brûlée vive au pied du Capitole où elle avait méprisé de sacrifier: *ut quandò renueret magnis diis immolare,*

---

(1) Hemer. Aug. Virom., regist., p. 4, n.° 3.
(2) Boll., act. S. S. tom. ......
(3) Ibid., jan. tom. I, p. 465, n.° 18.
(4) Ibid., tom. III, mart., p. 822, n.° 8.
(5) Ibid., p. 823, n.° 12.
(6) Boll., tom. ......

ad Capitolium, quo libare negligebat, combureretur. (1) Enfin les actes de Saint-Quentin mettent dans la bouche du même Préfet ces paroles engageantes : Sacrifiez aux grands dieux, seulement à Jupiter et à Apollon: *sacrifica magnis diis, tantum Jovi, et Apollini* (2).

Parcourons tous les lieux de la province où nous connaissons que ces dieux eurent des temples. Il est certain que Jupiter en avait un à Amiens. Les actes de saint Firmin disent expressément qu'Auxilius, prêtre de ce temple, se plaignit aux présidens que ce chrétien lui seul éloignait tellement le peuple du culte des dieux, que personne ne venait plus aux temples de Jupiter pour y offrir de l'encens et des prières : *est hic unus christianorum...... ita subvertit populum à culturâ et religione deorum, ut ad templa veneranda Jovis... nullus jam ad thurificandum vel supplicandum veniat* (3). Il est vraisemblable qu'il y en avait un à Beauvais ; mais les actes de saint Firmin, qui prêcha d'abord la foi en cette ville, ni ceux de saint Lucien et de ses compagnons n'en disent rien. A Senlis la statue de Jupiter partageait les honneurs divins avec celles des autres faux dieux de différents genres, dans un temple magnifique construit dans l'intérieur de la cité. Saint Rieul le détruisit par l'invocation du nom de Dieu : *templum..... quod intra muros situm civitatis magno venerabatur cultu; erat enim miræ compositionis et ornatus, in quo inerant quam plurima dæmonum diversi generis simulacra, quæ cuncta divini nominis invocatione... subvertit* (4). Il faut brûler vif, disent les pontifes du temple, ce Rieul qui a osé porter une main sacrilège sur nos dieux protecteurs de la ville : *vivus debet incendi Regulus, qui sacrilegâ manu deos nostros, urbis protectores, tangere non metuit.* Il paraît qu'à Soissons le temple de Jupiter y avait été bâti sur le modèle de celui qu'il avait à Rome sur le mont Tarpeien; du moins est-il nommé Capitole dans les actes de sainte Macre, comme celui de Rome : *prospice ad Capitolium et sacrifica diis* (5), et sans doute avait-il de même plusieurs parties dont chacune était consacrée à une divinité particulière. Jupiter avait aussi un temple dans la capitale du Vermandois, selon les actes de Saint-Quentin : *sacrifica diis, tantum Jovi etc.* (6).

A AMIENS.

A BEAUVAIS.

A SENLIS.

A SOISSONS.

A SAINT-QUENTIN

LXXXV.

MONT-JOIES, LIEUX CONSACRÉS A JUPITER.

Voici quelques autres lieux de la Picardie dont les noms semblent indiquer

(1) Boll., tom. ......
(2) August. Virom., Reg., p. 4, n.° 13.
(3) Boll., supra, tom. VII, sept., p. 54, n.° 14.
(4) Ibid., t. III, mart. p. 822, n.° 10.
(5) Ibid., tom. ......
(6) August. Virom., supr.

une consécration particulière à Jupiter. Quelques uns ont cru, entr'autres Dreux du Radier, que les *Mont-Joies*, dits aussi *Mont-Saint-Denis*, n'étaient que des monceaux de pierres consacrés en l'honneur de Mercure. Nous pensons, au contraire, que le mot *Joie* est une corruption de celui de *Jove*, en latin *Jovis*. En effet, nous avons lu dans un ancien obituaire de l'abbaye de Saint-Martin-au-Bois, autrement Ruricourt, au diocèse de Beauvais, que Jean de Tricot, dit Monsière, dont l'obit y est marqué au 16 de mai, donna à cette église, pour le repos de son âme, une terre située : *juxta Montem-Jove*, près le *Mont-Joie*, ou *Mont-Jou*. Jou, suivant l'auteur de la religion des Gaulois (1), était le nom véritable et légitime que Jupiter avait dans les Gaules et qui s'est conservé dans toute la France, comme à cette montagne des Alpes appelée *Mont-Jou* ou le Grand-Saint-Bernard; au village de *Mont-Jaoust*, au diocèse de Rouen, etc. Le *Montem-Jove* de l'obituaire de Saint-Martin-au-Bois est aujourd'hui Mont-Gerain, village situé entre cette abbaye et Tricot. On prononce *Gerin*, on devrait dire *Gevin ;* c'est ainsi qu'était nommé, en 1231, un lieu du Soissonnois, situé près Vertefeuille, hameau sur la chaussée de Soissons à Villers-Cotterets : *petia terræ quæ dicitur de Mont-Gevin* (2).

Nous voyons deux Mont-Joies dans les environs d'Amiens, l'un au Sud-Est, sur le chemin de cette ville à Saint-Fuscien. Il en est mention dans un papier-terrier de cette abbaye, de l'an 1526, en ces termes : 34 *journaux de terre séant à Mont-Joies, nommé le Camp des Moines, tenant d'un bout au terroir de le Boutillerie du terroir de Cagny, d'autre bout à la cauchie de Paris*. Il est nommé le Mont-Saint-Denis dans un compte de l'Hôtel-de-Ville d'Amiens, du 23 d'aout 1535 : *pour les mises faites pour la maison à hourd, près le Mont-Saint-Denis, pour veoir par le Roy la montre de 6,000 légionnaires de Picardie*. L'autre était situé à l'Ouest, entre les villages d'Allonville et de Poulainville. Celui-là servait de borne à la banlieue d'Amiens de ce côté, comme il paraît d'une vérification des 23 et 24 de mai 1412. *Item du grant quemin de Naours à une Mont-Joie de terre sans bourne qui fait banlieue......... et est nommée le Motte de le Mont-Joie*. Une charte de saint Louis, du mois de septembre 1236, en faveur de la ville de Roye, parle d'un lieu dit la Mont-Joye, situé au terroir de cette ville. On lit dans un ancien état des terres que le curé de Saint-Gilles tenait, en 1347, de l'église de Soissons : *trois journaux et demi de terre à le Mont-Joie*. Il y avait une Mont-Joie au terroir de Morcourt, près Saint-Quentin ; il est dit dans un titre de l'abbaye d'Homblières (3) *que l'Eglise*

---

(1) D. Jac. Martin., t. 1, p. 283. (3) Cartul. Humol., p. 75.
(2) Muldrac., chron. Longipont, p. 242, et not. p. 3.

fut ressaisie d'un homme qui fust mourdrit à la Montjoie dessus Mourcourt, le vendredi après sainte Hunégonde. Une autre au terroir de Condren, diocèse de Laon; on y avait bâti une chapelle nommée la chapelle *de Monjoie* dont l'abbaye de Nogent-sous-Coucy avait le patronage. Le prêtre qui la desservait est dit chapelain de la *Mont-Joie* dans un livre de cens de l'an 1290 (1).

Nous avons vu que la *Mont-Joie* du côté de Saint-Fuscien est nommée aussi le *Mont-Saint-Denis*. Les cartes du diocèse d'Amiens et du cours de la Somme placent un *Mont-Saint-Denis* entre le village de Hailles et le Paraclet, dans l'angle formé par la jonction des rivières d'Avre et de Noye, sur lequel mont est situé une ferme. Nous avons remarqué dans une carte et dans celle du diocèse de Beauvais un *Mont-Saint-Denis* près Breteuil, c'est-à-dire, sur l'éminence, en forme de pain de sucre, où l'on prétend qu'était placé autrefois un fort qui défendait l'ancienne ville de Vendeuil. L'église de Beauvais qui en est voisine est dédiée à Saint-Denis.

D'anciens titres nous indiquent aussi quelques autres lieux dont les noms paraissent avoir été formés du nom latin de Jupiter, comme *Mons-Joet*, du côté de la rivière de Marne, qui fut donné, en 1140, à cultiver à l'abbaye du Val-Secret (2); *Mont-Juvien* ou la montagne de Crécy-au-Mont, près Nogent-sous-Coucy, dans un bail à cens, de l'an 1628; *Jovis-Villaris*, nom d'un village du Soissonnois, dont l'autel fut confirmé en 1193 à l'abbaye de Coincy, par Névelon, évêque de Soissons. Nous trouvons dans une charte de l'an 1136 (3) un lieu dit *Juvi-Lets*, qui était situé du côté de Marseille en Beauvoisis; *Jovia-Pratella*, dans le testament de saint Remy, c'étaient des petits prés situés au pied de la montagne de Laon; *Joviam*, lieu qui nous est inconnu, où le roi Louis VI donna, en 1117, à l'abbaye d'Arouaise deux muids de vin; *Javagias*, autre lieu situé près Viviers en Valois, que le comte Raoul donna, en 1148, aux Prémontrés, pour y bâtir un monastère de filles. Les villages du nom de *Joui* et de *Goui*, de *Juvigny* et de *Juvignies*, celui-ci en Beauvoisis, le précédent en Soissonnois, viennent sans doute de la même source. Tous ces lieux sont sur des montagnes. Raoul de Presle (4) nous dit en effet, d'après Isidore, que les *poëtes attribuaient à Jupiter la puissance de getter fouldres et tempestes; et pour ce les payens afin de vaincre leurs ennemis, quand ils esperoient à avoir une grosse bataille, ils mettoient ès plus hautes montagnes l'idolle de Jupiter et ses fouldres de consté lui.* C'est pourquoi, suivant la re-

---

(1) Fol. 127, recto.
(2) Gall., chr., t. x, Instrum., col. 115.
(3) Ibid., col. 257.
(4) La cité de Dieu, MS. l. 5, c. 26.

marque de Maxime de Tyr (1), les premiers hommes ont consacré pour simulacre à Jupiter le sommet des plus hautes montagnes.

LXXXVI.
TEMPLES DE MARS CONNUS SOUS DIFFÉRENTS NOMS. — LIEUX DE LA PICARDIE QUI LES ONT RETENUS.

Il est à présumer par la vénération que les Belges avaient pour le dieu de la guerre, que le culte rendu à Mars Romain n'était pas moins étendu à Amiens, à Beauvais, à Senlis, à Soissons, dans l'Auguste du Vermandois, que celui de Jupiter, quoique les actes de nos premiers martyrs n'en disent rien, ni par conséquent des temples qui lui étaient consacrés dans ces différentes cités. Mais Malbranc (2) nous assure que ce dieu avait un temple à Boulogne. Des mémoires qui nous ont été communiqués par M. Lateux, ancien maire de cette ville, disent que ce temple était placé au septentrion de la ville; que l'église de Saint-Martin qui se trouve hors de l'enceinte, depuis 1231, que Philippe, comte de Boulogne, la resserra, comme elle est aujourd'hui, a pris la place de ce temple. Suivant le même historien des Morins (3), Mars avait un temple à Térouanne. Il était situé à l'occident de la ville, à en juger par les restes des murailles qui y ont été découverts. Il conjecture que saint Victrice en avait fait la dédicace au v.ᵉ siècle, ainsi que de celui de Boulogne en l'honneur de saint Martin, parce que l'église de saint Martin de Térouanne existait dès le temps de saint Maxime. Si le récit de Malbranc était appuyé sur un autre fondement que des conjectures, on pourrait juger de même que les anciennes églises dédiées à saint Martin, qui sont en très grand nombre dans la province, étaient des temples du paganisme dans leur origine.

Il paraît plus probable que Mars avait un temple à *Talémars*, village de l'Amiénois, en latin *Templum-Martis*, suivant la charte de fondation de l'abbaye de Corbie, de l'an 662; à *Talma*, fief dépendant du comté de Beauvais, qui est réuni à la seigneurie de Saint-Léger; dans la vallée de *Talmas*, au terroir d'Essuile; à Marte-Ville, *Martis-Villa*, village du Vermandois; à *Mars-Villa*, lieu du Vimeux, au-dessus de Limeu; à Marti-Mont, *Martis-Mons*: c'est une tradition, dit M. Carlier (4), perpétuée de siècle en siècle, et confirmée par les titres, qu'à la place de l'église et du donjon de Marti-Mont, il y avait un

---

(1) Dissert. 38, p. 451-460.
(2) De Morinis., t. I, p. 161.
(3) Ibid., p. 39.
(4) Hist. du Val., t. I, p. 11.

temple de paganisme. Il est vraisemblable qu'il y en avait un à Mere-Mont, village du même canton (1); sur la tombelle de *Marti-Mont* qui servait de borne à la banlieue de Noyelles-sur-Mer, comme nous l'avons dit; dans un lieu de même nom situé au terroir de Sailly-Lorette, qui est aujourd'hui un fief dépendant de l'abbaye de Corbie; enfin à *Mamers*, aujourd'hui Mamets, près Encre. *Mers* est le nom que les anciens habitants d'Italie donnaient à Mars, suivant Varron (2). Peloutier ajoute que son simulacre était une hallebarde (3). La rivière du Mas, en latin *Marso*, qui coule dans le Beauvoisis, était peut-être aussi un nom de consécration à Mars.

LXXXVII.
MONUMENTS CONSACRÉS A MERCURE.

Quoique Mercure eût déjà beaucoup de statues dans les Gaules, dès le tems même de César (4), *hujus sunt plurima simulacra*, elles s'y multiplièrent encore dans la suite, relativement à ses différents attributs, jeune, vieux, mort, père de l'éloquence, messager des dieux, protecteur des marchands, guide des voyageurs, etc., de sorte qu'il n'y a point de contrée, après l'Italie, où il se trouve plus qu'en France des statues de ce dieu, grandes, moyennes et petites, en bronze, en marbre, en pierre, habillées à la gauloise, à la grecque, à la romaine.

Nous avons parlé des Mercures gaulois, c'est-à-dire, des petits monts placés sur le bord des grands chemins, sur lesquels on posait une grosse pierre arrondie pour représenter la tête de Mercure (5). C'était le simulacre de Mercure mort, ou plutôt de ses surnoms de *Teutatès: in tumulum quem Mercurium Teutatem appellant* (6); de *Pluton*, que les sermons de saint Eloy, dont nous parlerons ailleurs, nomment *Orcum*. Le Mercure grec ou le vieux était une statue sans poitrine, sans bras et sans jambes: *seniores Mercurios*, dit Plutarque, *sine pedibus et manibus fingunt;* ou une figure quadrangulaire en forme de gaîne, qu'on appelait *Hermès*. On voyait, au rapport de Cornelius Népos (7), de ces pierres carrées que les Grecs appelaient *Hermas*, à l'entrée des temples et des maisons particulières. Cependant chez les anciens Saxons les monuments appelés *Hermes* et *Hermin* étaient érigés en l'honneur de Mars (8). Quoiqu'il

---

(1) Hist. du Valois, t. I, p. 88.
(2) De linguâ latinâ, IV. 10.
(3) Hist. des Celtes, l. III, c. VII, § 1.
(4) Cæsar, de Bell. gal., lib. 6.

(5) Bergier, gr. chem. de l'Emp. I. IV, p. 325 et suiv.
(6) Tit. Liv., décad. 3, l. 6-44.
(7) Cornel. Nep., Alcib., c. 3.
(8) Witikind. annal. Corb., l. 1, p. 633.

en soit, le culte du dieu *Hermès* était fort répandu dans la Belgique ; plusieurs lieux en ont conservé le nom, savoir : *Mons-Hermarum* en Beauvoisis, où fut fondée l'abbaye de N. D. de Trie, aujourd'hui Froimont ; *Hermes*, village, *Hermes* ou *Hermenc*, à présent Saint-Christophe, dans la forêt d'Halate ; ces deux lieux sont situés dans le Senlisien ; *Hermes* dans le Vimeux, c'était le nom d'un bois pour lequel le comte de Ponthieu et le seigneur de Saint-Valery étaient en contestation en 1219. Nous savons qu'*Herma terra* (1) désigne une terre en friche, mais nous doutons si cette dénomination ne venait pas de ce que les friches étaient consacrées au dieu Hermès.

De ce simulacre ont été faits les *Lares viales* de Plaute, les *Viacos* de Varron, les *Dii Termini* dont il est parlé dans plusieurs conciles, c'est-à-dire ces espèces de pilastres ou colonnes placées à la rencontre de plusieurs chemins, comme au lieu dit *les Sept Voies*, en Boulonois et du côté de Compiègne. Il y avait de même, chez les Edoniens, peuple voisin de la Macédoine, un lieu nommé *les Neuf Chemins*. Peloutier (2) conjecture qu'il fut appelé ainsi parce qu'il y avait en ce lieu un célèbre sanctuaire, où les habitants de neuf cantons différents venaient célébrer la fête de *Cotys*. Il est vraisemblable que des *Viaci*, sont venus Vi-sur-Aine en Soissonnois, Vy-sur-Autie, Vis-Marais, Mont-à-Vis-le-Haut, Mont-à-Vis-le-Bas en Ponthieu, etc.

Le Mercure romain, Mercurius, eut non seulement des simulacres dans la province, mais aussi des temples. Quant à ses statues, sans répéter les actes de saint Firmin, martyr, de saint Lucien, de saint Quentin, des saints Crépin et Crépinien, de saint Rieul, de sainte Macre, qui supposent son culte établi dans les principales villes de la Belgique, au mois d'avril 1695, dans une vigne située au terroir de Marissel, à deux cents pas environ, d'autres disent quatre à cinq cents de la porte de Beauvais, appelée de Brêle, au-dessus de la voie romaine qui passait au pied de Clermont. M. du Caurroy, médecin de Beauvais, fit la découverte d'une figure de Mercure, taillée en relief, sur une pierre blanche de l'espèce de celles qu'on nomme dans le pays pierres de Saint-Leu (pl.... n.° 1). Cette pierre pouvait avoir dans son entier sept à huit pieds de haut. Il n'en restait que trois pieds et un peu plus de neuf pouces, suivant les uns (3), ou cinq à six pieds, suivant les autres (4). Selon des mémoires manuscrits, cette pierre tronquée avait près de cinq pieds de longueur, y compris le fronton, et deux pieds sept pouces de largeur, sur quinze pouces d'épaisseur. Le fronton, qui a onze

---

(1) Du Cange, gloss. au mot *Herma*.
(2) Hist. des Celt., l. 3, ch. vi, § 13.

(3) Merc. Gal., de juin 1695, p. 58.
(4) Ibid., d'août, p. 202.

pouces dans la perpendiculaire et fait partie de la même pierre, porte aux extrémités sur deux consoles.

Le dieu est représenté debout. Son air et son port sont majestueux. Il a les cheveux courts et crépus, le menton barbu, la tête coiffée du pétase, chapeau aîlé. Son corps n'est couvert que d'une espèce de manteau qui approche du *paludamentum*, il est retenu sur l'épaule droite par un bouton. Mercure tient de cette main une bourse dont le fond est resté sur la partie de la pierre qu'on n'a pu retrouver; de l'autre un caducée de plus de deux pieds et demi de long. Il est surmonté de deux serpens entortillés, suivant la description qu'en a donnée M. du Caurroy lui-même (1); et suivant Dom Jacques Martin (2), ce caducée n'a pas de serpent, *mais je ne sais quoi*, dit-il, *qu'on ne peut définir bien, ni décrire*. L'épaisseur de la pierre est ornée de chaque côté, au-dessous du fronton, d'un bas-relief qui représente un serpent, dont la tête, saillante de la volute de la console, le corps replié en spirale et la queue terminée en lozange allongé lui servent d'ornements. Au-dessous du serpent, du côté droit, sont un globe et une patère. Le reste est absolument fruste. On voyait au-dessous de l'autre serpent deux poissons adossés, assez gros et de la forme d'un dauphin, la tête en bas, et au-dessous une grande patère de vingt à vingt-deux pouces de circonférence. Plus bas était un autre poisson plus gros encore, mais il n'en restait que la queue et les nageoires étendues. On lit sur le fronton l'inscription suivante:

SACRUM
MERCURIO AUGUSTO
C IULIUS HEALISSUS. V. S. L. M.

Ces quatre dernières lettres signifient *votum solvit lubens merito*, c'est-à-dire, que Caïus Julius Héalissus, en consacrant ce monument à Mercure Auguste, a accompli de son plein gré le vœu auquel il s'était obligé. Le P. de la Porte, minime, qui a fait imprimer dans le *Mercure Galant* du mois de septembre 1695, une dissertation sur la statue de Mercure, découverte près la ville de Beauvais, en explique l'inscription ainsi: *Caius. Julius. Heali. instauravit. suis. sumptibus. usus. licentia. magistratum.*

On ne peut douter que ce ne soit le reste d'un autel érigé à Mercure voyageur, après un grand voyage que *Healissus* avait entrepris sur mer et dont il était revenu en santé. C'est ce qu'indiquent le globe, les poissons et les serpens; ceux-ci sont l'emblême de la santé. Mais les savants ont été partagés

---

(1) Merc. Gal., suprà.   (2) Relig. des Gaul., t. 1, p. 344.

non seulement sur le titre d'Auguste que l'inscription donne à ce Mercure, mais aussi sur sa physionomie. Les uns ont pensé qu'on avait voulu figurer l'Empereur Hadrien. Une médaille de Tite, *Caesar Vespasianus Augustus Pontifex Maximus tribunitia potestate Consul viij*, un peu fruste, trouvée au même lieu, l'année d'après la découverte de ce monument, a porté d'autres à le donner à cet Empereur (1); mais le travail n'est pas d'une assez bonne main pour être ni d'Hadrien ni de Tite. D'autres ont cru (2) que la flatterie pouvait avoir engagé les Romains, pour honorer Posthume que les Gaulois proclamèrent Empereur du temps de Gallien, à lui donner le nom de Mercure, comme plusieurs de ses médailles lui donnent celui de *Hercules Deusonensis, Hercules Magusanus* (3). Leur conjecture est fondée sur ce que cet Empereur est un des premiers qui ait allié la barbe avec la pourpre, sur ce qu'il faisait les délices des Gaulois, sur ce que plusieurs de ses médailles le comparent à Mercure, en lui donnant ses attributs. M. Moreau de Mautour (4) assure même que c'était l'usage des anciens de peindre les grands hommes sous des figures de divinité or Posthume méritait certainement cet honneur par sa sagesse, sa valeur et les grands services qu'il avait rendus à la République : *Posthumus in Galliis invasit tyrannidem, multo quidem Republicæ commodo; nam per decem annos ingenti virtute ac moderatione usus est* (5). Au reste, le titre d'Auguste donné à ce Mercure ne répugnerait ni à l'un ni à l'autre sentiment, soit qu'il fût donné aux dieux par un excès de flatterie (6) à l'égard des empereurs romains, soit que le terme d'Auguste signifiât la même chose que saint ou très respectable, très vénérable, très adorable, comme il paraît par un très grand nombre d'exemples tirés des inscriptions et des médailles (7); soit enfin qu'il désignât que cet autel avait été dédié solennellement, comme nous l'apprennent ces deux vers d'Ovide :

> Sacra vocant Augusta patres Augusta vocantur
> Templa sacerdotum ritè dicata manu.

Il est vrai que la base d'une des colonnes trouvée à peu de distance de l'autel en question donnerait lieu de croire qu'il était accompagné d'une de ces petites chapelles nommées *Cancelli*. Sa base pouvait avoir vingt pieds et plus en carré. Elle avait une doucine au lieu du grand tore qui porte ordinairement sur la plinthe, conformément à l'ancien ordre ionique. La colonne qu'elle supportait

---

(1) Mém. MS.
(2) Rel. des Gaul., t. I, p. 345.
(3) Hist. des Celt., l. 3, c. 14, § 8.
(4) Mém. de Trévoux, juillet 1705, p. 1247.
(5) Orosius, liv. 8, c. 22.
(6) Rec. d'antiq., t. IV, p. 374.
(7) Salengre, novus thes. antiq., t. I, c. 1041 et seqq.

devait avoir douze pouces de diamètre, à en juger par la place de l'enclavement. Quelque chose de plus, les paysans des environs ont certifié que cinquante ans auparavant, le propriétaire de la vigne avait vendu quantité de pierres taillées et figurées qui provenait du même lieu.

Les *Mercures Galants* de juin, d'août et de septembre 1695 (1), ont donné des relations de cette découverte. On trouve dans les *Journaux des savans* (2), l'extrait de la lettre de M. du Caurroy et d'une autre de Dom Hyacinthe Alliot, bénédictin de Saint-Vanne (3). Le monument est gravé dans le *Mercure Galant* du mois d'août et deux fois dans l'*Antiquité expliquée* de Dom de Montfaucon (4). Dom Jacques Martin (5) l'a inséré aussi, avec quelques observations, dans la *Religion des Gaulois*. Malgré cela, nous n'avons pas cru devoir nous dispenser de le faire graver de nouveau. Nous avons de la peine à croire, après lecture réfléchie de la lettre de M. du Caurroy, insérée dans le *Mercure* d'août 1695, que le caducée ait été rendu exactement dans les différents dessins que nous en avons.

D. Robert Wiart, bénédictin de l'abbaye de Breteuil, écrivait en 1670 (6), qu'on avait découvert depuis peu, dans l'ancien emplacement de Vendeuil, une divinité qu'il ne nomme pas; mais il la désigne suffisamment en disant qu'elle avait des ailes à la tête et aux pieds, qu'elle tenait une bourse d'une main et que de l'autre elle montrait la terre avec le doigt. C'était en effet un Mercure. Son attirail indique sa fonction de conduire les âmes après la mort, c'est-à-dire qu'en montrant la terre du doigt il voulait annoncer aux hommes qu'ils passeraient tous la barque à leur tour. Sa bourse était pour leur faire ressouvenir qu'ils eussent à se munir de quoi payer le passage. Cette idole tomba entre les mains du curé de Vendeuil. Il la présenta à la duchesse de Sully, dame de Breteuil, qui en reconnaissance fit un fort beau présent à son église. Le nom de Sully renouvelle le souvenir affligeant de la dissipation du riche cabinet d'antiques de feu M. le Duc, dont il ne nous reste que le catalogue, rédigé en 1762, par Helle et Remy. Il était formé, pour la meilleure partie, des antiquités qui avaient été découvertes à Vendeuil (7). Combien de sortes de Jupiter, de Mercure etc., sans parler des déesses, des ornements, des vases entiers ou frustes et autres pièces antiques. On a trouvé aussi sur le Mont-Ganelon, près

PETITES FIGURES DE MERCURE.

(1) Merc. Gal. 1695, p. 58 et suiv.
(2) Journ. des sav. de 1695, p. 292.
(3) Ibid., 1695, p. 15.
(4) Antiq. expl., t. I, part. I.re, pl. LXXVI, t. II. part. II, pl. CLXXXV.
(5) Relig. des Gaul., t. I, pl. X,
(6) Hist. MS. monast. Britul., p. 55.
(7) Catalog., p. 6 et suiv.

Compiègne, deux petits Mercure de bronze, avec le pétase et les talons ailés. Ces deux idoles sont conservées dans le cabinet de M. Fayolles, commis au bureau de la marine, à Versailles.

<small>MILIUS, NOM DE MERCURE, A PASSÉ A QUELQUES LIEUX DE PICARDIE.</small>

Ces découvertes ont été faites dans le Beauvoisis. Il paraîtrait cependant que Mercure était honoré sous un autre nom par les *Bellovaces*; ce mot est *Milius* ou *Meliandus*. L'abbé Le Bœuf (1) pense que la montagne du Mont-Mélian, sur les confins du diocèse de Senlis, à une lieue et demie de Louvres, a pris son nom de ce dernier, que c'était là où était élevée l'idole de Mercure dont parlent les actes de saint Rieul. *Milius* se retrouve dans le nom d'une autre montagne, à peu de distance de Beauvais où saint Lucien et ses compagnons se retirèrent (2), moins pour éviter la persécution que pour catéchiser les peuples qui y allaient adorer l'idole de Mercure. Ce lieu fut consacré peu de temps après par le sang de saint Maxien et de saint Julien. On éleva à la place du temple payen un oratoire auquel a succédé l'église paroissiale qui porte le nom de Saint-Maxien. *Millianus*, Milly en français, nom d'un bourg du même canton, ne peut venir aussi que du temple que *Milius* ou Mercure avait sur la montagne voisine.

<small>TEMPLE DE MERCURE EN PLUSIEURS ENDROITS DE LA PICARDIE.</small>

Il est certain, par les actes de saint Firmin, martyr, que Mercure avait un temple à Amiens. On y voit même jusqu'au nom du prêtre qui y était attaché. Les noms de *Mercurii-Valis* et de *Mercurii-Villa* nous font conjecturer que ce Dieu en avait un à Méroille, en Amiénois, et un autre à Merval, en Soissonnois. *Mercurium* en indique un troisième à Merk ou Marc, au Pays reconquis. Malbranc dit en effet dans quelqu'endroit de son histoire des Morins, sur la foi de certains actes de saint Gentien et de saint Victoric que nous ne connaissons pas, que le culte de Mercure était fort répandu dans cette contrée.

LXXXVIII.
LIEUX CONSACRÉS A APOLLON.

Nous voyons bien par les actes de saint Quentin qu'Apollon avait les honneurs divins à Amiens, et, par l'inscription de *Setubogius* déjà citée, qu'il y avait sa statue posée sur un stylobate, vœu que ce particulier avait fait pour le succès de l'armée gauloise; par les actes des saints Crépin et Crépinien, par ceux de saint Rieul, qu'en qualité de dieu des Romains de la première classe, il avait les mêmes honneurs à Soissons et à Senlis, ainsi que dans la capitale du Vermandois, comme il est évident par les actes de saint Quentin. Mais nous

---

(1) Hist. du dioc. de Paris, t. v, p. 538.   (2) Boll. act., S. S., t. I, januar, n.° 14 et 20,

ignorons si cette divinité avait un temple particulier dans ces différentes villes. Cependant si tous les lieux nommés en latin *Curtis-Dominica* devaient, comme *Court-de-Dimanche*, autrement la *Mer d'Autye*, village au-delà de Pontoise, leur origine à un temple d'Apollon, suivant que nous l'apprend Raoul de Presles (1), on pourrait penser que les temples de ce dieu n'étaient pas rares dans la Belgique; car il y a plusieurs lieux dits *Curtis-Dominica*, savoir: Courte-Manche, hameau près Mondidier, sur la rivière du Dom, un autre de même nom, près Suzy, en Laonnois. Ce dernier est appelé Curt-de-Manchen, dans un titre de l'an 1134.

Nous voyons par une charte de l'abbaye de Pantemont, de l'an 1228, une montagne ou monticule, près Beauvais, nommé *Delii-Mons*, depuis *Morimont* ou le Mont-des-Marais, par une bulle du pape Alexandre III, du mois d'octobre 1164, en faveur de l'abbaye de Froimont, et par un titre de Barthélémy, évêque de Beauvais, de l'année 1170, que Delismont est l'ancien nom du Mont-de-Froimont. On sait que les délies étaient une fête consacrée à Apollon, ce qui suppose qu'il avait un temple sur cette petite montagne. Apollon avait aussi le surnom de *Granus*, comme il paraît par plusieurs inscriptions. Il était connu chez les Grecs, au rapport de Strabon (2), sous le nom de *Gryneus*. Nous connaissons un lieu sur la côte de Boulogne, dit la Pointe de Griney ou Grinet; ce nom ne viendrait-il point d'un temple d'Apollon bâti sur cette pointe? C'est ainsi que Saturne était honoré à Beauvais sous un nom particulier. M. Loisel (3) assure que le faubourg de Saint-Quentin de Beauvais était nommé autrefois *Déloir*, d'un surnom que les Gaulois avaient donné à Saturne, et nous voyons par un titre de l'année 1173, que l'Hôtel-Dieu de Beauvais avait *domum sitam in delerio*. Il y avait aussi au village de Brêle un canton de vigne, dit *in Delerio* dans d'anciennes chartes de l'abbaye de Froimont. Il était connu aussi dans la province sous son véritable nom, car on lit dans les actes des saints Crépin et Crépinien: *an Saturnum colitis?* D'ailleurs on y a vu des restes des fêtes célébrées en son honneur, c'est-à-dire des saturnales jusques dans les derniers siècles et même jusqu'au milieu des sanctuaires, comme nous le ferons voir dans la suite. L'historien des Morins (4) prétend que Minerve avait un temple à Sithiu, aujourd'hui la ville de Saint-Omer, au lieu dit la *Motte: ubi ab incredulis primùm colebatur Minerva;* que saint Omer y fit construire une basilique en l'honneur de la Vierge, c'est-à-dire au même lieu où se voit à présent la chapelle de

APOLLON NOMMÉ DELIUS.

---

(1) Cité de Dieu, l. 5 ch. xxv.
(2) Strabo., l. 14.
(3) Mém. du Beauv., t. 1, p. 93.
(4) Malbranc., de Mor., t. 1, p. 318, t. 111, p. 638.

Notre-Dame: *eodem loco, in quo nunc est sacellum B. Virginis, fuit illa Minervæ œdicula.* Ce qui est bien certain, c'est que *Titus Punicius Cenialis duumvir* des Morins a érigé un monument à Minerve.

Le culte de cette divinité existait encore dans le Vermandois au temps de saint Eloi, puisqu'il en est parlé dans ses sermons, ainsi que de Neptune. C'est là le seul monument, peut-être, qui fasse mention du culte du dieu de la mer dans la Belgique.

LXXXIX.
LIEUX CONSACRÉS A BACCHUS. PLUSIEURS DE SES FIGURES.

Si l'on jugeait de celui qui y était rendu à Bacchus d'après la qualité de ses vins, surtout de ceux de la partie septentrionale de la Picardie, on serait décidé à croire qu'il n'y était pas fort répandu. Cependant depuis la sixième année du règne de Probus, c'est-à-dire depuis que cet Empereur eut révoqué l'édit de Domitien contre les vignes et eut permis à tous les peuples de l'Occident d'en planter tant qu'il leur plairait, Bacchus devint un des grands dieux de ces contrées. M. Fayolle, premier commis de la marine, a, dans son cabinet, un Bacchus qui était le dieu Lare ou domestique de quelque particulier. Il a été trouvé sur le mont Ganelon............ Sur la fin du siècle dernier, un laboureur découvrit au terroir d'Amblainselve, village à l'ouest de Bapaume, une petite statue de cette divinité de treize à quatorze pouces de hauteur; Bacchus était représenté nu, barbu, avec deux cornes au front et les yeux d'argent. Elle tomba heureusement, quoique mutilée, entre les mains de M. Moreau de Mautour, qui a fait, sur cette découverte, une dissertation imprimée à Paris, en 1679. Elle était renfermée dans un tombeau. C'est aussi dans un tombeau déterré depuis peu d'années sur le bord de la chaussée romaine de Bapaume à Amiens, qu'on a trouvé une autre petite figure de bronze, qui a tout l'air de Bacchus ou du moins d'un de ses suppots (n.°...); sa hauteur est de deux pouces cinq lignes, non compris le piédestal. Il tient de la main droite une boulle et de de la gauche quelque chose qu'on prendrait également et pour une grappe de raisin et pour une tête de bélier, tant le travail en est grossier. Mais, comparaison faite avec la figure d'un sacrificateur de Bacchus donnée par M. de Caylus (1), nous pensons que c'est une tête de bélier, animal qu'on sacrifiait à Bacchus. Sa chevelure est épaisse et frisée. Le toupet forme une touffe de cheveux qui est nouée avec un cordon. Le piédestal est creux et ouvert par derrière; il a neuf lignes de hauteur, un pouce

(1) Rec. d'antiq., t. I, pl. LXIV, p. 173.

quatre lignes de longueur, sur un pouce deux lignes de largeur. Le travail de ce monument est assez mauvais ; l'attitude néanmoins lui donne une sorte de recommandation, parce que les figures assises sont rares et par là plus estimées (1).

On donne à Bacchus le temple qui était bâti au nord-est de la ville de Beauvais sur le Mont-Capron, colline à cent pas de cette ville. On fit la découverte de ses ruines en 1636, lorsqu'on construisait en ce lieu un fort qu'on nomme Ténaille. En août 1636, on commença à travailler à un fort sur le Mont-Capron où M. Augustin Potier donna le premier coup de pic. On a remarqué qu'il y avait eu autrefois un temple considérable, dont quelques pierres où il s'est trouvé des figures, ont servi à la construction des murs de la cité et de quelques anciennes églises ; il s'est trouvé au même endroit des tombeaux, urnes, anciennes armes et autres vestiges d'antiquités. Les débris consistaient en fragments de colonnes, grandes et petites, les uns tout unis, les autres ornés de feuilles de chêne, de laurier, d'olivier et de pampre ; en fragments de chapiteau, de base, de corniche, d'imposte ; en fragments de statues etc., très délicatement travaillés. Toutes ces pierres furent transportées dans la ville de Beauvais. Longtemps auparavant la plus saine partie était entrée dans la construction des murs de la cité. En effet, en coupant celui sur lequel était bâti l'ancien séminaire, du côté de l'évêché, on a trouvé le chapiteau d'une colonne dont la base avait été déterrée en 1636, au Mont-Capron. On voit encore dans une cave pratiquée sous ces anciens murs romains, un reste de bas-relief travaillé dans le même goût. Il représente un sacrificateur brûlant de l'encens sur un autel. La tête qui manque se retrouve sur l'autre partie de la pierre, enchâssée dans le mur d'une maison voisine.

Voici le plan de ce temple (pl. ... n.° 10) tel qu'il nous a été communiqué par M. l'abbé Danse. Il fut tiré sur un ancien qui avait été fait au temps de la découverte de 1636. C'était un carré long, forme des temples antiques. L'entrée était à l'Orient, précédée d'une cour parfaitement carrée, autour de laquelle régnait un portique qui allait aboutir à une terrasse. On voit en dehors de cette cour un corridor qui conduisait à deux escaliers dont les noyaux étaient chargés de pampres rampants. Ils formaient comme deux tourelles à l'extérieur de la première enceinte. Le temple était placé, partie sur la cour, partie sur la terrasse. Celle-ci est terminée en rond-point. L'intérieur du temple avait un rang de colonnes qui imitait la forme extérieure. On montait au vestibule par un escalier. La terrasse séparait le temple et sa cour d'un autre bâtiment presque carré, qui occupait plus d'espace encore que les deux ensemble. Il était en glacis. On y montait par un perron. L'intérieur était divisé en deux parties égales et

(1) Réc. d'antiq. t. III, p. 159.

uniformes formées par un rang de colonnes. Le plan donne à cette partie le nom de jardin : c'était peut-être le lieu de la sépulture de ceux qui étaient employés au service du temple. En effet, on y a trouvé quelques urnes et un tombeau élevé de terre de trois pieds ou environ. Nous en parlerons ailleurs. Le temple était d'ordre dorique; le portique, d'ordre corinthien. On a jugé qu'il avait été dédié à Bacchus par les différents attributs de ce dieu représentés sur ses débris.

Le Vasseur (1) donnerait lieu de conjecturer que Bacchus avait un temple aussi, près la ville de Noyon, sur le *Mont-de-Saint-Siméon*. C'est une côte assez élevée, longue et large, et où croît le meilleur vin du pays. Nos conjectures sont fondées sur ce qu'il rapporte que, le mardi du carnaval, la jeunesse de la ville va prendre encore ses ébats sur cette montagne. On y fait des feux, comme nous l'avons appris dans le pays, ce qui oblige les propriétaires des vignes de les faire garder, de peur qu'on en enlève les échalats.

SON SURNOM DE *LIBER*, RESTÉ A QUELQUES LIEUX DE PICARDIE. Bacchus avait le surnom de *Liber*, d'où est venu le nom de *Liberales* donné aux fêtes infâmes qu'on célébrait, en faveur de ce dieu, dans le mois de mars. Ce surnom a passé à quelques lieux de Picardie nommés en latin *Liberi-Mons* et *Liberi-Curtis*, c'est-à-dire Levre-Mont, qui n'est plus aujourd'hui qu'une ferme appartenant à l'abbaye de Saint-Just; Liber-Mont, village du Vermandois, et Limercourt dans l'Amiénois. Mais les libérales n'étaient pas les seules fêtes de Bacchus. Il y avait aussi les *Orgies*, dont un plus grand nombre de lieux de la province ont retenu le nom, tels que Hourges, autrefois Orges et Horges-sur-la-Luce ; *Orgis-Soella*, nom d'un ancien moulin situé du côté de Breteuil ; *Orgi-Val*, lieu près de Clermont ; *Orgi-Val*, maintenant *Orgeval*, village du Laonnois ; Orgi-Campus, Orcamp, abbaye célèbre de bernardins, au diocèse de Noyon.

XC.

MONUMENTS DE CYBÈLE.

La Picardie nous offre aussi plusieurs monuments des grandes déesses. Le plus beau, sans contredit, est celui de Cybèle, la mère des dieux, la déesse de la terre. C'est un petit buste en bronze, (n.° ...), de six pouces de haut, posé sur un *tympanum*, dont on se servait dans les fêtes de la déesse. Il a un pouce six lignes de diamètre, son piedestal n'a qu'un pouce neuf lignes de hauteur et deux pouces trois lignes de diamètre. Le tout est recouvert également du vernis antique : *monument*, dit M. de Caylus (2), *des plus complets pour la conservation, et des plus*

---

(1) Annal. de Noyon, t. I, p. 213.　　(2) Caylus, rec. d'antiq., t. v, p. 312.

parfaits pour la beauté du travail;... le mieux dessiné que j'aie vu de fabrique romaine. M. Dargnies de Fresne qui l'avait vu aussi, mais avant qu'il fût arrangé, donne lieu de penser qu'il n'était pas aussi complet que l'annonce le savant académicien. Voici les propres termes de M. Dargnies : *Cette découverte fit faire de plus amples recherches dans les environs ; mais on n'y trouva plus, dans le même endroit, qu'une boule de même métal portant environ 5/4 de pouce de diamètre, percée en haut et en bas, et qui semble avoir servi de support au buste, à la naissance du piédestal sur lequel il était posé.* Cette boule n'est autre que le globe de la terre, qui était un des symboles de Cybèle. La personne qui a envoyé ce monument à M. de Caylus lui a laissé, sans doute, ignorer cette circonstance. M. Dargnies a soin d'observer aussi que le *tympanum* était d'un même jet avec la figure. Revenons-y : la tête est très-agréable, ses cheveux bouclés et très-bien traités lui tombent sur le devant des épaules en forme de cadenettes. Elle est coiffée à la manière des deux bustes de la même déesse (1) découverts, l'un près Saint-Eustache, à Paris, l'autre au bas de Mont-Martre, c'est-à-dire de murailles de ville flanquées de six tours. Il est certain que si le monument trouvé dans le Vimeux eût été la représentation d'une ville, c'eût été plutôt Tours, comme nous le dirons bientôt, qu'Abbeville ; mais les cornes d'abondance placées aux deux côtés du buste, appuyées contre le *tympanum* et terminées par deux pommes de pin, symboles du jeune berger Atys, sont les véritables attributs de Cybèle. Nous le donnons ici tel que M. de Caylus (2) l'a fait graver, mais avec un attribut de plus qui rend l'ensemble encore plus parfait.

Cette belle antiquité a été découverte depuis quelques années à Tours, village ancien et considérable du Vimeux, où se croisent deux grands chemins qui traversent tout ce canton de la Picardie, et où vient aboutir un autre qui part d'Oisemont. Ce lieu est au nord-ouest de Vismes, que nous croyons avoir été l'ancienne capitale du Vimeux. Le monument était enseveli sous des décombres. M. de Tuyson nous a appris, par une lettre postérieure de quelques années à cette découverte, qu'il y avait donné lieu. Sa lettre, écrite d'Abbeville, le 25 d'octobre 1770, s'exprime ainsi : « *Après avoir dîné chez M. le marquis de Langeac, seigneur du lieu par madame veuve de M. le marquis d'Epinoy, son épouse, nous fûmes nous promener dans un petit bois de chesne qui est au bout du jardin du château. A droite de la grande allée, je vis une petite voie où j'entrai, et à cent pas je trouvai une élévation assez considérable qui ne pouvait*

---

(1) Rel. des Gaul., t. II, p. 39 et 40, pl. xviii.   (2) Rec., suprà., pl. cxi.

provenir que de décombres d'un édifice qui s'était éboulé en cet endroit. Je dis mon sentiment à ce seigneur qui y fit attention, et nous conclûmes que ce pouvait être un temple des anciens Druydes. Le dimanche suivant je retournai à Tours. En arrivant, madame la marquise de Langeac me fit voir une Isis très-bien conservée qu'on avait trouvée dans les décombres de l'élévation de la petite allée. Je ne vis point cette idole sans un grand plaisir, ce qui engagea cette dame à me la promettre quand elle aurait contenté la curiosité et l'envie qu'elle avait de la faire voir à ses amis et voisins........ Je ne sçai par quel hazard cette idole est tombée entre les mains de M. Douville, conseiller au Présidial d'Abbeville, qui l'a cédée à M. le comte de Caylus. » M. Dargnies ajoute à ce récit que M. Douville l'a fait monter sur un piédestal proportionné à la figure, sans dire s'il avait été trouvé au même endroit.

Voici deux autres figures d'un aussi bon goût que la précédente, qui ont été trouvées de même dans la Picardie. Elles sont fort bien moulées et drapées. La première (n.° ...) semble appartenir à Cybèle, quoiqu'elle n'ait de ses attributs que la corne d'abondance. Elle la porte sur le bras gauche, l'épaule et le sein étant découverts ainsi que le bras droit. Sa coiffure est remarquable. Elle est chaussée à l'antique, c'est-à-dire qu'elle porte une semelle assujettie sous le pied par le moyen de bandelettes ou rubans qui, après s'être croisés sur le pied et au-dessus du talon, se nouaient entre la cheville du pied et le mollet de la jambe. Cette figure peut avoir trois pouces de haut. Nous prendrions la seconde (n.°....) pour un *archigalle*, grand-prêtre de la déesse, s'il avait le bonnet phrygien ; mais nous pensons que c'est un simple galle supportant du bras gauche deux cornes d'abondance accolées, et ayant la main droite fermée comme pour tenir un *tympanum* ou une pomme de pin. Les trois sortes d'habillements dont il est revêtu sont très-aisés à distinguer. Il porte une ceinture par dessus. Cette petite figure de bronze, de quatre pouces moins une ligne de haut, vient du Mont-Ganelon près Compiègne. Elle a été donnée par M. Panelier à M. Fayolles, commis de la marine, qui la conserve dans son cabinet à Versailles.

<small>RESTES DE SON TEMPLE AU VILLAGE DE TOURS.</small>

Nous ne connaissons en Picardie d'autres vestiges de temples consacrés à Cybèle que ce que nous a dit feu M. de Tuyson des débris de celui de Tours en Vimeux, dans sa lettre déjà citée : *L'après-midi nous fûmes sur les lieux et nous découvrîmes le pavé de ce temple qui était d'une espèce de faïence blanche. Je voulus engager M. le marquis de Langeac de continuer la fouille qu'il avait commencée, il me dit que cela lui paraissait fort inutile.* Cependant la fête de cette divinité, qui, au rapport de l'auteur des actes de saint Symphorien, martyr, et de Grégoire de Tours, se célébrait avec beaucoup de pompe dans toutes les Gaules, et par conséquent dans la Belgique, d'après ce que nous venons de dire, suppose qu'il y avait plusieurs temples.

 D'ailleurs, nous croyons apercevoir le nom du jeune berger Atys, si fameux dans l'histoire des poètes par l'amour que Cybèle avait conçu pour lui, dans ceux des villages d'*Atys* en Laonnois et d'*Athies* en Vermandois, à moins qu'on aime mieux le faire venir d'*Atis*, surnom que l'on donnait à Mars dans l'Asie-Mineure, où les Gaulois avaient été faire des conquêtes, comme nous l'apprend leur histoire. La fête de Cybèle était fixée dans les anciens calendriers romains au 27 de mars. On promenait sa statue par les rues, autour des champs et des vignes, et le peuple la précédait en chantant et en dansant.

XCI.

MONUMENTS DE CERES, QUE QUELQUES-UNS PRENNENT POUR CYBÈLE, LES AUTRES POUR ISIS.

 Cybèle a été confondue avec *Isis*. M. Banier même n'est pas éloigné de croire que ces deux divinités n'en font qu'une. Cependant les mythologistes prétendent qu'*Isis* était dans l'Egypte ce qu'était *Cérès* en Italie, c'est-à-dire fille de Saturne et de Rhea ou Cybèle. Ce qu'il y a de certain, c'est que Cérès a laissé en Picardie des marques de son culte sous ses deux noms différents, égyptien et romain. On a trouvé à Soissons en 1682, en jetant les fondements d'une des salles de l'Hôtel-Dieu, une pierre longue de 4 pieds environ et de 2 pieds de large, sur laquelle était gravée l'inscription suivante :

```
            ISI
        MYRIONY MAE
        ET SERAPI
        EXPECTA......
        METIS. AUG. D.
            V. S. L.
```

 Dom Mabillon (1) a cru qu'on pouvait lire ainsi les mots abrégés : *expectato seu expectatissimo Metis Augur deorum vota solvit lubens*, en prenant *Metis* pour le nom de la personne qui s'acquittait du vœu. M. Spon suppose, au contraire, suivant une lettre de M. Nicaise, de Dijon, écrite à D. Mabillon le 17 de février 1685, qu'après *Serapi* il y a *servus* ou *libertus* d'effacé et qu'il faut rétablir *Exspectatus*, nom propre de l'affranchi d'*Hermetis Augustae dispensa-*

---

(1) Veter. analect., t. IV, p. 91.

toris. L'abbé Le Bœuf (1), qui a vérifié cette inscription, lit aussi : *exspectatus Hermetis Aug. disp*. Comme dans les choses douteuses, chacun peut dire son sentiment, voici le nôtre sur les trois dernières lignes : *Exspectatus vernemetis Augustae dispensator votum solvit lubens* ou *lubenter*, c'est-à-dire que *Exspectatus*, dispensateur du grand temple d'Auguste des Soissonnois, nom romain de la ville de Soissons, a satisfait volontiers au vœu qu'il avait fait à Isis Myrionyme et à Serapis. L'abbé Le Bœuf croit que Serapis est le même qu'*Osiris*. *Myrionymae* est donné ici, ainsi que dans une autre inscription trouvée en Bavière (2), à *Isis*, comme un des noms sous lesquels elle était révérée. Nous avons dit ailleurs que *vernemetis* était un composé de deux mots gaulois, savoir, *ver*, qui veut dire grand, et *nemetis*, qui signifie un temple; c'était sans doute le Capitole de Soissons dont nous avons parlé. *Exspectatus* est en effet le nom propre d'un Romain. La pierre sur laquelle l'inscription a été gravée se voit encore dans le jardin de l'Hôtel-Dieu de Saint-Gervais. L'abbé Le Bœuf prétend qu'elle n'est point entière, que la partie qui a été rompue devait être chargée de figures relatives à l'inscription, par lesquelles on pouvait juger sous quels symboles *Isis* et *Serapis* étaient honorés à Soissons. Elle a été découverte dans un lieu assez voisin de la sacristie de la cathédrale où, selon une ancienne tradition, le temple consacré aux idoles était bâti.

Statue trouvée a Soissons, qu'on a prise pour celle d'Isis

Il est donc certain qu'Isis avait un culte particulier à Soissons. C'est ce qui a porté, sans doute, quelques Soissonnois (3) à croire que la belle statue de marbre qui fut trouvée en 1550 ou 1551 dans les souterrains du château d'albâtre était la figure d'Isis. Elle représentait une femme nue, de la plus haute taille, à laquelle il ne manquait que la tête; mais nous croyons que la tête a été retrouvée dans une seconde fouille faite au même endroit du temps de M. Melliand, intendant de Soissons. Cette statue fut exposée pendant longtemps dans la petite cour de l'Evêché. M. de Roucy la fit transporter ensuite dans la grande salle de son palais épiscopal, où elle est demeurée jusqu'à ce qu'*elle fût employée*, dit l'historien de Soissons, *à un meilleur usage*. Dormay prétend que c'est Minerve. Il est plus probable que c'est Isis, et que de ce nom sont venus ceux de *Josi*, *Josienne* et *Jausi*; l'un est le nom d'une rue de la ville de Soissons, tout près de la cathédrale; l'autre, le nom d'un ancien moulin de Saint-Médard, qui était situé entre la ville et l'abbaye. *Jausi* est le nom d'un village qui est sur le grand chemin de Soissons à Compiègne. On trouve dans le canton du Vermandois, deux

---

(1) Dissert. sur le Soiss., p. 100, note.

(2) Aventin, annal. Bajor., l. 2.— Gruter. inscript. p. 83.

(3) Bertin, hist. MS. de Soissons.—Dormay, hist. de Soiss., t. I, p. 41, et t. II, p. 451.

villages dont les noms ont plus d'analogie encore avec celui d'*Isis*, savoir : Essigny-le-Grand et Essigny-le-Petit, nommés en latin, *Isiniacus* et *isiacensis parocchia*, etc.

Par une suite naturelle du culte d'*Isis*, les Belges devaient célébrer aussi celui d'*Osiris*, qu'elle eut, disent les mythologistes, pour frère et pour mari. Il n'existe dans la province aucun monument particulier de ce dieu, à moins que *Serapis*, de l'inscription de Soissons, ne fût le même qu'*Osiris*. Comme l'a pensé l'abbé Le Bœuf (1), l'un et l'autre représentent le soleil. On a trouvé, non en Flandre (2), mais en Picardie, à la porte de Péronne, ou plutôt au pied du Mont-Saint-Quentin, un prêtre d'*Osiris* de bronze fondu massif (n.°.......) de deux pouces six lignes de haut. Le travail en est aussi simple que la figure est commune. Le fond des yeux est d'argent (3). Le col est paré d'un large collier; les deux mains fermées, appuyées l'une contre l'autre sur la poitrine, sont percées pour porter, sans doute, quelques instruments mobiles qui ne subsistent plus. Elle porte au menton la plante *Persea*. Sa coiffure est formée par le fruit *colocasia*, ornée sur le devant d'un serpent, et sur les côtés de deux ailerons, dont les bases portent une petite belière fixe et trouée. PETITE FIGURE D'UN PRÊTRE D'OSIRIS, TROUVÉE EN PICARDIE.

Nous savons qu'on a découvert dans notre province plusieurs monuments de la fille de Cybèle, sous le nom romain de Cérès; mais nous n'en avons vu aucun. Suivant des mémoires manuscrits sur le Beauvoisis, on a trouvé une Cérès à Lieuviller parmi les ruines d'un vieux bâtiment; mais ces mémoires n'entrent dans aucun détail; ils nous apprennent seulement que les figures de Cérès étaient petites et de bronze. D'autres de M. de Nully, chanoine de Beauvais, sur Beauvoir, secours de Vendeuil, portent qu'il s'est trouvé de son temps, au pied du Mont du Catelet, de petites idoles de Cérès. Ainsi, le culte de cette divinité devait être aussi célèbre, pour le moins, dans la province, que l'était celui de sa mère. IDOLES DE CÉRÈS.

Les deux grandes solennités qui s'y célébraient tous les ans, comme à Rome, vers le 15 de février et le 25 d'avril, suppléeront au défaut des monuments. La première était en mémoire des peines qu'elle s'était données pour retrouver sa fille Proserpine que Pluton avait enlevée. Elle la chercha jour et nuit par mer et par terre; pour s'éclairer pendant la nuit, Cérès allumait un flambeau; c'est pourquoi elle est représentée une torche flamboyante à la main. De là la fête des *Brandons* en Picardie, des *Flambards* en Normandie, des *Bures* ou des RESTES DES FÊTES DE CÉRÈS, NOMMÉES *BRANDONS* DANS LA PICARDIE.

---

(1) Dissert. sur le Soiss., suprà.   (3) Ibid., p. 66.
(2) Rec. d'antiq., t. VI, p. 401.

— 212 —

Buires en Champagne, dans la partie de la Picardie qui lui est voisine ; et dans quelques autres lieux particuliers, *Bordes* ou *Bordées*.

Nos pères nommaient *brandons* un flambeau, une torche de cire ou de paille, un tison : *un grans brandons de feu*, disent les grandes chroniques de Saint-Denis, sous l'an 584, *courût à minuict parmi le Ciel en si grand habondance, que liair en resplindit aussi comme s'il fust clères jours*. La cérémonie de la fête consistait à courir dans la nuit par les champs, un brandon à la main. Depuis l'établissement de la religion chrétienne jusqu'à nos jours, la cérémonie s'est perpétuée le premier dimanche de Carême (1), et dans quelques cantons de notre province où elle n'est pas encore tombée dans l'oubli, elle y est connue sous les noms différents de *Brandons*, de *Bourdon*, de *Bourdis*, de *Behourdis*, d'*Ourdic*, etc. Dans ceux où elle est totalement abolie, il y reste des preuves de son ancienne existence ou dans la tradition orale, ou dans des monuments authentiques ; car cette cérémonie a fait époque, comme bien d'autres dont nous avons parlé, dans les actes civils et ecclésiastiques, et même dans les livres liturgiques. *Le premier dimanche de Carême*, dit M. Deslions (2), doyen de l'église de Senlis, dans son premier discours sur *le Roi de la Féve et le Roi boit*, *porte le titre de Dimanche-aux-Brandons dans quelques livres ecclésiastiques*. En voici les preuves par ordre des cantons de la Picardie.

DANS L'AMIÉNOIS. La mémoire des Brandons s'était conservée dans l'Amiénois. Suivant un vieux registre de la Maladrerie de la Madeleine-lès-Amiens, le Roi lui donnait dix livres à titre d'aumône, tous les ans, *le jour des Brandons*. On lit dans un autre, de l'Hôtel-de-Ville d'Amiens, coté E : *Item, du jour de le Saint-George l'an* 1302, *deskes au mardi après les Brandons...... Item, du mardi après les Brandons l'an* 1302 (1303) *que messire Bisée eut les monnoies jusqu'à la veille Saint-Bertremieu, l'an* 1303.

Nous avons une sentence de Pierre Raimond de Rappestain, bailli d'Amiens, de l'an 1321, en faveur de l'abbaye de Corbie contre la dame de Boves, donnée en *l'assise d'Amiens, qui commencha le lundi prochain après les Brandons* 1320. Une autre du bailli Robert de Marines (3) commence ainsi : *Sçachent tous que en l'assise d'Amiens tenue par nous, qui commencha le lundy prochain après les Brandons mil CCC vingt et deux* (1322). Une troisième du bailli Galeran de Vaux, en faveur de la même abbaye, fut prononcée *aux assises d'Amiens, qui commenchèrent le jeudi après les Brandons mil CCC et trente*.

(1) Sermo. Innoc., PP. III de Purificat. (3) Cartul. S. Fusc., fol. 126, n.° .
(2) Disc. 1, p. 14.

Une quatrième, desdits jours et an, en faveur de l'abbaye de Saint-Riquier contre celle de Valoires, est datée de même. Enfin, une requête de l'an 1337 (1) commence en ces termes : *Pardevant Pierre Le Courant, baillieus d'Amiens, en l'assice d'Amiens, qui commencha le jeudi prochain après les Brandons l'an* 1336.

Dans le Beauvoisis, une charte de l'abbaye de Froimont, expédiée à Jouy, est datée de l'an 1263 (1264) : *die mercurii post Brandones.* On lit dans une autre du mois d'août 1281, que le desservant d'une chapelle fondée dans l'église paroissiale de N.-D. de Chambly, sera tenu d'y dire la messe tous les jours au point de l'aurore : *a festo S. Remigii ad Brandones*, et au lever du soleil : *a Brandonibus usque ad festum S. Remigii*. Une autre de l'abbaye de Saint-Quentin de Beauvais de l'an 1285 : *anno 1284, die martis post Brandones* (2). Des lettres de Raoul Dargies, seigneur de Breteuil, en faveur de l'abbaye de cette ville, portent : *anno 1289 (1290) mense februario, die mercurii ante Brandones* (3). D'autres en faveur de l'abbaye de Froimont : *anno 1293 (1294) die sabbato post Brandones*. Un titre de Guillaume de Hangest pour celle de Royaumont : *an 1295 (1296) samedi après les Brandons* (4). Une sentence du bailliage de Beauvais : *l'an de grace mil et III et X le merquedi après les Brandons fu resaisis Chapitre de Biauvez de un homme que l'agent l'abbé S. Denis à Tavellons, en le terre de Chapitre, avoit pendu* (5). Une transaction entre l'évêque de Beauvais et son Chapitre : *datum anno domini millesimo CCC quinto decimo die sabbati post Brandones* (6). Une lettre de l'official de Beauvais en faveur de l'Hôtel-Dieu : *die jovis post Brandones M. CCC. XIX.* (Original). Enfin, l'évêque de Beauvais s'étant plaint que le seigneur de Milly, à cause de sa châtellenie de Milly, faisait garder par manière de justice à Marseille et au terroir au jour des Brandons, quoique Marseille relevât de Clermont, les parties transigèrent le 12 mars 1354 (7).

LE BEAUVOISIS.

Dans le Corbiois, on trouve couché dans un compte du prévôt de l'abbaye de Corbie pour l'an 1319 (1320) : *Rechut XXX s. paresis par le main monsieur de Corbie baillius, le merquedi après les Brandons*. Dans un autre du receveur général pour les années 1345 et 1346 : *depuis le merquedy devant les Brandons l'an* 1345.

DANS LE CORBIOIS.

Dans le Laonnois, l'abbaye de Tenailles (8) avait des cens à Crépy, paya-

LE LAONNOIS.

(1) Regist. E. de l'Hôt.-de-Ville d'Amiens.
(2) Gall. christ., t. IX, col. 823.
(3) Arch. de l'abb. de Breteuil.
(4) Cartul. Regal. mont., bibl. reg., fol 47, v.°
(5) 3.ᵉ Cartul. du chap. de Beauvais, fol. 303, v.°
(6) Ibid., fol. 114, r.°
(7) Suprà, fol. 37, v.°
(8) Cartul. Thenol., ibid., fol. 84, v.°

bles chaque année : *quolibet anno in die Brandonum*. Gozon de Champagne, évêque de Laon, transige pour la châtellenie de Laon avec Jean de Torote (1): *anno 1301 (1302) dominica ante Brandones*. On voit dans le premier volume du Cartulaire *in-folio* de la cathédrale de Soissons, une sentence du lieutenant du prévôt de Laon, concernant le village d'Acy, datée de l'an 1347 (1348) *le mardi après les octaves des Brandons*. L'abbaye de Saint-Vincent avait un cens à percevoir sur le bois de Mainnoise au jour des Brandons, suivant une sentence du bailli de Vermandois du 22 mai 1395.

LE NOYONNOIS. Le Noyonnois, où il ne reste plus aujourd'hui de vestiges des Brandons, fut cependant des cantons de la Picardie le plus attaché à cette époque jusque vers la fin du xv.° siècle. Il paraît même que les ecclésiastiques ne s'en faisaient point scrupule; car suivant les renseignements qui nous ont été donnés par M. Sézille, théologal de l'église de Noyon, tous les actes capitulaires, jusqu'en 1374, sont datés ou d'un des jours *ante* et *post Brandones* ou des *dominica prima, secunda, tertia post Brandones*. On lit à la tête du manuel à l'usage du diocèse, imprimé à Paris en 1560, ces deux vers qui ont été faits pour le *comput*.

> Après la fête sainte Agathe Prime Lune querons
> Le samedi après, vigile des Brandons.

Nous ne connaissons qu'un seul acte civil de ce canton, daté des Brandons; ce sont des lettres de Jean Havars, écuyer, qui constituent Jean-de-Pont-l'Evêque, l'un de ses exécuteurs testamentaires, l'an 1300 (1301), *le mardi après les Brandons* (2).

LE PONTHIEU. Dans le Ponthieu, Jean de Beaurain fut élu maire de Montreuil-sur-Mer, en 1265 selon notre manière de compter, *die dominica in Brandones anni* 1264, on lit ainsi dans le compte de sa mairie. Suivant un ancien registre du comté de Ponthieu conservé dans les bureaux des finances de la généralité d'Amiens, Edouard, roi d'Angleterre en 1285, fait une réunion à son domaine de Ponthieu: *anno 1284, sabbato ante Brandones*. On lit dans un autre registre de la ville d'Hiermont, collationné en 1585: *en la ville d'Hiermont y a maieur et eschevins qui se renouvellent chascun an le jour des Brandons*.

LE SENLISIEN. Dans le Senlisien, cette date a été invariable plus longtems, comme dans tous les autres cantons situés au delà de l'Oise. Guillaume de Brasseuse (3) reconnaît, au mois d'avril 1253, devoir à l'église de Senlis neuf muids de blé chacun an, dont sept muids payables *infra Brandones*. Robert de Cresson-Essart, évêque de

---

(1) Belotte, Observ. rit. Laudum, p. 123. (3) Cartul. Eccl. Sylvanect., c. 9.
(2) Cartul. Ursicampi, ibid., fol. 160, v.°

Senlis (1), fait expédier des lettres en faveur de la confrérie des drapiers de la ville *die Brandonum* 1281 (1282). Le roi Philippe IV (2) confirme en 1303, à l'hôpital de Saint-Louis de Senlis, un muid de blé de rente à prendre sur le moulin de Pont: *prima die Brandonum*. Nous avons une sentence de Jean de Sempy, bailli de Senlis, en faveur de la cathédrale, datée de l'an 1331 (1332), *du lundi après les Brandons*. On trouve dans le cartulaire d'Ully-Saint-George, aux archives de l'abbaye de Saint-Denis, et dans celui de Royal-Lieu, près Compiègne, dans la bibliothèque du Roi, deux autres sentences du bailli de Senlis; la première de l'an 1233, du lundi *après les Brandons* 1232; la seconde de l'an 1342, *donnée en l'assise qui commença le dimanche jour des Brandons* 1341. La même date se voit dans les anciens actes capitulaires de l'église cathédrale (3), comme il paraît par celui de l'an 1256 (1257), *feria sexta post Brandones*. Les Brandons étaient un terme de paiement dans la chatellenie de Mont-Méliand, comme il paraît par le dénombrement du fief de Roberval servi le 2 d'août 1411, à l'abbé de Saint-Denis en France, par Jean Boudart dit Moreau, écuyer: *item, au jour des Brandons* (4).

Dans le Soissonnois, on lit dans une charte expédiée à Villers-Cotterets au mois de janvier 1238 (1239), *ad instantes Brandones* (5). Dans une autre de l'abbaye de Chezy, passée à Château-Thierry: *anno* 1259 (1260), *die Lunæ proximæ post octabas Brandonum*. Par une troisième du mois de février 1273 (1274), le comte de Soissons reconnaît devoir payer au Chapitre de la cathédrale une rente en blé: *in die Brandonum*. On lit dans une quatrième, touchant Villers-les-Hélons, près Blanzi: *die Mercurii post Brandones* 1288 (1289) (6). Dans une cinquième de Beaudouin du Plessié, du côté d'Ouchy-le-Château: *in die Brandonum* 1297 (1298). (7) Le roi Philippe-le-Bel confirme au mois de mai 1306, une rente en blé, payable à l'abbaye de Royal-Lieu, *inter Natale Domini et Brandones* (8). On trouve au même Cartulaire une sentence du prévôt forain de Compiègne de l'an 1330 (1331), *le mardi prochain après les Brandons* (9). La même année *jour du dimanche des Brandons* (10), Elisabeth de Châtillon, abbesse de N.-D. de Soissons, traite avec l'abbaye de Saint-Faron, de Meaux. Les dénombrements de deux fiefs, situés à Cuffies, servis à l'évêché de Soissons en 1336, portent, savoir, le premier: *item un septier de*

LE SOISSONNOIS.

(1) Arch. de l'égl. de Senlis.
(2) Arch. Hospital. Sylvanect.
(3) Cartul. Eccl. Sylvanect.
(4) 1er Reg. des fiefs de l'abb. de Saint-Denis, p. 1268.
(5) Du Chesne, preuve de l'hist. généal. de Dreux, p. 272.
(6) Arch. de l'abbaye de Long-Pont.
(7) Arch. de Saint-Crépin-le-Grand.
(8) Cartul. Régal. loc., cart. XII.
(9) Ibid, cart. CLI.
(10) Hist. de l'abb. de N.-D., p. 218.

vin, un pain blanc et une chandelle de cire le jour des Brandons chascun an, prins en l'hostel du Révérend Père à Soissons; le second: *item un lot de vin, un quart de pain d'un denier Neret, et le quart d'une chandelle d'un denier Neret, prins chascun an le jour des Brandons etc.,* comme dessus. Autre d'un fief situé à Sept-Mont, servi de même, le 22 de mars 1371: *premier III septiers de vin cler, III pains et III chandelles que ledit Révérend Père me doit au jour des Brandons.* Enfin, suivant le *Dagard* ou l'ancien *Ordo* de l'église de Saint-Pierre-au-Parvis, rédigé en 1350, on devait sonner Primes à *la mortuaire le jour des Brandons.*

LE VERMANDOIS.

Dans le Vermandois, Gui, évêque de Noyon, transigea avec le Chapitre de Saint-Furcy de Péronne en 1289: *die jovi post Brandones* (1). L'abbaye de Saint-Nicolas d'Arouaise promit, au mois d'avril 1295, de rendre à celle de Saint-Barthélemy de Noyon une certaine prestation en grains sur le moulin de Farniers, moitié à la Toussaint, moitié *ad Brandones* (2). En 1297, la ville de Saint-Quentin s'engagea de même de payer à l'abbaye de Saint-Prix, pour le *détroit de Pontoilles*, huit livres parisis, *et commenchea le premier payement a lendemain du jour du Behourdich condist les Brandons, qui y est en l'an de grâce* 1297 (1298) (3). Jean du Plessier, seigneur de Crapauménil, fait un don à l'abbaye d'Ourscamp en 1236 (1237), *Venredy* (vendredi) *avant les Brandons* (4).

A CÉRÉMONIE DES CIERGES DE LA CHANDELEUR A PRIS SA PLACE.

Cette fête de Cérès était sans doute bien célèbre encore dans la Picardie au XIII.ᵉ et XIV.ᵉ siècles, puisqu'elle avait octave, puisqu'on datait des jours qui la précédaient et qui la suivaient, et même des dimanches suivants jusqu'au troisième inclusivement, comme nous l'avons vu. Dans les derniers temps, l'Eglise ne pouvant extirper, dit le Pape Innocent III (5), la coutume qu'avaient les payens au commencement de février, de chercher pendant la nuit, avec des flambeaux allumés, Proserpine enlevée par Pluton, changea cette superstition en une illustration chrétienne, c'est-à-dire qu'elle substitua la cérémonie des cierges de la Chandeleur à celle des Brandons. D'autres pensent que la fête de la Chandeleur a pris la place des Lupercales (6). Nous verrons bientôt qu'on a fait, dans les derniers temps, un mélange de la fête des Brandons avec celle des Robigailles (7). Celle-ci se faisait à Rome le 25 d'avril et ne durait qu'un jour. Elle devait son origine, dit Pline (8), à Numa. C'était une procession

(1) Archiv. de Saint-Furcy.
(2) Cartul. S. Barthol. noviom., fol. 68, v.°
(3) Cartul. S. Præjecti, fol. 22, r.°
(4) Cartul. Ursicampi, fol. 97, r.°, in biblioth. reg.
(5) Sermo Innocentii, PP., suprà.
(6) D. de Vert, cérem. de la messe, t. II, p. 17.
(7) Merc. de Fr., mai 1735, p. 899.
(8) Plin., l. 18, c. 29.

pour préserver les biens de la terre de la gelée, des chenilles, et surtout de la *rouille*, en latin *rubigo*. En quelques endroits de la Picardie on passe encore la flamme du Brandon autour des troncs et aux branches des arbres fruitiers. Cet usage ne serait pas blâmable, s'il n'eût pour motif que de purger les arbres de chenilles dont les œufs commencent à éclore aux premières chaleurs, et s'il n'eût dégénéré insensiblement en superstition. La procession de Saint-Marc a été instituée pour ramener les peuples de cet usage payen, comme les processions des Rogations ont succédé à une autre cérémonie appelée *Ambarvales*, parce que les frères Arvales (1) conduisaient autour des champs la victime qu'ils devaient immoler à Cérès; car l'une et l'autre avaient à peu près le même objet, c'est-à-dire la conservation des moissons, comme nous l'apprend Jean Ravisius dans son *Officina* en parlant des Rogations : *quales sunt*, dit-il, *nostro tempore supplicationes Amburbiæ et Ambarvales quæ fiunt ut fructus terræ agricolarum voto respondeant*. Mais ce qu'il ajoute, savoir que ces processions se faisoient au sept des calendes de mai, parce que les moissons étaient alors plus exposées à la rouille : *quæ nunc aguntur ad septimum calendarum maii, quoniam tunc feré segetes rubigo occupat*, fait voir que l'auteur a confondu les *Ambarvales*, qui se célébraient immédiatement avant la moisson, avec les *Robigailles*.

XCII.

CULTE DE DIANE DANS LA BELGIQUE.

Diane avait son culte établi dans la Belgique. Les actes des saints Crépin et Crépinien paraissent en faire preuve. Honorez-vous Diane? *Dianam colitis?* demande Rictiovare aux deux saints. Leur aurait-il parlé ainsi si cette divinité n'eût eu, au moins, sa statue dans la ville de Soissons. Les simulacres de plusieurs divinités réunis dans le temple de Senlis, selon les actes de saint Rieul, semblent insinuer la même chose par rapport à cette ville. D'ailleurs Diane passait pour la divinité des forêts. Quelle contrée des Gaules en eut davantage que notre province, si l'on n'en excepte les Ardennes? Mais la forêt de Tierache faisant partie autrefois de celle-ci, ne devait-elle pas participer nécessairement au surnom d'Ardoine que la première lui avait communiqué? C'est une tradition à Boves que l'église de Sainte-Marie-des-Champs, située entre ce village et l'ancien château, fut construite à la place d'un temple consacré à cette déesse. Il existe encore beaucoup de bois dans les environs. Il y a pareille tradition à Cours,

---

(1) Sulp. Sévère, vita S. Martini, c. 12.

village du Boulonois. On prétend qu'elle y avait son temple dans un des gros pavillons du château qu'on vient de détruire, et que les trois niches qu'on y voyait avaient servi à placer des statues. Le certain, c'est que M. Du Mont, seigneur dudit lieu, a envoyé à D. de Montfaucon le plan de cet antique château, comme un monument des Romains que les siècles avaient respecté. Nous le donnerons à l'article de ce village. C'était un ancien usage à Rome (1) que les dames allassent faire leurs dévotions, une fois l'an, vers le commencement du printemps, dans la forêt d'Aricie. Elles s'y rendaient de nuit. Chaque mère de famille portait à Diane une torche allumée. Nous ignorons si cette coutume a été observée dans la Belgique. Il y a lieu de le présumer par la défense que fit saint Eloi à ses diocésains d'invoquer Diane : *Nullus..... Dianam..... invocare presumat.*

XCIII.
TEMPLES DE DIVINITÉS INCONNUES.

Avant que de passer aux divinités du second ordre qui semblent n'avoir eu que des statues dans la province, il nous reste à parler de quelques temples indiqués par certains vestiges, mais dont les vocables nous sont inconnus, et ensuite des pontifes payens. Les indices du premier temple se trouvent chez les *Sylvanectes*. L'abbé Le Bœuf (2) croit les apercevoir dans le nom de *Ver* ou *Vern*, abrégé de *Vernemptœ*, *Vernimptœ* ou *Vernemetœ*, qui est la même chose que *Vernemetis*, et qui disait en langue celtique ce que *Grand Temple* dit en français, comme nous l'avons fait voir d'après Fortunat. Le second est indiqué par une vie manuscrite de saint Médard, de plus de 700 ans. (3) Elle dit bien positivement que les divinités du paganisme avaient placé depuis longtemps leur domicile au même lieu où avait été bâtie l'abbaye de ce nom : *in quo simulacra idolorum gratissima sibi jamdudum domicilia collocaverant.* Le troisième était bâti dans les environs d'Ardres. Le moine Lambert, natif de cette ville, nous apprend qu'on voyait encore de son temps, c'est-à-dire au xII.ᵉ siècle, à peu de distance de la chapelle de Saint-Quentin de Capelhove et dans le plus épais de la forêt, de grandes pierres arrangées en forme d'autel sans vestiges de ciment, et sur cet autel des images et des figures très-anciennes de saints : *inter condensa silvarum inveniuntur ibi magni lapides in modum altaris dispositi, et sine cemento conjuncti, et super altare vetustissimœ sanctorum ima-*

(1) Hist. des Celtes, l. 4, c. 3, §. 1.   (3) Vit. MS. Medardi, c. 9.
(2) Ecrit sur l'hist. de Fr., t. I, p. 111 112.

gines et figuræ (1). De grandes pierres placées ainsi à sec dénotent certainement un ouvrage fait par les Romains. Le silence de l'écrivain sur les noms des saints représentés par les figures nous porterait à croire aussi que ces images n'étaient que des statues de divinités et par conséquent les restes d'un temple du paganisme. Le quatrième, situé dans l'enceinte de l'ancien Vendeuil, est plus certain. Selon le procès-verbal de 1574, le seigneur d'Esruisseaux ayant besoin de pierres à bâtir, fit démolir, dans un lieu dit la *Fosse aux Esprits*, les masures d'un vieux bâtiment qui passait pour les restes d'un temple payen. En détruisant les fondements de quatre à cinq pieds de profondeur, on découvrit une cave de quatre-vingts pieds de long et de trente de large. On aperçut à l'extrémité septentrionale l'escalier pour y descendre, et dans le fond une pierre fort large en façon d'autel, avec un conduit aux deux extrémités pour l'écoulement du sang des victimes. C'était peut-être le lieu où les Gaulois immolaient en secret des victimes humaines. On pria le seigneur d'Esruisseaux de ne point détruire ce monument de l'antiquité, à quoi il consentit pour lors; mais depuis ayant encore eu besoin de pierres, il en fit enlever jusqu'à la dernière. Quelques découvertes faites au même endroit, vers le milieu du siècle dernier, ont donné occasion à D. Wiart (2) de croire qu'il y avait là quelque somptueux temple des fausses divinités. Nous ne dirons rien du temple bâti à Lyon au confluent du Rhône et de la Saône, où chacune des dix-neuf cités de la Belgique avait sa statue avec le nom de son peuple. Nous en avons parlé déjà et nous y reviendrons bientôt.

XCIV.

MINISTRES DE LA RELIGION BELGICO-ROMAINE.

Chacune de nos cités, à l'imitation de Rome, avait son collége sacerdotal composé de *Curiaux*, de prêtres inférieurs, et de *duumvirs*, appelés sacerdotaux, pour les distinguer de ceux qui n'étaient que *duumvirs* des colonies et des villes municipales, c'est-à-dire qui représentaient dans les provinces les consuls de Rome. Après la mort d'Auguste, Tibère institua des prêtres particuliers pour avoir soin des cérémonies établies en l'honneur d'Auguste (3). Ils étaient au nombre de vingt-un. On les nommait *Prêtres-Augustaux*. Les colonies et les villes municipales eurent la permission d'en établir six qui furent appelés *Sexviri Augustales*, pour présider non seulement au culte d'Auguste,

COLLÉGE SACERDOTAL DE LA VILLE D'AMIENS.

(1) Duchêne, preuve de l'hist. généal. de Guines, p. 146.
(2) Hist. MS. de l'abb. de Bret., p. 54.
(3) Caylus, rec. d'antiq., t. VII, p. 264.

mais aussi de tous les empereurs déifiés. Les statues des soixante-quatre peuples des Gaules placés sur l'autel du temple de Lyon consacré à Rome et à Auguste, furent un titre en vertu duquel chacune de ces cités eut droit de nommer un des prêtres qui composaient le collége destiné au service de ce temple. Ces prêtres y venaient tous les ans (1) à l'anniversaire de la Dédicace, c'est-à-dire au 1.er du mois d'août, y exercer leurs fonctions. Ils retournaient ensuite dans leurs cités où ils avaient souvent des emplois considérables, comme il paraît par l'inscription du prêtre de la cité des Morins. On n'est pas bien certain cependant si *Puniceus Cenialis* (c'est le nom de ce prêtre) était attaché au temple de Lyon, ou seulement à celui qui était érigé dans la capitale de la Cité, car Aurelius Victor assure qu'il n'y avait point de ville un peu considérable dans les Gaules où Auguste n'eût un temple. L'inscription de *Puniceus Cenialis* ne s'explique pas assez pour pouvoir en juger. Les *Curiaux* étaient ceux qui avaient soin des sacrifices. A la tête du collége était un pontife subordonné au grand pontife de Rome.

Les actes de saint Firmin, martyr, ne font mention, ni du pontife, ni des *duumvirs* de la ville d'Amiens, mais seulement des curiaux et des prêtres subalternes (2). Les préfets firent assembler les uns et les autres : *tunc præsides, data jussione, præceperunt ut curiales et templorum sacerdotes in eorum præsentiam convenirent;* et *Auxilius*, curiale et prêtre en même temps des temples de Jupiter et de Mercure, porta la parole contre saint Firmin : *Auxilius curialis et venerabilis templorum Jovis et Mercurii sacerdos respondens dixit.* Les actes de saint Rieul font mention aussi des prêtres du temple de Senlis. Furieux de voir les miracles que saint Rieul opérait, ils allèrent trouver le gouverneur Quintilien pour l'engager d'exterminer l'ennemi juré de leurs dieux : *quod videntes templorum pontifices, invidiæ facibus accensi, ut á finibus suis deorum hostis exterminaretur, Quintiliano urbis præfecto suadere cœperunt* (3). Lorsque le saint eut fait fermer le temple et mis dehors les faux dieux, ils coururent, tout éperdus, au palais du gouverneur, et lui reprochèrent son peu de respect pour les dieux et pour les ordres de l'Empereur : *Tunc sacerdotes, qui jussis insistebant sacrificiis, deorum suorum interitum considerantes, cum magno ululatu discurrebant...... Præfecti domum ingressi dicebant : cur, maledicte, deorum sanctuaria destrui permittis? Cur Imperatoris leges evertentem, infelix Præses, non punis* (4)? Les chrétiens réglèrent sans doute la police et l'étendue du

---

(1) Hist. de l'Acad. des Inscrip., t. III, p. 241.

(2) Bolland., t. VII, septemb., vit. S. Firm., n.° 13.

(3) Ibid., t. III, Martii. vit. S. Reguli. p. 822, n.° 8.

(4) Ibid., n.° 10.

ressort ecclésiastique, sur le pied des pontifes de la religion qu'ils avaient abolie. *Le sacerdoce (payen)*, dit l'abbé Belley (1), *étoit encore soutenu de l'autorité publique dans les Gaules, sous l'empire de Valentinien* Ier *et de Gratien, comme il paroît par une loi de ces princes de l'année* 371.

Il ne nous reste aucun monument du collége sacerdotal de Soissons, mais la découverte qui a été faite en 1730 à l'Hôtel-Dieu, comme nous l'apprenons des Mémoires de l'Académie de cette ville, pourra nous servir d'indice. En démolissant un vieux bâtiment à l'endroit où existe le principal corps-de-logis des religieuses, on trouva, enfermée dans une boîte de chêne, cachée sous une poutre à laquelle elle paraissait servir de soutien, une ceinture d'argent battu et dorée. Elle était formée de plusieurs plaques qui lui servaient de charnières. Chacune avait une agrafe représentant des sujets de sacrifice. Autour de la ceinture étaient suspendus, par des chaînons de même prix, nombre d'animaux de diverses grandeurs. On y voyait d'un côté une platine double et ouverte, en forme de gaine, pour y placer un couteau. *Ce morceau*, disent les Mémoires de l'Académie que nous analysons, *fut très-admiré des savants*, et l'on ne saurait trop regretter la vente qu'en firent à des Juifs les administrateurs de l'Hôtel-Dieu. Cette ceinture avait appartenu certainement à un sacrificateur soissonnois sous l'empire romain, et c'est sans raison que l'auteur de la description de ce monument lui donne le nom *de ceinture des Druides*. La ville de Vermand (2), dit l'abbé Belley, aujourd'hui Saint-Quentin, *au temps du paganisme étoit le siége du Pontife ou du grand-Prêtre, chef des ministres de la religion dans le territoire de la Cité.*

XCV.

CULTE DE JANUS A SOISSONS.

Les dieux subalternes, soit publics, soit particuliers, étaient révérés aussi dans la province. Il s'est trouvé beaucoup de dieux penates, suivant les mémoires manuscrits de M. de Nully, chanoine de Beauvais, au pied du Mont-Catelet, c'est-à-dire au terroir de Vendeuil près Breteuil. Le culte de Janus était établi à Soissons. Les actes de saint Médard (3), déjà cités, nous apprennent qu'on voyait encore, il y a 700 ans, à la porte de l'église, une grande statue de pierre à deux faces qui est le simulacre de Janus Bifrons : *Nam et usque hæc Danorum tempora bifrons lapideus magnæ latitudinis ante fores sacræ ædis in*

---

(1) Mém. de l'Acad. des Inscrip., t. xix, p. 681.
(2) Mém. de l'Acad., suprà.

(3) Vit. S. Medardi, Spicil. Acher., t. viii, p. 403.

eodem loco perstitit. Il est vrai que cette tête à double face pouvait être également la figure de Bacchus, car il est représenté ainsi sur divers monuments (1), c'est-à-dire jeune d'un côté et vieux de l'autre.

XCVI.

D'HERCULE A BOULOGNE, D'*ASCLEPIUS* ET DE *VERJUGODUMNUS* A AMIENS.

On sait que le culte d'Hercule fut célèbre dans la Belgique, même jusqu'au vii.ᵉ siècle, puisque les sermons attribués à saint Eloi défendent de l'invoquer : *Nullus..... aut Herculem..... invocare presumat.* On a trouvé au mois de juin 1741, dans les fondements d'une maison qu'on bâtissait dans la haute ville de Boulogne, vis-à-vis le couvent des Ursulines, une figure en bronze de ce dieu. M. d'Halinghen nous en a donné la description. Hercule était représenté sous la forme d'un jeune homme ayant la tête couverte de la peau de lion dont les extrémités venaient se croiser sur le haut de sa poitrine, et par dessus une couronne. Il portait sur le bras gauche, qui est à demi rompu, une autre peau pendante et pelissée comme une aumusse ; il tenait sa massue de la main droite. On voyait au dos deux belières en forme d'anneau qui servaient à le fixer contre un mur ou à le suspendre. Ainsi cette figure était une vraie amulette. *Asclepius*, c'est-à-dire Esculape, et Hippocrate étaient honorés à Amiens comme les actes de saint Quentin semblent l'insinuer, ainsi que *Verjugodumnus*. Nous avons vu la statue de celui-ci faire pendant à celle d'Apollon, dans un vœu formé pour la prospérité des armes gauloises.

XCVII.

DE PRIAPE A AMIENS ; MONUMENT DÉCOUVERT PRÈS CETTE VILLE.

Voici un dieu d'un lararie amiénois. On sait que chacun s'en faisait à sa guise. Il était libre d'en faire le choix parmi les grands ou les petits dieux. L'empereur Alexandre avait une si grande vénération pour ces sortes de divinités, qu'il en avait toujours un grand nombre avec lui. Il les regardait comme ses dieux tutélaires. Celui-ci est un Priape que les Gaulois, selon Martial, représentaient de la manière la plus lascive :

> Gallo turpius est nihil Priapo (2).

---

(1) Antiq. expl., t. 1, p. 11, pl. clx, clxi.   (2) Epigr., l. 1, 36.

Il a été découvert en 1771 dans les environs de la ville d'Amiens, sur le chemin du faubourg Saint-Pierre au village de Rivery, enfermé dans un tombeau de pierres scellées en fer. La figure (n.°...) de bronze, de sept pouces de haut, est composée de deux parties que le hasard a fait découvrir. Elle est d'un fort bon goût et très bien conservée. La face en est mâle, sa barbe est épaisse et frisée. La tête et les épaules sont couvertes du *sagum* gaulois, espèce de mantelet qui descend jusqu'aux hanches. Le capuchon terminé en pointe ne laisse que la face à découvert; pardessus et autour du cou paraît une bandelette nouée sous le menton; voilà ce qui forme la première partie de cette idole. La deuxième comprend le reste du corps, depuis le cou jusqu'à la plante des pieds. L'attribut du dieu lascif en forme le tronc. Il est recouvert par le mantelet qui est tant soit peu ouvert par le bas. L'habit de dessous descend un peu d'avantage ; il est serré autour des reins par une ceinture dont on voit sortir un bout de dessous le mantelet. Les cuisses et les jambes sont nues. Il est chaussé de sandales, qui consistent en une semelle, fixée par un cordon, noué sur le coude-pied. On avait placé à côté du pied droit et sur la même base une sonnette de huit lignes de hauteur et de six lignes de diamètre dans le bas. M. de Caylus (1) avoue modestement qu'il ne peut donner la raison de cet attribut de Priape. L'espèce de bilboquet de bronze (n.°...) de deux pouces une ligne de haut, sur un pouce huit lignes ou environ de diamètre, est-il plus aisé à deviner? Il était placé à côté du monument. La figure a cinq pouces sept lignes et demie de hauteur, son piédestal est long de deux pouces une ligne, large de sept lignes et haut de onze lignes. Elle a été coulée en bronze. La seconde partie est massive ainsi que la tête. Nous ne connaissons point de Priape semblable à celui d'Amiens (2). M. Voltaire observe à l'occasion des Bramins des Indes qui portent encore en procession le *Phallum* des Egyptiens, le *Priape* des Romains, *qu'il est probable que cette coutume fut d'abord introduite dans des temps de simplicité, et qu'on ne pensa d'abord qu'à honorer la Divinité dans le symbole de la vie qu'elle nous a donnée. Il n'y a guère de peuples,* ajoute-t-il, *qui n'ait conservé quelque cérémonie qu'on ne peut ni approuver ni abolir* (3).

Cette découverte nous donne occasion de parler d'une autre qui avait été faite l'année préeédente, dans la capitale de la deuxième Belgique Romaine. Il est vrai que Reims est hors des limites de la Picardie ; mais toutes les pièces en

AUTRE MONUMENT D'UN PRIAPISTE DE LA VILLE DE REIMS.

---

(1) Rec. d'antiq., t. IV, p. 230.

(2) Ce précieux bronze, conservé au musée d'Amiens sous le n.° 38 du catalogue, a été décrit et publié par Grivaud de la Vincelle. Voir son recueil de monuments antiques, t. II, p. 87 et pl. XI. On a fait du Priape d'Amiens quelques copies en bronze que des amateurs conservent à tort comme antiques. — Note de l'Editeur.

(3) Essai sur l'hist. génér. etc., t. IV, p. 341, édit. de 1717.

quoi consiste cette découverte, nous ayant été envoyées obligeamment par M. Dinet, marchand épicier sur la place de la Halle de Saint-Remy, chez qui elles avaient été trouvées, nous croyons ne pouvoir mieux lui marquer notre reconnaissance qu'en les plaçant ici. Des ouvriers creusant une cave déterrèrent trois cadavres (n.º 1) couchés à coté l'un de l'autre, ayant trois grands clous de fer fichés dans la tête et un dans chaque coude. C'était un genre de supplice en usage dans les Gaules, du temps du prefet Rictiovare, pour punir les malfaiteurs, comme pour mettre les chrétiens à la torture. On peut consulter là dessus D. Marlot (1), bénédictin de l'abbaye de Saint-Nicaise de Reims. On a trouvé à côté de ces cadavres une petite figure de bronze, moulée assez grossièrement (n° 2), de deux pouces neuf lignes de hauteur; elle est habillée à la belgique, c'està-dire d'une tunique à manches fort larges, à laquelle est attaché un capuchon rabattu sur les épaules. Son geste, à la vue de nous ne savons quoi qu'elle tenait dans la main gauche, annonce la joie. La droite est ouverte de façon à faire juger qu'elle y portait quelque chose de mobile. Il nous semble, par une des pièces qui accompagnaient la figure, que c'était un Priape ou du moins un de ses dévots: la petite sonnette de bronze (n.º...) de forme carrée, arrondie sur les côtés; une des faces est mangée par la rouille. Le menu bout du battant est encore passé dans l'anneau où il était mobile; hauteur cinq lignes, longueur treize lignes et demie, largeur nenf lignes et demie. Nous ignorons ce que signifie le petit godet (n.º 4) de même métal, fort mince, et troué au milieu du fond ; il n'en reste que ce qu'on voit ; son diamètre est d'un pouce trois lignes.

Les autres morceaux qui faisaient partie de cette découverte, sont : 1° une lampe sépulcrale de bronze (n.º 5), en forme de boîte longue, dont l'intérieur est encore tapissé d'un noir de fumée. Nous la faisons voir ouverte. Le corps de la boîte a deux pouces trois lignes de hauteur et un pouce neuf lignes de diamètre. Le fond extérieur est orné de cinq ronds gravés. Son couvercle, fait pour être emboîté, a neuf lignes de hauteur, y compris la plaque qui fait le couronnement; elle a deux pouces trois lignes et demie de diamètre. Au milieu de cette plaque est un trou rond, de six lignes de diamètre, où était placée la mêche. Le fil de laiton qui reste au rebord servait à l'attacher à un mur. 2.º Une pierre noirâtre, propre à aiguiser (n.º 6), hauteur quatre pouces moins une ligne, largeur deux pouces, épaisseur quatre lignes ; le trou qu'on voit à la partie supérieure était fait pour passer un cordon. 3.º Cinq anneaux de différentes grandeurs (n.º 7); le plus grand, en fer, a trois lignes d'épaisseur et un

---

(1) Metrop. Rem., t. 1, p. 75 et seqq.

pouce neuf lignes de diamètre; les quatre autres sont de bronze. Les deux petits ont tout l'air d'anneaux à mettre au doigt, d'un pouce et une ligne de diamètre. 4.° (n.° 8) Cinq boutons d'os; ils étaient recouverts de quelqu'étoffe. 5.° (n.° 9) Une pierre bleuâtre, ovale et factice, comme les pierres à ôter les taches, de neuf lignes de long sur sept de large; elle est empreinte d'une petite figure. 6.° (n.° 10) Espèce de creuset de terre blanchâtre, qu'on prendrait pour un vase de pipe à cause de son talon: vingt-cinq lignes de hauteur, deux pouces moins deux lignes de profondeur, un pouce trois lignes de diamètre.

XCVIII.
CULTE D'ANGERONE ET DE LUCINE A BOULOGNE; DE DIOMÈDE A BEAUVAIS; DE PALÈS EN QUELQUES LIEUX DE PICARDIE.

M. d'Halinghen a découvert, chez un orfèvre, à Boulogne, une amulette fondue en or massif, du poids de cent vingt et un grains et d'un pouce de hauteur. Elle avait la bélière au dos: c'était une figure d'Angerone, déesse du Silence. Elle avait été trouvée incrustée dans une brique de la tour d'Ordre. On prendrait cette figure pour l'image d'un enfant, coiffé en cheveux, portant un doigt sur la bouche et la main droite sur le derrière. M. d'Halinghen l'a fait passer à M. de Maurepas. Ce ministre lui en a accusé la réception par une lettre très-gracieuse, du 23 de décembre 1745, qui est l'année de sa découverte. Nous ne savons comment cette petite idole a appartenu depuis à M. Pellerin, qui l'a prêtée à M. le comte de Caylus, pour la faire graver dans son recueil d'antiquités (1). M. Luto, curé d'Alquines, qui a travaillé à l'histoire du Boulonois après le célèbre P. Lequien, dominicain, dit avoir vu une inscription en l'honneur de *Lucinia Bononiensis*. Louvet (2) parle d'une grosse pierre tirée en 1633 des fondements de l'ancienne cité de Beauvais, sur laquelle était gravé en lettres romaines: *Diomedis monumentum*. Il est à remarquer que cette pierre était posée dans l'eau, comme le monument de Diomède, dont parle saint Augustin (3). Nous pensons que la déesse Palès, qui avait sous sa tutelle les bergers et les troupeaux, était révérée dans l'Amiénois, à Paliart, en latin, *Pali-Ortus*, et dans le Soissonnois, au village de Pasly; que ces deux lieux ont tiré leur nom de *Palilies*, fête qu'on célébrait en l'honneur de Palès, le 19 d'avril; du moins c'est une vieille tradition dans le Soissonnois, qu'il y avait une idole

---

(1) Réc. d'antiq., t, II, p. 281, pl. LXXIX, n.° 1 et 2.
(2) Antiq. du Beauv., t. II, p. 237, édit. de 1635.
(3) S. Augustin, de civit Dei., l. XVIII, c. XVI.

à Pasly. Enfin saint Eloi nous apprend, par ses sermons, que nos pères avaient un grand nombre de divinités du second ordre, auxquelles ils érigeaient, à la campagne, de petites chapelles qu'il nomme CANCELLI. Ils s'y transportaient avec des bougies et y pratiquaient mille superstitions.

XCIX.
MONUMENT DE LA DIVINITÉ DE VERBERIE.

Chaque province, dit Tertullien (1), chaque ville a son dieu tutélaire : *unicuique provinciœ, et civitati suus est deus*. Mais il ne faut pas confondre ces divinités qui faisaient l'objet du culte particulier d'une ville, avec les dieux dont nous venons de parler. Gruter (2), par exemple, rapporte une inscription, trouvée à Ikeleby-sur-le-Wart, dans le comté d'York, qui paraît convenir parfaitement au bourg de Verberie en Valois, divinisé. Il est vrai que les plus anciens monuments de la monarchie nomment, en latin, ce palais célèbre de nos rois, *Vermeria, Verinbria;* mais ce B a pu être changé en M, comme le V en B dans *octaba*. Voici cette inscription qui porte un vœu fait à la divinité de Verberie, par Claude *Fronton*, préfet de la seconde légion de Langres :

        VERBEIAE
        SACRUM.
        CLODIUS
        FRONTO
        PRAEF. COH.
        II. LINGON.

Quoique l'histoire ne nous apprenne rien des autres villes déifiées de la province, nous voyons cependant par les sermons de saint Eloi, qu'on y célébrait encore de son temps les jours de leur dédicace, ce qu'il défend très positivement : *nec ullo tempore in otio observet, neque dies primarum vel nonarum aut vel unum omnino diem, nisi tantum dominicam.*

C.
FUNÉRAILLES DES BELGES DANS LES PREMIERS TEMPS.

Les devoirs rendus aux morts faisaient un autre point de la religion belge et de la religion romaine. Les Gaulois en général, ainsi que les Germains ne

---

(1) Apologet., cap. XXIV.   (2) Gruter. — MXVII.

connaissaient point ces superbes mausolées, dont la masse leur paraissait accablante pour celui qu'on voulait honorer. Après avoir brûlé les corps, ils élevaient un simple tombeau de gazon : *sepulcrum cespes erigit :* dit Tacite (1), en parlant des Germains, *monumentorum arduum et operosum honorem, ut gravem defunctis, aspernantur.* Ainsi ces grosses pierres qu'on voit dans le Valois, près les villages de Rhuis, de Borret et de Courmont, ne peuvent avoir servi à honorer les tombeaux des Belges-Romains. Si la simplicité paraissait dans ces monuments, les cérémonies des funérailles, au contraire, étaient bien pompeuses et bien magnifiques. On plaçait sur le même bûcher (2) qui devait consumer le corps du défunt, hommes, animaux, en un mot tout ce qu'il avait chéri pendant sa vie : *funera sunt pro cultu Gallorum magnifica et sumptuosa; omnia que, quæ vivis cordi fuisse arbitrantur, in ignem inferunt, etiam animalia : ac paulo suprà hanc memoriam servi et clientes, quos ab iis dilectos esse constabat, ustis funeribus confectis, una cremabantur.* Toutes ces choses brûlées ensemble formaient une éminence qu'on nomma *Bustum*. Les Latins, dit Procope (3), appellent *Busta* les restes d'un bûcher gaulois. On lit en effet dans Virgile : .... *Terreno ex aggere bustum* (4), et on en voit beaucoup sur le mont Apennin : *Busta enim Latini vocant rogi reliquias; et plurimi visuntur hic mortuorum illorum Gallorum tumuli terrâ aggestâ editi.* Les Romains les rendirent célèbres, dit Tite-Live (5), voici comment : voulant s'épargner la peine d'enterrer chaque mort en particulier, les Romains en firent des tas et les brûlèrent : *promiscue acervatos cumulos hominum urebant : bustorumque indè Gallicorum nomine insignem locum fecere.* Pline (6) en donne une autre raison, c'est qu'ils s'aperçurent que dans les pays lointains où ils faisaient la guerre, on y déterrait leurs morts : *Ipsum cremare apud Romanos non fuit veteris instituti; terra condebantur. At postquam longinquis bellis obrutos erui cognovere, tunc institutum.*

Quoiqu'il en soit, les Romains brûlaient les morts; ainsi il n'est pas étonnant que cet usage se soit maintenu long-temps dans la Belgique-Romaine et qu'on y retrouve, soit dans les anciens cimetières, soit dans les caveaux, soit dans les sarcophages, des ossements à demi brûlés de personnes et d'animaux, mêlés avec des cendres. On en a vu des preuves à Amiens, dans les environs d'Abbeville, sur le Mont-Ganelon, près Compiègne, sur la montagne de Castenoy, du côté de Clermont, en Beauvoisis, à une lieue de Soissons, à Té-

<small>ILS BRULAIENT LES CORPS SUIVANT PLUSIEURS INDICES.</small>

---

(1) Cornel. Tacit., de moribus Germ., cap. xxvii.
(2) Cæsar, de Bell. Gal., l. 6, cap. 19.
(3) Procop., l. 4, de Bell. Goth.
(4) Eneid., l. 2.
(5) Tit. Liv., l. 5, decad. 3.
(6) Plin., l. 7, cap. 54.

rouanne, à Fontaine-les-Hermans, au pays des Morins, et surtout à Saint-Quentin, en Vermandois; car dans toute l'étendue du cimetière public, placé au nord-ouest de cette ancienne cité, c'est-à-dire entre deux collines, l'une appelée *Flori-Mont* du côté de la chapelle d'Epargne-Maille, l'autre, *Noir-Mont*, qui fait partie du bastion de Longueville, il ne s'est rencontré dans tout cet espace que des urnes remplies de cendres et d'ossements brûlés.

M. Caignart, Maïeur de Saint-Quentin, écrivant à M. Bendier le 15 d'avril 1671 (1), lui mande en général qu'en creusant, aux années 1634 et 1635, les fossés des bastions de Saint-Jean et de Richelieu, et le terrain qui est entre ces deux bastions, on trouva une quantité prodigieuse d'urnes de différentes matières et figures. Les urnes de verre, ajoute Héméré (2), étaient fort épaisses et de la contenance de trois chopines : elles renfermaient des cendres avec une pièce de monnaie, pour payer, sans doute, le passage de la barque de Caron. Les urnes de terre n'avaient rien de remarquable, sinon qu'elles étaient presque toujours accompagnées de vases de terre rouge, comme assiettes, plats, coupes, etc., d'un travail élégant; les uns unis, les autres chargés d'ornements : *Figlina operis elegantis, disci, pocula, cymbia, vasculaque generis differentis*. La plupart de ces vases avaient été rassemblés par M. Christi, chanoine de Saint-Quentin. On ne sait ce qu'est devenu le cabinet de ce curieux. M. Le Nain (3) qui conduisait les travaux des fortifications en 1634, en qualité d'ingénieur du Roi, entre dans un peu plus de détail. Il nous apprend qu'en faisant travailler au fossé du bastion de Saint-Jean, on y a découvert un ancien cimetière romain où il se trouva beaucoup d'urnes et de petits vases de verre auxquels il donne le nom de *lacrimoire*, et une urne entr'autres de singulière considération. Elle était renfermée dans une pierre de taille carrée, d'environ douze pouces, percée de plusieurs trous où l'on avait logé des *lacrimoires*. L'orifice de l'urne était fermée par une médaille d'or. Elle était si fruste qu'à peine y put-on distinguer la figure d'une femme avec ces deux mots : *Germanicus et filia*. Le tout était recouvert d'une pierre de même grandeur. M. Coulaubier, gouverneur de Saint-Quentin, fit présent de cette urne et de la médaille au cardinal de Richelieu. M. Le Nain fit élargir le même fossé en 1658 ; il y trouva encore plusieurs urnes. Il dit qu'on en trouvera encore quand on voudra y travailler. On en a découvert aussi plusieurs remplies d'osssements réduits presque en cendre, sous les murs de Térouanne, dans un endroit que Mal-

---

(1) Bendier, deff. des prérog. de Saint-Quentin, p. 33 et suiv.

(2) August. Viromand. vindic., p. 25.

(3) Antiq. de l'August. de Vermandois, Noyon 1671.

brancq a indiqué par ces mots : *ultra hodiernum suburbium* (1). L'usage de brûler les corps a cessé, si l'on en croit le savant Alexandre d'Alexandre, sous les Antonins, c'est-à-dire vers la fin du II.ᵉ siècle de l'ère Chrétienne (2).

CI.
CAVEAUX CONSTRUITS POUR LES MORTS.

Ce fut alors que la coutume de déposer les corps en entier dans les cercueils de pierre et de bois commença à devenir plus commune dans la Belgique. Cette nouvelle manière d'honorer les morts y vint avec le culte des Manes et l'apothéose par le canal des Romains, sans rien changer cependant à la loi des Douze-Tables qui défendait d'ensevelir et de brûler les corps dans la ville de Rome : *hominem mortuum in urbe ne sepelito, neve urito* (3). En effet, les villes sont faites pour les vivants et non pour les morts : *civitates non sunt habitacula mortuorum sed vivorum*, maxime trop peu respectée de nos jours. Aussi l'Empereur Hadrien (4) obligea-t-il toutes les villes de son obéissance de s'y conformer. Les sépulcres étaient placés en plein champ, sur les montagnes, dans les cimetières publics et privés, et presque toujours à l'Orient des habitations : *sepulcra ipsa ad orientalem posita* (5). Nous disons presque toujours, parce que le cimetière de l'Auguste de Vermandois n'y était pas, comme nous l'avons vu. Enfin les sépultures devaient être tout près et aux avenues des villes, afin, dit Varron (6), que les passans se souvinssent qu'ils étaient mortels, et que ceux dont ils voyaient les sépultures l'avaient été comme eux : *quæ* (sepulcra) *prætereuntes admoneant se esse et illos fuisse mortales*. C'est, en effet, en ces différents endroits qu'ont été découverts les caveaux, les coffres, les sarcophages et les urnes dont nous allons parler.

Au commencement du siècle dernier, en démolissant à Amiens la porte du Gayant, autrement dite de Saint-Maurice, on trouva sous ses fondements les restes d'un caveau dans lequel on avait déposé une urne de verre en forme de ventouse, remplie d'ossements à demi brûlés. Ce vase ossuaire était enchassé fort proprement dans un autre vase de terre de Poitiers, qui devait le garantir de l'injure de l'air. Cette espèce d'*obrendarium* était couvert de deux pierres taillées en forme de dieux Penates, au milieu desquels on avait placé une mé-

A AMIENS ET A BEAUVAIS.

---

(1) Malbranc, de Mor., t. I, schol., p. 662.
(2) Alexander ab Alexandro geneal. dier., l. III, cap. 2.
(3) Cicero, de Legib., l. II, § 23.
(4) L. XI. cap. de religios. et sumpt. funerum.
(5) Diogen. Laërt., in Solon.
(6) Varro., de ling. latin., l. v.

daille de l'Empereur Commode. Ceci pourrait indiquer l'âge du caveau. La Morlière n'en dit pas d'avantage (1). Il rapporte une autre découverte plus intéressante, faite au mois d'août 1637 (2), entre l'Eperon de Richelieu et la demi-lune de la porte de Paris; mais il n'entre dans aucun détail. Nous y suppléerons par le récit des mémoires MSS. de M. de Court: « En travaillant à la demi-
» lune de Richelieu, on trouva une voûte, venant de la porte de Paris, et en
» icelle en dedans la terre un cercueil de plomb, et sur icelui une grosse pierre
» sur laquelle étoient deux figures, l'une de Mercure tenant de la droite une
» bourse et de la gauche un caducée; l'autre étoit une femme tenant de sa gauche
» une corne d'abondance; dans le cercueil étoient deux corps et selon aucun
» celui d'un enfant, et entre eux une figure ou idole d'une femme nue, qui pou-
» voit être une Faustine ou Vénus. En même temps un esprit se fit voir à la
» porte de Paris et frappa quelques-uns des rondes, et y eut un soldat qui
» mourut quelques temps après de coups qu'une main inconnue lui avait
» donnés. »

En 1686, des paysans des environs de Beauvais, fouillant dans un petit espace de terrain qui s'avance en angle entre les terrains de Saint-Just et de Clermont, découvrirent un caveau. Il renfermait plusieurs urnes, plusieurs vases de verre, d'autres en terre très noire et très légère, une patère de terre rouge et les fragments d'un pot épais de deux à trois doigts, qui pouvait contenir huit à dix pots de liqueur. Parmi ces poteries il y en avait deux plus remarquables que les autres, savoir: une urne et une jatte de terre sigillée, rouge et extrêmement fine. L'urne avait un pied ou environ de hauteur et cinq pouces de diamètre. Elle était ronde. Vers le milieu régnait tout autour une branche de vigne garnie de ses pampres. On lisait dans l'intervalle ces trois lettres: B. T. F. qui semblent marquer le nom de l'ouvrier. La jatte, disent nos mémoires, pouvait contenir plus de trois pintes de liquide. Elle était ornée de petits bas-reliefs. On voyait au milieu du fond le nom du potier: *Sacco fecit*. Ces vases et plusieurs autres furent rassemblés par M. de St.-Hilaire, de Beauvais.

AU FAUBOURG DE BOULOGNE: SA DESCRIPTION.

Le 9 de mai 1769 on a découvert au faubourg de Boulogne, dit *Drecquereq*, à quarante pieds de la chaussée qui vient de Samer, un caveau construit en pierres du pays. Nous en donnons le plan, le profil et l'élévation tels que M. Lateux, pour lors Maire de Boulogne, a eu la politesse de nous envoyer. L'intérieur (A) est parfaitement carré et voûté en cul de four. Son entrée (D) est à l'Orient; de ce côté les pierres avaient jusqu'à seize et dix-huit pieds

(1) La Morlière, antiq. de la ville d'Amiens, p. 19.   (2) Antiq. d'Amiens, p. 382.

cubes d'épaisseur, mais taillées grossièrement; celles du linteau de la porte en avaient quatorze. Les trois autres côtés (C. F. G.) étaient bâtis de blocs tels qu'on les avaient tirés de la carrière; ils étaient posés à sec avec quatre pouces de ciment seulement sous chaque lit. La voûte était chargée (E) de sept à huit pouces de terre. Toute la maçonnerie portait sur un banc de pierres à chaux. L'urne cinéraire se trouvait placée directement sous la clef de la voûte; aussi l'ouverture ayant été faite par cet endroit avec peu de précautions, l'urne a été écrasée par la pierre. Elle renfermait les cendres d'un officier Romain de la flotte Britannique, nommé *Quintus Arenius Verecundus*, comme il paraît par l'inscription. L'inscription était (N. O.) à gauche, en entrant, et gravée sur une pierre taillée de la manière qui est indiquée par la lettre Q. Voici ce qu'elle porte:

<pre>
            D. M.
        Q. ARRENIO
        VERE CUNDO
        TR. CL. BR.
       HEREDES F. C.
</pre>

c'est-à-dire: *aux dieux Manes, des héritiers ont fait faire ce monument à Quintus Arrenius Verecundus, tribun de la flotte Britannique.* Nous trouvons dans le code Théodosien (1) un rescrit de Julien l'Apostat, daté de *Vallis* en Afrique, adressé le 6 des Calendes de juillet, à un *Verecundus* en qualité d'officier des finances, *Rationali summarum;* savoir si c'est le même. En détruisant ce tombeau, l'on a aperçu sur la pierre N. S. du côté qui posait sur la terre l'épitaphe suivante:

<pre>
            D. M.
        IVLIAE VITA
       LICAE - L - LON
        GIUS FELIX
          CONIVNX.
</pre>

Aux dieux Manes. Lucius Longius Felix a fait faire ce monument à Julia Vitalica son épouse. La pierre sur laquelle celle-ci était gravée ne faisait partie du tombeau d'Arenius qu'autant qu'elle servait à la première assise du mur. Il est probable qu'elle provenait d'un tombeau plus ancien qui avait été détruit.

L'abbé Le Bœuf (2) nous a conservé la mémoire d'un autre caveau antique, découvert en 1694 ou 1695, à Ver, au diocèse de Senlis, dans l'endroit où il

AU VILLAGE DE VER, DIOCÈSE DE SENLIS; A SOISSONS; A PONT D'ANSY; A SAINT-QUENTIN.

(1) Codex Theodos., tit. 1, de Jure Fisci. Edit. Lugd. 1665, p. 383.
(2) Ecrits sur l'hist. de France, t. 1, p. 109.

conjecture qu'était bâti le château célèbre de nos Rois de la seconde race. Il était à une toise et demie ou environ de profondeur. On y trouva un squelette d'homme en sa situation naturelle, les pieds tournés vers l'Orient. Les ossements paraissaient être d'un grand corps ; mais nul vestige d'habit, d'arme ni de monnaie. Il y avait seulement autour du squelette des espèces de lampes de verre, posées chacune sur une base ; ces lampes, leurs bases comprises, avaient au moins un pied de hauteur. Le même savant (1) antiquaire nous apprend qu'on avait déterré en 1732, à une lieue de Soissons, une urne cinéraire qui renfermait des médailles jusqu'à Posthume inclusivement, mêlées parmi des cendres et des morceaux de crânes humains qui avaient passé par le feu ; mais il ne nous dit pas si cette urne a été trouvée dans un caveau. Il ne paraît pas que la grosse bouteille de verre, remplie aussi d'os à demi brûlés, dont parle l'histoire du Valois (2), fut renfermée dans un tombeau puisqu'elle a été brisée d'un coup d'hoyau par un paysan en creusant un fossé près l'ancien pont d'Anci, sur la rivière de Vesle. Nous sommes redevables à M. Thibaut, contrôleur des actes dans la ville de Saint-Quentin, de la connaissance d'un autre caveau, découvert au faubourg d'Isle de cette ville, en creusant les fondements des cornes de Vauban, à cent pas ou environ de la chaussée romaine de Saint-Quentin à Laon. On y a trouvé une urne que ce curieux a eue du geolier des prisons qui l'avait achetée quatre sols à un inventaire. Ce serait peut-être le plus beau vase qu'on puisse voir (n.° ...), s'il était entier. Cette urne est d'une terre sanguine, d'un grain très fin et d'un vernis naturel très brillant. La hauteur est de six pouces trois lignes ; son diamètre, de cinq pouces et demi, non compris l'espèce de fraise qui l'entoure ; celle-ci a huit lignes de largeur. L'épaisseur du vase ne porte pas une ligne. Nous avons de la peine à croire qu'il y ait eu dans la Belgique des ouvriers assez habiles pour faire un vase d'une forme si élégante.

A AMBLAINSELVE. Nous avons parlé du Bacchus d'Amblainselve ; il est juste de ne pas oublier le caveau où il était renfermé. C'était un petit bâtiment carré (3) de neuf à dix pieds, soutenu par quatre piliers ronds de quatre pieds ou environ de hauteur et de trois pieds de circonférence. Le tout était construit de pierres de seize à dix-sept pouces en tout sens. Au milieu était placée une urne de verre avec son couvercle, remplie de cendres et de onze médailles de bronze, depuis Gallien jusqu'à Probus ; d'un côté de l'urne en était une autre plus petite et une lampe

---

(1) Dissert. sur le Soissonnois, p. 104, note.

(2) Hist. du Val., t. 1, p. 475.

(3) Nouvel. de la Rép. des lettres, décembre 1679.

sépulcrale de terre; de l'autre côté le petit Bacchus barbu et cornu. On conjecture que c'était le tombeau d'une personne considérable, morte entre les années 276 et 282, qui est la fin du règne de Probus.

Mais tous ces caveaux ne sont rien en comparaison de celui qui a été découvert à Reims en 1738, sous l'église de Saint-Martin. La gravure de ce beau monument nous est tombée, par hasard, entre les mains; c'est ce qui nous a fait naître l'idée de le placer dans notre histoire comme appartenant aux Belges-Romains dont nous avons traité jusqu'ici tant en général qu'en particulier. Nous l'avons comparé avec la lettre que Dom Taillandier (1) a écrite le 5 de janvier 1739 à Dom de Montfaucon, pour lui demander quelques lumières touchant les figures qui étaient peintes sur les murs. Nous ignorons la réponse qu'il en a reçue; mais il ne paraît pas douteux que ce caveau n'eût été fait pour une famille distinguée à Reims. Il a quatorze pieds de profondeur sur huit de largeur et douze sous voûte. Les murs sont revêtus d'un ciment fort dur, bien conservé, et ornés de peintures à fresques d'un très bon goût. La face qui se présente à l'entrée du caveau offre d'abord une niche pratiquée en demi-cercle dans le mur et aux deux pans posés chacun sur une urne bien dessinée. L'une des façades de l'hypogée (2) découvert dans la ville de Corsini, près de Rome, offre deux pans placés de même à côté d'une urne. On voit ensuite un esclave ou un libitinaire qui emporte un lit, ce qui annonce la mort d'une personne; dans le fond, un autel sur lequel brûle le feu sacré; et devant l'autel, une personne, peut-être le père de famille, qui vient offrir un sacrifice pour le défunt ou la défunte. Sur la face opposée sont représentées trois personnes que nous prendrions pour la mère et les deux enfants, garçon et fille. La fille est remarquable par ses pendants d'oreille et par son collier. On voit à côté d'elle un paon mâle, posé sur une urne, et à côté du fils un paon femelle, placé de même. La majestueuse élégance de toutes ces figures, la variété de leurs caractères et de leurs attitudes, la vérité des ajustements, la souplesse des draperies, doivent rendre ce morceau précieux. Le sol est creusé à trois pieds de profondeur pour former une fosse de huit pieds de longueur sur sept de largeur. Les parois sont enduits du même ciment que le reste du caveau. On a trouvé dans cette fosse quantité d'ossements de différentes grandeurs. Outre la niche qui est vis-à-vis de l'entrée, il y en a deux autres, l'une pratiquée dans le mur du fond, l'autre dans celui qui lui est correspondant. Ces trois niches avaient été faites pour porter des urnes, comme il se pratiquait dans les *Columbaria*, où l'on en voyait souvent plusieurs rangées les unes sur les autres, comme dans

---

(1) Merc. de Fr., janv. 1739, p. 233 et suiv.   (2) Antiq. expl., t. v, part. i, pl. ix.

un colombier. On descendait dans le caveau par un escalier de douze à quinze marches.

CII.

TOMBEAUX EN FORME DE COFFRES DÉCOUVERTS.

Après les caveaux viennent les tombeaux en forme de coffre, que les Italiens nomment *Urne;* les uns contenaient les cendres de plusieurs corps. Le Père Malbrancq (1), jésuite, nous apprend qu'entre l'abbaye de Saint-Jean-au-Mont, près Térouanne, et l'église paroissiale de Clarque, on en avait découvert un en pierres de près de huit pieds en carré. Il était partagé en quatre parties égales; chacune renfermait une urne pleine de petits os mêlés avec des cendres et des charbons, et de petites cruches qui pouvaient contenir chacune huit pots de vin. Le même fut témoin, en 1631 (2), de la découverte qui fut faite dans la même ville d'un tombeau d'une autre espèce. Il était de pierres de Marquise, en forme de boîte ronde, avec un couvercle fort épais, de deux pieds de profondeur et d'un peu plus de largeur. On y trouva deux vases. L'un renfermait les ossements d'un enfant de deux ans, et l'autre très bien bouché, une liqueur limpide qui n'avait aucune mauvaise odeur. On déposait donc avec les urnes des vases de toute espèce, chargés de vivres, comme pour servir aux nécessités des morts; Virgile (3) nous l'apprend par ces vers :

> Inferimus tepido spumantia cymbia lacte,
> Sanguinis et sacri pateras : animamque sepulcro
> Condimus. . . . .

L'urne était nommée ossuaire, *ossuarium*, si les os de la personne n'avaient point été entièrement brûlés; cinéraire, *cinerarium*, si le corps avait été réduit en cendres.

AMIENS : DESCRIPTION DES PIÈCES QU'IL RENFERMAIT.

Les *Affiches de Picardie* (4), du mois d'août 1771, ont annoncé la découverte d'un tombeau de la même espèce renfermant une urne cinéraire. Il était enterré sur le bord du chemin du faubourg de Saint-Pierre de la ville d'Amiens au village de Rivery. Ce tombeau est parfaitement carré (n.° 1), formé de six pierres dures, de la nature des pierres de Senlis, de différentes épaisseurs, depuis deux jusqu'à trois pouces. Le fond et le dessus ont des rainures pour recevoir et emboîter les quatre pierres des côtés, qui étaient retenues par des agrafes de fer dont on voit encore les marques. Quelques-unes de ces pierres

---

(1) De Morin., t. 1, schol. p. 662.
(2) Ibid., p. 315 et schol. p. 297.
(3) Virgil. Eneid. l. 3, v. 66.
(4) Affich. de Picard., n.° 31.

ont des cassures anciennes. La capacité du coffre est d'environ deux pieds. On y a trouvé, outre le dieu Priape dont nous avons parlé, 1.° une urne de verre (n.° 2) de cinq pouces six lignes de haut et de sept pouces une ligne dans la plus grande largeur de son ventre ; elle était pleine de cendres mêlées avec quelques os calcinés de vertèbre, de cuisses, de côtes mêlées avec des os de petits quadrupèdes et de volatiles, le tout conservant encore une odeur de résine ; il s'y est rencontré parmi tout cela, une médaille en bronze de Claude Tibère avec le revers *Romae et Augusto ;* cette pièce qui devait servir à payer le passage du Styx est fort endommagée. 2.° Un pot de terre commune, blanchâtre (n.° 3) qui paraît avoir été verni en jaune, haut de neuf pouces ; il porte le bec relevé, et à l'extrémité supérieure du manche, un reste de charnière, dont la contre-partie tenait au couvercle qu'on n'a point retrouvé ; le diamètre du ventre est de cinq pouces cinq lignes. 3°. Un autre (n.° 4) de la même terre et à peu-près de la même forme : hauteur six pouces quatre lignes, diamètre du ventre quatre pouces onze lignes. 4.° Autre d'une forme différente (n.° 5) fort légère, d'une terre rouge très fine, chargée de figures de poissons, recouvert en dehors et en dedans d'un vernis rougeâtre ; hauteur huit pouces sept lignes, diamètre du ventre trois pouces cinq lignes. 5.° Une bouteille de terre commune (n.° 6) brisée en plusieurs pièces, hauteur cinq pouces dix lignes, diamètre du ventre quatre pouces quatre lignes. 6.° Espèce d'urne (n.° 7) de terre rouge, comme le n.° 5, hauteur quatre pouces dix lignes, largeur trois pouces six lignes. 7.° Un vase (n.° 8) orné de feuillages, de la même nature que le précédent. 8.° Casserole (n.° 9) d'une terre très commune : hauteur un pouce et demi, largeur cinq pouces onze lignes, longueur du manche un pouce sept lignes. 9.° Trois bouteilles (n.° 10) de verre, à quatre pans, sans pontis : hauteur quatre pouces onze lignes, largeur de chaque pan un pouce sept lignes ; une suffit pour faire connaître les autres. 10.° Quatre tasses de verre blanc de deux grandeurs différentes. Le n.° 11 présente la seconde grandeur : hauteur un pouce dix lignes, largeur quatre pouces onze lignes et demie. 11.° Une espèce de bouton (n.° 12) de terre de la nature de celle dont on fait les pipes. On en a trouvé une trentaine de grandeurs et de couleurs différentes. Il n'en reste que cinq noirs et quatre blancs. Celui qui offre ce numéro a pour diamètre un pouce deux lignes et environ trois lignes d'épaisseur. Toutes ces pièces sont déposées dans l'Hôtel-de-Ville d'Amiens, où nous les avons fait dessiner (1).

(1) Le musée d'Amiens possède la majeure partie des objets que décrit Dom Grenier ; ce sont ceux dont il se proposait de publier les dessins et qu'il a numérotés (2)-(3)-(4)-(5)-(9) et l'une des trois bouteilles (n.° 10); ils sont inscrits au catalogue sous les n.°ˢ 66, 92, 219, 197, 196 et 60. — Note de l'Editeur.

EN BOULONOIS, AU CHATEAU DE COURS.

Nous avons vu un tombeau de la même espèce, mais plus petit, dans l'église de Saint-Silvestre d'Halinghen, succursale de Frencq. Il sert de fonds baptismaux. Il est d'une seule pierre carrée, chaque face portant deux pieds de largeur, un pied et demi de hauteur, deux pouces d'épaisseur sur un pied de profondeur. Il était plus haut et plus large autrefois, comme il est aisé d'en juger par l'inscription gravée sur la face qui est tournée du côté du chœur. Elle n'est point entière. Voici ce qui en reste :

ET DEO IOVI
VICVS
DOLUCENS...
CV. VITAL...
PRISC..

Cette souscription est en grandes et belles lettres romaines. Les O ont deux pouces de diamètre, les V ont deux pouces et demi d'ouverture, les C, deux pouces. Les lignes sont espacées d'un pouce et demi. Il y a des échancrures aux quatre angles de ce tombeau. Celui qui fut découvert à la fin du dernier siècle, près du château de Cours (2), en Boulonois, était sans doute un coffre de la même forme, puisque, suivant le rapport de M. Du Mont, on y a trouvé un fauteuil pliant de bronze et une urne pleine de cendres. L'urne fut envoyée à l'Académie des Inscriptions.

CIII.

SARCOPHAGES DÉCOUVERTS.

A LARDIÈRES, EN BEAUVOISIS ; DANS LES ENVIRONS DE CHAMPLIEU ET DE SOISSONS.

Parmi les tombeaux qui sont nommés sarcophages, c'est-à-dire faits pour loger le corps en entier, il s'en trouve de plusieurs espèces. Les uns, taillés pour deux cadavres, sont nommés, dans quelques inscriptions, *Bisomum* ou *Disomum*. Nous n'en connaissons point de cette sorte dans la province. Les autres sont construits pour renfermer plusieurs corps. Selon une lettre écrite de Meru en Beauvoisis, le 23 de janvier 1755, à M. l'abbé Danse, chanoine de Beauvais, on avait découvert, près la fontaine de Lardières, un tombeau de pierres de cinq pieds et demi en carré. Il contenait deux grandes personnes et trois enfants, c'est-à-dire une famille entière, avec plusieurs pièces d'or, dit-on ; il est certain que le charretier qui a fait cette découverte jouissait quelques années après de 100 pistoles de rente. Les *Affiches de Picardie* de 1770 (1) ont

---

(1) Affiches de Picardie, n.° 44.   (2) Sans doute Courset?

rapporté qu'on avait trouvé le 12 octobre, dans les environs de Champlieu en Valois, deux grands tombeaux de pierre : le premier avait la forme ordinaire, mais il était fait pour contenir plusieurs corps. Il était croisé sur un autre de figure ronde comme un saloir. Celui-ci pouvait loger quatre cadavres. On y a vu, en effet, une grande quantité d'ossements, avec une bouteille de verre, un pot de terre et du charbon. On avait découvert dans le même canton, l'année précédente, deux autres tombeaux de la même espèce que ceux dont nous venons de parler. On y trouva deux fers de lance de cuivre, une urne et quinze médailles. Ces monuments de l'antiquité sont conservés dans le cabinet de M. de Beauval, lieutenant de chasse à Compiègne. Nous aurions bien désiré pouvoir joindre ici la *description curieuse et particulière de quelques squelettes d'hommes découverts en France* (auprès de Soissons) en 1685 dans une ancienne tombe (1); mais nous n'avons que le titre de l'ouvrage imprimé in-4.°, à Londres, chez Bistow, en 1660.

AU MONT CAPERON, PRÈS DES CAPUCINS DE BEAUVAIS, ET DANS LA BANLIEUE DE BOULOGNE-SUR-MER.

Les sarcophages, plus longs que larges et travaillés exprès pour un seul cadavre, sont plus communs dans la Picardie. Les plus anciens sont aussi larges aux pieds qu'à la tête. On en trouva un en 1659 dans une vigne du Mont-Caperon près Beauvais. Il était de pierre dure, long de sept à huit pieds et large de trois. Il était posé sur deux pierres de trois pieds de hauteur; l'une était chargée des bas-reliefs dont nous avons parlé ; on voyait sur l'autre l'inscription suivante :

D. M.
MEMOR. ATTI...
VIBIVS ATTICVS
PATER. POSVIT.

c'est-à-dire que *Vibius père a posé ce monument à la mémoire d'Atticus*, qui était sans doute son fils. Quelques années auparavant on avait déterré, plus près de la ville, dans l'avenue des Capucins, un autre tombeau de pierre long de neuf pieds et large de deux dont le couvercle était plat. Il renfermait les ossements d'un homme de huit pieds et trois vases; l'un, de cristal de roche ciselé, avait la forme d'un gobelet; l'autre, ressemblant à un pot à confiture, était de terre rouge très-belle et très-fine; le troisième était un autre pot fait de la terre rouge de Savigny, village du même canton. Il pouvait contenir cinq chopines de liqueur. On trouva à côté de la tête une médaille d'argent de Marc-Aurèle. Au mois de septembre 1722 (2), des ouvriers tirant de la terre

(1) Affiches de Picardie, n.° 44.   (2) Mém. MS. de M. Dauphin d'Halinghen.

propre à faire des briques dans un terrain vague du côté de la Maladrerie de la Madeleine dans la banlieue de Boulogne-sur-Mer, rencontrèrent un tombeau de pierres blanches; son couvercle était scellé en plomb à l'ouverture. Le corps parut en son entier, mais quelques minutes après, il tomba en poussière. On a remarqué à côté du cadavre une urne de verre fort singulière (n.°...), c'est une figure très-grossière de femme asssise dans un fauteuil tissu de joncs ou d'osiers. Elle tient une flûte de Pan à sept tuyaux; son petit habit est d'un goût aussi particulier que sa coiffure. L'orifice de l'urne, qui dépasse la tête de la femme, est accompagnée de deux anses. Hauteur, six pouces neuf lignes; largeur, deux pouces deux lignes; ouverture de la bouche de l'urne, onze lignes. Le dessin de ce monument a été envoyé à Dom de Montfaucon par le Père Le Quien, dominicain (1). Des mémoires de M. Lateux nous apprennent que lorsqu'on travaillait aux fossés de la haute ville de Boulogne, on a découvert un grand cercueil de pierre vis-à-vis les moulins à vent, et deux autres très-bien travaillés sur l'esplanade entre la haute et la basse ville.

On en a trouvé de semblables en 1746 dans le jardin de l'abbaye de Saint-Nicaise de Reims.

DANS LE PAYS DES MORINS ET DANS LES ENVIRONS D'ABBEVILLE.

L'historien des Morins (2) nous apprend qu'on avait découvert en 1636, dans un lieu qu'il nomme *Adfundenœ, aliter Norremum*, peut-être Fontaine-lès-Hermans, entre la chaussée d'Arras et celle de Térouanne, un sarcophage de pierres blanches. L'intérieur du couvercle était arrondi sur une longueur de plus de cinq pieds. Il renfermait une urne de plomb, ronde, plus haute que large, remplie d'os humains à demi consumés. L'urne était ornée à l'extérieur de figures carrées et posée entre deux pierres : on avait placé à côté deux vases de verre; l'un en forme d'aiguière dont le col était très-allongé et fort menu, avec un manche plat qui prenait depuis le pied jusqu'à l'orifice du vase. Sa contenance pouvait être d'une chopine; il y avait encore des restes d'une eau limpide et odoriférante. L'autre était oblong et vide; il paraissait pourtant qu'il y avait eu quelque chose de gras. Ce tombeau renfermait aussi plusieurs assiettes d'une terre blanche dans l'intérieur et noire en dehors. Les habitants des environs assuraient qu'on pourrait trouver des monuments semblables en vingt endroits du canton. Dans le temps que le Père Samson (3), carme, écrivait, on fit une découverte à peu-près pareille dans les environs d'Abbeville, près du chemin d'Epagne. Le sarcophage antique, dit-il, contenait une urne pleine

(1) Antiq. expl., supl., t. v, pl. LXI.
(2) Malbrancq, de Morin., t. I, schol., p. 597.
(3) Hist. eccl. d'Abbev., p. 46.

d'ossements, proprement entourée et couverte de deux pierres taillées. Il y avait aussi des pots de terre et des fioles aromatiques. Il n'en dit pas d'avantage. M. Dargnies de Frêne, d'Abbeville, vient de nous mander qu'on a découvert près du chef-lieu d'un fief nommé *Château-Thomas*, en Ponthieu, deux sarcophages qui ne renfermaient que des cendres; dans l'un de quatre pieds quatre pouces de long, mesure prise dans l'intérieur, étaient une boucle avec son ardillon de potin et une plaque de même métal ornée de petits morceaux de verre rouge. L'autre sarcophage était factice, composé de gravier et de coquillages pilés.

Nous avons appris qu'on avait découvert deux tombeaux romains en Vermandois, l'un à Caulincourt, l'autre à Tieulaines, mais nous n'en savons rien de particulier. Nous avons vu à Roieglise deux sarcophages qui portent le solin d'une grange; ils ont été déterrés avec quelques autres dans la place de ce village, sur le bord de la voie romaine qui va de Noyon à Roye. On en a trouvé plusieurs dans le Vimeux. M. Houlon, d'Amiens, a envoyé à Dom de Montfaucon un vase de verre qui porte quatre pouces sept lignes de haut et deux pouces quatre lignes dans sa plus grande largeur. Il a été découvert près Saint-Valery-sur-Somme dans un tombeau, à la Ferté, peut-être, où, en 1739, M. Charpentier en a découvert un autre en faisant bâtir une grange sur le port où est situé le chantier. Celui-ci était de pierres dures, long de sept pieds trois pouces, large de deux pieds trois pouces, égal par les pieds comme par la tête. Il était recouvert d'une pierre taillée en dos d'âne, avec une vive arête dans le milieu et un carré d'un pied de hauteur. Voici comme le corps était arrangé dans ce tombeau. Il avait été enseveli dans de l'osier; on en a trouvé des restes. Cette espèce de panier était renfermé dans un coffre ou cercueil de bois dont les planches étaient attachées avec des agrafes de cuivre. Le bois était réduit en poussière. On avait placé dans l'espace vide entre le coffre de bois et le sarcophage, une urne, une petite fiole de verre et plusieurs médailles. L'urne est d'une terre noire fort grossière (n.° 1) d'une forme assez belle cependant; le col et le manche en ont été cassés. Ce qui nous en reste a cinq pieds (1) trois pouces de hauteur; le diamètre du ventre est de cinq pouces cinq lignes. La fiole était de verre bleu, au col allongé et fort menu. M. Charpentier nous a fait présent de l'urne et des deux médailles qui lui restaient, l'une est de l'Empereur Hadrien, avec une figure debout au revers et le *Senatus consulto;* l'autre de Faustine la jeune: *Faustinae Augustae Pii Augusti filiae.* On voit au revers une figure debout; légende, *Vénus* avec le S. C. Le sarcophage a été vendu à

DANS LE VERMANDOIS; DANS LE VIMEUX.

---

(1) *Sic* dans le MS.; mais ce doit être une erreur de Dom Grenier.

un particulier de Feuquières en Vimeux. Le couvercle sert de marche à la grange dont il a été parlé. La découverte suivante servira encore à éclaircir celle-ci.

<small>AUTRE SARCOPHAGE DÉCOUVERT DANS LE VIMEUX ; SA DESCRIPTION.</small>

Elle a été faite en 1763, vis-à-vis le moulin de Friaucourt-en-Vimeux, à cinq ou six pieds du grand chemin du bourg d'Ault. La description en a été envoyée, le 13 de janvier 1764, à M. Hecquet, gros fabricant de moquette à Abbeville, par Mademoiselle d'Auxi-Monceaux, dame de Friaucourt. La longueur du sarcophage (n.° 2) est de sept pieds et demi à peu de choses près ; sa profondeur, deux pieds moins quatre pouces ; l'épaisseur de la pierre, un demi-pied. Du milieu du couvercle s'élève un massif en forme de table, d'un pied trois pouces en carré, sur laquelle était, dit-on, un reste d'inscription que le temps avait détruit. La pierre blanche était d'un beau grain et sonnante sous le doigt. Il ne s'en trouve pas de cette nature dans le pays. Il a fallu quatre chevaux pour traîner au château de Friaucourt le coffre seulement. Il y est employé à usage d'auge. Le couvercle sert de grès à la porte du jardin. Ce tombeau renfermait un squelette de près de six pieds de long, entier, ou plutôt ses principaux ossements tenaient encore ensemble. Les mâchoires étaient meublées de toutes leurs dents. Il flottait dans deux seaux ou environ d'une eau roussâtre qui paraissait comme de la saumure. On avait placé à côté du squelette plusieurs petites urnes de trois pouces de hauteur (n.° 3) sur presqu'autant de diamètre : elles sont d'une terre très fine et noirâtre à l'extérieur ; des petites fioles au col allongé ; une petite carafe de verre avec une anse dans le goût de celles d'à-présent et deux petits plats de verre (n.° 4) de deux pouces et demi de largeur et de neuf lignes de hauteur. M. Hecquet conserve quelques-unes de ces antiquailles.

<small>SARCOPHAGE CONSERVÉ DANS L'ÉGLISE DE SAINT-CORNEILLE DE COMPIÈGNE.</small>

De tous ces sarcophages, les plus curieux, sans contredit, sont les deux qui nous restent des anciens Soissonnois. Le premier (n.° 1) sert aujourd'hui de baptistaire dans l'église de Saint-Corneille de Compiègne ; on y fait depuis plusieurs siècles la bénédiction de l'eau aux veilles des fêtes de Pâques et de la Pentecôte. C'est certainement le tombeau d'un païen. Il a cinq pieds huit pouces de long dans la partie supérieure, cinq pieds quatre pouces dans la partie inférieure et trois pieds moins un pouce de large. L'intérieur a quatre pouces de moins ; ces quatre pouces forment son épaisseur dans le haut. Sa hauteur a aussi deux pouces et quelque petite chose avec, moins que sa largeur. Il est orné de cannelures en spirales qu'on nomme *Gaudron*. On voit pardevant et parderrière deux têtes qui paraissent être des têtes de Mercure à cause des deux ailes qui partent du front. On ignore d'où vient ce tombeau, ainsi que le suivant dont M. de Caylus a donné le dessin et la description (1).

(1) Réc. d'antiq., t. IV, p. 386. pl. CXVIII.

— 241 —

Il n'y a rien à ajouter à la gravure, sinon que les figures sont présentées en un sens contraire à celui qu'elles occupent sur la pierre. Nous nous contenterons donc de suivre le célèbre académicien. Cette pierre de la qualité de celle de Senlis ou de Liais sert de linteau à une porte qui se trouve placée dans l'aile occidentale du cloître de l'abbaye de Saint-Médard. Elle a cinq pieds de longueur et deux pieds et demi de largeur, suivant M. de Caylus, (n.° 2) mais il dit qu'il n'a point été à portée de voir ce monument; qu'il n'en parle que sur le rapport d'autrui. Selon des mémoires manuscrits que nous avons sous les yeux, et qui viennent du lieu même, la longueur est de six pieds et demi, la largeur, de deux pieds. Elle offre un bas-relief dont toutes les idées du paganisme qu'elle présente sont très entières. La principale pièce est le médaillon supporté par deux anges ou plutôt deux génies (1). Ces deux objets *donnent*, dit M. de Caylus, *non seulement une grande opinion de l'état du personnage, mais prouvent que ce monument a été construit et travaillé dans un temps peu éloigné du règne de Constantin.* Les Amours qui éteignent leurs torches contre terre, symbole de la mort chez les Romains, semblent annoncer aussi les regrets d'une épouse pour la perte d'un mari, regrets qu'elle a voulu faire passer, sans doute, à la postérité par ce monument. L'enfant, les deux chèvres, le fleuve personnifié et à ses pieds le monstre, avec la figure de l'abondance, forment tous ensemble un groupe qui ne peut avoir de rapport, à ce qu'il nous semble, qu'aux différentes productions et qu'à la fertilité du Soissonnois. Quant au trou placé au-dessous du médaillon, on ne doit pas douter (2) qu'il n'ait été destiné à introduire les libations dans le tombeau ou dans l'urne et peut-être aussi à y insérer des fleurs; car les païens croyaient que les âmes des défunts en faisaient leurs délices : *scilicet ut...... parentales libationes et inferiæ in cinerariam amphoram....... defluere possent; vel ut in his cavitatibus flores insererentur quibus valde delectari defunctorum animas credebant. Cependant il faut convenir*, dit M. de Caylus, *qu'un si grand nombre de preuves du paganisme sont contredites par l'habillement, le maintien, la chevelure et la disposition de la main du personnage représentée comme celle d'un homme qui donne ce qu'on appelle la bénédition*; d'où il conjecture que le monument a été retouché. Nous en avons bien examiné toutes les parties, il ne nous a paru aucun trait d'une main étrangère.

AUTRE, ENCHASSÉ DANS LE MUR DU CLOITRE DE L'ABBAYE DE SAINT-MÉDARD DE SOISSONS.

(1) On voit, parmi les antiquités romaines du cabinet de M. le cardinal de Polignac que M. Adam l'aîné a fait graver, un bas-relief, dans le dessin, à peu de chose près, de celui du cloître de Saint-Médard. Il a été fait pour le fils de Faustine. Son buste est renfermé dans un rond supporté par deux génies ailés. Au lieu des torches renversées que portent les amours placés aux extrémités du tableau, ce sont ici deux vases remplis de fleurs et de fruits que les génies tiennent en mains. On a placé un vase semblable au-dessous du buste et deux paons à côté. — Note de Dom Grenier.

(2) Polenus. Thes. antiq. rom., t. III, supl. coll. 53.

M. Brulard de Sillery, évêque de Soissons, membre de l'Académie des Inscriptions, dit, dans l'explication qu'il a donnée de ce bas-relief (1), que le peuple appelle l'endroit où la pierre est percée *le trou de l'oracle d'Isis*, persuadé qu'une divinité souterraine rendait par là ses oracles à ceux qui venaient la consulter. Dormai (2) a cru que le médaillon représentait Minerve; d'autres (3) se sont imaginés que c'était un supérieur qui donnait la bénédiction à ses religieuses; qui plus est, que ce tombeau était celui de Hugues, fils légitime de Charlemagne et d'Hildegarde, qui fut d'abord abbé en Piémont et ensuite de Saint-Médard de Soissons. Des mystiques enfin ont cru y apercevoir le mystère de l'incarnation. Nous n'entrerons pas dans les détails de leurs rêveries. L'ensemble de ce bas-relief nous donne, comme à M. de Caylus, une si grande idée du rang que la personne, pour laquelle ce tombeau a été fait, avait dans le Soissonnois, que nous ne faisons pas de difficulté de le regarder comme un des gouverneurs romains de la province dont on aura fait l'apothéose, c'est-à-dire avant l'édit de Constantin qui les abolit, comme l'a fait voir M. de Valois dans son discours lu à l'Académie des Inscriptions, le 13 d'avril 1706. Car, comme le dit fort bien M. l'abbé Mongault (4), quoique les Gaulois, nation fière et belliqueuse, n'eussent garde de se prostituer d'abord, comme les Grecs, à une adulation basse et outrée, il paraît néanmoins que pour immortaliser la mémoire des grands hommes qui s'étaient rendus illustres parmi eux, ils leur rendaient après leur mort les honneurs divins.

SARCOPHAGES TROUVÉS PRÈS AMIENS, PRÈS MONTDIDIER, PRÈS LE VILLAGE DE WARLOY.

Les sarcophages sont plus communs, comme de raison, dans les anciens cimetières tant particuliers que publics. La Morlière (5) nous apprend qu'on en découvrit plusieurs de son temps, c'est-à-dire dans le courant du siècle dernier, en creusant les fossés de la citadelle d'Amiens. Les coffres étaient de pierre dure et les couvercles en d'os d'âne. *Ils étaient remplis*, dit-il, *de vases aromatiques de toute façon, que j'ay eu long-temps chez moy à cause du Général des guerres qui lors y estoit logé, de petites phioles encore propres et duisantes à contenir les larmes des intimes amis.* On a trouvé près l'église de Saint-Martin, faubourg de la ville d'Amiens (6), trois tombeaux de pierres et quelques uns dans une chapelle de cette église, que le savant M. de Léperon, que nous aurons occasion de citer souvent dans la suite, a jugé avoir servi à des païens. Ce lieu sert aujourd'hui de cimetière à la paroisse de Saint-Martin, dite anciennement *Fur-*

---

(1) Hist. de l'Acad. des Inscript., t. III, p. XXVI.
(2) Histoire de Soissons, t. I, p. 41.
(3) Mém. MS.
(4) Mémoire de l'Acad. des Inscr., t. I, p. 379.

(5) Antiq. de la ville d'Amiens, p. 19
(6) La copie fort exacte du MS. de Dom Grenier que nous avons sous les yeux porte bien *Amiens*, ce doit être une erreur, il faut lire *Montdidier*. — Note de l'Éditeur.

cellicourt. Des carriers tirant de la pierre, il y a quelques années, sur le bord du bois de Rolemont, près le village de Warloy, en ont découvert quelques-uns, où il y avait des fioles de verre et des armures.

Différents endroits du Beauvoisis ont donné plusieurs sarcophages ainsi réunis. On a mandé de Méru, le 23 de janvier 1756, à M. l'abbé Danse, chanoine de Beauvais, que du nombre des tombeaux découverts sur la montagne de Buchy, il y en avait deux plus larges à la tête qu'aux pieds, portant chacun six pieds un pouce de longueur et quatorze pouces de profondeur, larges de seize pouces du côté de la tête et de dix seulement du côté des pieds. L'un des deux était couvert d'une pierre taillée en talus par dessus et chargé de quelques traits qu'on pourrait prendre, dit-on, pour des figures hiéroglyphiques. Celui-ci renfermait un squelette humain parfaitement bien conservé, avec les dents aussi blanches et aussi bien émaillées que si le corps venait d'y être déposé. On a trouvé à côté un tesson de pot de grès. La face des cadavres regardait le Nord. Une dizaine d'années auparavant, on avait trouvé des tombeaux semblables à cent pas de ceux-ci, dans l'un desquels étaient, parmi des ossements de corps humains, un sabre, un anneau et un pot de grès de quatre à cinq pouces de hauteur sur quinze de diamètre. On en a découvert plusieurs aussi au sud de Puisieux en pavant le grand chemin qui conduit à Paris, entre Milly et Monceau, vers le *Champ-Pourri*, dans un canton dit les *Cercueils*, dans les environs de Pressy, bourg sur la rivière d'Oise, et sur la fin de l'année 1751 (1), quelques-uns dans le camp romain de Gouvieux. Ceux-ci renfermaient avec les squelettes plusieurs médailles, des poignées d'épées, des lampes dont on n'a point laissé la forme, des vases de terre de différentes formes qui ne sont pas mauvaises, quoique le travail en soit assez grossier. M. de Caylus renvoie au n.° 3, de la planche LXXX, pour en voir un pareil. Nous l'avons donné au n.°... Une remarque importante à faire, c'est que ces vases étaient placés entre les jambes des morts, ce qui n'est pas commun.

<small>SUR LA MONTAGNE DE BUCHY; PRÈS PUISIEUX; ENTRE MILLY ET MONCEAU etc., EN BEAUVOISIS.</small>

Les pluies découvrirent, depuis quelques années, dans une des gorges de la montagne du village de Lombrai, à peu de distance de la voie romaine de Noyon à Vic-sur-Aisne, plusieurs sarcophages; mais il n'y avait aucun reste de monument qui pût annoncer quelles étaient les personnes qui y avaient été déposées. Depuis une trentaine d'années, on a déterré dans un des faubourgs de Chauny, dit du *Brouage*, aux environs d'une briqueterie, quelques tombeaux de l'espèce ci-dessus où avaient été déposés des vases romains et des lampes

<small>SUR LE BORD DE LA CHAUSSÉE ROMAINE DE SOISSONS A VIC-SUR-AISNE; DANS UN DES FAUBOURGS DE NOYON; AU MOULIN DE ROUY, etc.,</small>

(1) Caylus. Rec. d'antiq., t. I, p. 258.

sépulcrales. Nous n'avons pu avoir aucun détail de cette découverte, non plus que de celle qui a été faite vers le même temps au pied du moulin de Rouy : nous savons seulement qu'on y a trouvé avec des ossements, des fers de lances, des armures et des médailles. Le mont Catillon, en Valois, en a donné plusieurs (1) : c'étaient des tombeaux de militaires où l'on avait mis, à côté de chacun des cadavres, une épée ; ces épées ont été rongées en grande partie par la rouille. On en a découvert en 1740 (2), entre Oulchy et Le Plessier, assez près de l'ancienne chaussée romaine de Soissons à Château-Thierry. Il y avait parmi les cendres des cadavres, des pièces de monnaies altérées par la rouille, des boutons composés d'un certain mastic et taillés à facettes. On a trouvé trois sarcophages dans le parc de Pendé, en Vimeux, en abattant des chênes. M. le marquis de Saint-Blimond, seigneur du lieu, étant absent, le concierge a caché ce qu'ils renfermaient. Tout ce qu'on en sait, c'est qu'il y avait des médailles du Haut-Empire en grand bronze, et qu'un de ces tombeaux sert aujourd'hui à abreuver des chevaux dans un cabaret du village. Voilà pour les cimetières particuliers.

DANS LES ANCIENS CIMETIÈRES D'AMIENS.   Les cimetières publics sont indiqués par des tombeaux pareils, mais en bien plus grand nombre. Nous ne connaissons pas tous ceux qui ont été découverts au sud-est de la ville d'Amiens, nous pouvons cependant assurer que tout l'espace compris entre l'ancien chemin de Paris par Saint-Fuscien et la chaussée de Noyon, en était rempli. En 1759, on en a trouvé un autre de pierre dure sur le bord de la chaussée de Noyon, entre l'abbaye de Saint-Acheul et la première maison du faubourg. Il ne renfermait que des ossements, mais on avait pratiqué en dehors du côté de la tête une maçonnerie en rond, où l'on avait placé un vase de terre grossière vernissé en noir, de la forme d'une tourtière à haut bord que nous avons vu chez un pâtissier de la ville ; plusieurs petites bouteilles de verre que les manouvriers ont brisées, et une quantité considérable de coques d'œufs.

On en a découvert cinq en 1771 dans un champ où l'on tire de la terre pour faire des briques. Ces cinq tombeaux de pierres sont de deux différentes formes, comme on peut le voir à la planche. Le n.° 1 est arrondi du côté de la tête en dehors et en dedans. Il a sept pieds de longueur en dehors, six pieds et demi presque en dedans. Le couvercle a une vive arête dans le milieu. Le n.° 2 forme un carré long en dehors, il est arrondi en dedans du côté de la tête. Il porte la même longueur que le précédent. La vive arête du couvercle de celui-ci est coupée par une espèce de table carrée. On y a trouvé deux vases d'une

(7) Hist. du Valois, t. II, p. 512.   (2) Ibid., t. I, p. 48.

sorte de verre qui approche de la porcelaine, et l'un (n.° 3) ressemble beaucoup à un sucrier. Il porte deux pouces de hauteur et deux pouces huit lignes de diamètre : l'autre (n.° 4) ressemble presque à une petite bouteille de verre que M. de Caylus a donnée dans le premier tome de son recueil d'antiquités romaines (1). La nôtre n'a que deux pouces quatre lignes et demie de haut et deux pouces de diamètre. Les deux anses accolées contre le goulot sont d'un bon goût. La forme de ce petit vase et du précédent sont fort simples.

Guibert, abbé de Nogent (2), avait été témoin d'une découverte qui fut faite au commencement du XII.° siècle, au village de Nogent-sous-Coucy. Il remarque comme chose extraordinaire, non pas tant la prodigieuse quantité de sarcophages qui s'y trouva, *cadaverum inibi congestorum commendat infinitas*, que leur arrangement. Plusieurs tombeaux, en effet, étaient rangés en manière d'un cercle de danses, autour d'un principal placé au centre : *circulatim in modum coraulæ, sepulcrorum unius multa ambiunt*. Ce qui donne lieu de conjecturer : 1.° que les pieds de tous les tombeaux du cercle étaient tournés vers le tombeau du milieu; 2.° qu'ils étaient plus étroits par les pieds que par la tête pour la régularité du cercle; 3.° que le tombeau principal était celui du chef de famille. On trouva dans chacun d'eux des vases dont l'usage, dit Guibert, était inconnu au christianisme : *in quibus quædam reperiuntur vasa, quorum causam nesciunt Christiana tempora;* d'où il conclut, ainsi que de la disposition de ces tombeaux, que c'était une sépulture de païens, ou que, si elle avait appartenu à des chrétiens, ce ne pouvait être que des chrétiens des premiers temps, inhumés suivant les usages du paganisme : *non possumus aliud credere nisi quod fuerint Gentium, aut antiquissima Christianorum, sed facta gentili more.* Il semble insinuer aussi qu'il y avait plusieurs ronds semblables, puisque cet assemblage de tombeaux ne se vit pas seulement dans l'emplacement de l'église de l'abbaye, mais aussi dans les environs : *circa ipsam (habitationem), et in ipsâ basilicâ*. Depuis quelques années, on a découvert aussi plusieurs sarcophages sur la montagne de Coucy-la-Ville; un entr'autres renfermait une hache de fer dont nous avons parlé, et une urne qui nous a été envoyée par Dom Mepuis, procureur de l'abbaye de Nogent. Elle est (n.°...) d'une terre bleuâtre, de trois pouces sept lignes de hauteur et de cinq pouces moins une ligne de diamètre.

DE NOGENT-SOUS-COUCY ET DE NOGENT-LA-VILLE.

M. Jardel de Braine a fait imprimer une lettre sur plusieurs antiquités romaines qui ont été trouvées au mois d'octobre 1765 (3), au milieu des débris de

DU PARC DE FÈRE-EN-TARDENOIS.

---

(1) Pl. LXXX, n.° IV.   (3) Merc. de juin 1766, p. 74 à 85.
(2) Op. Guib. de Nov., l. II, de vitâ suâ, cap. ℞ p. 487.

cercueils de pierre dure et d'os de morts, dans un bois dit le *Bois du Mensonge*, près le parc de Fère-en-Tardenois. La circonstance la plus curieuse de cette découverte est le paquet d'or qu'une paysanne a trouvé à côté d'un squelette assez bien conservé et couché sur le côté. Le paquet contenait trente-deux médailles dont nous avons parlé, deux bracelets qui consistaient en une plaque d'or de trois pouces ou environ, ornée de petits verres carrés de diverses couleurs, bleus, rouges, verts, en façon d'émaux, enchâssés dans un ouvrage en filigrane; deux bagues dont l'une était un anneau simple et l'autre, fort large et fort épaisse, paraissait composée de trois anneaux unis ensemble. Son chaton avait cinq à six lignes de haut et renfermait une pierre gravée. Quelques jours après, M. Jardel, faisant fouiller au même endroit, y a découvert une petite corne de terre grise, sans vernis, d'une forme simple, mais assez agréable; une lampe sépulcrale de terre bise, ornée d'un triple cordon de grenetis sur le dessus; une espèce de coin dont la matière est la même que celle des lances de fonte dont nous avons parlé. Ce coin a deux pouces ou environ de hauteur. Il est creux comme pour retenir un manche. Il ressemble beaucoup, quant à la forme extérieure, à celui qu'on voit dans le premier volume des antiquités de M. le comte de Caylus (1), trois *fibula* ou agrafes de bronze avec leurs aiguillons mobiles; trois bossettes dont deux sont passées dans un anneau; deux pierres gravées, savoir: une cornaline et une sardoine. La première est ovale de huit lignes de longueur sur quatre de largeur. On y voit gravée en creux une figure drapée jusqu'aux genoux; la sardoine de même forme, mais plus petite, a un fond brun orangé et nuancé. Elle présente une figure nue adossée à un arbre. On voit à ses pieds un vase d'où semble s'élever une fumée. Enfin, on a trouvé au même endroit quelques gros grains de verre aplatis sur les côtés, et percés comme pour former un collier. On trouverait certainement des tombeaux entiers en ce lieu, si l'on poussait les fouilles plus loin.

Le Leu, chanoine de Laon, rapporte, dans son histoire MS. de cette ville, que l'on découvrit en 1646, au-delà de Préles, dans deux cantons, l'un nommé Marloy, l'autre Montenvie, plusieurs tombeaux de grandeur extraordinaire. Il ne dit point de quelle matière ils étaient (2).

On a découvert en 1769 (3) deux sarcophages près Champlieu, en Valois. Ils contenaient chacun une urne, une lance, plusieurs médailles mêlées avec des ossements humains. Ce ne sont pas les seuls qui aient été trouvés en cet endroit, particulièrement du côté de l'église. M. l'abbé Carlier (4) nous apprend qu'on y a

---

(1) Pl. cv, n.° 1. (3) Affich. de Pic., 1770, n.° 44.
(2) T. I, p. 26. (5) Hist. du Val., t. I, p. 41.

découvert des *cercueils de pierre de toutes formes, les uns quarrés, les autres plus étroits aux pieds qu'à la tête; d'autres taillés en dedans, selon les proportions du corps humain, tous rangés de suite; des cercueils de briques et de plâtre; des squelettes sans cercueils, debout sur le côté, à plat sur le ventre; quelques-uns de ces squelettes étoient d'une grandeur démesurée.* On nous a assuré que l'ancien cimetière du village de Trevecon, en Vermandois, avait donné plusieurs tombeaux romains. Il est bien surprenant que parmi tant de débris de sépultures antiques déterrés dans le courant du siècle dernier à Saint-Quentin, il ne se soit rencontré presque point de sarcophages, *fuere quidem sepulcra pauciora, è præduro lapide*(1). M. Le Nain faisant travailler à la demi-lune de Coulombiers, qui est entre le bastion de Longueville et celui de Coulombiers, observa que la plus grande partie des terres qui étaient vers la gorge de cette demi-lune, n'était composée que d'os de morts en pourriture, d'où il conclut que le cimetière de l'ancienne Auguste était placé presqu'au nord, *et que la peuplade en estoit très-grande;* mais il ne dit pas qu'on y ait trouvé aucun sarcophage. D'où pourrait donc venir cette rareté? Serait-ce la disette de la pierre? Mais pourquoi en a-t-on trouvé un si grand nombre à Marteville, qui n'est qu'à trois lieues de Saint-Quentin? Dira-t-on que l'usage de brûler les corps a subsisté plus longtemps à Saint-Quentin que dans les autres lieux de la Belgique? Nous y avons vu, comme à Saint-Quentin, plusieurs urnes *ossuaires* et *cinéraires* déposées dans des cercueils de pierre : c'est vraisemblablement parce qu'on n'a fouillé encore que dans le dépôt des corps qui avaient été brûlés et non dans celui des sarcophages.

DE MARTEVILLE; D
VILLE-CHOLE.

Marteville est si voisin du camp romain de Vermand qu'on pourrait le regarder comme le cimetière des troupes qui y étaient campées; en effet, les sarcophages qu'on a trouvés à Vermand sont en petit nombre en comparaison de ceux qui ont été découverts à Marteville depuis une trentaine d'années. Ils étaient enterrés dans les environs de l'église et du château. Nous avons vu en 1768 plusieurs de ces sarcophages dont le coffre était d'une seule pierre; quelques autres étaient composés de deux morceaux de pierre. Les plus longs passaient six pieds. On en a trouvé qui n'en avaient que trois, et la plupart, plus larges à la tête qu'aux pieds. Ils étaient carrés à l'extérieur et dans l'intérieur arrondis aux deux extrémités. On nous a assuré que quelques-uns étaient ornés de pampres de vignes et de grappes de raisins. Voici (n.° 1) l'extrémité d'un de ces cercueils où était représenté en relief un Gaulois pilant dans un mortier; mais comme la figure n'y paraît pas en son entier, on peut douter qu'elle ait été faite pour ce tombeau. On a trouvé dans un autre les

(1) Hemer. August. Virom. vindic., p. 25.

restes d'une épée avec la boucle d'un ceinturon. Dans un troisième, une grande urne pleine de médailles, que M. de Montmorency, seigneur de Marteville, a emportée à Paris. La plupart n'avaient qu'un petit pot de grès à côté du cadavre. M. de Caylus (1) a fait graver deux vases d'un bleu d'ardoise en dedans comme en dehors, sans jamais avoir eu de vernis. Ils ont été trouvés l'un et l'autre dans un de ces tombeaux. L'un (n.° 2) a trois pouces quatre lignes de hauteur et cinq pouces moins une ligne de diamètre. L'autre (n.° 3) porte cinq pouces dix lignes de hauteur et trois pouces cinq lignes de diamètre. Le savant académicien observe à cette occasion qu'il n'y a peut-être point de village dans la Picardie, où l'on ne pût faire des découvertes de cette espèce ; ce qui prouve que les manufactures de Nismes et de Paris ne fournissaient point ou du moins très-peu cette province. Le hameau de Ville-Choles, à peu près à égale distance de Vermand, comme peut l'être Marteville, a fourni trois tombeaux de pierre à la fin de juillet 1767. Ils étaient enterrés à l'orient de ce lieu dans un champ qui en contient encore d'autres. Un ravin les a mis à découvert. Deux étaient sans couvercles. On y a trouvé les restes d'un cadavre, et dans le troisième à côté du cadavre une petite chaîne de la longueur de deux pieds dont nous donnons (n.° 4) la portion qui nous en a été envoyée à Saint-Quentin, par M. Du Mont, prémontré de Vermand. Il y avait aussi deux passants (n.° 5) de cuivre rouge argenté, d'un pouce et demi de longueur et de sept lignes de largeur.

CIV.

CERCUEILS DE BOIS TROUVÉS.

La pierre propre à faire des sarcophages manquant en plusieurs cantons de la Picardie, ceux qui n'avaient pas les facultés d'en faire venir de loin, se contentaient de cercueils de bois. Ceux-ci sont appelés *Noff* dans la loi salique (2). Il y est dit que si quelqu'un couche deux corps l'un sur l'autre dans le *Noff* ou dans la pierre, il paiera une amende de deux deniers qui font LXII sols : *si quis mortuum hominem aut in noffo aut in petrâ, quæ vasa ex usu sarcofagi dicuntur, super alium miserit*, MMD *den. qui faciunt sol.* LXII *cum dimid. culpabilis judicetur*. On appelait proprement *Noff* un tronc d'arbre creusé. L'industrie suggéra ensuite de former un cercueil de plusieurs planches à la manière de coffre. C'est dans un cercueil pareil que le corps de Childéric I.er fut déposé (3). Il était garni de bandes de fer. Mais comme cette matière tombe en pourriture en peu de temps, et plutôt

(1) Rec. d'antiq., t. IV, pl. CXVIII, p. 388.   (3) Anastasis, p. 81.
(2) Lex salica, cap. XVII, n.° 3 B.

même que les ossements du corps humain, il est aisé de comprendre pourquoi l'on rencontre tant de fosses où il ne reste d'entiers que les vases qui avaient été renfermés dans la bière avec le cadavre. C'est ainsi qu'avait été inhumé le corps dont on trouva en 1625, à douze pieds de profondeur, la tête et une partie des ossements, en bâtissant à Amiens l'abbaye de Saint-Jean, au lieu où était l'hôtel des Marconnelles (1). Le cadavre avait à côté de lui plusieurs vases de terre couleur d'ardoise, une médaille de Magnence. On trouva une médaille du même empereur (2) et une autre de Néron avec les squelettes découverts à Paris, dans la rue de la Tisseranderie. Elles étaient ou dans la bouche ou dans la main droite. Cet usage du paganisme a subsisté si longtemps dans les Gaules, que l'abbé Le Bœuf dit avoir connu des personnes qui ont persuadé aux habitants d'un village, près Auxerre, de ne plus le pratiquer, *d'autant plus que quelques-uns assuraient que c'était pour payer le passage de la barque à Caron.* L'espèce de cuvette ou bassin de fontaine en pierre, qu'on nomme *Labellum*, conservé dans l'abbaye de Saint-Fuscien-aux-Bois, accompagnait les cendres d'une personne qui avait été inhumée de même. Il a été trouvé du côté de la rue des Rabuissons.

A AMIENS.

Les cadavres que Jean Louvet, maçon de Marisel, découvrit en 1690 ou 1691, près le calvaire de ce village, voisin de la ville de Beauvais, avaient été déposés de même dans des cercueils de bois. Il trouva aux pieds de chacun différents vases de terre. Voici ce que disent les mémoires qui nous ont été communiqués touchant cette découverte : *il y avoit plusieurs sortes d'urnes et de vases de terre grise, noirâtre et rouge. Les uns étoient de grands metretes ou cruches fort épaisses, qui tenoient sept ou huit pots. D'autres estoient en manière de jatte de terre rouge, dont le fond étoit large et plat. On voyoit dessus et tout autour des figures de lièvres poursuivis par des levriers, des pampres de vigne, des oiseaux et d'autres figures qui servoient d'ornement à ces vases. On tira aussi de cet endroit beaucoup d'autres petites cruches de différentes formes et de terre grise, tenant la plupart une pinte de liqueur. On y trouva encore des restes de lacrymatoire de verre doré, avec des médailles des Antonins et de l'empereur Hadrien.*

A BEAUVAIS.

Les découvertes qui ont été faites dans les environs de Roye, en 1761 et le 6 de juillet 1768, sont des preuves certaines que les anciens habitants de ce canton, au défaut de cercueil de pierre, se faisaient enterrer dans des cercueils de bois. M. Gaullière, subdélégué de l'intendance d'Amiens à Roye, fit baisser pour rendre le chemin de cette ville à Montdidier plus praticable, un monticule de cran qui est à cinq cents toises du faubourg et près le moulin à vent dit le mou-

DANS LES ENVIRONS DE ROYE. DESCRIPTION DE CES TOMBEAUX.

---

(1) Hist. de la ville d'Am., t. II, p. 240. (2) Le Bœuf, Dissert. sur l'hist. de Paris, t. I, p. 286.

32.

lin du Puits. Les travailleurs rencontrèrent, à quatre pieds de profondeur, cinq squelettes presqu'en poudre, savoir quatre grands et un petit, tous cinq rangés sur une même ligne, la tête tournée au nord et les pieds au midi. Chacun avait son cercueil de bois, dont les planches de deux pouces quatre lignes d'épaisseur étaient attachées avec de gros clous, semblables à ceux dont on se sert pour les bandes de roues. Nous en avons rassemblé une douzaine parmi lesquels il y en a deux entiers. Le plus long (n.° 1) porte cinq pouces ; sa tête a un pouce de diamètre. Le n.° 2 n'a que la moitié de sa longueur, mais il fait connaître l'épaisseur d'une des planches que la rouille lui a rendue adhérente. L'un de ces cadavres avait au col une chaîne pendante jusqu'à la ceinture. Elle était formée d'anneaux de bronze (n.° 3) de deux pouces de diamètre, autour desquels était tordu un fil de laiton jaune, couvert de la patine ou de la couleur de vert de gris que le cuivre ne prend pas toujours. Il avait à son côté droit une urne de terre noire vernissée (n.° 4) d'une très-belle forme, de cinq pouces et demi de hauteur et d'un pied trois pouces de circonférence ; à son côté gauche, un vase de verre (n.° 5) de deux pouces et demi de hauteur et de trois pouces moins une ligne de largeur ; c'est une sorte de lampe. Un autre cadavre avait à la tête une urne de terre fort fine (n.° 6) et de couleur grisâtre, de quatre pouces de hauteur et de trois pouces moins quatre lignes de circonférence. Les deux autres grands corps avaient chacun près la tête une tasse (n.° 7) de terre rouge vernissée. Son grain n'est pas, à beaucoup près, aussi fin que celui des vases faits de la terre de Nismes, ni son vernis aussi impénétrable. Hauteur deux pouces trois lignes, diamètre cinq pouces trois lignes. Tous ces monuments nous ont été remis très-gracieusement par M. Gaullière. Ainsi nous lui devons ce témoignage de reconnaissance que nous désirerions pouvoir rendre à toutes les personnes qui sont dépositaires d'antiquités romaines découvertes dans la province.

La seconde découverte a été plus considérable. Elle s'est faite sous nos yeux et a eu pour témoin le même subdélégué, MM. Le Couvreur, lieutenant criminel au bailliage ; Prévôt, avocat du roi, alors maire de la ville ; Torin, receveur des aides, qui nous a secondé avec un zèle et une ardeur peu ordinaires ; enfin toute la ville de Roye qui est accourue en foule au bruit de cet évènement. Nous avons fait ouvrir en douze endroits différents où nous avons cru apercevoir des indices de sépultures. C'en était en effet, mais toutes les fosses ne renfermaient pas des monuments. Nous n'avons trouvé dans la première que les clous du cercueil, pareils à ceux dont nous avons parlé ; dans la seconde, les restes du cadavre d'une fille de dix-huit à dix-neuf ans, au jugement du médecin et du chirurgien de la ville. Elle avait la tête tournée au midi et les pieds au septentrion. Le crâne et les mâchoires étaient assez entiers. Les mâchoires avaient toutes leurs dents, à l'exception des deux dernières dents de la mâchoire inférieure. L'une ne faisait que de sortir de son alvéole et l'autre était encore renfermée dans la sienne. Toutes ces dents sont très-blanches et avec tout leur émail. Nous avons trouvé à la place du col plusieurs petits morceaux de verre (n.° 1) jaunes, bleus, verts, percés d'outre en outre ; les uns allongés en forme de cylindre, les autres taillés à facettes; le plus grand nombre en petits grains ronds. Les mains étaient croisées sur le ventre, suivant l'usage d'inhumer les femmes chez les païens (1), au lieu que les hommes avaient les bras étendus le long du corps. Chaque poignet était orné d'un bracelet (n.° 2) de bronze ciselé. Il était composé de trois cercles de deux pouces une ligne de diamètre, dont deux de trois lignes de largeur; le troisième, placé entre les deux, n'a pas tout à fait une ligne. Ils sont couverts de la patine. Elle a communiqué aux os des bras une couleur de vert de gris qui peut avoir contribué à leur conservation; comme les deux anneaux de même métal (n.° 3), à celle des osselets des doigts qui les portaient. Ceux-ci ont l'un et l'autre huit lignes de diamètre. On a trouvé la moitié d'un autre anneau plus menu.

Le même cadavre avait entre les cuisses le vase de terre rouge et vernissé du n.° 4. Il a cinq pouces de hauteur sur un pied de circonférence. Il est fort léger et de la même fabrique que la tasse dont nous avons déjà parlé, et que les autres vases de terre rouge dont nous parlerons ; sur les côtés étaient trois vases (n.° 5) emboîtés l'un dans l'autre. Celui du fond est de terre couleur d'ardoise, auquel il restait quelque vestige de vernis noir. Sa hauteur est de trois pouces deux lignes, son diamètre, de cinq pouces sept lignes. Il renfermait quelque chose de liquide qui s'est desséché contre les parois du vase ; dans celui-ci entrait une espèce de plat de terre rouge de trois pouces de hauteur et de cinq pouces et demi de diamètre, avec le rebord de six pouces qui forme l'emboîtement ; dans ce second entrait un troisième tout semblable. Il y avait dans celui-ci un vase de verre de la même forme et aussi mince que le n.°... de la planche..., mais plus grand : hauteur, deux pouces trois lignes ; diamètre trois pouces quatre lignes. L'intérieur était tapissé d'une matière noire et grasse. Nous avons trouvé à côté une tasse (n.° 6) de terre rouge moins grande que la précédente, dans laquelle étaient rassemblés les ossements d'un petit oiseau; un autre vase (n.° 7) de terre couleur d'ardoise, dans lequel on avait mis du chenevis qui était encore assez entier: trois pouces une ligne de hauteur, trois pouces huit lignes de diamètre. Nous avons aperçu au côté gauche du cadavre trois autres vases, savoir : un de terre rouge (n.° 8) de quatre pouces moins deux lignes de hauteur et de huit pouces deux lignes de circonférence ; une

---

(1) Dissert. sur l'hist. de Paris. t. 1, p. 284.

tasse ou une espèce de patère (n.° 9) de la même terre et de la même couleur, de deux pouces quatre lignes de hauteur et de cinq pouces trois lignes de diamètre; enfin, une bouteille de terre commune (n.° 10) de cinq pouces quatre lignes de hauteur et d'un pied deux pouces et neuf lignes de circonférence.

Dans la troisième fosse voisine de celle-ci, nous y avons trouvé les clous du cercueil sans aucun vestige d'ossements et plusieurs vases, savoir : une assiette (n.° 1) de terre rouge vernissée : hauteur un pouce neuf lignes, diamètre cinq pouces neuf lignes; deux patères de la même terre, mais de différentes grandeurs, posées l'une sur l'autre. Nous avons fait présent de la plus petite à défunt M. Caillet; aux pieds du cadavre deux pots d'assez belle forme, et entre deux une urne. Le pot (n.° 2) est de terre rouge vernissée de sept pouces quatre lignes de hauteur, d'un pied cinq pouces et quatre lignes de circonférence; l'autre de la même nature que la petite urne ci-dessus (n.° 3) porte huit pouces de haut et un pied six pouces et quatre lignes de circonférence. Il est orné de figures à traits blanchâtres. L'urne (n.° 4) est de terre noire vernissée, très-fine et très-légère : hauteur quatre pouces cinq lignes, circonférence un pied un pouce et demi. La quatrième fosse ne contenait qu'un grand vase (n° 5) de terre rougeâtre, très-commune, de la hauteur de deux pouces six lignes et de dix pouces et demi de diamètre. Mais cette jatte contenait : 1.° les restes d'un coutelas de fer (n.° 6), rongé par la rouille; ce qui en reste, tant du tranchant que de la poignée, a trois pouces de longueur et un pouce de large; 2.° une pierre à aiguiser (n.° 7), d'un grain aussi fin que les pierres à repasser les rasoirs; un barbier de Roye en a fait l'expérience; sa longueur est de cinq pouces; sa largeur, sur chaque face, entre un pouce et un pouce deux lignes; 3.° une boucle de ceinturon (n.° 8) avec le vernis antique. Elle a un pouce de large. La jatte était recouverte d'un petit bouclier rond, formé de deux ou trois plaques de fer jointes ensemble par des clous rivés, dont les têtes servaient à orner le dessus. Nous n'avons pu en sauver que quelques petits morceaux que nous donnons ici (n.° 9) pour servir d'échantillon.

Les autres tombeaux ne nous ont donné autre chose que des clous; mais une femme, quelques mois auparavant, s'étant assise près de ces fosses et ayant aperçu le bord d'un vase d'un rouge fort clair, eut la curiosité d'y fouiller. C'était, en effet, une assiette toute pareille au n.° 1 de la planche... Elle y trouva aussi une grande patère de terre rouge vernissée (n° 10) : hauteur trois pouces moins une ligne, diamètre six pouces six lignes, et une urne de terre (n.° 11) de couleur d'ardoise : trois pouces sept lignes de hauteur, un pied trois lignes de circonférence. L'abbé Le Bœuf (1) a rendu compte d'une découverte semblable faite au mois

(1) Journ. de Verdun, avril 1752, p. 274.

de janvier 1751, au village d'Anières, près Paris. Il y avait des patères de terre rouge et des vases d'un verre très-fin comme les nôtres. Nous conservons toutes ces antiquités. Nous présumons que le lieu où elles ont été trouvées était la sépulture publique d'une habitation plus ancienne que la ville de Roye, et qu'on y découvrirait bien d'autres monuments si l'on fouillait plus avant dans la terre.

CV.

SÉPULTURE SANS SARCOPHAGE ET SANS CERCUEIL.

Quelquefois les Belges inhumaient sans sarcophages et sans cercueils, surtout lorsque le lieu de la sépulture se trouvait dans la craie ou dans le sable. On a découvert un tombeau de cette espèce à Amiens, en travaillant, en 1625, à creuser les fondements de l'abbaye de Saint-Jean. Le cadavre, enterré à douze pieds de profondeur, avait vers la tête et les pieds plusieurs vases de terre bleue. On trouva dans l'un de ces vases une médaille de l'empereur Magnence (1). On en a découvert un, en 1760, à la Calique, village à une lieue de Desurène, à deux cents pas de la chaussée romaine, qui va de Boulogne à Térouanne. Il avait sept pieds ou environ de longueur, trois pieds de largeur et deux pieds et demi de profondeur. Il était recouvert par deux pierres de marne, plates et taillées. Le corps était en cendre, parmi laquelle on a trouvé une petite pièce d'or que les ouvriers ont rompue malheureusement. La tête était tournée à l'orient et les pieds, à l'occident. Voici les pièces que ce tombeau renfermait : une grande urne en forme de marmite, d'une terre noircie ; elle est tombée en morceau au toucher ; trois patères semblables en belle terre rouge vernissée, posées sur trois assiettes de même, comme des coupes sur leurs soucoupes : hauteur des patères cinq pouces, diamètre quatre pouces et demi (n° 1). On voit dans le fond une petite bande chargée du mot CIVIA SI. Grandeur des assiettes (n.° 2) six pouces onze lignes ; profondeur un pouce sept lignes ; diamètre du fond quatre pouces cinq lignes. Il s'élève tant soit peu en pointe dans le milieu avec le mot TAVRICI, qui est gaulois comme le précédent, en relief sur une petite bande. On avait placé à côté un autre vase de terre commune, dont le ventre était rond et le col un peu allongé. Du milieu du col sortaient deux tuyaux. Trois bouteilles de verre fort épais, renfermées chacune dans une niche ; elles sont de différentes formes et grandeurs. La plus grande (n.° 3) est hexagone, chaque pan portant deux lignes de largeur, sept pouces cinq lignes de hauteur totale et un pouce trois quarts de

A AMIENS ; A LA CA- LIQUE - EN - BOULO- NOIS.

(1) Mém. de de Court.

diamètre; elle contient une pinte de liqueur à la mesure de Saint-Omer. La seconde (n.° 4) est carrée; deux de ses faces portent deux pouces trois lignes, les deux autres, une ligne moins de largeur sur quatre pouces cinq lignes de hauteur; l'orifice a sept lignes de diamètre. Ce vase peut contenir un demi-septier de Paris. La troisième (n.° 5) est hexagone comme la première, mais plus petite; sa hauteur n'est que de quatre pouces; la largeur de chaque pan est d'un pouce quatre lignes et l'orifice, de six lignes. On a trouvé dans ces bouteilles des restes d'un liquide qui avait perdu toute saveur. A côté était le vase d'une pipe (n.° 6) de la même chose à peu de forme près des pipes d'aujourd'hui et d'une terre semblable : diamètre six lignes; profondeur un pouce. On voit au talon un X en point et un petit cordon de même autour de l'orifice. Dans le même tombeau et d'un côté de la tête, on avait pratiqué un petit carré en maçonnerie. Nous avons pris la dimension de toutes ces antiquailles chez M. le curé de Menneville, qui en était dépositaire. Il nous a assuré que quelques années auparavant on avait découvert plus près de la chaussée un autre tombeau pratiqué de la même façon, et qui renfermait aussi des patères et des assiettes toutes semblables à celles dont nous venons de parler, avec des médailles que les paysans ont dispersées.

A VRON-EN-PONTIEU. On a trouvé sur la grande route d'Abbeville à Montreuil, au sortir du village de Vron, un grand nombre de cadavres qui avaient été mis dans des fosses creusées de même dans la craie. Chaque cadavre avait un vase de terre couleur d'ardoise. On a envoyé à M. de Caylus (1) les deux suivants : hauteur du n.° 1, sept pouces cinq lignes, diamètre six pouces moins une ligne. Hauteur du n° 2, cinq pouces huit lignes, diamètre cinq pouces sept lignes. On lui avait dit dans le village qu'on avait trouvé dans quelques-uns de ces tombeaux des espèces d'hallebardes qu'on appelait hache. En travaillant à la même chaussée aux années 1769 et 1770, on a découvert encore plus de vingt corps enterrés de même : les vases qui avaient été placés à côté d'eux étaient un peu différents, quant à la forme, de ceux qui ont été donnés par M. de Caylus. Nous en avons acquis deux d'un particulier de Vron. Le plus petit est entre les mains de M. Damery, de Crépy, en Valois. Celui que nous avons réservé (n° 3) a de hauteur trois pouces sept lignes, de diamètre cinq pouces. Le lieu de cette découverte n'est pas éloigné d'un champ vaste, dominant sur tous les champs d'alentour, et plein de débris de tuiles romaines. C'est là où a été trouvée la petite hache de caillou dont nous avons parlé. On voit au milieu du champ un moulin à vent, appartenant à M. de Fontaines, seigneur de Vron.

(1) Rec. d'antiq., t. IV, p. 389,

On a découvert vers le même temps dans la cour du château de Ville, près Flixecourt, en Ponthieu, parmi un lit de gros sable gris, mêlé de cailloux, des ossements pétrifiés de cadavres humains d'une grandeur peu ordinaire de nos jours ; mais il ne s'y est rencontré aucun vase. Nous reviendrons à cette découverte dans la description de la province, en traitant de la Picardie et de ses productions. Les neuf corps qui ont été déterrés en 1769 sur le terroir de Crouy, près Soissons (1), avaient été déposés de même dans le sable. Il y avait des hommes et des femmes d'une stature fort grande à en juger par les os. Ils étaient tous dans des positions et des attitudes différentes. Les uns étaient étendus la tête tournée vers l'orient, d'autres étaient couchés sur le côté avec une grosse pierre sous la tête. L'un de ces corps qu'on a reconnu pour être celui d'une femme était étendu sur le dos, regardant le couchant, la tête un peu détournée et appuyée sur des pierres : elle avait le genou gauche élevé, le pied croisé sur la jambe droite. La main droite était appliquée sur le ventre, la gauche passée et étendue sous le dos. On a trouvé à côté de ces cadavres des vases si frêles qu'il n'a pas été possible d'en conserver un seul. Deux de ces corps étaient distingués des autres par des colliers et des bracelets. Le premier découvert avait du côté de la tête un cercle de cuivre tors et travaillé à filigrane, des bracelets de même autour des poignets et plusieurs petits vases : l'autre avait un collier, des bracelets et un anneau de cuivre tout uni. L'anneau était si petit qu'il n'y a pas d'apparence qu'il ait pu être mis au doigt. En 1639, M. Le Nain, ingénieur du roi à Saint-Quentin (2), avait découvert, en faisant faire la fausse braye qui est entre les bastions de Richelieu et de Longueville, *un cimetière où il y avait des corps morts en grand nombre enterrés tout de même ordre*, sans doute sans cercueil. Les souhaits qu'on faisait aux morts en disant, *sit tibi terra levis* (3), que la terre vous soit légère, c'est-à-dire qu'elle ne pèse pas trop sur vos ossements, ou que la terre dans laquelle ils reposent vous soit favorable, paraissent être relatifs à cette manière d'inhumer plutôt qu'à toute autre. Cette formule était gravée quelquefois sur les tombeaux par ces quatre lettres initiales : S. T. T. L.

A VILLE PRÈS FLIXECOURT EN PONTHIEU; AU TERROIR DE CROUY-EN-SOISSONNOIS; A SAINT-QUENTIN.

CVI.
VASES DE TERRE RENFERMÉS DANS LES TOMBEAUX.

Il paraît qu'avant César l'usage de renfermer des poteries dans les tombeaux était inconnu aux Romains, et qu'ils l'apportèrent de Corinthe ; car Strabon (4) assure que lorsque César envoya une colonie dans cette ville, les Romains qui la composaient ouvrirent des sépulcres, y trouvèrent grande quantité de vases de

(1) Alman. de Pic., 1769, p. 231 et suiv.
(2) Antiq. de l'August. de Verm., suprà.
(3) Antiq. expl., t. v, part. 1.re, p. 33.
(4) Strabo, l. VIII.

terre et de cuivre dont ils admirèrent la délicatesse du travail. Ayant apporté ces petits vases à Rome, ils les vendirent bien cher, d'où est venu, dit-il, le nom de *Nécrocorinthia* à ces petits ouvrages, particulièrement à ceux de terre qui avaient été tirés des tombeaux : *sic enim appellabant quæ è sepulchris erant eruta opera, maxime testacea*. Au reste la plupart de ces vases étaient plus propres aux usages domestiques qu'au service des morts. Nous en exceptons pourtant ceux de terre noircie, qui ne peuvent qu'avoir servi d'urne, telle que celle n.°... qui sort du fond des marais de la Somme; elle a la forme d'une marmite de deux pieds deux pouces au ventre, d'un pied huit pouces deux lignes à son ouverture qui est un peu évasée, et de dix pouces de hauteur. Un autre d'une forme différente trouvé à treize pieds de fond dans le marais de Bonnai. M. l'abbé Cagnié, chanoine de l'église collégiale de Roye, en est dépositaire. Elle est d'une terre grisâtre fort légère, portant treize pouces de haut et deux pieds et demi de circonférence. L'ouverture du col est de deux pouces de diamètre ; sa hauteur, trois pouces dix lignes. Celle-ci a absolument la forme d'une troisième (n.°...), qui provient du même lieu que la première, mais de la couleur de la seconde. Aussi trouve-t-on tant de débris de ces vases dans les lieux habités par les Belges romains.

Nous observerons : 1.° par rapport aux vases de terre, que la Picardie fournit d'aussi belle matière pour la fabrique des vases que les environs de Nismes ; 2.° que les Belges employaient deux sortes de terre; l'une d'un blanc gris, dont la couverture ne peut être plus belle ni plus égale, nous parlons des vases qui sont faits avec un certain soin; l'intérieur de l'autre est un peu plus rouge que celle de Nismes, et la couverture de la même couleur présente le plus grand brillant et la plus grande égalité dans l'éclat de son vernis, telle que la patère du n.°... qui a été trouvée dans un banc de tourbe sur les bords de la petite rivière de Corbie, en Picardie ; elle a trois pouces huit lignes de diamètre, un pouce sept lignes de haut ; 3.° que les morceaux travaillés en relief et qui représentent des figures d'hommes, d'animaux ou autres, sont toujours exécutés sur la terre rouge. Mais quoique les ornements soient d'un bon goût, cependant le dessin des figures est inférieur aux ouvrages de Nismes; 4.° que les flacons de verre sont sans *pontis*, terme employé dans les verreries pour désigner que la canne n'a point été attachée au fond de la pièce pour en former l'ouverture.

CVII.

FABRIQUE DE VASES DE TERRE ET DE VERRE DANS LA 2.ème BELGIQUE.

Peut-on penser, après cela, que la province n'eût ni fabrique de poterie, ni manufacture de verrerie, que tous ces vases eussent été apportés de Nismes, parce qu'on y découvre le même goût et le même genre d'ornement. Mais l'on convient qu'il y avait une fabrique de vases considérable à Paris; cette ville était bien plus à portée de la Belgique que ne l'était Nismes. D'un autre côté la terre rouge dont on faisait les poteries dans la Belgique est plus foncée que celle de Nismes. Enfin, est-il plus surprenant qu'on ait fabriqué dans notre province d'aussi beaux vases qu'à Nismes, qu'étonnant qu'on ait travaillé en Angleterre et dans le Hainaut, c'est-à-dire à Bavay, deux morceaux de mosaïque dont le goût exquis peut le disputer à la plus belle mosaïque exécutée au centre des beaux-arts (1). Nous n'assurerons rien par rapport aux verreries, quoique les Romains eussent des ouvriers en tous les genres dans chaque province, quoique la matière à faire le verre fût connue déjà dans la nôtre, comme elle y est aujourd'hui, enfin quoiqu'il y eût pour lors des secours que nous n'avons plus, c'est-à-dire une très-grande quantité de bois. Mais pour les fabriques de poterie, nous ne faisons point difficulté d'avancer qu'il y en avait plusieurs dans la Belgique, et peut-être même plus d'une dans l'étendue de chaque cité.

On prétend que le terroir de Savignies, en Beauvoisis, eut la préférence sur tous les autres lieux de la Picardie, à cause de la finesse de sa terre. A SAVIGNIES, EN BEAUVOISIS.

La manufacture des *Ambiani* est connue par la découverte (2) qui a été faite en 1757 en labourant dans un champ nommé *le Fief de Savonnières*, situé à deux lieues d'Amiens, entre les villages de Renneville et de Molliens-au-Bois. Elle était sur la pente d'une colline qui descend jusqu'à la voie romaine d'Amiens à Arras. On y a trouvé plusieurs vases de terre cuite empreinte d'une couleur noire; deux entr'autres ont été conservés pendant longtemps dans l'abbaye de Corbie. La plus grande a été envoyée à M. de Caylus : c'est une *Amphora*, vase dont les Romains se servaient pour mettre du vin, de l'huile ou d'autres liqueurs nécessaires à la vie. Comme ces sortes de vases étaient terminés en pointe, il fallait nécesssairement faire un trou dans la terre pour leur donner une assiette ferme et solide. M. de Caylus ne l'a pas fait entrer dans son recueil d'antiquités, parce qu'il en avait déjà fait graver une pareille (3), que nous donnons ici (n.°...), n'ayant point les proportions de celle du fief de Savonnières. Celle-ci a trois pieds de hauteur et onze pouces de diamètre. La seconde, d'une terre rougeâtre, a été donnée à M. Becquet, de Beauvais : hauteur vingt-cinq pouces, circonférence trente-cinq pouces ou environ; circonférence du pied douze pouces, le goulot en a treize. L'orifice de ce vase est rompu en partie, ainsi que les deux anses qui prenaient A AMIENS.
PRÈS RENNEVILLE.

---

(1) Rec. d'antiq., t. II, p. 399, pl. CXXII, p. 407, pl. CXXVI.

(2) Caylus. Rec. d'antiq., t. IV, p. 389.
(3) Ibid., t. II, pl. CII, n.° v.

à la naissance du ventre. La terre du champ en question est rougeâtre et propre à la poterie. On y trouve tous les jours des fragments de vases de différentes formes et couleurs. On a déterré au même endroit des vases entiers qui renfermaient des cendres. Tous ces indices font voir une fabrique existante autrefois pour les Belges romains de l'Amiénois. Nous ne savons rien sur les manufactures des autres cantons, faute d'attention lorsqu'on y a fait des découvertes en ce genre. On ne saurait chercher, dit M. de Caylus (1), avec trop de soin dans les pays que les anciens ont habités, parce que les endroits les moins apparents peuvent satisfaire la curiosité des antiquaires. Ces lieux sont presque toujours indiqués par des fragments de briques et de tuiles romaines, c'est-à-dire sous douze assises de petites pierres carrées, dites Pastoureaux, comme dans les murs de la cité de Beauvais.

CVIII.
BRIQUES ET TUILES ROMAINES. LEURS DIMENSIONS.

Ainsi, nous ne pouvons nous dispenser de dire un mot des unes et des autres. Il paraît que les Romains avaient différentes sortes de briques; les unes, plates comme des tuiles (2), avaient ordinairement un pied et demi de longueur, un pied de largeur et un pouce environ d'épaisseur. Ce sont celles qu'on employait à former dans les murs, à certaine distance, des cordons de deux ou trois assises. Celles de la tour d'Ordre (3), de Boulogne, très-rouges et très-fermes, portent, dit-on, un peu plus d'un pied de longueur et un peu plus d'un demi-pied de largeur sur deux doigts d'épaisseur. Nous avons trouvé dans les environs de cette ville deux morceaux assez considérables de briques, dont l'un a deux pouces moins une ligne d'épaisseur et l'autre, deux pouces neuf lignes. Un autre morceau qui vient des débris d'un bâtiment romain existant autrefois au faubourg de Saint-Crépin-le-Grand de Soissons, a un pouce et demi d'épaisseur. Voici le modèle (n.° 1) d'une brique de forme différente. Elle provient des débris de l'ancien château romain de Selvesse, près Ardres. Elle n'a que deux pouces une ligne de face, mais sa queue porte neuf pouces une ligne de longueur.

Les tuiles romaines n'étaient guère plus uniformes. Nous nommons ainsi ces grandes pièces de terre rouge ou blanchâtre, parfaitement corroyées, bien cuites, avec un rebord de chaque côté; ce qui faisait que ces tuiles s'enclavaient les unes dans les autres par de petites feuillures entaillées dans leur épaisseur. On en

---

(1) Ibid., t. v. p. 315.
(2) Plin., l. xxxv, chap. xiv.

(3) Mém. de l'Acad. des inscrip., t. vi, p. 588.

trouve beaucoup de débris au sud-est de la ville d'Amiens, sur le terroir du fief de Savonnières, dans les environs du moulin à vent de Vron, sur la partie méridionale du terroir de Wailly, en Ponthieu ; nous en avons vu une entière dans la cour d'un aubergiste de ce village ; à une lieue de Roye, sur la gauche du chemin de Montdidier, dans un champ dit *le champ du Château*, et surtout dans la remise du *Mont-Robin ;* à Gury, village entre Resson-sur-Mats et Plessier-de-Roye : nos mémoires manuscrits sur le Beauvoisis disent qu'on y a trouvé au siècle dernier *beaucoup de vestiges de la domination romaine;* dans l'emplacement de l'ancien Vendeuil, sur le mont Ganelon : les morceaux que l'on trouve dans ces deux endroits sont d'une terre plus fine et plus rouge, comme ceux que nous avons rassemblés dans les environs de Boulogne-sur-Mer : ceux-ci sont d'un plus beau rouge encore, lissés et plus pesants. Nous en avons un morceau entr'autres qui est d'une terre glaise, bleuâtre et fort commune dans le Boulonois, recouverte d'une couche de rouge ; dans les environs du lieu où était bâti le château de Selvesse, dans le Bois-en-Ardres ; au nord de Noyon, près la Tombèle ; parmi ces morceaux de tuiles, les uns sont d'une terre rougeâtre, les autres d'une terre blanchâtre ; au midi de la Chapelle, village sur le chemin de Paris à Senlis ; dans les environs de cette dernière ville, dans une terre en friche, vis-à-vis Noé-Saint-Remy, sur la gauche du chemin de Senlis à Verberie ; dans les environs du château d'Albâtre, à Soissons ; ces morceaux de tuiles sont d'un beau rouge ; à Pont-d'Ancy, du côté de Braine : l'historien du Valois (1) assure qu'on y a trouvé beaucoup de tuiles cannelées et très-épaisses ; à Marcy, en Vermandois, les morceaux sont d'une terre très-belle et très-rouge.

Nous n'avons parlé jusqu'ici que de fragments de tuiles ; en voici deux entières de différentes dimensions. Elles viennent de Réaulieu, près la ville de Saint-Quentin. La moins grande (n.° 2) a treize pouces et demi de longueur, neuf pouces et demi de largeur et un pouce d'épaisseur. Elle est cambrée de quinze lignes ; ses deux rebords ont entre dix et onze lignes de hauteur en dedans et d'épaisseur depuis trois jusqu'à neuf lignes, parce qu'ils vont en diminuant d'une entaille ou feuillure à l'autre. Chaque feuillure porte un pouce et demi de long. La plus grande tuile (n.° 3) a seize pouces sept lignes de long, un pied six lignes de large, un pouce d'épaisseur à une extrémité et quelque chose moins à l'autre. Ses rebords, pris en dedans, ont un pouce de hauteur. Leur épaisseur va en diminuant comme à la précédente. La feuillure a un pouce neuf lignes. On a vu à Strasbourg des tuiles d'un pied neuf pouces et demi de

(1) Hist. du Val., t. 1, p. 475.

longueur, et d'un pied quatre pouces de largeur, ce qui revient, dit un célèbre académicien (1), aux dimensions que Vitruve donne aux tuiles romaines. Trente-cinq de ces tuiles d'un pied quatre pouces deux lignes de longueur, de dix pouces six lignes, de largeur, non compris les rebords, couvraient une toise carrée (2), et toutes fortes qu'elles étaient, leur poids était moindre de beaucoup que celui du nombre de nos tuiles nécessaires pour couvrir le même espace. On a trouvé aussi à Réaulieu (3) des carreaux de terre cuite de la même couleur. Madame de Mont-Guyot en a fait paver une laiterie. Ils ont sept pouces de largeur et deux pouces d'épaisseur. Parmi était un morceau taillé en triangle, d'un pied et demi de long sur un pied de large.

CIX.

DESTRUCTION DE L'IDOLATRIE ET ÉTABLISSEMENT DU CHRISTIANISME DANS LA SECONDE BELGIQUE.

C'est ainsi que le goût des beaux-arts s'était étendu dans la Belgique; mais tandis que les Romains étaient occupés à l'y faire fleurir, de zélés missionnaires y travaillaient aussi dans le secret à la destruction de l'idolâtrie et à l'établissement du christianisme. Les coups redoublés que la politique romaine n'avait cessé de porter à la religion des Belges, durent servir infiniment à leur faire ouvrir les yeux sur l'absurdité des fables du paganisme en général : car, quand on a pu se défaire des préjugés d'une religion absurde, on n'est guère porté à s'attacher à une religion qui n'est pas plus raisonnable. Alors, pour peu qu'on aperçoive, même de loin, quelque lueur de vérité, l'esprit s'applique avec ardeur à suivre les traces de la lumière qu'il découvre. Quel avantage n'eurent pas les Belges sur la plupart des autres nations pour parvenir au sanctuaire de la vérité! Deux flambeaux les éclairaient au milieu des ténèbres du paganisme, l'idée d'un Dieu, souverain maître de l'univers, et la conviction de l'immortalité de l'âme. Une doctrine qui venait étayer des dogmes pour lesquels les prêtres et les philosophes gaulois avaient le plus de vénération, était donc un moyen infaillible pour les préparer à recevoir, avec empressement, les vérités de l'Evangile. Aussi, Origène (4) cherchant la cause des progrès rapides du christianisme dans la Grande-Bretagne, assure-t-il que cette île se trouvait disposée de loin à la foi, et préparée à la connaissance du vrai Dieu par la doctrine des Druides qui avaient toujours

---

(1) Mém. de l'Acad. des inscrip., t. x, p. 457.
(2) Chevalier Hist. de Poligny en Franche-Comté, t. I. p. 21.
(3) Recherches sur la France. t. II, p. 229.
(4) Origen., l. IV, in Ezéchiel.

enseigné l'unité d'un dieu : *Britannos in fidem consensisse, et ad Deum per Druidas viam sibi munivisse, qui unum Deum semper inculcarunt.*

S'il nous restait des monuments des deux premiers siècles de l'église, ou, si la plus grande partie de ceux que nous avons n'eussent point été altérés, nous pourrions connaître l'origine et les premiers progrès de la religion chrétienne dans notre province. Ces progrès y furent assez lents, quoiqu'en dise Tacite (1), qui assure que, sous Caligula et Claude, les superstitions étrangères s'avançaient et se multipliaient grandement. C'est ainsi que les auteurs païens parlaient des triomphes du christianisme. C'était assez que les empereurs fissent profession du paganisme pour que les Romains en prissent occasion de représenter la religion chrétienne comme opposée aux lois de l'Etat et aux volontés du prince. S'apercevait-on, dit Tertulien (2), que le christianisme faisait quelques progrès dans une province, il devenait l'objet de la haine du peuple, et il avait pour ennemis tous ceux qui ne le professaient pas. L'aurore de l'Evangile semble avoir duré dans la Belgique jusque vers le milieu du III.ᵉ siècle. On vit alors, par une heureuse révolution, des prédicateurs évangéliques, dans toutes les parties de la province, en changer tellement la face, que Maximien, collègue de Dioclétien, ou plutôt Rictius-Varus, ministre de leur cruauté, fit des martyrs partout, à Amiens, à Beauvais, à Saint-Quentin, à Soissons, à Bazoches et en d'autres lieux : *hac itaque tempestate Rictiovarus in Galliis præfecturam gerebat..... gravissimam in christianos persecutionem cœpit agitare* (3).

CX.

SAINT RUFIN ET SAINT VALÈRE, PREMIERS PRÉDICATEURS DE L'ÉVANGILE DANS LE SOISSONNOIS.

Sous l'empire de Dèce, vers l'an 250, plusieurs évêques (4) partirent de Rome pour aller porter la foi dans les Gaules : *ut à profana superstitione provinciam sancti martyres liberarent, ab urbe Româ profecti, Gallias petierunt.* Saint Denis, l'un de ces évêques, avec quelques compagnons, prit le chemin de la Gaule septentrionale. Il s'arrêta à Lutèce, ville capitale des Parisiens; de là, comme du centre de ses travaux apostoliques, il envoya Quentin prêcher l'Evangile aux Amiénois, Lucien aux Bellovaces, Fuscien et Victoric aux Morins, Crépin et Crépinien, Rufin et Valère aux Soissonnois : *hac tempestate* (5) *insignes viri...*

(1) Tacit., annal., l. I.
(2) Tertul., apologet., c. 7.
(3) Sirmond. oper. Paschal. Radb., col. 1694.
(4) Grégor. Turon., Hist., l. I, c. 30.
(5) Pasch. Radb., suprà, col., 1693.

Quintinus, Victoricus et Fuscianus, Rufinus et Valerius, Crispinus et Crispinianus, cum cæteris suorum sociis Romanæ urbis oriundi, Belgicæ secundæ populis adhuc superstitione detentis, verba vitæ prædicantes, les uns, en qualité de simples prêtres, les autres revêtus, peut-être, de quelqu'office ecclésiastique. Leur zèle pour la propagation de la foi les soutint au milieu des persécutions cruelles qu'ils eurent à essuyer sous les successeurs de Dèce jusqu'à Dioclétien et Maximien Hercule inclusivement. Alors Rictius Varus, préfet du Prétoire (1) vers l'an 286, informé des progrès que le christianisme faisait dans la seconde Belgique, s'avança vers Soissons. Il apprit en chemin faisant (2) qu'il y avait dans un lieu nommé aujourd'hui Basoche, sur les confins de la cité des Soissonnois, deux prédicateurs de la nouvelle religion, savoir, Rufin et Valère : *egressus igitur ab urbe Præfectus, Remense* (ce mot est transposé, peut-être, il faudrait lire *urbe Remensi*), *ad palatium regium quod fuerat super fluvium Vuidolæ situm, divertit. In quo loco Sancti viri Rufinus et Valerius plebem credentium non modicam doctrina instituebant.* On prétend qu'ils étaient chargés de l'intendance des greniers publics : leurs actes n'en disent rien. Mais un MS. de saint Michel de Beauvais, cité par M. de Tillemont (3), en fait mention. Ils avaient déjà fait un grand nombre de conversions (4) lorsque le Préfet les découvrit dans une caverne où ils s'étaient cachés. Il leur fit des menaces, ensuite des promesses. Voyant qu'ils étaient inébranlables dans leur croyance, il ordonna (5) qu'on les étendît sur un chevalet et qu'on les déchirât à coups de fouet plombé. Cela fait, il reprit le chemin de Soissons, et après les avoir fait conduire jusqu'à près de trois lieues, il leur fit trancher la tête entre la voie romaine et la rivière de Vesles, le 14 de juin 287 : *ducti sunt autem ab eo loco quasi septem milium quingentorum passuum spatio, quò cum perventum est, juxta pervium publicum super ripam fluminis Vuindolæ capite cæsi sunt* (6).

CXI.

SAINT QUENTIN DANS L'AMIÉNOIS, LE BEAUVOISIS ET LE VERMANDOIS.

Rictius-Varus se hâta d'aller ensuite, non à la capitale des Vermandois, appelée alors *Auguste*, mais à Amiens, afin de mettre fin au plutôt au succès des prédications de Quentin : *si quidem* (7) *libellus passionis Sanctorum Rufini atque Valerii continet, in eâ civitate venerabilem diebus illis fuisse Quintinum. Ipsius*

---

(1) Tillemont. Hist. ecclés., t, IV, p, 455.
(2) Pasch. Radb., suprà, col. 1696.
(3) Hist. ecclés., t, IV, p. 459.
(4) Pasch. Radb., col. 1697.

(5) Ibid., col. 1707-1708.
(6) Ibid., col. 1710.
(7) Ibid., col. 1695.

autem historia passionis insinuat Ambianis civitate primò à Rictiovaro præfecto conventum, et variis pœnis excruciatum,... ad Augustam Viromendorum ferro manus collaque vinctum destinavit. Le saint avait été député avec Lucien pour aller annoncer la foi dans la partie occidentale de notre province. Arrivés à Amiens, Lucien porta la parole de Dieu chez les Bellovaces, Quentin demeura avec les Amiénois : *cum igitur inter Gallias*, dit le plus ancien MS. des actes de saint Quentin (1), *Ambianensium civitatem pervenissent, loca in quibus habitarent elegerunt; sanctus Quintinus martyr Ambianis resedit; beatus verò Lucianus Belvacum expetivit.* Tous deux autorisaient leurs prédications par des miracles éclatants. Le Préfet fit arrêter Quentin : il employa les promesses, les menaces et les tourments pour lui faire abjurer la vraie religion ; mais il comprit bientôt que tous ces moyens étaient inutiles. Il le fit enfermer dans un cachot obscur ; Quentin en sortit par miracle pendant la nuit et vint prêcher sur la place publique (2). Son discours, animé par le secours divin qu'il venait de recevoir, convertit six cents personnes : *crediderunt in eum sexcenti viri*, ou environ, selon le second exemplaire de ses actes (3) : *magna pars populi... fermè ad sexcentos usque crediderunt.* Il ajoute que ses gardes mêmes furent convertis et firent profession publique de la foi en présence de Rictius-Varus. Le Préfet irrité mit en usage la torture, le fouet, l'huile, la poix et la graisse bouillante, les torches ardentes. Il lui fit mettre dans la bouche de la chaux, du vinaigre, de la moutarde ; rien ne put l'empêcher de confesser Jésus-Christ. Rictiovarus cependant voulut voir si le temps ne pourrait rien gagner sur le martyr. Il prit la résolution de le faire conduire à Rome, chargé de chaînes. Il ordonna donc à ses satellites de prendre le chemin du Vermandois et de l'attendre dans la capitale : *cumque pervenisset in quoddam municipium quod Augusta Veromandorum nuncupatur, in eodem loco jusserat eum expectare* (4). Le persécuteur y arriva le lendemain. Il mit à de nouvelles épreuves la constance du martyr, d'abord par de belles promesses, ensuite par les tourments les plus horribles. Il le fit percer depuis le col jusqu'aux cuisses de deux broches de fer, puis ficher de grands clous entre les ongles et la chair et en d'autres parties du corps. Nous observerons en passant qu'on a découvert du temps de Dom Marlot (5), près l'église de Saint-Sixte de Reims et dans le jardin de l'abbaye de Saint-Nicaise, plusieurs cadavres percés de clous à la tête et au bras : d'où l'on présume que ce sont des victimes de la fureur de Rictiovarus, qui employait communément ce genre de supplice. Saint Quentin finit

---

(1) Cod. MS. Bibl. Reg. n.° 5299, fol. 129, rec.
(2) Ibid., fol. 131.
(3) Cod. MS. ejusd. Bibl., n.° 5575.
(4) Cod. 5299, suprà.
(5) Hist. Metropol. Rem., t. I, p. 75-96.

son martyr par perdre la tête. Il fut exécuté le 31 d'octobre 287. Le Préfet fit jeter secrètement la tête et le corps dans la rivière de Somme, avec une masse de plomb, afin que le corps demeurât au fond de l'eau: *et secretè jussit in fluvium subplumbare corpus.*

CXII.
SAINT LUCIEN DANS LE BEAUVOISIS.

Cependant Saint Lucien, son collègue, travaillait avec un zèle infatigable à la conversion des Bellovaces. Il est fâcheux que la connaissance des circonstances de sa vie soit presqu'entièrement perdue ou au moins fort obscurcie par un assemblage d'anachronismes dont ses actes sont farcis : ce qui fait qu'on ne peut guère s'arrêter qu'au point de sa mort dont chacun convient quoique par diverses circonstances. Notre saint avait coutume de se retirer sur une montagne appelée Mont-Mille, à une lieue (nord-ouest) de la ville de Beauvais (1). Julien qui était peut-être vicaire du préfet Rictius-Varus, envoya des soldats pour l'y chercher. Ils le trouvèrent au milieu d'une foule de peuple qu'il instruisait. Il était accompagné de Maximien, Maxien ou Messien, et de Julien; on prétend que l'un était prêtre comme saint Lucien et l'autre, diacre. Les satellites tranchèrent d'abord la tête à ses deux compagnons et ensuite à Lucien. Si l'on en croit leurs actes (2), ce fut un samedi 6 de janvier 288 vraisemblablement. Le peuple qui était accouru de tous les environs à ce spectacle fut tellement touché de la constance des martyrs, que plus de cinq cents personnes se convertirent le jour même. On attribue à saint Lucien plus de trente mille conversions opérées par ses prédications dans les différentes parties des Gaules : *eodem die, ut estimatum est, corde compuncti crediderunt in Dominum Jesum Christum filium Dei vivi fermè quingenti homines ex diverso sexu. Jam enim conversi fuerant per prædicationem Beatissimi Luciani in Galliis non minùs quàm triginta millia hominum, aut multò ampliùs.* Saint Lucien fut enterré à un quart de lieue de la ville de Beauvais (3), au lieu même où l'on voit aujourd'hui l'abbaye qui porte son nom. On veut qu'il ait marché jusque là, après sa mort, portant sa tête dans les mains (4).

CXIII.
SAINTS FUSCIEN ET VICTORIC CHEZ LES MORINS ET CHEZ LES AMIÉNOIS.

Un mois auparavant Rictius-Varus avait sacrifié à sa fureur deux autres grands

---

(1) Bolland., 8 januar., p. 467, n.ᵒˢ 7, 8, 9.
(2) Ibid., p. 465, n.ᵒˢ 20-23.
(3) Ibid., n.° 24.
(4) Ibid., n.° 21.

ennemis de la religion des Romains. Saint Fuscien et saint Victoric avaient été chargés par saint Denis d'aller travailler à la conversion des Morins: *igitur sancti Dei cultores Fuscianus et Victoricus urbem Tarecensem* (Tarvanensem) *prædicandi gratia celeri gressu pervenerunt* (1)... *Sancti igitur Dei Fuscianus et Victoricus ubi ad Tareconensium prædia pervenerunt* (2). Le désir de revoir saint Quentin, leur collègue, les porta à venir à Amiens où ils l'avaient laissé. Il paraît que le succès des travaux de ces deux missionnaires faisait du bruit dans cette ville: *cum per beatissimos viros Fuscianum et Victoricum immensa fieri Dei cognovisset miracula.* Ne l'y trouvant pas, ils prirent le chemin de Paris, qui passait alors au village de Sains, à deux lieues d'Amiens. Un vieillard nommé Gentien, encore païen, les engagea d'entrer chez lui. Il leur apprit que saint Quentin avait été décapité, il y avait quarante-deux jours, dans la ville d'Auguste en Vermandois: *quater decem et duo dierum (quadraginta duorum)* (3) *defluxerunt curricula quod in municipio Augusta Viromandorum super amnem Suminam a Reciofaro carnifice truncatione capitis amputatus, terminum vitæ finivit.* Ils convertirent leur hôte et plusieurs personnes des environs; il est dit, en effet, dans leurs actes que Rictiovarus étant revenu à Amiens, et ayant appris les merveilles que Dieu opérait par Fuscien et Victoric, arriva à l'improviste chez Gentien, fit arrêter les deux saints et trancher la tête à leur hôte, qui avait osé tirer l'épée pour les défendre. Fuscien et Victoric ayant été interrogés, le Préfet ordonna qu'ils fussent conduits en prison à Amiens. Mais à un mille environ de là, c'est-à-dire au village de Saint-Fuscien, il leur fit percer les narines et les oreilles, enfoncer dans la tête des clous tout rouges et arracher les yeux. Voyant qu'il ne pouvait abattre leur constance, il les condamna à perdre la tête. Ils furent exécutés le 11 de décembre 287. On dit qu'ils allèrent rejoindre le saint vieillard Gentien, portant leur tête entre les mains, et que les chrétiens du canton placèrent pendant la nuit les trois corps dans un même tombeau, où l'on voit aujourd'hui le village de Sains, qui a pris son nom des trois saints martyrs.

CXIV.

SAINT RIEUL A SENLIS.

Leurs actes portent qu'ils avaient passé dans la Belgique avec saint Rieul. Les propres actes du saint (4) disent aussi qu'étant venu de Rome avec saint Denis,

---

(1) Cod. MS. S. Germ. à Pratis, n.° 1045.

(2) Cod. MS. S. Bertin. Audom., n.° 310.

(3) Cod. S. Bertin.

(4) Bolland., act. SS., 30 mart., p. 819, n.° 4.

il fut prêcher à Senlis où ses travaux apostoliques eurent tant de succès que saint Denis l'éleva à la dignité épiscopale : c'est pourquoi il passe pour le fondateur et le premier évêque de l'église de Senlis (1). Ils ajoutent encore (2) que saint Rieul était en chemin pour aller conférer l'épiscocat à saint Lucien, à la demande des peuples du Beauvoisis, lorsqu'il apprit que saint Lucien venait de recevoir la couronne du martyr ; enfin qu'après cet évènement fâcheux pour l'église naissante de Beauvais, il y fut pour consoler et fortifier les fidèles. Cependant la liberté avec laquelle il paraît avoir exercé son zèle au milieu de l'horrible persécution qu'exerçait Rictius-Varus, pourrait faire croire que sa mission fut un peu plus tard : car on le voyait partout (3), ou abattre des temples, ou renverser des idoles, ou convertir les principaux de la ville, même jusqu'au gouverneur de la place, qui se nommait Quintilien. Au reste, aucun de nos premiers missionnaires n'a travaillé avec plus d'avantage que lui. Il est mort en paix, le 30 de mars, après un long épiscopat. (4).

CXV.

SAINTS CRÉPIN ET CRÉPINIEN A SOISSONS.

Si l'on en croit les actes des saints Crépin et Crépinien, Rictius-Varus finit ses cruelles exécutions par le martyre de ces premiers apôtres du Soissonnois. Ils étaient compagnons de saint Denis, comme le disent tous les actes que nous avons cités, et comme le Concile de Soissons de l'an 866 semble les qualifier (5). Crépin et Crépinien étaient frères. Ils exercèrent le métier de cordonnier à Soissons (6). Un saint Amance d'Angoulême voulut imiter leur exemple sous nos rois de la première race (7) : *ad hoc opus incitata est mens ejus exemplo S.S. martyrum Crispini et Crispiniani qui pro christi nomine pauperum calceamentorum reformatores existebant.* Cette occupation tranquille et humble convenait parfaitement à des ministres de l'Evangile. Ils travaillaient comme saint Paul et les apôtres pour n'être à charge à personne et pour mieux couvrir leur mission. Ils vivaient ainsi depuis quelques années, se servant de toutes les occasions que Dieu leur donnait pour attirer le peuple à la connaissance de la vérité, lorsque l'Empereur Maximien-Hercule étant venu à Soissons, fit arrêter les saints et mit tout en œuvre pour leur faire perdre la foi. Ne pouvant gagner rien sur eux, il

---

(1) Ibid., p. 816, n.° 1.
(2) Ibid., p. 819, n.°⁵ 4-5.
(3) Ibid., p. 821, n.° 6. — P. 822, n.°⁵ 10-11-12.
(4) Ibid., p, 824, n.° 19.

(5) Lab., Concil., t. VIII, p. 841.
(6) Preuve, part. I, p. ...
(7) Le Bœuf, établiss. de la relig. chrét. dans le Soiss., p. 13.

les mit entre les mains de Rictius-Varus. Le tyran leur fit souffrir des tourments qui font frémir d'horreur. Il les fit battre, leur fit enfoncer des clous aux extrémités des doigts, les fit jeter dans la rivière d'Aisne toute glacée avec une meule au cou, verser du plomb fondu, de la poix, de l'huile et de la graisse, sans qu'il leur en restât la moindre incommodité, ce qui jeta le Préfet dans un tel désespoir, disent les actes de nos saints, qu'il se précipita dans le feu. Saints Crépin et Crépinien eurent la tête tranchée par ordre de Maximien, le 25 d'octobre 288, selon M. de Tillemont (1).

CXVI.

SAINT FIRMIN A BEAUVAIS.

Les ruisseaux de sang que Rictius-Varus venait de faire couler n'empêchèrent pas saint Firmin, qui avait travaillé déjà à répandre le nom du Tout-Puissant en plusieurs provinces, de passer dans la seconde Belgique pour y porter de nouveaux coups au paganisme. Il était évêque pour lors; arrivé à Beauvais (2), son zèle pour accroître le troupeau de Jésus-Christ que saint Lucien avait rassemblé lui attira quelques mauvais traitements de la part du préfet Valère, qui avait succédé vraisemblablement à Rictius-Varus, ou plutôt de la part du gouverneur Sergius, qui, suivant les actes de saint Firmin, fut tué dans une émeute que firent les fidèles pour ravoir le saint qu'il avait fait mettre en prison. Rendu en liberté, il recommença à prêcher. Il eut la joie de faire beaucoup de fruit. Un grand nombre de Beauvoisins reçut le baptême. Ayant procuré à l'église de Beauvais un état florissant, *primus illum populum in fidei soliditate confirmavit,* Firmin alla à Amiens en établir une autre sur des fondements que les temps ne purent ébranler. Il y fut reçu par le sénateur Faustinien (3). Il le baptisa avec toute sa famille ainsi que plusieurs familles entières de la ville et un grand nombre d'autres des environs, jusqu'à près de trois mille personnes de l'un et de l'autre sexe, et cela en trois jours: *conversaque sunt illis tribus continuis diebus per beatum Firminum episcopum fere tria millia virorum utriusque sexus.* Les prêtres des idoles en portèrent des plaintes très vives au préfet Valère Sébastien et lui dénoncèrent Firmin comme un ennemi implacable des dieux de l'Empire. Le Préfet, connaissant la considération dont jouissait Firmin parmi les Amiénois à cause des miracles qu'il opérait tous les jours (4), lui fit couper la

---

(1) Tillem., hist. ecclés., t. IV, p. 461.
(2) Bosquet, hist. ecclés. Gall., part. II, p. 151.
(3) Ibid., p. 152.
(4) Ibid., p. 154-155.

tête en secret, en exécution des édits de Dèce et de Valérien qui furent toujours en vigueur jusqu'en 303. Il reçut la couronne du martyre le 25 de septembre 290 ou 292. Son corps fut inhumé par Faustinien dans un canton du cimetière public qui lui appartenait. Ce canton était nommé *Abladana*. On croit que ce sont les coutures de Saint-Acheul (1), dites depuis le *Val d'Or* ou *Orval*, à cause de leur fertilité. Les actes de saint Sauve nous apprennent (2) que ce saint évêque d'Amiens au VII.e siècle avait fait transférer de là avec les corps de saint Firmin, martyr, et de saint Firmin, confesseur, les corps de deux autres martyrs Ache et Acheul, dans la nouvelle église qu'il venait de faire construire dans l'enceinte de sa ville épiscopale: *in cryptá orientali in honore ejusdem Martyris miro opere insignitá collocavit.... Sed et sanctos Dei Firminum Episcopum et Confessorem Aceum quoque et Aceolum Martyres Christi in cryptá orientali vereter condidit.* Mais nous ignorons absolument les services que ces deux saints ont rendus à l'église d'Amiens naissante ; peut-être ont-ils été les coopérateurs de saint Firmin. Quoiqu'il en soit, on vit sur la fin du III.e siècle le paganisme diminuer, les ténèbres se dissiper, le flambeau de la foi éclipser l'ancienne erreur, la religion jeter des racines profondes et fleurir parmi les Belges. Ainsi Tertulien (3) a eu bien raison de dire que le sang des martyrs avait été la semence du christianisme: *sanguis martyrum semen est christianorum.*

CXVII.

SAINTS SIXTE ET SINICE A SOISSONS ; LE SECOND, I.er ÉVÊQUE DE CETTE VILLE.

Après la mort sanglante des saints Crépin et Crépinien (4), saint Sixte et saint Sinice vinrent dans le Soissonnois pour y continuer la guerre à l'idolâtrie. Le premier était évêque, le second était simple prêtre. L'un et l'autre avaient été fort mal reçus à Reims. A Soissons, ils furent accueillis avec bien de la joie (5), surtout par ceux que saint Crépin et saint Crépinien avaient gagnés à Jésus-Christ : *quia nonnullos eorum quos martyres Christi ad fidem imbuerant catholicam ibidem viventes repererunt, gratanter et liberalissimè sunt suscepti ab eis.* Il y a tout lieu de croire que Constance Chlore, qu'Eusèbe (6) nous dépeint comme un prince d'un naturel très doux, plein de clémence pour ses sujets et de bienveillance pour la religion chrétienne, était maître absolu pour lors d'une partie

---

(1) Daire, hist. d'Amiens, t. I, p. 503.
(2) Boll., act. SS., 11 januar., p. 706, n.° 11.
(3) Tertul. in Apolog.

(4) Bolland., sup., 1 septemb., p. 125, n.os 1, 2 et 3.
(5) Ibid., n.° 6.
(6) Euseb., de vita Const. l. 1, p. 413.

de l'Empire. L'éclat de leurs vertus (1) augmenta considérablement le nombre des fidèles. Le bruit des merveilles qu'ils opéraient prépara les Rémois à recevoir la doctrine évangélique avec plus de docilité qu'ils n'en avaient fait paraître à leur passage par Reims. Sixte ne manqua pas de profiter de leurs heureuses dispositions. Il retourna à Reims. Ses prédications leur firent ouvrir les yeux à la lumière de l'Evangile. Le succès de ses travaux le porta à se fixer dans cette ville. En conséquence il sacra évêque saint Sinice, son compagnon, pour gouverner l'église de Soissons : *beatum vero Sinicium ut Suossionensi præesset ecclesiæ consecravit episcopum.* Alors on commença à détruire les temples (2) pour bâtir à leur place des églises, et le nombre des païens alla toujours en diminuant. Saint Sixte mourut en paix le 1.er de septembre dans les premières années du iv.e siècle ; car il nous semble que Constantin (3) avait alors permis aux chrétiens de rendre à leur Dieu le culte tel qu'il se pratiquait dans la religion chrétienne : *suscepto Imperio, Constantinus Augustus nihil egit priùs, quàm Christianos cultui ac Deo suo redderet.* Saint Sinice fut chargé de la conduite des deux églises ; mais après la mort de ce dernier, qui arriva aussi à Reims (4), chacune de ces églises eut son évêque particulier ; et peu de temps après le Concile de Cologne de l'an 346, Reims, si l'on en croit le père Pagi (5), eut le titre d'église métropole. Ce fut donc du vivant des saints Sixte et Sinice que le paganisme commença à être attaqué à force ouverte, que la ville capitale de chacune de nos cités eut une église composée d'un évêque, quoiqu'il soit très-difficile, à cause de la rareté des monuments de ces temps reculés, d'en former une succession non interrompue ; composée d'un clergé et d'un peuple nombreux de fidèles ; que les églises de la Picardie, enfin, prirent une forme constante et durable.

CXVIII.

ÉGLISE DES PREMIERS CHRÉTIENS A AMIENS.

Il paraît que le lieu d'assemblée des premiers chrétiens était sur le tombeau de leurs apôtres. On y commença d'abord à construire de petits bâtiments (6), appelés *ciboria, fredas* et *repas*, pour y faire les agapes : *ibidem* (in cœmeteriis) *etiam animadvertere licet Sanctorum tumulos, ædiculis super structis, quas ciboria, fredas, et repas appellabant.* On lit, en effet, dans une charte de Rori-

---

(1) Bolland., sup., n.° 8.
(2) Ibid., n.° 15.
(3) Lactan., de mortibus persecut., c. 24.
(4) Bolland., sup., n.° 15.
(5) Pagi. hist. ecclés., t. III, p. 266.
(6) Acta SS. Bened., sæc. v, præf., p. 66, n.° 98.

con (1), évêque d'Amiens, de l'an 1085, en faveur de l'abbaye de Saint-Acheul, qne saint Firmin-Confesseur avait fait construire une église en l'honneur de la Sainte-Vierge, sur le tombeau de saint Firmin, martyr : *quam beatus Firminus confessor..... in honore sanctæ et perpetuæ Virginis Mariæ fundavit..... ad honorem verò patroni nostri martyris et episcopi Firmini, cujus sacratissimum corpus per tot annorum curricula debita veneratione quievit.* La même chose se trouve dans les actes MS. de saint Firmin-Confesseur, conservés dans l'abbaye de Saint-Eloi de Noyon : *qui et ecclesiam in honore sanctæ Mariæ Virginis construxit, ubi sanctus Firminus, martyr, pontifex conditus esse traditur.* Il est certain par la même charte de l'évêque Roricon, que cette église avait été construite où est aujourd'hui l'abbaye de Saint-Acheul, hors de la porte de Noyon : *postea verò a sanctis martyribus Acheo et Acheolo antiquitatis nostræ tempore sibi nomen aptavit.* Les Amiénois sont persuadés que ce fut là le premier oratoire de leurs ancêtres chrétiens, et en même temps le siége des évêques, suivant l'usage de la primitive église, comme saint Augustin nous l'apprend dans son quatrième sermon des SS. Innocents (2) et dans ses confessions (3).

CXIX.

A BEAUVAIS.

C'est ainsi que l'église bâtie par les premiers fidèles de la ville de Beauvais sur le tombeau de saint Lucien (4), qui avait été inhumé *in agello publico* fut l'église-mère des Bellovaces chrétiens: *per lavacrum generationis renati, et innovati, fabricaverunt Domino mox nonnulli eorum devotissime, in eodem loco, super sanctum corpus, ad honorem ipsius Martyris, basilicam,* car celle de Saint-Etienne et de Saint-Laurent, qu'on dit avoir été aussi le berceau de régénération de ce peuple idolâtre (5), ne peut avoir été construite qu'en mémoire des prédications que saint Firmin, martyr, avait faites en ce lieu après que le peuple l'eut arraché de la prison : *quo in loco ecclesiam in honore sanctorum martyrum Stephani atque Laurentii constituit* (Firminus) *et plurimos ibidem populos ad cognoscendum lumen veritatis à culturâ idolorum reduxit;* c'est aujourd'hui l'église collégiale de Saint-Vast. On croit que celle qui fut bâtie sur le tombeau de saint Lucien est Notre-Dame-du-Thil, ruinée par Attila (6).

---

(1) Gall. christ., t. x, col. 293, inst.
(2) Opera. S. August., t. v, p. 365, app., édit. Bened.
(3) Ibid., t. I, p. 120, col. 2.
(4) Boll., act. SS., 8 januar., p. 465, n.° 23.
(5) Bosquet, hist. ecclés. Gall., part. 2, p. 151.
(6) Louvet, antiq. du Beauvoisis, t. I. p. 387.

CXX.

A SENLIS.

C'est ainsi que l'église bâtie sur le tombeau de saint Rieul fut la première église des Sylvanectes, quoique ses actes (1) disent qu'il en existait une sous le vocable de saint Pierre et de saint Paul, qu'il avait consacrée lui-même : *sepelierunt eum ad Orientalem partem civitatis in ecclesiâ SS. Petri et Pauli, quam ipse Præsul sanctus in honore ipsorum consecravit.* Mais ses actes sont remplis de tant d'anachronismes, qu'il n'est pas possible de compter sur la plupart des faits qui y sont rapportés. En effet, l'histoire de l'élévation du corps de saint Rieul, du temps de Clovis Ier, ne fait aucune mention de ces premiers patrons. Elle dit seulement qu'il était venu par hasard au tombeau du saint Prélat (2), *ad hujus beatissimi Præsulis limina cum quibusdam hujus provinciæ Præsulibus*, qu'il fit construire une église à la place, sans doute, de celle qui avait été détruite par les barbares, et mettre en or le tombeau de saint Rieul : *primùm ipsam ecclesiam propriis ex sumptibus à fundamento decenter construi, sepulchrum verò S. Reguli auro fabricari præcepit* (3).

CXXI.

A SOISSONS.

C'est ainsi que le vil réduit de la cité de Soissons où les corps de saint Crépin et de saint Crépinien avaient été déposés secrètement par un pauvre habitant et sa sœur, devint un oratoire fameux par le concours des Soissonnois chrétiens, après la paix donnée à l'église (4). Mais comme il était défendu par les lois romaines de conserver les morts dans l'enceinte des villes, le clergé et le peuple résolurent de les transporter ailleurs (5). Ils choisirent, à cet effet, la place où est aujourd'hui bâtie l'abbaye de Saint-Crépin-le-Grand, et leur y dressèrent deux tombeaux séparés, ce qui supposa un oratoire où ils s'assemblaient pour prier, ainsi que pratiquaient les premiers fidèles, comme l'a remarqué Grégoire de Tours (6). Dans la suite des temps, le nombre des chrétiens s'était accru, on éleva à la place une magnifique basilique (7). Telle est la double origine de l'église des Soissonnois.

(1) Boll., act. SS. 30 mart, p. 824, n.° 19.
(2) Ibid., p. 825, n.° 21.
(3) Ibid., n.° 22.
(4) Act. MS. SS. Crisp. et Crispinien.
(5) Ibid., p.....
(6) Greg. Turon., de gloria, l. 2, c. 14.
(7) Act. SS., suprà, p.....

CXXII.

DANS LA CAPITALE DU VERMANDOIS.

C'est ainsi que la cellule, pour nous servir des propres termes des actes de la première invention de saint Quentin (1), qu'Eusèbie, dame romaine, avait fait élever sur le tombeau du saint, cinquante-cinq ans environ après son martyre, c'est-à-dire vers l'an 342, fut le berceau de la religion chrétienne dans le Vermandois : *super sepulcrum ejus cellulam pro beneficio sepulturæ ædificavit..... et multa dona reliquit in ministerio pauperum.* Ce qui est dit un peu auparavant du grand nombre de guérisons qui se faisaient à son tombeau, *et quanticum que in ipsâ horâ infirmi venerunt, pristinam receperunt sanitatem*, semble bien y annoncer un grand concours de peuple. Mais en même temps un auteur ancien (2) nous fait une peinture si touchante de l'état où fut réduite cette église naissante sous Julien l'Apostat, qu'il y a tout lieu de croire que si la foi ne fut pas tout à fait éteinte dans le Vermandois, du moins eut-elle bien de la peine à se ranimer. En effet, jusqu'à saint Médard, les progrès de cette église sont totalement inconnus : *qua propter, ut creditur, contigit defecisse circa excubias sacri Martyris condignos cultus.* On a ignoré même pendant trois cent vingt ans jusqu'au lieu de la sépulture de saint Quentin : *adeò ut locus corporis ejus à populis penitus ignoraretur..... non minus trecentorum viginti annorum.*

CXXIII.

A TÉROUANNE.

L'église des Morins ne paraît ni si ancienne, ni avoir été fondée de même. Boulogne et Térouanne, si l'on en croit les annales de ces peuples (3), avaient chacun une église dédiée à saint Martin, du temps même que saint Victrice alla prêcher l'Evangile dans ces contrées maritimes. Il est certain qu'il y en avait une à Térouanne en 481, car saint Maxime, le même que saint Maxime, évêque de Riès (4), mort et enterré à Vismes, arrivant à Térouanne pour de là aller en Angleterre, passa la nuit en prière avec deux de ses compagnons dans l'église de Saint-Martin : *transierunt Germaniam, et usque ad urbem Morinorum seu Thervanam pervenerunt, ibique ecclesiam sancti Martini ingressi diem illam noctemque sequentem in dei laudibus peregerunt.* Mais cette église n'était point

---

(1) Colliette, Mém. hist. du Verm., t. I, p. 149, col. 1.
(2) Hem., Aug., Verom., reg., p. 9.
(3) Malbr., de Mor., t. I, p. 161.
(4) Preuve, part. 1, p.....,

pour lors siége épiscopal, ou, si c'en fut un, il était joint à celui d'Amiens. Il paraît, en effet, par les actes de saint Firmin, confesseur, évêque d'Amiens (1), que tout le pays des Morins avait été conquis à Jésus-Christ par les travaux du saint prélat, ainsi que le Ponthieu et le Vimeux, qui ont toujours été de l'évêché d'Amiens : *pastoris curà sollicitus lustrabat urbes et municipia quem Morinenses, Pontivenses, Vimmacenses.... primum cum hostili animo et perversâ mente susceperunt*, comme nous le ferons voir bientôt. Nous pensons que Térouanne et Boulogne sont demeurés sous la juridiction de l'évêque d'Amiens jusqu'au temps de saint Remi, ou même jusqu'à l'épiscopat de saint Omer.

CXXIV.

ON GRAVE DES ÉPITAPHES SUR LES TOMBEAUX DES CHRÉTIENS APRÈS LA PERSÉCUTION. LEUR FORMULE.

Quoique nos premiers apôtres eussent été inhumés indistinctement avec les païens dans les cimetières publics, et avec moins d'appareil certainement que ceux-ci, parce que les persécuteurs eussent été bien au regret que leur mémoire passât à la postérité, cependant leur sépulture, sans mausolée, sans épitaphe, est devenue dans la suite plus célèbre que les plus superbes monuments de l'orgueil du paganisme. Lorsque la persécution eut cessée absolument, on commença à graver des épitaphes sur le tombeau de ceux qui étaient morts dans la foi. Il est aisé de les distinguer non-seulement par les formules, *hic requiescit in pace*, *pax tecum sit*, *in pace quiescit*, *in pace precessit*, mais aussi par la croix patée ou par le *Chrésimon*, c'est-à-dire par le monogramme de Jésus-Christ, qui était accompagné ordinairement de deux colombes ou de deux paons. Le cimetière public de la ville d'Amiens a donné plusieurs épitaphes de cette espèce. La première (n.° 1) était gravée sur le couvercle du tombeau que l'on croit être celui de Faustinien, converti par saint Firmin, martyr : *Faustinianus hic requiescit in pace. Vixit annus* xxxxx. *Pax tecum siit*. Cette pierre formait un des six tombeaux qui furent découverts le 10 de janvier 1697, en travaillant aux fondements du grand-autel de l'église de Saint-Acheul. Cependant La Morlière (2) assure que dès l'année 1632 on avait découvert dans le préau du cloître de cette abbaye, à dix-huit pieds environ en terre, le tombeau de Faustinien et d'Atilia, son épouse, fait d'une pierre seule avec son couvercle, en dos d'âne. En effet, l'inscription que nous venons de rapporter donnerait plutôt *Flavius-Titus-Janus*

---

(1) Bolland., act. SS., septemb., p. ..... (2) Antiq. d'Amiens, p. 36.

que *Faustinianus*, comme a lu Dom Mabillon (1), et celle qui est placée dans l'intérieur du même couvercle (n.° 2) *Titus Horibius* que *Thoribius : hic Thoribius in pace quiiscit;* de plus le monogramme de *Christus* y est accosté de l'*alpha* et de l'*omega*, qui ne commencèrent à être placés à côté du monogramme de Jésus-Christ, du moins sur les médailles, que sous l'empire de Magnence, mort en 353 (2). Néanmoins, Dom Mabillon pense que cette épitaphe pourrait être plus ancienne que celle qu'il donne à Faustinien. Celle du n.° 3 était placée dans l'église de Saint-Firmin, confesseur (3), dans le passage du chœur à la sacristie : *Ebrebaldus hic requiescit in pace. Vixit annus* xxxxi. *Defunctus est ubi fuit november dies* xv. La pierre avait neuf pouces de long sur six à sept de large. Celle du n.° 4, qui fut déterrée en 1682 (4), près du jardin de Saint-Acheul, avait un pied sept pouces en carré. On y lisait : *reginus qui in pace precessit.* L'*alpha* et l'*omega* sont placés dans les jambages du monogramme de Jésus-Christ. L'épitaphe du n.° 5 porte : *Nonnite conjugi mœrens posuit.* Le nom du mari qui la fit faire ne s'y trouve pas. On a découvert à Rome et à Autun (5) des épitaphes du v.° siècle où le nom de la personne pour laquelle l'épitaphe avait été faite ne s'y trouvait pas non plus. Le Père Daire (6) a fait graver exactement le monogramme ci-dessus, accompagné de deux paons ; mais l'*alpha* et l'*omega* y ont été oubliés. Il y a lieu de croire qu'on a fait la même omission au n.° 6, car la pierre carrée et posée dans un encadrement n'offre que le *chresimon*. Elle fut trouvée en 1660 en creusant un fossé derrière le jardin de Saint-Acheul. On y découvrit aussi les deux épitaphes que voici : *Leudelinus hic requiscit in pace. Vixit annus* L. *defunctus est ubi ficit genarius (januarius) dies* xv; celle de son épouse est conçue en ces termes : *Valdolina hic requiiscit in pace. Vixit annus* xxx. *Defuncta est ubi ficit Julius dies* xxiii. Le style en est, selon M. Du Cange (7), du v.° au vi.° siècle, du vii.° selon Bouteroue (8) et les auteurs du nouveau traité de diplomatique (9).

CXXV.

DEUX TOMBEAUX DANS L'ÉGLISE DE N.-D. DE SOISSONS. MARQUE DU PROGRÈS DU CHRISTIANISME EN PICARDIE.

La ville de Soissons nous offre deux monuments beaucoup plus curieux du progrès du christianisme en Picardie. Outre qu'ils en paraissent être des pre-

(1) De cult. SS. Ignot., p. 24.
(2) Le Bœuf. Dissert. sur l'établiss. de la relig. chr. dans le Soisson., p. 75.
(3) Daire. Hist. d'Amiens, t. ii, p. 194 et 264.
(4) Ibid., p. 267.
(5) Dissert. sur les tomb. antiq. d'Autun, p. 17-22.
(6) Hist. d'Amiens, sup., p. 267-268.
(7) Gloss., au mot *facere*.
(8) Inscript. 173-378.
(9) Nouv. trait. de diplom., t. ii, p. 632.

miers temps, au jugement de Dom Mabillon (1), *qui tumuli videntur esse primorum illius urbis christianorum*, c'est qu'ils sont très-bien conservés. Nous voulons parler des deux tombeaux qui se voient dans l'église de l'abbaye des Bénédictines de Notre-Dame. L'un est attribué à saint Drausin, évêque de Soissons ; l'autre à saint Voué, confesseur. Il peut bien être que ces deux saints y aient été déposés après leur mort, mais il est sûr qu'ils n'ont point été faits pour eux. Il n'est pas rare de voir que des tombeaux faits pour des païens aient servi ensuite à renfermer des corps saints. C'est ainsi que le magnifique et immense tombeau païen, en marbre blanc, de Saulieu, en Bourgogne (2), a servi à déposer les corps des SS. martyrs Andoche, Thyrse et Félix. Les tombeaux de Soissons ont entre cinq et six pieds de long et trois de haut. La matière en est peu connue. Elle ressemble assez à l'ardoise, mais elle est plus dure. Nous pourrions la comparer à celle du tombeau de l'église collégiale de Saint-Hilaire, de Poitiers, dont Dreux du Radier a donné la description (3). Il dit que l'odeur qui sort de la pierre, lorsqu'on la frotte, est si forte et si désagréable, qu'on l'appelle dans le pays la *Pierre puante*. Nos deux tombeaux produisent la même sensation. Ils sont chargés de bas-reliefs comme celui de Poitiers ; mais le travail de ceux-ci est sans dessin, sans proportion, sans goût, c'est-à-dire tel qu'il était dans le déclin de l'Empire et en particulier sous les enfants de Constantin, premier indice de leur âge. Seconde indication : l'un et l'autre portent le monogramme de *Christus*, avec cette seule différence que le monogramme du prétendu tombeau de saint Drausin est accompagné de l'*alpha* et de l'*omega* : or, la forme de l'A et de l'ω à jambages droits et non arrondis se trouve ainsi sur les médailles de Constance, de Magnence et de Décence (4). C'est donc au règne de ce prince qu'on doit fixer l'époque de ces tombeaux, qui, relativement à la matière et au travail, n'ont pu être faits que pour des personnes du premier rang. L'abbé Le Bœuf (5) observe que Dom Mabillon les a fait dessiner dans ses Annales bénédictines mieux que n'a fait le Père Poupart, dans sa dissertation sur les deux tombeaux antiques de N.-D. de Soissons imprimée à Paris en 1710.

Celui qui est donné à saint Drausin (n.° 1) peut avoir été destiné pour un chrétien riche et illustre, comme pour un évêque. Le devant du tombeau est chargé d'un cartouche au milieu duquel est le *Christ* grec (XP), avec l'*alpha* et l'*omega*. Il est accompagné de droite et de gauche d'une vigne chargée de feuilles et de fruits. Le même cartouche est sur un des côtés environné de deux branches de

L'UN DONNÉ A SAINT DRAUSIN ET L'AUTRE A SAINT VOUÉ.

---

(1) Annal. Bened., t. 1, p. 622, n.° 72.
(2) Le Bœuf. Dissert. sur l'hist. de Paris, t. 1, p. 255.
(3) Journ. de Verdun, mai 1751, p. 352.
(4) Spirid. Poupart. Dissert. sur deux tomb. de N.-D. de Soiss., p. 6-7.
(5) Dissert., sup., p. 74, not.

vigne qui partent du même cep. L'autre côté qui répond à l'autel porte aussi un cartouche au milieu duquel est placée une espèce de rose. Le rond est posé entre deux plantes que l'on dit être des tiges de froment (1), ce qui ne paraît guère par le dessin que nous donnons. Le devant du tombeau, dit de saint Voué (n.° 2), est partagé en cinq bas-reliefs différents, qui forment autant de tableaux. Trois paraissent avoir été pris de l'histoire de Joseph. Le Père Poupart (2) prétend que le premier représente le baptême de Jésus-Christ; le second, la Cananée; le quatrième, le Centurion. Le cinquième me semble représenter Moïse dans le désert, frappant le rocher pour en faire sortir une source d'eau et désaltérer les Israélites. Ce tableau a été mieux rendu par le Père Poupart (3) que par Dom Mabillon (4). Celui du milieu est remarquable par une croix garnie de diamants et de pierres précieuses. L'abbé Le Bœuf (5) infère de là et d'un passage de Paschas Radbert, écrivain du IX.e siècle, qui dit que l'église cimétériale de N.-D. de Soissons portait le titre de Sainte-Croix, qu'on y possédait du bois de la vraie croix dès le IV.e siècle. On voit deux colombes posées sur les bras de la croix, et deux soldats ou deux champions assis au-dessous. Ces deux hommes, armés de pied en cap, marquent, dit l'abbé Le Bœuf (6), la confiance que l'on avait en ce signe, fondée sur l'apparition faite à Constantin. Au contraire le Père Poupart (7) pense que ce sont deux légionnaires affligés de la perte de leur commandant, qui était déposé dans le tombeau. La croix est surmontée du monogramme de *Christus*, renfermé dans une couronne triomphale et surmonté d'une colombe, les ailes étendues. Elle parait porter en son bec une petite croix. Sur le côté de ce tombeau qui regarde l'autel, sont deux enfants dans une fournaise. L'autre côté présente un homme nu et un lion à ses côtés. Nous aimons mieux avouer que ces deux tableaux emblématiques nous sont inconnus, que de dire, comme le Père Poupart (8), *qu'ils appartiennent uniquement à la gentilité, et qu'ainsi ils n'ont jamais été travaillés pour un chrétien*. Une réflexion que présente naturellement ce tombeau, c'est que le culte des images était établi dans le Soissonnois au IV.e siècle.

CXXVI.

DÉFENSE D'ENTERRER DANS LES ÉGLISES CONSERVÉE JUSQU'APRÈS LE MILIEU DU VI.e SIÈCLE.

Ces deux tombeaux se trouvaient originairement dans le lieu où avait été bâtie

---

(1) Dissert., suprà, p. 9.
(2) Ibid., p. 27-28.
(3) Ibid., p. 16.
(4) Annal. Bened., t. I, p. 622.
(5) Etabliss. de la rel. chr. dans le Soiss., p. 77-78.
(6) Ibid., p. 81.
(7) Dissert., suprà, p. 18-19.
(8) Ibid., p. 21 et suiv.

la première église de l'abbaye. Ils ont été renfermés dans celle qui existe aujourd'hui, parce que l'usage d'inhumer dans les églises était permis alors. Mais il ne l'était pas en 563, selon le Concile de Brague en Espagne (1), qui dit que les cités de la Gaule avaient conservé constamment jusqu'alors le privilège de n'enterrer qui que ce soit dans l'enceinte des villes : *firmissimum hoc privilegium usque nunc amplius retinent Galliæ civitates, ut nullo modo intra ambitus murorum cujus libet defuncti corpus humetur.* Dans la suite la sépulture, non seulement dans les villes, mais aussi dans les églises, fut accordée aux évêques, aux abbés et aux personnes d'une piété éminente, comme nous l'apprend le Concile de Mayence de l'an 813 (2) : *nullus mortuus infra ecclesiam sepeliatur, nisi episcopi, aut abbates, aut digni presbiteri, vel fideles laïci.* Ainsi, quoiqu'on en dise (3), l'infraction de l'ancienne règle avait commencé à devenir commune avant le x.⁵ siècle. On ne songeait point alors à coucher les évêques et les prêtres dans la fosse autrement que les simples fidèles. L'usage général et immémorial était que les corps eussent la face tournée à l'Orient et les pieds à l'Occident (4) : *ponatur præterea capite versus Occidentem et pedibus versus Orientem.* Rien, dit l'abbé Le Bœuf (5), n'était plus démonstratif que cet usage en faveur du christianisme. S'il y eut parmi les païens quelques tombeaux tournés dans le sens contraire, c'était par hasard. Dom Mabillon (6) assure aussi qu'il n'y avait pas deux cents ans qu'on a vu naître la différence de la position d'un évêque, d'un prêtre, de celle d'un laïc dans la fosse, *ante nostrum, aut forte patrum nostrorum sæculum.* Aussi Maurice Le Tellier, archevêque de Reims, fondé sur l'antiquité d'un usage qui était né avec l'église et qui était général avant le xvii⁵ siècle, n'a pas jugé à propos de s'y conformer dans le Rituel qu'il a fait imprimer pour cette province ecclésiastique : *ut non alio modo, quam laïci, in sepulcris componantur Sacerdotes* (7).

CXXVII.

LES CHRÉTIENS PLACENT DANS LE TOMBEAU UN VASE D'EAU BENITE ET UN AUTRE REMPLI DE CHARBONS ET D'ENCENS.

Nous avons vu que les païens enterraient avec les morts toute sorte d'ustensiles. Les chrétiens, au contraire (8), ne placèrent dans les tombeaux qu'un vase plein

---

(1) Concilium Labb., t. v, col. 842, can. 18.
(2) Ibid., t. vii, col. 1252, can. 52.
(3) Hist. de l'Acad. des Inscript., t. ii, p. 177.
(4) Beleth., divin. offic. explic.

(5) Dissert. sur l'hist. de Paris, t. i, p. 261.
(6) De cultu. SS. Ignot., append., p. 26.
(7) Ibid., p. 27.
(8) Beleth., suprà, cap. 161, p. 563.

d'eau bénite et un autre rempli de charbons et d'encens : *istic aqua apponitur benedicta, ac prunœ cum thure.* C'était l'usage de l'église d'Amiens, comme nous l'apprend le docteur Beleth qui en était chanoine. Belotte, chanoine de Laon(1), assure que la coutume de déposer dans la fosse des vases de terre qui contenaient des charbons et de l'encens n'avait cessé que de son temps dans la ville, mais qu'il n'était plus observé alors que pour les pauvres gens : *vidimus ipsi testes oculati in omnibus hujus civitatis tam collegiatis quam parochialibus ecclesiis, nedum frequentiori sed quotidiano cultu, religiosè observatum. Tunc enim mendicantibus tam viris quam mulieribus vasa fictilia cum thure et carbonibus in exequiis deferenda exibebantur quœ corpori statim sepeliendo ac jam sepulturœ compositœ emissa relinquebant.* Ces deux auteurs qui vivaient, le premier au xii.ᵉ siècle, le second au xvii.ᵉ, nous expliquent les découvertes qui ont été faites en 1692 dans le Laonnois et quelques années auparavant dans le Valois. Les deux anonymes qui ont voulu nous donner l'explication de la découverte de 1692 n'ont rien dit de satisfaisant (2). M. Bottée, lieutenant des eaux et forêts de Laon (3), a informé M. Bosquillon de l'Académie des Sciences de Paris qu'on avait trouvé dans le cimetière de La Fère, fort avant dans la terre, plusieurs têtes de morts, à chacune desquelles têtes étaient d'un côté une cruche de terre pleine de charbons, et de l'autre deux petites tasses placées l'une sur l'autre. Il ajoute qu'il *ne se ressouvenait pas d'avoir rien vu de semblable dans les funérailles des anciens, soit avant, soit après le christianisme.* Cela peut être ; mais il n'en est pas moins vrai que l'usage de déposer du charbon et de l'encens dans le tombeau, a existé dans le Laonnois jusqu'au xvii.ᵉ siècle. La coutume d'y placer aussi un vase d'eau bénite peut avoir fini plus tôt. Nous ignorons à quoi peut avoir servi la seconde tasse. L'ancien chanoine de Laon que M. Bottée avait consulté (4) aurait eu beau feuilleter et refeuilleter les anciens rituels de cette église avant d'y trouver que les deux tasses en question eussent servi à mettre les saintes huiles et les charbons à brûler les étoupes qui avaient été employées à essuyer les onctions.

M. Chassebras de Crameilles (5), à qui nous sommes redevables d'une découverte pareille, qui avait été faite en remuant des terres dans sa seigneurie de Grand-Maison, en Valois, a pensé plus juste. Il avait trouvé à sept à huit pieds de profondeur, près la chapelle de Saint-Nicolas, qui était l'ancienne chapelle du château, parmi des têtes et d'autres ossements de morts, plusieurs petits pots remplis de charbons. Ces vases étaient de terre cuite, fort minces, de la grosseur

---

(1) Belotte, observat. ad rit. Laud., p. 761, col. 2.
(2) Merc. Gall., octob. 1692, p. 87 et suiv. — janv. 1693, p. 161.
(3) Journ. des Sav., 1692, p. 372.
(4) Ibid., p. 452.
(5) Ibid.

du poing, de la figure des pots de gelée, mais plus hauts, avec un couvercle qui était percé d'un trou au milieu du bouton, et sur les côtés de six à sept trous plus petits. *Comme les anciens payens*, dit-il, *mettoient des lampes inextinguibles dans les sépulchres, les chrétiens ont pu mettre dans les cercueils de ces petits pots remplis de charbons allumés avec des parfums, en forme de cassolettes.* M. l'abbé Carlier (1) assure que cet usage a existé dans le Valois jusqu'au commencement du siècle dernier, qu'il a.vu rouvrir des fosses où l'on trouvait des vases de terre vernissés. Ceux qui avaient contenu l'eau bénite étaient vides, les autres étaient pleins de charbons sur lesquels on avait brûlé de l'encens. On a découvert depuis une quinzaine d'années au terroir de Cugny, en Vermandois, dans une terre dépendante de la ferme de Maurepas, un nombre considérable de tombeaux, les uns en pierre, les autres en plomb, dans chacun desquels étaient renfermés, avec des ossements, des petits vases de terre remplis de charbons. Ils furent envoyés à l'abbaye d'Homblières, d'où dépend le champ qui porte le nom de *Jardin-Dieu*, c'est-à-dire cimetière. Au lieu de ces petits vases de terre, on trouva, le 18 de mai 1686 (2), dans l'église de Saint-Lucien-lès-Beauvais, en travaillant à la chapelle de saint Benoit, deux bouteilles antiques à côté d'un tombeau de pierre, qui était accompagné de deux autres moins distingués et de neuf ou dix têtes placées dans un enfoncement pratiqué dans le mur.

CXXVIII.

USAGE DES PAÏENS D'ENFERMER DANS LES TOMBEAUX A BOIRE ET A MANGER.

Les païens avaient coutume de mettre sur le tombeau à boire et à manger, dans l'opinion superstitieuse où ils étaient que les morts avaient besoin de ces secours, coutume aussi ridicule qu'elle est ancienne; car l'Ecclésiastique (3) compare les bonnes choses cachées dans une bouche fermée, à un grand festin placé autour d'un sépulcre : *bona abscondita in ore clauso, quasi appositiones epularum circumpositæ sepulcro.* Le christianisme a admis cette coutume, il est vrai, mais par un principe bien différent. C'était pour marquer la communion des vivants avec les morts par les bonnes œuvres de ceux-là. Tobie (4) avait-il d'autre vue, lorsqu'il ordonne à son fils de placer du pain et du vin sur la sépulture des justes : *panem tuum et vinum tuum super sepulturam justi constitue.* On pré-

---

(1) Hist. du Val., t, II, p. 516-517.   (3) Ecclesiast., cap. 30, ℣ 18.
(2) Antiq. MS. de l'abb. de St.-Lucien, l. 8, p. 149.   (4) Tob., cap. 4. ℣ 18.

tend (1) que le pain et le vin qu'on porte à l'autel aux messes des morts pendant l'offertoire est un reste de cet ancien usage dans la province ecclésiastique de Reims. De là aussi ces banquets de charité que les premiers chrétiens faisaient au décès de ceux qui étaient morts dans la crainte du Seigneur, et auxquels les pauvres et les serviteurs de Dieu étaient invités. De là enfin ces pasts fondés dans toutes les églises de notre province pour célébrer l'anniversaire de ceux qui mouraient.

CXXIX.

PASTS FONDÉS DANS LES ÉGLISES TIENNENT LIEU DE CET ANCIEN USAGE.

Les plus anciens que nous connaissions sont : celui que le prévôt du pays Ternois devait donner aux religieux de Corbie le trois des nones de janvier pour l'abbé St.-Adhalard (2); celui d'Hucbaud (3), moine de Saint-Amand, qu'il fonda au mois d'octobre 890, pour être célébré le jour de saint Amand dans l'abbaye de Sithiu, aujourd'hui saint Bertin, dans la ville de Saint-Omer; celui d'Angilbert et d'Hildebert, abbés de Corbie (4), au mois de février; celui des abbés Francon et Herrard, le 8 des calendes de mars; celui de l'abbé Bodon, au 6 des calendes d'avril; aux ides de Mars, celui de Ratold, fondé en 986, sur les revenus de la terre de Tormont, en Marquenterre; et plusieurs autres que l'on peut voir dans l'ancien livre des pasts de l'abbaye de Corbie. Ce ne fut que le 24 avril 1633, que l'usage de faire les repas funéraires aux obsèques des religieux de Saint-Lucien de Beauvais fut défendu par l'évêque, et cela à la mort de frère Simon de Bray, comme porte le nécrologe : *VIII. Kal. maii frater Simon de Bray qui obiit an. 1603: hodie episcopus Belvacensis vetuit ne in posterum fieret solitum convivium post exequias religiosi defuncti*. Une charte de la collégiale de Saint-Quentin en Vermandois, de l'an 1094, fait mention des pasts fondés dans cette église pour différents anniversaires. Guibert, abbé de Nogent (5), assigne, en 1121, une certaine somme pour faire un repas le jour de son anniversaire. On voit (6) deux pasts fondés en 1177 pour un vicomte d'Ouchy-la-Ville, en Valois, et pour son épouse, auxquels devaient être admis sans distinction tous les clercs qui se présenteraient. Le premier devait être servi à l'issue des vigiles; le second, le lendemain. Vers le même temps, Hugues, chancelier de France, laissa des biens aux religieux qui desservaient l'église de Saint-

---

(1) Belotte, observ. ad rit. Laudun., p. 85, col. 1.
(2) Preuv., part. 1, p. ....
(3) Ibid., part. 2, p. ....
(4) Ibid., part. 1, p. ....
(5) Ibid., part. 2, p. ....
(6) Hist. du Val., t. 1, p. 387-388.

Adrien de Béthisy, pour faire chaque année, à son anniversaire, un repas funèbre auquel seraient invités tous les ecclésiastiques qui y auraient assisté. Manasserus de Bules lègue, en 1218, à l'abbaye de Saint-Lucien de Beauvais, cent sols à prendre sur la seigneurie de Bules : *ut in die obitus mei de centum solidis conventui refectio preparetur* (1). Le même seigneur de Blanc-Fossé laisse par testament à l'Hôtel-Dieu de Beauvais quatre muids d'avoine et le produit de l'herbage de Blanc-Fossé : *expendentur anniversarii mei in refectione pauperum fratrum et sororum* (2). Jean, seigneur de Nesle, ordonne par son testament qu'il fit au mois de mai 1226, que les chanoines et les chapelains de l'église de Nesle feraient un repas le jour de son anniversaire (3). La même année, Amicie, dame de Breteuil, fait un don de vingt muids de grain à l'abbaye de Beaupré : *in conventus pittantiam die anniversarii distribuendos* (4). Il est parlé dans les statuts de réformation (5) faits en 1256 par Vermond, évêque de Noyon, des pasts que les chanoines de la collégiale de Saint-Furcy de Péronne devaient faire à certains anniversaires. Le testament de Nicolas d'Agencourt, curé de Saint-Ladre de la ville d'Amiens (6), de l'an 1450, porte : *je lais une Couronne d'or à mes Voisins et Voisines, pour dîner ensemble le jour de mon obsèque de le Paroisse de Saint-Pierre*. Une délibération capitulaire de l'église de Beauvais, du 11 septembre 1368, porte qu'Etienne Bernardet, chanoine de Beauvais, a donné au Chapitre sa maison sise à Orouer et quelques pièces de terre à la Neuville-Saint-Pierre, sur lesquelles sera prise la somme de 100 sols à perpétuité : *ad augmentandum prandium jamdudum ordinatum in ecclesia per quemdam dominum Deodatum cancellarium, ita quod die prandii fiet unum servitium seu ferculum de capitibus porcorum*. Nous ferions un gros volume de tous ces pasts. Nous nous contenterons de dire que la dépense des repas funéraires dans la ville d'Amiens était si grande, que l'échevinage fut obligé de régler (7) le 13 de février 1543 (1544), que la table ne serait servie que de dix plats, savoir : deux plats de bouilli, quatre de rôti, et quatre d'issue avec une pièce de four ; qu'on n'y inviterait que le mayeur et les échevins qui feraient apporter huit quènes de vin.

Il est vrai que ce qui s'était pratiqué saintement du temps même des Israélites, comme il paraît par le conseil que Tobie donna à son fils, et depuis l'établissement de l'église parmi les chrétiens, qui préparaient ces sortes de banquets sur les tombeaux des martyrs ; que cette pratique, qui n'avait eu que la piété pour

CES REPAS FUNÉRAIRES DÉGÉNÈRENT EN ABUS.

---

(1) Preuv., part. 2, n.° ....
(2) Ibid., n.° ....
(3) Ibid., n.° ....
(4) Ibid., n.° ....
(5) Ibid., p. ....
(6) Daire, hist. d'Amiens, t. II, p. 415, preuv.
(7) La Molière, antiq. d'Amiens, p. 355.

principe, dégénéra bientôt en des dissolutions et en des débauches. Gardez-vous bien, disait le même Tobie à son fils (1), d'en manger et d'en boire avec les pécheurs : *noli ex eo manducare et bibere cum peccatoribus*, c'est-à-dire avec les infidèles ou avec des hommes abandonnés aux désordres. C'est à raison de désordres pareils que l'abbé de Saint-Lucien de Beauvais sollicita, en 1130, la suppression des pasts que l'évêque et les chanoines de Beauvais venaient prendre dans cette abbaye, ce qui ne lui fut accordé qu'à la charge d'une prestation annuelle de 30 sols beauvoisins. Cette suppression fut ratifiée en 1148 par l'évêque Odon (2), et confirmée la même année par Samson, archevêque de Reims (3). Louvet dit avoir vu des lettres du même prélat qui suppriment, par les mêmes motifs, un past que l'abbaye de Saint-Simphorien était obligée de donner, tous les ans, aux mêmes chanoines, le jour de son patron (4). Quelle débauche, en 1205, à l'enterrement de Baudouin, comte de Guînes, il se fit dans l'abbaye d'Ardres (5). Un nombre infini de personnes de tout sexe et de tout état y accourut. Le past dura depuis la fin du jour jusqu'à minuit ; l'on y mangea et l'on y but à l'excès jusqu'à l'heure de l'inhumation : *ab horá vespertiná usque ad mediam noctem sub omni tecto à militibus et matronis, à Burgensibus et aliis personis cœnatur, et usque ad horam sepulturæ conviviis et potationibus vacatur*. Des abus semblables avaient obligé saint Ambroise d'interdire dans son église de Milan cette pratique, qui, par elle-même, était toute de charité (6).

CXXX.

LES PASTS DU JOUR NATAL D'UN SAINT, TOLÉRÉS PAR L'ÉGLISE.

Le past qui se faisait le jour natal d'un saint, comme celui que le comte Eric fonda en 877 dans l'église de Saint-Crépin-le-Grand, de Soissons, le jour de la fête de saint Crépin et saint Crépinien (7) ; les pasts que l'évêque de Beauvais et son chapitre étaient dans l'usage de temps immémorial, d'aller prendre dans l'abbaye de Saint-Lucien quatre fois l'année, savoir, aux deux fêtes de saint Lucien, le lendemain de Pâques et la veille de Noël ; le past qui se donnait le jour de la dédicace d'une église, ces pasts paraissent avoir eu une origine différente. *Le païen*, dit Peloutier (8), *regardant la divinité comme appaisée par le sacrifice qu'il venait de lui offrir, exprimait sa satisfaction et sa reconnaissance*

---

(1) Tobie, suprà.
(2) Louvet. Hist. du Beauv., t. I, p. 395.
(3) Preuv. part. 2, n.° ....
(4) Louvet, suprà, p. 538.
(5) Spicil. Acher. t. IX, p. 537. Chron. Andr.
(6) Augustin. confess., lib. VI, ch. 2. Epist. ejusd. 64.
(7) Preuve, part. 2, pag....
(8) Hist. des Celt., t. VIII, p. 80

en mangeant avec ses parents et ses amis, dans quelque endroit du temple, cette partie des victimes qui lui était rendue par les sacrificateurs. L'église toléra cet usage pour détourner insensiblement les païens de leurs usages superstitieux. Nous en trouvons la preuve dans la lettre que saint Grégoire-le-Grand écrivit à l'abbé Millet avant son départ pour l'Angleterre. Il lui dit de substituer quelques cérémonies religieuses aux festins solennels que les Anglais païens faisaient à leurs divinités, les jours de la dédicace et les fêtes des SS. Martyrs ; de dresser autour des églises qui avaient pris la place des temples du paganisme, des cabanes de branches d'arbres, pour y célébrer la solennité par des repas religieux, afin que les nouveaux convertis consacrant à Dieu ce qu'ils avaient coutume d'immoler au démon, et en leur laissant le plaisir de s'en repaître, comme d'un bienfait de l'auteur de tous dons, cette petite satisfaction extérieure servît à les amener plus facilement à la joie intérieure : *ut die dedicationis vel natalitiis sanctorum Martyrum, quorum illic reliquiæ ponuntur, tabernacula sibi circa easdem Ecclesias quæ ex fanis commutatæ sunt, de ramis arborum faciant, et religiosis conviviis solemnitatem celebrent. Nec diabolo jam animalia immolent, sed ad laudem Dei in esum suum animalia occidant, et donatori omnium de satietate suâ gratias referant: ut dum eis aliqua exteriùs gaudia reservantur, ad interiora gaudia consentire faciliùs valeant* (1). Telle fut l'institution des repas que l'on faisait en commun les jours des patrons, ce qui a donné lieu au proverbe : *de quel saint ?* Les désordres qui s'en sont suivis ont porté les princes et les évêques à les défendre. C'est ce qui fit abolir à Clermont, en Beauvoisis (2), au mois d'août 1347, le past qui se donnait aux prêtres et aux clercs le jour de la fête de saint Arnould. On dit qu'il s'y commettait des excès affreux.

CXXXI.

PARTERRE DE FLEURS ET DE VERDURE, FAIT SUR LES TOMBEAUX DES PERSONNES DISTINGUÉES.

Nous ne devons pas oublier quelques autres honneurs que l'on rendait aux tombeaux des personnes distinguées par leurs vertus ou par leur rang ; la coutume en existe encore à Beauvais. Il est d'usage aux jours solennels de dresser dans le sanctuaire de l'église cathédrale des parterres de fleurs et de verdure sur les tombes des évêques (3). Louvet (4) rapporte que la même cérémonie se pratiquait dans l'église de l'abbaye de Saint-Lucien sur les tombeaux de quelques évêques réputés

---

(1) Grég. Mag. Epist. Leq. Epist. 71. Append.
(2) Preuve, part. 1, n.°....
(3) Merc. de Fran., janv. 1733, p. 48.
(4) Hist. du Beauv., t. I, p. 391.

de sainte vie, avant qu'un grand-vicaire du cardinal de Châtillon les eût fait enlever pour en paver les cuisines de son Éminence; qu'entr'autres, il y en avait un d'airain percé de plusieurs trous dans lesquels on plaçait des bouquets de fleurs. Cet usage qui se pratique encore en plusieurs lieux de la province de Picardie, est plus ancien que le christianisme. Keckerman (1) nous apprend qu'on voyait écrit sur les anciens tombeaux :

> Sparge rosas, lector, vel candida lilia pone.

Les païens allaient tous les ans répandre des roses et des fleurs sur les tombeaux de leurs parents et de leurs amis, suivant ces vers de Tibulle (2) :

> Atqua aliquis senior, veteres veneratus amores,
> Annua constructo serta dabit tumulo.

On lit dans Suétone (3) qu'Auguste répandit des fleurs sur le tombeau du Grand Alexandre pour honorer sa mémoire, *floribus sparsis veneratus est;* que pendant longtemps quelques personnes ne manquaient pas deux fois l'année, au printemps et à l'été, d'orner de fleurs le tombeau de Néron (4). Entr'autres reproches que Cæcilius (5) fait aux chrétiens de son temps, c'est de ne point mettre des couronnes de fleurs sur les sépulcres, *coronis etiam sepulcris denegatis.* Mais cette coutume ne tarda pas à prendre parmi les chrétiens; car le poëte Prudence (6) en parle dans son hymne des funérailles :

> Nos tecta fovebimus ossa,
> Violis et fronde frequenti,
> Titulumque, et figida saxa
> Liquido spargemus odore.

Ainsi l'usage de répandre des fleurs sur les tombeaux des chrétiens vient aussi du paganisme.

CXXXII.

LOIS DES EMPEREURS CONSTANTIN ET LICINIUS EN FAVEUR DU CHRISTIANISME.

Revenons aux moyens dont la Providence divine s'est servi pour avancer sa ruine dans la Picardie. La loi de Constantin et de Licinius, de l'an 312 (7), doit

---

(1) Keckerm., Curs. Philosoph., disput. xxx, problem. 13, p. 249.
(2) Tibull., liv. 2, eleg. 4.
(3) Sueton. de August., cap. 18.
(4) Ibid., de Nerone., cap. 57.
(5) Minut. Felix, in Octavio.
(6) Prudent. Cathem. hymn. x, vers. 177.
(7) Mém. de l'Acad. des Inscript., t. xv, p. 90.

être regardée comme l'un des principaux, s'il est vrai, comme le dit Theodoret (1), que ces princes ordonnèrent que les temples fussent fermés et que l'on cessa de sacrifier aux idoles ; ou, selon Eusèbe (2), que Constantin porta une loi qui défendait d'offrir, dans les villes et dans les campagnes, les sacrifices abominables que l'on avait coutume d'y faire; de sorte que personne n'osait plus élever de statue aux dieux, ni immoler les victimes, ni tenter les divinations et les autres arts également vains. Ces expressions, sans doute, ne doivent pas être prises à la rigueur; mais il est certain que les églises de la Belgique s'accrurent considérablement dans l'espace des soixante années qui s'écoulèrent depuis la conversion de Constantin jusqu'à l'Empire de Gratien. La disette des monuments ecclésiastiques de ces temps obscurs nous empêche de faire connaître tous les saints évêques de notre province qui ont travaillé sans relâche à dissiper les ténèbres de l'idolâtrie. Ce sont eux, dit saint Léon (3), qui ont fait briller parmi nous les rayons de l'Evangile; et qui d'entêtés de l'erreur, vous ont rendus dociles à la vérité : oui, ce sont eux, qui, comme de vrais pasteurs, vous ont débarrassés de l'odieuse et affreuse superstition pour vous rendre dignes du royaume des cieux : *isti enim sunt viri, per quos tibi Evangelium Christi, Roma, resplenduit; et quœ eras magistra erroris, facta es discipula veritatis. Isti sunt patres tui, verique pastores, qui te regnis cœlestibus inserendam..... cruentá immanique superstitione purgaverunt.*

CXXXIII.

SAINT MARTIN PRÉDICATEUR DE LA FOI DANS LA PICARDIE.

Un autre moyen efficace que la Providence divine a employé, ce sont les cinq années de service militaire que saint Martin a faites dans la Belgique et peut-être aussi les années qui ont suivi immédiatement sa retraite. Il n'était encore que catéchumène, lorsqu'il rencontra à la porte d'Amiens un pauvre tout nud, au plus fort de l'hiver, qui était si rude cette année que plusieurs mouraient de froid (4). Il avait donné déjà à d'autres pauvres ce qu'il pouvait donner. Il ne lu restait que ses armes et son habit militaire. Il coupa en deux sa casaque, en donna la moitié au pauvre et se couvrit de l'autre comme il put. La nuit suivante, il crut entendre de la bouche de Jésus-Christ : *c'est Martin qui m'a revêtu de cet habit quoiqu'il ne soit encore que catéchumène.* Cette vision le porta à ne plus différer son baptême. Il le reçut en 332 ou 334, à l'âge de dix-huit

---

(1). Theodor., hist. ecclés,, l. v, c. 22.

(2) Euseb., de vit. Constant., l. 2, c. 44-45.

(3) S. Leo., serm. 1, in Nat. Apostol. Petr. et Pauli.

(4) Sulp. Sever., vit. S. Martini, ch. 2.

ans. Soit que saint Martin (1) eût quitté le service deux ans après, soit qu'il eût servi plusieurs années après comme semble l'insinuer Sulpice Sévère, il est certain qu'il n'était plus soldat que de nom, et qu'il était plus occupé des triomphes de Jésus-Christ que des victoires de l'empire. Comme l'idolâtrie proscrite des villes s'était réfugiée dans les villages, d'où vient le mot de païen, *paganus*, employé pour la première fois, dans une loi de 365, saint Martin s'attacha particulièrement à prêcher dans les campagnes, dont il peut être appelé proprement, dit M. de Tillemont, le prédicateur et l'apôtre. La force de ses discours, soutenue de la renommée de ses miracles, portait presque toujours les paysans à détruire de leurs propres mains leurs temples et leurs idoles. Si l'on juge du succès des prédications de saint Martin dans la seconde Belgique, par les monuments ecclésiastiques qui y ont été érigés en son honneur, cette province se trouvera avoir été une des plus distinguées, comme elle fut la première où il ait travaillé à détruire l'idolâtrie. C'est une chose étonnante que le temps de sa mort, qui a fait une époque célèbre en France, soit encore incertain ; les uns (2) la plaçant en 397, les autres (3) en 399, d'autres (4) enfin en 402.

CXXXIV.
SAINT VICTRICE PRÉDICATEUR DE L'ÉVANGILE DANS LE PAYS DES MORINS.

Vers le même temps saint Victrice, évêque de Rouen, alla dissiper les ténèbres de l'idolâtrie qui couvraient encore le vaste pays des Morins et des Nerviens. Saint Fuscien et saint Victoric avaient prêché déjà la foi dans ces deux contrées, mais saint Paulin, évêque de Nole (5), nous apprend qu'elle y avait soufflé bien faiblement : *afflatam levi spiritu in Nervicano littore terrâque Morinorum*. A peine ces nations indociles et intraitables eurent-elles été instruites par saint Victrice des vérités de l'Evangile, que leurs déserts couverts de bois et leurs côtes habitées par des brigands et des barbares, furent remplis d'églises et de monastères, qui retentissaient des louanges de la Divinité : *ità et nunc in terrâ Morinorum situ orbis extremâ..... gentium populi remotarum, qui sedebant in tenebris..... ortâ sibi per tuam sanctitatem à Domino luce gaudentes, corda aspera Christo intrante posuerunt..... Ubi quondam deserta sylvarum ac littorum pariter intuta advenæ barbari aut latrones incolæ frequentabant, nunc venerabiles et Angilici sanctorum chori urbes, oppida, insulas, silvas ecclesiis et monasteriis plebe numerosis,*

---

(1) Baillet, vies des SS., t. III, p. 131, in-fol.
(2) Ibid., p. 146.
(3) Sigeb. chron..
(4) Sulp. Sever., sup.. p. 492, not. 2, édit. 1665.
(5) Paulin. Nol., epist. 18, p. 100, édit. nov.

pace consoná celebrant. On croit que saint Augustin (1) a voulu parler de cet heureux évènement, en écrivant à Hesychius qu'il avait appris que l'église s'était déjà étendue dans l'Occident même jusqu'aux bords de l'Océan : *ad Oceani etiam littora in occidentalibus partibus ecclesiam pervenisse jam novimus.* Marlot (2) dit avoir lu dans les annales des Morins que saint Victrice, leur apôtre, avait détruit deux temples, entr'autres, dédiés au dieu Mars, l'un à Boulogne, l'autre à Térouanne, ou plutôt qu'il les avait fait servir au culte de la vraie religion en les consacrant à Dieu sous l'invocation du grand saint Martin. Saint Augustin (3), en effet, témoigne dans son premier livre contre Parmenion, qu'il a écrit vers l'an 400, qu'alors presque par toute la terre on renversait les temples, on brûlait les idoles, et qu'il était défendu par les lois impériales (4), sous peine de la vie, de sacrifier sur les autels des faux dieux.

CXXXV.

PROPAGATION DE L'ÉVANGILE RETARDÉE DANS NOTRE PROVINCE. POURQUOI ?

Comme le culte des dieux de Rome ne s'était introduit et soutenu dans nos provinces que par l'autorité civile, il y avait tout lieu de présumer qu'il y allait expirer sous les coups redoublés que le sacerdoce et l'empire ne cessaient de lui porter. Mais tout à coup l'ambition d'un homme en retarda la chute. Stilicon gouvernait l'empire d'Occident, sous le nom d'Honorius (5). Il avait projeté d'y élever son fils Eucher. Pour parvenir à ses fins, il appela un nombre prodigieux de barbares idolâtres, qui pénétrèrent les uns après les autres jusqu'au centre de nos plus belles provinces (6), *arsit regio Belgarum.* Reims, Amiens, Térouanne et plusieurs autres villes avec leur territoire furent la proie des Huns (7).

CXXXVI.

CONJECTURES TOUCHANT LE TEMPS DU MARTYRE DE SAINT JUST, DE SAINT DINOALD, DE SAINTE BENOITE, ETC., EN PICARDIE.

C'est peut-être dans ces temps de trouble où l'idolâtrie parut triompher de nouveau, que le jeune saint Just fut mis à mort dans un lieu du Beauvoisis qui porte aujourd'hui le nom du saint (8). Le nom de Rictius-Varus qui, disent ses

---

(1) S. Augustin. Epist. 80.
(2) Hist. métrop. Rem. t. I, p. 109.
(3) August., advers. Parment. l. 1, c. 9.
(4) Idem, advers. Faustin. lib. 13, c. 7.

(5) Oros., l. 7, c. 38.
(6) Salvian. lib. VII, de gubernat. dei.
(7) Hieron. opera., t. IV, p. 2. Epist. 91, p. 748.
(8) Preuv., p. 1.

— 288 —

actes remplis d'anachronismes, le fit mettre à mort, ne doit point en imposer; il se trouve de même dans ceux des saintes Elevare et Sponsare, dont nous parlerons bientôt. Il paraît que ce nom a été donné par les anciens hagiographes aux persécuteurs des chrétiens dont la cruauté égala celle du tyran Rictius-Varus. C'est peut-être dans le même temps que saint Dinoald ou Dineaut reçut la couronne du martyre près de Milly, bourg du même canton. On lit dans le martyrologe de saint Lucien, de Beauvais, au onzième jour du mois d'août : III.° *idus Augusti in castro milliaco depositio sancti Dinoaldi martyris.* C'est tout ce que l'on en sait : que douze vierges romaines, dit-on (on ne connaît que Benoite, Leobérie et Romaine), attirées par le bruit des glorieux combats de saint Quentin et de saint Lucien, se séparèrent en divers endroits de notre province. Benoite et Leobérie (1) allèrent à Laon, et de là à Origny-sur-Oise pour y prêcher la foi de Jésus-Christ ; *Benedicta..... genere patriaque Romani senatus exorta..... habebat secum decem virgines..... sancta Benedicta tandem cum quâdam collectaneâ et confamulâ suâ nomine Lioberia Laudunum venit... Ubi aliquantisper commorata..... significatum est ei indicio divinæ voluntatis adire Auriniacum locum super Isere flumen situm; ibique prædicationum Christi documentis viribus insistere cunctis.* Sainte Benoite y fut condamnée à avoir la tête tranchée. On conserve dans le trésor de l'abbaye d'Origny la hache qui a été l'instrument de son martyre. Nous ne voyons pas où le nouvel historien de Calais (2) a pris que sainte Benoite et sainte Romaine avaient été prêcher l'Evangile à Térouanne et à Boulogne. On n'en trouve rien dans M. de Tillemont au tome IV, page 540 qu'il a cité.

CONJECTURES TOU-CHANT CELUI DE SAINTE ELEVARE, DE SAINTE SPONSARE, DE SAINTE MÉROFLETTE, DE SAINTE MAXENCE, ETC.

Sainte Elevare et sainte Sponsare que l'on dit avoir été compagnes de sainte Macre et associées à son martyre, sous Rictius-Varus (3), *sanctæ Elevara et Sponsara, virgines et martyres, beatæ Macræ virginis sociæ... unâ cum ipsâ à Rictio-Varo martyrizatæ sunt,* quoique l'inscription trouvée au XI.° siècle dans leur châsse conservée dans l'abbaye de Saint-Riquier (4), porte seulement : *ista sunt corpora sanctarum virginum et martyrum Elevariæ et Sponsariæ quæ passæ sunt martyrium sub Rictio-Varo,* étaient, peut-être, du nombre de ces douze vierges, ainsi que sainte Protaise, vierge et martyre, dont le corps est conservé dans la cathédrale de Senlis; (5) sainte Méroflette, dont l'abbaye de Beaupré possédait autrefois la mâchoire et une côte déposées dans une châsse avec plusieurs autres reliques qui étaient étiquetées. L'étiquette des reliques de la sainte était conçue en

---

(1) Vit. MS., Sæc. XII, in bibl. S. Eligii Noviom.
(2) Lefebvre. Hist. de Calais, t. I, p. 232.
(3) Spicil. Acher., t. IV, p. 536.
(4) Chron. MS. sancti Ricarii.
(5) Martyrol. univers., p. 247.

ces termes: *de maxilla et costa sanctæ Meroflettæ virginis et martyris quæ in pago Belvacensi a proprio sponso decollata a beato Evrardo* (Evurtio) *Aurelianensi, episcopo sepulta est in villa quæ dicitur Rovre*, et sainte Maxence : xii *calendas decembris in territorio Bellovacensi natalis sanctæ Maxentiæ virginis et martyris.* On fait celle-ci disciple de saint Patrice, l'apôtre d'Irlande; *mais ses actes*, dit M. Baillet (1), *ont été tellement obscurcis par les fables qu'on en est réduit à ignorer tout ce qui la regarde, ou à douter de tout ce qu'on nous en a dit.* En effet, le prince Maxent, un des principaux acteurs de la pièce, ferait presque croire qu'elle eut la tête tranchée sous le tyran Maxence. Nous ignorons ce qu'étaient *Barbentius, Erosabeia* (2) qui partagèrent avec elle la gloire du martyre, près la ville de Pont-Saint-Maxence, au diocèse de Beauvais. Louvet conjecture que sainte Eusebie, dont nous avons fait *Eusvie*, à laquelle nous devons la découverte du corps de saint Quentin, était une des compagnes de sainte Benoite (3). Nous pensons qu'on pourrait bien en dire autant de sainte Maure et de sainte Brigide, que l'on fait venir d'Ecosse avec Hispadius, leur frère (4), auxquels on joint ensuite Ursicinus, Aldegonde, Jean, Victor, Johel et Gerontius, tous martyrisés à Bas-Lagny, en Beauvoisis. Ces différents martyrs n'étaient peut-être que des solitaires et des vierges consacrés au Seigneur, que les Barbares allaient chercher dans le fond de leur retraite.

CXXXVII.

LE TYRAN CONSTANTIN CONFIRME LES CONSTITUTIONS DE SES PRÉDÉCESSEURS CONTRE LE PAGANISME.

Le tyran Constantin qui avait été élu empereur dans la Grande-Bretagne en 407 (5), et s'était fait reconnaître depuis Boulogne jusqu'aux Alpes, défit une partie de ces Barbares. Stilicon, l'auteur des malheurs des Gaules, fut mis à mort avec plusieurs de ses complices en 408, et Constantin, pour abaisser de plus en plus les païens, confirma, le 25 de novembre (6) toutes les constitutions qui avaient été données jusqu'alors contre le paganisme, celle d'Honorius (7), entr'autres, du 15 du même mois de l'année précédente, qui ordonnait que tout le revenu des temples fût employé à d'autres usages qu'à ceux du paganisme; que toutes

---

(1) Baillet, vies des SS., 20 nov., p. 340, in-fol.

(2) Louvet. Hist. de Beauvais, p. 206 et suiv., édit. 1614.

(3) Ibid., t. i, p. 473.

(4) Ibid., p. 208 et suiv.

(5) Greg. Turon., l. ii, c. 9.

(6) Cod. Théod., de hæret.

(7) Ibid., de pagan. templ.

les cérémonies profanes fussent prohibées. Il est statué par une autre de l'année 408 (1), que tous les lieux que la superstition avait consacrés seraient réunis au domaine après en avoir renversé les autels et les statues : *œdificia templorum ad usum publicum vindicentur, aræ locis omnibus destruantur.*

CXXXVIII.
SAINT FIRMIN, CONFESSEUR, ACHÈVE LA CONVERSION DES AMIÉNOIS ET TRAVAILLE A CELLE DES MORINS.

Comment au milieu de tant de troubles, d'agitations, de ravages, de cruautés, les lois des empereurs contre l'idolâtrie pouvaient-elles être exécutées? Comment les évêques pouvaient-ils en sécurité parcourir les campagnes pour instruire les peuples? Il se rencontra cependant des hommes vraiment apostoliques, que la grâce de Jésus-Christ rendait supérieurs à tous les obstacles, qui surent profiter de quelques intervalles pour travailler à déraciner dans leurs diocèses les restes du paganisme. Tel fut saint Firmin, confesseur, évêque d'Amiens. Plein du feu de la charité (2), il allait de ville en ville, de bourg en bourg, depuis l'extrémité du pays des Morins jusqu'au pays de Caux, portant la lumière de l'Evangile aux peuples féroces et barbares qui habitaient les côtes de l'Océan. Il en convertit la plus grande partie, détruisit leurs temples, renversa leurs idoles : *pastoris curâ sollicitus lustrabat urbes et municipia sibi commissa : quem Morinenses, Pontinenses (Pontivenses), Vinniacenses (Vimmacenses), Talaonenses quoque atque Caldenses et Barbari quique circa maris littora degentes, primùm cum hostili animo et perversa mente susceperunt; postmodum cùm paulatim verbum Dei insinuare cœpisset pars maxima trucis et barbari populi, relictis idolis, Christo subjecta est. Sicque fana eorum nonnulla destruxit, idola quoque diversi generis, ubicumque invenit, funditùs subruit.* Il est indubitable que la capitale de son diocèse avait tiré de plus grands fruits encore de son zèle apostolique. Les Amiénois déclarent, en effet, sur la fin du XI.ᵉ siècle, que leur ville était redevable au saint prélat d'avoir été délivrée de l'esclavage du démon et régénérée dans les eaux salutaires du baptême : *dum primitus hanc urbem à cultu dæmoniacæ servitutis erueret, et per salutis lavacrum.... uni viro Christo copularet.* Ce témoignage est consigné dans une charte donnée, en 1085, par l'évêque Roricon, en faveur de l'abbaye de Saint-Acheul (3).

(1) Ibid., t. VI, p. 288.
(2) Bolland., act. SS., t. I, septemb., p. 179, n.° 9.
(3) Gall. Christ., t. X, c. 293, instr.

CXXXIX.

LES SOISSONNOIS REPLONGÉS DANS LE PAGANISME SONT DOCILES A LA VOIX DE SAINT ONÉSIME, LEUR ÉVÈQUE.

Les ravages des Barbares avaient tellement retardé le progrès du christianisme dans le Soissonnois, qu'à l'avènement de saint Onésime à l'épiscopat, l'idolâtrie semblait y dominer presque seule : *adhuc vana gentilium superstitionis secta tota sibi penè vendicaverat Suessonum confinia* (1). On eût dit que cette église, qui avait été fondée depuis plus d'un siècle, fût encore dans sa tendre enfance : *tenera nascentis ecclesia pullabat infantia* (2). Les travaux immenses du saint prélat, ses vertus et ses miracles éclatants changèrent entièrement la face de ce diocèse. On y renversa les autels et les temples des faux dieux : *funditus evertunt falsorum aras Deorum... ubique destruuntur Paganorum delubra*. Le paganisme qui ne peut se soutenir sans des objets sensibles périssait avec ses idoles. Les idolâtres couraient en foule à l'église pour y recevoir le caractère du christianisme : *ad ecclesiæ baptisma gregatim confluit credentium turba* ; et l'on peut dire que les eaux du baptême, plus fécondes que celles du Nil, inondaient ce canton et préparaient pour le ciel une abondante récolte. Ainsi l'église de Soissons, à la mort de saint Onésime, avait acquis toute la vigueur de l'adolescence.

CXL.

SAINT GERMAIN D'AUXERRE CONTRIBUE A LA CONVERSION D'UNE PARTIE DE LA PICARDIE.

Vers le même temps (3), c'est-à-dire en 429, saint Germain d'Auxerre, que l'on pourrait nommer le second apôtre des Gaules après saint Martin, à cause du grand nombre de conversions que Dieu opéra par son ministère, fut envoyé dans la Grande-Bretagne par les évêques des Gaules avec saint Loup de Troyes, pour combattre l'hérésie que Pelage et Célestius y avaient portée. Ils traversèrent le pays des Bellovaces, des Amiénois et des Morins jusqu'à Boulogne où ils s'embarquèrent (4). Seize ou dix-sept ans après, c'est-à-dire en 446 ou 447, informé que la même hérésie faisait de nouveaux progrès dans ce royaume, Germain y retourna avec Sévère, évêque de Trèves. Le prêtre Constance qui a écrit les actes

---

(1) Bolland., act. SS., 13 maii, p. 204, n.° 2.
(2) Ibid., n.° 3.
(3) Ibid., prima Julii, p. 213, n.° 23.
(4) Ibid., p. 212, n.° 22.

du saint peu de temps après sa mort nous apprend (1) que partout où il passait, les cités, les bourgs, les villages accouraient en foule par respect pour lui, plantaient des croix (2) ou dressaient des chapelles sur les chemins où il s'était arrêté, soit pour prêcher, soit pour prier. Il est à présumer par le grand nombre d'églises dédiées dans la Picardie à saint Germain qu'on l'y regardait comme un autre saint Martin.

CXLI.

SAINT GERMAIN, ÉVÊQUE RÉGIONNAIRE, PRÈCHE LA FOI SUR LES CONFINS DU DIOCÈSE D'AMIENS ET DE ROUEN.

Quelques années après, un évêque régionnaire du même nom (3), qui avait été baptisé en Angleterre par saint Germain d'Auxerre, après avoir prêché l'Evangile dans les diocèses de Bayeux et de Rouen, vint exercer son zèle apostolique contre le paganisme qui régnait sur les confins du diocèse d'Amiens (4). Tandis qu'il prêchait entre Aumâle et Senarpont, il fut rencontré par un certain Hubolt, grand fauteur de la religion que Germain attaquait, près d'une église dédiée à la Vierge, sur le bord de la rivière d'Eu, aujourd'hui la Bresle. Il était au milieu d'une foule de peuple qu'il instruisait: *populisque affluentibus undique... insistebat verbo divinæ doctrinæ, vallatus populi multitudine*. La fureur s'empare d'Hubolt, il se jette sur le saint et lui abat la tête vers l'an 480. Le seigneur de Senarpont (5) fit inhumer son corps et ensuite bâtir une église autour de laquelle s'est formé un village qui a conservé jusqu'aujourd'hui le nom de Saint-Germain-sur-Bresle. La ville d'Amiens a érigé à la mémoire du saint martyr un monument semblable qui est desservi par des chanoines réguliers de Prémontré.

CXLII.

LE BOULEVERSEMENT DE L'EMPIRE ROMAIN CONTRIBUE A LA CONVERSION DES IDOLATRES.

Ainsi les désordres que l'invasion des Barbares avait produits ne purent mettre le moindre obstacle à la toute puissance de Dieu. La divine Providence dont les vues sont infiniment supérieures aux desseins des hommes sut même tirer de grands avantages du bouleversement de l'Empire Romain pour faire rentrer une

---

(1) Ibid., p. 212, n.° 55.
(2) Ibid., p. 217, n.° 64.
(3) Ibid., 2 maii, p. 262, n.° 5.

(4) Ibid., p. 268, n.° 24.
(5) Ibid., n.° 25.

infinité de païens dans la voie du salut: *si ob hoc solum barbari Romanis finibus immissi forent, quod vulgò per orientem et occidentem ecclesiœ Christi Hunnis, Suevis, Vandalis et Burgundionibus, diversisque et innumeris credentium populis replentur, laudenda Dei misericordia* (1). Les prédications continuelles des évêques et le zèle des saints ecclésiastiques réduisirent le paganisme aux abois. Le temps dissipait peu à peu les préventions les plus obstinées. La superstition était forcée de se réfugier dans des cantons couverts de bois ou inaccessibles par les montagnes. En un mot tout semblait conspirer à la ruine du paganisme dans notre province, lorsque tout-à-coup les conquêtes des Francs, peuples grossièrement idolâtres (2), dont les objets du culte étaient les eaux, les bois, les astres, les oiseaux, *hœc generatio fanaticis semper cultibus visa est obsequium prœbuisse, nec prorsùs agnovere Deum: sibique silvarum atque aquarum, avium, bestiarum que, et aliorum quoque elementorum finxere formas, ipsasque ut Deum colere, eisque sacrificia delibasse consueti*; semblèrent faire évanouir les espérances et donner lieu de craindre de la voir replonger dans ses anciennes erreurs.

CXLIII.

LES FRANCS FAVORABLES AU CHRISTIANISME. MÉRITE DES PRÉLATS D'ALORS.

Les Francs, depuis plus d'un siècle, avaient fait plusieurs tentatives pour prendre des établissements dans les Gaules; mais, suivant toutes les apparences, leurs succès, à la mort de Childéric, n'avaient point été poussés beaucoup au-delà de la Somme. Clovis, soit qu'il fût plus grand capitaine que ses prédécesseurs, soit qu'il fût plus habile politique, parvint en peu d'années à s'emparer de la plus grande partie des Gaules. Plus instruit, après la conquête des Etats de Siagrius qui résidait à Soissons, des dispositions favorables des Gaulois à son égard, il se persuada que la nation presque toute chrétienne, ne pourrait se soumettre qu'à regret à un prince idolâtre, si les évêques ne commençaient par en donner l'exemple; car l'autorité des prélats (3) s'était accrue, sur le déclin de l'Empire, au point qu'ils tenaient le premier rang dans le sénat des villes et y présidaient, sinon en qualité de premiers citoyens, du moins comme chefs de la religion. D'ailleurs, la plupart d'entr'eux ajoutaient à la dignité le crédit qui s'acquiert par un mérite personnel éminent et universellement reconnu. En effet, l'église gallicane en particulier a fourni à la religion dans les v.[e] et vi.[e] siècles plus de saints prélats qu'elle ne lui en a donné durant tous les

---

(1) Oros., l. 7., ch. 41.
(2) Greg. Turon., p. 167.

(3) Du Bos., hist. de la Monarch. franç., t. i, p. 221.

autres siècles mis ensemble; on n'en doit pas être surpris. Les premiers pasteurs étaient choisis par leurs ouailles. Plus les temps étaient difficiles, plus les diocésains étaient attentifs à n'élire pour leur évêque qu'une personne du premier mérite. Clovis crut donc qu'il était important pour lui de mettre dans ses intérêts des hommes qui avaient un tel crédit dans l'esprit des peuples. Il commença par montrer du respect pour la religion chrétienne. On en voit la preuve par l'exemple de sévérité qu'il donna à l'occasion du vase qui avait été enlevé dans l'église de Reims. Ensuite il témoigna aux évêques toutes sortes de déférence (1): Vous devez, lui disait le plus illustre des prélats de son temps, rendre honneur aux évêques et avoir toujours recours à leurs conseils. Si vous êtes en bonne intelligence avec eux, votre Gouvernement en retirera un plus grand avantage: *sacerdotibus tuis honorem debebis deferre, et ad eorum consilia semper recurrere. Quòd si tibi bene cum illis convenerit, provincia tua melius potest constare.* Voilà comment saint Remy, doué de toutes les qualités qui font le grand homme et de cette sainteté qui sait captiver les esprits les plus barbares, s'insinuait insensiblement dans la confiance de Clovis et des Francs, tandis que la reine Clotilde, élevée dans la religion chrétienne, ne cessait d'exhorter son mari à reconnaître la vanité de ses idoles.

CXLIV.

BAPTÊME DE CLOVIS ET DE PLUSIEURS MILLIERS DE FRANCS A REIMS.

La sagesse éternelle préparait ainsi le salut de la nation, lorsqu'il se donna en 496 une bataille sanglante entre les Francs et les Allemands joints aux Suèves, leurs alliés (2). L'armée des Francs pliait de toute part et allait être taillée en pièces. Clovis invoqua le Dieu de Clotilde. L'armée ennemie plia aussitôt et fut totalement défaite. Clovis victorieux et plein de reconnaissance effectua, peu de temps après, le vœu qu'il avait fait de recevoir le baptême s'il remportait la victoire. Il se rendit à Reims. Saint Remy lui administra le sacrement la veille de Noël 496, ainsi qu'à plus de trois mille hommes de son armée sans compter les femmes et les enfants. L'église recueillit bientôt les fruits les plus précieux du zèle de Clovis; car peu de temps après sa conversion il publia un édit (3), pour inviter tous les idolâtres de sa nation et de son royaume à embrasser la religion chrétienne. C'est sans doute ce qui a porté saint Remy à lui donner dans

(1) Bouquet, Rer. franc. scrip., t. IV, p. 51.   (3) Sigeb., chron.
(2) Greg. Tur., l. 11, c. 30,

sa lettre aux évêques de Paris, de Sens et d'Auxerre (1), les qualités de défenseur et de prédicateur de la foi: *qui erat non solum prædicator fidei catholicæ sed defensor.*

CXLV.
ZÈLE DE SAINT REMY CONTRE L'IDOLATRIE.

La conversion de Clovis et de la plus grande partie de ses sujets dut procurer nécessairement à saint Remy une plus grande liberté de travailler à détruire l'idolâtrie. Dieu lui avait donné une vertu particulière pour cette grande œuvre et y avait joint, pour l'avancer plus promptement, le don des miracles. *Dieu qui les opère*, dit Dom Rivet (2), *pour le bien de son Eglise, eut alors une occasion particulière de les multiplier dans nos Provinces. L'église Gallicane se trouvoit environnée de peuples barbares, presque tous ou Payens ou hérétiques. Leur rusticité et leur barbarie, les rendoient peu susceptibles d'instruction et de respect pour les choses Saintes. Il falloit dans les desseins que Dieu avoit de les appeler à la foi catholique, quelque chose qui les prît par les sens. Il choisit donc les miracles comme le moïen le plus propre pour faire sur ces peuples une salutaire impression.* Avec de tels secours, saint Remy (3) renversait partout les autels consacrés aux idoles et établissait la religion chrétienne à la place du paganisme: *providente Domino ecclesiæ suæ, et inspirante pro salute totius gentis cor Domini Remigii, qui ubique altaria destruebat Idolorum, et veram fidem potenter cum multitudine signorum amplificabat.*

CXLVI.
OBSTACLES A LA DESTRUCTION DU PAGANISME DE LA PART DE RAGNACAIRE ET DE REINIER.

Il subsista néanmoins durant presque tout le règne de Clovis des obstacles à la destruction entière du paganisme dans la seconde Belgique. Ce prince n'avait pas une puissance immédiate sur tous les Francs (4). Ragnacaire gouvernait au-delà de la Somme une tribu de Francs fort nombreuse, dont Cambrai était la capitale (5). Il avait un frère nommé Reinier, qui, sans doute, avait aussi ses Etats. Peut-être était-il roi d'Arras. Ragnacaire était adonné aux plus infâmes débauches et fort entêté des rêveries du paganisme qui les canonise. Il

(1) Bouquet, supr., t. iv, p. 52.
(2) Hist. littér., t. iii, p. 3.
(3) Spicil., t. v, p. 110.
(4) Flod., hist. ecclés. Rem., c. 15.
(5) Greg. Turon., l. 2, c. 41.

semble que les idolâtres les plus obstinés de l'armée de Clovis profitèrent de l'attachement de ce petit souverain au culte de leurs ancêtres pour porter dans les forêts dont le pays était couvert alors, les tristes débris du paganisme ; en effet, les Français ne firent paraître nulle part autant d'opiniâtreté pour leurs superstitions que dans nos provinces septentrionales.

CXLVII.
SAINT VAST COOPÉRATEUR DE SAINT REMY.

Saint Vast, catéchiste de Clovis (1), ami particulier de saint Remy à cause de sa sainteté et de son zèle pour la conversion des païens, fut jugé très propre à gagner les Français qui étaient encore attachés à la fausse religion. Voici un trait entr'autres qui justifie la bonne opinion qu'on eut de lui (2). Le roi avait été invité à manger chez un seigneur français idolâtre des environs de Soissons. On servit au repas des cruches remplies de cervoises. Il y en avait de particulières pour les chrétiens, d'autres pour les païens. Celles-ci avaient été consacrées par des cérémonies païennes, *gentili ritu sacrificata*. Saint Vast qui accompagnait Clovis brisa ces cruches d'un signe de croix et convertit le seigneur avec un grand nombre de convives. Saint Vast fut sacré évêque. Nous n'oserions assurer qu'il eût été destiné d'abord pour le pays des Attrebates ; car on le voit exercer son zèle dans toute l'étendue de la province ecclésiastique de Reims. Aussi M. Baillet (3) le nomme-t-il l'apôtre du royaume de Clovis avec saint Remy. D'ailleurs le grand nombre d'églises dédiées à saint Vast dans la Picardie doit faire présumer qu'il y a exercé plusieurs années de suite le ministère apostolique, en qualité sans doute de coadjuteur de saint Remy. Au reste saint Vast a rétabli la foi dans l'Artois et le Cambrésis. Il avait son siége à Arras ; mais il est vraisemblable qu'il n'en prit possession qu'après que Clovis eut mis à mort en 509 Ragnacaire et Reinier (4) et peut-être même qu'après l'année 511, car le nom de saint Vast ne se trouve point avec ceux des évêques de la province de Reims qui ont souscrit la même année au concile d'Orléans.

CXLVIII.
AUTRES OBSTACLES DE LA PART DE CARARIC.

D'un autre côté Cararic, chef des Francs qui habitaient le pays des Morins (5),

---

(1) Coint. annal. franc., t. 1, p. 209-278.
(2) Boll., act. SS., 1.er févr., p. 792, n.° 6.
(3) Vies des SS., 6 févr., col. 88.
(4) Greg. Turon , supr., Flod., l. 1, c. 13.
(5) Malbranq. de Morin., t. 1, p. 192.

était aussi entêté du paganisme que Ragnacaire son voisin ; et les naturels du pays étaient tellement retombés dans l'idolâtrie qu'à peine voyait-on chez eux quelques faibles rayons de la lumière évangélique que saint Victorice et saint Firmin, confesseur, y avaient portée. Ainsi durant les trois années qui suivirent le baptême de Clovis, il ne fut pas possible à saint Antimond que saint Remy avait ordonné évêque de Térouanne, d'obtenir la permission d'entrer dans le pays pour y exercer les fonctions épiscopales. Néanmoins, Cararic et son fils, dit-on, embrassèrent le christianisme, mais cela n'empêcha pas que l'un et l'autre n'eussent le même sort que le roi de Cambrai. Clovis le prit par adresse (1), il força le père de prendre la prêtrise et le fils le diaconat ; sur une parole de menace de la part de celui-ci, le roi les fit mettre à mort, s'empara de leurs trésors et de leur Etat. Ces usurpations firent donc, dans les desseins de Dieu, le même effet proportionnellement que les conquêtes injustes des Romains. Dieu avait soumis à la domination romaine une très-grande étendue de pays pour y faire pénétrer les lumières de la foi : il usa de la même voie pour faciliter la propagation de l'Evangile parmi toutes les tribus françaises.

CXLIX.
SAINT REMY ÉTABLIT UN ÉVÊQUE A LAON POUR TRAVAILLER A LA CONVERSION DES HABITANTS DE LA TIÉRACHE.

Un grand nombre de Francs étaient répandus dans les forêts de la Tiérache et du Laonnois. Saint Remy (2), dans la vue de procurer plus aisément leur conversion, établit à Laon un siége épiscopal qu'il dota des biens de son église et des libéralités de Clovis. Il y avait pour premier évêque Génebaud, qui avait épousé sa nièce, mais qui s'était séparé de sa femme pour vivre en continence. Comme il joignait à un grand zèle beaucoup de lumières, il fit de grands fruits durant les premières années de son épiscopat. Une circonstance aussi humiliante pour Génebaud qu'affligeante pour saint Remy, obligea le saint évêque de Reims de se charger lui-même pendant sept ans du soin de cette église naissante. Il s'y rendait tous les quinze jours, donnant un dimanche à l'église de Reims et l'autre à celle de Laon. Celle-ci honore un saint prêtre nommé Béat, qui, suivant ses actes MS. (3) et le bréviaire de Laon, passa dans la seconde Belgique en qualité de missionnaire, alla à Laon où il se cacha dans une crypte, pour y être plus en sûreté pendant la persécution : *Laudunum divertit, porro venerabilis*

---

(1) Greg. Turon., l. 2, c. 41. (3) Marlot, Métrop. Rem., t. I, p. 60.
(2) Flod., l. 1, c. 14.

Pater secretiùs ut delitesceret, superno ductu cryptam ingressus est. En supposant la vérité de ce récit, saint Béat est un des premiers apôtres du Laonnois. Une chose surprenante, c'est que saint Remy, saint Génebaut et autres saints prélats qui ont gouverné l'église de Laon, tous pleins de zèle pour l'extinction du paganisme, n'aient pu venir à bout de détruire dans cette ville un acte d'idolâtrie, qui, selon la vie de sainte Salaberge, y exista jusqu'au commencement du vii.ᵉ siècle. Il n'est pas aisé de spécifier ce que c'était, parce que l'auteur de cette vie ne s'exprime pas clairement; mais on peut conjecturer qu'il consistait à baptiser une figure représentant l'idolâtrie, et que cette cérémonie qui n'était qu'en manière de jeu, se terminait presque toujours par effusion de sang : *nam sub specie baptismatis idolatriœ..... idolum vocitabant, velut a ludo incipientes..... plerumque homicidia perpetrabantur* (1).

CL.

SAINT PRINCIPE, COOPÉRATEUR DE SAINT REMY, A SOISSONS.

Saint Remy eut pour coopérateur à Soissons saint Principe, son frère, auquel Sidoine Apollinaire (2) adressa deux lettres. Dans la première qui paraît avoir été écrite entre 472 et 482, Sidoine loue beaucoup l'intégrité des mœurs de saint Remy et de saint Principe dans l'épiscopat.

CLI.

LOIS DES ENFANTS DE CLOVIS ET DES CONCILES CONTRE LE PAGANISME.

Clovis étant mort en 511, ses enfants travaillèrent de concert à la ruine du paganisme. De là tant de lois ecclésiastiques et civiles données dans le courant du vi.ᵉ siècle contre les restes de l'idolâtrie. Le concile d'Orléans de l'an 533 (3) excommunie ceux qui retournent à l'idolâtrie ou qui participent aux viandes immolées aux idoles. Celui de 541 (4) tenu dans la même ville, confirme le même canon. Il ajoute (5) que ceux qui, suivant la coutume des païens, juraient sur la tête ou les entrailles d'un animal en invoquant des noms païens, encourraient la même peine, s'ils ne se corrigeaient après en avoir été repris. Un très ancien code pénitenciel nous apprend (6) que ceux qui avaient consulté les augures étaient mis en pénitence au pain et à l'eau pendant trois ans, et les

---

(1) Act. SS. Bened. sæcul. 2. p. 428, n.º 15.
(2) Sidon. Apoll., l. 8, épist. 14, — l. 9, épist. 8.
(3) Concil. Labb., t. iv, col. 1782, can. 20.
(4) Ibid., t. v, col. 384, can. 15.
(5) Ibid., can. 16.
(6) Marten., de antiq. eccl. ritib., t. i, col. 787, n.º 22.

devins pendant cinq ans (1), dont trois seulement au pain et à l'eau ; que ceux qui pratiquaient ce qu'on nomme le sort des saints (2) subiraient la même pénitence pendant quatre ans; que ceux qui offriraient des vœux aux fontaines (3), aux *cancelli* (espèce de petits temples érigés dans les campagnes), aux arbres et partout ailleurs que dans l'église, feraient une pénitence pendant le même espace de temps, parce que, dit-il, c'est un sacrilége; enfin, que ceux qui auraient mangé ou bu dans ce lieu seraient en pénitence au pain et à l'eau pendant un an. Il était bien difficile de substituer à des préjugés que l'éducation avait consacrés, une créance sans appas.

Ces lois pouvaient être suffisantes pour contenir ceux qui avaient du respect pour l'église et pour les Gaulois romains, parce que les lois romaines ou plutôt le code Théodosien décernait des peines contre les idolâtres, mais les païens barbares n'avaient encore aucune loi civile qui leur défendît les superstitions, c'est ce qui détermina le roi Childebert, sur les plaintes qui lui avaient été portées que plusieurs méprisaient les remontrances de leurs supérieurs ecclésiastiques et s'opposaient même lorsqu'ils voulaient détruire quelqu'objet du culte superstitieux, à adresser une constitution en 553 (4) aux évêques et au peuple de son obéissance, qui comprenait les Beauvaisins, les Sylvanectes et les Amiénois en partie. Cette constitution, si elle eût été observée strictement, devait porter le dernier coup au paganisme. *Qui que ce soit*, dit le Prince, *qui ne détruira pas aussitôt qu'il en aura été requis, les idoles ou autres objets du culte idolâtrique qui se trouveraient dans ses terres, ou s'opposera aux ecclésiastiques qui se mettraient en devoir de les détruire, qu'il promette avec caution de se présenter devant nous pour y rendre compte de sa conduite. On nous a porté des plaintes que quelques-uns de nos sujets passent à boire ou à chanter, ou à d'autres divertissements défendus, même les nuits des fêtes de Pâques, de Noël, des dimanches et autres solennités; et que dans ces jours sacrés, des danseuses parcourent les villages pour se donner en spectacle : nous défendons qu'à l'avenir l'on commette de pareils sacriléges. Quiconque, après la publication de la présente et après en avoir été repris par les supérieurs ecclésiastiques tombera dans de tels excès, si c'est un serf, nous voulons qu'il soit puni de cent coups de fouet; si c'est une personne libre, fût-elle d'un rang distingué, nous ordonnons qu'elle soit renfermée dans une étroite prison. Il faut, puisque de tels gens ne tiennent aucun compte des exhortations salutaires qui les pourraient retirer du péril de la mort éternelle,*

DE CHILDEBERT.

---

(1) Marten., de antiq. eccl. ritib., t. I, col. 787, n.° 23.
(2) Ibid., n.° 26.
(3) Ibid., n.° 27.
(4) Balus. cap. reg., t. I, p. 6.

<small>DE CLOTAIRE. ZÈLE DE LA REINE SAINTE RADEGONDE POUR LA CONVERSION DES PEUPLES DE NOTRE PROVINCE.</small>

qu'ils soient au moins forcés par des punitions corporelles de penser au salut de leurs âmes.

Clotaire, roi de Soissons, c'est-à-dire de la plus grande partie de la deuxième Belgique, protégea de son côté le christianisme qui faisait tous les jours de nouveaux progrès par le zèle des évêques d'Amiens, de Senlis, de Soissons et des Vermandois. Saint Loup de Soissons, Edèbe d'Amiens, Sophrone de Vermand et Livain de Senlis, assistèrent au concile d'Orléans de l'an 511, qui défend de donner la communion aux clercs, aux moines et aux séculiers qui croyaient encore à la divination, aux augures et aux sorts des saints (1). D'un autre côté la reine sainte Radegonde travaillait, autant qu'il était en elle, à la destruction du paganisme. Ayant appris qu'il y avait près d'un lieu où elle passait (2), un temple où les Francs entretenaient encore le culte de leurs dieux, elle envoya ses domestiques y mettre le feu. Aussitôt les Francs s'armèrent d'épées et de bâtons; mais l'intrépidité de la reine triompha de leur fureur. Lorsqu'elle vit le tumulte, elle fit arrêter son cheval et ne bougea que le temple ne fût entièrement consumé : *fanum quod à Francis colebatur, in itinere beatæ Reginæ... erat. Hoc illa audiens, jussit famulis fanum igni comburi. Hoc audientes Franci.... cum gladiis et fustibus vel omni fremitu diabolico conabantur defendere; sancta verò Regina immobilis perseverans..... equum quem sedebat inantea non movit, antequam et fanum perureretur.* L'abbé Le Bœuf (3) pense que ce temple était dans les environs de Soissons.

CLII.

ZÈLE DES SS. ÉVÊQUES ALOMER ET MÉDARD POUR LA CONVERSION DES VERMANDOIS.

On prétend qu'Alomer, évêque de Vermand, a institué dans sa capitale des écoles pour y instruire la jeunesse dans les vrais principes du christianisme (4). Fortunat (5) assure que saint Médard y fut élevé : *in qua urbe cum adolescens ad scholam recurreret*, avec saint Eleuthère qui fut dans la suite évêque de Tournai : *dicit* (Medardus) *ad Eleutherium quemdam parvulum comparem.... qui in Tornaco civitate Pastor est datus Ecclesiæ*. Saint Médard (6), après avoir instruit et édifié en qualité de simple prêtre pendant près de quarante ans l'église du Vermandois, succéda en la place d'Alomer vers l'an 530 (7). Il redoubla ses travaux

---

<small>(1) Concil. Labb., t. IV, col. 1409, can. 30.
(2) Act. SS. ord. S. Bened. sæc. 1, p. 327, n.º 2.
(3) Dissert. sur l'hist. de Paris, t. I, p. 208, not.
(4) Gall. christ., t. IX, col. 580.
(5) Spicil. Acher., t. VIII, p. 392.
(6) Ibid.,
(7) Ibid., p. 394, n.º 7.</small>

apostoliques dans une province où le christianisme avait encore des progrès à faire (1) : *quia et rudis christianœ legis cultus in his Galliarum partibus adhuc pubescebat et idolatriœ vana superstitio necdum ex toto obsoleverat.* Si l'on en croit Radbod (2), l'un de ses successeurs, le désastre où se trouvait réduite sa ville épiscopale depuis le ravage des Vandales et des Huns, et la crainte qu'il avait de la voir ensevelie de nouveau sous ses ruines par une seconde incursion, d'autant plus à craindre que cette ville était alors sans défense, le firent consentir à transférer l'année suivante son siége à Noyon, qui n'avait point encore éprouvé le même sort, *dolens itaque vir beatus civitatis illius Viromandensis quam regendam susceperat jam factam desolationem, veritusque iterandam paganorum irruptionem, Noviomum, quem munitiorem prœnominavimus, sano satis concilio, sedem constituit episcopalem.* Il fit plus; saint Eleuthère de Tournai (3), son ami, étant mort en 582, il se chargea d'achever la conversion des peuples de ce diocèse, malgré son grand âge et les difficultés sans nombre qu'il devait s'attendre à essuyer de la part d'un peuple féroce et indomptable, attaché opiniâtrement au culte de ses dieux, tel enfin que Radbod nous le dépeint. Après quinze années de peines et de fatigues, il eut cependant la consolation de voir cette nation barbare convertie, et l'église de Tournai réunie à celle de Noyon, dont elle ne fut séparée qu'en 1146 : *sic que factum est ut parvo tempore innumerabilis eorum multitudo ad fidem catholicam converteretur..... Sanctus pontifex Medardus ferocem illam Flandrensium gentem suœ Noviomensi ecclesiœ associavit.* Ne doit-on pas juger de là, que, si la destruction du paganisme dans le Vermandois ne fut pas encore parfaite, du moins était-elle fort avancée à la mort de saint Médard, qui arriva en 546 ou 547.

CLIII.

ZÈLE DE FAUSTIN, SUCCESSEUR DE SAINT MÉDARD.

On donne pour successeur à saint Médard un nommé Faustin (4), qui semble n'avoir pas eu moins de zèle que lui contre les pratiques superstitieuses. Son sermon sur les Calendes de janvier (5), que quelques uns ont attribué à saint Augustin, en est une preuve. Il y reprend vivement ceux qui, dans les premiers jours de janvier, se transformaient en bêtes, soit en prenant des têtes d'animaux, soit en se couvrant de leurs peaux : *alii vestiuntur pellibus pecudum, alii assu-*

---

(1) Spicil. Acher., t. vIII, p. 398.
(2) Boll., act. SS., 8 jun., p. 90, n.° 16.
(3) Ibid., n.°ˢ 18 et 19, et p. 91, n.° 20.

(4) Coint., Annal. franç., t. I, p. 695.
(5) Boll., act., SS. 1 januar., p. 3, col. 2, n.° 3.

munt capita bestiarum; les hommes qui ne rougissaient pas de se déguiser en femmes, *non erubescentes inserere tunicis muliebribus militares lacertos* (1). Il donne à entendre que ces abominations avaient été bannies heureusement de sa capitale : *et quia Deus placatus vobis inspirare dignatus est, ut pro amore fidei ista miserabilis consuetudo de hac civitate ad integrum tolleretur* (2). Mais il restait quelques superstitions telles que de ne point donner de feu, ni quoique ce soit le jour des Calendes de janvier, de recevoir et de donner des étrennes, d'avoir toute la nuit des tables chargées de mets dans la persuasion que les Calendes de janvier pourraient contribuer à entretenir l'abondance pendant toute l'année. Cet usage était observé particulièrement dans les campagnes : *sunt enim qui in Kalendis Januariis ita auguria observant, ut focum de domo suâ vel aliud quodcumque beneficium cuicumque petenti non tribuant. Diabolicas etiam strenas et ab aliis accipiunt, et ipsi aliis offerunt. Aliqui etiam rustici mensulas suas in istâ nocte, quæ præteriit, plenas multis rebus, quæ ad manducandum sunt necessariæ componentes, totâ nocte sic compositas esse volunt, credentes quod hoc illis Kalendæ Januariæ præstare possunt, ut per totum annum convivia illorum in tali abundantiâ perseverent* (3). C'est ces folies qu'il a particulièrement en vue dans son sermon. Il y est fait mention du jeûne que l'église avait substitué aux débauches de ces jours de libertinage.

CLIV.

ZÈLE DE L'ÉVÊQUE SAINT BANDRID POUR LA CONVERSION DES SOISSONNOIS.

Saint Bandrid, évêque de Soissons, contemporain de saint Médard, ne parut pas moins ennemi des vieilles superstitions. Depuis l'année 538 environ qu'il était parvenu à l'épiscopat, le saint n'avait cessé d'instruire son peuple, autant par ses exemples que par ses paroles : *cœpit populum sibi commissum instruere sic ut quod docebat verbis, ipse prius in suis ostenderet exemplis* (4). Quelques mauvais chrétiens (5), offensés de ses succès et de ses libéralités envers les pauvres, le dépeignirent au roi Clotaire comme un dissipateur des biens de son église et portèrent le prince à l'exiler. Il passa sept ans en Angleterre, d'où il fut rappelé à la demande de son peuple (6) qui regardait les fléaux dont le ciel l'affligeait comme une marque sensible de la vengeance divine. Partout où il passa, le peuple courait en foule admirer ses vertus, l'entendre et se convertir : *sicque paulatim*

---

(1) Boll., act. SS. 1 januar., p. 3, col. 2, n.° 4.
(2) Ibid., n.° 5.
(3) Ibid., n.° 6.
(4) Ibid., 1. august.. col. 62, n.° 2.
(5) Ibid., col. 63, n.° 4, 5, 6, 7, 8, 9.
(6) Ibid., col. 67, n.° 17.

crescente numero fidelium, tam per divina monita scripturarum, quam etiam per sanctarum incitamenta virtutum. Il est bien surprenant que ce saint, avec tout son zèle contre l'idolâtrie, ait laissé exister au lieu où est bâtie aujourd'hui l'abbaye de Saint-Médard, un reste de paganisme tel que cette tête monstrueuse à double face dont parlent les actes de saint Médard (1). Il est plus surprenant encore que ses successeurs aient souffert qu'elle fût placée à la porte de l'église où elle est demeurée jusqu'aux incursions des Normands.

CLV.
ZÈLE DE SAINT BERCHOND POUR LA CONVERSION DES AMIÉNOIS. FRUIT DE SES RETRAITES DANS LE VIMEUX.

L'idolâtrie, fille de l'ignorance et de la barbarie, régnait encore en plusieurs lieux du diocèse d'Amiens au commencement du vii.e siècle. Le culte rendu aux arbres y avait été ramené par les Francs. L'évêque saint Berchond crut que le meilleur moyen de le détruire était d'en sanctifier l'objet en y attachant des reliques. Il y avait un de ces arbres sur la montagne de Leuconay, aujourd'hui Saint-Valery (2). Le saint choisit ce lieu écarté et solitaire pour y faire une retraite tous les ans pendant le carême. Il attacha à ce gros arbre des reliques des saints pour changer l'objet du culte idolâtrique : *in quâ B. Berchundus episcopus Sanctorum reliquias solebat suspendere*. Saint Valery demanda d'être enterré au pied de cet arbre comme en un lieu consacré à la religion des apôtres : *juxta illam itaque quam diximus arborem.... in ipso eodemque loco, qualiter ipse prædixerat ac designaverat, summo cum honore sancta ac felicia ibidem reconduntur membra.... locus qui jam erat reliquiis apostolicis consecratus*. Nous verrons dans la suite que saint Riquier suivit l'exemple de l'évêque d'Amiens. En quelques endroits on se contentait de marquer des croix sur les chênes antiques, comme nous voyons par ceux de la forêt de Noirvaux en Beauvoisis, dont il est mention dans une sentence prononcée vers l'an 1160 par Gautier, évêque de Laon (3).

CLVI.
ÉTABLISSEMENT DES MONASTÈRES DANS LA SECONDE BELGIQUE. MOYEN EFFICACE POUR ACHEVER D'Y DÉTRUIRE L'IDOLATRIE.

A ces pasteurs zélés en succédèrent d'autres formés presque tous dans les cloîtres.

(1) D. Dachery, Spicileg., t. viii, p. 403.   (3) Preuv., part. 2, n.° ...
(2) Act. SS. Bened., sæcul. ii, p. 88, n.° 35.

Les petits fils de Clovis et leurs successeurs animés du même zèle que leur père pour achever la ruine de l'Empire du prince des ténèbres dans leurs Etats, avaient employé un moyen qui leur réussit parfaitement, ce fut d'y multiplier les monastères pour servir d'asile à la piété et aux sciences (1) qui, en même temps qu'elles éclairent l'esprit, reforment le cœur et perfectionnent les mœurs. Saint Martin, l'apôtre des Gaules, avait bâti des monastères partout où il avait porté la lumière de l'Evangile. Il y avait été imité par saint Victrice et plusieurs autres évêques. Mais les invasions des Barbares, les guerres continuelles dont les Gaules furent le théâtre pendant plus d'un siècle, les avaient ruinés pour la plupart. Clovis et ses fils en avaient rétabli plusieurs et fondé de nouveaux. Sous ses petits-fils, toute la France fut pleine de ces asiles consacrés à la religion. Ce fut autant de séminaires dont on tira des prélats pieux et éclairés, autant de pépinières de missionnaires qui portèrent avec un zèle à toute épreuve les flambeaux de la vérité dans les lieux les plus incultes et les plus sauvages. Les moines qui n'étaient point employés au loin à des missions, instruisaient le peuple grossier voisin de leur monastère, ce que n'avaient pu faire que fort peu les prélats des siècles précédents, qui ne pouvaient quitter la ville épiscopale pour aller établir aux extrémités de leur diocèse, dans des solitudes peu fréquentées, l'Empire de Jésus-Christ parmi des opiniâtres dont l'obstination invétérée aurait rendu leurs travaux infructueux. Les moines avaient la liberté entière de consacrer tous les instants de leur vie et jusqu'à la dernière goutte de leur sang pour ramener au bercail la moindre des brebis égarées. Les lois vinrent à leur secours; car le roi Thierry (2), ayant changé dans le code légal des Francs, des Allemands, des Bavarois tout ce qui tenait encore des coutumes du paganisme et reformé ces lois par celles de l'Evangile, *et quæ erant secundum consuetudinem paganorum mutavit secundum legem christianorum*, Childebert, Clothaire et Dagobert, ce dernier principalement, tinrent la main à l'exécution: *hæc omnia Dagobertus.... renovavit.*

CLVII.

CELUI DE LUXEU FOURNIT LE PLUS GRAND NOMBRE DE MISSIONNAIRES. PRÉDICATION A CENTULE OU SAINT RIQUIER.

Les moines qui travaillaient le plus efficacement à la destruction des restes du paganisme sont ceux qui sortirent de la célèbre abbaye de Luxeu. Son fondateur, saint Colomban (3), ayant passé, vers l'an 590, de l'Irlande dans notre province

---

(1) Fleury, 3.ᵉ disc. ecclés., n.° 22.—Hist. littér., t. III, p. 29.   (3) Act. SS. Bened., sæcul. II, p. 9, n.° 11.
(2) Opera Greg. Turon., append., col. 1334.

avec douze disciples, y trouva la religion dans un état si triste, soit par les incursions des Barbares, soit par la négligence des prélats, *ubi tunc vel ob frequentiam hostium externorum, vel ob negligentiam præsulum, religionis virtus penè abolita habebatur*, qu'il résolut d'y annoncer, chemin faisant, la doctrine évangélique. On met du nombre de ses compagnons deux prêtres, l'un nommé Chaydoc et l'autre Frichor, surnommé Adrien, *fertur verò, quod cum ipso illi quoque maria huc properando transmearunt* (1). Ceux-ci s'arrêtèrent au village de Centule aujourd'hui Saint-Riquier, pour y prêcher la parole de Dieu, *sancti igitur domini sacerdotes in Centulo vico verbum Dei prædicare aggressi* (2). Ils furent si mal reçus des habitants qu'ils auraient été obligés de passer outre, si un nommé Riquier, plus disposé que ses compatriotes à recevoir la semence évangélique, ne les eût arrêtés chez lui. Ce bon office fut récompensé. Ils instruisirent des principales maximes de la religion chrétienne leur hôte qui devint ensuite un prédicateur zélé, non seulement dans le Ponthieu et le pays des Morins, mais aussi en Angleterre. Hariulfe (3) nous assure que ces deux saints missionnaires se fixèrent à Centule. Il est probable qu'ils y finirent leurs jours, puisque l'église de ce lieu se glorifie de posséder leurs cendres, *noverit lector eos usque dum senescerent in divinis operibus deguisse*. L'abbé Angilbert fit leur épitaphe (4).

CLVIII.

SAINT WLGAIN ET SES COMPAGNONS AVAIENT DÉJA RÉPANDU LES LUMIÈRES DE L'ÉVANGILE DANS LE PAYS DES MORINS.

Il paraît par les actes de saint Wlgain que cette troupe de missionnaires Ecossais avait été précédée par trois autres Anglais, savoir Wlgain, Tauric et Quilien (5). Ils avaient laissé Colomban à Cantorbéry. Abordés à Wissant qui est l'entrée du pays des Morins, Wlgain et ses compagnons s'étant aperçus que le peuple de la campagne, quoique converti à la foi, n'avait point une idée parfaite du culte de la divinité, prirent le parti de faire quelque séjour dans le pays pour instruire ce peuple ignorant. Après y avoir passé sept années à le purger des restes de la superstition et à répandre dans les villes et dans les villages la semence évangélique, ils passèrent dans l'Artois. Wlgain resta quelque temps enfermé dans une cellule tenant au monastère de Saint-Vast de la ville d'Arras et alla ensuite mourir dans un village de cette province qui a été nommé par cette

---

(1) Spicil. Acher., t. iv, chron. Centul., c. 6, p. 420.
(2) Ibid., p. 430.
(3) Ibid., p. 431.

(4) Act. SS. Bened. supr., p. 200.
(5) Preuv., part. 1, p. ...

raison le terme des bons hommes : *bonorum virorum terminus* (1). Saint Wlgain a donné lieu aussi à ce proverbe du canton: *hé les Aublets de saint Wlgain!* c'est-à-dire *oh! les beaux bleds de saint Wlgain!* ou bien, *que saint Wlgain a été propice à nos moissons!*

CLIX.

SAINT VALDOLEN ET SAINT VALERY, MOINES DE LUXEU, VONT CATÉCHISER DANS LE VIMEUX. CONVERSIONS FAITES DANS CE PAYS, QUELQUES ANNÉES AUPARAVANT, PAR SAINT LOUP, ÉVÊQUE DE SENS.

Peu d'années après la fondation de Luxeu, on vit sortir de cette abbaye, c'est-à-dire vers l'an 614, Valdolen et Valery pour aller faire une mission dans la Neustrie (2). Ils s'arrêtèrent dans le Vimeux (3) avec la permission du roi Clothaire qui leur donna la terre de Leuconaus ou Leuconay à l'embouchure de la Somme. Saint Valery travailla avec succès, par ses prédications et par ses miracles, à détruire les restes de l'idolâtrie dans le Vimeux. Passant à Aouste (4), village situé sur la rivière d'Auve, aujourd'hui la Bresle, et se reposant sur le bord d'une fontaine, il s'aperçut que des paysans rendaient un culte superstitieux à un gros tronc d'arbre qui était chargé de différentes figures. Saint Valery, par miracle, réduisit en poussière ce monument de l'idolâtrie : *juxta ripam ipsius fluminis stips erat magnus, diversis imaginibus figuratus... qui nimio cultu more gentilium a rusticis colebatur... subito ad terram cecidit*. Les paysans accoururent avec des armes pour venger l'objet de leur culte favori. Mais saint Valery fit un discours si pathétique sur la vanité des idoles et sur la nécessité de n'adorer qu'un seul Dieu, qu'il eut la satisfaction de toucher le cœur de ces idolâtres et de les convertir. Le lieu où était l'arbre superstitieux a été converti en une église bâtie en l'honneur de saint Valery. M. Caperon (5) est persuadé que c'est celle du village de Pont, près la ville d'Eu. Peu de temps avant l'arrivée de nos deux missionnaires, saint Loup ou saint Leu, évêque de Sens, accusé auprès du roi Clothaire, avait été relégué dans le Vimeux sous la garde du duc Boson-Landegisil, qui était païen. Il fut envoyé au village d'Ansène où il guérit un aveugle : *rex Clotarius felle commotus virum Dei Lupum episcopum retrusit in exilium in pago quodam Neustriæ nuncupato Vinimaco traditum duci pagano nomine Bosoni Landegisilo, quem ille direxit in villam quæ dicitur Andesagina super*

---

(1) Malbran., de Morin., t. I, p. 270.
(2) Act. SS. Bened., sæcul. II, p. 80, n.° 14.
(3) Ibid., p. 82, n.° 17.
(4) Ibid., p. 84, n.° 25.
(5) Merc. de France, août 1730, p. 1742.

fluvium Auciam, ubi erant templa phanatica à decurionibus oulta (1). Ce miracle convertit le duc et plusieurs autres seigneurs français du canton : *prædictum ducem superbum sub sanctæ crucis humiliavit signaculo, atque vitali tinxit in lavacro: plurimumque Francorum exercitum, qui adhuc erroris detinebatur laqueo, sanctus illuminavit per baptismum* (2).

CLX.

MIRACLES DE SAINT VALERY. DESTRUCTION DES IDOLES DU VIMEUX PAR SAINT BLIMOND, SON ÉLÈVE.

Comme le miracle de saint Leu n'avait pas produit sur tous les cœurs le même effet que sur ceux de ces seigneurs, de même saint Valery, malgré tout son zèle, n'eut pas la satisfaction de voir le Vimeux délivré absolument de ses anciens préjugés ; car étant entré un jour dans la maison d'un ecclésiastique de Cayeux (3), il y fut insulté par le maître de la maison et par le juge du lieu qui se trouvait chez lui. L'un et l'autre furent punis de leur insolence. Quelques années (4) après la mort du saint, des femmes passant aux environs du village d'Aouste, sur la Bresle, une d'entr'elles surprise de voir une église à Pont et surtout d'apprendre qu'elle eût été bâtie en l'honneur de saint Valery, se moqua des paysans qui, dit-elle, avaient été assez simples de prendre pour un saint celui qu'elle avait vu passer si souvent monté sur un âne. La raillerie lui couta cher. Enfin la preuve la plus complète que saint Valery n'avait pu venir à bout de détruire entièrement la pente naturelle que le peuple du Vimeux avait à l'idolâtrie, c'est que saint Blimond, son élève, étant venu cinq ans environ après la mort du saint visiter son tombeau, fut fort surpris de trouver Leuconay et les environs replongés dans le paganisme. Il demanda la permission au roi Clothaire et à l'évêque d'Amiens d'y reconstruire le monastère et d'y bâtir une église en l'honneur de saint Valery : *tunc, destructis idolis et ritibus gentilium, vir domini Blitmundus... construere ibi curaverat tam monasterium quam ecclesiam miræ magnitudinis et cultu nimio decoratam* (5). Il travailla ensuite avec ses religieux (6) à extirper dans le voisinage les restes de l'ancienne superstition, et surtout à y détruire quelques idoles qui y avaient été conservées : *circa eumdem locum erant quædam antiquæ superstitionis reliquiæ, quas sanctus Blithmundus*

---

(1) Bolland., acta SS. 1 septemb., p. 559, n.° 12.
(2) Ibid., col. 1, n.° 13.
(3) Act. SS. Bened. sup., p. 86, n.° 28.
(4) Ibid., p. 88 n.° 38.
(5) Ibid., p. 90, n.° 41.
(6) Bolland., act. SS. 3 januar., p. 154, col. 2, n.° 5.

cum suis monachis extirpavit, prostratis etiam quibusdam simulachris, quæ ibi residua erant.

CLXI.

SAINT RIQUIER ET SAINT JOSSE ANNONCENT L'ÉVANGILE DANS LE PONTHIEU.

Dans le même temps saint Riquier prêchait la pénitence et annonçait l'Evangile dans le Ponthieu, *in isto populo plurima fidei dedit incrementa* (1). Puissant en œuvres et en paroles, il fit un nombre infini de conquêtes sur l'ennemi du genre humain, non seulement dans son propre pays, mais aussi en Angleterre où il alla faire les mêmes fonctions : *et non solum in his regionibus per pietatis opera, vel per prædicationis lumina prædictus vir domini clarus effulsit: sed ut Lucifer æquareos Oceani campos transiliens... in ultra marinas Britanniæ regiones, ad expellendas ignorantiæ tenebras, lumen veritatis suo sparsit adventu* (2). Après avoir employé quelque temps à la prédication chez les Anglais (3), Riquier revint faire de nouvelles moissons dans son pays. Il avait eu connaissance (4) qu'il y avait dans un bois près du village de Sorrès, voisin de Montreuil-sur-Mer, un hêtre énorme pour la grosseur, auquel les paysans rendaient un culte superstitieux. Il en changea l'augure en enchâssant dans l'arbre plusieurs reliques, entr'autres une croix qui fut découverte vers l'an 814, lorsque le seigneur qui jouissait de cette terre à titre de bénéfice, le fit abattre et mettre en pièces. Aussi toutes les fois que saint Riquier faisait le voyage d'Angleterre, il ne manquait pas, soit en allant, soit en revenant, de s'arrêter au pied de l'arbre pour y faire sa prière. C'est pourquoi ceux qui furent chargés de l'abattre ne le firent qu'avec la plus grande répugnance, parce qu'ils avaient appris par tradition que ce hêtre avait été consacré par saint Riquier: *eo quod paterna traditione didicissent illum esse sacratum fustem, et ibi beatum Ricarium consuevisse orare cum transmarinas peteret fines.* Si l'on en croit Jean d'Ypres, auteur de la chronique de Sithieu (5), le père des miséricordes eut sur saint Josse et sur plusieurs autres saints religieux bien instruits de la loi évangélique qu'il envoya dans le Ponthieu et ailleurs pour cultiver sa vigne, les mêmes vues qu'il avait eues sur saint Riquier: *pater misericordiarum... populum suum miserens, religiosos viros, et lege evangelica edoctos, in has partes destinavit ad vineam suam excolendam..... Ricarium et Judocum ad Pontivum, et alios plures ad alia loca, qui singuli suis in locis in opus Dei fideliter laborarunt.*

(1) Act. SS. Bened., sup., p. 191, n.° 4.
(2) Ibid., p. 192, n.° 8.
(3) Ibid., p. 193, n.° 9.
(4) Ibid., p. 213, n.° 10.—Spicil. Acher., t. IV, p. 477, Chron. Centul.
(5) Marten., Thes. anecdoct., t. III, col. 445.

CLXII.

PROPAGATION DE LA FOI PAR SAINT AICHAR DANS LE DIOCÈSE DE NOYON.

Plusieurs raisons doivent nous déterminer à croire que saint Acair ou Aichar, évêque de Noyon, eut aussi un très-grand zèle pour la propagation de la foi : il avait fait profession de la foi monastique à Luxeu. Il avait pris un vif intérêt aux prédications de saint Amand et à l'élévation de saint Omer à l'épiscopat. Il restait tant de superstitions dans les diocèses de Noyon et de Tournay, que son successeur eut encore bien de la peine à les détruire. Par conséquent, combien de travaux un bon évêque, chargé de la conversion et du salut de tant de peuples, fut-il obligé d'essuyer? M. de Valois (1) est bien porté à croire que le siége épiscopal est demeuré à Saint-Quentin jusqu'à saint Aichar qui le transféra à Noyon. Nous devons porter le même jugement d'un autre moine de Luxeu, saint Cannoald (2), sorti vers le même temps de cette illustre abbaye pour monter sur le siége de Laon.

CLXIII.

SAINT AMAND FAIT LES FONCTIONS APOSTOLIQUES DANS LE LAONNOIS, LE NOYONNOIS ET LE BEAUVOISIS.

Saint Amand, l'un des grands prédicateurs du vii.e siècle, avait été formé de même dans la solitude. Il fut ordonné, vers l'an 626, évêque régionnaire, c'est-à-dire pour aller, comme les apôtres, prêcher l'Evangile aux peuples de diverses nations qui étaient encore dans l'idolâtrie, *acceptoque pontificatus honore gentibus verbum evangelizare cœpit domini* (3). Saint Aichar, évêque de Noyon et de Tournay, le chargea (4) de faire les fonctions apostoliques chez les Gantois, peuple barbare et tout dévoué aux idoles. Saint Amand, persuadé que le moyen le plus sûr pour détruire le paganisme était d'établir des monastères, en fonda un grand nombre de la libéralité des rois et des évêques. Il vint en 660 trouver le roi Childéric qui était à Laon pour obtenir de lui l'agrément de bâtir un monastère à Barisy, en Laonnois, *ad dilatandum itaque divini cultus obsequium* (5). Ce fut par le même moyen, sans doute, qu'il bâtit celui de Machemont sur les confins du diocèse de Noyon. Allant un jour visiter ce lieu, il se mit à prêcher

---

(1) Hadr. Vales., defens. de basilicis, p. 119-120.
(2) Act. SS. Bened., sæc. ii, p. 17, n° 30—p. 118, n° 5.
(3) Ibid., p. 713, n.° 8.
(4) Ibid., p. 714, n.° 11.
(5) Bolland., act. SS., 6 febr., p. 869, n.° 60.

dans les environs, suivant sa coutume : *cumque, ut mores habebat, evangelizandi gratiâ loca finitima circuiret.* Il rencontra à Resson-sur-le-Mas (1) et non sur l'Aronde, comme portent ses actes, au pays de Beauvoisis, une femme aveugle qui lui fit l'aveu que son accident venait de ce qu'elle avait mis sa confiance dans les augures et dans les idoles. Elle lui montra un arbre auquel elle rendait un culte idolatrique : *quod auguria vel idola semper coluerat. Insuper ostendit ei locum, in quo prædictum idolum adorare consueverat, scilicet arborem quæ erat dæmoni dedicata.* Saint Amand l'obligea de l'abattre. Elle fut guérie aussitôt.

CLXIV.
LE ZÈLE APOSTOLIQUE PORTE SAINT VICTRICE DE ROUEN DANS LE PAYS DES MORINS.

Jusqu'ici le pays des Morins avait eu quelques prédicateurs. Saint Fuscien et saint Victoric y avaient annoncé l'Evangile. Saint Victrice de Rouen y avait exercé le même ministère ; mais il n'avait pas eu d'évêque en titre, sinon saint Firmin confesseur, évêque d'Amiens, qui, comme nous l'avons fait voir, paraît avoir eu en même temps le gouvernement des églises de Térouanne et de Boulogne. Nous n'en connaissons point d'autres ; car l'existence du saint Athalbert qu'on voudrait (2) nous donner pour un évêque des Morins vers le milieu du vi.⁰ siècle, est plus qu'incertaine, quoique Malbrancq produise une épitaphe qui le dise ; mais il y a lieu de douter de son authenticité : du moins ne la trouve-t-on point parmi les œuvres de Fortunat où elle devrait être, suivant lui. Nous avons vu qu'Antimond, supposé qu'il y eût jamais eu d'évêque de ce nom ordonné pour Térouanne, n'avait pu pénétrer dans le pays. La semence évangélique, étant tombée sur une terre peu préparée à la recevoir, n'avait produit presque point de fruits. Dieu avait réservé l'ample moisson de saint Omer. Il avait été disciple de saint Eustache à Luxeu (3). Saint Aichard, son ancien confrère, touché de l'état pitoyable dans lequel se trouvaient les Morins, proposa au roi Dagobert d'y envoyer Omer. Il fut sacré en 636 évêque de Térouanne et de Boulogne qui formaient alors deux cités distinctes, comme il paraît par les anciennes notices des provinces romaines. Le nouveau prélat se mit à attaquer les absurdités du paganisme. Il éclaira les esprits en reformant les cœurs. Les idoles furent brûlées, les temples renversés, le culte sacrilége détruit, en un mot son

---

(1) Act. SS. Bened., sup., p. 718, n.° 23.
(2) Malbranc, de Morin., t. i, p. 240.
(3) Act. SS. Bened., sup., p. 560, n.°⁵ 3-4-5.

peuple édifié de ses vertus, animé par ses exemples devint tout chrétien : *saluti fera divini verbi præcepta stolidis paganorum cordibus tradidit, ferasque eorum mentes tetris ignorantiæ caliginibus cæcatas largo Evangelii lumine inluminavit, vanaque simulacra destruenda igni tradidit, sacrilegamque idolorum culturam in prædicta urbe funditus evertit, omnemque in eâ habitantem populum ad fidem convertit catholicam.* Peu de temps après, il eut pour coopérateurs dans le saint ministère, trois autres religieux de Luxeu qui étaient, comme lui, du territoire de Constance sur le Haut-Rhin. Ils se nommaient Mommolin, Ebertrand et Bertin : *immensasque omnipotenti domino gratias agens qui tales sibi ad prædicandum Evangelium adjutores deduxit* (1). Les actes particuliers de saint Bertin (2) nous apprennent qu'ils allèrent prêcher ensuite par toute la Gaule : *cœperunt longè latèque verbum vitæ instanter per totam Galliam disseminare.* Saint Omer leur fit bâtir un monastère nommé le vieux Moutier, près Sithiu. Saint Mommolin le gouverna jusqu'en 659 (3) qu'il succéda à saint Eloy, évêque de Noyon ; alors saint Bertin fut mis en sa place à Sithiu. Saint Mommolin ayant besoin d'un second lui-même à Saint-Quentin, en Vermandois, pour faire fructifier dans les environs les travaux de saint Eloy, y établit pour abbé saint Ebertrand. Tous ces saints personnages, dit la chronique de Saint-Bertin (4), composée par Jean d'Ypres, ayant été envoyés dans les cantons de Térouanne, des Boulonois et des Ménapiens pour convertir, par leurs prédications et leurs miracles, les peuples qui étaient encore ensevelis dans l'erreur, et pour les affermir à jamais dans la doctrine évangélique, ont donc bien mérité les titres d'apôtres et d'évangélistes des Morins : *ad has partes Tarvanicas, Mempiscum et Boloniensium destinati... residuumque populum multis prædicationum laboribus et miraculis ab erroribus revocantes, in Evangelicâ soliditate firmaverunt, sic ut numquam postea sit relapsus; quare Tarvanensium spirituales Apostoli et Evangelistæ dici merentur.*

CLXV.

SAINT ELOY ACHÈVE LA CONVERSION DES NOYONNOIS ET DES FLAMANDS.

Saint Eloy (5) succédant, en 640, à saint Achair dans les sièges de Vermand ou plutôt de Noyon et de Tournay, avait hérité tout son zèle contre les pratiques superstitieuses que le mélange des peuples barbares avec les Belges Français

---

(1) Act. SS. Bened., sup., p. 562, n.º 7.
(2) Ibid., sæc. III, part. 1, p. 108, c. 3.
(3) Ibid.
(4) Marten., Thes. anecd., t. III, col. 445.
(5) Spicil. Acher., t. v, p. 193.

entretenait malheureusement. Il eut besoin, en effet, de toute la vigueur d'un apôtre (1) pour opérer la conversion entière de peuples aussi obstinés dans l'idolâtrie qu'étaient les Flamands, les Antuerpiens, les Suèves, les Frisons. Il parvint cependant avec beaucoup de patience, de douceur, de prudence et par ses instructions journalières, à planter la foi de Jésus-Christ dans ces pays barbares. Mais il ne lui fut pas aussi facile d'arracher la superstition des esprits et des cœurs. Elle régnait encore avec trop d'empire même à la porte de sa ville de Noyon : car prêchant un jour de saint Pierre (2), apparemment la fête de la chaire de l'Arbroye ou à Ville, dont cet apôtre est patron, contre les danses et contre certains divertissements qui étaient des restes du paganisme, il fut insulté par les habitants du lieu et surtout par les domestiques d'Erchinoald ou Archambaud, maire du Palais. Romain que tu es, disaient-ils, crie tant que tu voudras contre nos coutumes, tu ne pourras jamais venir à bout de les détruire : *nunquam tu, Romane, quamvis hœc frequenter taxes, consuetudines nostras evellere poteris, sed solemnia nostra sicut hactenus fecimus, perpetuò semperque frequentabimus, nec ullus hominum erit, qui priscos atque gratissimos possit nobis unquam prohibere ludos.* Il revint à la charge (3) quelque temps après. Nouvelles injures, nouveaux outrages. Enfin, voyant qu'il n'y gagnait rien, qu'il était menacé même d'être massacré, il livra les plus mutins au démon. Ils n'en furent délivrés qu'à la fête de l'année suivante, après qu'ils eurent reconnu leur faute. Saint Eloy reçut avec bien de la joie leur soumission et celle de tous les habitants.

SUPERSTITIONS ENCORE EXISTANTES DE SON TEMPS.

On peut juger des différentes espèces de superstitions qui avaient régné et qui régnaient encore dans le Vermandois, par les avis que saint Eloy donnait à son peuple. Avant toute chose je vous avertis, leur disait-il (4), et vous conjure de ne pas garder les coutumes sacriléges du paganisme. N'ayez nulle confiance aux graveurs de préservatifs, aux devins, aux magiciens, aux chanteurs, ne les consultez jamais pour quelque sujet ou quelque maladie que ce soit. N'observez point les augures ni les éternuements, ni dans vos voyages le chant de certains oiseaux. N'ayez nul égard au jour que vous vous mettez en voyage ou que vous en revenez. N'ayez attention ni au jour ni à la lune, lorsque vous voulez commencer un ouvrage. Ne pratiquez point les cérémonies sacriléges et ridicules que les païens font aux Calendes de janvier, soit en contrefaisant la génisse et le faon, soit en faisant des joutes ou des jeux, *jotticas*, soit en dressant pendant la nuit des tables couvertes de mets, soit en buvant avec excès, soit en donnant des

---

(1) Spicil. Acher., t. v, p. 194-196-202.
(2) Ibid., p. 248.
(3) Ibid., p. 248.
(4) Ibid., p. 215, c. 15.

étrennes. Ne croyez ni aux bûchers, ni aux pronostics du chant, parce que toutes ces pratiques sont des œuvres du démon. Qu'aucun de vous ne fasse des sauts, des ballets, des danses et autres faits de jongleurs, ni ne chante des chansons diaboliques le jour de la fête de saint Jean, ni de quelqu'autre saint. Que personne n'ait la témérité de croire ou d'invoquer les démons, ni Neptune, ni Pluton, *Orcum*; ni Diane, ni Hercule, ni Minerve, ni son Génie, *Geniscum*; ni ne mette sa confiance dans des objets aussi absurdes. Que personne ne chôme le jeudi, comme jour de Jupiter, à moins qu'il n'arrive ce jour là quelque fête; ni certain jour au mois de mai ou en d'autres temps. Ne célébrez point les jours de dédicace des donjons, *tinearum* ou *pinearum*, des tours, *turmarum*, des murs de ville, *murorum ;* mais seulement le dimanche. Ne portez point de flambeaux aux temples, aux pierres, aux fontaines, aux arbres, aux bois sacrés, suivant M. Du Cange, au mot *Cellos* ou *Ocellos ;* ni dans les carrefours ; et ne faites des vœux à aucune de ces choses. N'attachez au col de personne, ni même des animaux, des ligatures, quand même des ecclésiastiques en useraient ainsi, et que l'on vous dirait que ce fût une chose sainte et qu'elle renfermât des paroles de l'Ecriture. Ce remède ne vient point de Jésus-Christ; c'est un poison du démon. Ne faites point de lustration ni d'enchantements sur les herbes. Ne faites point passer les bestiaux par des arbres creux, ou par des trous percés dans la terre, parce qu'il semble que ce soit les consacrer au démon. Qu'aucune femme ne se pende au col de l'ambre, et n'invoque Minerve, ni autre objet d'aussi mauvais augure, soit pour filer, soit pour teindre, soit pour faire quelqu'ouvrage que ce soit. Que personne ne pousse des cris aux éclipses de lune, ni ne fasse difficulté d'entreprendre des ouvrages à la nouvelle lune. Dieu a créé la lune pour marquer les temps et éclairer pendant la nuit, et non pour porter malheur aux entreprises des hommes, ni pour déranger leur cerveau, comme certains insensés le croient, s'imaginant que les possédés du démon sont tourmentés par la lune. Que personne ne donne au soleil ou à la lune le nom de Seigneur, ni ne jure par ces deux astres. Que personne ne croie au destin, ni à la fortune, ni à l'astrologie judiciaire, de façon qu'on juge de toute la vie de l'homme par l'instant de la naissance. Si l'on est malade, qu'on n'ait point recours aux charmeurs, aux devins, aux magiciens, aux graveurs de préservatifs. Ne vous arrêtez ni aux fontaines, ni aux arbres, ni aux carrefours pour faire des phylactères diaboliques. Empêchez les jeux sacriléges, les bals et les chansons païennes. Détruisez les fontaines et les arbres sacrés. Opposez-vous à ce qu'on place dans les chemins fourchus des *ex voto* qui ont la figure de pieds, de plantes et d'ongles de pieds. Brûlez-les quand vous les trouverez. Nous avons en outre plusieurs instructions que saint Eloy a faites (1) pour les peuples de deux diocèses dont il avait le gouvernement.

CONDAMNÉES PAR LES CONCILES ET LES ÉCRIVAINS ECCLÉSIASTIQUES.

Voilà la plus grande partie des erreurs de nos pères. On ne peut douter qu'elles n'existassent encore, du moins en partie, vers le milieu du vii.ᵉ siècle, puisque les conciles et les écrivains ecclésiastiques (2) ne cessaient de leur reprocher qu'ils détruisaient le plus beau des ouvrages du Créateur, en se transformant le premier jour de janvier, soit en bêtes sauvages, soit en monstres de leur façon, en se déguisant en femmes, en allant par les rues masqués en génisse et en faon, en s'habillant en jongleur, en baladin, en pantomimes, amusant les passants par des sauts et des tours de mains ; ce sont les *Jotticos* de saint Eloy ; qu'ils faisaient une chose abominable en passant ce jour dans les danses, dans les excès de vin et dans l'impureté. Les évêques, pour arrêter cette licence sacrilège, avaient ordonné, non-seulement un jeûne de trois jours et des litanies dans toutes les églises, comme il paraît par le second concile de Tours de l'an 567 (3), *ad calcandam gentilium consuetudinem, patres nostri statuerunt privatas in Kalendis Januarii fieri litanias;* mais aussi une messe particulière (4) pour détourner le peuple du culte idolâtrique, *ad prohibendum ab idolis.* Cette messe se trouve dans les anciens sacramentaires, particulièrement dans celui de saint Eloy, non de Noyon, mais de Corbie, auquel Dom Martenne a donné 900 ans d'antiquité. Ces pasteurs ne cessaient de reprocher aussi à nos pères les sacrifices qu'ils faisaient aux ronces et aux épines, divinités que les anciens nommaient *Termini* (5), c'est-à-dire des pierres qui servaient de bornes aux champs, ensevelies pour la plupart sous des ronces et des épines. La grande pierre que l'on voit plantée entre l'abbaye de Saint-Médard et la maison des Célestins-lès-Soissons, passe pour avoir été une de ces divinités (6), ainsi que la grosse pierre debout qui se trouve dans la paroisse de Courmont, en Soissonnois, à la source de la rivière d'Ourc. Le peuple, dit M. l'abbé Carlier, conservait encore, il y a quelques années, une sorte de vénération pour cette pierre. Enfin, le concile de Reims de l'an 627 (7) met en pénitence ceux qui seront trouvés avoir pratiqué les augures et les rites du paganisme, ou qui auront participé aux repas superstitieux des idolâtres et des sacrificateurs, à moins qu'ils ne reviennent de leurs égarements : *item de his qui auguria, vel paganorum ritus inveniuntur imitari, vel cum paganis superstitiosos comedunt cibos, quos benigna placuit*

---

(1) Spicil. Acher., p. 211-245.
(2) Marten., de antiq. eccl. rit., t. iii, col. 114-115.
(3) Concil. Labb., t. v, c. 856, can. 17.
(4) Marten., suprà, col. 114.
(5) Cointius, Annal. eccl., an. 566, n.° 41.
(6) Hist. du Val., t. i, p. 8.
(7) Frod., Hist. ecclés. Rem., l. 2, c. 5, can. 16.

admonitione suaderi, ut ab erroribus pristinis revocentur. Quod si neglexerint, et idolatris vel immolantibus se misouerint, pœnitentiæ dignum tempus exsolvant.

CLXVI.
SAINT MOMBLE, PRÉDICATEUR ÉVANGÉLIQUE DANS LE VERMANDOIS.

C'est à l'effet d'éclairer de plus en plus les nouveaux convertis du Vermandois (1) sur ces travers de l'esprit, que saint Eloy arrêta saint Momble dans le diocèse de Noyon. On croit que ce missionnaire avait passé, avec saint Fursy et plusieurs autres, d'Ecosse dans notre province. Après l'avoir ordonné prêtre, le saint évêque de Noyon le chargea de prêcher dans le Vermandois : *ab Elegio venerabili episcopo presbyter est consecratus, atque per suam undique diœcesim licentiam accepit prædicandi*. Après quoi saint Momble se fixa à Condren, sur la rivière d'Oise, où il vécut dans la solitude jusqu'à sa mort, avec quelques compagnons, *cum paucis fratribus supra fluvium cui vocabulum est Isara, loco qui antiquo vocabulo Gundarinus nuncupatur, eremiticam duxit vitam*. Il y a lieu de croire que saint Eloque était du nombre et qu'il mourut au même lieu de Condren, car la chronique de l'abbaye de Vasor (2), au comté de Namur, dit que le comte Eilbert et Hersinde, son épouse, obtinrent de l'évêque de Laon, son corps, qu'ils firent transporter de Condren, nommé en latin mal à propos *Giriniacus* dans cette abbaye.

CLXVII.
SAINT FURSY, PRÉDICATEUR ÉVANGÉLIQUE DANS LE PONTHIEU, L'AMIÉNOIS, LE VERMANDOIS ET L'ARTOIS.

Saint Fursy, dont nous avons parlé, avait embrassé l'état monastique. Après avoir prêché pendant dix ans dans l'Ecosse, sa patrie (3), et douze dans la Saxe (4), il était passé en France (5), vers l'an 644, édifiant partout par sa doctrine : *completis vero annis decem, omnibus sine personarum acceptione verbum Dei adnuntians... in Saxoniam transvectus est... et verbo Domini barbarorum mitigabat cor.... completis vero duodecim annis.... ad Galliarum littora.... navigavit*. Ses prédications dans le Ponthieu (6), dans l'Amiénois, dans l'Artois et dans une partie du Vermandois lui attirèrent la vénération du duc Aimond,

---

(1) Act. SS. Bened., sæc. 11, p. 653, n.° 3.
(2) Ibid., p. 654, n.° 5.
(3) Ibid., p. 308, n.° 32.
(4) Ibid., n.° 33.
(5) Ibid., n.° 35.
(6) Ibid., p. 310, 311, n.°° 4, 5, 6, 7, 8.

et d'Erchinoald, maire du palais. Celui-ci le posséda (1) longtemps dans le monastère de Lagny-sur-Marne, qu'il fit bâtir pour lui. Après la mort de saint Fursy (2), arrivée dans le Ponthieu, Erchinoald eut assez de crédit pour faire venir son corps à Péronne, où il fit construire un autre monastère qui est aujourd'hui la collégiale de Saint-Fursy.

CLXVIII.

SAINT ADALGISE, SAINT GOBAIN, PRÉDICATEURS ÉVANGÉLIQUES DANS LE LAONNOIS.

Les autres compagnons de saint Fursy et de saint Momble, savoir, Adalgise, Gobain, etc., vinrent à Corbie où ils furent reçus très-honorablement : *apud Corbeiam venerunt..... ubi cum magno honore suscepti, monasterium sunt ingressi* (3). On lit la même chose dans les actes de saint Gobain : *petierunt monasterium Corbeiense dicatum in honore S. Petri apostolorum principis, ubi ab incolis loci illius honorificè suscepti sunt* (4). Ils y demeurèrent quelques jours pour s'informer des lieux de la province où leur ministère pouvait être plus nécessaire. Après quoi ils se séparèrent pour aller prêcher la parole de Dieu, suivant la destination de la Providence : *qui per diversa Gallicæ provinciæ loca dominum prædicantes, unusquisque ad locum sibi a deo destinatum pervenit* (5). Saint Adalgise, avec un compagnon nommé Corbican (6) et deux domestiques, se fixa dans la Tiérache, suivant la permission que le roi Clovis II, ou mieux Clotaire III, fondateur de l'abbaye de Corbie, lui en donna. Il bâtit sur la rivière d'Oise, près du mont Saint-Julien, un monastère appelé la Celle. Il s'occupa ensuite à catéchiser et à prêcher les peuples des environs jusqu'à Liessie : *qui catechisabat et prædicabat circa Lætitiam* (7), disent les martyrologes de Molanus et Bucelin. Saint Gobain s'arrêta dans la forêt de Voges (8) où il obtint du même roi Clotaire le *Mont d'Hermitage*, nommé depuis Saint-Gobain, lieu célèbre aujourd'hui par une manufacture de glaces. Il y passa le reste de sa vie, occupé de la conversion des pécheurs et des faux convertis qui étaient encore en assez grand nombre dans le canton : *ut dominus illos per suam misericordiam dignaretur convertere à viâ suâ malâ et pessimâ, quia tunc in illis partibus*

---

(1) Act. SS. Bened., sæc. II, p. 311, n.° 9, p. 312, n.° 10.
(2) Ibid., p. 33, n.ᵒˢ 15, 16, 17, etc.
(3) Boll., act. SS. 2 junii, p. 224, n.ᵒˢ 5, 6.
(4) Ibid. Vit., S. Gobani, 24 jun., p. 23, n.° 2.
(5) Ibid. Vit., S. Adalgisi, suprà, p. 224, n.° 6.
(6) Ibid., n.° 7.
(7) Ibid.. p. 222, col. 2, n.° 2.
(8) Ibid. Vit., S. Gobani, supr., p. 23, n.° 6.

erant multi maligni et odiosi homines..... sed nihil proficiebat suis precibus, suisque suavisonis exhortationibus ad populum.

Il y a une tradition dans la ville de Laon que saint Béat, dont la fête s'y célèbre le 9 mai, s'y retira sur la pointe de la montagne, où se voit à présent la citadelle, pour travailler à la conversion des habitants de la ville et des environs ; que les cryptes ou grottes souterraines, que l'on appelle Creutes dans le pays, telles que celles de la cathédrale de Saint-Pan-au-Bourg, qu'on nommait *la Grotte de Saint-Maurice*, communiquant par une galerie souterraine à une troisième près de Saint-Julien, qui est celle de *saint Gondebant*, la grotte de saint Béat, n'étaient que des lieux de dévotions où les premiers chrétiens du pays s'assemblaient en secret pour y célébrer les divins mystères. (Mém. MS. de D. Bugniatre, pour la ville de Laon.)

La raison, sans doute, pour laquelle aucun des missionnaires ne s'arrêta à Corbie, est que le roi Clotaire, par le conseil de la reine sainte Bathilde (1), sa mère, y avait établi vers l'an 660, une communauté de moines qu'il avait fait venir de Luxeu, sous la conduite de saint Théodefroi. Ces religieux tenaient de la libéralité du prince une assez grande portion de l'Amiénois. Comblés de ses bienfaits, ils travaillèrent avec une ardeur si grande à détruire les restes du paganisme, que Berthefroi, évêque d'Amiens, se reposant sur leur zèle, leur accorda trois ans après les droits quasi-épiscopaux sur une partie de ses ouailles. Théodefroi même, leur abbé, fut choisi pour remplacer le bienfaiteur défunt. Ces nouvelles faveurs donnèrent plus d'activité encore à l'ardeur de ces religieux. Corbie, aux vიიი.ᵉ et ıx.ᵉ siècles, devint à son tour un séminaire fameux pour les missions du Nord, et une école célèbre d'où partirent une foule de rayons lumineux qui pénétrèrent dans ces pays plongés dans l'ignorance la plus profonde.

ILS NE S'ARRÊTÈRENT POINT DANS LE CORBIOIS, PARCE QU'ILS Y TROUVÈRENT DES MOINES OCCUPÉS DU MÊME MINISTÈRE.

CLXIX.

SAINT URSMER, PRÉDICATEUR ÉVANGÉLIQUE SUR LES CONFINS DE LA TIÉRACHE ET DU HAINAUT; ET SAINT SILVAIN, DANS LE PAYS DES MORINS.

Tandis que saint Adalgise prêchait dans une partie de la Tiérache, saint Ursmer, abbé de Lobes, travaillait à gagner des âmes à Dieu et à construire des églises dans une autre partie qui était contiguë à la forêt de la Faigne, en Hainaut : *per quem, cum in partibus Galliæ, in Faniâ scilicet et Teoraciâ multi*

(1) Gall. Christ., t. ıx, col. 281, instr.

pereconversi fuissent et constructæ, quæ adhuc supersunt ecclesiæ (1). En même temps saint Silvain, évêque régionnaire, était occupé aux exercices de sa mission apostolique dans le diocèse de Térouanne où il se rencontrait beaucoup de païens et plusieurs chrétiens engagés dans des erreurs grossières. Ses exemples et ses prédications portèrent un grand nombre des uns et des autres à se convertir : *ad occidentales pervenit partes, videlicet Tervanensis regionis, ubi non parvam plebem populi domino adquisivit. Erat enim incolis hujus terræ cultus divinus ex parte incognitus, quem verbo prædicationis simulque exemplo justè vivendi reparavit* (2). Il paraît que le pays Ternois fut le champ qu'il prit soin de cultiver particulièrement et où il fit sa résidence ordinaire. Il mourut à Auchi-lès-Moines en 718 (3). Il avait quelques terres en propre dans les environs, savoir, Maunice et Remi-Campagne (4). Il fonda une église dans l'un et l'autre lieu. On doit juger par le martyre de saint Lugle et de saint Luglien, qu'il restait encore bien des idolâtres dans cette partie de notre province, car ces ennemis de la vraie religion mirent à mort dans la vallée de *Sciredala*, à quatre lieues de Boulogne, les deux pieux Irlandais qui avaient abordé à Boulogne au commencement du VIII.e siècle : *sed in historia passionum Luglii et Lugliani Hyberniensium..... perspicuè scriptum legitur, quod iidem sancti per has regiones transeuntes, per manus impiorum, prædicti videlicet Berengarii et fratrum suorum Bovonis et Helcelini et eorum complicum fuerint martyrio coronati. Sed quia hoc scelus in pago Tervanensi fuisse asseritur perpetratum* (5). Mais peut-on croire que cette religion fut plus respectée dans l'autre extrémité, lorsqu'on voit des citoyens de la ville de Soissons mettre à mort, à la fin du VII.e siècle, leur propre évêque, par haine, dit le martyrologe Gallican, de la vérité de l'Evangile qu'il leur prêchait, *in odium evangelicæ quam prædicabat, veritatis* (6).

CLXX.

ORDONNANCES DES ROIS DE LA SECONDE RACE, TOUCHANT LA DESTRUCTION DE L'IDOLATRIE.

Les rois de la seconde race aussi zélés pour la ruine de l'idolâtrie que ceux de la première, non-seulement favorisèrent les missions, mais aussi firent des ordonnances contre les pratiques superstitieuses. Carloman et Pépin portèrent si loin la

---

(1) Act. SS. Bened., sæc. III, part. 1, p, 256, n.° 1.
(2) Ibid., p. 296, n.° 4.
(3) Ibid., p. 298, n.° 13.
(4) Ibid., p. 297, n.° 7.
(5) Boll., act. SS. 13 januar., p. 832. col. 1. n.° 4.
(6) Gall. Christ., t. IX, col. 539, art. 25.

haine contre l'idolâtrie et la superstition, particulièrement Pépin, que pour en effacer jusqu'aux moindres vestiges, il changea le champ de Mars en champ de Mai : *anno 755, venit Thasilo (ou Fassilo) ad Martis campo, et mutaverunt Martis campum in mense Maio* (1). Car, suivant Hincmar, dans la vie de saint Remi (2), les Francs, encore païens, avaient donné le nom de champ de Mars à l'assemblée des troupes qui se faisait au commencement de l'année à cause de Mars, dieu de la guerre. Le mois de mars et la troisième férie de la semaine ont pris leur nom de la même divinité : *sic enim conventum illum vocabant à Marte, quem pagani Deum belli credebant, à quo et Martium mensem, et tertiam feriam, diem Martis appellaverunt. Quem conventum posteriores Franci Maii campum, quando reges ad bella solent procedere, vocari instituerunt.* Les deux princes avaient renouvelé, en 742, l'ordonnance de Charles Martel, leur père, qui défendait, sous peine de quinze sols d'amende, de faire aucun acte qui tînt du paganisme (3). Ils chargèrent, en 744, les comtes, chacun dans leur département, de veiller conjointement avec l'évêque, à l'exécution de cet édit (4). On y trouve le détail des superstitions proscrites, que la populace devait éviter, ou comme idolâtriques, tel que le culte rendu à Jupiter, à Mercure, aux pierres, aux arbres, aux fontaines, ou comme superstitieuses, c'est-à-dire de vouloir honorer comme saints ceux d'entre les morts qu'on avait affectionnés, d'avoir recours aux démons, aux sorciers, etc. La même ordonnance fut confirmée en 769 : *decrivimus ut secundum canones unusquisque episcopus in sua parrochia sollicitudinem adhibeat, adjuvante graphione (comite), qui defensor ecclesiæ est, ut populus Dei paganias non faciat ; sed ut omnes spurcitias gentilitatis abjiciat et respuat, sive profana sacrificia mortuorum, sive sortilegos vel divinos, sive phylacteria et auguria, sive incantationes, sive hostias immolatitias, quas stulti homines juxta ecclesias ritu pagano faciunt sub nomine sanctorum martyrum vel confessorum Domini; qui potius quam ad misericordiam sanctos suos ad iracundiam provocant* (5)..... *Statuimus ut singulis annis unusquisque episcopus parrochiam suam sollicitè circumeat, et populum confirmare et plebes docere et investigare, et prohibere paganas observationes, divinosque vel sortilegos, aut auguria, phylacteria, incantationes, vel omnes purcitias gentilium studeat* (6). Et en 805 : *de incantationibus, auguriis, vel divinationibus, et de his qui tempestates vel alia maleficia faciunt... constringantur* (7). Une autre

(1) Duchesn., Rer. franc., script., t. II. p. 7.
(2) Surius. Vitæ sanct., t. I, p. 295.
(3) Balus. capitul., t. I. p. 146, cap. 5.
(4) Ibid., p. 158.
(5) Ibid., p. 191, tit. VI.
(6) Ibid., titul. VII.
(7) Ibid., p. 427, titul. XXV.

ordonnance de Charlemagne, dont l'année est incertaine, dit que les vœux portés par les idiots aux arbres, aux pierres, aux fontaines, soient ôtés et anéantis partout où il s'en trouvera : *ut observationes quas stulti faciunt ad arbores vel petras, vel fontes, ubicumque inveniuntur, tollantur et destruantur* (1).

CLXXI.¹°

PEPIN, CHARLEMAGNE ET QUELQUES PRÉLATS CONSERVENT SUR LEURS SCEAUX DES RESTES DU PAGANISME.

Une chose bien étonnante, c'est que Pepin, avec tant d'éloignement pour l'idolâtrie, se soit servi (2) pour sceller une charte de l'an 767, en faveur de l'abbaye de Saint-Denis, en France, d'un sceau sur lequel est gravée, non la tête de ce prince, mais celle de Bacchus couronnée de pampres. Il est plus étonnant encore que Charlemagne, en 782, ait fait usage d'un cachet (3) sur lequel est gravée une autre divinité païenne, portant le boisseau sur la tête, symbole du dieu Sérapis. Ce sceau est attaché à une charte conservée aussi dans les archives de l'abbaye de Saint-Denis. Mais ce qui doit surprendre bien d'avantage, c'est qu'à la fin du XII.ᵉ siècle, un prélat, Philippe de Dreux, évêque de Beauvais, contre l'usage ordinaire, prenne pour contre-scel, une pierre antique gravée, qui représente l'histoire fabuleuse de l'enlèvement d'Europe par Jupiter. La gravure en est belle et le dessin élégant. Ce sceau est pendant à une charte de l'année 1181, par laquelle Philippe confirme les aumônes faites à l'Hôtel-Dieu de Beauvais. Cette charte est dans la layette des priviléges (pl....., n.° 111). Un autre contre-scel représente Minerve, autant qu'il est possible d'en juger par ce qui reste de l'empreinte, l'on croit y apercevoir une quenouille et un fuseau dans la main droite de la figure, et dans la gauche quelque chose qu'on aura de la peine pourtant à prendre pour une pique. La figure est casquée. Nous ne savons à qui attribuer ce contre-scel : c'était certainement un homme d'église titré, à cause de la houlette qu'il tient d'une main et un livre de l'autre. Le sceau très-fruste s'est trouvé détaché dans les archives de Saint-Lucien de Beauvais.

CLXXI.²°

DÉCRETS ECCLÉSIASTIQUES CONTRE LES SUPERSTITIONS.

L'église de son côté faisait de sages réglements pour fortifier les nouveaux con-

---

(1) Balus. capitul., t. I, p. 518, tit. XLI.
(2) Mabil., de re diplom., l. 5, p. 386, tab. 23.
(3) Ibid., p. 589, tab. XXIV.

vertis dans la pratique exacte de la religion qu'ils avaient embrassée. Le concile de Soissons de l'an 744 enjoint aux évêques de veiller à ce qu'il ne se fasse aucun acte de paganisme dans leur diocèse : *ut unusquisque episcopus in suâ parochiâ sollicitudinem habeat, ut populus christianus paganismum non faciat* (1). Le pape Zacharie écrit, en 748, à plusieurs évêques, entr'autres à ceux d'Amiens, de Beauvais, de Noyon, de Laon, de Térouanne, de travailler à affermir dans la pureté de la foi, par leurs exhortations, les peuples confiés à leurs soins et délivrés de la captivité du démon : *ut credita vobis plebs piis admonitionibus, adjuvante Domino, à diabolicâ fraude liberata persistat salva* (2). Enfin le grand nombre de conciles, les assemblées de la nation, fréquentes sous le règne de Charlemagne, les soins particuliers que ce prince prit de bannir de ses Etats la barbarie qui y régnait sous la première race, et la profonde ignorance qui l'accompagne toujours, en ressuscitant les lettres divines et humaines, firent sentir aux Français tout le ridicule des fables du paganisme et achevèrent de les tirer de l'erreur; tant il est vrai que les connaissances qui perfectionnent la raison, conduisent les hommes plus sûrement à l'amour de la vérité et les y affermissent. Aussi, Julien l'Apostat (3), craignant que les chrétiens ne réfutassent ses erreurs, leur défendit d'étudier les lettres humaines. Voilà donc la véritable époque de la destruction du paganisme dans la Picardie. Car, comme le dit fort bien Cicéron, tant que la superstition n'est pas détruite, la religion n'est pas réputée l'être : *superstitione tollendâ non tollitur religio* (4).

CLXXII.

PLUSIEURS CHOSES A L'USAGE DES PAÏENS CONVERTIS, A L'USAGE DES CHRÉTIENS.

Cependant il ne faut pas entendre par destruction du paganisme, que le paganisme ait été tellement anéanti qu'il n'en soit resté aucune trace. Le christianisme en a adopté plusieurs pratiques en changeant, il est vrai, leur objet : comme d'orner les portes des églises de branches d'arbres, d'allumer en plein jour des flambeaux en l'honneur de Dieu et des saints; ce que les premiers chrétiens refusaient de faire aux fêtes des divinités païennes et des César, au rapport de Tertullien : *O nos merito damnandos! Cur enim vota et gaudia Cæsarum casti et sobrii et probi expungimus? Cur die lœto non laureis postes obumbramus? nec lucer-*

---

(1) Concil. Labb., t. vi, col. 1553, can. vi.
(2) Baron., annal. ecclés., t. ix, p. 194.
(3) Greg. Nazian. Orat. iii, p. 51. Orat. iv, p. 152.
(4) Cic., de divin. l. 2.

nis diem infringimus? L'église (1) ne fit pas plus de difficulté d'employer dans la célébration des SS. mystères des dyptiques dont les couvertures étaient chargées de figures du paganisme, comme ceux que l'on conserve dans plusieurs églises de notre province, savoir, dans la cathédrale de Beauvais, dans l'abbaye de Saint-Corneille de Compiègne, et d'employer, dans l'usage de ses cérémonies, les vases mêmes dont les païens s'étaient servis dans l'usage de leurs cérémonies profanes. Saint Augustin, bien loin de blâmer cet usage, dit, au contraire, qu'on fait alors des vases et des images profanes, ce que les hommes font d'eux-mêmes, quand de sacriléges et d'impies qu'ils étaient auparavant, ils embrassent la piété et se consacrent à la vraie religion : *hoc de illis fit, quod de ipsis hominibus cum ex sacrilegis et impiis in veram religionem mutantur* (2). *Ils se servaient* (les chrétiens), dit l'abbé Le Bœuf (3), *de ces vases tels qu'ils les avoient trouvé, en les faisant auparavant purifier par les prières de l'église.* Il rapporte l'oraison propre à cette cérémonie, qu'il avait tirée d'un MS. de l'abbaye de Jumièges. C'est la même qui se trouve dans un missel romain à l'usage de l'église de Reims, aujourd'hui dans la bibliothèque royale à Paris (4), et dans le missel de Jean de Dormans, évêque de Beauvais, rédigé en 1370 et conservé dans la bibliothèque du chapitre de cette ville. Les noms des trois premiers mois de notre année, ainsi que des jours de la semaine, excepté le dimanche et le samedi, encore les Francs du temps de Grégoire de Tours (5), appelaient-ils *jour du soleil* le jour que nous avons nommé dimanche : *ecce enim dies solis adest*, et l'ancien livre des pasts de l'abbaye de Corbie de la fin du x.ᵉ siècle, en parlant de celui que le portier devait donner à la communauté le samedi avant le premier dimanche de carême, nous fait connaître que ce jour de la semaine n'avait pas encore perdu absolument son ancien nom de jour de Saturne, *die Saturni;* ces noms des mois et des jours ont passé aussi du calendrier des païens dans celui des chrétiens. Toutes ces choses et plusieurs autres avaient été sanctifiées en dirigeant l'intention vers un objet plus digne du culte que les chimères du paganisme.

CLXXIII.

RETOUR DE LA SUPERSTITION CAUSÉE PAR LES TROUBLES DE LA FAMILLE DE LOUIS-LE-DÉBONNAIRE.

Le christianisme jouissait donc pleinement de ses droits à l'ombre du sacerdoce et de l'empire, lorsque la division qui eut sa source dans la famille de

---

(1) Apologet., cap. 35.
(2) Aug., épist. CLIV.
(3) Merc. de France, janvier 1726, p. 22-23.
(4) Cod reg., n.° 818, nov.
(5) Grég. Turon., hist. Franc., l. III, c. 15.

Louis-le-Débonnaire et qui s'empara successivement de toutes les parties du vaste empire de Charlemagne, donna à l'idolâtrie le moyen de rentrer dans nos provinces. Les Normands, c'est-à-dire des peuples du Nord, plongés dans l'ignorance et dans la barbarie, adonnés au culte des faux dieux et à la superstition la plus grossière, vinrent fondre sur la France et la ravager. On les vit mettre à feu et à sang les villes, saccager les campagnes, brûler les églises, piller les monastères. Enfin, pour avoir une idée juste de la France telle qu'elle dut être alors, qu'on se représente un royaume qui n'offre partout que le spectacle affligeant de la désolation et de l'horreur. D'une révolution pareille, les lettres, les mœurs, la religion ont dû souffrir une altération considérable. Aussi quelques-uns des plus saints évêques, rebutés de voir leurs travaux infructueux, crurent n'avoir d'autre parti à prendre que de se retirer dans la solitude, afin d'attirer sur leur troupeau par leurs prières et leurs austérités, les effets de la miséricorde divine.

CLXXIV.

SAINT HUMFROI, ÉVÊQUE DE TÉROUANNE, VEUT RETOURNER DANS SON MONASTÈRE. — SAINT RICULPHE, ÉVÊQUE DE SOISSONS, S'OCCUPE PLUS PARTICULIÈREMENT DE L'INSTRUCTION DE SES OUAILLES.

Tel fut le désir de saint Humfroi de Térouanne. Il voulut retourner dans l'abbaye de Prum, d'où il avait été tiré pour être fait évêque. Mais le pape Nicolas qu'il a consulté en 861, n'approuva pas un dessein qui aurait privé le peuple de Térouanne d'un pasteur à qui des vertus éminentes conciliaient son respect et son amour. S'il est dangereux, dit le pape, d'abandonner le gouvernail dans le calme, à plus forte raison dans la tempête, *quod si pernitiosum est proretam in tranquillitate navim deserere, quanto magis in fluctibus* (1). Cependant saint Riculphe, évêque de Soissons, agit différemment quelques années après. Son diocèse n'avait point été épargné par les barbares. Au lieu de penser à quitter le gouvernail, il travailla en 889 à dresser des statuts pour l'instruction de ses curés et des peuples confiés à leurs soins (2). Il veut que ses curés soient instruits des lettres sacrées pour être en état d'instruire les fidèles (3); mais pour que leurs instructions fassent plus de fruits, il exige qu'ils soutiennent leur doctrine par une sainteté de vie qui puisse servir d'exemple et de modèle à leurs paroissiens (4); qu'ils aient (5),

---

(1) Concil. Labb., t. vIII, col. 514.
(2) Ibid., t. IX, col. 416 et seqq.
(3) Ibid., cap. 1.
(4) Ibid., cap. 2.
(5) Ibid., cap. 7.

à leur usage le plus de livres qu'ils pourront, tant de l'Ecriture que des auteurs ecclésiastiques ; qu'ils aient un soin particulier des écoles, et qu'ils ne soient pas moins attentifs à former leurs ouailles aux bonnes mœurs qu'à la connaissance des lettres (1). L'article le plus essentiel est celui où le prélat ordonne que chaque premier jour du mois les curés de chaque doyenné s'assembleront, non pour faire des repas, mais pour conférer entr'eux des devoirs de leur ministère et de ce qui se passe dans leurs paroisses (2). L'établissement des conférences rurales dans le Soissonnois dut y procurer un grand avantage à la religion et aux mœurs, dans ces temps de troubles et de désordres.

CLXXV.

LES SUPERSTITIONS QUI ONT EXISTÉ ET QUI EXISTENT ENCORE, RAMENÉES PAR LES NORMANDS.

Nous pensons donc qu'il faut rapporter à l'entrée des Normands en France le retour de la plupart des superstitions qui ont existé depuis et celles qui existent encore dans la Picardie. Ces superstitions sont d'abord la divination et la magie, l'opprobre de la raison autant que de la religion. La divination était un moyen par lequel on s'imaginait que Dieu découvrait à l'homme, d'une manière extraordinaire et surnaturelle, des choses qu'il n'eût pu découvrir par d'autres voies. Les auspices en étaient une branche. Nos Belges-Français se persuadaient pouvoir être instruits de leur destinée par le bon ou le mauvais présage qu'ils tiraient du vol, du cri, du chant, du trépignement et de quelques autres mouvements des oiseaux. Saint Eloi, comme nous l'avons dit, avait travaillé à détruire cette erreur de l'esprit des peuples du Vermandois. Cependant, combien de gens aujourd'hui dans ce canton, comme dans les autres de la Picardie, qui, voyant au soleil couchant ou au soleil levant, voltiger une pie autour d'une maison, ou entendant la nuit le cri du hibou, du chat-huant, s'imaginent qu'il arrivera malheur. Le même prélat déclamait aussi contre les augures que l'Ecclésiastique nous dit n'être que mensonge et que vanité : *auguria mendacia et vanitas* (3).

CLXXVI.

LA DIVINATION OU LE SORT DES SAINTS A EXISTÉ LONGTEMPS EN PICARDIE.

Rien de plus commun, il est vrai, que les oracles qui étaient tirés des livres.

---

(1) Concil. Labb., t. ix, col. 416 et seqq., cap. 16.
(2) Ibid., cap. 20.
(3) Eccles., cap. 34, v. 5.

Les anciens auteurs ont souvent parlé des sorts d'Homère, de Musée, des oracles sybillins conservés avec très grand soin dans le Capitole; l'Empereur Honorius les fit jeter au feu l'an 400; des sorts Virgiliens, des sorts Claudiens, etc. Le premier vers qui se présentait à l'ouverture de ces livres était regardé comme le pronostic de ce qui devait arriver. Pasquier (1) dit que les Gaulois tiraient au sort à l'ouverture des vers de Virgile, et que, lorsqu'ils furent convertis, ils ne firent que changer de superstition en prenant un livre saint au lieu d'un livre profane. Les chrétiens, en effet, pour colorer cette pratique du prétexte spécieux de la religion, s'avisèrent d'y employer la Bible, les Pseaumes, l'Evangile ou quelqu'autre livre de dévotion, et de nommer cette espèce de divination le sort des saints, *sortes sanctorum*. Peut-être s'autorisaient-ils de la parole du sage : les billets du sort se jettent dans le sein (2), mais c'est le Seigneur qui en dispose: d'où est venue la fête des sorts que Dieu ordonna d'être célébrée en mémoire de la délivrance des Israélites par Esther et Mardochée (3). Peut-être tiraient-ils avantage aussi de l'entrée de saint Mathias dans le collége apostolique : car il fut associé aux onze apôtres par le sort : *et dederunt sortes eis, et cecidit sors super Mathiam, et annumeratus est cum undecim Apostolis* (4). Cependant saint Augustin (5), dans son épitre à Janvier, dit que, quoiqu'il soit à désirer qu'ils en usent ainsi plutôt que de consulter les démons, néanmoins cette coutume lui déplaisait. Il semble donc qu'elle fut tolérée pour détourner insensiblement les nouveaux chrétiens de la superstition païenne. Elle avait jeté de si profondes racines au v.ᵉ siècle, que ni la foi catholique, ni les défenses réitérées de plusieurs Empereurs chrétiens ne purent venir à bout de l'abolir. Cette espèce de divination eut plus de cours encore au vi.ᵉ siècle et ce ne fut qu'avec beaucoup de peine que Charlemagne parvint à la détruire par son capitulaire de l'année 789: *ut nullus in psalterio, vel in Evangelio, vel in aliis rebus sortire præsumat, nec divinationes aliquas observare* (6).

Les Normands ayant ramené cette pratique superstitieuse, l'Eglise condamna à trois ans de pénitence ceux qui employaient le sort des saints ou tout autre pour deviner l'avenir : *si quis sortes, quas sanctorum vocant, vel alias sortes habuerit, vel per qualecumque aliquo malo ingenio sortitus fuerit, vel veneraverit, III annos pœniteat* (7). Malgré cette défense, l'usage du sort fut très commun dans notre province aux xii.ᵉ et xiii.ᵉ siècles. Guibert, abbé de Nogent (8), remarque

---

(1) Pasq., t. i, col. 373, édit 1728.
(2) Proverb., cap. 16, ⅴ 33.
(3) Esther, cap. 10, ⅴ 13.
(4) Act. apost., c. 1, ⅴ 26.

(5) S. August., épist. 119, n.° 55.
(6) Baluz. capitul., t. i, p. 243.
(7) Marten., de antiq. Eccles. rit., t. i, col. 787, art. 26.
(8) Luc d'Acher., opera Guib., p. 499.

que le livre des Evangiles ayant été ouvert au hasard au sacre de Galdric, évêque de Laon, on jugea de la destinée de son gouvernement futur par le texte de saint Luc qui se présenta : « son glaive percera votre âme » : *pronosticum triste sibi Evangelii textus exhibuit. Fuit enim : tuam ipsius animam pertransivit gladius ;* et que dans une autre occasion ayant voulu renouveler l'expérience, il tomba sur ce passage de saint Jean : « mère, voilà votre fils » : *certè Lingonis cum recepta Papæ gratia ad altare Mammetis..... processisset, evangelicum conjecturæ causá textum ipse aperuit. Ubi versiculum qui primus occurreret sibi corripuit, scilicet : mulier, ecce filius tuus.* La même cérémonie fut faite en 1112 pour son successeur (1) : c'était Hugues I.er, qui avait été doyen de l'église d'Orléans. La page du livre qu'on ouvrit pour voir le pronostic du nouvel évêque se trouva en blanc, ce qui fut regardé aussi comme un mauvais présage : *quod ad consecrationem exhibito, cum prognosticum ejus aucuparentur, vacuam repererunt paginam. Ac si diceret : de eo nihil vaticinabor, cum nulli penè futuri sint actus.* Le pronostic d'Anselme, qui monta sur le siége de Laon en 1113, sonna durement aux oreilles de Guibert ; c'était les paroles du vieillard Siméon à la Vierge, les mêmes qui étaient tombées à Galderic : *cui tamen in prognostico suo evangelicum capitulum durè sonuit, quia id ipsum quod Galdricus habuit : tuam, scilicet, ipsius animam pertransivit gladius.* La même chose se pratiquait à l'installation des abbés. Un moine de l'abbaye de Nogent consulta de même le livre des Evangiles à l'élection de Guibert (2) ; il adressa à cet endroit de saint Luc : « la lumière de votre corps est votre œil. » Il lui parut favorable, et eut soin de remarquer que le nouvel abbé avait baisé le texte précisément à la troisième colonne où ces paroles se trouvaient : *ipsá susceptionis meæ die quidam monachus... textum evangelii ex industria super altare hac intentione aperuit, ut quod capitulum oculis primum occurreret, pro mei auspicio haberet... in columnæ igitur tertiæ medio oculus ejus insedit, qui locus sic se habuit : lucerna corporis tui est oculus tuus... Aperuit ergo librum* (diaconus)... *non paginæ initia respexi, non finem, sed ora et oculos ad versiculum deflexi eumdem.*

<small>A BOULOGNE.</small> La même coutume était observée dans l'église de Boulogne et dans celle de Térouanne, à l'installation des chanoines. On lit à la suite du Pénitenciel de Théodore (3) qu'après que le doyen a jeté de l'eau bénite sur le nouveau chanoine, et qu'il a été admis au baiser de paix, on ouvre au hasard le livre des Evangiles et qu'on écrit les paroles qui s'y présentent pour conserver la mé-

---

(1) Luc d'Acher., opera Guib., p. 514, col. 2.
(2) Ibid., p. 491, col. 2.
(3) Jacq. Petit, Pœnit. Theod., p. 492.

moire de sa réception : *aspergit aquam benedictam super canonicum receptum, et a singulis secundum ordinem admittitur ad pacis osculum : deindè aperto codice Evangelico capite primi folii, quæ scripta reperit, et verba adnotantur ad memoriam suæ receptionis.* Cet usage existait encore en 1720 dans l'église de Boulogne (1) avec cette différence qu'au lieu du livre des Evangiles, on se servait du Pseautier : *et secundum antiquam ecclesiæ Morinensis, nunc Boloniensis, consuetudinem, hunc ex psalmo sortitus est versiculum ; ipsi peribunt, tu autem permanes, et omnes sicut vestimentum veterascent.* M. de Langle, peu de temps avant sa mort arrivée en 1722, avait rendu une ordonnance pour abroger cette coutume, comme tenant à quelque chose de superstitieux, ou du moins, qui pouvait être un sujet de ridicule ou d'infamie pour le nouveau chanoine. Mais le Chapitre n'eut point d'égard à son ordonnance. Il statua seulement qu'à l'avenir, en insérant dans les lettres de prise de possession de chaque chanoine le verset du pseaume qui lui serait tombé, on y ajouterait qu'on ne faisait cela que pour suivre l'ancienne coutume de Térouanne.

CLXXVII.

DIVINATION PAR LE COURT BATON ET LA LONGUE PAILLE.

Les Francs qui tiraient leur origine de Germanie, avaient apporté dans notre province une autre espèce de sort, dont l'usage y est encore existant : c'est de tirer au court bâton et à la longue paille (2). Le sort favorable y est réglé par le plus long bout, et le défavorable, par le plus court. Les Germains, selon Tacite (3), coupaient en plusieurs morceaux une branche d'arbre fruitier, distinguaient ces morceaux par certaines marques, les jetaient pêle mêle sur une étoffe blanche, et le prêtre de la cité, s'il s'agissait d'affaires publiques, ou le père de famille, s'il était question d'intérêt particulier, levait trois fois chaque morceau avec certaines cérémonies et en donnait l'explication suivant l'ordre dans lequel s'étaient présentées les différentes marques : *virgam, frugiferæ arbori decisam, in surculos amputant, eosque, notis quibusdam discretos, super candidam vestem temere ac fortuito spargunt : mox, si publice consulatur, sacerdos civitatis, sin privatim, ipse paterfamiliæ, precatus Deos, cælumque suspiciens, ter singulos tollit ; sublatos, secundum impressam ante notam, interpretatur.*

(1) Mém. de l'Acad. des Inscrip., t. xix, p. 302.

(2) Journ. de Verd., octob. 1750, p. 268.

(3) Corn. Tacit., de Mor. Germ. c. 10, édit. 1755.

CLXXVIII.

DIVINATION PAR LE SERMENT SUR LES CHOSES SAINTES.

SUR L'AUTEL.. Jurer sur un autel, sur une croix, sur le canon de la messe et plus communément sur les tombeaux, sur les reliques des saints, pour connaître la vérité d'un fait lorsqu'on manquait de témoins, ou pour s'assurer de la fidélité de quelqu'un, était un autre usage superstitieux fort connu dans la Picardie. Nous doutons même qu'il en ait été banni jamais entièrement, car il est ordonné par le capitulaire de Charlemagne de l'an 803, qui concerne les Ripuaires : *omne sacramentum in ecclesiâ aut supra reliquias juretur* (1). Grégoire de Tours étant, en 580, au palais de Breny, dans le Soissonnois, se purgea d'un crime dont il était soupçonné en jurant sur trois autels différents, après avoir célébré la messe sur chacun : *ad hoc restitit causâ, ut dictis missis in tribus altaribus, me de his verbis*
SUR LES RELIQUES. *exuerem sacramento* (2). L'usage de jurer sur les reliques était plus ordinaire. Le roi Clotaire II voulant attacher saint Eloi à son service par des liens qu'il ne pût rompre, lui proposa de jurer sur les saintes reliques. Mais Eloi ne put jamais se résoudre à mettre la main sur la châsse, moins encore à jurer : *rex Eligio coram reliquiis sanctorum præcipiebat ei ut impositione manuum sacris pignoribus donaret sacramentum, sed ille divinum intuitum verens, recusare humiliter omni nisu tentabat* (3). Si Egilbert et Réol de Reims eussent suivi l'exemple de saint Eloi, ils se fussent mis à l'abri du reproche d'avoir usé de supercherie en jurant, dans la ville de Laon, sur des châsses d'où l'on avait tiré les reliques, prétendant qu'ils ne seraient point tenus à leurs serments, parce que les châsses étaient vides. Voici le fait : Egilbert et Réol ayant été envoyés à Laon par Ebroin pour engager le duc Martin à sortir de la ville, lui jurèrent sur des châsses qu'il ne lui arriverait aucun mal. Le duc ne se défiant pas que les châsses fussent sans reliques, sortit de Laon pour se retirer à Léry où il fut massacré avec toute sa suite: *Ebruinus... nuntios dirigit, Aegilbertum ac Reulum Remensis urbis episcopum, ut fide promissa in incertum super vacuas capsas sacramenta falsa dederent. Qua in re ille (Martinus) credens eos, à Lugduno-Clavato egressus cum sodalibus ac sociis ad Erchrecum veniens, illuc cum suis omnibus interfectus est* (4).

SUR LES TOMBEAUX Les miracles qui s'opérèrent à Noyon, au tombeau de saint Eloi, rendirent
DES SAINTS. ce tombeau si célèbre, qu'on y accourait de toute part pour terminer les diffé-

---

(1) Baluz. capitul., t. 1, p. 398.
(2) Greg. Tur., l. v, cap. 50.
(3) Spicil. Acher., vit. S. Eligii, t. v, p. 189.
(4) Bouquet, Rer. franc. script., t. ii, p. 451.

rents et découvrir la vérité des choses secrètes. Saint Ouen, son panégyriste, nous apprend qu'un jeune homme qui avait fait un vol, voulut en accuser son père. Comme les juges étaient embarrassés d'en découvrir le véritable auteur, ils condamnèrent le père et le fils à jurer sur le tombeau de saint Eloi : *judicio eos committunt beatissimo confessori.... tunc statuentes utrumque coram sancti sepulchro expectabant per sacramentum dei fore judicium* (1). Un particulier s'était emparé d'une terre de l'église de saint Eloi prétendant qu'elle lui appartenait. L'affaire ayant été portée au conseil du Roi, il fut décidé que l'accusé prouverait son dire par serment, selon la loi des Francs : *secundum Francorum legem* (2). Il se rendit au tombeau ; à peine y eut-il porté la main et prononcé la moitié de la formule du serment, qu'il fut frappé de mort : *cum importuna audacia posuisset juraturus manum super sanctum locum, in medio ferè sacramenti verbo contremiscens... mortem quam non timuit fortuita præventus miser incurrit*. Le lit où couchait saint Eloi, lorsqu'il allait au palais de Compiègne, était devenu presqu'aussi fameux que son tombeau. Une jeune femme soupçonnée par son mari de lui avoir été infidèle, et coupable en effet, consentit de se purger sur le lit du saint. Son effronterie fut punie, elle expira au lieu même : *constituit ergo eidem ejus sponsus, ut ad lectum beati Eligii hanc fidem sola persolveret... illa proterva et insolens sine ullo metu ad sancti lectum accurens, cœpit absque terrore id quod exigebatur jurare : sed mox ut manum lecto imposuit illico..... lugubriter expiravit* (3). Les actes de saint Hubert nous apprennent que ceux du Laonnois, du Noyonnois et du Soissonnois, n'avaient pas moins de confiance au tombeau de saint Hubert : *quam ob causam olim majorum consuetudine receptum fuit, ut Laudunenses, Novioduni, Suessiones, per sanctum Hubertum jurare consueverint* (4). Les Morins allaient jurer sur le tombeau de saint Omer, comme il paraît par ses actes, au sujet d'un parjure qui fut puni pour avoir affirmé par serment qu'il n'avait pas reçu une pièce d'argent qui lui avait été prêtée réellement : *Pergamus simul usque ad beati confessoris Christi Audomari venerabile sepulcrum, ut tu mihi ibidem per gloriosa ejusdem pontificis merita jurando confirmes, quod hic negare conaris* (5).

Nous voyons par une charte du roi Childebert du 14 décembre 710 (6), que six hommes de Ver et six de Lagny-le-Sec sont obligés de venir témoigner sur l'oratoire de saint Martin, qui était celui du Roi, qu'un moulin situé à Chalis n'avait jamais dépendu de Ver, mais de Lagny-le-Sec, qui appartenait à l'ab-

SUR L'ORATOIRE DE SAINT MARTIN ET SUR LES RELIQUES DES SAINTS.

(1) Spicil., supr., p. 287, c. 59.
(2) Ibid., p. 284, c. 55.
(3) Ibid., p. 297, c. 75.
(4) Bolland., act. SS., maii, t. VII, p. 276, n.° 12.
(5) Act. SS. Bened., t. II, p. 564, n.° 14.
(6) Preuv., part. II, p. ... n.° ...

baye de Saint-Denis. Par une autre de Raoul, comte de Clermont, de l'année 1161, qu'il jura sur l'autel et sur les reliques des saints: *super ipsum sacrosanctum altare et sanctas reliquias... juravi* (Voyez aussi trois chartes de 1178, une de 1180, une de 1189, deux de 1194, une de 1198, une de 1200, deux de 1206, une de 1214) (1). Par une autre de la collégiale de Saint-Fursy de Péronne, du mois d'octobre 1178, qu'on allait jurer dans cette église sur une côte de saint Laurent: *manibus extensis versus costam sancti Laurentii in monasterio sancti Fursei*. Par une autre de Hugues Ier, évêque de Soissons, qu'on devait faire des offrandes dans l'église de Nogent-l'Artaud, avant que de jurer sur les choses saintes, *juraturi ad sancta*. Par une autre de saint Frambourd, de Senlis, de l'an 1188, qu'on jurait dans cette église sur les saints Évangiles: *super sacrosancta juraverunt*. En novembre 1223, Raoul, de Clermont, jure *super sacrosancta* de garder à toujours l'abandon qu'il a fait à Philippe, comte de Boulogne et à ses hoirs, ou à défaut d'hoirs de son corps, à Louis VIII, roi de France. Gautier, seigneur d'Hallencourt, en Vimeux, au mois de juin 1199, jura dans l'église collégiale de Saint-Vulfran d'Abbeville sur le bois de la vraie croix, sur les chefs de saint Vulfran, de saint Firmin, martyr, et de saint Maxime, confesseur: *juravi super reliquias, videlicet super lignum sanctœ crucis et super caput beati Vulfranni et aliorum sanctorum, videlicet beati Firmini martiris, et beati Maximi confessoris* (2). Plusieurs personnes, hommes et femmes, du village de Commines, au diocèse de Térouanne, jurèrent dans l'église de Saint-Pierre, en 1213, sur le corps de Jésus-Christ et sur l'autel: *prœdicti viri et uxores eorum in ecclesia sancti Petri de Comines existentes ubi, hœc acta sunt, elevatis manibus versus sanctum corpus Domini, et sanctum altare, juraverunt* (3). Robert de Milly offre à l'évêque de Beauvais, en 1200, quatre seigneurs pour plèges: *qui supra sacrosanctas reliquias juraverunt* (4). Le roi Philippe Auguste, en 1215, donne commission à Gilon de Versailles et à Renaud de Bétizy pour faire jurer les maire et jurés de Beauvais *super sacrosancta* qu'ils seront fidèles à l'évêque (5). Marie, comtesse de Ponthieu, jure *super sacrosancta*, au mois de juillet 1225, qu'elle observera ce qu'elle a promis au Roi (6). Raoul de Coudun et Clémence, son épouse, amortissent, au mois de mars 1236, tout ce que l'abbaye de Chalis avait à Charle-Pont en leur censive, *super sacrosancta jurantes* (7). Landry du Maisnil, homme de fief de Bernard de Moreuil, seigneur de Villers-sur-Authie, promet

(1) Preuv., part. 1, n.° ...
(2) Preuv., part. 11, p. ... n.° ...
(3) Du Cange, Glossar., edit. nov., t. 111, col. 1612.
(4) Preuv., part. 11, n.° ...
(5) Loisel, mém. du Beauvoisis, p. 287.
(6) Preuv., part. 2, p. ... n.° ..,
(7) Ibid., n.° ...

par serment, fait au mois de juin 1237, sur la châsse de saint Josse, *juravit super confessorem predictum,* qu'il ne réclamerait rien dans la suite sur la dîme de Villers.

La coutume de jurer sur les reliques des saints avait encore lieu dans la ville d'Abbeville vers la fin du même siècle, comme il paraît par deux délibérations de l'Hôtel-de-Ville de l'an 1274. La première concerne un particulier qui avait donné un coup de couteau à un autre: *à la vue de Hemun nous le mesimes hors de nos prisons et le fesimes jurer sur sains que il videroit le vile et mouveroit dedens quinze jours à aler outremer, sans jamais revenir à tous.* Il est dit dans la seconde, qu'un autre particulier ayant donné un coup à la tête d'un de ses amis qui allait se baigner: *nous le fesimes venir en pleine Esquevinage devant nous, et li fesimes jurer seur sains que le plutost k'il porroit, que il feroit pais à l'amis comme de mellée.* On conserve dans les archives de l'Hôtel-de-Ville le reliquaire qui servait à cet effet. Le même usage se trouve dans les anciennes coutumes de la ville d'Amiens, mises au jour par M. Du Cange: *et devera li tesmoins tendre sa main as Sains pour jurer. Et si tost come li tesmoins sera agenouilliés pour jurer, et ara sa main seur les Sains .. si le jugemens est, et que le bataille soit, et qu'il y est wages.... et fera li Prevos aporter les Sains, et seront mis pardevant li, où il les tenra ense main, sil veut.... et fera jurer à cheli qui demande, seur Sains* (1). Nous finirons cet article par rapporter ce que nous avons lu dans une transaction du mois d'octobre 1345, entre les abbayes de Saint-Lucien de Beauvais et de Lannoy: *mettre le main au pis, s'il est prestres et jurer en parole de prestres en l'ame de nous; et se il est autres, seur saintes Evangiles en nom comme dessus.* Ainsi les prêtres ne juraient pas de la même manière que les séculiers.

CLXXIX.

DIVINATION PAR LE COMBAT SINGULIER, C'EST-A-DIRE PAR LE DUEL.

La manière de connaître le coupable ou l'innocent, de terminer les différents entre particuliers par la croix ou par le combat singulier, était une autre sorte de divination, d'autant plus criminelle que le peuple s'imaginait que Dieu eût plutôt fait un miracle, que de permettre que l'innocent succombât. Les capitulaires de Charlemagne (2) des années 779 et 803 semblent l'autoriser néanmoins en voulant que les affaires douteuses entre particuliers fussent décidées ou au jugement

---

(1) Glossar., au mot Campiones.   (2) Baluz., capitul., t. I, pr 193 et 395.

de la croix, c'est-à-dire en faveur de celui dont le champion tiendra plus longtemps les bras élevés en croix, ou par le duel, *aut cruce aut scuto et fuste contra eum decertet,* et que le champion qui était vaincu fût condamné à avoir la main coupée, et tous ceux de son parti à racheter la leur, comme faux témoins.

DANS L'ÉGLISE DE N.-D. DE SOISSONS.

On se préparait au combat en passant la nuit dans une église, au pied de la croix. Celle de N.-D. de Soissons était distinguée autrefois sur toutes les autres de la province. Les champions, avant que de se battre, venaient passer la nuit en prière devant le tombeau de saint Drausin. L'auteur de la vie du saint remarque que de son temps, c'est-à-dire vers la fin du IX.ᵉ siècle ou au commencement du X.ᵉ, ceux qui veillaient à son tombeau avant que de se battre en duel, étaient assurés de remporter la victoire : *siquis mundialis judicii certamen, necessitate coactus, inierit, aut duelli, vel belli naufragium quoquomodo adgredi temptaverit, mox hujus sancti viri merita huc imploraturus adveniens, et oblata salutis remedia obtinere se gaudens, felici spe jam de triumpho securus, gratulabundus hinc cum gratiarum actione abscedit* (1). Ce qui attirait à son sépulcre des personnes de tout pays, de tout âge et de tout sexe : *non modo cives et noti, sed advenæ et exules, omnisque sexus et ætas, de remotis etiam partibus excitati, ad ejus devotissimè diatim confluunt tombam.* La célébrité du tombeau de saint Drausin passa jusqu'en Orient. Anne Commène (2) rapporte qu'un seigneur français lui avait dit qu'il se trouvait dans son pays un temple, où ceux qui se devaient battre en duel allaient passer une nuit en prière. La chose est confirmée d'ailleurs par le récit de Jean de Salisbery, secrétaire de saint Thomas de Cantorbéry, et ensuite évêque de Chartres. Il assure (3) que, suivant la créance des Français et des Lorrains, saint Drausin rend invincibles les champions qui veillent à son tombeau, de sorte qu'on vient d'Italie et de Bourgogne pour implorer son secours, comme fit entr'autres Robert, comte de Montfort, qui y passa la nuit avant de se battre avec Henri, comte d'Essex : *est autem S. Drausius gloriosissimus confessor, qui, sicut Franci et Lotharingi credunt, pugiles, qui ad memoriam ejus pernoctant, reddit invictos, ut et de Burgundiá et de Italiá in tali necessitate confugiatur ad ipsum; nam et Robertus de Monteforti ibi pernoctavit adversus Henricum de Essexiá dimicaturus;* que saint Thomas de Cantorbéry (4), en 1195, veilla plusieurs nuits dans l'église de N.-D., avant que de jeter l'interdit sur ceux qui entretenaient la division dans l'église d'Angleterre. Ce fut, sans doute, par un semblable motif que les seigneurs de France et des Pays-Bas se

---

(1) D. M. Germ., Hist. de N.-D. de Soiss., pr., p. 427.
(2) Du Cange, Alexiad.
(3) Johan. Selesb. epist. 139.
(4) Ibid., et lib. 2, c. 9, de vit. et proces. S. Thomæ.

rendirent en 1198 dans la ville de Soissons et y reçurent dans l'église de N.-D., des mains de l'évêque Nivelon, la croix qui était la marque de leur engagement (1). Ville-Hardouin parle de l'assemblée des seigneurs croisés à Soissons (2).

Malgré des témoignages si formels en faveur de saint Drausin, un auteur qui a composé du temps de Louis-le-Jeune, un poème des actions de Guerin de Lorraine, prétend que le concours des champions et autres en l'église de N.-D. n'avait d'autre objet que la croix retirée de la rivière d'Aine par le duc Henry, après une bataille qu'il avait gagnée sur les Normands :

LES CHAMPIONS S'Y RENDAIENT-ILS PAR RESPECT POUR LE TOMBEAU DE SAINT DRAUSIN OU POUR LA CROIX.

> Si et l'emporta ou montier saint Drosin,
> Encore y est onques, qui n'en parti,
> Très bien le levent et vieillart et meschin.
> Veiller y vont encore li pélérin,
> Cil qui bataille veulent fere et fournir (3).

L'abbé Le Bœuf (4) veut aussi que ce ne fût ni pour saint Drausin, ni pour saint Voël que les champions se rendissent à Soissons, mais pour la croix, parce que Paschase Radebert (5) écrivait au ix.ᵉ siècle que l'église de cette abbaye avait eu la sainte croix pour premier titre, et que les anciens soldats chrétiens avaient été très dévots envers le même signe, qui avait fait remporter la victoire à Constantin. Au reste, il se pourrait faire qu'on eût perdu de vue le premier objet de la dévotion en l'église de N.-D., en attribuant à saint Drausin ce qui devait appartenir à la croix, car il est certain par le capitulaire d'Héristal, de l'année 779 (6), que le jugement de la croix était en usage du temps de Charlemagne. Si le cas est douteux, dit le capitulaire, les parties se tiendront debout devant la croix, et celui qui tombera le premier perdra sa cause : *quod si accusator contendere voluerit de ipso perjurio, stent ad crucem. Et si jurator vicerit, legem suam accusator emendet.* Nous nous ressouvenons parfaitement d'avoir vu autrefois appliqués contre le mur du chœur de N.-D., en face de la porte d'entrée de l'église, les restes d'une très-vieille croix de bois, qui avait servi, peut-être, à cet effet, ainsi que celle qui est sculptée sur le tombeau de saint Drausin, *accostée* de deux hommes de guerre, à rappeler le souvenir de l'ancienne pratique.

Cette manière d'interroger Dieu, ou plutôt de tenter ses décrets, fut employée à Laon au commencement du xii.ᵉ siècle. Guibert, abbé de Nogent (7), rapporte qu'un certain Anselme déroba des croix et des calices dans l'église de N.-D. et

A LAON, A SOISSONS, A CORBIE, A NOYON.

---

(1) Hist. de N.-D., supr., p. 87.
(2) Ville-Hard., p. 5, n.° 10.
(3) Du Cange, Not. in Anna Commen. Alex., l. x, p. 362, édit. 1670.
(4) Etabl. de la relig. en Soiss., p. 79.
(5) Exposit. in Psalm. 44.
(6) Baluz., capitul., t. i, p. 195, art. 10.
(7) Guib., oper. de vit. sua., l. iii, c. 14, p. 518.

les vendit à un orfèvre. Celui-ci ayant déclaré ce qu'il en savait, le voleur nia le fait. L'acheteur offrit de le prouver par le duel. Anselme accepta le défi et tua l'orfèvre : *is contra datis vadibus eum pugillaturus impetit. Nec distulit.... ille qui furem compellaverat, victus ruit.* Qu'on juge de l'infaillibilité du moyen. Il fut aussi mis en usage en 1135 par un Prévôt royal que LouisVI avait député pour terminer le différent qui était entre Teulfe, abbé de Saint-Crépin-le-Grand et un certain Willard, au sujet d'un fief situé à Betisy (1). Les champions étaient nommés. Josselin, évêque de Soissons, le comte Renaud et l'archidiacre Ebale se firent médiateurs, et le différent fut terminé. Le débat qui durait depuis longtemps entre le comte de Ponthieu et le seigneur de Saint-Valery, et qui devait être terminé par le duel en la cour de l'abbé de Corbie, finit de même par le conseil de personnes sages et prudentes (2). Un autre au sujet d'un herbage situé entre Bourcine et Reuil, en Beauvoisis, fut jugé de même vers l'année 1139 (3). On voit par une charte de l'abbaye de Saint-Jean de Laon, que deux hommes de cette église donnèrent le gage de bataille en 1161, pour terminer par le duel le différent qu'ils avaient ensemble : *producti testes legitimi et sufficientes jurare parati fuerant, cum Ernaldus unum eorum appellavit et hinc inde, vagiis datis, lex utrinque suscepta est duelli.* Enguerrand de Crévecœur se réserve, en 1190, le duel dans l'étendue des fiefs mouvants de lui, que les hôtes et les domestiques de l'abbaye de Saint-Lucien de Beauvais faisaient valoir : *de duellis, quantum ad me pertinet..... in manu mea retineo* (4). Le jugement par le duel, autrement dit la Monomachie, est autorisé par des lettres d'Etienne, évêque de Noyon, de l'année 1197 (5). L'abbé de Saint-Eloi pouvait le faire dans son abbaye, et le chantre de la cathédrale était tenu de s'y rendre, s'il était invité, pour lui donner conseil : *si abbas apud sanctum Eligium judicium monomachiæ..... tenere voluerit, cantor, si in civitate fuerit, rogatus accedere debet, suumque consilium impertiri.* On cite une sentence (6) de l'officialité de Soissons en faveur de l'abbé de Saint-Crépin-le-Grand, qui condamne à l'amende deux habitants de Jouy, pour avoir demandé à l'abbé champ clos et jour pour se battre, et pour n'avoir pas mis le défi à exécution.

EN VERMANDOIS, EN PONTHIEU ET EN BEAUVOISIS.

Eléonor, comtesse du Vermandois, devait fournir le champ clos à Chauni aux habitants de Viry, comme il paraît par ses lettres de l'an 1191 : *Minister B. Mariæ debet tenere usque ad duellum placita, et tunc ab eodem ministro receptis obsidibus duelli, ipse minister duellum et obsides tradit servienti meo, qui est*

---

(1) Mabil., de re diplom., l. vi, p, 600.
(2) Preuv., part. 2, p...., n.°...
(3) Preuv., part. 1, n.°...
(4) Preuv., part. 1, n.°...
(5) Mabil., suprà, p. 604, n.° 186.
(6) Mém. de Trévoux, juin 1711, p. 1038.

præpositus Viriaci, ad ducundum Cauniacum, usque ad domum meam (1). Par la coutume de Saint-Quentin de l'an 1195, celui qui ne voulait pas acquiescer à un jugement, pouvait demander contre ses juges le champ clos et le duel dans la ville de Saint-Quentin : *si ille contra quem fit judicium, non concedit illud judicium, per campum et duellum poterit illud contradicere intra villam Sancti-Quintini, contra illos qui judicium fecerint* (2). Par la charte de la commune de Péronne de l'an 1207, le duel devait se faire en la cour du roi, qui était alors en possession de cette ville : *si duellum inde indicatum fuerit, fiet in curiá nostrá, sicut debet fieri de quibuscumque rebus duellum fuerit indicatum* (3). Par celle de la commune de Chambly, en Beauvoisis, de l'année 1222, il appartenait au roi quinze sols pour le gage de bataille, trente pour les ôtages et soixante-sept et demi pour avoir été vaincu (4). Des lettres du roi Philippe-Auguste de l'année 1200 donnent aux habitants de Liancourt, procès pendant entr'eux et l'église de Beauvais, la faculté de se purger pardevant des commissaires du Parlement, de l'accusation d'homicide intentée contr'eux, par la *Monomachie*, c'est-à-dire par le duel (5). On voit par une autre charte de l'an 1236 que l'abbaye de Saint-Quentin-en-Isle avait le droit de duel dans une terre située en Vermandois : *si qui provocaverint se ad duellum in prædictá villa, causa tractari debet per ecclesiam..... et tota matatio duelli ad ecclesiam pertinebit* (6). Les statuts des brasseurs de la ville d'Abbeville de l'année 1256 (7) font voir les formalités qui devaient être observées dans les duels pour différents survenus entre les membres de cette communauté. Beaumanoir a donné deux chapitres, l'un des cas où la bataille, c'est-à-dire le duel était permis dans le Beauvoisis (8); l'autre de la manière que les champions devaient se présenter pour combattre, des serments qu'ils devaient faire, enfin de tout ce qui concerne le combat depuis le commencement jusqu'à la fin (9). Mais il est bon d'observer que les gens d'église ainsi que les communautés civiles et politiques avaient un champion à leurs gages pour se battre en leur lieu et place. Ainsi Elinand, évêque de Laon, ayant taxé de parjure et d'excommunié, en plein concile tenu à Soissons, Lancelin, comte de Dammartin, le prélat offrit un chevalier pour le convaincre par le duel : *militem obtuli, qui eum, si negaret, duello convinceret* (10). Ainsi, un certain Godefroy, dit Blondel, se reconnaît être le champion des maire, pairs et de la commu-

---

(1) Du Cange, Gloss. au mot Duellum, col. 1677.
(2) Not. et observ. sur les cout. du Beauvoisis, de Beaumanoir, p. 452.
(3) Du Cange, Gloss., suprà.
(4) Preuv., part. 2, p. ..., n.° ...
(5) Preuv., suprà, n.° ...
(6) Du Cange, Gloss. suprà, col. 1678.
(7) Preuv., part. 2, p. ..., n.° ...
(8) Cout. du Beauv., c. 63, p. 322.
(9) Ibid., c. 64, p. 327 et suiv.
(10) Louvet, Hist. de Beauvais, t. II, p. 208.

nauté de la ville de Beauvais, moyennant vingt sols parisis de rente. Ses lettres sont du 9 août 1256 (1); par conséquent, c'est ce champion aux gages de la ville, qui tint le duel ordonné vers l'an 1213 pour terminer un différent entre l'évêque et le corps municipal (2). Nous passons une infinité d'autres exemples qui prouvent que l'épreuve par le duel a été en usage longtemps dans toutes les parties de notre province.

ABOLITION DU COMBAT SINGULIER.

Comme cette pratique détestable allait toujours en augmentant, on prit des moyens pour l'empêcher. Ainsi Guillaume, comte de Flandre, donnant en 1127 des lois à la ville de Saint-Omer, veut que le crime soit démontré, non par le duel, mais par témoins ou par preuves, suivant la forme du droit : *si qui clamorem adversus eos suscitaverint, judicium scabinorum de omni clamore sine duello subeant. A duello vero ulterius liberi sunt* (3). Hugue, abbé de Saint-Riquier, en 1228, convertit le duel qui était en usage dans ses terres, en une amende de sep tsols six deniers : *de quâ emendâ (nempe* VII *solidorum et* VI *denariorum) soli juramento servientis S. Richarii credetur, absque lege aliâ seu duello*(4). L'église de Soissons (5) s'adressa, en 1253, au pape Innocent IV, pour être dispensée d'acquiescer au jugement du duel et de fournir des champions : elle en obtint deux bulles datées du mois d'octobre par lesquelles cette pratique est absolument reprouvée, nonobstant coutume contraire, comme abus dangereux : *duelli judicio penitus reprobato, non obstante contrariâ consuetudine quæ dicenda est potius corruptela.* Le Saint-Père ordonnait aux juges de recevoir toute autre preuve prescrite par le droit, et chargeait les doyens de Laon et de Cambrai, qu'il nomme à cet effet conservateurs des droits du chapitre, d'y contraindre par censure les contrevenants. En effet, les lois mêmes du siècle, dit le célèbre abbé de Vendôme (6), ne le permettent en aucune manière, et les SS. canons le défendent absolument : *quia sœculi leges nullâ ratione fieri permittunt, et sacri canones omninò ne fiant interdicunt.* Cependant Philippe-le-Bel fit, en 1306, une ordonnance pour régler les formalités du duel judiciaire, mais en certains cas seulement. *Nous voulons que en défaut d'autre poinct, celuy ou ceux, qui par indices ou présumptions semblables à vérité pour avoir ce faict, soient de tels faicts soupçonnez, appellez et citez à gages de bataille et souffreront quand en ce cas les gaiges de bataille avoir lieu* (7). Enfin, vers

---

(1) Preuv., part, 1, n.º ...
(2) Louvet, suprà, p. 542.
(3) Duchesne, Hist. de Guines, pr., p. 194.
(4) Du Cange, Gloss. suprà, col. 1677.
(5) Mém. de Trévoux, suprà, p. 1034-1035.
(6) Godefr. Vindoc., l. III, epist. 58.
(7) Du Cange, Gloss., t. II, col. 1680.

la fin du xv.ᵉ siècle, *les duels ne furent plus qu'une délicatesse de point d'honneur et un moyen de vengeance* (1).

CLXXX.¹ᵒ
DIVINATION OU ÉPREUVE PAR LE FER ROUGE.

Agobart, archevêque de Lyon, a fait un traité contre la superstitieuse opinion de ceux qui croyaient que Dieu manifestait la vérité, non-seulement par des combats cruels, mais aussi par les épreuves du feu et de l'eau, *non oportet mentem fidelem suspicari quod omnipotens Deus occulta hominum in præsenti vitâ per aquam calidam aut ferrum revelare possit. Quanto minus per crudelia certamina* (2). *Rien de plus commun*, dit un auteur, *depuis le* vi.ᵉ *siècle jusqu'au* xiii.ᵉ, *que de voir prouver un fait et se justifier d'un crime par l'épreuve du feu; d'où est venue cette manière assez usitée : j'en mettrais la main au feu* (3). Il est surprenant que Charlemagne ait autorisé cette épreuve. Elle se trouve dans les additions faites en 803 par ce prince à la loi salique : *si quelqu'un*, dit-il, *tue un de ses proches et le nie, qu'il soit examiné par le jugement de Dieu, c'est-à-dire qu'il touche neuf coutres ou barres de fer rouge : ad novem vomeres ignitos judicio Dei examinandus accedat* (4). Nous doutons que l'ouvrage d'Agobart ait fait changer cet article, car Hincmar, archevêque de Reims, travailla en même temps à faire voir que l'épreuve du feu était fondée sur plusieurs passages de l'Ecriture (5). C'est pourquoi elle persévérait au diocèse de Térouanne vers le milieu du xi.ᵉ siècle, c'est-à-dire entre 1030 et 1038 (6). Elle était encore en usage dans le diocèse de Noyon à la fin du xiv.ᵉ siècle, comme il paraît par le pontifical de cette église (7). On y voit que la cérémonie se faisait sous le porche de l'église, que le prêtre commençait par une courte exhortation au peuple, qu'il interdisait au coupable l'entrée de l'église, qu'il bénissait le lieu où le fer devait être chauffé, qu'après avoir célébré une messe propre et avant que de mettre au feu, il le bénissait; et de nouveau lorsqu'il était rougi, que le coupable était exorcisé et prononçait des imprécations contre lui-même, que l'épreuve faite, on lui enveloppait la main et on la cachetait de cire bénite, qu'on lui faisait boire de l'eau qui avait été bénite, qu'enfin on en mêlait, ainsi que du sel, dans son boire et dans son manger jusqu'à ce que la vérification de l'é-

(1) Mém. de Trévoux, supr., p. 1053.
(2) Agob. oper., t. ɪ, p. 116.
(3) Trait. des superst. anc. et mod., t. ɪ, p. 208, col. 1, édit. 1733.
(4) Baluz. capitul., t. ɪ. p. 389, art. 5.
(5) Hinc., de divorc. Lothar. et Tétberg., p. 603
(6) Preuv., part. ɪɪ, n.ᵒ...
(7) Marten., de antiq. eccles. rit., t. ɪɪ, c. 963 et seqq.

preuve eût été faite. L'oraison pour la bénédiction du fer rouge se trouve à peu près la même dans le pontifical manuscrit de Jean de Dorman, évêque de Beauvais, que dans celui de Noyon.

CLXXX.2°
L'ÉPREUVE DU FEU EMPLOYÉE POUR CONSTATER LA VÉRITÉ DES RELIQUES.

L'épreuve du feu était employée aussi dans la Picardie pour constater l'authenticité des reliques. La formule s'en trouvait dans deux manuscrits de l'abbaye de Saint-Remy de Reims, de plus de cinq cents ans, que le feu a consumés le 15 janvier 1774 (1). Un bras de saint Arnould, martyr, ayant été apporté à Clermont, en Beauvoisis, par un inconnu, les habitants voulant s'assurer s'il en était véritablement, le jetèrent dans le feu. La relique, dit Guibert, sauta soudainement du brasier : *brachium Beati Arnulphi martyris in oppido unde eram oriundus habebatur, quod à quodam locis illis illatum cum oppidanos reddidisset ambiguos, ad probationem ignibus est injectum; sed ex inde saltu subito est ereptum* (2). Au x.⁵ siècle, le corps de sainte Rotrude, sur la vérité duquel un certain Bochard avait fait naître quelques soupçons, passa par le même examen et avec le même succès, à Andres, au comté de Guines (3). La vérification s'en fit en présence du comte et d'une multitude de personnes de tout état qui avaient été invitées à la cérémonie : *religiosum comitem ad hoc induxit (abbas Andrensis), ut per ignis judicium sanctum famulæ Dei corpus examinaretur. Et die statuto ad hoc spectaculum totius populi universitas per edictum publicum convocaretur..... Sed quidquid livor hostilis beati Rotrudi præcogitavit ad contumeliam, totum ei cessit ad gloriam.* Ce fait est tiré de la chronique d'Andres. Le concile de Sarragosse, en Espagne, de l'an 592 (4), avait ordonné que toutes les reliques qui viendraient des lieux infectés par l'hérésie des Ariens, subissent la même épreuve.

CLXXXI.
ÉPREUVE DE L'EAU CHAUDE.

Celle de l'eau, froide ou bouillante, se faisait dans les mêmes vues que celle du feu et avec les mêmes cérémonies. L'expérience de l'eau bouillante est de

---

(1) Marten., de antiq. eccles. rit., t. II, col. 969.

(2) Guib., supr., p. 524, col. 1.

(3) Spicil. d'Acher., t. IX, p, 342.

(4) Concil. Labb., t. V, col. 1600, can. 2.

la plus haute antiquité. Eumène (1) en parle dans son panégyrique de Constantin. Le fameux Gotescale, moine d'Orbais (2), ayant été condamné par les évêques, demanda la permission de prouver ses sentiments sur le *Trina deitas*, non par l'eau chaude, ce n'était pas assez, mais en passant successivement par trois chaudières pleines, la première de graisse, la seconde d'huile et la troisième de poix bouillante. L'épeuve de l'eau chaude était en usage à Noyon, en même temps que celle du fer chaud. C'était la même cérémonie, les mêmes prières dans l'une que dans l'autre, selon le pontifical dont nous avons parlé ci-dessus (3).

CLXXXII.
ÉPREUVE DE L'EAU FROIDE. CÉRÉMONIES OBSERVÉES.

Si l'épreuve de l'eau froide eût été ordonnée en 824, comme l'assurent Marculphe (4) et un ancien cérémonial rédigé du temps de Louis-le-Débonnaire et d'Ebbes, archevêque de Reims, par le pape Eugène II (5), à la réquisition de l'Empereur, et cela, dit le cérémonial, pour détourner les fidèles de jurer sur l'autel et sur les reliques : si cela était ainsi, elle eût existé bien peu de temps, car Louis-le-Débonnaire (6) la défendit en 828 : *ut examen aquœ frigidœ quod hactenus faciebant a missis nostris omnibus interdicatur ne ulterius fiat*. Elle ne fut pas abolie totalement : l'examen, par l'eau froide, des coupables de vol; d'adultère et généralement de ceux qui avaient fait quelqu'injustice, était d'un usage aussi étendu dans la Picardie au xii.ᵉ siècle, que pouvait-être celui par l'eau chaude. Mais les règles en étaient différentes. Là, l'eau respectait l'innocent; ici, au contraire, l'eau épargnait le coupable pour engloutir celui qui ne l'était pas. L'homme nu, absolument, avait le pied droit lié avec la main gauche, et le pied gauche avec la main droite pour qu'il ne pût remuer. On le jetait à l'eau en le tenant par une corde. Le moine Herman (7) nous a laissé un récit fort détaillé de l'épreuve à l'eau froide, faite à Laon, pour découvrir un vol qui avait été commis dans l'église cathédrale. Comme il était difficile de découvrir l'auteur, maître Anselme, qui passait pour la lumière du pays, proposa un moyen qui fut de procéder d'abord à la découverte de la paroisse du coupable, en prenant dans chacune des paroisses de la ville un enfant et de le plonger dans l'eau bénite ; la paroisse du coupable connue, de faire la même chose dans

---

(1) Eumen., panegyr. Constantin. c. 21, p. 216.
(2) Hincm. oper., t. i, p. 433
(3) Supr., p. 963.
(4) Formul. Marcul., p. 1031.

(5) Marten., de antiq. eccles. rit., supr., col. 932.
(6) Concil. Labb,, t. vii, col. 1587, c. 12.
(7) Guib. oper., append., p. 558, col. 2.

chacune des maisons, et la maison découverte, d'obliger ensuite tous ceux qui l'habitaient de se purger par le jugement de l'eau. Le soupçon tomba sur six personnes, du nombre desquelles était ce certain Anselme dont nous avons parlé à l'article du duel. Celui-ci, ayant essayé l'épreuve en son particulier et s'étant vu enfoncer dans l'eau, crut qu'il n'avait rien à craindre; mais lorsqu'on en vint à l'examen juridique, il demeura sur l'eau comme un morceau de liége, ainsi que deux autres de ses complices; les trois autres surnagèrent : *venit dies constituta, confluit ad ecclesiam innumera multitudo..... Qui ergo primus in aquam positus est, salvus et gaudens exiit; secundus autem corruit; tertius salvus; quartus inventus est reus; quintus liberatus; sextus idem Anselmus culpabilis invenitur.*

A SOISSONS. C'est aussi par l'examen de l'eau froide que furent découverts, en 1114, les Manichéens de Buci-le-Long, près Soissons, et de Dormans, qui cachaient leur hérésie, en se parjurant comme les anciens Priscillianistes (1). Lisiard, évêque de Soissons, chargea Guibert, abbé de Nogent, d'interroger les deux frères de Buci, Clementius et Ebrard, sur leurs erreurs. Leurs réponses vagues les firent appliquer à la question de l'eau : *addicti sunt judicio exorcizatæ aquæ.* Le prélat dit la messe. Il leur donna l'Eucharistie, comme première épreuve pour ceux qui étaient soupçonnés d'hérésie. Après la bénédiction de l'eau et les exorcismes, on jeta Clementius, chef de la secte, dans une cuve pleine d'eau. Il y surnagea comme le bois le plus léger : *Clementius in dolium missus, ac si virga supernatat.* Ebrard, craignant le même sort, avoua ses erreurs. Les deux hérétiques de Dormans (2), qui étaient venus pour voir l'issue de cette affaire, furent arrêtés. Guibert ne dit pas s'ils passèrent par la même épreuve. Ce qu'il y a de certain, c'est que le peuple les brûla tous quatre sans attendre le jugement du concile de Beauvais, que l'évêque de Soissons était allé consulter. La cérémonie de l'épreuve par l'eau froide est très-détaillée dans le rituel de Nivelon, rédigé entre les années 1180 et 1191. D. Martenne (3) l'a donné parmi ses rites ecclésiastiques. Comme il en a abrégé les formules de prières et supprimé la litanie qui était récitée par deux curés cardinaux, nous avons cru devoir faire réimprimer cette cérémonie telle qu'elle se trouve dans le MS. de la cathédrale de Soissons (4). En voici le précis : l'introït, l'épître, le graduel, l'évangile, enfin les autres prières de la messe tendent à inspirer la frayeur des jugements de Dieu. Le célébrant, après la communion, conjure, par manière d'exorcisme, l'accusé de ne pas s'approcher de la communion, s'il est coupable. La messe finie, il fait sur lui une aspersion d'eau

---

(1) Guib. oper, append., p. 519, col. 1 et seqq.
(2) Ibid., p. 520, col. 2.
(3) De antiq. eccles. rit., t. II, col. 958 et seqq.
(4) Preuv. part., 1. p. ..., n.° ...

bénite. On le conduit ensuite au lieu où se doit faire l'épreuve. Le doyen de chrétienté commence par bénir l'eau; deux curés cardinaux récitent les litanies. Le doyen conjure l'eau de ne pas recevoir l'accusé dans son sein, de le laisser surnager, s'il est coupable. Il conjure de même l'accusé, qu'il ne puisse enfoncer dans l'eau, s'il a accusé faux dans l'interrogatoire. Cela fait, on l'arrange comme nous l'avons dit pour l'y plonger. Ce cérémonial était observé au village d'Armentières. Il en est fait mention dans une charte de l'an 1197 (1).

Le jugement de l'eau froide était en usage à Noyon dans le même temps. On le voit cité (2) avec celui du combat singulier, dans les lettres de l'évêque Etienne, de l'an 1197, touchant l'accord, dont nous avons déjà parlé, entre l'abbé de Saint-Eloi et le chantre de l'église de Noyon : *item si abbas apud sanctum Eligium judicium..... vel aquœ frigidœ tenere voluerit, etc.* D. Martenne (3) nous en a conservé aussi le cérémonial, tel qu'il s'observait dans l'église de Noyon à la fin du XIV.ᵉ siècle. Il diffère en plusieurs choses de celui de Soissons. D'abord la messe, à l'exception de l'introït, n'est pas la même. Lorsqu'elle était finie, au lieu de jeter de l'eau bénite sur l'accusé, on lui en faisait boire, ce qui est conforme à l'ancien *Ordo* d'Ebbon, archevêque de Reims (4). Après les quatre oraisons pour l'exorcisme de l'eau, on le dépouillait, on lui faisait baiser l'évangile et la croix, avant que de l'exorciser pour la dernière fois. On observe à la fin que les ministres de cette cérémonie devaient être à jeûn. Un certain Bocherel (5), de la châtellenie de Montdidier, ayant subi la même épreuve dans la ville de Montdidier, pour cause de meurtre, succomba et fut justicié par les officiers du roi. Bernard Pez (6) a fait voir que tous ces jugements auxquels on osait, sans scrupule, donner le nom respectable de *Jugement de Dieu*, avaient eu cours jusqu'en 1257, quoiqu'ils eussent été défendus par le IV.ᵉ concile de Latran, c'est-à-dire en 1215.

A NOYON ET A MONTDIDIER.

L'épreuve de l'eau froide recommença sur la fin du XVI.ᵉ siècle, non pour découvrir les voleurs et les autres criminels, comme on faisait autrefois, mais uniquement pour reconnaître les sorciers, les magiciens, les chevaucheurs de Ramons ou d'Escouvettes, comme on les nommait dans le Valois (7). Enfin, cette épreuve, même en accusation de sortilége, fut défendue par arrêt du Parlement de Paris (8), rendu à la Tournelle en 1601. Il est ordonné qu'il sera enregistré dans tous les greffes et publié dans tous les sièges du ressort de la cour, pour

ELLE EST EMPLOYÉE DANS LA SUITE POUR DÉCOUVRIR LES SORCIERS ET LES MAGICIENS.

---

(1) Preuv. part. 2, p...., n.° ...
(2) Voyez ci-dessus, p. 334.
(3) De antiq. eccles. rit., t. II, col. 960 et seqq.
(4) Ibid., col. 932.
(5) Preuv. part. 2, p...., n.° ...
(6) Marten., supr., col. 930.
(7) Carlier, Hist. du Valois, t. II, p. 591.
(8) Legendre, Trait. de l'opin., p. 355.

servir de règlement général. Nos Picards ont été entêtés de ces rêveries pendant longtemps. Plusieurs, peut-être, parmi le peuple ne sont-ils pas revenus parfaitement des préjugés du sabbat, assemblée nocturne d'hommes et de femmes, à laquelle, dit-on, le diable préside. C'est ce qu'une chronique française de l'abbaye de Saint-Riquier, commençant à saint Louis et finissant à Louis XI, nomme, sous l'an 1458, *cas de vauderie*, c'est-à-dire, crime de vaudois. En effet, vaudois et sorcier étaient deux noms synonymes aux xv.⁰ et xvi.⁰ siècles. Nous voyons dans un acte capitulaire de l'église de Saint-Fursy de Péronne, du 7 de juin 1591, qu'un certain Roussel, curé de Saint-Sauveur de cette ville, ayant été cité en plein Chapitre, sur la plainte formée contre lui, qu'il s'était servi d'un vaudois pour se faire guérir de la fièvre, il répondit qu'il ne savait s'il était vaudois ou non, s'il y avait superstition ou non, que quoiqu'il en fût, ce vaudois l'avait guéri, en lui appliquant de la cire vierge sur le poignet.

CLXXXIII.[1]

ANNEAU MAGIQUE, TROUVÉ A AMIENS.

Dès le xii.⁰ siècle, on voyait aussi dans la Picardie des anneaux magiques. M. le comte de Caylus (1) en a fait graver un qui a été trouvé en 1763 dans une fondrière, à une lieue d'Amiens. Le corps de l'anneau est simple et carré, du poids d'un demi gros vingt-quatre grains; son diamètre extérieur porte dix lignes; l'intérieur, huit lignes un tiers. Ses quatre faces sont chargées de caractères du xii.⁰ siècle, gravés en creux. On y voit le nom de Jésus-Christ en abrégé, l'*alpha* dans la seconde ligne, l'*adonaï* à la fin de la troisième, l'*agla* dans la même ligne, et les croix répétées dans chacune, ce qui se trouve très fréquemment sur les monumens de cette espèce de superstition. M. Jardel de Braine conserve aussi un *Abraxas* égyptien, composé pour servir d'amulette. Il a été trouvé à Fère, en Tardenois.

CLXXXIII.[2]

SUPERSTITIONS TOUCHANT LES JOURS HEUREUX ET MALHEUREUX ET TOUCHANT CERTAINS RÉGIMES PLACÉS A LA TÊTE DES LIVRES LITURGIQUES.

Une foule de superstitions plus absurdes encore et plus déshonorantes pour la religion pure, fut ressuscitée de même vers la fin du ix.⁰ siècle. Nous commen-

---

(1) Rec. d'antiq., t. vi, p. 404, pl. cxxx, n.⁰ˢ 6 et 7.

cerons par les superstitions physiques, si l'on peut parler ainsi. La philosophie des Arabes avait introduit chez nous des règles de médecine pour la conservation de la santé, suivant les saisons et les mois, et la distinction de certains jours sinistres et périlleux, qu'on appelait *jours aegyptiaques*. Le premier et le sept de janvier, par exemple, étaient à craindre. Il fallait pendant ce mois manger chaud et des choses liquides, ne pas trop boire, prendre les bains et se faire saigner; selon d'autres, il s'en fallait bien donner de garde, prendre certaine potion faite avec des plantes qui sont indiquées. Ainsi des autres mois. Ce qu'il y a de plus étonnant, c'est que le détail des saignées, des remèdes et d'autres choses que nous n'osons nommer, se trouve dans les calendriers des livres ecclésiastiques. Nous voyons ces impertinences mises en vers à la tête d'un obituaire de la cathédrale de Soissons du xii.º siècle (1), dans le calendrier du Missel de la cathédrale d'Amiens (2), imprimé à Paris en 1555. Ici le texte qui est à la tête de chaque mois en un vers et un demi-vers, a sa glose en quatre vers à la fin de chaque mois. Mais l'un et l'autre directoires superstitieux n'entrent point dans un aussi grand détail que le recueil écrit en 1268, à Saint-Omer, en langage vulgaire (3). L'abbé Le Bœuf l'a tiré du MS. coté 218 du collége de Navarre. Cependant les recettes que nous donnons d'après un MS. du xiii.º siècle de l'abbaye de Corbie, sont encore plus étendues (4). Ces idées bizarres, touchant la médecine, commencèrent à avoir vogue au ix.º siècle. Car Pardulfe (5), évêque de Laon, conseilla à Hincmar, qui relevait de maladie, de se donner bien de garde de manger des petits poissons le jour qu'on les aurait pêchés, comme de toute sorte de viandes fraîches, soit de volailles, soit d'autres animaux tués du même jour, de les bien saler avant que d'en manger, afin d'en sécher toute l'humidité; de n'user que de la chair des animaux à quatre pieds et de préférer le lard à toute autre viande; de s'abstenir surtout de persil; l'assurant que sans ce régime il était difficile à un convalescent de rétablir la faiblesse de son estomac. Nos compatriotes sont revenus de ces idées folles; mais ils n'ont pas encore renoncé, les gens de la campagne surtout, à la croyance superstitieuse que lorsqu'une personne expire, son âme va se laver dans l'eau qui se trouve dans la maison; c'est pourquoi au moment de l'agonie, on a grand soin d'en faire provision de nouvelle et de la jeter, aussitôt les derniers soupirs rendus; qu'en laissant une fosse ouverte du jour au lendemain, il mourra dans la même semaine quelqu'un de la famille du défunt ou des habitants de la paroisse. M. Saint-Belvacque, curé de Mauencourt

---

(1) Preuv.. part. 1, p.... n.º ...
(2) Ibid., part. 2, p.... n.º ...
(3) Ibid., part. 3, p.... n.º ...

(4) Ibid., part. 4, p.... n.º ...
(5) Hincm. oper., t. ii, p. 838.

près Péronne, nous a mandé en 1773, que ces pratiques superstitieuses étaient assez universelles dans tout le canton. Nous sommes bien informé qu'elles ont lieu aussi dans l'Amiénois, comme plusieurs autres dont le détail deviendrait insipide.

CLXXXIV.

VESTIGES DES MYSTÈRES DU DIEU MYTRAS A SAINT-GEORGE-LES-ROYE.

En voici d'une autre espèce. Le mois de janvier était consacré aux mystères du Dieu Mytras. L'idée en subsistait encore au xii.ᵉ siècle en Picardie. Elle s'y conservera tant que l'église de Saint-George, bâtie au Sud-Est de la ville de Roye, existera. Il est surprenant de voir en dedans et en dehors de cette paroisse, qui était autrefois beaucoup plus considérable qu'aujourd'hui, tant de vestiges du paganisme. Dans l'intérieur tous les chapiteaux des colonnes de la nef, qui formaient des arcades ouvertes, et ceux des pilastres qui s'élèvent contre les murs du chœur sont chargés de sculptures fort grossières représentant les différents signes du zodiaque; c'est d'un côté les gémeaux; d'un autre l'écrevisse : ici le scorpion; là les poissons; et partout le serpent entortillé. On sait que les anciens (1) voulaient exprimer par cette figure le cours oblique du soleil dans le zodiaque. Au chapiteau d'un pilier de la nef, du côté du midi, c'est le signe de la vierge représentée dans une attitude très indécente. Les autres chapiteaux sont masqués par de la maçonnerie faites après coup. On voit sur le linteau de la porte de l'église, en bas-relief, un centaure ou l'*arci-tenens* et une syrène qui est peut-être le signe de la vierge répété; sur le chapiteau d'une des deux petites colonnes accolées, qui supportent le cintre d'une fenêtre placée au rond-point du chœur et bouchée aujourd'hui, Mytras ou le soleil. Il y est représenté sous la figure d'un homme vêtu à la gauloise, et monté sur un cerf dont il tient les bois. Le cerf passe sur un scorpion qui semble vouloir, avec ses pinces, lui serrer les pieds; c'est le soleil au signe du scorpion. Une chose remarquable dans la manière que cette église est orientée, c'est qu'au temps des équinoxes, avant que cette fenêtre fût bouchée, le soleil, à son lever, la traversait d'un bout à l'autre en ligne droite; ce qu'il fait encore à son coucher lorsque la grande porte de l'église est ouverte. Toutes les figures monstrueuses qui faisaient partie des mystères de Mytras ont été employées à orner l'entablement qui règne autour de cet édifice. Il est formé de petits cintres posés sur des têtes d'animaux, comme cochons,

(1) Macrob., l. i, chap. 9.

sangliers, etc. On sait que les dévots au Dieu Mytras se transformaient en ces sortes d'animaux pendant les fêtes qui étaient célébrées en son honneur ; voilà peut-être l'origine des mascarades du mois de janvier. Du côté du Midi, ces cintres renferment des masques. On remarque dans l'un de ces cintres le *Lituus* ou le bâton augural. Il y est double. Dans un autre tout près du clocher, on a enchâssé après coup une pierre sur laquelle est sculptée une croix à la grecque. C'est le seul monument religieux qui paraisse dans tout l'édifice ; de sorte qu'on dirait qu'il eût été bâti au milieu du paganisme. Cependant l'abbé Le Bœuf, qui l'avait bien examiné, a écrit au Père Daire, célestin, le 15 de mars 1755, que c'était un édifice du XII.e siècle et rien de plus. Il avait déjà dit dans un autre ouvrage (1) que l'on vit bien longtemps après l'établissement du christianisme les douze signes du zodiaque représentés aux portes et sur le pavé des églises.

CLXXXV.
RESTES DU CULTE RENDU AUX ARBRES EN PICARDIE.

Les Belges devenus chrétiens abandonnèrent, il est vrai, le culte idolâtrique qu'ils rendaient aux arbres ; mais ils ne purent renoncer à certaines pratiques qui en provenaient, telles que de planter des arbres aux portes le premier jour de mai, de jouer *au verd*, c'est-à-dire d'avoir pendant tout le mois quelque feuillage, de sorte que celui des deux joueurs qui était pris *sans verd* encourait l'amende. A Rome, aux XIII.e, XIV.e et XV.e siècles, il fallait porter sur soi, pendant les premiers jours de mai, une branche ou du moins une feuille de verdure. Enfin ils conservèrent l'usage de faire aux grandes solennités ce que l'on appelait la *ramée* et la *jonchée*. La cérémonie du mai et le dicton vulgaire, *je vous prends sans verd*, sont très connus dans la Picardie. Si l'on veut en savoir l'origine, il n'y a qu'à consulter les savantes recherches de M. Dreux du Radier (2).

Voici seulement quelques faits particuliers à la province : Enguerrand de Coucy, comte de Perche, se fait arbitre, en juillet 1267, d'un différent entre les religieux de Thenailles, en Thiérache, et les bourgeois de Vervins, au sujet des arbres que ceux-ci avaient été couper dans le bois de Fay, pour le premier jour de mai (3). Le 25 d'avril, jour de saint Marc (4), la jeunesse de Soissons s'assemblait dans le chapitre de l'abbaye de Saint-Crépin-le-Grand pour faire l'élection d'un chef qu'on appelait le *Prince de la Jeunesse*. On élisait ensuite ses

LA CÉRÉMONIE DU MAI.

(1) Etabliss. de la relig. dans le Soiss., p. 28, not.
(2) Journ. de Verdun 1754, p. 359-372. — Octobre 1750, p. 266-268.
(3) Arch. de l'abb. de Thenailles.
(4) Dormay, hist. de Soiss., t. II, p. 423 et suiv.

officiers, savoir, un lieutenant, un connétable, un amiral, un major, etc. Quelques jours après, le prince allait avec ses officiers saluer le Prévôt de la ville et lui demander la permission de faire battre le tambour pour assembler la jeunesse le premier jour de mai. Le rendez-vous était à la porte du prince. La troupe, au nombre de plus de cinq cents et quelquefois même de six cents jeunes gens (1), sortait de la ville en très bel ordre, tambour battant, enseignes déployées, et allait cueillir le mai. Elle rentrait de même dans la ville, allait droit à l'évêché, de là au château, et reconduisait le prince chez lui. Il jouissait de son titre durant tout le mois. Il donnait à manger à ses officiers le premier jour. Le lieutenant le traitait le lendemain et tous les autres officiers successivement. Ainsi le plus beau mois de l'année se passait en fêtes. Cependant la troupe ne se rassemblait plus que pour punir ceux qui avaient désobéi aux ordres du prince. Ils étaient conduits, mains liées, dans un certain endroit où ils entendaient lire leur sentence à genoux et tête nue; après quoi, l'exécuteur leur versait un seau d'eau sur la tête et les conduisait dans toutes les places de la ville pour être exposés à la risée du public. La cérémonie du mai a cessé à Soissons en 1597, parce que Sébastien Petit, prince de la jeunesse, voulut obliger l'avocat du roi au présidial, qui n'était point encore marié, d'obéir à ses ordres ou à subir la peine ordinaire. On a tenté à différentes fois de la rétablir malgré une sentence du lieutenant-général qui défendait à la jeunesse d'élire un prince et de marcher en armes pendant le mois de mai; mais cette défense fut confirmée par un arrêt du Parlement de l'année 1599. *Le prince de la jeunesse* de Soissons devait être dans le goût *du haut et souverain Empereur de Galilée* chez les clercs de la Chambre des Comptes de Paris (2), et du *Roi de la Basoche* (3) pour les clercs du Parlement.

Monstrelet (4) nous apprend qu'en 1414, Hector, bâtard de Bourbon, avait mandé aux habitants de Compiègne qui étaient alors de la faction Bourguignonne, qu'il irait planter le mai à la porte de leur ville: *et pourtant ledit jour (premier) de May monta à cheval et avec luy deux cens hommes d'armes roides et expers en fait de guerre, avec aucunes gens de pied, et tous ensemble chascun un chapeau de May sur leurs testes pardessus leurs armeures, les mena auprès de la porte de Pierrefons pour porter une branche de may à iceux assiégez comme mandé leur avoit.* L'avant dernier jour du mois d'avril 1527, le religieux, Prévôt de l'abbaye de Corbie, donne permission aux jeunes-gens de la paroisse de Saint-Albien d'aller, au nombre de huit ou neuf, couper chacun une branche de mai

(1) D. Gilleson, hist. MS. de Soissons. (3) Ibid., p. 27-28.
(2) Variét. hist., t. III, p. 1-27. (4) Chron., vol. 1, fol. 198, verso, édit 1572.

dans le bois de l'abbaye : *le penultième jour d'avril* 1527 *fut donné congié par Monsieur le Prévost de l'église de Corbie, aux jones compaignons de S. Albin en Corbie de faire leur houre en le cauchie et aller aux bois de Messieurs de Corbie, huit ou neuf, pour prendre une branche de may, chascun et non plus; lequel congié leur a esté octroyé; réservé qu'ils garderont que personne de plus ne seront avec eulx; sur paine qu'ils payeront amende de* ix *s*. (1). On a transporté le nom de mai à ces arbres verdoyants, plantés en autre temps qu'au 1.er mai. En effet, un acte capitulaire de la collégiale de Saint-Rieul de Senlis, du 7 août 1502, permet à la confrérie de l'Assomption de planter, le jour de cette fête, des mais dans le cloître et de danser autour : *Domini dederunt licentiam famulis festi Assumptionis Virginis gloriosæ plantandi arbores, vulgo les May, in claustro, et choreandi super terram capituli his diebus.*

On donnait aussi le nom de mai aux branches dont on tapissait les murs des temples à certaines fêtes. Car les branches d'arbres, les fleurs, les herbes vertes et sèches entraient dans les cérémonies sacrées et profanes :

LA RAMÉE, BRANCHES D'ARBRES DONT ON TAPISSAIT LES MURS DES ÉGLISES.

> Populus et longis ornabat frondibus ædem ;
> Multaque cantatas umbra tegebat aves,
> Flore sacella tego, verbenis competa velo.
> Et crepat ad veteres herba sabina focos (2).

On trouve dans un compte du chapitre de Saint-Rieul de Senlis, du mois de juillet 1554 : *Item payé 8 sols parisis à Fauchard, pour avoir livré du may quand la fierte de Monsieur de Saint-Rieul fut descendue;* dans un autre compte de l'an 1555 : *Item..... pour avoir cueilli et livré du may le jour M. Saint-Rieul.* Une délibération capitulaire du 17 avril 1602 porte que l'on mettra du mai à l'église, aux fêtes solennelles, ainsi que l'on avait coutume de faire par le passé. Les comptes de la fabrique de Saint-Pierre de la même ville, depuis 1399 jusqu'en 1448, ne parlent que du mai. Ceux de 1432 et 1433 disent qu'on en parait l'église le jour du patron; celui de 1438, qu'on en faisait de même le jour de la Dédicace et le 16 de juillet, à cause de la procession qui venait en cette église. Mais la cérémonie de parer les temples de branches d'arbres et de former des cabinets de verdure à certaines fêtes, était plus connue sous les noms de *Ramée*, de *Feuillée*. Le chapitre de Saint-Rieul de Senlis, fait un accord, le 17 avril 1566, avec Fauchard afin qu'il fournisse la *Ramée* et la *Jonchée* pour décorer l'église aux cinq fêtes principales de l'année, savoir les veilles de saint

---

(1) Arch. de l'abb. de Corbie, reg. de la Prév. de l'égl. n.° 40, fol. 54. v.°   (2) Propert., l. IV, eleg, 9.

Rieul, de la Pentecôte, du Saint-Sacrement, de la saint Jean et de la saint Pierre, moyennant quoi il lui abandonne le pré dit de la *Jonchée*, situé à Villevert. Il n'y est pas fait mention de la fête de Pâques, parce que ce jour là, comme le jour de saint Ricul, l'église devait être parée de fleurs et de violettes, comme le dit une délibération capitulaire du 6 de mai 1598. La Ramée s'y faisait encore il y a peu d'années, dans une chapelle qui était au bout de la nef; elle a été détruite et l'usage de la *Ramée* anéanti absolument dans l'église de saint Ricul. La Ramée continue dans toutes les églises de Montreuil-sur-Mer aux fêtes des patrons. On orne de rameaux les images des saints. La confrérie de la Sainte-Croix fait la même chose le 14 de septembre ou le dimanche suivant dans l'église de Saint-Firmin de la même ville; celle de Saint-Sauveur, dans l'église de Saint-Etienne de Corbie, le jour de la Trinité. Les brouetteurs d'Abbeville en font de même dans une chapelle de la collégiale de Saint-Vulfran, le jour du Saint Sacrement, qu'ils prennent pour patron de leur confrérie. Autrefois à Amiens, le jour de la Fête-Dieu, la basse rue de Notre-Dame et celle des Orfèvres étaient couvertes de branches d'arbres pour la procession du Saint-Sacrement qui y passait. En plusieurs églises de Picardie, la Ramée se fait encore en certaines fêtes.

BRANCHES D'ARBRES PORTÉES AUX PROCESSIONS. Nos Picards avaient tant de goût pour les branches d'arbres qu'ils en portaient et en portent encore en certaines processions, comme faisaient les *Dendrophores* des païens. Jean de la Chapelle nous apprend, dans sa chronique MS. de Saint-Riquier, que les reliques de saint Riquier ayant été transférées à Abbeville à cause des incursions des Barbares, en furent rapportées vers l'année 1096, et que les habitants de Saint-Riquier allèrent au-devant, les uns arrachant des branches d'arbres, les autres coupant des herbes : *quidam ramos de arboribus et herbas abscindendo*. Autrefois à Soissons, le jour de saint Gervais, on portait à la procession des branches de cerisier chargées de fruits; celui qui avait les plus belles cerises était aussi le plus distingué. En certain canton de la Picardie, le peuple porte encore des branches d'arbres aux processions de saint Marc et des Rogations, ce qui ressemble beaucoup à ce que les Israélites devaient pratiquer le premier jour de la fête des Tabernacles pour se réjouir devant le Seigneur : *sumetisque vobis die primo fructus arboris pulcherrimæ... et ramos ligni densarum frondium... et lætabimini coram domino Deo vestro* (1).

CABANES DE VERDURE. L'abbé Le Bœuf (2) dit avoir vu à Beauvais, en 1720, des cabanes de branchages et de verdure, dressées dans les rues aux fêtes de la Pentecôte. Nous y avons remarqué aussi, en 1774, que le jour des noces d'une fille, sa porte était

---

(1) Levit., cap. 33, v. 40.   (2) Journ. de Verdun, avril 1752, p. 281.

ornée de verdure, cela soit dit en passant. Avant que la petite chapelle du cimetière de Notre-Dame du Thil, près Saint-Lucien, fût bâtie, le trésorier de cette abbaye était obligé d'y former une chapelle avec des arbres revêtus de leurs feuilles, pour y déposer la châsse de saint Lucien et de ses compagnons la veille et le jour qu'on en fait la fête. Cette espèce de chapelle se nommait la *Feuillée*, à cause des feuillages dont elle était couverte et environnée. L'abbé était tenu de donner, à cet effet, au trésorier une certaine quantité d'arbres qui, dans la suite des temps, a été appréciée à une somme d'argent, comme il paraît par les deux requêtes présentées, l'une sans date et l'autre répondue le 15 décembre 1598 (1). Guillaume de Cayeu, seigneur de Senarpont, au mois de juillet 1302, assure au prieuré de Senarpont le droit qu'il avait de couper des arbres dans le bois appartenant à l'abbaye de Saint-Lucien de Beauvais, dont dépendait ce bénéfice, *pour faire le feuillée saint Wulgan souffisament qui est tous tans le venredi après le Pentecouste, lequel feuillée doit estre foit le joedi devant* (2).

L'usage de couvrir d'herbes, de jonc, de foin, de paille le pavé des églises n'était pas moins général. C'est ce que l'on appelait la *jonchée*. Il est parlé dans un compte de l'abbaye de Corbie, de l'an 1325, de la *jonquée* de l'Ascension, et dans un autre de l'an 1330, des herbes *mises devant les corps saints*. Nous voyons par les comptes de Saint-Albin de la même ville, des années 1327, 1397, 1402, 1546, les fêtes de l'année où se faisait la *joncquée*, savoir : le 1.er mars, fête du patron ; le 6 mai, saint Jean devant la porte Latine ; Pâques, l'Ascension, la Pentecôte, le Saint-Sacrement, la saint Jean d'été, la *mi-août* ou l'Assomption, la Notre-Dame, en septembre ; la Toussaint, Noël, la Chandeleur : *Item quatre cens de foeurre pour la joncquié de Noël, quatre cens pour la joncquiée de la Candelière, sept sols quatre deniers* (3). A Amiens le fermier du passage en bateau de Camon était tenu, par son bail de 1618, renouvelé en 1628, de fournir l'herbe dont le pavé de l'église de Notre-Dame était jonché, en été, la veille des grandes fêtes, sous peine de soixante sols d'amende (4). A Beauvais, la maison de Jean Bougelle, curé de Saint-Pierre de la Basse-OEuvre, située dans la grande rue de Saint-Pierre, était chargée de fournir une charreté de joncs, pour joncher l'église cathédrale le jour de la fête de saint Pierre, comme il appert par un acte du 5 novembre 1403 (5), la maison ayant été inféodée à cette condition. Tous les comptes de la paroisse de Saint-Pierre de Senlis, dont nous avons déjà parlé, font mention des herbes dont on jonchait l'église à l'Ascension, à la Trinité, à

---

(1) Preuv., part. I, n.° ..,
(2) Ibid., n.° ...
(3) Compte de 1402.

(4) Arch. du Chap.
(5) Regest. capitul. S. Petri Belvac.

la Dédicace, le premier dimanche de mai; à la Pentecôte, à la saint Jean, à la saint Pierre, à la fête du même saint, au 1er août, à la Notre-Dame de septembre, à la Toussaint; le jour de Noël on mettait du *fuerre* (paille) *le long de lad. église et parmi les sièges des femmes*. Le compte de l'église de Saint-Fursy de Péronne s'exprime ainsi dans un aveu servi au Roi, le 26 mai 1383 : *Item doit quatre herbages en l'an, pour jonquier en l'église, c'est assavoir Pasques, Pentecouste, saint Mikiel, et le saint Foursy qui coute* XVI *sols* (1). Dans le dénombrement d'un fief fourni au chapitre de Saint-Quentin, le 3 janvier $141\frac{4}{5}$, par Aloux Mabile, il est dit : *Item suis encore tenus de livrer et amener à laditte église une joncure d'erbe, chascun an le nuict de Toussaint, pour jonquier leditte église; et pour amener ledite jonqure, je puis prendre de par lesdits du chapitre tel harnas et voicture qu'il me plaist en l'une desdittes villes de Castres et de Contescourt* (2). La jonchée commença à tomber en 1690 dans l'église de Saint-Rieul. Il est dit dans une délibération capitulaire du 2 de mai, qu'on ne jonchera plus que le chœur et le tour du chœur, et qu'il n'y aura plus absolument de jonchée le jour de la saint Jean. On jonchait de même, à certaines fêtes, le palais des évêques et certains lieux réguliers des monastères. Le tenancier des moulins du Hocquet, à Amiens (3), devait conduire tous les ans à l'évêché quatre *asnées* ou quatre charges d'âne de joncs verts pour la fête de l'Ascension et autant pour la fête de la Pentecôte. Le chambrier de l'abbaye de Corbie, suivant ses anciens statuts MSS., était chargé de couvrir, aux principales fêtes de l'année, le pavé du cloître et du chapitre, savoir, en été de joncs verts et de foin en hiver : *in principalibus festis debet operire aram claustri et capitulum, in estate de viridibus juncis, et in hieme de feno.*

CLXXXVI.

COURONNES DE FEUILLES D'ARBRES ET DE FLEURS.

Les couronnes nous viennent de la même source. Pline nous apprend que les Druides avaient une si haute idée du chêne, qu'ils ne faisaient la moindre cérémonie sans avoir une couronne faite de feuilles de cet arbre : *jam per se roborum eligunt lucos, nec ulla sacra sine eâ fronde conficiunt*(4). On lit dans une épitaphe, rapportée par Dom Toussaint du Plessis, qu'on couronnait en certain temps les statues de fleurs de roses : *et rosas suo tempore deducerent et statuam decernerent et*

---

(1) Reg. des fiefs tenus du château de Péronne, fol.29, verso, au bureau des finances d'Amiens.
(2) Journ. de Verdun, août 1775, p. 129.
(3) Preuv., part, 2, p.... n.°...
(4) Plin., l. XVI, cap. 44.

coronarent (1). C'est donc à l'instar des païens que l'on a mis des couronnes sur la tête des saints et que les ministres du vrai Dieu en ont porté dans les cérémonies. Aussi de crainte d'en manquer, a-t-on chargé certains fiefs et certaines rotures d'une ou de plusieurs couronnes envers l'église. A Amiens, le fief de la Vallée est tenu de présenter, le jour de l'Ascension, *un chapeau de roses vermeilles* pour placer sur la châsse de saint Firmin (2). On voit par un titre de l'an 1464 que les bourgeois d'Amiens portaient la châsse de saint Firmin honnêtement et joyeusement, vêtus de soie, avec de beaux chapeaux sur la tête, chantant des chansons plaisantes et gracieuses (3). Le fief de Saint-Léger, près Domart-en-Ponthieu, doit un chapeau de fleurs au prieuré de ce lieu, le jour de saint Léger. Il faut qu'il soit rendu au chef-lieu à onze heures avant midi, sous peine de sept sols six deniers d'amende, suivant l'aveu de ce fief, du 20 décembre 1603. Le roi Louis VIII exempte l'abbaye d'Hombliéres de la prestation d'une couronne de rameaux, *coronam unam de racemis* (4), par ses lettres de l'an 1223. On dit que la rue du Chapeau-de-Violettes, à Amiens, est ainsi nommée parce que les patissiers devaient rendre un chapeau de violettes aux chanoines de Saint-Firmin-le-Confesseur (5). Nous connaissons dans la ville de Corbie quelques maisons chargées envers l'abbaye d'une couronne de roses au jour du Saint-Sacrement. Dans l'église de Laon, du temps du chanoine Bélotte (6), on faisait, le jour de l'Epiphanie, pendant l'hymne des primes, une distribution générale de couronnes de rameaux et de fleurs, qu'un acte capitulaire du 6 mars $159\frac{5}{6}$, appelle *chapeau de fleur des Rois* (7). Les chanoines de la cathédrale de Soissons portaient des chapeaux de roses le jour de la Pentecôte. Enguerrand de Mery, leur Prévôt, qui mourut en 1271, laissa par son testament une vigne pour distribuer à tous ceux qui serviraient à la grande messe le jour de saint Gervais, des chapeaux de roses, comme ils en portaient le jour de la Pentecôte (8). Les arbalétriers de la ville de Montreuil-sur-Mer distribuent des couronnes aux religieux de Saint-Sauve le dimanche dans l'octave de l'Ascension, jour auquel ils font leur fête. On l'appelle par cette raison *la fête des couronnes*. Les couronnes des confréries sont trop communes pour en parler. Aux processions blanches qui se firent dans le Valois, en 1583, les femmes et les filles portaient des couronnes: celles-ci étaient distinguées par la couronne de romarin (9). La couronne de la rosière de Salency est devenue trop célèbre par l'arrêt du Parlement de Paris, du 20 dé-

(1) Relig. des Gaul., t. II, p. 253-254.
(2) Daire, hist. d'Amiens, t. I, p. 503.
(3) Ibid., t. II, p. 153.
(4) Hemer., Aug. Virom., regist., p. 52.
(5) Hist. d'Amiens, t. I, p. 491.
(6) Observat. ad rit. Laudun, p. 813, col. 1.
(7) 25.ᵉ Reg. cap. fol. 431, verso.
(8) Dormay, hist. de Soiss., t. II, p, 288.
(9) Carlier, hist. du Val., t. II, p. 653.

cembre 1774 pour en parler ici. D'ailleurs nous y reviendrons à l'article de Salency. Mais des couronnes vraiment superstitieuses sont celles qu'on bénit dans certaines églises, comme à Saint-Etienne de Corbie, le jour de sainte Brigide, pour préserver les bestiaux de maladies ou de maléfices. Quand nous réfléchissons sur cet usage superstitieux, il nous semble être à Lystre, ville de Lycaonïe, et voir le prêtre du temple de Jupiter, dont parlent les actes des apôtres, amener des taureaux et apporter des couronnes pour sacrifier aux dieux, non à la porte du temple, comme les Lycaoniens, mais dans l'intérieur même du sanctuaire : *sacerdos quoque Jovis.... tauros et coronas ante januas afferens, cum populis volebat sacrificare* (1).

CLXXXVII.
RESTES DES SATURNALES DANS LES ÉGLISES DE PICARDIE.

Pas de fête en Picardie, tant soit peu notable, dont le cérémonial, au xiii.e siècle, ne fût un mélange de dévotion et de superstition, même de paganisme le plus absurde. On y voit les saturnales, les calendes de janvier, les lupercales, etc., célébrées sous le beau nom de *Liberté de décembre, de libertate decembri*, comme dit Beleth (2), qui écrivait vers l'an 1165. Horace avait dit avant lui : *age, libertate decembri..... utere* (3). Les fêtes de Saturne commençaient chez les Romains le 17 de décembre. Tout y respirait la joie, les plaisirs et la débauche, et pour y retracer une image de l'âge d'or, où tous les hommes étaient égaux, les maîtres servaient de domestiques à leurs propres esclaves. A l'imitation des saturnales, le clergé de la paroisse de Reims faisait certaines réjouissances qui duraient, non cinq ou sept jours, comme chez les Romains, mais depuis la fête de Noël jusques aux Rois et au delà, ce qui recommençait à Pâques. Car Beleth qualifie particulièrement de *Liberté de décembre* les jeux de balle ou de pelotte que les archevêques et les évêques faisaient durant ces fêtes avec les chanoines dans l'intérieur du cloître. Il donne le nom de *Tripudia* (4), danse solennelle, aux divertissements que les ecclésiastiques faisaient entre Noël et l'Epiphanie : *fiunt autem quatuor Tripudia post Nativitatem Domini in Ecclesiâ, Levitarum scilicet, sacerdotum, puerorum, id est, minorum œtate et ordine, et Hypodiaconorum, qui ordo incertus est*. Les diacres avaient les leurs le jour de saint Etienne; les prêtres, le jour de saint Jean; les petits clercs ou enfants de chœur, aux Innocents; les grands clercs ousous-diacres, le jour de la Circoncision.

(1) Act. apost , cap. xiv, n.º 12.
(2) Belet. divin. offic. expl., c. 120.
(3) Horat., liv. 2, sat. 7.
(4) Cap. 72.

CLXXXVIII.

FÊTE DES DIACRES, LE JOUR DE SAINT ÉTIENNE.

Ainsi dans l'église d'Amiens, nous suivons Beleth, qui en était chanoine (1) et par conséquent en devait connaître les usages, le jour de Noël, après les vêpres de la fête, les diacres formaient une espèce de branle en chantant le *Magnificat* et l'antienne de saint Etienne : *debent ergo vesperœ Natalis primo integrè celebrari, ac postea conveniunt diaconi quasi in tripudio, cantantque Magnificat cum antiphoná de S. Stephano.* Le lendemain, ils célébraient les matines et l'office du jour. La messe était très-solennelle. On y chantait le *Kyrie* (2) avec le trope ou la broderie *fons bonitatis*, ce qu'on appelait *Kyrie farci*. Le *Gloria in excelsis* avait aussi son assaisonnement : *cum carne et mente.* L'épître était dans le même goût, c'est-à-dire qu'après chaque période latine, deux ou trois diacres revêtus en chape, chantaient en rhythme picard et sur le ton que nous avons donné (3) : *entendez tuit à cest sarmon*, etc. (4) Mais ce n'est pas là l'article le plus scandaleux de la fête. Comme dans les saturnales, les valets prenaient la place du maître, en faisaient les fonctions et se créaient un chef imaginaire ; de même les diacres s'emparaient du chœur, en devenaient les maîtres pour y jouer mille farces ridicules. Au surplus de la cérémonie, l'*ancien ordinaire* renvoie au livre des usages : *si festa (S. Stephani) fiant, ut consuetum est, a diaconis in cappis sericis....... fit statio in medio choro, et ab ipsis regitur chorus....... et fiunt festa sicut docent libri.* [DANS L'ÉGLISE D'AMIENS.]

La même cérémonie se pratiquait dans l'église de Senlis, comme nous le voyons par le réglement du 27 décembre 1423 (5). Dans celle de Soissons, la fête des diacres et les jeux qui l'accompagnaient étaient déjà anciens à la fin du XII.ᵉ siècle, comme il paraît par le rituel de l'évêque Nivelon, que nous aurons bientôt occasion de citer. Il y est dit aussi que l'épître farcie sera chantée par trois sous-diacres revêtus comme aux jours solennels : *epistolam debent cantare tres subdiaconi induti solennibus indumentis : entendez tuit à c'est sermon*. D'autre part, les curés de Soissons (6), au nombre de dix, qui conservent encore la qualité de prêtres cardinaux, installaient au chœur, le jour de saint Etienne, un pape qu'ils étaient dans l'usage d'élire parmi eux le jour de saint Thomas. Ce pape présidait aux assemblées qui se tenaient quatre fois l'an dans l'une de [DANS L'ÉGLISE DE SENLIS. DANS L'ÉGLISE DE SOISSONS.]

---

(1) Cap. 70.
(2) Preuv., port. 1, n.° ...
(3) Ibid., p...., n.° ...
(4) Le Bœuf, Trait. hist. du chant ecclés., p. 121
(5) Pag. ..., n.° ...
(6) Le Gris., chron. S. Joan. de Vineis. Suess., p. 79.

leurs églises : *qui cardinales in festo sancti Thomœ apostoli, mense decembri, aliquem ex suo gremio superiorem sibi creare, eumque in die sancti Stephani instalare solebant, ut per annum integrum eorum congregationibus prœesset, saltem quater, per quatuor anni tempora, fieri solitis in aliquibus eorum Ecclesiis, in quibus solemne defunctorum officium decantaretur.* Les monastères ne furent pas à l'abri de ce ridicule. La fête des diacres se faisait dans l'abbaye de Corbie, comme il paraît par les comptes de 1449, 1476, 1491, 1511 *(pour bled délivré aux diacres de l'église de Corbie pour faire leur fête de saint Etienne, un septier.* — Chapitre des mises en blé.*)*

CLXXXIX.
FÊTE DES PRÊTRES LE JOUR DE SAINT JEAN L'ÉVANGÉLISTE.

DANS L'ÉGLISE D'AMIENS.

Aux secondes vêpres de saint Etienne (1), les prêtres chapelains de l'église d'Amiens faisaient en l'honneur de saint Jean l'Evangéliste, ce que les diacres avaient fait en l'honneur du premier martyr : *sic eodem modo omne officium perficient sacerdotes ipso die beati Joannis, quod hic sacerdos fuerit.* L'ordinaire de l'an 1291 porte qu'ils feront la procession en chape de soie, que deux chapelains régleront le chœur, que l'office se fera comme il est marqué dans les livres, qu'on dira le *Kyrie* et le *Gloria* avec leurs farces : *sic vero hoc festum fiat a sacerdotibus, ab ipsis fit processio ante chorum in cappis sericis, duobus capellanis chorum regentibus.... ut in libris festorum continetur... Kyrie fons bonitatis, Gloria cum carne et mente.* L'épître farcie commençait par ce vers : *Buen chrestien qui Diex conquist* (2). On voit par une délibération du même chapitre du 19 décembre 1561, qu'il avait été arrêté que la fête des prêtres serait célébrée à l'ordinaire le jour de saint Jean l'Evangéliste, par les quatre plus anciens des six chanoines-prêtres nouvellement reçus et qui n'avaient pas encore fait la fête ; que ces quatre ordonneraient le service divin et prépareraient un régal sans trop d'appareil, auquel l'évêque serait invité, et que les deux autres se réserveraient pour l'année suivante. Cette délibération ayant été prise, sans doute un peu trop à la lettre, une autre du 27 février suivant, en laissant la liberté aux nouveaux chanoines prêtres qui avaient été reçus avant Noël, de prendre jour pour traiter les messieurs, a soin d'ajouter qu'on leur fera faire grande chère : *Domini reliquerunt arbitrio dominorum canonicorum presbyterorum novissime receptorum, et qui presbyterierant ante festum Nativitatis Domini, ad*

(1) Belet., sup., cap. 70.   (2) Preuv., part. 1, p...., n.º ...

diem sumendum et eligendum quo, more solito, lautis epulis sint excepturi dominos. La fête des prêtres existait encore dans la ville d'Amiens au commencement du dernier siècle, comme il paraît par l'acte capitulaire du 23 décembre 1609 (1); mais il est vraisemblable par un autre acte du 8 janvier 1616, que cette fête avait été abolie l'année précédente.

C'était dans l'église de Laon la *fête du Patriarche*. Sur la demande faite au chapitre par le patriarche le 15 décembre 1486, de pouvoir faire fête, lui et ses associés, et d'être aidé dans la dépense, fut répondu que le spectacle serait vu et examiné par le doyen, le butillier et l'official, afin que tout se fit avec décence convenable, qu'on lui permettait de faire son jeu dans l'église de Saint-Martin-au-Parvis (2). Le 15 décembre 1490, le patriarche et l'évêque des Innocents qui venaient d'être élus, ayant présenté requête pour avoir permission de faire leur fête et le don gratuit ordinaire, on déclara à celui-ci qu'il pouvait célébrer sa fête en habit long, à condition néanmoins qu'elle ne nuirait point à l'office divin ; quant au patriarche, le chapitre lui défend, pour des raisons à lui connues, de faire les jeux et la cavalcade, lui accordant seulement le repas, pourvu toutefois qu'on n'y invite personne ; et si quelqu'un a la témérité d'enfreindre l'ordre, l'officier du chapitre le fera emprisonner sur-le-champ ; quant au présent ordinaire, accordé (3).

<small>DANS L'ÉGLISE DE LAON.</small>

Les chanoines prêtres de l'église de Senlis faisaient la fête de saint Jean (4), en 1523, avec la même extravagance. Ils changeaient, non seulement de place au chœur, mais aussi d'habillement, dont la bigarrure donnait lieu à la risée et à la raillerie.

<small>DANS L'ÉGLISE DE SENLIS.</small>

CXC.
FÊTES DES JEUNES CLERCS, LE JOUR DES INNOCENTS.

La fête des Innocents dans l'église d'Amiens commençait comme celle de saint Etienne et de saint Jean, c'est-à-dire au verset du *Magnificat : deposuit potentes de sede, etc.* Alors les jeunes clercs ou enfants de chœur s'emparaient des hautes stalles ; ceux du haut chœur prenaient la place des enfants et en faisaient les fonctions (5) : *et pueri in ipso festo Innocentium (omne officium perficient) quia Innocentes pro Christo occisi sunt.* Ils avaient en outre le privilége d'élire, ou parmi eux, ou parmi les chanoines, un évêque qui faisait tout l'office du jour en

<small>DANS L'ÉGLISE D'AMIENS.</small>

---

(1) Preuv., part. 1, n.° ...
(2) Regist. capitul., coté IX, fol. 29, v.°
(3) Ibid., fol. 129, v.°
(4) Pag...., n.° ...
(5) Belet., divin. offic. expl. cap. 70.

ornements pontificaux, savoir, en mitre, en chape, avec les gants, l'anneau, la crosse, et donnant la bénédiction au peuple durant la procession. Tel était, dans l'église d'Amiens, l'usage déjà ancien en 1291. Le cérémonial de la fête était consigné, dit l'ordinaire (1), dans les livres liturgiques : *si hoc festum fiat, ut consuetum est, a parvis, ab ipsis fiat officium sicut libri docent*..... *Item si hoc festum fiat, ut consuetum est, a parvis, omnia fient de festo, ut in libris festorum continetur*. Or, suivant l'ancien rit de l'église d'Amiens (2), la farce du *Kyrie* était *Puerorum caterva*, la même que pour la fête de la Toussaint (3). L'épître farcie commençait par ce vers : *Oyez le sens et la raison*.

DANS L'ÉGLISE DE BEAUVAIS.

Louvet nous apprend (4) qu'à Beauvais *les enfants tenoient durant le divin service, les hautes chaires et les chanoines les basses, qu'ils alloient en procession après lesdits chanoines; qu'ils étoient mis au tablet* (tableau) *pour conférer les bénéfices dépendans du chapitre qui viendroient à vaquer ce jour là; qu'au sortir des matines on alloit esveiller avec torches allumées les chanoines et chapellains et autres habituez qui n'avoient asisté ès matines.*

DANS L'ÉGLISE DE LAON.

La fête des Innocents n'était pas moins solennelle dans l'église de Laon. On voit par un procès que le chapitre intenta, en 1284, à Pierre, cardinal du titre de Saint-Georges au voile d'or, trésorier de cette église, que les chanoines étaient dans l'usage de laisser aux petits clercs la prééminence dans le chœur le jour des Innocents et de les servir (5), et, par le registre capitulaire de l'année 1397 (6), que le même jour les enfants de chœur avaient coutume de sortir dans la ville, ce qui s'est pratiqué jusqu'au commencement de ce siècle. En effet il fut délibéré au chapitre du 15 décembre 1454 qu'on accorderait aux enfants de chœur pour solenniser la fête, la somme de quatre livres parisis (7), dans celui du 11 décembre 1458, que chacun des chanoines qui assisterait au souper des Innocents donnerait douze deniers parisis (8); dans celui du 3 décembre 1460, qu'il serait délivré à l'évêque des Innocents, pour célébrer la fête, la somme de soixante livres (9). Au siècle suivant l'on pense à diminuer peu à peu les abus. L'évêque des Innocents présente requête au chapitre pour qu'il lui soit permis de faire sa fête, suivant la coutume. Le chapitre, par délibération du 23 décembre 1521, permet seulement au chanoine économe de donner aux enfants de chœur la pitance un peu plus forte, et lui recommande expressément de ne les pas laisser sortir du

---

(1) Ordinar. Amb. MS.
(2) Preuv., part. 1, p...., n.° ...
(3) Ibid., p.,..., n.° ...
(4) Antiq. du Beauv., t. ii, p. 298.
(5) Preuv., part. 1, n.° ...
(6) Ibid., n.° ...
(7) Reg. capitul., fol. 36, v.°
(8) Ibid., fol. 186, v.°
(9) 6.ᵉ Reg., fol, 25, v.°

cloître (1). Ils faisaient encore le service au chœur ce jour là, vers la fin de ce siècle, comme il paraît par une permission qui leur est accordée le 17 décembre 1578 (2). Les enfants de chœur de cette église faisaient l'élection de leur évêque la veille de saint Nicolas d'hiver. Elle était suivie par un grand souper, comme il est marqué dans le registre capitulaire de l'année 1397 (3). Jacques Cannet, chanoine-prêtre, leur lègue par son testament du 14 août 1527, quarante sols tournois pour subvenir aux dépenses et aux frais du nouvel évêque, à la charge qu'ils diront, après le souper de la fête, l'antienne : *Sub tuum præsidium*, le psaume *De profundis*, etc., avec les oraisons (4). Enfin, si le chapitre, assemblé le 20 décembre 1580, leur accorde la permisssion de faire le service la veille et le jour des Innocents, et leur donne trente sols pour se récréer ce jour là, c'est à condition qu'ils se conduiraient avec toute la modestie convenable (5). Il ne faut pas confondre l'évêque élu par les enfants de chœur de la cathédrale avec celui qui était fait par les écoliers de la ville, le 1.er décembre, jour de saint Eloi. Ceux-ci avaient coutume de jouer une comédie pendant la messe. L'usage en avait cessé dès l'année 1546, comme il est évident par l'acte capitulaire du 30 novembre de la même année (6).

Jacques Le Vasseur, doyen de l'église de Noyon, en 1622, nous apprend (7) aussi que l'office des Innocents y était solennel, qu'il était fait tout entier par les enfants et par les jeunes clercs, que cet usage avait plus de quatre cents ans d'antiquité, que les dignités mêmes cédaient leurs places à la jeunesse. Jean Oudun (8), chanoine, ayant été élu évêque des Innocents en 1416, on lui donna un coadjuteur. En 1419, le chapitre assigna à l'évêque des Innocents, pour soutenir sa dignité, quatre setiers de bled et quarante sols parisis d'argent ; ce qui ferait environ quinze livres de notre monnaie. Vers l'année 1430, parurent en même temps deux évêques des Innocents ; l'un élu légitimement dans l'église cathédrale de Noyon; l'autre intrus, dans celle de Saint-Martin. Le premier porta plainte contre l'intrus au chapitre assemblé, à l'effet que l'écolatre prenne connaissance de l'affaire comme étant de sa compétence (9). Le chapitre, assemblé le 22 décembre 1466 (10), délibère que non seulement les chanoines, mais aussi tous autres ne puissent entrer dans le chœur les jours des Innocents qu'en habits longs et ecclésiastiques. En 1497, le prétendu évêque vient au chapitre et fait

DANS L'ÉGLISE DE NOYON.

---

(1) 16.e Reg., fol. 44. v.°
(2) 30.e Reg., fol. 89, v.°
(3) Preuv., supr.
(4) 18.e Reg., fol 352, r.°
(5) Reg. 32, fol. 6 r, .°
(6) 23.e Reg., fol. 228, r.°
(7) J. Vasseur, epist. centur. 2. Epist. 68, p. 497.
(8) Reg. capitul. Noviom.
(9) Preuv., part. 1, n.° ...
(10) Ibid., n.° ...

sommer, par son vice-gérant, le doyen de faire servir à lui et à son cortége, pain blanc, vin, dragées, pommes, oublies, etc. (1) Le 11 décembre 1566, le chapitre restreignit les droits du soi-disant prélat et fit défense aux enfants de chœur de donner la mitre et la crosse à l'évêque des Innocents. Il lui permit seulement d'officier aux matines et aux vêpres, mais sans donner la bénédiction épiscopale; d'assister au chœur en surplis et en aumusse et d'avoir une place dans les hautes stalles près du trésorier. En 1527, les chanoines consentent que l'élection de l'évêque des Innocents ait lieu cette année, mais à condition que les cérémonies épiscopales ne seraient point renouvelées: *demptis ceremoniis more pontificio.*

DIVISION DANS LE CHAPITRE A CETTE OCCASION.

Croirait-on que cette cérémonie extravagante causa, en 1622, une espèce de schisme dans le chapitre de Noyon; que le doyen Jacques Le Vasseur voulut soutenir cette coutume *pro aris et focis* (2). Une des principales preuves dont il se sert pour l'appuyer est les deux vers de la seconde strophe de l'hymne des laudes des Innocents :

> Aram ante ipsam simplices
> Palma et coronis luditis.

Les enfants, dit-il, jouent de même devant l'autel. Nous révérons leur jeu, mais nous détestons leur mort et nous avons en exécration le bourreau. Ils jouent, et ce jeu plaît à l'église: *ecce ludunt etiam ante ipsas aras; internecionem detestamur, execramur carnificem. Ludunt et placet iste ludus ecclesiæ.* Voilà les armes victorieuses que le doyen mettait entre les mains des partisans de la fête des Innocents, tel que François Geuffrin, son confrère. Le Vasseur lui écrit en ces termes le jour des Innocents, 1622 : *ecclesiæ non uni cathedraticæ solemne est totum in eâ peragi divinum officium, quod à sacris ordinibus non pendeat, per pueros et clericos juniores ejusdem chori: quibus decedunt ad hunc tantum diem viri ipsi, qui dignitatibus fulgent et in primis summisque subselliis sedent. Veterum capituli nostri diptycorum quàm vetus nota vetustissima est. Tam grandis est natu ritus iste, quem viguisse deprehendo jam ante quadringentos annos in hac æde, magno totius orbis ordinum et ætatum applausu fructuque* (3); pour terrasser tous ceux du Chapitre qui demandaient l'abolition de cette respectable cérémonie, tandis qu'il devait tirer sur eux à boulet rouge. Siècle pervers! disait-il, respectables par l'extérieur, philosophes par le manteau et la barbe, du reste, vous êtes, mes chers confrères, des pécores: *ô miserum sæculum !.... solo gestu, externoque habitu spectabiles, solâ barbâ et pallio phi-*

---

(1) Preuv., part. 1, n.° ...
(2) J. Vasseur, Epist., centur. 2, épist. 68, p. 497 et s.
(3) Ibid., p. 497.

losophi, cætera pecudes. C'est ainsi qu'écrivait, le 28 décembre 1622, un docteur en théologie, un ancien recteur de l'Université de Paris.

La cérémonie de la fête des Innocents a duré plus longtemps dans la collégiale de Saint-Fursy de Péronne. Nous avons tiré des registres capitulaires une liste des évêques des Innocents, depuis l'année 1529 jusqu'en 1638. La formule de l'élection était conçue en ces termes : *N.... Innocentium electus est episcopus.* Il paraît par une délibération capitulaire du 29 juillet 1529 (1) que le chapitre faisait les frais du souper de la veille et du dîner du jour des Innocents ; par une autre du 3 décembre 1563, que le censier devait fournir à la dépense, tant pour le souper que pour le dîner, et même pour le souper du jour de la fête ; par une autre, du 16 novembre 1592, que le chapitre donnait aux enfants de chœur un septier de bled et vingt-cinq sols d'argent, et l'évêque selon sa générosité : *episcopus vero dabit prout voluerit.* Il est dit dans une autre du 29 décembre 1603 (2), que le public avait été fort scandalisé de ce que le jour des Innocents plusieurs ecclésiastiques avaient été souper à l'Hôtel-Dieu. Une sentence du même chapitre, du 15 février 1604 (3), condamne plusieurs chanoines à une amende et l'un d'eux à huit jours de prison, pour être entrés, avoir bu et mangé le lendemain du jour des Innocents dans l'Hôtel-Dieu, au mépris de la sentence du 8 mars 1601. Le 27 décembre de la même année 1604, la somme de trente livres qui était donnée pour l'évêque des Innocents est réduite à dix livres dix sols par acte capitulaire. Enfin le dernier évêque des Innocents élu au chapitre, le 6 novembre 1638, se nommait Desjardin. Nous avons lu dans un compte de l'Hôtel-de-Ville de Péronne, de l'an 1536, au chapitre des mises, article huit des vins de présent : *payé à Jehan Davesne, tavernier, quatorze sols huit deniers pour deux kaisnes de vin d'Orléans à trois sols huit deniers chacun lot, présentées à l'évêque de Saint-Foursi.*

DANS L'ÉGLISE DE SAINT-FURSY DE PÉRONNE.

Le même usage était pratiqué dans l'église collégiale de Saint-Florent de Roye. Il fut interrompu en 1523, selon l'acte capitulaire du 13 décembre de la même année. L'élection de l'évêque des Innocents n'eut pas lieu, suivant la coutume, à cause de la guerre qui était dans le canton. Le chapitre permet seulement aux enfants de chœur de présider à l'office du jour (4). Interruption trois années de suite pour la même raison ; mais en 1527, l'élection d'un évêque des Innocents fut ordonnée par le chapitre et faite par le vicaire de l'église. L'évêque élu célébra, le jour des Innocents, la messe au grand autel, comme d'usage, et un enfant de chœur, son suffragant, officia aux autres parties de l'office (5).

DANS L'ÉGLISE DE SAINT-FLORENT DE ROYE.

(1) Regist. capitul. S. Fursei.
(2) Preuv., part. I, p.... n.° ..,
(3) Ibid., p..., n.°...
(4) Ibid., p.... n.° ...
(5) Ibid., p.... n.° ...

<small>DANS LE MONASTÈRE DE SAINT-QUENTIN-EN-L'ILE.</small>   L'histoire de Saint-Quentin-en-l'Ile, dans la ville de Saint-Quentin (1), atteste que le même usage avait été introduit dans les monastères; qu'en 1492, les novices de cette maison, les jours des Innocents et de saint Nicolas, élisaient entr'eux un évêque qui y tenait la place de l'abbé, durant les deux jours, ayant son chapelain auquel était due une paire de gants.

<small>DANS L'ÉGLISE DE SENLIS.</small>   La fête des Innocents se faisait de même dans la cathédrale et dans la collégiale de Saint-Rieul de Senlis. Nous avons pour l'usage établi dans la cathédrale le règlement du chapitre du 27 décembre 1523 (2), dont nous parlerons ailleurs, et pour ce qui se pratiquait à Saint-Rieul le compte de la recette de l'an 1537. Il porte en mise *la somme de huit sols donnée aux vicaires pour avoir tenu lieu du petit évêque le jour des Innocens, comme il étoit de coutume.* Il ne reste plus rien de cette ridicule cérémonie dans les églises de notre province, excepté que le jour des Innocents, les enfants de chœur entonnent l'office ou chantent seuls l'antienne *hi sunt*, etc., et que l'un d'eux bat la mesure. A Amiens, c'est le plus jeune.

A Beauvais, les trois fêtes dont nous venons de parler n'étaient pas moins solennelles, à juger seulement par ce que nous en apprend l'ancien livre des rubriques de l'église cathédrale, rédigé à la fin du xve siècle, à l'article du luminaire. Le jour de Noël, aux vêpres, on distribuait à chacun des chanoines diacres un cierge d'une livre et aux diacres subalternes un cierge d'une demi-livre que chacun déposait à saint-Étienne, où l'on allait en procession. La même cérémonie se faisait le jour de saint Etienne aux secondes vêpres, au regard des chanoines-prêtres et de tous les prêtres séculiers de la ville. Ceux-ci payaient leur cierge. La procession allait à saint Jean, et chacun y déposait son cierge (3). Les rubriques du luminaire ne font pas mention des Innocents, mais bien les rubriques de la fête. Il y est dit qu'aux secondes vêpres de saint Jean on donnerait un cierge à chaque enfant de chœur, moyennant un denier et que la procession irait à saint Michel.

<h2 style="text-align:center;">CXCI.</h2>

FÊTE DES SOUS-DIACRES LE 1.er DE JANVIER, AUTREMENT DITE LA FÊTE DES FOUS.

La fête du premier de janvier réunissait toutes les sottises et toutes les absurdités du paganisme ; c'est pourquoi les Conciles, les Pères et nos Rois très chrétiens ont

---

(1) Hist. MS. insulensis S. Quintini cœnobii, p. 302.   (3) Ibid., part.... p.... n.° ...
(2) Preuv., part.... p. ... n.° ...

si fort élevé la voix contre les abominations de ce jour et des suivants. Nous avons vu les efforts que fit saint Eloy pour en détourner son peuple. L'église voyant que ni les prières, ni le jeûne, ni les anathèmes ne pouvaient les abolir, souffrit qu'on leur substituât quelques cérémonies qui pouvaient être tolérées, comme la représentation des mystères et quelques autres spectacles de cette espèce. Mais ces pratiques qui se firent d'abord avec assez de simplicité et de décence, passèrent insensiblement les bornes de la modestie et dégénérèrent en désordres affreux, non seulement parmi les gens du monde, mais aussi parmi les ecclésiastiques. Ceux-ci avaient au premier de janvier la fête des sous-diacres, autrement dite la fête des Fous, *festum Hypodiaconorum, quod vocamus stultorum* (1) ; ceux-là, la fête des Calendes. Aux xv.ᵉ et xvi.ᵉ siècles, ces deux fêtes n'en faisaient plus qu'une, à en juger par le concile de Bâle et par d'autres monuments dont nous parlerons bientôt.

Dans l'église d'Amiens, les sous-diacres faisaient la fête des Fous, dit l'Ordinaire de 1291, conformément au cérémonial : *si hoc dicitur festum stultorum a subdiaconis fiat, et dominicâ eveniat, ab ipsis fiat festum in cappis sericis, sicut in libris festorum continetur*, c'est-à-dire que la messe était du rit solennel, qu'on y chantait le *Kyrie* farci : *cuncti potens genitor* (2), etc., le *Gloria in excelsis* avec la sauce : *sedentem in superne* (3), etc., et l'épître farcie qui commençait ainsi : *Boine gens pour qui sauvement*, etc. (4). Ainsi les sous-diacres jusque là n'avaient rien de plus que les prêtres et les diacres. Mais voici ce qui leur était propre. Ils élisaient parmi eux un pape, avec les mêmes cérémonies qui étaient observées à l'exaltation du pontife romain. Le jour de la fête, il officiait solennellement, comme aurait fait le Saint-Père, la thiare en tête et l'anneau d'or au doigt. Sa cour était composée de cardinaux et d'officiers de son espèce. On scellait du sceau du soi-disant pape. Plusieurs bénéficiers de la cathédrale d'Amiens (5), qui avaient passé successivement par cette dignité imaginaire, présentèrent au chapitre, le 3 décembre 1438, une supplique à l'effet d'obtenir la permission de procéder à l'élection, création et ordination d'un pape; en un mot, de relever la papauté, dignité qui durait l'année entière. Ce qui leur fut accordé, ainsi qu'aux années suivantes jusqu'en 1548, comme il paraît par plusieurs délibérations capitulaires. Celle du 12 décembre 1520 (6) permet aux vicaires de faire, le jour de la Circoncision prochaine, l'office divin solennelle-

DANS L'ÉGLISE D'AMIENS ON Y FAISAIT UN PAPE.

---

(1) Beleth, suprà, cap. 72.
(2) Preuv., part. 1, p.... n.°....
(3) Ibid., p.... n.°....
(4) Idid., p.... n.°....
(5) Ibid., p.... n.°....
(6) Ibid., p.... n.°....

ment dans le chœur de la cathédrale, mais sans bouffonnerie, sans insolence, et sans dépendre les cloches, ajoutant que s'ils veulent se régaler, ce sera à leurs dépens et non aux dépens du chapitre. Par une autre du 16 janvier 1538 (1539) (1), le même chapitre sur la requête verbale du pape et des cardinaux des fous, leur accorde quarante-cinq livres pour les dédommager des frais du repas qu'ils avaient fait. Par une autre du 2 d'août de l'année précédente (2); les grands et les petits vicaires avaient obtenu des chanoines la permission d'élire un pape, à la charge d'apporter au chapitre les ornements pontificaux, et l'on voit par l'inventaire (3) délivré le 5 suivant à Adrien Josselin, que ces joyaux consistaient en un anneau d'or, une thiare d'argent et un sceau. Par une autre délibération (4) capitulaire du 9 juillet 1540, il est accordé au pape des fous de jouer le dimanche suivant. Par une autre du 26 du même mois (5), le chapitre fait délivrer cinquante livres tournois pour aider le pape et les cardinaux à supporter les frais qu'ils étaient obligés de faire pour la tradition des barres; nous ignorons qu'elle était cette cérémonie. Il y est dit que ces barres seraient rendues le dimanche suivant.

ÉVÊQUE DES FOUS DANS L'HÔPITAL DE RUE.

De même que l'on faisait un pape dans les églises cathédrales, de même on élisait un évêque dans les églises subalternes. Il y avait dans l'hôpital de Rue (6), capitale du Marquenterre, une confrérie de vingt-cinq personnes dont le chef avait le titre de souverain évêque de Rue.

DANS L'ÉGLISE DE BEAUVAIS LA FÊTE DE L'ANE. SON CÉRÉMONIAL.

Nous ne savons si dans l'église de Beauvais les sous-diacres étaient dans l'usage d'élire un pape, car on y faisait la fête des fous comme ailleurs, puisqu'on trouve dans un ancien livre en parchemin servant de modèle pour les comptes de l'évêché, du mois de janvier : *in die Circumcisionis si fiat festum stultorum.* Les rubriques du luminaire pour les fêtes de Noël (7) nous apprennent seulement qu'aux premières vêpres de la Circoncision, le trésorier faisait distribuer à chacun des chanoines sous-diacres un cierge d'une livre, et aux autres du bas-chœur un cierge d'une demi-livre; que tous ces cierges étaient déposés ensuite devant le crucifix; que cette fête était aussi solennelle que les trois fêtes des Prêtres, des Diacres et des Innocents. Au reste la fête de l'Ane qu'on célébrait dans cette église, valait bien celle du pape que l'on faisait dans les autres églises de la province. Voici le cérémonial de celle là avec tout l'office de cette fête singulière, tiré d'un MS. de la cathédrale de Beauvais (8). Tout est noté, jusqu'aux capitules.

(1) Preuv., part. 1, p.... n.°....
(2) Ibid., p.... n.°....
(3) Ibid., p.... n.°....
(4) Ibid., p.... n.°....
(5) Ibid., p.... n.°....
(6) Rumet, Chr. MS. du comté de Ponth., ann. 1210.
(7) Preuv., part. 1, n.°....
(8) Ibid., n.°....

Aux premières vêpres, le chantre commençait par entonner au milieu de la nef : *Lux hodie, lux lætitie*, etc. On faisait lecture du tablet, c'est-à-dire du cérémonial de la fête ; après quoi le célébrant entonnait le *Deus in adjutorium*, qui était suivi du *Veni sancte spiritus*, ou du *Veni doctor pervie*, que l'orgue accompagnait de la strophe *Hæc est clara dies*, et de la prose *Letemur gaudiis*. Venaient ensuite les antiennes *Cum saleto*, les psaumes, une prose, un hymne, le *Magnificat* farci, à chaque verset de l'antienne qui précède et que l'on décomposait ; enfin, le *Benedicamus* et son répons farcis aussi. Les vêpres finies, on faisait une station au crucifix, où l'on chantait des répons, des antiennes, des proses à ne pas finir. A complies, rien de remarquable que le *Kyrie*, le *Pater* et le *Credo* farcis, qui se chantaient accompagnés de l'orgue. Les matines étaient composées de trois nocturnes qui avaient chacun leur invitatoire propre, trois psaumes précédés et suivis d'une prose, trois leçons, chacune des leçons ayant son répons et une prose, excepté le troisième qui était prolixe ; et excepté encore la dernière leçon du troisième nocturne, laquelle n'avait point des répons prolixe, mais une prose suivait l'Evangile *Liber generationis*, une antienne et le *Te Deum*. A laudes rien de particulier que le *Benedictus* et son répons farcis.

Les laudes finies, on sortait de l'église pour aller trouver l'âne qui attendait à la grande porte. Elle était fermée. Là, chacun des chanoines s'y trouvant la bouteille et le verre à la main, le chantre entonnait la prose : *Kalendas januarias solemne Christe facias* (1). Voici ce que porte l'ancien cérémonial : *dominus cantor et canonici ante januas ecclesiæ clausas stent foris tenentes singuli urnas vini plenas cum cyfis vitreis, quorum unus canonicus incipiat : Kalendas januarias*, etc. Les battants de la porte ouverte, on introduisait l'âne dans l'église, en chantant la prose : *Orientis partibus*. Ici est une lacune dans le manuscrit jusque vers le milieu du *Gloria in excelsis*. Il est farci ainsi que l'épître, le *Credo*, le *Sanctus* et l'*Agnus*. Immédiatement après l'oraison, on chantait la litanie : *Christus vincit, Christus regnat*, etc., dans laquelle on prie pour le pape Alexandre III, pour Henri de France, évêque de Beauvais, pour le roi Louis VII et pour Alixe ou Adèle de Champagne qui était devenue reine en 1160 ; par quoi on peut juger de l'antiquité de ce cérémonial. L'Evangile était précédé d'une prose et suivi d'une autre. Il est marqué dans le cérémonial de cinq cents ans que les encensements du jour de cette fête se feront avec le boudin et la saucisse : *hac die incensabitur cum boudino et saucita* (2).

Il ne faut pas confondre cette cérémonie grotesque avec une autre de même

REPRÉSENTATION DE LA FUITE EN ÉGYPTE DANS LA MÊME ÉGLISE. SON CÉRÉMONIAL

(1) Du Cange, Gloss. au mot *kalandæ*, col. 1667. (2) Ibid.

espèce qui se faisait le 14.ᵉ du même mois. Pour représenter la fuite de la Vierge et du petit Jésus en Egypte (1), on choisissait une jeune fille, la plus belle de la ville; on la mettait sur un âne avec un petit enfant dans les bras. La vierge et sa monture richement ornée partaient de la cathédrale pour se rendre à l'église paroissiale de Saint-Etienne, accompagnées du clergé et du peuple. Arrivé à l'église, l'âne était conduit au sanctuaire et placé au côté de l'Evangile tout près de l'autel. On commençait la messe solennelle; l'introït, le *Kyrie*, le *Gloria*, le *Credo*, etc., finissaient par le refrain *Hinham*. La prose commençait comme celle de la Circoncision :

Orientis partibus,
Adventavit, etc.
Hez, sir asne, car chantez,
Belle bouche rechignez,
Vous aurez du foin assez
Et de l'avoine à plantez.

Lentus erat pedibus,
Nisi foret baculus,
Et eum in clunibus,
Pungeret aculeus.
Hez, sir asne, etc.

Hic in collibus Sichem, etc.
Hez, sir asne, etc.

Ecce magnis auribus,
Subjugalis filius,
Asinus egregius,
Asinorum dominus.
Hez, sir asne, etc.

Saltu vincit hinnulos, etc.
Hez, sir asne, etc.

Aurum de Arabia,
Thus et myrrham de Saba,
Tulit in ecclesia,
Virtus asinaria.
Hez, sir asne, etc.

Dum trahit vehicula, etc.
Hez, sir asne, etc.

Cum aristis hordeum, etc.
Hez, sir asne, etc.

Amen, dicas, asine, etc.
(Il est marqué dans la rubrique qu'on devait fléchir le genou en cet endroit.)

Hez va ! hez va ! hez va hez !
Bialx, sir asne, car allez;
Belle bouche, car chantez.

A la fin de la messe, le prêtre, au lieu de chanter l'*Ite missa est*, hennissait trois fois et le peuple répondait : *hinham, hinham, hinham. In fine missæ sacerdos versus ad populum, vice, Ite missa est, ter hihannabit; populus verò vice Deo gratias, ter respondebit hinham, hinham, hinham.*

(1) Gloss., sup., au mot *festum asinorum*, col. 426.

Dans l'église cathédrale de Senlis, on faisait l'élection d'un pape des fous (1). DANS L'ÉGLISE DE
Son élévation était accompagnée de danses et de mille indécences pareilles. Lors- SENLIS. ÉLECTION
qu'il fut question en 1413 d'empêcher que cette cérémonie ridicule et scanda- D'UN PAPE.
leuse se fît dans l'église, suivant l'usage, l'évêque trouva son chapitre partagé;
les uns voulant que la cérémonie de l'élection se fît dans l'église, suivant l'ancienne coutume, mais sans élévation et sans danse, et qu'il fût permis d'y assister en habit séculier et décent; d'autres opinant que cette infâme cérémonie fût
bannie du lieu saint. Enfin, le doyen conclut en faveur de l'opinion de ceux-ci,
sans ôter néanmoins la liberté aux chapelains et aux vicaires de faire ce que bon
leur semblerait hors de l'église. En conséquence, il leur fut accordé un minot de
bled, c'est-à-dire dix septiers, pour faire la fête des fous, par délibération capitulaire du pénultième de décembre (2). Cette cérémonie n'a cessé entièrement
dans cette cathédrale que vers l'an 1523. Nous voyons par une permission (3)
donnée le 30 décembre 1501 par le chapitre de Saint-Rieul aux vicaires de
cette église de faire, le jour de la Circoncision, des jeux dans le cimetière, suivant l'usage, que ceux-ci avaient aussi un prélat des fous. C'était probablement un
évêque. A Soissons (4), le même jour, on dressait près la maison qui porte encore l'enseigne de *la Grosse-Tête*, un théâtre sur lequel étaient placés quelques
chanoines. Tous ceux qui voulaient courir en masque étaient obligés de s'aller
présenter à eux pour en avoir la permission.

CXCII.

CÉRÉMONIE DU BATON DES CONFRÉRIES DANS LES ÉGLISES. RESTE DE LA FÊTE DES FOUS.

On aurait de la peine à croire que la cérémonie du bâton des confréries que
l'on met à l'encan le jour de la fête du patron, fût un reste de la fête des fous, si
d'anciens monuments ne faisaient voir la parfaite ressemblance qu'il y avait entre
ce bâton et *la lance des fous : Baculus*, dit un MS. de Sainte-Geneviève de
Paris (5), *festivitatis stultorum, gallicè lance*. Leonius, chanoine de N.-D. de
Paris (6), écrivant à l'un de ses amis qui devait revenir pour la fête du bâton,
ad amicum venturum ad festum Baculi, regardait comme un jour mémorable
celui auquel il arriverait à Paris pour déposer sa dignité de bâtonnier et la trans-
mettre à un autre le jour de la nouvelle année :

(1) Preuv., part. 1, p.... n.°....
(2) Reg. capitul. Sylvan. eccles., an 1421, p. 22.
(3) Act. capitul. Regul.
(4) Mém. MS.
(5) Cod. S. Genev., r. 7, fol. 242.
(6) Le Bœuf, Dissert. sur l'hist. de Paris, t. II, p. 277.

Festa dies, aliis Baculus venit et novus annus;
Qua venies, veniet hæc mihi festa dies.

Les colonnades de menuiserie faites en forme pyramidale et terminées par un cierge, que le Père Daire (1) prend pour des mays qui étaient portés par chaque corps de métier de la ville d'Amiens à la procession du Saint-Sacrement, n'étaient que les différents bâtons des confréries, chargés des attributs de leur profession, surmontés d'un flambeau orné et historié. La cérémonie du bâton s'est perpétuée jusqu'aujourd'hui dans la Picardie. Elle est en usage dans presque toutes les églises, et censée approuvée par le silence des supérieurs ecclésiastiques, quoique condamnée en 1212 par un concile.

CXCIII.

FÈTE DES FOUS.

Les ecclésiastiques donnant dans de pareils travers, devons-nous être surpris que les séculiers passassent les calendes de janvier dans tous les excès que leur reprochent les conciles et les écrivains ecclésiastiques. En effet, avec quel scandale ne voyait-on pas des gens se transformer en bêtes (2), contrefaire dans leurs courses insensées le cerf le faon, la biche et d'autres animaux, et faire la vieille : *assumebant enim formas monstruosas, alii ex pellibus pecudum, alii ex capitibus bestiarum, alii vestientes tunicas muliebres.* Ces mascarades eurent bien de la peine à être oubliées. Un de nos anciens poètes, Martin Franc, parle ainsi dans son *Champion des Dames*, des folies qui se faisaient de son temps en Picardie :

> Va-t-en aux fêtes à Tournay,
> A celles d'Arras et de Lille,
> D'Amiens, de Douay, de Cambray,
> De Valenciennes, d'Abbeville;
> La verras-tu des gens dix mille
> Plus qu'en la forest du Forfolz,
> Qui servent par   par ville,
> A ton dieu le prince des Folz (3).

Par rapport à Amiens, nous trouvons une délibération de l'Hôtel-de-Ville du 6 novembre 1450, qui porte qu'au 1.er janvier de cette année, aujourd'hui 1451, sera fait *la fête du prince des Fols*, comme on avait coutume de faire du temps

---

(1) Hist. d'Amiens, t. II, p. 140.
(2) Durand, Ration. div. offic., l. 6, cap. 15, in fine.
(3) Gougel, Bibl. franc., t. IX, p. 217.

passé, qu'il y aura grand divertissement, et ce à cause des bonnes nouvelles qui venaient de jour à autre des avantages que le Roi avait sur les Anglais, qui, selon les apparences, seraient bientôt chassés de la Normandie et du reste de la France. A Corbie l'abbé fait acheter six lots de vin de *keppe, pour le jour que on fist le Prinche des sos* (1).

Ce qui se pratiquait encore vers le milieu du siècle dernier dans la petite ville de Ham, en Vermandois, n'était qu'un faible échantillon de ces folies. Une lettre écrite de Picardie au mois de janvier 1735 (2), nous apprend qu'il y avait dans cette ville une compagnie de fous qu'on nommait *les sots de Ham*, sobriquet qui est demeuré aux habitants. Le chef de cette compagnie avait le titre de *prince des sots*. Ses suppôts l'accompagnaient dans les cérémonies de la *sottise*, montés sur des ânes, tenant la queue en place de brides. On ne pouvait faire de folies dans la ville sans la permission du prince. Voilà tout ce qu'en dit la lettre. La relation qui nous a été envoyée par M. Brochant du Breuil, conseiller au Parlement de Paris, exilé à Ham en 1771, entre dans un plus grand détail. Nous la donnerons sans y rien changer.

A HAM.

« Il étoit d'usage dans la petite ville de Ham, en Vermandois, parmi les
» rieurs de cette ville, d'élire entr'eux un prince qualifié *prince des sots*. Ce prince
» formait sa compagnie de tous ceux de son espèce, et il avoit pour marques de
» sa dignité un habit tel qu'on peint celui des Momus et un bonnet semblable,
» le tout garni de grelots, et pour sceptre une marotte aussi semblable à celle de
» ce dieu de la raillerie. Les membres de sa compagnie n'avoient pas d'uniforme,
» mais des habits de masques de fantaisie et ils étoient divisés en infanterie et
» cavalerie. Les cavaliers avoient pour monture des chevaux d'osiers, ou, pour
» mieux dire, des tissus d'osiers ayant la forme supérieure d'un cheval percé par
» le milieu à l'endroit de la selle pour la place du cavalier : la partie inférieure
» étoit cachée par le caparaçon qui empêchait qu'on ne vît le défaut de jambes
» du cheval, et celles de l'homme qui le faisait mouvoir. L'enseigne de cette
» troupe était un drapeau semé de croissants avec des marottes de Momus en
» sautoir.

» Ce prince des sots et sa troupe étoient en possession, surtout dans les temps du
» carnaval, de s'assembler et de faire, soit aux passants, soit aux habitants qui
» n'étoient pas de leur ordre, toutes les singeries et niches dont ils pouvoient
» s'aviser, notamment dans les trois derniers jours gras et jours de marché. Le
» prince partageoit sa compagnie en différentes escouades, dont trois se tenoient

(1) Comptes de l'abb. de Corbie de 1410, fol. 99, v.-   (2) Merc. de Fr., févr. 1735, p. 262.

» aux portes de la ville, le chef de l'escouade ayant en main une marotte com-
» posée de chiffons noircis à la cheminée ou au four. Chaque femme qui entrait
» pour le marché était obligée de baiser cette marotte noircie, qu'ils appelaient
» saint Souffrant, ou de mettre dans un bassin quelques pièces de monnoye. Si
» quelque vieille se marioit, le prince des sots et sa troupe ne manquoient pas de
» faire un charivary. Si quelque mary patient se laissoit dominer et malmener
» par sa femme, le prince assembloit sa troupe à la suite de laquelle étoit un
» tombereau, et en ce bel équipage on alloit du matin éveiller ce bon mary, le
» tirer de son lit, le mettre dans le tombereau et lui faire faire ainsi des prome-
» nades dans les rues.

» Il y avoit des jours marqués dans l'année où cette troupe se croyoit tout
» permis. Mille singeries semblables, qu'il seroit trop long de rapporter, ne plai-
» soient pas toujours, et quelquefois il en arrivoit du désordre. Cela a subsisté
» jusque vers l'année 1648, qu'un juge installé depuis peu, voulant y mettre
» fin, envoya chercher le prince des sots, et lui ayant fait rendre compte de sa
» conduite, que cet homme prétendoit fondée sur d'anciennes lettres-patentes des
» seigneurs de Ham, ce juge voulut les voir et il ne trouva pas de meilleur moyen
» pour arrêter la licence de ces particuliers que de supprimer les prétendus titres
» et de faire les défenses convenables, sous peines d'amende et autres de droit,
» suivant le genre de la contravention et la qualité du désordre. C'est bien dom-
» mage que ces patentes respectables n'aient pas été conservées.

(Nous ajouterons au récit ci-dessus que les patentes en question étaient vrai-semblablement dans le goût de celles que Philippe-le-Bon, duc de Bourgogne, avait données en 1454 à la société de la Mère folle de Dijon (1); car nous y voyons le même cérémonial. Peut-être même la société des sots de Ham avait-elle été érigée par les ducs de Bourgogne, qui ont possédé pendant quelque temps, à titre de souveraineté, les villes situées sur la rivière de Somme).

« Peu à peu, continue M. Brochant du Breuil, les vestiges de ces folies se sont
» effacés, si ce n'est le cheval d'osier qu'un de ces fous montoit encore en 1715
» dans les jours gras, mais sans commettre aucun désordre. » (On sait que Philippe-le-Bon avait toujours à sa suite un homme de cette espèce qui le divertissait beaucoup).

« Les descendants du dernier prince des sots ont conservé jusqu'à ce jour les
» noms de prince et de princesse. On ne les connoît que par cette dénomination
» qui n'est pas leur vrai nom de famille. »

(1) Du Tillot, Mém. pour la fête des fous, part. 2, p. 57 et suiv.

La lettre écrite de Picardie en 1735 dit que la petite fille du dernier prince était encore vivante cette année et qu'on l'appelait la princesse (1). Il fallait que cette principauté poussât bien loin ses influences.

On a trouvé sur ce sujet une pièce manuscrite en vers burlesques picards, faite à l'occasion de la fille du dernier prince des sots qui s'est trouvée enceinte. C'est le seul vestige écrit dont on ait connaissance. La voici (2):

Frero je creve de détresse
Et me faurait otant morir,
Lorsque du foait de no Princesse
J'entends tout partout discourir.
Watiez en peu la belle cose,
Por que tout-elle ville en glose
Et que chaquin dise sen mot!
Quer baiez bien, race méchante,
Si jamais d'en fiu alle enfante,
Les sots pas riront-ils sitot?

Acoutez cha; dens tout le monde
Combien le Peuple est-y gaillard,
Quand y voit esse Reine féconde
Enceinte d'un biau gros poupart :
Grands et petiots se boutent en voie;
O danse, o rit, Diu sçait la joie.
O maque, o boit, tout va de cœur.
Cho se foait dans tous les Royaumes,
Et nous, paures sots que no sommes,
No rassotons de no bonheur.

O prendroit, dis-tu, patiense
Si les sots etiens sans suport;
Mais, Grace à Diu et se clémence,
Le flux ainé, da, n'est point mort;
Portant y n'est point nescesssaire
De rire de pareille affoaire
Et d'en foaire le goguenard;
Pisque por soutenir no regne
Jen avons in en droite laigne.
Faloit-y no foaire in batard?

Ch'est raisonner comme pantoufe,
Ouy, raisonner à tuer quien
Batard ou non, dis donc... (3)
Drès que ch'est en second soutien;
Quand on est d'ene République
Ch'ost-jou de l'honneur qu'on se pique?
Ch'est de bien commun, disoit Marc :
Et ch'est in cau de prévoyance,
Ouy quand o craint queuque mal chance
D'avoir toujours deux cordes à sn'arc.

Quer si (je ne le vorois mie)
Par les sotar, no petiot Roy
Ayant che babaine endormie
Ché bediau l'avoit mie o coy,
Qu'est quo foairiens sans capitaine?
Nos brairians comme Madelaine
Et nos cririens tout est perdu.
Stapendant no boene Princesse
A vu ché tiots tours de souplesse
A ché guignon a prévenu.

Dabondant ch'en droit vient de le femme,
Chen père et ch'nayeule ont reigné:
Et porquoy par el notre dame,
Entre nous faut-il barguigner?
Quer après tout que nos importe
Qui des sots el couronne porte
Pouryû qui soit de sen côté,
Qui soit à gauche ou bien à droite,
Y doit toujours être no moaitre
Drès que d'elle il est enfanté.

(1) Merc. de France, supr., p. 262.
(2) Cette pièce de vers et l'alinéa qui la précède se trouvent cachés dans le manuscrit par un carton; moins discret que le savant bénédictin, nous n'hésitons pas à publier ces vers que nous croyons inédits. L'orthographe que nous respectons est loin de s'accorder avec le patois picard. — Note de l'Editeur.

(3) La rime fournira au lecteur le mot effacé dans le MS.

CXCIV.

FÊTE DES SOUS-DIACRES DANS L'ÉGLISE DE NOYON, LA VEILLE DES ROIS.

Dans l'église de Noyon, la fête des fous ne se faisait que la veille des Rois. Beleth dit, en effet, que quelques-uns la célébraient le jour de la Circoncision, quelques autres le jour de l'Epiphanie ou dans leurs octaves : *à quibusdam perficitur in Circumcisione, à quibusdam verò in Epiphaniâ vel in ejus octavis* (1). Les vicaires élisaient, non un pape, non un évêque, mais un roi des fous. Il est porté dans une délibération du chapitre, du 3 juin 1497 (2), que l'assemblée permet au roi des vicaires et à ses compagnons de faire leurs divertissements et leurs bouffonneries la veille de l'Epiphanie, pourvu qu'ils ne chantent point de chansons profanes et que l'office n'en souffre aucun préjudice. Il est dit dans une autre du 11 du même mois 1506, que le roi ne paraîtra point au chœur, pendant l'office, en habits royaux, que s'il veut y assister, ce sera en habit d'église. Par une autre du 4 janvier 1520 (1521), le chapitre lui permet de porter la couronne suivant l'ancien usage, *more antiquo*. Enfin ce ne fut qu'en 1721 que cette mascarade fut supprimée totalement, et cela, dit-on, à cause de la cherté des vivres. Le même jour veille des Rois (3), les Picards du collége du cardinal Le Moine, à Paris, c'est-à-dire, ceux qu'on appelait les anciens, élisaient un d'entr'eux pour représenter le cardinal. Celui qui était élu assistait aux premières vêpres de l'Epiphanie en habit de cardinal ; son aumônier portait son chapeau rouge. Il régalait ses confrères à souper et leur distribuait des dragées. La fête continuait le lendemain. Elle a cessé depuis quelques années. Il en est fait mention dans la concordance des bréviaires de Rome et de Paris, aux 12 et 15 de février.

FÊTE DES VICAIRES ET DES CHAPELAINS DANS L'ÉGLISE DE LAON.

La folie des vicaires et des chapelains de l'église de Laon était de faire un patriarche. Ils avaient élu en 130$\frac{7}{8}$ Pierre Caput (4). Ils s'assemblaient à cet effet le même jour, veille des Rois, après primes, et faisaient l'élection, après quoi ce n'était que jeux et que farces. Cette solennité avait son rit et ses habits particuliers. Le patriarche et ses consors, c'était le nom que l'on donnait à ceux qui formaient sa cour, assignaient un jour pour leurs jeux et pour la cavalcade ; cela est consigné dans un réglement du chapitre du 20 décembre 1454 (5). Le 31 du même mois, il est accordé au patriarche et à ses consors de faire leurs jeux

---

(1) Beleth, ch. 72.
(2) Preuv., part. 1, n.°...
(3) Variété histor., t. III. p. 338-339.
(4) Preuv., part. 1, n.°
(5) 5.ᵉ Reg. capit., fol. 36, v.°

et leur cavalcade suivant la coutume (1). Le 5 janvier suivant, l'évêque de Laon se rend au chapitre à l'effet de lever les oppositions que le doyen voulait mettre à la fête du patriarche. Il est conclu, à la pluralité des voix, qu'elle serait célébrée en la manière accoutumée, hors de l'église, avec jeux et cavalcade (2). Même permission donnée au chapitre du 2 janvier $14\frac{59}{60}$. La délibération porte qu'il serait présenté au patriarche pain et vin et toutes les autres choses dont il avait été gratifié l'année précédente (3). On lui accorde la même grâce le 3 de janvier $146\frac{2}{3}$, mais à condition que le service divin se ferait d'une manière honnête, comme il était de coutume depuis trois ans, et que le *jeu* serait examiné (4). Même faveur de la part du chapitre du 3 janvier $14\frac{69}{70}$ que de la part de celui de l'année précédente (5). De même au chapitre du 2 janvier $147\frac{0}{1}$, à condition qu'il n'y aurait pas de scandale (6). Il est conclu, le 10 décembre 1473, qu'à cause de la guerre, la sequelle patriarcale ne ferait ni le jeu ni la cavalcade, à la fête des rois prochaine (7). On lui accorde, par délibération du 23 décembre 1476, les mêmes choses que l'année précédente, pourvu que le jour des Rois les vicaires et les chapelains assistent aux offices avec leurs habits d'église (8). La même chose est arrêtée au chapitre du 24 décembre 1477 (9).

Le patriarche demande à l'assemblée capitulaire du 15 décembre 1486, qu'il lui soit permis de faire la fête et qu'on veuille l'aider dans la dépense qu'il avait à faire. On lui répond que son jeu, après avoir été revu par le doyen, le boutiller et l'official, pourrait être donné devant l'église de Saint-Martin-au-Parvis (10). Ce patriarche des Fous et l'évêque des Innocents présentent supplique au chapitre du 15 décembre 1490 pour avoir permission, l'un et l'autre, de faire leur fête et pour obtenir le don gratuit accoutumé. On permet à l'évêque des Innocents de célébrer sa fête en habit long seulement. On refuse au patriarche, pour raisons connues, de faire la sienne, c'est-à-dire les jeux et la cavalcade. On lui accorde cependant de pouvoir faire le repas; il est menacé de prison, s'il y invite quelqu'un qui vienne à troubler le bon ordre (11). Jean Hubreland, chapelain, est mulcté au chapitre du 27 janvier $150\frac{0}{1}$ pour n'avoir pas assisté à la cérémonie de l'élection du patriarche (12). Albert Goffuin, chapelain, est condamné par sentence du 7 janvier $151\frac{8}{9}$, sur la réquisition du promoteur du chapitre, à huit jours de prison, pour avoir jeté du feu, du haut du portail où il était placé, sur le pa-

(1) 5.ᵉ Reg. capit., fol. 37, r.°
(2) Ibid., fol. 37.
(3) 6.ᵉ Reg., fol. 11, v.°
(4) Ibid., fol. 82, v.°
(5) 7.ᵉ Reg., fol. 72, v.°
(6) Ibid., fol. 95.
(7) Ibid., fol. 193, v.°
(8) Ibid., fol. 276, v.°
(9) 8.ᵉ Reg., fol. 20, v.°
(10) 9.ᵉ Reg., fol. 29, v.°
(11) 10.ᵉ Reg., fol. 129, v.°
(12) 12.ᵉ Reg., fol. 202.

triarche et ses consors, dans le temps qu'ils célébraient leur fête, la veille de l'Epiphanie (1). La fabrique est déchargée le 28 novembre 1521 de payer dorénavant au patriarche des Fous et à l'évêque des Innocents, huit livres huit sous parisis, cet argent devant être employé à l'avenir aux appointements de l'organiste (2). Il est ordonné par une délibération capitulaire du 23 décembre de la même année, que les curés de la ville feraient le service dans l'église cathédrale, suivant l'usage, mais d'une façon honnête et décente, sans employer des manières ridicules, en prenant et portant la croix et les chandeliers, comme feraient les enfants de chœur ; que les vicaires et les enfants de chœur y assisteraient, mais aux dépens des curés (3). Le chapitre du 2 janvier 1523 et celui du 2 mai 1525 mettent à néant les requêtes du patriarche, tendantes à demander le don gratuit que la bourse commune avait coutume de faire autrefois, ainsi que la marance des absents le jour de l'élection. Le chapitre du 2 janvier lui défend en outre de faire porter dorénavant devant lui dans le chœur des torches et des flambeaux (4). Laurent Brayart, chapelain, patriarche des Fous en l'année 1527, demande au chapitre du 13 décembre d'être dispensé de se trouver à l'élection d'un nouveau patriarche, ou bien qu'on lui permette de célébrer sa fête, suivant l'ancien usage. L'affaire est renvoyée aux anciens patriarches (5). Le chapitre du 15 décembre 1531 donne la permission au chapelain Théobald Bucquet, patriarche, de célébrer la fête des Fous, de faire ses jeux et ses comédies, et lui fait délivrer les marances des absents (6). Mais l'assemblée du 8 de mai 1541 ou 1549 refuse au patriarche Absalon Bourgeois le maître des enfants de chœur et l'un d'eux, pour faire semblant, dit l'acte capitulaire, de dire la messe à liesse (7). Le chapitre du 4 janvier $15\frac{59}{60}$, c'est le dernier que nous citerons, autorise l'élection du patriarche la veille de l'Epiphanie, immédiatement après primes, autorise le receveur à lui délivrer seize sols parisis pour le repas, mais défend absolument d'y rien faire qui soit contraire à la religion, au roi et à l'Etat (8).

CXCV.

LE ROI DE LA FÈVE OU LE ROI BOIT.

Ainsi le roi de la Fève était la partie la moins honteuse de ces fêtes, quoique cette cérémonie rappelât plus particulièrement le siècle d'or de Saturne : *festis*

(1) 15.e Reg., fol. 338, v.°
(2) Reg. 16, fol. 325, v.°
(3) Ibid., fol. 344, r.°
(4) 17.e Reg., fol. 77, r.°; 284, v.°

(5) 18.e Reg., fol. 352, v.°
(6) 20.e Reg., fol. 77, v.°
(7) 22.e Reg., fol. 138, v.°
(8) 26.e Reg., fol. 254, v.°

Saturno diebus, inter alia œqualium ludicra, regnum lusu sortientium (1). En effet, le valet et la servante avaient au gâteau que l'on tirait au sort, la même part que le maître et la maîtresse, par conséquent le même droit qu'eux à la royauté de la fève, c'est-à-dire les honneurs et l'empire de la table. Voici la cérémonie telle qu'elle se pratiquait au xvi° siècle : « Nous commençons, dit Pasquier (2),
» dès la veille, non de prier Dieu, mais de faire bonne chère. Celuy qui est le
» maistre du banquet a un grand gasteau, dans lequel y a une febve cachée,
» gasteau, dis-je, que l'on coupe en autant de parts qu'il y a de gens conviez au
» festin. Cela fait, on met un petit enfant sous la table, lequel le maistre interroge
» sous ce nom de *Phebe*, comme si ce fust un qui, en l'innocence de son aage,
» représentast une forme d'oracle d'Apollon. A cet interrogatoire l'enfant respond
» d'un mot latin *Domine*. Sur cela, le maistre l'adjure de dire à qui il distribuera
» la portion du gasteau qu'il tient en sa main, l'enfant le nomme ainsi qu'il lui
» tombe en la pensée, sans acception de la dignité des personnes, jusques à ce
» que la part est donnée à celui où est la febve ; et par ce moyen il est réputé
» Roy de la compagnie, encores qu'il fust réputé le moindre en autorité. Et ce
» fait, chascun se desborde à boire, manger et danser. Il n'y a respect de per-
» sonnes, la festivité de la journée le veut ainsi. Qu'il n'y ait en cecy beaucoup
» de l'ancien paganisme, je n'en fais doute. »

Ce qui se pratiquait du temps de Pasquier, se fait encore dans toute la Picardie, avec la différence que les excès qui accompagnent cette cérémonie ne sont plus aussi grands, et que les rois de la fève ne sont plus que des rois du moment, au lieu qu'autrefois la royauté durait l'année entière, comme la papauté, le cardinalat, le patriarchat et l'épiscopat ridicules des ecclésiastiques. Chaque corps s'assemblait la veille de l'Epiphanie et *tirait au Roi*. De là vient que nous voyons des rois de tous les états et dans toutes les professions (3) : roi des barbiers, roi des poètes, roi des arbalétriers, roi d'armes, roi de la Basoche, roi des ménestriers, roi des ribaux, etc. La confrérie même de Saint-Nicolas de la ville d'Amiens élisait pour son roi le pèlerin qui, le dernier, avait fait le voyage de Myre (4). On lui mettait sur la tête une couronne d'argent doré. La cérémonie se faisait dans l'église. Il est évident, en effet, par un compte de la ville de Péronne de l'an 1536, que chaque corps de la ville avait son roi. Cet usage est confirmé par la délibération du chapitre de Saint-Fursy du 10 septembre 1610. Elle porte en substance, que le doyen a remontré qu'il était bon d'infirmer une

---

(1) Cornel. Tacit. annal., lib. 13, cap. 15.
(2) Pasquier, Rech. de la Fr., t. I, col. 389, éd. 1723.
(3) D. Carpentier, suppl. ad. Gloss. de Du Cange, t. III, col. 619.
(4) Daire, Hist. d'Amiens, t. II, p. 199.

ancienne coutume préjudiciable à l'état ecclésiastique, par laquelle les rois laïcs plus anciens que les rois ecclésiastiques précédaient ceux-ci à l'offrande, qui se faisait dans le chœur de cette église le jour de la translation de saint Fursy. Messieurs remettent au premier chapitre à examiner la bulle du pape relative à cette cérémonie. Mais alors et même longtemps auparavant, ces rois imaginaires avaient perdu la trace de leur origine.

ORIGINE DU ROI DES CONFRÉRIES ET DES CORPS ET MÉTIERS. Toutes ces sottises et plusieurs autres de la fin de décembre et du commencement de janvier avaient été apportées de Rome par les Francs. En effet, lorsque saint Boniface leur reprochait d'imiter alors les païens, en dansant dans les places publiques, en poussant des cris dans les rues, en chantant des chansons profanes, en tenant les tables chargées de mets et le jour et la nuit, en ne voulant laisser sortir de la maison quoique ce soit, dont le voisin pourrait avoir besoin; lorsque le prélat faisait un crime aux femmes de porter aux bras et aux jambes des philactères et des ligatures, d'en faire un commerce public, ils lui répondirent qu'ils avaient vu pratiquer tout cela dans la ville de Rome et près l'église de Saint-Pierre, chaque année, le jour et la nuit que les calendes de janvier commençaient. Il s'en plaint au pape Zacharie : *sicut affirmant se vidisse annis singulis in Romaná urbe, et juxta ecclesiam S. Petri, in die vel nocte, quando calandœ januarii intrant, paganorum consuetudine choros ducere per plateas et acclamationes, ritu gentilium, et cantationes sacrilegas celebrare; et mensas, illa die vel nocte dapibus onerare; nullum de domo suâ, vel ignem, vel ferramentum, vel aliquid commodi vicino suo prestare velle dicunt : quoque se vidisse mulieres, paganorum ritu, philacteria et ligaturas in brachiis et cruribus ligatas habere, et publice ad vendendum, venales ad comparandum aliis offerre* (1).

CXCVI.

LES FOLIES DU CARNAVAL : REPRÉSENTATION DES ORGIES, DES BACCHANALES ET DES LUPERCALES.

Après les désordres dont nous avons parlé, les plus grands étaient ceux qui représentaient les orgies, les bacchanales et les lupercales. On connaît ces fêtes du paganisme pleines de turpitude et d'infamie. Ce qui se pratiquait encore aux siècles derniers dans notre province pendant le carnaval ne s'en éloignait guère. Si Bacchus n'y paraissait plus placé sur un char traîné par des satyres et des

(1) Capitul. t. II, p. 735.

faunes, on voyait à la place à Amiens et à Boulogne, des bouffons qui se faisaient traîner dans un tombereau, débitant par toutes les rues des libelles qu'on appelait *Rébus de Picardie* (1). C'était des espèces d'énigmes figurées qu'on donnait à deviner. Nous en avons déjà touché quelque chose dans cet ouvrage. Nous ne connaissions pas alors un livre imprimé à Rouen en 1648, où est un chapitre exprès *des Rébus de Picardie* (2). Il n'y a pas plus de quarante ans, dit Ménage, que cela se pratiquait encore à Boulogne. Nous avons vu que la même chose à peu près se faisait à Ham. M. Brochant du Breuil nous a marqué qu'on y avait vu en 1715, pendant les jours gras, un reste de la *Sottise de Ham*, c'est-à-dire le représentant de l'ancien prince monté sur un cheval d'osier, tel que celui qui paraît tous les ans à la procession de Cambrai, le jour de l'Assomption de la Vierge.

Le *Charivari* et ce qu'on appelle en Picardie *la fête de M. l'Arrière*, sont des vestiges aussi de l'ancien désordre du carnaval. Les Picards donnent le nom de *Charivari* ou plutôt de *Carivari*, à un bruit confus que font les gens du peuple avec des poêles, poèlons, chaudrons, etc., lorsqu'une personne âgée se remarie avec une jeune. M. Du Cange (3) pense que *Charivari* vient d'un mot grec qui signifie une noix, parce que c'était une coutume chez les Romains de jeter des noix dans la rue, le jour des noces, afin que le bruit qu'elles faisaient en tombant, et les cris que jetaient les enfants qui les ramassaient, empêchassent qu'on entendît ce qui se passait dans la chambre des nouveaux mariés; il ajoute que les Boulonnois et en général tous les habitants du pays occupé autrefois par les Morins, criaient encore de son temps *Cari, cari*, comme pour l'ameuter contre les commis à la perception des nouveaux impôts. Scaliger le fait venir du mot *Chalybarium*, à cause que le *charivari* se fait en frappant des vaisseaux d'airain. Il est mention du *charivary, calivali, calivari*, des villages de Ver, près Corbie, et de Bussy-le-Long, près Soissons, dans des lettres de grâce (4), l'une de l'an 1380, *comme naguères pour occasion de la somme de douze sols pardonnée pour un chalivali de la ville de Ver* (5); l'autre donnée en 1409, *eux estant à table fut parlé d'un chalivari qui se devoit faire contre aulcuns nouveaux mariez dudict lieu de Buci* (6). Nous verrons par les lettres de Charles VI du 28 janvier 1412 (1413), que le charivari était en usage à Péronne, et à Amiens, par les statuts synodaux du chapitre de la cathédrale de l'année 1464. La cérémonie

LE CHARIVARI EN EST UN RESTE.

(1) Ménage, Diction. étym. au mot *Rebus*.
(2) Les Bigarrures et touches du Seigneur des Accords, etc., p. 8-28.
(3) Glossar. au mot *Caria*.
(4) Thes. chart.
(5) Reg. 118, carta 361.
(6) Ibid., Reg. 164, cart. 54.

grotesque de M. l'Arière consiste à conduire au milieu des instruments, à chaque porte du village dont on fait la fête, un homme monté sur un âne, comme un autre Silène, la tête tournée du côté de la queue de l'animal. Malheur aux voyageurs qui se rencontrent sur la marche de ce cortége insolent; il faut payer *aut in œre, aut in cute*. Nous avons été témoin en 1773 du *charivari* qui se faisait au village du Mont-Saint-Quentin, près Péronne, à la fête de saint Michel, patron du lieu. Mais le bailliage de Péronne, par une sentence du 22 juillet 1775, a abrogé cette fête populaire qui avait lieu dans presque tous les villages de son ressort le surlendemain de la fête du lieu. La même chose se pratique dans la plupart des villages de la Picardie.

DIVERTISSEMENTS DES RELIGIEUSES DE N.D. DE SOISSONS LE DIMANCHE DE LA SEPTUAGÉSIME.

Voici quelques autres divertissements qui faisaient partie de l'ancien carnaval : *Le dimanche de Circumdederunt*, dit le cérémonial de la collégiale de Saint-Pierre-au-Parvis de Soissons, de l'année 1350, c'est-à-dire le dimanche de la Septuagésime, *le soudiacre qui est sepmainier doit donner deux esteufs blancs aux josnes dames* (de l'abbaye de N.-D.) *pour aler jouer à sainct George et à sainct Nicolas emmy le pré du cloistre, et pareillement le dimanche cras* (1).

CXCVII.

LA JOUTE AUX COQS, LE JEUDI-GRAS.

A AMIENS, A CORBIE, etc.

La joute aux coqs, autrement dit le combat des coqs, était le spectacle de la jeunesse qui fréquentait les écoles. Elle se fait encore tous les ans, le jeudi gras, à Amiens, à Corbie, etc. Chacun des écoliers apporte son coq bien abreuvé de vin ou d'eau-de-vie. Chacun des coqs entre à son tour dans le champ de bataille. Celui qui a tenu plus longtemps est le coq victorieux. Les honneurs sont déférés à l'écolier à qui il appartient (2). C'est pourquoi Edme Fanay est dit *Roy des poles* (poules) dans un extrait baptistaire de la paroisse de Saint-Leu d'Amiens, du 10 février 1575, parce que son coq avait été roi le jeudi gras, jour même qu'il fut premier parrain d'un garçon.

A PÉRONNE.

A Péronne, l'écolier, dont le coq avait été déclaré roi, jouissait durant toute l'année, à la mi-carême particulièrement, de certains honneurs parmi ses condisciples. Ils lui formaient une sorte de cour, composée de gardes armés de bâtons ferrés qui l'accompagnaient dans sa marche. Le chapitre de Péronne (3) fait défense le 10 de juillet 1529, au maître de la grande école de souffrir que ses

---

(1) Cerem. vulgò Dagard. fol. 74, v.°
(2) Merc. de Fr., 1735, p. 264.
(3) Preuv., part. 1, p... n.°...

écoliers se servent de ces sortes de bâtons, laissant cependant la permission aux plus petits d'avoir des lances de bois peint. Actuellement que le combat des coqs n'a plus lieu, ni à Péronne, ni dans les villages des environs, la royauté de l'école tombe, surtout dans les campagnes, à celui qui a le mieux appris à lire. Le jour du jeudi-gras et quelquefois dès le mardi ou le mercredi précédent, le roi de l'école revêtu d'un surplis d'enfant de chœur, orné de rubans, tenant à la main une épée nue, surmontée d'une pomme, garnie d'une infinité d'épingles, va au milieu d'un nombreux cortége armé d'épées, de sabres, de bâtons, à toutes les portes du village chanter l'hymne *Vexilla regis*. Autrefois la cour enfantine chantait des couplets en l'honneur du roi. On leur donne de l'argent, de la viande ou des œufs, et le jeudi au soir toute la troupe se régale du produit de la libéralité. Il est à remarquer que ce roi imaginaire ne se découvre devant qui que ce soit. Cette cérémonie puérile est consignée dans un MS. de l'église de Cambray en ces termes : *in mediâ Quadragesimâ scholares accipiunt lanceas cum vexillis et tintinnabulis : prius faciunt laudes ante ecclesiam; deinde eunt per domos cantando, et accipiunt ova pro beneficio illius laudis*. Ce MS. n'est que du XIIIe siècle ; mais la cérémonie remontait bien au-delà : *sic antiquitus faciebant* (1).

A ABBEVILLE.

La royauté des coqs avait donné lieu au XIVe siècle à un grand procès entre la collégiale de Saint-Vulfran et l'Hôtel-de-Ville d'Abbeville. L'affaire allait être jugée au Parlement de Paris, lorsque les parties s'accordèrent en 1458. Les doyens et chanoines consentent que *icelluy qui demoura roy de l'escole le nuict des quaresmiaulx apporte ou fasse apporter devers le Mayeur de ladite ville au camp St.-Georges le cocq qui demoura ledit jour ou autre jour victorieux, ou autre cocq; et que ledict Roy présente audit Mayeur pour d'icelluy faire le chole....... sans que ad ce faire lesdits doyen et cappitule, les maistres et prévost desdites escolles, ou leurs commis or ou pour le temps advenir puissent ne doivent en ce empescher lesdits Mayeur et Eschevins celluy ne ceulx qui demouroit rois desdites escoles*, etc. (2).

A SENLIS.

A Senlis, le roi des coqs présenta le lundi 15 mars 1506, une requête au chapitre à l'effet d'avoir la permission de venir le jeudi de la mi-carême, entendre la messe dans l'église cathédrale, en telle décoration que son père jugerait à propos ; et que durant les trois jours de son triomphe, il jouisse des fruits de sa prébende. Le chapitre le lui accorda à condition qu'il ne ferait pas porter devant lui les marques de sa royauté, ni son aumusse lorsqu'il viendrait à l'église.

(1) Dom Carpentier, suppl. ad gloss. Du Cange, au mot : *quadragesima major*.

(2) Cartul., St.-Vulfran, fol. 214, v.^o

CE DIVERTISSEMENT CONNU CHEZ LES ATHÉNIENS.

Le combat des coqs était une loi chez les Athéniens depuis que Thémistocle avait saisi l'occasion de deux coqs acharnés l'un contre l'autre, pour encourager ses soldats, au point qu'ils défirent les Perses entièrement: *mes amis*, leur dit-il, *ces animaux ne combattent ni pour leur patrie ni pour leurs dieux, ni pour deffendre l'honneur de leurs ancêtres; ils n'ont point la gloire en vue. Il ne s'agit entr'eux ni de leurs petits, ni du recouvrement de leur liberté. Ils ne combattent que pour se vaincre réciproquement et pour forcer le plus faible à céder* (1). Les Belges auraient-ils apporté cet usage de la Grèce? ou l'auraient-ils reçu des Romains? Le combat des coqs a été défendu par un Concile, comme ayant l'empreinte de la superstition.

ANCIEN USAGE DE TIRER LA POULE.

La coutume de tirer le coq ou la poule dans l'après-midi qui suit le combat des coqs, qui se fait le matin, ne date pas de si loin peut-être: mais on la voit dans des lettres de rémission de l'an 1355 : *petierunt a magistro Erardo Maquart magistro scholarum ejusdem villæ de Rameru quatenus liberaret et traderet eis unum gallum, quem, sicut dicebant, idem magister scholarum debebat eis die ipsá (carniprivii) ut jacerent baculos ad gallum ipsum more solito pro eorum exhilaratione et ludo* (2).

CXCVIII.
ANCIEN USAGE A PÉRONNE LE JOUR DU MARDI-GRAS.

Les jeunes gens de la ville de Péronne avaient coutume le jour du mardi-gras, d'aller en masque se présenter au fermier des moulins de la porte de Paris, qui était obligé de leur donner un jambon. A Beaulieu, village du Vermandois, la jeunesse, pendant les trois jours du carnaval, va courir en masque par tout le village. Le chef de la bande est monté sur un âne. Le jour du mardi-gras, la troupe dirige sa marche droit au moulin de Beaulieu. Après qu'elle a fait tourner trois fois le moulin, le meunier lui délivre dix sols et un boisseau d'avoine, suivant les clauses de son bail.

CXCIX.[1.°]
QUARESMEL ET QUARESMIAUX, ANCIENNES DATES EMPLOYÉES DANS LA PICARDIE.

De la célébrité que le carnaval avait acquise parmi les Picards, viennent les dates employées dans les anciennes chartes pour indiquer non seulement les trois

---

(1) Elian. de Var. histor., l. 2.   (2) Thesaurus cart. reg., regist. 84, carta 278.

derniers jours gras, mais aussi la semaine qui précède le premier dimanche de carême. Ces dates sont celles-ci : *Quaresmel* et *Quaresmiaux*. Les *Quaresmiaux* étaient un des cinq termes de l'année pour le paiement des cens dus à l'abbaye de Corbie. On lit dans un compte de cette abbaye de l'an 1331, vieux stile : *Item por les tilles (de lard) des quaresmiaux XII livres*. Dans un compte de l'Hôtel-Dieu de Montdidier de l'année 1339 : *Item le semaine des quaresmiaux.* Dans un accord entre le chapitre de Saint-Vulfran d'Abbeville et le maître de la grande école de l'année 1458, le terme de *quaresmiaux* est employé pour désigner particulièrement le mardi-gras. Ainsi quand il est dit dans l'acte que celui qui demeure roi de l'école *le nuict des Quaresmiaux* doit apporter devant le Maïeur le coq qui demeurera victorieux pour en faire *la chole*, c'est comme s'il parlait de celui qui serait roi le lundi-gras. C'est ainsi qu'il faut interpréter l'article du rôle des présents faits par la même ville, au mois de février 1496 (1497) : *Item deux quesnes de vin données auxdicts frères mineurs pour faire les Karesmiaulx IX sols III deniers*. Ce jour est nommé *Quaresmel* dans un registre de l'Hôtel-de-Ville de Péronne : *Remembranche du mardi jour du Quaresmel 21 février* 1331 (1332). La même expression avait passé au dernier jour gras avant le carême de l'Avent des Cordeliers de la ville d'Abbeville, suivant un compte de l'Hôtel-de-Ville du 25 octobre 1460 ou 24 novembre 1461 : *deux caisnes de vin à xx deniers le lot, données le pénultième jour d'octobre aux Cordeliers, qui audict jour firent leurs Caresmiaulx, vi sols viii deniers.*

CXCIX.2.°

CARNILEVARII, CARNIPRIVII, AUTRES ÉPOQUES.

L'auteur des superstitions anciennes et modernes (1) regarde comme telles, d'enterrer le *Carême prenant*, c'est-à-dire un fantôme auquel le peuple donne ce nom, s'imaginant, par ce moyen, qu'il aura moins de peine à jeûner. Nous avons vu pratiquer cette sotte cérémonie en Picardie le jour des Cendres. Ce jour fit époque chez nos pères, comme les *Carémaux*, sous les noms de *Carnilevarii* et de *Carniprivii*. Nous lisons dans une charte du mois de janvier 1192 (1193) en faveur de l'abbaye de Saint-Barthélémy de Noyon, qu'il était dû une poule au seigneur de Buissu, près Péronne, *in Carnilevarii* (2); dans les statuts de Vermond, évêque de Noyon, de l'année 1256, pour la collégiale de Saint-Fursi, que les chanoines doivent avoir le past *in die Carniprivii;* dans une charte

(1) Superst. anc. et mod., t. I, p. 37, col. 1.   (2) Cartul. S. Barthol. Noviom., fol. 61, r.°

de Saint-Germer de Flay, du samedi après l'Ascension 1257, que cette abbaye devait au Maire de Saint-Pierre-aux-Champs: *unam tibiam porci ad carniprivium* (1). Comme le *Carniprivium* des Ecclésiastiques était distingué autrefois des *Carniprivium* des séculiers (2), celui-là commençant au dimanche de la Quinquagésime, et celui-ci au jour des cendres, peut-être s'agit-il du dernier dans ce passage.

CC.

CÉRÉMONIAL DE LA FÊTE DES BRANDONS LE PREMIER DIMANCHE DE CARÊME, EN PLUSIEURS LIEUX DE PICARDIE.

Nous avons parlé ailleurs (3) de l'époque que les Brandons avaient faite dans les actes ecclésiastiques et civils de la province, mais nous n'avons encore rien dit du cérémonial superstitieux de cette fête, *qui ne sait*, dit Deslions, *la vanité des foux, des danses effrénées qu'il* (le démon) *avoit fait passer en coutume parmi les paysans, qui regne encore en plusieurs lieux de la France, sous le titre de Dimanche aux Brandons, ainsi intitulé dans quelques lieux ecclésiastiques* (4). On portait des Brandons dans les champs en conjurant les mulots, l'ivraie et la nielle (5). On s'imaginait faire beaucoup de bien aux jardins et y faire venir de gros oignons en y portant le premier dimanche de carême un tison de feu (6). Les enfants couraient parmi les champs, le Brandon à la main, afin de rendre les terres plus fertiles (7). Tout cela s'est pratiqué dans la Picardie et la cérémonie du Brandon n'y est point encore oubliée, surtout dans les villages en deçà et au-delà de la Somme jusqu'à Saint-Valery. Nous avons appris, en 1769, de M. le curé d'Hangest que les jeunes-gens de son village, le premier dimanche de carême, sur le soir, prennent chacun une longue perche, au bout de laquelle est attachée une torche de paille, vont allumer ces espèces de falots et courent à travers la plaine, dansant, sautant et chantant cette chanson:

> Saint Christophe, envoyez-en de grosses (pommes)
> Des pquots cafignons pour manger en saison.

Ils reviennent à la maison, où ils trouvent préparé un régale champêtre, qui consiste en une jatte de lait froid. Ils nomment cela la fête de *Lourdic*, au lieu

---

(1) Cartul. de S. Germ. de Flay, t. 1, p. 108.
(2) Du Cange, gloss. au mot *Carniprivium*.
(3) Voyez ci-dessus chap. xci.
(4) Deslions, 1.er discours sur le roi de la féve, p. 14.
(5) Superst. anc. et mod. sup., p. 162, col. 1.re
(6) Ibid., p. 63, col. 1.re
(7) Ibid., col. 2.

de Behourdich. Nous trouvons la même chose dans des lettres de rémission de l'an 1414 : *comme il est accoustumé chascun an, le dimanche des Brandons, faire esbatemens et dances, environ le soir, et avoir des faloz à bouchon de feurre en un baston, et mettre le feu dedans en les appelant Brandons* (1). Un spectacle bien amusant, nous disait M. le curé de l'Etoile, c'est de considérer du portail de son église, placée presqu'au sommet de la montagne, les vastes plaines du Vimeux tout éclairées de ces feux voltigeants. Le même divertissement se fait à Poix, à Conty et dans tous les villages des environs. Boves n'a conservé qu'une partie du cérémonial. Les filles et les garçons se contentent d'aller danser sous certains arbres au refrain de cette chanson picarde :

> Bréaudé Breaudon
> Par mendelé, par quarteron
> Pour les enfens de nos moisons.

A Beauvais, les enfants courent les rues avec des balais flamboyants, ce qui s'appelle faire le *Behourdis*. A Breteuil, le menu peuple va danser autour des arbres, des pommiers principalement, le jour *des Bordées;* c'est ainsi qu'ils nomment le premier dimanche du carême. Il n'y a plus de *Brandons* depuis longtemps au village de Senantes ; les torches et les danses autour des arbres, pour avoir abondance de fruits, y ont été abolies de nos jours. Cette fête ne le sera pas de sitôt à Chambly, parce que le seigneur a cédé aux habitants quelques arpents de bois dans les environs pour fournir les perches nécessaires à la célébration des *Brandons;* et cela pour racheter le privilége que les anciens seigneurs de Chambly leur avaient accordé de mettre tous leurs bois à contribution.

Dans les villes et les villages situés sur la rive gauche de l'Oise et du diocèse de Laon, toute la cérémonie des *Brandons* consiste aujourd'hui à faire un feu le premier dimanche de carême. On faisait la même cérémonie, non seulement en ce jour, mais aussi aux dimanches suivants dans le diocèse de Soissons, comme il est évident par des lettres de rémission de l'année 1396 : *Icellui Jaquemain estoit allez après souper, en la ville de Villeblain, en l'éveschié de Soissons, veoir les feux que l'on a accoustumé de faire chascun dimanche en quaresme au dict pays* (2). Dans le Noyonnois, les danses des *Brandons* n'existent plus que dans quelques endroits. Dans la partie du Ponthieu située entre la Somme, l'Authie et la Canche, on danse en rond, la torche flamboyante de paille à la main. On en fait de même dans les environs d'Encre ou Albert. Les habitants d'Auchi-le-

---

(1) Trés. des Chart., regist. 168, chart. 119.   (2) Ibid., regist. 151, chart. 192.

Château ne s'en tiennent pas là, ils vont sautillant autour des arbres à fruits, passant le Brandon sur le tronc et sur les branches, comme pour les purifier. Ils appellent cela le *jour des Bourdons*. Les *Brandons* ne sont éteints dans le Santerre que depuis une trentaine d'années. Le peuple de Senlis ne va plus, comme autrefois, célébrer cette fête sur la montagne d'Aumont et y manger de la chair. Les deux discours de M. Deslions les ont fait revenir, sans doute, de l'erreur superstitieuse où ils étaient. Depuis une quinzaine d'années, M. le curé d'Acy, en Soissonnois, a aboli absolument l'usage des Brandons en réformant l'abus qui y subsistait de danser en rond autour d'un gros arbre, planté sur la place publique, nommé l'arbre de Bétisy. Dans la Thiérache, à Vervins, à Rosoy et dans les entours, les enfants font des feux, prennent des tisons ou des torches de paille allumée et courent dans les campagnes. Ce jour y est nommé *le dimanche des Buires*. Depuis quelques années, M. le curé d'Ittencourt a aboli dans son village le feu des *Brandons*, autour duquel on dansait pour avoir abondance d'oignons.

CCI.

CÉRÉMONIE DU CLOQUEMAN DE LA VILLE DE HAM LE VENDREDI-SAINT.

Autrefois à Ham, dans la nuit du jeudi au vendredi-saint, le Cloqueman, c'est-à-dire celui qui recommande les trépassés, suivi de la populace qui chantait le *Vexilla regis* ou des pseaumes, allait crier à la porte des églises de la ville : *on recommande à vos prières l'âme de défunt notre seigneur Jésus-Christ lequel a passé cette nuit de vie à trespas. Frappez Judas.* Aussitôt celui de la suite qui jouait le personnage du traître était frappé d'importance. Cette superstition est abolie. On se contente de frapper sur des planches, comme l'on fait à la fin des ténèbres.

CCII.

CÉRÉMONIE DU SÉPULCRE, LE SAMEDI-SAINT, DANS LES ÉGLISES DE LA PICARDIE.

DANS L'ÉGLISE D'AMIENS.

Les églises de la province ont abrogé aussi la cérémonie ridicule qui se faisait le jour de Pâques, immédiatement avant le *Te Deum*. Dans la cathédrale d'Amiens (1), pour y représenter la surprise des femmes et leur entretien avec les anges, deux chapelains-prêtres en chapes blanches, la tête enveloppée d'un amict

(1) Preuv., part..., p.... n.°....

simple, en forme de coeffe à rouler, bridé dessous le menton pour mieux représenter des têtes de femmes, chacun avec un encensoir fumant, entraient par la grande porte du chœur et marchaient droit à l'autel en chantant le répons : *Quis revolvet nobis lapidem*, etc. Deux enfants de chœur revêtus en aube, figurant les anges et placés aux deux côtés de l'autel, sur lequel était placé un coffre, en forme de sépulcre, couvert d'un voile, demandaient aux femmes : *quem queritis?* etc. Les Maries répondaient : *Jesum Nazarenum*, etc. Les anges découvraient le sépulcre en disant : *non est hic*, etc. Les Maries montaient à l'autel, faisaient les rechercheuses, regardaient dans le sépulcre avec une sorte de surprise. Alors les anges leur disaient : *ite, nunciate discipulis ejus quia surrexit*. Les Maries retournaient au chœur en chantant : *Christus resurgens*, etc. Après quoi l'évêque entonnait le *Te Deum*, baisait le sépulcre, donnait le baiser de paix au préchantre et au chantre, qui allaient le porter au chœur, en disant au premier de chaque côté, *surrexit dominus*, à quoi il répondait, *gaudeamus*. Celui-ci passait le baiser de paix à son voisin, ainsi de suite.

Dans l'église de Beauvais (1), trois enfants de chœur représentaient les Maries, et sur la fin de la cérémonie un d'eux annonçait au peuple la résurrection de Notre-Seigneur. Dans celle de Laon (2), la cérémonie était faite par deux diacres en chape de soie qui représentaient les Maries, par quatre sous-diacres en tunique blanche, qui portaient chacun un linge sur le bras, et par un clerc. Les deux diacres arrivés à la porte du sépulcre chantaient : *ardens est*, etc. Le clerc, caché près du sépulcre, répondait sur le même ton : *quem queritis, etc.?* Les deux diacres reprenaient : *Jesum Nazarenum*. Le clerc : *non est hic*, etc. Ensuite les chantres entonnaient : *surrexit dominus*, etc., et immédiatement après, la prose *victimæ paschali laudes*. La même chose se faisait dans celle de Noyon. Ce ne fut que le 3 mars 1628 (3) que le chapitre délibéra qu'on ne ferait plus à l'avenir, au jour de Pâques, les mystères des Anges et des Maries.

<small>DANS LES ÉGLISES DE BEAUVAIS ET DE LAON.</small>

L'usage subsista plus longtemps dans la collégiale de Saint-Fursy de Péronne, car il n'y a qu'une douzaine d'années qu'il ne s'y fait plus. Les matines finies, on allait au sépulcre préparé à cet effet, en chantant le répons : *dum transisset sabbatum*, lequel étant fini, on touchait l'orgue en imitant le tonnerre; deux enfants de chœur habillés en ange paraissaient l'un à droite, l'autre à gauche du sépulcre. Trois autres habillés en Maries, tenant des vases remplis d'aromates, venaient gravement vers les anges chantant : *quis revolvet nobis lapidem*, etc. Arrivés au sépulcre, les trois anges chantaient aux deux autres : *Jesum Nazare-*

<small>DANS L'ÉGLISE DE SAINT-FURSY DE PÉRONNE.</small>

---

(1) Louvet, Hist. et Antiq. du Beauv., t. II, p. 302.
(2) Belot., rit. eccles. Laudun. rediv., part. 5, p. 516.
(3) Reg. des délib. de cette année.

rum ô cœlicolœ. Ceux-ci répondaient : *non est hic.* Les Maries : *surrexit dominus.* L'un des deux anges, en leur remettant le voile et le suaire, chantait : *verè surrexit; ecce vestis, ecce sudarium,* et après leur avoir fait voir le sépulcre vide, il leur remettait la robe et la tunique. Alors les trois Maries retournaient au chœur en chantant : *Victimœ paschali laudes.* Le chantre disait à l'une d'elles, en chemin faisant : *Dic nobis Maria, etc.* Elle répondait : *Sepulcrum, etc.* Les trois ensemble montraient au chœur les anges et le suaire, en continuant la prose : *Angelicos testes* jusqu'à *surrexit Christus.* Les anges poursuivaient jusqu'à *scimus Christum, etc.* En entrant dans le chœur, on chantait tous ensemble ce dernier verset de la prose.

DANS L'ÉGLISE DE SENLIS.

Voici l'usage de l'église de Senlis, suivant le cérémonial du XIII.e ou XIV.e siècle (1). On va en procession au sépulcre qui était placé dans le vestiaire, sur l'autel de saint Gervais et de saint Protais. Le troisième répons de matines chanté, ceux qui tiennent le chœur vont à l'autel où les curés de Sainte-Geneviève et de Saint-Martin, vêtus en aube et placés, l'un à droite et l'autre à gauche, chantent le verset : *Quem queritis, etc.* Ceux du chœur répondent : *Jesum Nazarenum, etc.* Alors les curés levant la nappe de l'autel disent : *Non est hic.* Ceux-là se tournant du côté du chœur, chantent : *Alleluia, surrexit.* Le chœur répond *Alleluia;* et aussitôt l'évêque ou le doyen entonne le *Te Deum,* pendant lequel chacun va baiser le sépulcre. L'officiant le prend et va le placer processionnellement sur le maître-autel, tandis qu'on chante le répons *Christus resurgens, etc.* L'auteur de la liturgie ancienne et moderne (2) nous a conservé l'usage de celle de Soissons. Nous allons rapporter ses propres termes : « A Sois-
» sons, on prépare un sépulcre dans une chapelle, sur l'autel de laquelle on met
» le Saint-Sacrement. L'évêque et le clergé y vont. On porte la croix, flambeaux,
» encens; après qu'on a chanté l'antienne de la Résurrection, le chantre en
« habit de cérémonie, interroge trois vicaires vêtus de blanc, debout devant la
» porte de cette chapelle, *dic nobis, etc.* Le premier répond, *sepulcrum;* le
» second, *angelicos testes;* le troisième, *scimus.....* Alors le chantre se tourne
» du côté du chœur, dit : *credendum est soli Mariœ veraci, potiùs quam judœo-*
» *rum turbœ fallaci.* Puis la porte de la chapelle étant ouverte, l'évêque y en-
» tre avec le Saint-Sacrement, ayant deux chanoines vêtus de blanc à ses côtés,
» dit *Te Deum,* le porte au grand autel, l'adore, baise le bas du ciboire ou
» calice, puis se retire avec les deux chanoines assistants. »

(1) Preuv., part. 5, p. ..., n.° ... (2) Litur. anc. et mod., p. 567. Paris, édit. de 1752.

CCIII.

ON JOUAIT EN CADENCE A LA PAUME, LE JOUR DE PAQUES, APRÈS LES VÈPRES, DANS LES ÉGLISES DE LA PROVINCE. LABYRINTHE DE LA NEF DE L'ÉGLISE D'AMIENS.

Dans l'église d'Amiens (1), on chantait à la grande messe de Pâques le *Kyrie* farci, *Deus sempiterne*, le *Credo* avec l'addition *Carne et mente*, etc. Le trope du *Kyrie* de la troisième fête était différent. On disait : *Orbis factor*, etc. Après les vêpres, l'on faisait l'office du Saint-Suaire. La procession revenant des fonds baptismaux, s'arrêtait dans la nef, devant le crucifix. On y chantait la prose : *Victimæ paschali laudes*. Un chapelain était au jubé revêtu en chape blanche, la tête coiffée en Marie, qu'il représentait. Il avait à ses côtés deux enfants de chœur en aube, qui faisaient le personnage des anges. Le préchantre, du milieu de la nef, interrogeait, en chantant, la Marie : *dic nobis Maria quid vidisti in via?* Elle répondait de même : *Sepulchrum Christi viventis et gloriam vidi resurgentis*, et montrant les prétendus anges : *Angelicos testes;* enfin dépliant un linceul : *sudarium et vestes*. Aussitôt le préchantre entonnait : *Credendum est magis soli Mariæ veraci quam Judæorum turbæ fallaci*. Le même jour, après vêpres, les chanoines, ainsi que ceux des autres cathédrales de la province, jouaient à la paume, comme nous l'apprend Beleth (2). Souvent même l'évêque se mettait de la partie : *sunt enim nonnullæ ecclesiæ in quibus usitatum est, ut vel etiam episcopi et archiepiscopi in cœnobiis cum suis ludant subditis, ita ut etiam sese ad lusum pilæ demittant; atque hæc quidem libertas ideo dicta est decembrica; quia olim apud ethnicos moris fuerit*. Quoiqu'une des plus grandes églises de France, telle que celle de Reims, ajoute Beleth, ait été dans cet usage, il eût été plus louable cependant de ne point jouer à la paume : *quamquam verò magnæ ecclesiæ, ut est Remensis, hanc ludendi consuetudinem observent, videtur tamen laudabilius esse non ludere*. Ce jeu, sans doute, se faisait en cadence, comme dans la nef de l'église d'Auxerrre, où l'on voit encore une espèce de labyrinthe dessiné sur le pavé. Le doyen ou le plus ancien dignitaire recevait la paume de la main gauche, et prenant de la droite la main d'un chanoine, et celui-ci celle d'un autre, il ouvrait la danse en chantant la prose : *Victimæ paschali laudes* (3). L'orgue accompagnait le chant, pour le rendre plus régulier et plus accordant avec le mouvement de la danse. Le labyrinthe de la nef d'Amiens

---

(1) Preuv., part. 1, p. ... n.° ..,
(2) Divin. offic. expl., cap. 120, fol. 546, recto.
(3) Merc. de Fr., mai 1726, p. 922-923.

que le P. Daire (1) a fait graver, est le seul reste de cette cérémonie profane qui paraît avoir été abolie depuis longtemps dans cette église.

CCIV.
OPINION SUPERSTITIEUSE TOUCHANT L'ABSTINENCE DE CHAIR, LE JOUR DES GRANDES FÊTES.

Il paraît aussi par un canon du concile de Reims de l'an 1583 (2), que quelques personnes dans notre province avaient la superstition de croire qu'en s'abstenant de manger de la viande les jours de grandes fêtes, comme le jour de Pâques, elles n'auraient pas la fièvre durant toute l'année.

CCV.
REPRÉSENTATION DANS L'ÉGLISE DE BEAUVAIS DES PÈLERINS D'*EMMAÜS*, LE LUNDI DE PAQUES.

Le lundi de Pâques, les chanoines de la cathédrale de Beauvais faisaient une espèce de farce à la fin des vêpres. Ils représentaient l'apparition de N.-S. aux pèlerins d'*Emmaüs*, c'est-à-dire, que de quatre chanoines désignés à cet effet, l'un, sous la figure d'un voyageur faisait le personnage du Seigneur ressuscité; deux autres, celui des pèlerins, et le quatrième, le personnage de saint Thomas. Pour cet effet, on avait mis à contribution l'évangile du jour, et chacun des personnages parlait le langage du texte sacré, ou pur, ou parodié (3).

CCVI.
DRAGON OU AUTRE ANIMAL MONSTRUEUX, PORTÉ AUX PROCESSIONS DES ROGATIONS.

Il n'y a pas encore longtemps que nos églises ont renoncé à une superstition dont les suites pouvaient être de conséquence pour l'espèce humaine. On en a vu un exemple à Noyon. L'usage superstitieux était de faire porter aux processions de Saint-Marc, des Rogations, de l'Ascension, un dragon ou un autre animal monstrueux, la gueule béante; on leur donnait le nom de Papoire. Beleth, chanoine d'Amiens, dit (4) qu'on ne portait le dragon que les trois jours avant l'Ascension, que les deux premiers jours il marchait à la tête de la procession pour

---

(1) Hist. d'Amiens, t. II, p. 92.
(2) Concil. Labb., t. xv, col. 889, cap. de sortil., art. 3.
(3) Preuv., part. 1, n.°...
(4) Divin. offic. expl., suprà, c. 125, fol. 549, v.°

figurer l'empire du démon, avant la loi et sous la loi, et le troisième jour il fermait la marche pour figurer le temps de la grâce où son empire fut détruit par Jésus-Christ : *draco qui triduo deportatur inflatâ et longâ caudâ, duobus quidem diebus antè crucem et vexilla, posteà, ultimò retrò, significat diabolum, qui tribus temporibus, ante legem, sub lege, et tempore gratiœ, quœ per hos tres dies indicantur.* Le christianisme pouvait avoir adopté ces monstres dans l'idée que nous en donne Beleth, et suivant d'autres que nous a laissées Belotte (1) dans ses observations sur les rits de l'église de Laon ; mais il est certain que le *Manducus* de Plaute (2), qu'on nous représente la gueule béante, dont on faisait claquer les dents l'une contre l'autre et que l'on portait dans les jeux, ressemblait beaucoup à nos papoires : *magnis malis lateque dehiscens, et clare crepitans dentibus in attellanis prœsertim*. On les prenait à Amiens (3) pour des représentations de certaines mouches extraordinaires, qui, en infectant l'air, avaient mis la contagion dans la ville et dans les environs. Le cérémonial de cette église de l'an 1291, nous apprend qu'on portait aussi comme deux têtes de serpents à la procession de l'Ascension : *in festo Ascensionis domini que fit per villam..... non deferuntur reliquiœ sanctorum..... deferuntur quatuor vexilla, duo capita admodum serpentum.* C'est, peut-être, les deux têtes qu'on voit dans le cabinet des curiosités de l'abbaye de Saint-Jean d'Amiens. On portait plusieurs figures de dragons et de serpents à la procession que l'on fait dans cette ville (4) le jour de la Fête-Dieu. Il n'y a pas plus de trente ans qu'on ne porte plus les deux papoires aux processions des Rogations à Abbeville. A Beauvais, le dragon marchait à la tête de la procession des Rameaux, et à la queue le jour de l'Ascension, par la même raison que nous en a donnée Beleth, suivant le livre des rubriques de l'église cathédrale (5), qui ajoute qu'on plaçait ensuite ce dragon dans un endroit apparent du chœur, pour marquer la victoire que Jésus-Christ venait de remporter sur le démon. A Laon, on voyait aux processions du jour de saint Marc et des Rogations, non-seulement la figure d'un dragon, mais aussi celle d'un serpent replié et monstrueux, d'un aigle ou d'un coq : *deferuntur duo insignia seu vexilla..... tum effigies etiam draconis et alia quœdam portenta in formam tortuosi serpentis, et aquilœ seu galli, tam in litania majore, quam in his Rogationibus.* On portait de même à Noyon aux processions des Rogations, une figure grotesque, ressemblante à celle d'un serpent ; mais une femme du faubourg de

---

(1) Observ. ad. rit. Laud., p. 840.
(2) Scaliger, ad Varron. Bud. 2-6-8-51.
(3) Hist. d'Amiens, supr., p. 141.

(4) Hist. d'Amiens, supr., p. 141.
(5) Preuv., part. 1, n.° ...

Dame-Jeanne, étant accouchée d'un monstre semblable, le chapitre délibéra le 9 avril 1739, de supprimer cette figure (1). Elle fut brûlée. On conserve dans le trésor des chartes de l'église de Senlis les deux têtes de serpents qu'on y portait aux processions des Rogations.

CCVII.

ON FIGURAIT DANS NOS EGLISES LA DESCENTE DU SAINT-ESPRIT LE JOUR DE LA PENTECOTE.

On s'était imaginé de figurer aussi dans nos églises la descente du Saint-Esprit et de ses dons sur les apôtres, le jour de la Pentecôte. A cet effet, dans l'église d'Amiens, pendant le *Veni creator* qui se chante à tierce, on jetait du haut des voûtes, dit le cérémonial de l'an 1291, des gâteaux feuilletés et des oublies : *in die Pentecostem, dum canitur hymnus Veni creator... projiciuntur folia et nebulæ à superioribus.* On chantait à la grande messe le *Kyrie* farci, *Deus sempiterne* et le *Gloria in excelsis* avec la farce, *sedentem*. Le *Kyrie : Orbis factor* était chanté la troisième fête. On cesse depuis vingt ans dans l'église de Saint-Esprit de Rue, de faire partir, par un trou pratiqué à la voûte, un pigeon, et de faire tomber par le même endroit des étoupes allumées. Dans l'église de l'abbaye de Saint-Pierre de Corbie, pendant les quatre jours que l'on chantait le *Veni creator* à tierce, suivant l'ancien rituel, on voyait tomber par la voûte du clocher du feu et de l'eau : *Hymnus Veni creator ad tertiam solam per quatuor dumtaxat dies cantatur, et projicitur ignis cum aquà de campanili, quamdiu prædictum hymnum conventus decantat.* A Beauvais, *nous avons encor veu de nostre temps*, dit Louvet (2), *que le jour de la Pentecoste en la messe, durant le Veni creator, pour signifier la descente du Saint-Esprit, on jetoit des voûtes quantité d'oublies de diverses couleurs, dedans le chœur.* Il est ordonné par acte capitulaire de l'église de Noyon du 4 de mai 1628, qu'on conservera le jour de la Pentecôte la cérémonie de la descente d'un pigeon, à cause de son antiquité. Cette cérémonie consistait à faire descendre, avec une ficelle, un gros pigeon qui voltigeait çà et là, au haut des voûtes, pendant tierce. L'ancien cérémonial de la cathédrale de Senlis (3) porte que pendant la séquence on fera tomber des fleurs du haut des voûtes dans le chœur : *in die Pentecostes ad missam cantabitur. . sequentia fulgens præclara, et dum cantatur de voltis flores mittuntur in chorum.* Dans l'église de la paroisse Saint-Pierre de cette ville, on je-

(1) Délibér. capitul. de 1739.
(2) Hist. et antiq. du dioc. de Beauv., t. II, p. 302.
(3) Liturg. anc. et mod., p. 597.

tait des pâtés et des oublies, comme il appert par les comptes des années 1400, 1404, 1438. On lit dans celui de 1433 : *pour avoir des oublies pour jetter par les trous d'en haut de ladite église, ledict jour de Penthecouste, arec du feu et de l'eau, en signification de la descendue de Benoist Saint-Esprit, comme il est de tout temps accoustumé, trois sols quatre deniers parisis.* L'ordinaire de l'abbaye de Bertaucourt dit que les chapelains doivent encenser le Saint-Esprit tant que l'on chante le *Veni creator ;* que *le trésorière, quand on commence le verset Accende, montre son cierge, et fait on descendre le Saint-Esprit et jeter feu et ce par les pertuis.*

Les plus anciens chanoines de l'église de Soissons se souviennent d'avoir vu le même jour tomber, du haut des voûtes de l'église, des étoupes allumées, pour représenter les langues de feu qui parurent sur les apôtres; et que cette cérémonie ne fut interrompue que parce que les nappes de l'autel et quelques surplis furent brûlés par les étoupes. On lit dans le *Dagar* (1), autrement le cérémonial de Saint-Pierre-au-Parvis de la même ville, de l'an 1350 : *ce jour de Penthecouste... sitost comme les chantres commencent Veni creator, il faut que je leur mette* (c'est le maître des cérémonies qui parle) *à chacun ung chappel ou chief et aus aultres à qui il appartient et ara de l'herbe vert ou clochier qui convenra jetter aval quand je metteray les chappeaulx. Et devant sonner l'eaue benoiste* IX *cos par trois fois à la mortuaire..... et feront la procession seans, et puis irons à celle de Nostre-Dame. Et quand ils seront revenus ils diront Veni creator. Et faura estre en haut et jetter de l'erbe aval et du feu et des nieules* (oublies). Dans un autre endroit (2) : *au jour de feste de Penthecouste l'argentier de l'église de Saint-Pierre doit l'erbe vert, laquelle se doit porter au clochier et jetter de hault en bas avec des nyeules, des estoupes et du feu tout ensemble, quand on commence Veni creator, et doit avoir chascun chanoine présent à la messe* III *nieules.*

CCVIII.

CÉRÉMONIE DANS LES ÉGLISES DU DIOCÈSE D'AMIENS AUX MATINES DE NOEL. CRI DE NOEL.

L'ordinaire de la ville d'Amiens marque qu'aux premières vêpres de Noël, l'on allumera les cierges autour de la crèche, à la strophe de l'hymne : *Præsepe jam fulget tuum (dum canitur versus præsepe jam fulget tuum, accenduntur cerei de præsepio).* Cette crèche, suspendue à la voûte de l'église, entre le chœur et le

A AMIENS LE JOUR DE NOEL A MATINES.

---

(1) Dagar, fol. 30 v.°   (2) Ibid., fol. 62 r.°

sanctuaire, était faite en forme de lanterne à jour, ornée de verdure et de feuillages, autour de laquelle étaient placés douze cierges. Sur la fin du premier nocturne de matines, le sacristain, en chape, apportait au cœur en cérémonie, la figure d'un petit enfant emmailloté et couché sur un peu de foin. Au moment que le chantre commençait la première leçon du second nocturne, *Salvator noster, dilectissimi, hodie natus est, gaudeamus,* le peuple se mettait à crier Noël pour finir la farce spirituelle de la nuit. Après la communion de la messe de minuit, on allait en procession à la crèche. Des chapelains en aube et en chape contrefaisaient les pasteurs. Un enfant de chœur en aube, faisant le personnage de l'ange, disait aux pasteurs : *Gloria in excelsis.* Ceux-ci adoraient l'enfant. Le célébrant qui était à l'autel se tournant vers les bergers leur chantait : *quem vidistis pastores? dicite, annuntiate in terris, quid apparuit vobis.* Ils répondaient : *Natum videmus;* c'est ce qu'on appelait *chanter la Pastourelle.* M. Willeman dit qu'il y avait un reste de cette cérémonie de son temps, c'est-à-dire en 1750. Pendant laudes, deux chanoines-diacres, debout au lutrin, chantaient aux enfants de chœur, en aube, placés en ligne sur le marchepied de l'autel, ayant derrière eux leur maître de musique en chape, jouant de la basse : *pastores dicite? quid nam vidistis, et annuntiate Christi nativitatem.* Les enfants répondaient sur le même ton : *infantem videmus pannis involutum, et choros angelorum laudantes dominum.*

Il est d'usage encore dans plusieurs églises de la campagne du diocèse d'Amiens de chanter aux matines de Noël le sermon de saint Léon : *Salvator noster dilectissimi hodie natus est, gaudeamus,* avec une sorte de cérémonie. On fait cet honneur ordinairement à un des principaux de la paroisse, qui répète trois fois les mêmes paroles ; et à la fin de chaque répétition, le peuple se met à crier à plein gosier *Noé, Noé, Noé,* en signe d'allégresse. Pendant le premier cri, celui qui chante la leçon présente au chantre une espèce de gâteau qu'on nomme *Cuignot* ou *Cuignet.* En quelques endroits, il donne au bas-chœur le réveillon, qui, à cause du premier mot de la leçon, s'appelle le *Salvator.* Le cri de Noël était le plus grand signe d'allégresse que nos Picards pussent donner. Aussi, lorsque Louis XI rentra en possession, le 2 novembre 1463, des villes situées le long de la Somme, toute la ville d'Amiens retentit du cri de *Noé.* La reine Charlotte, son épouse, ayant fait son entrée à Amiens le 16 de janvier suivant, le peuple, dit La Morlière (1), criait par les rues : *Noël, Noël, Noël.* Le jour de la fête de Noël, il était de l'ancien rit de l'église d'Amiens d'y chanter à la grande messe le *Kyrie*

(1) La Morlière, Antiq. d'Amiens, p. 337. — Pasquier, Recherc. de la France, l. IV, c. 16.

et le *Gloria farcis* des jours de Pâques et de la Pentecôte. A Senlis, c'est un ancien usage, quelques jours avant Noël de chanter *Noël, Noël*, etc., en fauxbourdon, à la fin de chacun des offices de la cathédrale et des collégiales. On le chante aussi dans les autres églises de la ville. Dans l'église de Laon, on chantait le *Kyrie, fons bonitatis* et le *Gloria* avec le trope *sedentem;* et après l'oraison, deux chanoines, revêtus en chape de soie, chantaient des louanges à l'évêque, *canunt laudes episcopo*; pourquoi il leur donnait à chacun douze pièces de bonne monnaie : *et ipse dat utrique duodecim nummos bonæ monetæ* (1).

CCIX.

REPRÉSENTATION ENTRE LA PROCESSION ET LA GRANDE MESSE, LE JOUR DES FÊTES PRINCIPALES, DANS L'ÉGLISE DE BEAUVAIS.

Dans l'église de Beauvais, à Noël, à la saint Pierre, comme à toutes les grandes fêtes auxquelles l'évêque devait officier, il y avait une espèce de parade entre la procession et la messe (2). Des petits clercs, debout à la porte des cloîtres, demandaient en chantant à d'autres qui étaient montés sur une espèce d'estrade, le nom de celui des chanoines qui devait lire l'épitre, de celui qui devait entonner le graduel, de celui qui devait lire l'évangile, enfin de celui qui devait chanter la messe. Ceux-ci proclamaient le nom de chacun avec son titre d'ordre ; et aussitôt qu'ils avaient répondu que tout était prêt, que le seigneur évêque ordonnait de chanter, on commençait l'office. La Rubrique ajoute que c'était au trésorier et au chancelier à chanter la litanie : *Christus vincit etc.* Dans ces mêmes solennités, les chanoines, les chapelains et les vicaires assistaient à l'office en aube rouge et en souliers verts, comme il appert par un statut fait au chapitre général de la saint Pierre de l'année 1334 (3). On voit par un autre statut fait dans le chapitre général du mois de janvier 1481 (1482), que les curés de la ville étaient dans l'usage de porter des houlettes de berger à l'évangile, probablement à celui de *Pastores loquebantur*. Voilà à peu-près les rits superstitieux des grandes solennités de l'année dans la Picardie.

CCX.

L'HOMME VERD DANS L'ÉGLISE D'AMIENS, LE JOUR DE LA TRANSLATION DE SAINT FIRMIN, MARTYR.

Il y en avait aussi pour quelques fêtes particulières. Le 13 de janvier, jour de

---

(1) D. Marten., de antiquis eccles. rit., t. 1, col. 609.
(2) Preuv., part. 1, n.°...
(3) Preuv., suprà, n.°...

la translation de saint Firmin, martyr (1), pour représenter le miracle arrivé le jour de cette cérémonie, où les arbres, dit-on, parurent couverts de fruits et de feuilles, comme en plein été, le bedeau de la paroisse de Saint-Firmin-en-Castillon d'Amiens assistait, la veille et le jour de la fête, à l'office de la cathédrale, tout couvert de feuillage ; et pendant le *Magnificat* des premières vêpres, il présentait à chacun des chanoines un chapeau de fleurs. Le jour des Rois, le même *homme verd* (2), c'est le nom qu'on lui donnait, faisait son entrée dans le chœur au *Gloria in excelsis*, habillé de la même façon et portant un cierge garni de fleurs. Il se plaçait dans une des basses formes au-dessous du pénitencier et y demeurait jusqu'après l'évangile. Le même jour de la translation de saint Firmin, martyr (3), on allumait derrière le chœur un brasier de charbons sur lequel on jetait de l'encens béni. Le peuple ne manquait pas de s'en munir contre la foudre et les autres accidents. On dit que l'objet de ce brasier était de figurer la grande chaleur qui se fit sentir à la cérémonie de la translation, jour auquel les chanoines étaient dans l'usage de prendre, comme en été, le surplis, le bonnet carré (4). Le chapitre délibéra, le 2 janvier 157$\frac{6}{7}$, qu'aux premières vêpres de saint Firmin l'on fermera les portes de l'église pour éviter le murmure et les cris du peuple et des enfants : *Domini concluserunt, quod die jovis in vesperis divi Firmini martyris, fiet ingressus cum cappis intra primum Gloria Patri, et claudentur januæ ad vitandum murmur et clamores populi et puerorum* (5). A propos de la fête de saint Firmin, nous ajouterons que l'Hôtel-de-Ville avait affermé en 1406 *le jeu aus dés et le jeu au brelencq pour le vegil S. Fremin le martyre franque feste à Amiens, depuis le cop de None, pour lediot jour S. Fremin et les octaves en suivant, pour sis ans, commençant en 1406, moyennant* 80 *livres par an* (6). A Noyon, le 19 janvier, jour de la translation de saint Eloi et les jours suivants qui s'appelaient la *fête aux gourmands*, il se commettait des indécences dans les voûtes et les tours de l'église cathédrale, les sonneurs y introduisant des femmes pour y danser et chanter ; l'abus exista jusqu'en 1511 (7).

On lit dans l'ancien calendrier de Saint-Jean-des-Vignes de Soissons, la rubrique suivante pour le jour de la purification de la sainte Vierge: *hodie dominus abbas debet vinum gaudiatæ canonicis S. Gervasii Suessionensis* (8). C'est ce qu'on appelle la *Jouisse.*

(1) Daire, hist. d'Amiens, t. ii, p. 139.
(2) Ibid.
(3) Ibid., p. 140.
(4) Ibid., p. 139.
(5) Act. capitul. de 1576.
(6) Compte de l'Hôtel-de-Ville de 1409 à 1410, chap. de la recette comm.
(7) Preuv., part. 1, n.°...
(8) Petr. Grisius, chron. S. Joan. de vineis, p. 282.

CCXI.

SUPERSTITIONS DU JOUR DE LA CHAIRE DE SAINT PIERRE A ANTIOCHE.

On a déjà vu que le paganisme avait introduit bien des abus dans le courant du mois de février. Le jour de la Purification, une jeune fille, magnifiquement habillée, la couronne sur la tête, le manteau doublé d'hermine sur les épaules, était assise sur un trône placé dans la nef de la cathédrale, au milieu d'un nombre d'anges. Elle en descendait pour aller à l'offrande, d'un pas grave et compassé. Arrivée au pied de l'autel, debout devant le prêtre, comme devant un autre Siméon, la vierge en figure récitait des vers relatifs à la cérémonie de la présentation de Jésus au temple; et l'un des anges présentait deux tourterelles. Cette cérémonie fut supprimée par délibération du chapitre, du 5 de février 1721 (1). Au 22, jour de la chaire de saint Pierre à Antioche, on la nommait la fête du banquet de saint Pierre, *festum B. Petri epularum;* soit qu'elle eût son origine dans les Férales que les païens célébraient le 21 du même mois (2), en apportant des viandes sur les tombeaux et y faisant des banquets funèbres. Beleth ne parle pas des banquets, mais seulement des viandes qui étaient déposées sur les tombeaux des parents, viandes dont on croyait que les âmes venaient se repaître. On eut bien de la peine à tirer cette idée superstitieuse de l'esprit des chrétiens : *fuit enim consuetudo veterum Ethnicorum, ut singulis annis, mense februarii, certo quopiam die epulas ad parentum suorum tumulos apponerent, quas nocte dæmones consumebant, cum inde non minus falsò quàm ridiculè animæ refici credebantur. Putabant enim hujus modi epulas ab animabus circa tumulos errantibus absumi. Hæc autem consuetudo atque hujus modi falsæ opinionis error à Christianis vix extirpari potuit* (3); soit que cette fête de saint Pierre eût son principe dans les *Charisties*, qui se faisaient le lendemain où les parents et les alliés faisaient un festin de famille. M. Baillet pense que c'est celle-ci plutôt que l'autre; que l'église l'a tolérée pendant plusieurs siècles : *car les Charisties*, dit-il, *avoient bien plus de rapport aux anciennes Agapes des premiers fidèles que les Chrétiens de ces temps là prétendoient renouveller, que les Ferales que l'on abolit entièrement. C'est ainsi que l'église a souvent converti à son usage plusieurs cérémonies du paganisme, et a institué diverses fêtes pour détruire celles des payens, ou faire, du moins, qu'on ne les regrettât point en quittant le culte des idoles* (4).

---

(1) Preuv., part. 1, n.°...
(2) Baillet, vie des SS., 22 de février, § 2, col. 268 et suivantes,
(3) Beleth supr., c. 83, fol. 527, rect.
(4) Vies des SS., suprà.

CCXII.

MYSTÈRE DE L'ANNONCIATION À PERONNE.

Au siècle dernier, le chapitre de Péronne faisait le 24 de mars, veille de l'Annonciation, après complies, la solennité du mystère du lendemain. Le chantre et le sous-chantre revêtus en chape, précédés des massiers, d'un choriste, de la croix et des chandeliers venaient entonner au chœur le répons *Gaude Maria* que l'on continuait en fleurti en allant faire une station dans la nef. De là quatre enfants de chœur montaient au jubé pour représenter, l'un, la Vierge, l'autre, l'ange Gabriel; et les deux autres pour chanter en plein chant le mystère. Le même jour à Amiens (1), et peut-être dans les autres églises de la province, on chantait à la grande messe le *Kyrie, fons bonitatis* et le *Gloria in excelsis* farci.

CCXIII.

SUPERSTITION DE LA SAINT JEAN.

FEUX DE LA SAINT JEAN, DITS *FEUX D'OS.* ON EN FAIT AUSSI DANS LA PICARDIE POUR HONORER LES GRANDS.

Il est peu de fêtes parmi les chrétiens qui aient conservé, jusqu'aujourd'hui, un plus grand nombre de superstitions que la fête de la saint Jean-Baptiste. Cette fête à laquelle les fidèles se préparaient autrefois par un jeûne de quarante jours, *nota quod antiquitus solebat una quadragesima celebrari ante hoc festum* (2), fut profanée, dans la suite, par mille absurdités: la veille, par des feux; le jour, par un déluge d'extravagances. On s'imaginait, sans doute, vérifier par là l'oracle de l'ange, que plusieurs se réjouiraient au jour de sa naissance: *multi in nativitate ejus gaudebunt*. Nous avons conservé les feux de la saint Jean, qui, vraisemblablement, dit Peloutier, sont un reste de l'ancienne superstition et de la vénération toute particulière que les Celtes avaient pour le feu (3). Il les nomme ailleurs *feux sacrilèges* (4). On les appelle *fu-d'os* en Picardie, c'est-à-dire feux faits d'os d'animaux. Une charte de l'abbaye de Corbie de l'an 1343 porte: *au devant de le maison des dis Religieus, le nuict de S. Jehan-Baptiste l'an 1342.... li dis Religieus, par eulx ou leur gens avoient fait un feu appelé Fu-d'os, en l'onneur de M. S. Jehan* (5). Autrefois, dit le Père Daire (6), on assemblait dans le faubourg de Noyon à Amiens quantité d'os de bête, et on les brûlait publiquement: de là vient que la populace appelle feu d'os le feu de la saint Jean.

(1) Preuv., part. 1, p.... n.°...
(2) Durand. ration., lib. 7, c. 14, fol. 442, v.°
(3) Hist. des Celtes, liv. 3, c. 10 à la fin.
(4) Ibid., liv. 4, c. 6, § 24.
(5) Cartul., nigr., fol. 100, r.°
(6) Hist. d'Amiens, t. 1, p. 463.

Mais d'où a pu venir l'usage de brûler des os? Durand nous dit, dans son *Rational de l'Office divin* (1), qu'on avait coutume, la veille de la saint Jean, de brûler des os d'animaux pour que la fumée de ce feu pût éloigner les dragons qui volaient dans l'air, et qui auraient pu, dans ce temps où les chaleurs sont grandes, infecter par leur sperme les puits et les fontaines; d'où il s'en suivrait une année de mortalité. Le docteur Beleth, plus ancien que lui, dit la même chose. Voici ses termes: *sed quando in aere ad libidinem concitantur......... sœpe ipsum sperma vel in puteos, vel in aquas fluviales ejiciunt; ex quo lethalis sequitur annus. Adversus hæc ergò hujus modi inventum remedium, ut videlicet rogus ex ossibus construeretur, et ita fumus hujus modi animalia fugaret* (2).

Cet auteur donne une autre raison qui paraît plus vraisemblable. On brûle des os d'animaux, dit-il, pour rappeler le souvenir des ossements de saint Jean que les païens ont réduits en cendres dans la ville de Sébaste: *est et alia causa quamobrem ossa animalium cremantur, quod ossa sancti Johannis in civitate Sebaste ab Ethnicis combusta fuere*. Et dans un autre endroit: *in dedecus Christianorum sancti Johannis mausoleum destruxerunt, et ossa ejus per agros sparserunt; sed cum et illuc Christiani venirent, nec miracula cessarent, rursus Ethnici ossa collegerunt et combusserunt* (3). Nous avons lu la même chose dans une histoire de la Terre-Sainte, composée au xii.ᵉ siècle, en idiôme picard, par les soins de Nicolas de Moreuil, trésorier et depuis abbé de Corbie. Cette histoire est aujourd'hui dans la célèbre bibliothèque de Berne. L'auteur, après avoir dit qu'à deux lieues de Naples est une ville qu'on appelle Sébaste, là où repose le corps de saint Jean-Baptiste; que ce fut ses disciples qui l'y portèrent quand Hérode lui eut fait couper la tête; que quelques temps après, quand la femme d'Hérode eut appris qu'il avait été enterré en cet endroit, elle fit tirer ses os de la terre, les fit brûler, *et ventre la porre* (jetter au vent la poussière) *por cou* (pourquoi) *font encore li enfant le fu des os le nuict de la feste S. Jehan, por cou que si os furent ars*. On voit par des lettres de rémission, de l'an 1364, en faveur de quelques habitants de la ville de Saint-Just, en Beauvoisis, que chaque particulier faisait un feu à la porte de sa maison: *comme la veille de la St. Jehan-Baptiste les bonnes gens de la ville de St.-Just qui ont petiz enffans, gisans en bers, ont accoustumé de temps ancien de veillier leurs diz enffans en la rue devant leurs huys, et de y faire ramées de bois verd entour leurs diz enffans, pour la solempnité de la feste; et de donner et départir des tartes aux bonnes*

---

(1) Durand, supr., l. 7, c. 14, fol. 442, v.°
(2) Divin. offic. expl., c. 137, fol. 516, r.°
(3) Ibid, cap. 147, fol. 560, v.°

gens qui y viennent veillier et eulx esbattre et jouer, ainsi que il a esté et est accoustumé (1). Il serait bien surprenant qu'une cérémonie qui paraissait être déjà ancienne dès le xiv.ᵉ siècle dans la petite ville de Saint-Just, n'eût été instituée, comme le dit le Père Daire (2), que par l'évêque Faure, le 28 juin 1656, dans le diocèse d'Amiens, qui se flatte d'être en possession du chef de saint Jean. Mais ce qui paraîtra encore plus étonnant, c'est qu'on ait fait, dans la ville d'Amiens, des feux d'os en imitation de ceux de la saint Jean, dès le 16 janvier 1463 (1464) et à l'arrivée de la reine Charlotte de Savoye, épouse de Louis XI, suivant le registre aux délibérations de l'Hôtel-de-Ville de cette année, et pour la trève publiée le dernier août 1475 : *faisant joye, lyesse et esbatement et feux d'os*. Ce sont les termes du hérault d'armes, rapportés par le Père Daire lui-même (3).

EAU, HERBE ET CHARBON SUPERSTITIEUX DE LA SAINT JEAN.

Comme une superstition en attire une autre, les Picards, nous parlons du petit peuple, sont fort attentifs à conserver du charbon du feu de la saint Jean. L'historien du Valois (4) nous apprend que le jour de saint Jean-Baptiste, l'on va en pèlerinage à Saintines, dont il est patron; qu'on en rapporte fort religieusement de la braise éteinte du feu de la veille, et de l'eau d'une fontaine qui a sa source dans le village. Ce ne sont pas là toutes les superstitions du jour. Nos paysans sont persuadés qu'en faisant trois fois le tour du feu de la saint Jean et un signe de croix, ils seront garantis, pendant toute l'année, des maux de tête. Ils vont le jour de la fête, avant l'aurore, à jeûn et après avoir dit cinq *Pater* et cinq *Ave*, cueillir une certaine herbe qui est nommée en quelques lieux *Latte*, en d'autres *Melilot* ou en général l'*herbe de la saint Jean*, dans la persuasion qu'elle porte bonheur, qu'elle met à l'abri des maux de reins et des maléfices ceux qui en font une ceinture; que si l'on en met dans un tas de blé ou de fourrage, elle le préserve de souris et d'autres accidents. Ils s'imaginent aussi (5) que, la nuit ou le jour de la saint Jean, on trouve au pied de l'armoise ou plantin, un charbon qui a la vertu de préserver de la peste, du charbon, de la foudre, etc. En quelques lieux du diocèse d'Amiens, les gens de la campagne attachent une certaine propriété à l'eau qu'ils vont puiser à minuit sonnant. Il y a encore d'autres superstitions; nous nous bornons à celles que nous venons de rapporter.

(1) Trés. des chartes du Roi, reg. 96, cart. 95.
(2) Hist. d'Amiens, t. ii, p. 120.
(3) Ibid, t. i, p. 249.
(4) Carlier, hist. du Valois, t. ii, p. 554.
(5) Superst. anc. et mod., t. i, p. 62, col.

CCXIV.

REGAL DE LA FÊTE DES SEPT DORMANS, A SENLIS.

A Senlis, le 1.er jour d'août, fête des sept Dormans, c'est-à-dire des frères Machabées, les nouveaux chanoines de la cathédrale, suivant un acte capitulaire du 20 juillet 1506 (1), devaient payer leur joyeux avènement par un grand souper; et selon un autre du 27 du même mois, ils étaient tenus, sous peine d'amende, de s'assembler au sortir de l'église de Saint-Framboud, où ils avaient été faire l'office du jour, pour souper tous ensemble. Et chacun des semi-prébendés devait se trouver à l'heure du souper avec un plat et une portion de vin. Le chapitre leur donnait le pain et les autres mets.

CCXV.

FÊTE LICENCIEUSE DES SAINTS CRÉPIN ET CRÉPINIEN, A SENLIS.

Il paraît par plusieurs délibérations capitulaires de la même église, que la fête des saints Crépin et Crépinien y était célébrée de la même manière, à peu près, que celle des Innocents; que les enfants de chœur y commettaient plusieurs indécences. La première, du 17 octobre 1488, leur permet de carillonner ce jour là, comme ils ont coutume de faire, mais sans causer de scandale. Il leur est accordé, par une autre du 21 octobre 1504, de sonner et carillonner les cloches, la veille et le jour de la fête, suivant l'ancienne coutume, mais à condition qu'il n'y aura pas de scandale. Par une troisième, du 21 du même mois 1507, faite sur la requête des enfants de chœur, il est dit que le receveur du chapitre leur donnera une certaine somme pour faire le régal, et qu'ils n'iront plus quêter par les maisons des chanoines, comme ils avaient coutume de faire. Une quatrième, du 8 du même mois de l'année suivante, porte qu'il est indécent qu'ils aillent quêter du vin chez les séculiers, qu'il leur sera permis d'aller seulement chez les chanoines. Par une autre du 25 octobre 1509, il leur est enjoint de ne plus sonner les cloches le jour des saints Crépin et Crépinien, à cause des insolences qu'ils avaient faites l'année précédente en mutilant un clerc. Cependant, malgré cette défense, ils obtiennent, le 21 du même mois 1510, la permission de célébrer la fête comme de coutume, mais pour cette fois seulement et sur la supplique de l'abbé de Saint-Vincent de Senlis. On leur enjoint, surtout, de ne faire aucune

(1) Preuv., part. 1, p.... n.°...

insolence : *sed pro hac vice tantum, ad requestam abbatis Sancti-Vincentii Silvanectensis : inhibendo eis ne aliquas insolentias faciant.*

CCXVI.
DESORDRES LES JOURS DE SAINT MARTIN, DE SAINTE CATHERINE ET DE SAINT NICOLAS.

La superstition ayant trouvé moyen de se perpétuer ainsi en certaines fêtes, plutôt qu'en d'autres, la veille et le jour de saint Martin, que l'on regarde comme le second apôtre de la France, et le premier saint à qui l'on ait rendu un culte public (1), ont été déshonorés par des débauches et des profanations, c'est-à-dire par des foires, des jeux et ce que l'on appelle le vin de saint Martin. L'église eut bien de la peine à remédier à ces abus. Le peuple de Picardie n'y a pas encore renoncé tout à fait. Les fêtes de sainte Catherine et de saint Nicolas étaient aussi, moins des sujets édifians pour la jeunesse, que des occasions favorables à la superstition et au libertinage. A Péronne, l'on faisait des danses dans la grande école (2). L'on y introduisait des mimes, des histrions; les femmes se mettaient de la partie; ce qui causait un grand scandale. Le chapitre de Saint-Fursy, par délibération du 10 juillet 1529, permet seulement aux écoliers de chanter des vers, de jouer des comédies et de faire d'autres jeux décents et honnêtes.

A Corbie, l'abbé fait une courtoisie à l'évêque de l'école des enfants, qui donna la bénédiction à table devant lui le jour de saint Nicolas (3). En 1460, l'évêque des enfants de l'école reçoit une gratification, pour avoir béni la table, l'abbé présent, le jour de saint Gentien (4).

A Amiens, la fête de saint Nicolas dès l'an 1291, était un diminutif de celle que les vicaires de la cathédrale faisaient le 1.er de janvier (5). Le rétable de l'autel et les châsses étaient découverts. Deux vicaires, en chapes de soie verte tenaient le chœur. On chantait à la messe le *Kyrie* farci *cunctipotens*, le *Gloria in excelsis*, avec l'addition *Sedentem in superne*. Le concile ou plutôt l'assemblée des chapitres de la province de Reims de l'année 1412 donne un écu à l'évêque de saint Nicolas, qui était un enfant de chœur des Dominicains de la ville de Saint-Quentin, où se tenait l'assemblée (6).

A Senlis, les vicaires de la collégiale de Saint-Rieul faisaient, la veille de saint Nicolas, un régal auquel on avait donné le nom de *Sospitati*, qui était

---

(1) Bona de Rebus liturg., lib. 2, cap. 12.
(2) Preuv., part. 1, p...., n.°...
(3) Compte de 1428 de l'abb.
(4) Compte de cette année.
(5) Preuv., part. 1, p...., n.°...
(6) Ibid., p.... n.°...

le premier mot d'une antienne du saint. Pour cet effet, le chapitre, par délibération du 5 décembre 1510 (1), leur accorda un écu afin qu'ils fissent le *Sospitati*, suivant l'ancien usage. Un écu d'or en 1520. Trente-deux sols parisis en 1526. On voit par un compte de l'an 1537 qu'il avait été dépensé six livres trois sols la veille de saint Nicolas, au dîner et au souper du *Sospitati*, auxquels avaient assisté tous les chanoines. L'usage du *Sospitati* est confirmé par une délibération du 3 décembre 1567. Il est dit dans une autre du 6 décembre 1649, que les vicaires et les habitués auront soixante sols, comme il est d'usage, pour faire le *Sospitati*. La mémoire du *Sospitati* de saint Nicolas n'est point encore absolument effacée, quoique l'antienne ne se chante plus. Le doyen donne une quarantaine de sols aux enfants de chœur pour faire la saint Nicolas. En bien des endroits de la Picardie, on promène encore par les rues un enfant habillé en archange,

CCXVII.
TRUFFES, SORTE D'EXCLAMATION PENDANT L'OFFICE. OBITS SIFFLÉS DANS L'ÉGLISE D'AMIENS.

Pouvait-on voir indécence plus grande que les exclamations, ou *Truffes*, comme les appelle le concile de Narbonne, de l'an 1551 (2), que faisaient les chantres des églises cathédrales et collégiales à certains mots hébraïques des psaumes. Dom de Vert (3), prieur de Saint-Pierre d'Abbeville, nous apprend que l'usage d'élever la voix au mot *Moab* n'était point encore proscrit de la collégiale de Saint-Vulfran de son temps. Ce n'est qu'en 1758 qu'on a cessé absolument dans l'église de Noyon de changer le ton des psaumes, où se trouvait le mot *Moab*, et autres mots hébraïques de cette espèce, soit en chantant, soit en psalmodiant, comme nous l'a appris M. Sézille, chanoine et théologal de cette église. Nous citerons un acte capitulaire du 28 avril 1403 qui le défendait. Nous doutons que le règlement du chapitre de Saint-Fursy de Péronne du 17 février 1580 (1581), touchant le même objet, ait été observé aussi bien que celui du 16 mars 1522, du chapitre de la cathédrale d'Amiens, qui défendait les *obits sifflés*, c'est-à-dire les sifflements que l'on faisait pendant certains obits. Les enfants commençaient et tout le chœur se mettait à siffler au plus fort. Le bruit des chaires du chœur, le sifflement à l'entrée des chanoines, des chapelains et des vicaires, ou qui paraissaient au chœur sans barbe, car c'était l'usage alors de la porter longue,

(1) Preuv., part. 1, n.°...
(2) Concil. Labb., t. xv, col. 26, can. 47.
(3) Explic. des cérém. de la messe, p...,

ou qui y entraient tard, n'était pas moins scandaleux. Cet usage a duré dans l'église d'Amiens jusqu'au 16 janvier 1553 (1).

CCXVIII.

MOYENS SUPERSTITIEUX EMPLOYÉS CONTRE L'ORAGE.

Un autre usage superstitieux dans nos églises et sur lequel on n'est pas encore revenu parfaitement, est de sonner toutes les cloches à l'approche de l'orage. On était persuadé que les démons excitaient les tempêtes et que le son des cloches bénites les épouvantait au point de les mettre en fuite. La superstition empêchait peut-être de reconnaître alors l'effet que pouvait produire le son des cloches sur l'orage. Aussi cette raison physique ne paraît-elle que comme subsidiaire dans le récit de Bélotte : *addimus his omnibus pulsandas esse campanas omnes, cum procella imminet ad tempestatem videlicet repellendam, ut dœmones qui, Deo permittente, multoties eas excitant, ipsarum sonitu, dum fideles ad preces confugiunt, terreantur. Abhorrent enim dœmones sonitum campanarum, quæ sunt multiplici benedictione sacratæ; atque etiam, ut per earum sonum aer condensus concutiatur, ac serenus reddatur* (2). On voit quelque chose d'à-peu-près semblable dans les statuts de l'abbaye de Corbie du xiie siècle (3). On attachait à un pieu fiché au milieu du pré ou du cloître, une croix que l'on tournait du côté de l'orage. Si les œufs d'autruche étaient suspendus dans les églises, par un objet de superstition, les Picards n'en étaient pas plus exempts que ceux dont il est parlé dans le journal historique du mois de mai 1740 (4). Nous en avons vu plusieurs dans l'abbaye de Saint-Corneille de Compiègne, qui avaient été transférés du Trésor dans la bibliothèque, et dans quelques autres églises de la province.

CCXIX.

MYSTÈRES OU JEUX DE DIEU SONT TRÈS EN VOGUE DANS LA PICARDIE.

Nous terminerons l'article des superstitions invétérées dans la province de Picardie par les mystères, autrement dits jeux de Dieu, jeux des saints, qui ont causé un si grand scandale dans les derniers siècles que l'église a été obligée de les défendre absolument. Les sujets en étaient pris pour l'ordinaire, ou de la

---

(1) Act. capitul. de 1553.
(2) Bellotte, rit. eccles. Laudun, p. 179, n.° 7.
(3) Stat. MSS. S. Pet. Corb., cap. 153.
(4) Journ. de Verdun, mai 1740, p. 340.

passion de Jésus-Christ, ou du martyre de quelque saint. Ces représentations pieuses dégénérèrent dans la suite en un assemblage monstrueux de dévotion, de bouffonnerie et de libertinage, ce qui les fit interdire. Nous ne les voyons pas dans les premiers temps de la monarchie. Mais il est certain que, sous Charlemagne, les histrions, les joueurs, les farceurs étaient fort répandus en France (1). C'est ce que l'on a nommé depuis jongleurs, ménestrels, ménestreux, ménestriers, et peut-être aussi corneurs (2), dont on aura fait ensuite le mot de cornards, comme qui dirait joueurs de cornet. Plusieurs seigneurs de Picardie avaient le droit de faire corner et piper aux fêtes des patrons.

Les ménétriers étaient fort à la mode en Picardie aux xiv.*, xv.* et xvi.* siècles. Non seulement les princes, les seigneurs, les villes en avaient à leur service, mais aussi les églises. On ne se faisait point scrupule de faire ces jeux dans le chœur et de les remplir même de bouffonneries; ce qui porta le chapitre d'Amiens à empêcher, non la représentation, mais les impertinences qui les accompagnaient. Nous lisons dans d'anciens comptes de l'abbaye de Corbie du temps de l'abbé Hugues de Ver, au chapitre des mises de l'an 1325: *pour courtoisies faites à Menestreux le jour du Sacrement*. De l'an 1327: *pour courtoisies à un Ménestrel.* De l'an 1345: *courtoisies à Ménestreux le jour du Sacrement et de l'Ascension.* Item: *à plusieurs Ménestreux et joueurs d'entregues* (d'intrigues). De l'an 1346: *courtoisies à deux Ménestreux le jour de Saint-Pierre.* Item: *à plusieurs Ménestreux.* De l'an 1347: *courtoisies à deux Ménestreux qui furent à l'Ost avec Monsieur (l'abbé).* Les anciens comptes de l'Hôtel-de-Ville d'Amiens, celui de 1389 entre autres, nous apprennent: *qu'a Jean Boistel ménestrel pour lui et ses compaignons, qui as jour de l'Ascension et as jour de Dieu, furent as procession as dis jour, là u ils juerent de leur métier, por ce a euls donné dix sols.* On voit par celui de l'argentier de la ville d'Abbeville commencé le 25 d'août 1428, au chapitre des mises et des courtoisies: *aux Ménestrès de M. de Fosseux la somme de seize sols, aux Ménestrès de M. le Vidame d'Amiens douze sols parisis.* Dans un autre pour un an à commencer à la saint Barthélemy 1432, au même chapitre: *aux Ménestrès le Vidame d'Amiens; aux Ménestrès de M. de Fosseux et de la ville d'Amiens; aux Ménestrès de M. de Croy, au Possement et Trompete de M. d'Antouing, et à Pierre Yvart, ménestrel, à chascun d'eulx ung doudrecq qui font en somme* LXXII *sols* VI *deniers.* Suivant une quittance du 1.er de mars 1428 (1429), donnée au même argentier, il y avait à Beauvais une école de ménestriers: *aux Ménestrès de M. de Croy seize sols de*

---

(1) Mém. de littér., t. 17, p. 221 et suiv.   (2) Merc. de juillet 1725, p. 1602.

grace et courtoisie pour aler apprendre à l'escole, à Beauvais, comme ils ont accoustumé d'aller chascun an.

A AMIENS.   De tous les spectacles représentés en Picardie sous le nom de mystères, le premier, dont nous ayons connaissance, fut donné à Amiens (1) en 1402 ou 1403, suivant des lettres de rémission de cette dernière année : *comme la veille de saint Firmin les jeunes gens de la ville d'Amiens ont accoustumé de soy jouer et esbattre, et faire jeux de personnaiges, Jehan Le Corier se feust accompaigné avec plusieurs jeunes enfans de ladite ville, qui faisoient un jeu de personnaige....* l'un desdits jeunes gens déguisés, tenant, comme un messager, un glaviot en sa main, etc. On en donna un autre au mois de juin 1425 pour récréer le régent et le duc de Bourgogne (2). C'était le mystère de la Passion. En 1445, il y en eut un autre aux fêtes de l'Ascension et de la Pentecôte. Suivant les registres aux délibérations de la ville, dès le 25 de janvier 1444 (1445), plusieurs notables bourgeois demandèrent aux maire et échevins, et obtinrent la permission de représenter la Passion de Notre-Seigneur Jésus-Christ. Le 9 de mars, *mesdits seigneurs ont parlé ensemble pour le fait du jeu de la passion de Notre-Seigneur, qui au plaisir Dieu, sera démontré au peuple o festes de Pentecouste prochain venant.* Il fallait que cela se fît avec grand appareil, puisqu'on s'y prenait de si loin. Le 11 de mai il est délibéré que les maire et échevins *dineroient ensemble sur leur hourt* (échafaud), *fait au jeu de Dieu le jour que on juera ledit jeu aux dépens de ladite ville, et feront le plus gracieuse dépense que faire se porra.* Les comptes de l'Hôtel-de-Ville de cette année portent en effet : *à Ricart de Bougainville, pasticier, payé treize livres dix sous deux deniers parisis pour dépense de bouche faite par messeigneurs mayeur et eschevins de la ville, ès 17, 18, 19 et 20 jour de may 1445, en veant le mystère de la passion et résurrection de Nostre-Seigneur, faicte et monstré au peuple es diot jour, en ladicte ville, par plusieurs des habitants dudict lieu;* et l'on voit par un mandement desdits mayeur et échevins du 12 du même mois, que Jehan de Marguerie fut récompensé *pour sa peine et salaire d'avoir faict et gardé au beffroi d'Amiens par trois jours consécutifs, que l'on monstra et fist lesdict mystère.* Par une délibération du 19 de mai 1448, les officiers municipaux consentent à donner vingt-quatre livres à Fr. Michel Jacobin, en lui acordant la permission de faire jouer la vie de sainte Barbe en personnage. Le 5 de mai 1455, *messieurs ont délibéré que au jour que on fera l'histoire du mystère de la Passion de Notre-Seigneur, ès festes de Pentecoustes prochaines ils auront un hourt pour voir*

---

(1) Trésor des Chartes, registr.... charte 157.   (2) Daire, Hist. d'Amiens, t. II, p. 141.

ledit mystère. Le 5 de mars 1459, ils permettent de représenter le mystère de l'invention du *Benoist* saint Firmin, martyr, aux fêtes de la Pentecôte; le 30 de mars 1462, de représenter *en rimes*, pendant les mêmes fêtes *le jeu* de ce saint. On délibère le 23 de septembre 1463 de faire *des mystères*, pour recevoir le roi Louis XI. La reine Charlotte de Savoye, épouse de ce prince, fait son entrée à Amiens le 16 de janvier 1463 (1464), *et si furent toute la nuict..... chansons et jeux de personnages pour la joye d'elle, dont toute la ville fut fort rejoye*. En 1483, quelques jeunes gens de la ville demandent la permission *de jouer le mystère des dix mille martyrs, composé en rhétorique* (pièce d'éloquence), *par Fr. Michel le Flameng religieux de l'ordre des Jacobins en ladite ville d'Amiens*. L'échevinage la leur accorda par délibération du 9 d'avril de la même année, *considéré le temps de paix, et aussi ledit mystère, qui est chose de bon exemple*. Le P. Daire (1) assure que la vie de saint Nicolas de Tolentin fut donnée dans le même temps.

La délibération du 2 de juillet 1500 va donner une idée du jeu de la Passion : *Messieurs ont ordonné sur ce en conseil et advis ensemble, qu'ils délaisseront encors le lieu fait pour le paradis et celui fait pour infer ou mystère de la Passion naguerres joué aux festes de la Pentecoste dernière passées audit Amiens, avec le hourt du déluge, en l'estat qu'il sont à présent, jusques à ce que, environ le Noël prochain venant, l'on porra avoir advis que lon jouera en l'an prochain venant le jeu de la vengeance Nostre-Seigneur Jésus-Christ, que plusieurs désirent estre joué en icelle année*. *(In anno jubilei* 1500 *celebrati sunt ludi Passionis Christi in Ambiano, cum maximo triumpho et apparatu in festis Pentecostes)* (2). Un ancien inventaire des effets de l'Hôtel-de-Ville dit que *l'on a mis en la trésorerie de la ville d'Amiens deux figures du Paradis et Enfer, et du Parq du lieu et autres choses servant audict mystère, en la huche estant en la trésorerie de ladicte ville avec les cahiers dudit mystère, et aussy de la vengeance, qui sont en icelle huche, le* 26.° *jour d'octobre l'an* 1502 (3). Le jeudi 15 de février 1538 (1539), une troupe de douze ou quatorze personnes présentent requête à l'échevinage, en qualité de joueurs de *moralités*, pour avoir permission de jouer, aux fêtes de la Pentecôte, la vie de monsieur saint Firmin, patron de ce diocèse. On l'accorde, pourvu qu'ils montrent ledit jeu aux mayeur et échevins. Cette condition n'avait pas lieu quand les bourgeois devaient être acteurs dans la pièce. Le 29 d'octobre 1541, *les joueurs de farce de cette ville ont baillé re-*

---

(1) Hist. d'Amiens, t. II, p. 141.
(2) Chron. Corb. MS. D. Caulincurtis, f. 90, v°, col. 2.
(3) Invent. côté S 2

questes, veus lesquelles il est permis à Fillebert et ses compaignons de achever l'histoire de l'anchien Testament qu'ils ont commenché jouer en dedans le premier jour de janvier prochain venant, et pareillement a esté permis aux autres farceurs de jouer l'histoire de l'Apocalypse, à la charge que lesdits joueurs ne polront jouer aux chandeles, ne durant le service qui se fait en l'église, assavoir messe et vépres, et ne polront prendre pour chascune personne plus grant pris que de deux deniers. Autre requête pareille du mois de février 1541 (1542) pour jouer les actes des Apôtres. Ces joueurs de farce demandent le 7 d'avril 1547 de jouer en chambre : on la leur refuse. En 1462, on donna sur le théâtre d'Amiens le martyr de saint Firmin ; en 1568, les forces d'Hercule ; en 1594, à l'entrée du roi Henri IV : *Hercule combattant,* dit La Morlière, *chamaillant et mettant à mort l'hydre fameuse par tous les livres* (1). Voilà les spectacles de la ville d'Amiens.

A ABBEVILLE.

A Abbeville : *le 28.ᵉ jour de juing l'an 1541, a été conclud que la somme de six livres qui a esté despensée par plusieurs eschevins, conseillers, procureurs, clers de la ville et plusieurs sergens qui ont tenu compagnie au dit sire Jehan de Limeu, maïeur, a garder par trois jours les jus de monseigneur Saint-Quentin, mystère de plusieurs autres sains..... sera baillié cédule adressant aux argentiers pour ce faire,* et pour délivrer cent sols parisis aux joueurs. Autre conclusion du dernier jour de décembre 1452 portant : *que la somme de dix écus d'or dont avoit et que a paié Guillaume de Bonnœil pour avoir les jeux de la Passion à Paris, à maistre Ernoul Grebain, lui fussent baillés et délivrés des deniers de ladite ville, et sont iceulx jus clos et scellés des sceaux de Jehan de Brimeu..... eschevins, et mis en un coffre en l'échevinage de la ville, tant et jusqu'à ce que on vora iceulx juer. Et lequelle somme sera déduite sur ce que mesdits sieurs vouront donner quand l'on jura le dit jus.* On lit dans un compte de la collégiale de Saint-Vulfran d'Abbeville de l'an 1455, que les chapelains ont donné quatre livres seize sols, tant pour l'échafaud du jeu de la Passion que pour les acteurs : *a capellanis hujus Ecclesiœ pro parte suâ hourdi, ludi Passionis et doni lusoribus dicti ludi dati* IIII *lib.* XVI *sols* (2), et dans un autre endroit : *item lusoribus ludi Passionis* (3). Le 29 de janvier 1462 : *sur la requeste faite par Guillaume Bournel, lieutenant général de monseigneur le seneschal de Pontieu, sire Jehan Landier, Maiheu de Pont, Bernard de May et Maiheu de Beaurains, commis à la conduite et gouvernement du jeu de la*

---

(1) Hist. d'Am., sup., p. 141. — Antiq. d'Am., p. 170.   (3) Ibid., fol. 13 r.°
(2) Tabul. S. Vulfr., fol. 9 r.°

vengeance de le Passion de Nostre-Seigneur Jésus-Christ, qui naguerres a esté ordonnée estre jué en ceste ville aux festes de Penteconste prochainement venant, adec que on voloit donner aucune somme de deniers de la ville pour aidier à supporter le dépense qu'il convenra faire à cause de ladite mystère. Il a été conclu qu'au cas qu'il fût joué, on donnerait la somme de cinquante livres.

A Beauvais, un dénombrement servi au roi, en 1465, par l'évêque Jean de Bar, nous apprend que les farces étaient tellement à la mode dans cette ville, que les évêques avaient formé un fief exprès pour ne pas manquer d'acteurs. Il se nommait *le Fief de la Jonglerie*. Il en est mention dans les actes délibératifs du chapitre des 13 et 26 juillet 1390. Le possesseur du fief de la Jonglerie était tenu, suivant le dénombrement fourni à l'évêque (1), le 2 mars 1376, par Jean du Puy, de chanter ou faire chanter dans le cloître de la cathédrale, aux fêtes de Noël, de Pâques et de la Pentecôte, des *gestes*, c'est-à-dire de représenter des pièces relatives au mystère du jour depuis la fin de primes jusqu'à l'évangile de la grande messe, et personne ne pouvait chanter *gestes* dans la ville de Beauvais sans sa permission. Il paraît par deux actes capitulaires, l'un du dernier octobre 1401, l'autre du vendredi 2 novembre 1402, qu'il jouait aussi dans le chapitre : *scientem ludere cum violà in veteri capitulo historias de gestis*. On voit par un acte de notoriété (2) du 29 mai 1452, que le mystère et le jeu de saint Pierre furent faits cette année sur la place entre la cathédrale et l'évêché, et par un acte capitulaire des chanoines, du 25 septembre 1536, qu'ils firent donner trente sols de gratification aux acteurs qui avaient joué devant la porte de l'église : *operantibus in januis Ecclesiæ menestrionibus dantur pro vino 30 s.* Enfin, le même chapitre étant devenu propriétaire du *Fief de la Jonglerie* (3), transigea pardevant Nicolas Leuillier, garde du sceau de la prévôté d'Angy, le 10 août 1579, avec Pierre Gayant, marchand, possesseur de ce fief, sis audit Beauvais, *comme étant tenu jouer et faire jouer et sonner instrument au jour de saint Pierre, au mois de juin et aux quatre fêtes nataux au-devant de ladite église*, et promet de lui payer au jour de saint Pierre, vingt sols parisis, francs de tout, au lieu de quarante qu'il lui rendait auparavant. Louvet (4) assure que le jour de Noël, aux matines, on jouait le mystère de la naissance de Jésus-Christ, et que de son temps les pasteurs étaient encore représentés par trois enfants de chœur.

A BEAUVAIS.

Le chapitre de Laon, assemblé le 23 mai 1463, consent que l'on prenne les tapisseries de l'église et les autres choses que l'on avait coutume de prêter, pour

A LAON.

---

(1) Preuv., part. 1, n.°...
(2) Ibid., n.°...
(3) Louv., Hist. de Beauv., t. II, p. 198.
(4) Ibid.

jouer la Passion de Notre-Seigneur dans les fêtes de la Pentecôte, et que les fêtes passées, le service divin soit anticipé (1). Par une autre délibération du 3 juin suivant, l'on devait gratifier ceux qui avaient fait le jeu de la Passion de huit livres parisis sur la bourse commune (2). Sur la demande faite l'année suivante d'exécuter le même jeu, et de quelques personnes d'entre les chanoines pour y faire leur rôle, le chapitre y consent par acte du 8 février (3). Accordé dans le chapitre du 16 mai 1464 à ceux qui veulent jouer la *Vengeance de la Passion* de Notre-Seigneur, toutes les tentures de l'église, d'anticiper l'office divin le jour de la Pentecôte et les jours suivants, de faire le vendredi suivant la procession des *Rubardiaux* (4). Dans celui du 23 mai 1465, que le service divin serait anticipé pendant les trois jours qui suivent la fête de la Pentecôte, en faveur du jeu de Sainte-Barbe, que l'on devait donner en l'hôtel épiscopal, pourquoi l'on prêterait aux acteurs les ornements de l'église dont ils pourraient avoir besoin (5). Autre conclusion du 26 août 1476, que jeudi prochain, jour auquel l'on doit représenter le jeu de Saint-Denis, on chanterait la messe avant huit heures et vêpres avant une heure (6).

A SAINT-QUENTIN. Dans la capitale du Vermandois, le mystère de saint Quentin fut représenté en 1501, à l'entrée de l'archiduc d'Autriche. (7) Ce mystère renfermait trois parties différentes. La première représentait le martyre du saint; la deuxième, son invention par sainte Eusebie; la troisième, l'autre invention par saint Eloi. Ces trois tragédies, en vers français, sont réunies dans un volume manuscrit, qui est conservé dans la bibliothèque publique de la ville de Saint-Quentin, sous le n.° 307. Elles paraissent avoir été écrites au xv.ᵉ siècle. Héméré (8) voulait parler sans doute de ce manuscrit, lorsqu'il a dit que le trésor de l'église de Saint-Quentin possédait en 1643 un volume des mystères de saint Quentin, et qu'il s'en trouvait un exemplaire tout semblable dans la bibliothèque de Saint-Victor à Paris. Nous avons vu dans la bibliothèque de Saint-Eloi de Noyon, un manuscrit du xiii.ᵉ siècle des mystères de saint Quentin qui ne s'y trouve plus.

A PÉRONNE. On se préparait à Péronne, le 15 de mai 1445, à jouer le mystère de la Nativité : *auquel jour sur la requeste bailliée par les compaignons qui ont préparé faire ung jeu de mystère de la Nativité de Nostre-Seigneur, en la ville, le lundi des festes de Pentecouste, par laquelle ils requerroient que on leur donnast x li-*

---

(1) 6.ᵉ Reg. capitul., fol. 92 v.°
(2) Ibid., fol. 93 r.°
(3) Ibid., fol. 107 v.°
(4) Ibid., fol. 111 v.°

(5) 7.ᵉ Reg., fol. 44.
(6) Ibid., fol. 268 v.°
(7) Aug. Virom., p. 340.
(8) Ibid., p. 194.

vres pour aidier à payer les frais et despense du dict jeu. On a esté d'accord que la ville leur donnera C sols pour aidier à payer leurs despens et est le mieux que on leur pocut faire veu les affaires que la ville a de présent (1). Le 8 de mai 1483, on venait de faire dans la même ville le jeû de saint Sébastien : *sur la requeste faite par tous les joueurs du jeu Monsieur Saint-Sébastien, lesquels requièrent à messieurs que leur plaisir soit leur donner pour convertir aux grans frais qu'il leur convient supporter à l'occasion d'icelui jeu aucune somme d'argent. Vue ladicte requeste et qu'ils ont bien joué et fait honneur à la ville et aussi pour la révérence du Benoist Saint-Sébastien, leur ont donné x livres* (2). En 1533 (1534), quatre bourgeois de Péronne demandent aux chanoines de la collégiale de Saint-Fursy la permission de jouer publiquement la vie de sainte Barbe. Elle leur est accordée par délibération du 6 de février, à condition que le mystère sera examiné auparavant. On permet aussi aux prêtres de la ville d'y faire leur personnage aux mêmes conditions: *permissum est presbyteris ludere, promisso quod presbyteri ludentes ostendant suum rotulum dominis* (canonicis) (3). Par délibération du 5 de mai 1550, les mêmes chanoines refusent d'admettre la requête de trois clercs habitués de leur église, pour jouer pendant les fêtes de la Pentecôte, au milieu de la place publique, l'histoire de Joseph vendu par ses frères (4).

A Senlis, on devait jouer en 1501 le mystère de la Sainte-Hostie. Le chapitre de l'église cathédrale députa, le jeudi 2 de septembre, deux de ses membres : *ad visitandum ludum seu mysterium hostiæ sacræ quem ludere intendunt nonnulli habitantes hujus villæ.* Par une autre délibération du lundi 4 de mars 1526 (1527), il fut permis à Jean de La Motte, à Pierre de Bray et autres compagnons, de jouer la vie de saint Roch sans faire d'insolence : *ludendi vitam sancti Rochi absque insolentiis faciendis.* Les acteurs s'adressèrent au chapitre de Senlis, probablement parce que le théâtre était placé près de l'église, comme nous voyons qu'à Soissons le mystère de la Passion de Notre-Seigneur fut joué, le jour de la Pentecôte 1528, sur un théâtre placé dans la grande cour de l'évêché : pourquoi, dit un manuscrit que nous avons sous les yeux, fut instituée la confrérie des apôtres.

A SENLIS.

En effet, après la représentation de ce mystère en 1530 (5), Albin des Avenelles, chanoine et chantre de la cathédrale de Soissons, Adrien Le Cocq, chapelain, Crépin Hourdei, prêtre religieux de l'abbaye de Saint-Crépin-le-Grand,

A SOISSONS.

---

(1) Reg. de l'Hôtel de Ville de Péronne, v. 2, f. 167, v.°

(2) Ibid., vol. 3, fol. 522 r.°

(3) Reg. capitul. an. 1533, fol. 128, rect.

(4) Ibid., an. 1550, fol. 56, rect.

(5) Dormay, Hist. de Soiss., t. II, p. 4. — rtin Antiq. de Soiss., l. IX, cap. 3.

et treize autres personnes dont les qualités ne sont pas énoncées, demandèrent à l'évêque Symphorien et au chapitre la permission d'ériger une confrérie sous les noms des douze Apôtres. Leur requête composée de vingt-six articles fut entérinée en 1531 et confirmée le 12 de juin 1588 par l'évêque Hennequin. Les plus curieux sont : que la confrérie ne serait composée que de quatre-vingt-six personnes, dont quatorze représentant Jésus-Christ, saint Jean-Baptiste et les douze Apôtres, et soixante-douze, le nombre des disciples ; que les premiers assisteraient à la procession le jour du Saint-Sacrement, en habits conformes aux personnages qu'ils représentaient. L'évêque leur permet de faire célébrer solennellement, le dimanche dans l'octave du Saint-Sacrement, la mémoire de la Passion, à condition qu'après l'office, ils se retireraient modestement, deux à deux, pour dîner honnêtement sans ivrognerie, sans murmures et à frais communs, tant des absents que des présents ; enfin, il leur accorde quarante jours d'indulgence aux jours des fêtes de la confrérie qu'ils s'approcheront des sacrements. En 1565, le mystère de la Passion fut joué encore à Soissons le jour de la Pentecôte, dans la cour de l'évêché (1). Au commencement de la pièce mourut Pierre Le Sueur, qui en était le principal conducteur, ce qui n'empêcha pas néanmoins qu'elle ne fût achevée en bon ordre.

Il y avait une confrérie semblable à Péronne, comme il paraît par une délibération du chapitre de Saint-Fursy, du 17 de juin 1563. Elle porte qu'il sera distribué cinquante livres aux apôtres de la Passion du Saint-Sacrement. Le jeu d'Elysée, d'Acab et de Jézabel, de la composition de Sébastien Petit, fut donné à Soissons le mercredi après Pâques de 1579. L'histoire de Notre-Dame de Liesse avait été représentée le 8 du mois de septembre 1553 sur un théâtre dressé devant le portail de l'église cathédrale (2).

A NOYON. Comme ces pièces de dévotion paraissaient plus faites pour les lieux de piété que pour des places publiques et des carrefours, il n'est pas étonnant qu'elles fussent représentées, et dans les églises, sous les porches, dans les cimetières, et par des ecclésiastiques ou par des religieux. Telle en fut peut-être l'origine. Outre les exemples que nous en avons donnés, en voici d'autres : le chapitre de l'église de Noyon permet, par acte capitulaire du 12 de février $147\frac{5}{6}$, à quelques chanoines et aux chapelains (3) de se joindre aux bourgeois pour jouer le mystère de la Passion. Par un autre du 30 de mars 1478 (4), même permission donnée aux enfants de chœur pour représenter dans la cour de l'évêché le mystère de

(1) Dormay, Hist. de Soiss., t., II, p. 437. — Bertin, Antiq. de Soiss., l. IX, cap. 10.
(2) Mémoires MS.
(3) Preuv., part. 1, n.° ...
(4) Ibid., n.° ...

l'Annonciation. Le chapitre leur fait fournir à cet effet des habits convenables et les joyaux d'une béguine. Les vicaires de la cathédrale d'Amiens du premier ordre, qu'on nomme les grands-vicaires, obtiennent la permission, le 3 de mars 1596 (1597), de faire le jeu de saint Joseph dans le chœur de cette église, à condition que tout se passera avec décence · *magni vicarii Ecclesiæ Ambianensis petierunt et obtinuerunt a præfatis dominis licentiam ludendi in choro hujus ecclesiæ ludum Joseph, proviso quod ipsi vicarii nec non pueri chori præfatæ Ecclesiæ non discurrant per vicos et plateas civitatis Ambianensis de nocte neque de die, faciendo dissolutiones aliquando per eosdem fieri solitas.* Le Père Daire (1) observe que l'usage depuis, fut de jouer cette pièce le quatrième dimanche de carême sur le parvis de la cathédrale. Nous voyons, en effet, par une délibération capitulaire du 8 de janvier 1533 (1534), que les vicaires eurent la liberté de représenter ce mystère le dimanche de *Lætare* sur le parvis : *Domini licentiam et congerium donaverunt vicariis Ecclesiæ ludendi hoc anno die dominica Lætare Jerusalem suprà parvisium ludum seu mysterium de Joseph.*

Les Corbéiens, non moins curieux que les autres, de ces sortes de spectacles, firent jouer aux fêtes de la Pentecôte de l'année 1469, l'*Apocalipse saint Jean*. *A Jehan Fouache le jone luy a esté baillié par le commandement du prevost de la ville, la somme de* IIII *livres* XVII *sols* VI *deniers, et ce pour garder les portes de la ville de Corbye par les festes de Pentecostes, en faisant et jouant l'apocalipse saint Jean. A Gilles de Brye a esté paié* XVIII *livres qui luy ont esté ordonné ballier pour aidier à porter les frés du jeu de l'Apocalipse, par commandement de monsieur et de plusieurs habitants* (2). Ils eurent les trois jours de la même fête et le lendemain, en 1518, *le jeu de l'invention de la Sainte-Croix*, qui se donna sur la grande place. Dom Antoine de Caulaincourt y contribua de quatre écus d'or (3).

A CORBIE.

Les registres de l'échevinage de la même ville portent au 14 de juillet 1506 que les abbé et religieux bernardins de Foucarmont prièrent *messieurs de leur prêter les cayers contenant le mystère de la Passion de Jésus-Christ, pour le jouer et déduire à la Pentecouste prochaine audit lieu, à l'honneur de Dieu et au salut du peuple.* M. l'abbé Carlier (4) nous apprend qu'au commencement du règne de Henri II, dans le temps qu'on jouait le martyre de la Passion dans la croisée de la grande église de Verberie, celui du martyre de sainte Marguerite était représenté dans l'église de la Ferté-Milon. Chaque siècle a son caractère particulier.

A FOUCARMONT, VERBERIE, A LA FERTÉ-MILON.

---

(1) Hist. de la ville d'Amiens, t. II, p. 140.
(2) Comptes de la ville de Corbie de 1468 à 1469, aux archives de l'abbaye de Corbie, reg. 22.

(3) D. Caulinc. Chron. Corbei, MS. fol. 106, r.º col. 1.
(4) Hist. du Valois, t. II, p. 590.

Ce qui nous paraîtrait aujourd'hui le comble du ridicule, ne faisait pas alors la même impression.

<small>A GUISE ET A VADEN-COURT.</small> La ville de Guise présenta requête au chapitre de Laon, assemblé le 18 de juin, pour qu'il lui fût permis de représenter devant le peuple l'histoire de saint Jacques (1). Les habitants du village de Vadencourt lui firent une supplique semblable, pour faire jouer publiquement une pièce en l'honneur de sainte Foy. Le chapitre exige que cette pièce serait pendant trois mois entre les mains du butiller, afin d'être examinée (2).

CCXX.

RÉGLEMENTS ECCLÉSIASTIQUES CONTRE LES SUPERSTITIONS ET L'IDOLATRIE.

Ainsi l'aveugle superstition, quoique forcée de retranchements en retranchements et obligée de céder partout aux armes victorieuses du christianisme, était venue à bout néanmoins de se conserver, sinon des droits, du moins des prétentions sur la province de Picardie. Les lois ecclésiastiques et civiles sont des témoignages certains que le sacerdoce et l'empire n'ont rien négligé pour effacer jusqu'aux moindres traces de l'erreur. Il ne s'est tenu presqu'aucun concile, soit général, soit particulier, qui n'ait proscrit quelque pratique superstitieuse. Le second concile de Tours de l'année 567 (3), enjoint aux pasteurs de chasser de l'église quiconque ira porter ses vœux aux pierres, aux arbres, aux fontaines : *quemcumque in hâc fatuitate persistere viderint, vel ad nescio quas petras, aut arbores, aut ad fontes, designata loca gentilium, perpetrare..... ab Ecclesiâ sanctâ auctoritate repellant.* Le second concile d'Arles, de 452, avait déjà déclaré la même chose (4). Deux capitulaires de Charlemagne défendent d'allumer des chandelles, des flambeaux, et de rendre un culte religieux aux arbres, aux fontaines et aux pierres (5). Des pasteurs zélés substituèrent, par une pieuse adresse, aux arbres et aux cailloux, des croix et des petites chapelles : on en voit encore un très grand nombre sur les bords des grands chemins de Picardie ; ou bien ils placèrent des reliques dans le tronc des arbres objets du culte superstitieux.

<small>CONTRE LE CULTE RENDU AUX PIERRES, AUX ARBRES ET AUX FONTAINES.</small>

<small>CONTRE LES SORTI-LÉGES.</small> Il est défendu par le concile provincial de Reims (6) de l'année 1583, de se servir des paroles de l'Ecriture sainte à de mauvais usages, comme plaisanteries,

---

(1) 27.º Reg. capitul., fol. 7, v.º
(2) Ibid., fol. 16, v.º
(3) Concil. Lab., t. v, col. 863, can. 22.
(4) Ibid., t. iv, col. 1013, can. 23.

(5) Capitul. Carl. mag., l. 1, tit. 63, col. 235.—Ibid., l. 7, tit. 316, col. 1094.
(6) Concil. Labb. t. xv, col. 889, tit. de sortil., art. 1.

sortiléges, libelles diffamatoires, etc. : *statuimus ne quis scripturæ sacræ verba ad scurrilia, detractiones, sortes, aut libellos famosos audeat usurpare.* Il interdit aussi à toutes personnes de faire usage de signes qui marquent un pacte tacite ou exprès avec le démon, comme de ligatures ou de caractères, quand bien même ils pourraient avoir eu autrefois un heureux succès : *nemo utatur superstitiosè signis occultum vel expressum cum demone pactum præ se ferentibus, ut ligaturis, et caracteribus, quamvis ex aliquo eventua esse salubri fortè quispiam sibi persuaserit.* Le même concile (1) excommunie les sorciers, les devins, ceux qui font les prophètes, ceux qui s'adonnent à l'astrologie judiciaire. Enfin ceux qui empêchent l'usage du mariage par des sortiléges : *sortilegiis matrimonii usum impedientes, vel aliud nocumentum inferentes, genethliaci et qui divinationibus seu prædictionibus ad artem judiciariam pertinentibus (quas impie prophetias appellant), utuntur, vel eisdem fidem adhibent, excommuniuntur.*

CONTRE LES MOYENS SUPERSTITIEUX POUR GUÉRIR LES MALADIES.

Pour juger de l'attention scrupuleuse des prélats du dernier siècle pour empêcher que leurs diocésains aient recours à des moyens superstitieux pour guérir les maladies, il suffit de jeter les yeux sur les ordonnances des évêques de Beauvais, de Noyon, de Soissons, etc. Les statuts synodaux de Potier (2) et de Choart de Buzenval, évêques de Beauvais, imprimés en 1653, portent : « Les curés et vi-
» caires avertiront les archiprêtres et doyens ruraux des superstitions, tant pour
» guérir les maladies qu'autres usitées en leurs paroisses, s'ils en sçavent aucu-
» nes : et tiendront la main, tant par leurs instructions que par celles des prédi-
» cateurs, qui n'y épargneront pas leur zèle, en ce qu'elles soient entièrement
» abolies. » On lit dans ceux de Clermont-Tonnerre (3), évêque de Noyon, publiés le 3 octobre 1673 : « Les curés et vicaires informeront notre archidiacre et
» nos doyens ruraux, des superstitions dont on se sert sous prétexte de guérir les
» maladies dans leurs paroisses, et tiendront la main, tant par leurs instructions
» que par celles des prédicateurs, afin qu'elles soient absolument abolies, et
» qu'il ne reste aucun vestige d'erreur dans une religion toute pure et toute vé-
» ritable, et que l'église, qui est l'épouse de Jésus-Christ, n'ait pas le moindre
» commerce avec la superstition qui est son ennemi. » On lit les mêmes choses à peu près dans les ordonnances synodales de Boulart de Sillery (4), évêque de Soissons, imprimées en 1701 : « Enjoignons aux curés de prendre garde dans
» leurs paroisses qu'il ne soit fait aucune superstition pour la guérison des mala-

---

(1) Concil. Labb., t. xv, col. 889, art. 2.
(2) Stat. synod. de Beauv., art. 41.
(3) Stat. synod. de Noyon, du serv. divin, art. 40.

(4) Ord. synod. de Soiss., titre des devoirs des curés, p. 57.

» dies, et qu'on ne porte les enfants nouveaux nés-morts, en des pèlerinages
» pour être ressuscités. »

CONTRE LES MAIS, LES BRANCHES D'ARBRES ET LES COURONNES.

Le concile provincial de Milan de 1579 interdit l'usage qui se pratiquait le premier jour de mai, fête des apôtres saint Jacques et saint Philippe, de couper des arbres avec leurs branches, de les promener dans les rues et dans les carrefours des villes, des bourgs et des villages; de les planter ensuite avec des cérémonies folles et ridicules: *Calendis maii qui dies SS. apostolorum Philippi et Jacobi solemnitate consecratus est, eum parvum usum... retineri ad nos perlatum est, ut incisæ arbores frondescentes per urbes, oppida, vicos et pagos in plateis ac triviis ludibundo spectaculo erigantur.* Nous croyons par le canon 73 de la compilation des canons des églises d'Orient que la défense d'attacher aux maisons des branches de laurier ou d'autres rameaux verts avait été faite dans cette église dès l'an 571 : *non liceat iniquas observationes agere calendarum.... neque lauro aut viriditate arborum cingere domos.* Le concile d'Elvire de l'an 305 ne veut pas qu'on admette à la communion avant deux ans de pénitence les prêtres qui ont porté seulement la couronne de sacrificateurs, quoiqu'ils n'eussent cependant sacrifié aux idoles : *sacerdotes qui tantum (sacrificantium) coronam portant nec sacrificant..... placuit post biennium accipere communionem.* (1)

CONTRE LES FÊTES DES DIACRES, DES PRÊTRES, DES SOUS-DIACRES, DES ENFANTS DE CHŒUR, ET LES SPECTACLES EN GÉNÉRAL.

Le chapitre de Noyon supprime, le 7 janvier 1667, le spectacle de la veille de Noël qui représentait les anges veillant à la crèche pendant la nuit (2). Le pape Innocent III qui siégeait à la fin du XII.ᵉ siècle, condamne les spectacles, les jeux de théâtres, les masques, les fêtes des diacres, des prêtres, des sous-diacres qui se faisaient dans les églises, les folies et les bouffonneries qui les accompagnaient. Vers le même temps, Nivelon, évêque de Soissons, de concert avec son chapitre et d'un consentement unanime, avait statué que la fête de saint Etienne serait célébrée solennellement, comme les autres fêtes triples ; mais à l'exclusion des anciennes folies des diacres et de leurs jeux : *et sciendum est quod hæc festivitas, de communi totius capituli assensu, ab omnibus exclusá antiquá consuetudine diaconorum et ludorum, solemniter, sicut aliæ triplices festivitates debet celebrari* (3). La fête des prêtres le jour de saint Jean, celle des enfants de chœur le jour des Innocents, avaient été supprimées, sans doute, puisque le Rituel n'en fait pas plus mention que si elles n'eussent jamais existé. Les chanoines de Beauvais font un statut au chapitre général du mois de janvier 1481, touchant la décence de l'office divin (4). Il est arrêté qu'on supprimera certaines

---

(1) Concil. Lab., t. ɪ, col, 976, can. 55.
(2) Reg. capit. eccl. Noviom.
(3) Ex Ritual. Suess. MS.
(4) Reg. capitul. an 1481, fol. 151, r.ᵛ

cérémonies la veille des Innocents ; qu'on empêchera les enfants de chœur de recueillir les aumônes des fidèles dans l'église ; qu'on défendra aux curés d'assister à l'office de saint Jean l'Evangéliste avec des cierges ; de porter des houlettes de berger à l'évangile de Noël et de faire toute autre parade ce jour-là. Il fut défendu dans l'assemblée du chapitre de Laon du 20 décembre 1527, aux chanoines, chapelains, vicaires et habitués de paraître désormais au service divin dans le chœur, le jour des Innocents, autrement qu'en habits décents (1). Il est statué en celle de décembre 1558 que les enfants de chœur, les vicaires-chantres, assisteraient dorénavant à vêpres et à complies le jour des Innocents, qu'ils ne pourraient chanter dans la ville et à saint Martin que des choses honnêtes, qu'ils s'abstiendraient surtout d'actions qui pourraient blesser tant soit peu la décence (2). Un chanoine de l'église de Noyon est amendé dans une assemblée de chapitre du mois de janvier 14$\frac{19}{20}$, pour avoir voulu renouveler les sottises de la fête des Innocents (3). Le 24 janvier 1583 (1584), le curé de Saint-Jean de Péronne est admonesté par le doyen de Saint-Fursy de ne plus souffrir scandale semblable à celui qui avait été donné dans son église le jour des saints Innocents. Le 23 décembre 1591, le promoteur de la collégiale requiert que les cérémonies qui se faisaient aux fêtes des Innocents, de saint Joseph, etc., fussent supprimées, à cause du mauvais exemple que cela donnait.

CONTRE LES MASCARADES DU 1.ᵉʳ DE JANVIER.

Avez-vous fait, dit Burchard, évêque de Vorms, dans sa collection des canons, comme les païens, qui, le premier jour de l'an, se déguisent avec des masques de cerfs ou de vieilles femmes? Vous jeûnerez trente jours au pain et à l'eau (4). Il est à observer que les pénitences dont il s'agit dans ce livre, sont suivant les adoucissements du XI.ᵉ siècle, car les mêmes superstitions (5), dans un pénitentiel de l'abbaye de Fleury plus ancien, sont punies de trois ans de pénitence : *si quis, quod in Kalendis Januarii multi faciunt, quod de paganis remansit, in cervulo quod dicitur, aut in vehiculâ vadit (vetula vadet,* selon l'ancien pénitentiel d'Angers) *III annis pœniteat, quia et hoc dæmonium est* (6). Le pénultième jour de décembre 1529, l'échevinage de la ville d'Abbeville fait défense de par le Roi « à tous de quelque condition qu'ils soient, qu'ils n'ayent à aller
» en masque, en quelque manière que ce soit, avant lad. ville, cejourd'hui ni
» autre jour suivans, à peine de le hart (gibet). »

Jean Gribeauval, chanoine de Noyon, est mis à l'amende par délibération du

CONTRE LA FÊTE DES FOUS.

---

(1) 18.ᵉ Reg. capit., fol. 257, v.°.
(2) 26.ᵉ Reg. capit., fol. 62, r.°
(3) Preuv., part. 1, p... n.°...
(4) Burch., collect. can., l. 19, c....
(5) Mart., de antiq. eccles. ritib., t. I, col. 787, n.° 31.
(6) Concil. Labb., t. v, col. 962, not. Sirmundi.

chapitre du 10 janvier 14$\frac{19}{20}$, pour avoir voulu renouveler la fête des fous, le jour de l'Epiphanie à complies. Au chapitre du 24 avril de la même année, le décret contre les farces qui avaient été introduites les jours des Rois et des Innocents fut renouvellé sous peine de quatre livres(1). Le chapitre d'Amiens, par délibération du 9 avril 1548 (2), défend aux chapelains et aux vicaires de procéder dorénavant à l'élection du pape des fous. François de Melun, évêque de Térouanne au commencement du XVI.ᵉ siècle, abolit dans l'église de Saint-Omer la fête des fous qui s'y faisait au mois de décembre (3). Gerson (4), consulté sur le scandale que la fête des fous causait dans l'église en général, répondit, qu'attendu que beaucoup de prélats n'avaient pas voulu ou pu faire cesser de telles insolences, à cause des exemptions des chapitres et des autres églises, soit parce qu'ils ont trouvé le mal enraciné par la négligence de leurs prédécesseurs, soit par quelque autre cause qui ne les excuse nullement, le roi, les princes et les seigneurs chrétiens peuvent raisonnablement, saintement et justement y pourvoir de quelque remède, par édit et défense générale, et employer la force contre les désobéissants et les rebelles. Il semble même qu'ils sont obligés à le faire, comme protecteurs de l'église. En effet, le concile assemblé à Bâle en 1431, condamne dans la session du 9 juin 1435, comme un abus honteux, qu'en certaines fêtes de l'année, quelques-uns se revêtent d'habits pontificaux, et la mitre en tête, la crosse à la main, donnent la bénédiction comme font les évêques; que d'autres s'habillent en rois et en ducs, ce qu'on appelle en quelques provinces la fête des Fous, des Innocents et des Enfants; que d'autres se masquent et fassent des jeux de théâtre; que d'autres, par des danses d'hommes et de femmes, attirent les spectateurs et les portent à des ris dissolus; que d'autres enfin, préparent des festins dans l'église, où ils se livrent aux plus grands excès : *turpem etiam illum abusum in quibusdam frequentatum ecclesiis, quo, certis anni celebritatibus, nonnulli cum mitrâ, baculo ac vestibus pontificalibus more episcoporum benedicunt, alii ut reges et duces induti, quod festum Fatuorum vel Innocentum seu Puerorum in quibusdam regionibus nuncupatur; alii larvales et theatrales jocos, alii choreas et tripudia marium ac mulierum facientes, homines ad spectacula et cachinnationes movent; alii comessationes et convivia ibidem præparant. Hæc sancta synodus detestans statuit et jubet, etc.* (5). En conséquence la Faculté de théologie de Paris fit un décret le 21 mars 1444, pour empêcher ces indécences (6). Il fut envoyé à toutes les églises de France;

(1) Preuv., part. I, n.°...
(2) Ibid.
(3) Gall. chr., t. x, col. 1510.
(4) Gerson opera, part. IV, n.° 10, conclus. III.
(5) Concil. Labb., t. XII, col. 555, sess. 21. art. II.
(6) Du Cange, Gloss.. au mot Kalendæ.

c'est le tableau des dissolutions des ecclésiastiques de ce temps-là, durant la fête des fous. On y voit qu'ils ne respectaient pas même l'intérieur du sanctuaire.

Les intentions de la Faculté n'ayant point été remplies, le roi Charles VII (1) se crut obligé d'employer son autorité pour faire exécuter le décret du concile de Bâle : « par lequel décret, dit le prince, est expressément deffendu aux gens et
» ministres de l'église certaine dérisoire et scandaleuse feste, qu'ils appellent la
» feste aux Fols, laquelle en plusieurs églises cathédrales et autres collégiales
» estoit accoustumée de faire environ les festes et octaves de Noël, en laquelle
» faisant iceux gens d'église irrévérences et dérisions de Dieu nostre Créateur, et
» de son saint et divin office, au très grand vitupere et diffame de tout l'estat
» ecclésiastique, faisoient toutes églises et lieux saints, comme dehors, et
» mesmement durant le divin office, plusieurs grandes insolences, dérisions,
» mocqueries, spectacles publics, de leurs corps déguisements, en usant d'habits
» indécens, et non appartenants à leur estat et profession, comme d'habits et veste-
» ments de fols, de gens d'armes, et autres habits séculiers, et les aucuns usants
» d'habits et vestements de femmes, aucuns de faux visages, ou autres telles illi-
» cites manières de vestements, et apostatant de leur estat et profession ; par le-
» quel décret tous les abus que l'on a coustume de commettre à ladite feste,
» eussent été sur certaines peines deffendues : et nous pareillement, en tant que
» faire le pouvons, l'eussions deffendus, parceque à ladite assemblée reçumes et
» acceptâmes icely décret, comme il appert par nostre pragmatique sanction a-
» donc solemnellement conclue et depuis publiée et enregistrée en nostre Cour
» de Parlement, et en plusieurs autres lieux de nostre royaume. »

Le concile de la province de Reims, assemblé à Soissons le 14 de juillet 1456, auquel assistèrent les évêques suffragans de Soissons, d'Amiens, de Laon et de Senlis, présidé par Jean Juvenal des Ursins, métropolitain, ordonne et enjoint d'extirper de toutes les églises et de tous les monastères de cette province, l'abus honteux qui s'y était introduit et qui avait été condamné déjà par le concile de Bourges, savoir, d'y faire des mascarades et des jeux de théâtre, des danses, des trafics et autres choses qui troublent le service divin et qui blessent l'honneur dû aux lieux saints : *insuper mandat et præcipit hoc sacrum concilium, ut turpis ille abusus, in alio decreto per dictam congregationem acceptato prohibitus, omninò à singulis ecclesiis, à monasteriis quorumcumque religiosorum et religiosarum hujus provinciæ extirpetur ; quo larvales et theatrales joci, choreæ, mercimonia, negotiationes et alia, ecclesiam, divinum officium, vel ejus hones-*

---

(1) Marten., thes. anecd., t. I, col. 1805.

tatem perturbantia fieri prohibentur...... *Quodque infra septa seu clausuram monasteriorum, tam virorum, quam mulierum, choreæ et tripudia nullo tempore exerceantur per quoscumque: nec etiam extra ipsa monasteria liceat religiosis personis in quibuscumque locis præfatas choreas et tripudia agere* (1). Celui de l'an 1583 défend absolument les jeux de théâtre, les bouffonneries, les puérilités, les folies, qui, sous prétexte de coutume, se faisaient aux fêtes de Notre-Seigneur et des Saints, parce que c'était déshonorer l'église : *ludos theatrales, etiam prætextu consuetudinis, exhiberi solitos, et puerilia ceteraque ludicra, quibus ecclesiæ inquinatur honestas et sanctitas, in Christi et sanctorum festivitatibus omninò prohibemus* (2). La même défense se trouve dans les statuts synodaux de Charles de Roucy, évêque de Soissons, imprimés dans cette ville en 1561 : *Item ne in eisdem ecclesiis et cœmeteriis choreæ, ludi spectacula, mercaturæ, judicia (potissimum laicorum) exerceantur* (3). Le même prélat avait dit déjà, sur le précepte d'observer les dimanches et les fêtes, que ceux là pèchent gravement, qui, dans certaines solennités, commettent plusieurs insolences abominables, ainsi que ceux qui, par leur place, pourraient et devraient les empêcher, et ne le font pas, parce que ces choses ne peuvent être excusées sous aucun prétexte : *porrò contra idem præceptum graviter delinquunt, qui in certis solemnitatibus anni insolentias multas et abominabiles perpetrant: illi etiam qui talia facientibus consentiunt, præsertim qui ex officiis possent et deberent talia impedire; nec excusari illa possunt, ludi illius prætextu* (4). Denis Sanguin, évêque de Senlis, dans son approbation du 5 décembre 1663, des deux discours de M. Deslions, l'un du Roi-boit, l'autre du Roi de la fève, fait en même temps l'éloge, et de l'ouvrage, et de la religion de ses diocésains, en disant : « Nous avons été bien édifié du profit qu'en a fait nostre peuple, en faisant cesser » dès l'an passé dans la plupart des familles ces sortes de superstitions et de dé- » bauches, pratiquées la veille et le jour de l'Epiphanie. »

CONTRE LE BÂTON DES CONFRÉRIES.

Le cardinal légat en France en 1198 est très scandalisé que la cathédrale de Paris ait conservé la cérémonie du bâton des confréries; c'est pourquoi le concile tenu en cette ville en 1212, enjoint aux prélats de faire cesser absolument cet usage, comme appartenant à la fête des Fous : *à festis Follorum ubi Baculus accipitur, omninò abstineatur* (5). « Nous défendons expressément, » dit Brulard de Sillery, évêque de Soissons, dans ses ordonnances synodales du 22 décembre

---

(1) Concil. Labb., t. xiii, col. 1397.
(2) Ibid., t. xv, col. 889, tit. de dieb. festis, art. 6.
(3) Stat. synod. diœc. Suess., fol. 28, r.°, cap. de eccles. et cæmet.
(4) Ibid., fol. 5, r.°
(5) Concil. Labb., t. xi, col. 79, t. xvi.

1700 (1), « d'y faire porter (aux processions) les saintes reliques, les bâtons des
» saints, et les chandeliers par des filles ou des femmes, même de publier
» lesdits bâtons et vendre le pain béni dans l'église, qui n'est point une maison
» de commerce, mais d'oraison..... voulons que dans les églises où il y a des bâ-
» tons de saints, la publication à l'avenir s'en fasse hors de l'église et sans aucun
» chant, défendons que le clergé aille en procession prendre ces bâtons chez
» les particuliers auxquels ils auront été délivrés, pourquoi lesdits bâtons seront
» conservés dans l'église. Faisons en outre inhibitions et défenses à ceux à qui
» lesdits bâtons auront été délivrés, de rien exiger sous quelque prétexte que ce
» soit. »

Guillaume Rose, évêque de Senlis, acheva d'abolir dans son diocèse les folies du carnaval, ordonnant une procession générale le jour du mardi-gras, et les désordres du premier dimanche de carême que le peuple allait passer sur la montagne d'Aumont à danser. Il fit planter une croix au même lieu, et ce reste de paganisme a pris fin (2). CONTRE LES FOLIES DU CARNAVAL.

Le chapitre de Saint-Fursy de Péronne, par délibération du 24 janvier 1598, fait défense à tous ecclésiastiques d'aller en masque pendant le carnaval, sous peine de tenir prison et de jeuner au pain et à l'eau durant trois semaines, d'être exclus du chœur et du chapitre, enfin d'être suspens *a divinis* pour trois mois.

Le roi Charles VI défend par ses lettres du 28 janvier 1412 (1413) (3), qu'on fasse le charivari dans la ville de Péronne, lorsqu'une femme viendra à se remarier. Le concile provincial de Soissons, terminé le 11 de juillet 1456, fait la même défense dans toute l'étendue de la métropole de Reims : *festa et convivia, choreas et tripudia tamquam pro solennizatione ipsorum matrimoniorum* (4). Des statuts synodaux du chapitre d'Amiens de l'an 1464, article 14, interdisent aux prêtres de sa juridiction, sous peine d'anathème, les mascarades et les charivaris aux mariages : *inhibemus omnibus et singulis presbyteris nobis subditis, ipsos sub pœnâ excommunicationis monentes primo, secundo, tertio et quarto ex abundante ne faciant larvas seu carivaria super matrimoniis faciendis*. Il paraît par un statut du chapitre général de l'église de Beauvais de l'année 1476, qu'il se commettait les mêmes indécences à peu de chose près, aux premières messes des chanoines, car il y est défendu (5) d'y faire des festins et d'y faire venir des vio- CONTRE LE CHARIVARI.

---

(1) Ordon. synod. de Soiss. 1701, p. 6 et 7.
(2) Jaulnay, Hist. des évêques de Senlis, p. 619.
(3) Part. 2, n.° ., p....
(4) Concil. Labb., l. XIII, col. 1401.
(5) Reg. capitul., ann. 1476, fol. 72, 73, 74.

lons. Il est dit dans un autre endroit (1) qu'on ne prêtera plus les tables du grand chapitre pour les noces et banquets des premières messes.

Le concile provincial de Reims de l'an 1583 (2) blâme non-seulement les charivaris, mais aussi certaines idées superstitieuses touchant les mariages en général. Il déclare par exemple, que ce n'est point une petite superstition de croire qu'il y a certains jours infortunés et malheureux pour ceux qui se marient : *dies porrò aliquos infortunatos seu infaustos matrimonio esse putare, non minimum superstitionis genus esse, populo significetur*. Il menace aussi d'amende ou de censure (3) quiconque, sous prétexte des noces, s'abandonne à l'ivresse, à l'impureté et à d'autres excès, dans l'église ou en autres lieux : *quicumque verò ebrietatibus, impudicitiis aut aliis actibus a verá pietate alienis, seu in templo, seu in aliis locis, prœtextu nuptiarum indulserit, mulctá vel censuris cohibeatur*. Les ordonnances synodales de Brulart de Sillery, évêque de Soissons (4), enjoignent aux curés de tenir la main à ce que la cérémonie du mariage se passe sans insolence et sans bruit, et d'empêcher que les nouvelles mariées soient conduites le lendemain du mariage avec cérémonie à la messe des trépassés, comme aussi tous déguisements et actions indécentes contraires à l'honneur des temples et à la sainteté de ce sacrement. Le charivari du lendemain des fêtes des paroisses vient d'être abrogé tout récemment par un arrêt du Parlement de Paris du 22 mai 1776, faisant défense dans le bailliage de Saint-Quentin à toutes personnes de s'assembler le jour des fêtes des paroisses ou le lendemain desdites fêtes, sous prétexte de la fête de l'Arrière.

CONTRE LE COMBAT DES COQS.

Le concile de Cognac de l'année 1260.(5) défend avec menace d'anathème, le combat des coqs dans les écoles de grammaire et dans les autres, comme ayant quelque chose de superstitieux : *quia ex duello gallorum quod in partibus istis, tam in scholis grammaticœ, quam in aliis fieri inolevit, nonnulla mala aliquotiens sunt exorta : sub interminatione anathematis prohibemus, ne amodo fiat duellum prœdictum : cum hoc tam mali materia, quam temporis amissio existere dignoscatur*.

CONTRE LES BRANDONS.

Le second concile d'Arles de l'année 452 (6) déclare coupable de sacrilége l'évêque qui ne détournera pas les infidèles d'allumer des torches ou brandons, et prive de la communion celui qui aura fait cette cérémonie superstitieuse : *si in alicujus episcopi territorio infideles aut faculas accendunt.......... si hoc*

(1) Reg. capitul., ann. 1476, fol. 88.
(2) Concil. Labb., t. xv, col. 897, tit. de reformat. matrim., art. 8.
(3) Ibid., art. 10.
(4) Ordon. synod. de Soiss., supr., p. 43.
(5) Concil. Labb., t. xi, part. 1, col. 800, tit 7.
(6) Ibid., t. iv, col. 1013, can. 23.

eruere neglexerit, sacrilegii reum se esse cognoscat. Dominus aut ordinator rei ipsius, si admonitu emendare noluerit, communione privetur. « Nous avons appris
» aussi avec douleur, disent les ordonnances synodales du diocèse de Laon (1),
» renouvelées le 2 juin 1699, qu'en quelques lieux de notre diocèse, les fidèles,
» au lieu de sanctifier par la pénitence et la retraite..... le soir du premier di-
» manche de carême, profanent (ce saint jour) par des danses et des réjouissances
« scandaleuses qu'ils font autour des feux qu'ils allument. C'est pourquoi, nous
» enjoignons pareillement aux curés de faire tous leurs efforts pour extirper dans
» leurs paroisses, ces restes de l'esprit de la gentilité. » Le concile de la province de Reims de l'an 1583 (2) ne veut pas que l'on souffre, à la Fête-Dieu, des mascarades et des personnes déguisées (comme l'on voit à Cambrai le jour de l'Assomption, à la procession du Saint-Sacrement), parce que cela détourne les fidèles de la vénération qu'ils doivent avoir pour un si auguste mystère. Le concile ordonne que le canon de *ludicris prohibendis diebus festis* sera observé exactement.

CONTRE L'USAGE D'HABILLER UNE FILLE EN VIERGE LE JOUR DE LA CHANDELEUR.

Le chapitre d'Amiens s'étant assemblé le 5 février 1721, *M. Piquet de Dourier, chanoine et prévôt, président audit chapitre, ayant fait rapport à messieurs, de la conférence que lui et M. le pénitencier ont eu le jour d'hier, avec M. l'évêque d'Amiens, au sujet des désordres, irrévérences, profanations et scandales causés en leur église, le dimanche deux du présent mois, jour de la Purification, touchant la représentation qui s'y est faite d'une fille habillée en vierge lorsqu'on chantoit la messe en la confrérie de Notre-Dame-du-Puy, et ayant fait connoître que ledit seigneur évêque n'approuvoit pas, pour les causes susdites, une pareille représentation, et que son sentiment étoit de la supprimer. Mesdits sieurs ayant sur ce délibéré, pour éviter que pareils désordres, irrévérences, profanations et scandales n'arrivent dans la suite, ont résolu de supprimer laditte représentation et d'empêcher qu'on ne la fasse dans la suite, et ont prié le maître de la fabrique de tenir la main à l'exécution du présent acte* (3).

CONTRE LA SUPERSTITION DU JOUR DE LA FÊTE DE SAINT PIERRE A ANTIOCHE ; CONTRE LES FEUX DE LA SAINT-JEAN, etc.

Le second concile de Tours de l'année 567 (4) exhorte les pasteurs et les prêtres de priver de la participation aux saints mystères ceux qui persistent dans la folie de porter des viandes sur les tombeaux des morts le jour de la chaire de saint Pierre, et de manger de ces choses offertes au démon, après avoir reçu le corps de Jésus-Christ, parce que c'est retourner aux erreurs de la gentilité : *sunt*

---

(1) Ordon. synod. de Laon, tit. xv, art. iii, p. 59.
(2) Concil. Labb., t. xv, cap. de eucharistiâ, col 894, art. 25.
(3) Reg. capitul. de 1721.
(4) Concil. Labb., t. v, col. 863, can. 22.

etiam qui in festivitate cathedræ D. Petri apostoli cibos mortuis offerunt, et post missas redeuntes ad domos proprias, ad gentilium revertuntur errores, et post corpus domini, sacratas dæmoni escas accipiunt. Contestamur illam solicitudinem tam pastores quam presbyteros gerere, ut quemcumque in hac fatuitate persistere viderint... eos ab ecclesia auctoritate repellant, nec participare sancto altario permittant qui gentilium observationes custodiunt. Le chapitre de l'église de Noyon, assemblé capitulairement le 10 janvier 151$\frac{0}{1}$(1), fit défense aux sonneurs d'introduire des femmes sur les voûtes et dans les tours de l'église pour y danser et chanter le jour de la translation de saint Eloi, 19 janvier.

Les chanoines de l'église d'Amiens, par délibération capitulaire du 16 janvier 1737, ont arrêté de supprimer la cérémonie de l'homme vert, au jour des fêtes qu'il avait coutume de venir au chœur de la cathédrale, à cause du scandale qui se commettait dans l'église.

Les ordonnances synodales du diocèse de Laon, déjà citées, enjoignent aux curés de « représenter vivement à leurs peuples, qu'à l'égard du feu de la » veille de saint Jean, c'est à la vérité une marque perpétuelle que l'église donne » de la joie que lui a apportée la naissance du précurseur de son époux; mais que » c'est une joie pure et sainte; qu'ils doivent bien se garder de corrompre par « des dissipations et des excès. » Nous lisons ailleurs (2) que c'est une vraie superstition de cueillir certains simples, le jour de la Nativité de saint Jean-Baptiste, avant le soleil levé, dans la croyance qu'ils ont plus de vertus que s'ils étaient cueillis dans un autre temps.

CONTRE LES PRATIQUES LICENCIEUSES DE LA SAINT MARTIN, DE LA SAINTE CATHERINE ET DE LA SAINT NICOLAS.

Le Concile d'Auxerre de l'année 578 veut que l'on empêche absolument de faire la veille de saint Martin: *omnino et inter supradictas conditiones, pervigilias, quas in honore domini Martini observant, omnimodis prohibete* (3). On lit dans une des ordonnances synodales de d'Etrées, évêque de Laon, de l'année 1683, au sujet des foires en général: « et comme nous apprenons que la » mauvaise coutume de tenir des foires et marchés les jours des patrons et fêtes » chommables, est presqu'entièrement aboli, par les soins et l'application qu'on » a portés à ce désordre, nous nous contentons, pour le présent, de recom- » mander à tous pasteurs de nous avertir si elles persistent encore en quelques » endroits de notre diocèse, afin que par nos soins elles soient transférées en » d'autres jours non fêtés (4). » Un statut du chapitre de Péronne du 10 juillet 1529 (5), défend, sous peine d'amende, au maître des écoles de cette ville de

---

(1) Preuv., part. 1, p.... n.°....
(2) Superst. anc. et mod., t. I, p. 63.
(3) Concil. Labb., t. v, col. 958, can. 5.
(4) Ord. syn., ch. de la sanctification des fêtes, p. 9.
(5) Preuv., part. 1, p... n.°....

souffrir qu'on fasse à la sainte Catherine et à la saint Nicolas des danses avec mimes et histrions.

Un statut du chapitre d'Amiens du 16 mars 1522 ordonne que l'on effacera de l'Ordinaire de l'église les obits sifflés : *deleantur de libro ordinarii ecclesiœ, quod dicitur sibilatio, quæ fit in choro post pueros choriales in obitibus nuncupatis: les obits sifflés.* Il y en a un autre du chapitre général du 16 de janvier 1553, à l'effet d'empêcher le bruit des stalles du chœur lorsqu'un chanoine venait tard à l'office, ou qu'il y paraissait avec la barbe coupée (1). Par un statut du chapitre de Noyon du 28 avril 1403, il est défendu aux chantres de faire du bruit avec les stalles et des hurlements au mot *Moab* et à d'autres de cette espèce, sous peine d'excommunication. Défense est faite le 17 février 1580 (1581), par le chapitre de Péronne, aux vicaires, de faire aucune exclamation aux mots hébraïques. Charlemagne, par son capitulaire de l'année 789, défend de pendre des morceaux de parchemin au haut des perches, contre la grêle, et au même article, de baptiser les cloches : *ut clocas non baptizent, nec chartas per perticas appendant propter grandinem* (2). Ainsi cette manière de parler: *baptiser une cloche* pour dire la bénir, nous vient de la même source que l'usage d'attacher à une perche ou à un pieu un morceau de parchemin pour écarter l'orage.

<small>CONTRE LES OBITS SIFFLÉS, LES TRUFFES ET LE BRUIT DES STALLES, ETC. ; ET CONTRE LES PRATIQUES POUR DÉTOURNER L'ORAGE.</small>

Nous avons vu que le pape Innocent III avait condamné les spectacles dans les églises; que le concile de la province de Reims, assemblé à Soissons en 1456, avait banni les jeux de théâtre des lieux consacrés à la piété et à la modestie. L'assemblée de 1412 des chapitres de la même province défendit aux ecclésiastiques ce qu'elle appelle *Riso bonas,* non seulement dans les églises durant l'office divin, mais aussi parmi les villes (3). C'était tout ce qui pouvait prêter à rire. Antérieurement le chapitre d'Amiens avait porté son attention sur la première partie de cet objet. Il est ordonné par un statut du 15 janvier 139$\frac{2}{3}$, qu'on n'accordera plus la permission de faire des farces dans le chœur de la cathédrale, mais seulement d'y faire des jeux suivant l'ancienne coutume, comme il est marqué dans les livres (4). Les chanoines de Noyon, par acte capitulaire du 23 décembre 1538, firent défense de représenter à l'avenir dans l'église cathédrale le *Mystère de la Béguine,* comme on avait coutume de faire tous les ans, parce que c'était une occasion de tumulte et de scandale. Les insolences qui avaient été commises dans la même église la veille de Noël 1626, à la représentation du

<small>CONTRE LES MYSTÈRES OU JEUX DE DIEU.</small>

---

(1) Preuv., part. II, n.°....
(2) Dom Bouquet, Rerum Franc. scrip., t. V, p. 650, art. 18.
(3) Preuv., part. 1, n.°...
(4) Preuv., part, II, n.°...

Jeu des Anges, qui veillaient la nuit autour de la crèche, les portèrent à supprimer aussi ce spectacle en 1667.

Ainsi il a fallu des lois sévères pour détruire, ou du moins diminuer tous les désordres que la simplicité de nos pères avait introduits. C'est ce qu'a fait l'église qui, loin de les autoriser, s'y est toujours opposée, comme nous venons de le faire voir, en maintenant parmi ses enfants une discipline éloignée de toute superstition. Car il ne faut pas prendre les abus établis dans quelques églises particulières, pour des preuves que les folies païennes aient été sanctifiées par la religion chrétienne. Toujours elle a tâché de les supprimer. S'il en est resté quelques-unes, elles se sont cachées, ou sous un prétexte de religion, ou sous l'apparences de secrets physiques.

CCXXI.

CHAUSSÉES ROMAINES DE LA SECONDE BELGIQUE.

ELLES SERVENT BEAUCOUP A LA PROPAGATION DE LA FOI.

« Comme Dieu, dit Berger, avoit de tout temps préordonné la ville de Rome, » pour siège de celuy que son fils éstabliroit Chef visible de son Eglise : afin que » de là, comme de la capitale du Monde, il peust envoyer gens en toutes les parties » de la terre, pour l'établissement de la foy; c'estoit pareillement chose fort utile » et nécessaire, qu'il y eust des chemins tout disposez à faire de si longs voyages, » et en si grand nombre comme les Apostres ont fait, et ceux qui ont esté par eux » envoyés par toutes les provinces de l'Empire (1). » Or cette chose si utile et si nécessaire pour la propagation de la foi fut exécutée par ses plus grands ennemis. Les Romains, par des vues bien différentes, c'est-à-dire pour rapprocher en quelque sorte de l'Italie, les peuples les plus éloignés qu'ils avaient vaincus, pour étendre leurs conquêtes et les conserver, pour entretenir une correspondance mutuelle, si nécessaire, entre les centres et les extrémités, les Romains avaient construit ces routes fameuses, où la magnificence réunie à l'utilité fait encore l'admiration des voyageurs attentifs, après quinze ou seize siècles d'antiquité. Elles sont nommées dans les anciens titres latins de notre province : *Srata, Strata via* ou *via Strata, Strata regia, Strata publica, Callis publica, Agger publicus, Via, Via Romanorum, Via regia, Via publica, Alta via, Lata via* ou *Via lata, Via maris, Pyrgus Romanorum, Calceia;* dans les titres français : *Estrée, Vitri; Ver, Vi, Voie, Chemin Romeré, Royaux chemins;* (*Via publica,* dit une charte de l'abbaye de Froimont de l'année 1191, *quæ vulgo dicitur Royaux*

---

(1) Hist. des grands chemins de l'Empire, liv. 3, chap. 15, n.º 9.

chemins) grand *Chemin Royal, Liez, Large Voie, Planoye, Voie unie, Liomer, large Voie de la Mer, Chemins de la Mer, Chemin des Chasse-Marées, Chemin Verd, Chaussée*, mais plus communément *Chaussée Brunehaut.*

Cette dernière dénomination se trouve citée pour la première fois, du moins que nous sachions, dans une charte du seigneur de Dourier, du mois d'avril 1205 : *juxta Calceiam Brunehaut;* près de là paraissait, en effet, une de ces chaussées romaines : ensuite dans un acte de vente, faite au mois de juin 1248, par le chevalier Robert de Vauchelles au prieur de Domart-en-Ponthieu : *in villa et extra villam (domni Medardi) citra calceiam que vocatur Brunehaut.* C'était la grande voie militaire qui partait de la ville de Rome comme du point central de toutes les voies et venait aboutir à Boulogne.

ELLES SONT DÉNOMMÉES PLUS COMMUNÉMENT CHAUSSÉES BRUNEHAUT. POURQUOI ?

Le surnom de *Brunehaut*, attaché aux chaussées construites par les Romains, a donné lieu à bien des fables. Jacques de Guise prétend qu'elles n'ont été surnommées ainsi, que parce qu'elles avaient été dressées par un Brunehaut, cinquième roi des Belges (1). Selon Jean d'Ypres, moine de Saint-Bertin au XIII.ᵉ siècle, ces chaussées ont été surnommées *Brunehaut* à cause de celles qu'elle avait fait construire de Cambray à Wissant, en la faisant passer par Arras et par Térouanne : *multa etiam opera miranda construxit, inter quæ stratam publicam de Cameraco ad Atrebatum, hinc ad Morinum, et usque ad mare, Vitsandum fecit; quæ calceria Brunechildis nominatur usque in hodiernum diem* (2).

Cependant aucun auteur contemporain de la reine Brunehaut n'en dit mot. D'ailleurs qui pourra jamais se persuader qu'une Reine dont les Etats ne s'étendaient guère dans la Picardie au-delà de la ville de Laon, ait pu faire travailler à toutes les chaussées qui portent le nom de *Brunehaut* dans cette province ? Ce mot pourrait bien venir du vieux mot latin *Brunda*, qui signifie solide (3), ces chaussées sont très solides en effet, ou de *Bruna* qui veut dire brune (4); elles sont formées la plupart de petits cailloux bruns tirant sur le fer, ce qui fait que les gens de la campagne leur donnent aussi le nom de chemins ferrés; ou de *Brunea* qui signifie une cuirasse (5). En effet, leur surface arrondie avait à peu près la forme d'une cuirasse. Mais une quatrième conjecture naît de la manière d'écrire ce nom en 1205. Nous lisons dans le titre cité ci-dessus, *Burnehaut* et non *Brunehaut*; or *Burnehaut* ne signifie-t-il pas une borne haute, c'est-à-dire une colonne milliaire que l'on trouve nommée en plusieurs titres *la haute borne*? Nous

---

(1) Chron. de Hainaut, liv. 1, c...
(2) Marten., Thes. anecd. t. 3, col. 456.
(3) Ducange, Gloss. au mot *Brunda*.
(4) Ibid., au mot *Bruna*.
(5) Ibid., au mot *Brunea*.

appuierons cette dernière conjecture des propres paroles de Bergier: « Il y a
» plusieurs bons auteurs, tant anciens que modernes, qui tesmoignent qu'Auguste
» et les Empereurs suivans ne pensoient pas avoir achevé, ny mis la main der-
» niére à un grand chemin, s'il n'estoit marqué de mille en mille, ou de lieue
» en lieue, par des pierres ou des colonnes, qui portoient ordinairement quel-
» que inscription gravée du nom de l'Empereur qui les avoit fait faire ou resta-
» blir (1). » Quoiqu'il en soit, les plus judicieux écrivains, entr'autres le célèbre
Bergier (2), reconnaissent que ces chemins, connus sous le faux nom de chaussée
Brunehaut, sont l'ouvrage des Romains, secondés par les habitants des cantons
par où ces chemins passaient.

LEUR CONSTRUCTION. Les Romains, après avoir tracé leurs chaussées sur une ligne droite autant qu'il
était possible, *et chils chemins furent fet*, dit Beaumanoir, *à droite ligne ès
lieux là où ligne se pooit porter sans empeeschement de très grant montagnes
de rivières ou de marés* (3), creusaient le terrain sur lequel elles devaient être
assises. Leur usage en général était de former quatre différentes couches plus ou
moins épaisses, selon le local et le sol (4). Le *Stramen* était la première ou la
base; le *Rudus*, la seconde couche; le *Nucleus*, la troisième; le *Somma crusta* ou
Summum dorsum, la quatrième; le tout était soutenu pour l'ordinaire, par des
lisières, *margines*, qui formaient un encaissement solide. Les matières dont les
différentes couches étaient composées, variaient aussi suivant les lieux, comme
nous le verrons par le détail.

Le *Summum dorsum*, que nous nommerons la surface de ces chaussées, était
formé pour l'ordinaire de cailloux, ou que l'on trouvait dans les environs; il y
avait, par exemple, à Cailloel en Beauvoisis, un champ qui, suivant une charte
du cartulaire de Froimont de l'année 1219, en fournissait beaucoup *ad faciendam stratam publicam* (5); ou que l'on allait chercher bien loin; « mais ce qui
» passe toute admiration, c'est encore Bergier qui parle (6), c'est que les menus
» cailloux dont la surface desdits chemins est composée ne se trouvent point ès
» champs voisins, à travers lesquels ils sont conduits et est bien difficile de juger
» d'où telles pierrailles ont pu être apportées sur les lieux en quantité si grande; de
» sorte que Charles Bovelles, natif d'Amiens... après les avoir vus et considérés
» comme ravi en admiration dit... qu'il semble que ces caillotages soyent sortis
» de terre à gros bouillons ou tombés du ciel comme grèle très abondante, etc. »

---

(1) Hist. des gr. ch. de l'Empire, liv. 2, ch. 31, n.° 7.
(2) Ibid., chap. 17, n.° 7.
(3) Beaumanoir, cout. du Beauvoisis, ch. 25, p. 129.
(4) Bergier, suprà, liv. 2, chap. 8, n.° 6.
(5) Cart. Frigidimont, Bibl. roy., fol. 82, r.°
(6) Bergier, supr.

Dans quelques endroits, ces chemins ne font qu'une même superficie avec les terres qu'ils traversent ; dans d'autres, on les voit plus bas d'un côté et de l'autre plus haut que les terres qui les avoisinent : c'est surtout sur le talus des montagnes. Dans d'autres enfin, ils sont enfoncés. Cependant, pour l'ordinaire, ils dominent sur les terres en forme de levées et de terrasses de dix, de quinze et même de vingt pieds d'élévation (1). Presque tous ceux de notre province sont en terrasse et en cela remarquables, dit Bergier (2) : « Qu'ils sont conduits à perte
» de vûë par les champs, droit aux plus anciennes Villes et Citez du pays ; et
» que pour les y faire aller à droite ligne, il a esté nécessaire en plusieurs endroits
» de dessécher des marais, trancher des Montagnes, rehausser des Vallées et
» bastir des Ponts de très-grande despense. »

Les Romains divisaient leurs chemins en voies militaires et en voies de traverse : celles-ci étant comme des branches qui partaient d'un tronc commun, étaient moins larges. Bergier (3) ne leur donne que huit pieds au lieu qu'il donne aux voies militaires, surtout dans les endroits où elles étaient élevées en terrasse, soixante pieds environ de largeur ; savoir : vingt pieds pour le pavé et autant pour chacun des talus de la terrasse, ce qui peut revenir aux soixante-quatre pieds de large que leur donne Beaumanoir (4), parce qu'il faut en déduire les atterrissements que les talus ont essuyés depuis le xiiie siècle jusqu'au xviie. Presque toutes ces belles chaussées qui ont résisté à l'injure des temps depuis un si grand nombre de siècles, sont négligées à présent. Leur surface est absolument dégradée ou tellement cachée sous les terres qui les couvrent, qu'on a peine à les reconnaître. Celles qui sont tapissées de verdure sont en moins mauvais état. « Et dirait-on, à les voir de loin, dit Bergier (5), que ce sont des cordons
» verdoyans, estendus à perte de veüe à travers les champs : à cause que la pente
» desdites levées est quasi par tout chargée d'herbe ou de mousse, qui y verdoye
» de part et d'autre... Et de tels chemins la Gaule Belgique est des mieux fournie
» de long et de travers, et d'un bout à l'autre. » Mais en vain chercherait-on des traces de ces anciennes chaussées dans les terres propres au labourage ; le cultivateur a renversé ou détruit tout ce qui pouvait arrêter le fer de la charrue.
<small>LEUR DIVISION EN VOIES MILITAIRES ET EN VOIES DE TRAVERSE.</small>

Ce serait se flatter vainement aussi, que d'espérer reconnaître mieux ces chaussées dans l'Itinéraire d'Antonin et dans la Table Théodosienne. Soit imperfection dans les manuscrits, soit faute d'impression, soit changement de local d'un grand nombre des lieux, il est certain que leurs distances n'y sont point
<small>DES MOYENS POUR RECONNAITRE CES CHAUSSÉES.</small>

---

(1) Bergier, liv. 2, chap. 17, n.° 7.
(2) Ibid., chap. 30, n.° 5.
(3) Ibid., liv. 3, chap. 54, n.° 8.
(4) Beaumanoir, Cout. de Beauv., chap. 25, p. 129.
(5) Berg., sup., chap. 17, n.° 7.

exactes. Mais ce dont on peut être très sûr, c'est que les Romains, partant de Rome pour venir dans la Belgique, comptaient par milles; au lieu que les Belges, passant en Italie, comptaient par lieues. L'on doit être certain encore que l'Itinéraire d'Antonin égale une lieue gauloise à trois milles Romains, puisque trente-six milles d'Amiens à Ponches, d'une part, et trente-neuf milles de Ponches à Boulogne, d'autre part, ne font, savoir : la première distance, que vingt-quatre lieues gauloises; la seconde, que vingt-cinq de ces mêmes lieues. La différence était moins grande du temps d'Ammien Marcellin ; car, marquant la distance du camp de Julien l'Apostat, qui faisait la guerre dans les Gaules, au camp des Germains, il dit qu'il n'y avait que quatorze lieues, c'est-à-dire, vingt-et-un mille pas : *Quarta leuca significatur et decima , id est unum et viginti millia passuum* (1). D'où il s'ensuit qu'un mille et demi romain ou mille cinq cents pas de mille cent trente-quatre toises, égalaient une lieue gauloise (2). Les Francs donnaient plus d'étendue à leurs lieues, car, si l'on en croit Ingulfe, abbé de Croiland, elles contenaient deux mille pas du temps du roi Henri Ier : *Leuca, usualis mensura terras metientium apud Francos, constet de duobus millibus passuum* (3). L'usage de compter par mille n'était pas encore perdu tout à fait, dans le diocèse d'Amiens, vers le milieu du XIIe siècle. On lit dans une charte de 1147 : *Secundo milliario* (4).

Au défaut des chaussées de l'Itinéraire et de la Table, il faut donc avoir recours aux monuments ecclésiastiques et civils. Nous avons plusieurs villages, tant dans l'ancienne que dans la nouvelle Picardie, du nom d'*Etrée*, d'*Etraelle*, d'*Etraon*, de *Vitri;* du nom de *Vi* ou *Vic*, tout seul ou joint à un autre mot, comme *Vi-mi (Via maris);* du nom de *Ve*, tout seul ou composé comme *Veelud ;* du nom de *Voel*, de *Voyenne;* plusieurs du nom de *Lié*, de *Lis*, ou qui se terminent par une des syllabes *Lai*, *Ley*, dont la racine se trouve dans *Laya, Leia, Lia, Leda;* tous noms qui indiquent une voie large, suivant le roman d'Athis :

Perithous qui courre le lait.

D'autres villages portent le nom de *Chaussée;* d'autres indiquent une chaussée rompue en un endroit, comme ceux de *Tronquoi (Trunca via)* ou désignent un lieu placé au-delà, comme *Tranloy (Translatam viam);* d'autres enfin, tels que *Beloy, Drueloy, Tieuloi*.

(1) Amm., l. 16.
(2) Danville, Notice de la Gaule. Préf., p. XIII et suiv.
(3) Bouquet, Rec. des hist. de Fr., t. XI, p. 156.
(4) Gall. Christ., iust., t. X, col. 313.

Après ces indications, les actes de saint Vast (1) nous en donnent une autre, qui n'est pas moins certaine ; c'est qu'au milieu du ix.ᵉ siècle, toutes les églises en grand nombre que saint Vast avait fait construire sur les grandes routes ou dans leur voisinage, pour la commodité des voyageurs, étaient alors consacrées en son honneur : *Hujus rei gratiâ omnia illa xenodochia, cum ipsis ecclesiis in viis sive juxta vias positis, quia ostium ejus semper viatori patuit, in ejus memoriâ et honore consecrata esse cernuntur.*

Le moine Ulmar, qui écrivait, quelques années après le milieu du même siècle la rélation des miracles de saint Vast, dit quelque chose de plus. Il prétend que de son temps (2) on ne voyait dans toute la Gaule aucune église dédiée à saint Vast que sur les chaussées publiques : *Cum nusquam invenias, circuitis Galliis, Basilicam suo dedicatam nomine, nisi in publico aggere.* En effet, presque toutes les églises de la Picardie sous le vocable de saint Vast, sont bâties près des voies romaines. Nous tirerons avantage de ces renseignements, ainsi que de celui de Cluvier (3), qui assure que pour l'ordinaire les chemins romains conduisaient aux camps des légions, des cohortes et des ailes : *Romanorum itinera per castra plerumque legionum, cohortium, et alarum duxisse, patet passim ex historiis atque itinerariis.* Leur destination générale était donc de servir, comme autant de veines, à faire circuler les forces et la vie dans toutes les parties du vaste corps de l'empire.

CCXXII.

AUGUSTE ET AGRIPPA FONT TRAVAILLER A LA PREMIÈRE GRANDE ROUTE QUI DEVAIT TRAVERSER LA BELGIQUE.

Auguste est le premier des Empereurs qui se soit occupé de la grande route qui devait joindre, pour ainsi dire, la Belgique à l'Italie. Elle fut conduite, sous son règne, jusqu'à Lyon. Agrippa, son gendre (4), la conduisit delà, comme du centre d'où en devaient partir deux autres pour aller, jusqu'aux extrémités des Gaules celtique et aquitanique, à l'Océan, c'est-à-dire, au passage le plus court alors de la Belgique dans l'île de Bretagne : *Cœterum Lugdunum in medio instar arcis situm....... ea propter Agrippa ex hoc loco partitus est vias.* Ainsi Beaumanoir (5) s'est mépris en disant : *Li Chemins que Jules Cesar fist fere,*

---

(1) Boll., Acta SS. febr., p. 812; n.° 16.
(2) Act. SS. Bened. Sæc. IV, part. I, p. 603, n.° 10.
(3) Cluv. Antiq. Germ., lib. 2, c. 16.

(4) Strab., Géogr. L. iv, *in fine.*
(5) Beaum., Cout. du Beauv., cxxv, p. 129, n°.

c'est-à-dire en attribuant à César cette chaussée, ainsi que toutes les autres qui ont été faites depuis dans notre province par les Romains.

CCXXIII.
EMPEREURS QUI FIRENT TRAVAILLER AUX CHAUSSÉES DE DEUXIÈME ORDRE.

Depuis Agrippa jusqu'à Septime Sévère, aucun renseignement touchant les travaux des chaussées dans la Belgique : il nous reste des monuments certains que ce prince s'en occupa ainsi que Caracalla, son fils, dans les premières années du IIIe siècle. Nous pensons que Postume y fit travailler comme aux cités, soit pour réparer les anciennes, soit pour en construire de nouvelles. Delà, jusqu'en 311, tout est muet : écrivains et inscriptions. Eumène, panégiriste de Constantin, nous apprend (1) qu'alors l'Empereur fit réparer la voie qui allait d'Autun dans la Belgique et même la voie militaire. Celle-ci était tellement impraticable et rompue dans toutes ses parties, qu'à peine y pouvait-on conduire une voiture à demi chargée et même vide : *Statim ab eo flexu, è quo retrorsum via ducit in Belgicam....... etiam militaris via sic confragosa, et alternis montibus ardua atque præceps, ut vix semiplena carpenta, interdum vacua transmittat.*

CCXXIV.
VOIE MILITAIRE DE ROME A BOULOGNE-SUR-MER.

Cette première voie romaine conduite dans la seconde Belgique est celle dont parle Strabon (2) : *Ad Oceanum et Bellovacos et Ambianos.* Elle était de la première classe des chaussées, c'est-à-dire voie militaire nommée *Via solemnis,* par Ammien Marcellin, lorsque l'Empereur Julien partit de Tongres pour venir à Paris (3). *Julianus...... via sollemni cunctos è stationibus egressos, in quibus hiemabant, maturare disposuit.* Cette voie était aussi surnommée *Via Cæsarea,* dans le testament de saint Remy, à l'article des legs fait à l'église de Saint-Remy. Comme le géographe Grec ne dit point par quel endroit cette voie entrait dans la Belgique, Bergier a cru pouvoir suppléer à son silence par l'Itinéraire connu sous le nom d'Antonin. En suivant ce guide, il fait venir la chaussée de Lyon à Rheims, par la Bourgogne, par la Champagne et la conduit de Rheims à Soissons, à Noyon, à Amiens et enfin à Boulogne-sur-mer (4) ; mais nous ne

---

(1) Eumène, panégir. Constant., c. 7.
(2) Strab., Géogr., l. 4, *in fine.*
(3) Amm. Marc. l. 20, c. 4.
(4) Hist. des gr. chem. de l'Emp., l. 1, ch. XXIX, n.° 7.

voyons pas qu'aucun de ces endroits fût du pays des Bellovaces. Cependant la voie d'Agrippa devait y passer, suivant Strabon, auteur contemporain. Il est à remarquer que la voie que Bergier a tracée d'après l'Itinéraire, est dite : *Per compendium*, c'est-à-dire pour abréger le chemin, ce qui en suppose une autre. Nous la trouvons cette voie depuis Soissons jusqu'à Amiens, ou, pour nous conformer à la marche de l'Itinéraire, depuis Amiens jusqu'à Soissons, passant par le Beauvoisis. Elle est beaucoup plus longue, il est vrai, mais il faut observer que cette chaussée étant la première que les Romains firent passer dans la Belgique, ils voulaient qu'elle leur servît à communiquer surtout avec les cités les plus remuantes, telle qu'était celle des Bellovaces. D'ailleurs, qu'était Noyon au temps d'Auguste, pour être préféré à Senlis et à Beauvais? Etait-il même un camp romain ?

Cela posé, la voie militaire d'Agrippa partait de Rheims par la porte nommée *Soissonnoise*, dans le testament de saint Remy, *Valoise* et *de Venus*, dans la 72.ᵉ lettre que Jean de Sarisbery écrivit au comte Henri, porte de *Vesle*, à cause de la rivière de Vesle, qui passait tout auprès et aujourd'hui la *Porte aux Ferons*. Bergier, au commencement du siècle dernier (1), fit ouvrir cette chaussée dans l'enclos des Capucins, qui renfermait une partie des marais de la Vesle. Il y trouva, à neuf pieds de profondeur, sur la terre ferme, une couche d'un pouce d'épaisseur, faite de sable et de chaux. Sur ce ciment était assis un lit de pierres plates et larges couchées les unes sur les autres en bain de ciment très-dur. Le tout épais de dix pouces. Voilà la base, *Statumen*. Le *Rudus* ou la seconde couche était composée sur une épaisseur de huit pouces, moitié de pierres cubiques, rondes ou ovales; partie de tests de pots ; partie de morceaux de tuiles et de briques, liaisonnés si fortement, que le meilleur ouvrier n'en pouvait rompre dans une heure que ce qu'il pouvait porter. La troisième couche, *Nucleus*, était un ciment ou corroi épais d'un pied, composé d'une arène de nature de craie gluante, mêlée avec de la chaux. Le *Summum dorsum*, quatrième et dernière couche dont la nature n'est point expliquée, n'avait que six pouces d'épaisseur. La construction au total avait trois pieds d'épaisseur. L'auteur de la vie de saint Rigobert de Reims (2) nous apprend que le pont construit sur la rivière de Vesle, avait été pavé de grandes pierres plates pour éviter la boue, et qu'il portait encore de son temps, c'est-à-dire dans les premières années du x.ᵉ siècle, le nom d'*Etrée: Donec ultra pontem plateæ ejusdem urbis veniretur, qui ob evitandum cœnum diebus priscis lapidibus magnis stratus erat;*

(1) Hist. des gr. ch. de l'Emp., liv. 2, ch. xviii, n.° 2 et suiv.   (2) Boll., act. SS., 4 jan., p. 177, col. 1, n.° 15.

undè et hæc hactenus pristinum nomen servat. De là elle allait à Fimes, *Fines*, confins des Rémois et des Soissonnois.

Entrée dans le Soissonnois, la voie militaire fait un coude sur la droite de Basoches pour aller gagner Courcelles, en cotoyant la rivière de Vesle. Les actes de saint Rufin et Valère (1) font mention de cette partie de la chaussée en disant que ces saints eurent la tête tranchée près la voie publique, sur le bord de la Vesle, à sept mille cinq cents pas de Basoches : *Juxta per viam publicam super ripam fluminis Vindolæ capite cæsi sunt.* A Chauderoles (2), elle quitte le grand chemin actuel pour passer à trois ou quatre cents pas de Braine. Il n'y a pas long temps que l'on a trouvé dans cette partie de la chaussée des deniers de Louis-le-Débonnaire et de Charles-le-Chauve, qui sont conservés dans le cabinet de M. Jardel, demeurant à Braine, preuve que ce prince y avait fait travailler. Après avoir traversé le parc de Braine, elle se replie vers la rivière de Vesle, qu'elle traverse, au-dessus du moulin de Quincampoix, sur un pont dont les restes ont été détruits depuis quelques années. Delà, elle va rejoindre la voie de Reims à Sermoise. Elle fait un coude vis-à-vis de Venisel. Il paraît qu'elle ne traversait pas le faubourg de Saint-Crépin ; mais qu'elle allait passer la rivière de Crise au faubourg de ce nom, suivant l'ancien chemin qui paraît encore sur la gauche de Saint-Crépin. Elle entrait dans la cité de Soissons par la porte de l'Archet, qui était bâtie près l'église de saint Martin.

Cette route de Reims à Soissons, selon l'Itinéraire d'Antonin, était de trente-sept mille pas ou de vingt-cinq lieues, tandis que la même route combinée par le même auteur, du côté de Térouanne, ne compte que treize mille pas de Soissons à Fismes et douze mille pas de Fismes à Reims. « Ainsi, dit M. Freret (3), » on égale vingt-cinq lieues à trente-sept milles, qui ne font que vingt-quatre » lieues deux tiers. D'un autre côté, on égale vingt-deux lieues à trente-quatre » milles, qui font cependant vingt-deux lieues deux tiers. » Ce qui provient, à ce qu'il pense, d'une erreur de copiste qui a pris en cet endroit le nombre des lieues pour celui des milles. En effet, Ammien-Marcellin (4) assure que passé la ville de Lyon, on ne mesurait plus la distance des chemins par mille, mais par lieues : *Ex indè nec millenis passibus, sed leugis itinera metiuntur.* Ainsi, dans un ordre contraire, c'est-à-dire en traversant la Gaule pour aller à Lyon, il fallait compter par lieues, comme l'a fait l'auteur de la Table Théodosienne, qui, conduisant sa marche de différents points de la Gaule Belgique à la ville de Lyon, dit : *Usque hic legas* ou *leugas*.

(1) Sirm. op., col. 1710.
(2) Carlier, Hist. des Val., t. I, p. 14.
(3) Hist. de l'Acad. des Inscrip., t. xiv, p. 167.
(4) Amm., l. 15.

La chaussée militaire passait dans la cité de Soissons, auprès de l'église de Saint-Pierre dit *à la Chaux*, dont l'autel fut confirmé en 1196 à l'abbaye de Coincy, sous le titre: *Sancti Petri de Calce* pour de *Calceia*. C'est un prieuré qui existait en 1160, comme il appert par le cartulaire de l'abbaye de Saint-Léger de Soissons, folio 41 verso. Elle sortait de la cité vers la tour nommée de l'*Evangile*, pour passer une petite rivière à deux ou trois lieues de Soissons, sur le pont Archer. Il paraît que ce pont était un peu plus près du village d'Ambleny; car il est mention dans une charte de la cathédrale de Soissons, du XIV.ᵉ siècle, d'un lieu dit les *Archers*, au terroir d'Ambleny : ce qui désigne un pont et en même temps l'origine du mot l'*Archer*. Ainsi, la voie militaire d'Agrippa tirait sur la gauche et non sur la droite. Nous ferons voir la destination de celle qui allait passer à Vi-sur-Aine, que presque tous les géographes ont confondue avec la précédente. Elle passe à Ambleny. On voit par le cartulaire du chapitre de Soissons, que les chanoines y avaient des surcens sur une maison tenant au *grand chemin royal*. Delà elle tire vers la Croix-Guerin (1), sur la gauche du village de Haute-Fontaine, à Chelles, vers Saint-Etienne, sous Pierrefond.

La charte de donation de l'église de Saint-Maxime de Pierrefond (2) à l'abbaye de Cluny, vers l'an 1080, dit qu'elle passait au pied du Térail : *Via publica ad pedem Teralli*. Celui-ci était à l'Orient de Saint-Maxime à Saint-Nicolas de Courson, aux petits monts, dans la forêt de Compiègne.

A Champ-Lieu était une station ou un camp romain. Delà, elle va passer à Saint-Martin de Bétisy, où elle traverse la rivière d'Autonne, au pied de la montagne de Nery. Il est parlé dans un titre de l'an 1234 de l'abbaye de Saint-Jean-au-Bois, d'un lieu situé près la montagne de Nery, tenant à la *Chaussée de Senlis*. A Feu, sur la droite de Raré. Avant que de passer sur ce territoire, elle portait autrefois le nom d'*Etrée* de Maienpré. Il est dit dans une charte originale de l'année 1206 (3), de Godefroy, évêque de Senlis, au sujet d'un différent entre Jean de Béze et Renaud de Betisy, touchant les dîmes novales de Raré, que ce territoire *Extenditur in longum a strata de Maienpré usque ad mansionem Radulphi de Bestisiaco, et in latum ex una parte ab Isará usque ad Noam de Malpart, qui adjacet strate de Maienpré*. Elle est nommée aussi la grande Chaussée, *Magna calceia*, dans un échange que l'abbesse du Parc fit au mois d'août 1281 avec l'abbaye de Châlis (4); elle cotoie ensuite le village d'Oignon

---

(1) Hist. du Valois, t. I, p. 13, 14, 47.   (3) Archiv. de St.-Corn. de Comp., de Cameraria.
(2) Preuv., part. II, n°.   (4) Arch. de Châlis, layette de Rully, lias. 1, cote XI, c.

et de Balagny, d'où elle se rend en ligne droite à Senlis, *Augustomagus*. En cet endroit et sur l'Etrée public (1), Guy et Guillaume, fils de Guy, bouteiller de France, confirmèrent en 1171, les dons faits par leur père à l'abbaye de Châlis : *Concessio filiorum meorum Guidonis et Guillelmi facta fuit in strata publica que ducit Betisiacum, non longè ab urbe Sylvanectensi, in presentia Regis* (1). Cette partie de la chaussée vient d'être ouverte pour y faire passer le nouveau chemin de Senlis à Crépy. Nous y avons vu qu'elle n'était remplie dans toute son épaisseur que de pierrailles qui forment une terrasse plus élevée en certaines parties qu'en d'autres, mais dominant partout les terres voisines.

La route tracée dans l'Itinéraire de Senlis à Soissons porte vingt-deux mille pas; il devrait y avoir douze lieues gauloises, par la raison qu'elle vient d'Amiens, par conséquent de la Gaule-Belgique. Nous avons lu dans des remarques manuscrites sur l'Itinéraire d'Antonin qu'il fallait lire trente-deux au lieu de vingt-deux : *pro XXII millibus que occurrunt inter Suessiones et Augustomagum reponenda sunt XXXII tot enim tunc enumerantur*. Il est vrai que ces vingt-deux lieues gauloises ne peuvent pas donner quinze ou seize lieues de France qui est la distance de Senlis à Soissons par la chaussée que nous venons de tracer. Cette observation n'a point échappé au célèbre M. Danville, dans sa Notice des Gaules, page 124. Il avait sous les yeux une carte manuscrite où elle paraissait dans la longueur d'environ quatre mille cinq cents toises, entre le lieu nommé *Haute-Fontaine* et le *Pont-Archer*; il fait ce raisonnement : l'espace d'entre Senlis et Soissons est d'environ vingt-neuf mille toises en droite ligne, c'est-à-dire de vingt-six à vingt-sept lieues gauloises, et la Chaussée Brunehaut, qui est le nom qu'elle a conservé, n'en avait que douze, en parcourant une ligne moins directe. D'ailleurs il ne reste entre Senlis et Soissons aucune trace de Chaussée-Romaine autre que celle-ci. Elle n'est point indiquée dans la Table Théodosienne; mais on y trouve vingt-deux lieues gauloises de *Cesaromagus*, Beauvais, à *Augustomagus*, Senlis. Cette distance est marquée par le même nombre de milles dans l'Itinéraire et en deux stations différentes. Ce qui a porté M. Danville (2) à dire qu'il fallait substituer aux milles, des lieues gauloises. Cette distance de vingt-deux lieues de Senlis à Beauvais fait une autre difficulté à résoudre plus grande encore que la précédente, parce qu'il s'agit de déterminer si la voie militaire étant rendue à Senlis tirait à droite ou à gauche.

SENLIS A BEAUVAIS. Il est certain par l'Itinéraire qu'elle venait de Beauvais à *Litano-Briga* et delà à Senlis : mais où était situé ce Litano-Briga ? La terminaison *briga*, qui dit

(1) Archiv. de Châlis, layette 1.re, liasse 1.re, n.° 12.   (2) Notice de la Gaule, p. 418.

la même chose que *briva*, indique certainement un passage sur une rivière, et cette rivière ne peut-être autre que la rivière d'Oise, où était une station. Serait-ce la petite ville de Pont-St.-Maxence? Son pont est connu dès les premiers tems de la Monarchie. Il existait même au-delà, puisque c'était le passage d'une chaussée-romaine. *Mais, les nombres de l'Itinéraire et de la Table,* dit M. Danville (1), *seroient insuffisans par rapport au grand détour que la position de Pont-Sainte-Maxence met entre Beauvais et Senlis. La distance à l'égard de Senlis est de V lieues gauloises bien complettes, au lieu de IIII; et à l'égard de Beauvais, la mesure de la chaussée donne XX lieues, et ne se réduit point à XVIII.* Serait-ce Creil, autre passage sur la même rivière? Quoique M. Danville penche pour ce sentiment, parce que Creil est plus voisin de Senlis, malgré que la distance passe encore les quatre lieues, d'environ une demie, il nous permettra cependant de lui observer qu'il n'y a aucune trace de chaussée romaine entre Senlis et Creil, ni au-delà de cette petite ville. De plus, la voie militaire ne pouvait aller de Senlis à Creil sans faire un coude considérable et un plus grand encore, en passant par Pont-St.-Maxence. Nous trouverions cet inconvénient de moins, en suivant la portion de chaussée qui existe encore depuis Senlis jusqu'à la forêt de Chantilly. La distance, il est vrai, d'*Augustomagus* à Litano-Briga sera plus longue que les deux précédentes, parce que l'on compte plus de trois lieues de Senlis aux bords de l'Oise vers Royaumont, mais aussi les dix-huit lieues gauloises de l'Itinéraire, de *Litano-Briga* à *Cæsaromagus*, s'y retrouveront plus exactement. Au reste, comme il est constant qu'il y a faute dans l'Itinéraire, nous pouvons penser que l'erreur peut tomber sur le plus, comme sur le moins.

Nous reprenons donc la voie militaire où nous l'avons laissée, c'est-à-dire à Senlis. Nous la suivons à travers les marais du faubourg Saint-Martin. Si elle est dirigée sur ce faubourg plutôt que sur la cité existante que nous croyons avoir été bâtie par Postume, c'est que probablement la cité d'Auguste avait été construite en cet endroit, qui, avec le quartier de la ville moderne, où est située l'abbaye de Saint-Vincent, est nommé dans les anciens titres de l'abbaye *Alodium regium, Vic-Tellus*. La rue et le carrefour de Vi-Tel sont encore connus à Senlis; or *Vic-Tellus* latin, et *Vi-Tel* indiquent bien clairement le passage de la voie militaire; si elle n'existe plus dans ce quartier, en voici les raisons tirées d'une requête présentée le 3 juin 1634, à l'hôtel-de-ville de Senlis:

« Depuis un an ou environ, dit-elle, Pierre Bougeron, marchand à Senlis, a,
» de son autorité privée, usurpé une partie de la chaussée conduisant de la

---

(1) Notice de la Gaule. p. 418.

» contrescarpe de la poterne, au travers de la prairie, aux chemins qui vont
» à Chaalis, Dammartin, Morte-Fontaine, Paris et aboutissant au carrefour où
» est ladite chaussée. » Elle ajoute que le bout de cette chaussée avait été coupé
le long de la contrescarpe pour la sûreté de la ville, pendant les guerres civiles.
Voilà pourquoi on ne commence à la reconnaître, que depuis la maison des renfermés jusqu'à la forêt de Chantilly. Depuis Betisy jusque-là, elle est comme tirée
au cordeau. Il est aisé de s'en convaincre, en jetant les yeux sur la carte topographique du diocèse de Senlis par Guillaume de l'Isle, par celle des routes de la
forêt de Chantilly, de Delavigne et par la carte générale de France de l'Académie
des sciences.

Entrée dans les bois, la voie militaire s'y laisse apercevoir d'espace en espace,
comme il appert par la carte de de l'Isle, et comme nous l'avons vérifié. Elle ne
paraît plus au-delà de la Grande-Etoile. On croit cependant qu'elle passait à la
voie des Tombes, pour gagner la Morlaye, ancien palais des rois de la première
race. Depuis Rheims jusqu'ici, nous regardons cette chaussée comme la *Voie solennelle* dont parle Ammien Marcellin (1), et par laquelle Julien l'Apostat fit
venir à Paris les légions qui étaient en quartier dans le pays des Remois. La
Morlaye nous rapproche d'un village nommé *Lits*, peu éloigné de la rive gauche
de l'Oise et qui pouvait en être plus près autrefois. Ne serait-ce pas le *Litano-Briga* cherché depuis si longtemps? Son nom *Lits* formé du mot Belgique latinisé
Litano, sa position *Briga* ou *Briva* c'est-à-dire un pont, ou en général un passage sur une rivière : la direction de la chaussée qui n'avait besoin de faire qu'un
petit coude à la Morlaye pour arriver en ce lieu. Peut-être même ne serait-il
pas impossible de retrouver entre Lits et La Morlaye des vestiges de la voie militaire et dans la rivière des restes du pont qui y était construit : tout cela semble
bien approcher de l'évidence, surtout, si ce lieu de *Lits* était le Litano-Briga
connu par des médailles gauloises qui représentent d'un côté son apothéose ou sa
divinité tutélaire (2), et de l'autre un cavalier portant une enseigne militaire,
pour marque qu'il y avait à *Lis* des troupes en station.

Nous ne sommes pas bien certains de l'endroit où la voie traversait la rivière d'Oise; nous savons seulement qu'il y avait sur la rive droite un port nommé
Corceloi, nom dont la terminaison peut venir de *lata-via*. Il nous est renseigné
par un titre de l'abbaye de Froimont du mois de janvier $124\frac{0}{1}$ et il n'était pas
éloigné de Bruyères : *Apud Bruierias juxta Isaram, juxta portum Corceloi*. En

---

(1) Lib. 20, ch. 4.

(2) Pélerin, recueil de médailles des peuples et des villes, tome i, planche 5, n.° 5; tome iii, planche 124.

supposant que le pont fut en cet endroit, le port devait être plus voisin encore de Boren, à cause de l'église paroissiale dédiée à Saint-Vast et pour les raisons que nous en avons déduites ailleurs. La voie allait droit à Bruyères. Un papier terrier de l'abbaye de Froimont de l'an 1750 l'a désignée en ce lieu sous le nom de *chemin de Senlis à Chambly*, quoiqu'elle n'allât pas jusque là : car à Bruyères elle faisait un coude pour gagner Crouy. Cela est prouvé par plusieurs monuments : par un titre de la même abbaye du mois de mars 1303, faisant mention du *Chemin-le-Roi* passant entre Bernes et Bruyères; par un autre du même mois 1257, où il est dit que la *vieille chaussée* qui allait à Beauvais passait sur les confins du terroir de Bernes; par un autre de la même année, elle devait former un angle avec le chemin qui allait du Menil-St.-Denis au moulin de Parcenc, *inter veterem Calceiam Belvacensem et viam qua itur dou Maisnil ad molendinum de Parcenc;* par un autre sans date du prieuré d'Ully-St.-Georges, *terram adjacentem ad Calceiatum;* enfin par un cinquième de l'abbaye de Froimond, du mois d'août 1232, *juxta stratam que tendit a Brueriis ad Croy..... petia (terre) que dicitur terra de Longameta strate memorate contigua.* Or il se trouvait sur cette portion de la chaussée, entre Bruyère et Crouy, une colonne milliaire, dont le lieu où elle était plantée conservait encore en 1750, suivant le papier terrier cité plus haut, le nom de *Haute-Borne*, qui sans doute est le *longa-meta* du titre d'août 1232.

De Crouy, la voie militaire allait passer à Sainte-Geneviève, à côté du bois de Noaïlles, à cinquante pas des dernières maisons de Boncourt, longeant les montagnes de Vaux-Gerain, de Boncourt et de Tillart, et sur la droite d'Hodan-l'Evêque. Là elle prenait le nom de Chaussée-Brunehaut, qu'elle conservait jusqu'au bois de Fesc, après avoir séparé, suivant un plan du terroir d'Abbecourt fait en 1706, qui se voit dans les archives de l'abbaye de Saint-Lucien-lez-Beauvais, les terroirs d'Abbecourt et de Saint-Sulpice; après avoir passé au pied du moulin à vent d'Abbecourt, cottoyé le champ Dolent, la seigneurie de Silly et coupé la rue des Godins au calvaire d'Abbecourt. Quinze déclarations des terres de ce canton, servies en 1569 au cardinal de Châtillon, évêque de Beauvais, en qualité d'abbé de Saint-Lucien, lui donnent le nom de Chaussée-Brunehaut. On la trouve qualifiée de même, dans une déclaration du 9 juillet 1630; une autre du 26 avril 1644 lui donne le surnom de *Bouilly-Haut*. Son extension du bois de Saint-Sulpice au bois de Fesc, est marquée dans une troisième déclaration du 7 novembre 1635 des terres du dimage de la paroisse Saint-Sulpice, appartenant à la même abbaye de Saint-Lucien, en voici l'extrait :

« Tous lequels cantons, dit trieges, consistant en la quantité de mille huit cent

» soixante-dix-huit mines de terre, ou environ, situées comme dit est, au terroir
» et paroisse de Saint-Sulpice, à prendre et commencher ledit terroir, d'un côté
» au coin du bois de Hosdencq-l'Evesque, suivant un petit chemin qui mène
» dudit bois de Hosdencq à la chaussée Brunehaut, qui est près le moulin à vent
» d'Abbecourt : et illec, suivant la dicte chaussée Brunchaut, venant et passant
» par derrière l'église de Saint-Sulpice, jusqu'au chemin qui mène de la dicte
» chaussée à la Ravine de Vaulx, et suivant le dict chemin en droite ligne droict
» au coincq du bois de l'Epine : le tout joignant aux dixmes d'Abbecourt; et du
» dict bois jusque au champ de Jehan Beloude, et du dict champ Jehan Beloude
» suivant les novales appartenantes au curé d'Allone; et suivant les dictes novales
» jusqu'au coinq du bois de Fesc, joignant et suivant ladicte chaussée, commen-
» chant du costé dudict bois de Fesc, allant au triege des Gallois. »

Après avoir cotoyé le bois de Fesc, la chaussée Brunehaut tirait sur la gauche de Bongenou, de là au bois de Saint-Lazare et ensuite vers l'abbaye de Saint-Symphorien, d'où elle descendait et entrait dans la ville de Beauvais par la porte de Saint-Jean. Il n'est plus possible aujourd'hui, de reconnaître l'endroit par où elle y arrivait, parce que les travaux qui furent faits au xvi.ᵉ siècle pour enclore cette montagne ont tout bouleversé. « Fût proposé d'enclore, dit Louvet (his-
» toire de Beauvais, tome 2, p. 603), et d'enfermer la montagne de Saint-Sym-
» phorien : pourquoi furent faites tranchées, remparts et boulevards qui sont
» derrière ladite abbaye. »

Depuis la porte de Saint-Jean, il ne parait d'autre vestige de la voie militaire que le nom d'une rue fort étroite, qui est aujourd'hui la rue du Bourreau et qui est nommée dans un titre de l'Hôtel-Dieu, du mardi après dimanche de *Letare Jerusalem* 12$\frac{49}{50}$ la rue d'*Estrelles: Quatuor cameras in vico d'Estrelles*. Ce nom ne pouvait lui venir que parce qu'elle donnait sur la voie militaire nommée *Etrée* en cet endroit, comme elle conduit à la grande rue de Saint-Jean qui a pris sa place. Un autre indice est l'église de Saint-Vast, aujourd'hui Saint-Etienne, qui donne encore sur cette rue.

Ces deux indications avec l'alignement de la rue Saint-Jean vers la porte de l'Hôtel-Dieu, autrefois dite de l'Hotellerie, nous porteraient à croire qu'elle n'entrait pas dans la cité, qu'elle ne faisait que cotoyer ses murs par les rues de Merdanson et par la petite rue de Saint-Martin. En effet la principale porte des cités était celle où l'on chantait le *Gloria laus* le jour des Rameaux : or, par l'alignement que nous lui donnons et qui parait le mieux prouvé, la chaussée ne pouvait arriver directement à cette porte. En sortant de la petite rue Saint-Martin, elle passait devant l'église de Saint-Laurent, en face de laquelle l'Hôtel-Dieu qui était hors de la ville, fut rebâti. La permission de l'évêque, en date du 20 juin 1367, porte qu'étant à propos d'édifier un Hôtel-Dieu dans la forteresse de Beauvais, depuis la porte de l'hôtellerie jusqu'à sa maison qui est assez près de cette porte, en allant à la ville devant le cimetière de Saint-Laurent : « *Tout contreval de la Cauchie de la dite porte par là ou tout le chorroir qui d'Amiens et du Lez de là vient à Beauvais, que la muraille qui sera devant ladite chaucie soit très fort et bien fondé..... et accordé est que ils puissent ériger cinq petits pillers, chacun que de pied et demi d'épaisseur et de trois pieds de Lez qui seront fondés et pris sur la cauchie.* »

La voie militaire sortie de la porte de l'Hôtel-Dieu, est appelée *Chaussée de Maulers* dans une déclaration du dimage de Tille (1), servie vers 1410, au trésorier de Beauvais : « En venant à la porte de Braelle...., droit à la porte de
» l'hostellerie, et delà à la porte de Sainte-Marguerite ; et pour partir le grès et
» le trésorier, en allant à un fossé où il y a certaines bournes à la cauchie de
» Maulers, tout contreval la cauchie droit à la croix brisée. » De là elle allait passer sur la gauche de Tillé, où elle est renseignée par plusieurs titres, sous les noms de *Chaussée d'Amiens*, de *Chaussée de Tillé* et de *Haute-Chaussée*. On lit dans un ancien état du mois de mai 1258 (2) des terres sujettes à la dîme du chapitre de Beauvais, appelée la *dixme de la porte de Grez : comportant usque ad limitem qui vocatur limes de Ruisseloi, et sicut idem limes de Ruisseloi se comportat usque ad vallem Balduini, et usque ad Keminum Ambianensem.... item terre hospitalarie, Belvacensisque site sunt inter terram Johannis Milonis et calceiam Ambianensem.*

Dans les lettres du chapitre de Beauvais du lundi après la Trinité 1271 (3) : *Super terram sitam juxta calceiam de Tilleel, inter terram Johannis quondam ad grossos oculos.*

Dans une transaction du 16 octobre 1428 (4), entre le trésorier de l'église de Beauvais et l'abbaye de Saint-Lucien :

« Entre les viviers qui sont entre Villers-Saint-Lucien et Rieu, et la Haute-
» Chaussée qui mène de Beauvais à Tillel..... de laquelle bourne fait séparation
» des dismes du grès et de Tillel ; et de la dicte bourne à une autre bourne qui
» est coinq des dictes terres de Foucarmont du côté de la chaussée et les terres
» de Saint-Quentin....... et celles qui sont entre icelles bournes..... et de la dite
» chaussée du costé d'icelle chaussée sont du dimage du chapître. »

(1) Livre rouge de saint Pierre, f.° 8, v°.
(2) Cartul. S. Petri, f.° 280 r°.
(3) Archiv. de l'Hôtel-Dieu.
(4) Livre rouge de saint Pierre, f.° 38, r°.

Enfin, dans un ancien état sans date (1), des terres du domaine du trésorier de Beauvais à Tillé.

« ..... Item, au lieu dict et à le Mare-aux-Saulx, et au quemin de la mer,
» une pièce de terre contenant six mines ou environ, joignant à M.^{r} d'Odeur
» du long et de l'autre au dict quemin de la mer. »

La chaussée traverse en ligne droite le bois de Faiël; elle y est, encore très-distincte. A la sortie du bois elle descend sur la droite du chemin actuel dans la vallée. On la reconnaît au bas de la montagne, jusque sur le bord du ruisseau formé par les eaux de la fontaine de Saint-Lucien. Comme il y avait un pont en cet endroit, elle ne reparaît qu'à une portée de fusil au-delà. Elle traverse le reste de la vallée, de niveau avec les terres qui sont à gauche, mais exhaussée de trois à quatre pieds sur celles qui sont à droite. Elle est un peu moins dégradée en ce lieu que sur le penchant de la montagne qui répond à celle de Tillé. Elle remonte de là au bois de Troncoy, laissant sur la gauche une vigne dans laquelle on a déterré depuis quelques années, plusieurs tombeaux remplis de vases en terre rouge. On prétend que le bois du *Tronquoi*, indication de la voie militaire dégradée en cet endroit, tire son nom d'une forteresse dont on voyait encore les ruines il n'y a pas longtemps. Il est mention du *Tronquoi* dans un titre de l'hôtel-dieu de Beauvais du mois de février 126$\frac{1}{2}$: *Medietatem prati dou Tronquoi siti subtus viam de Reimboviler, subtus Alnetum dou Tronquoi.*

Elle va droit à Maulers, en cotoyant les coutures de Maisoncelles, sous le nom de *Chaussée du Roi*, suivant un contrat de vente du 27 avril 1637, passé pardevant Rembault, notaire à Crévecœur: nom qu'elle conserve jusqu'à Maulers, suivant les papiers terriers de ce village de l'année 1750, et les anciennes déclarations des terres qui doivent champart à l'abbaye de Saint-Lucien de Beauvais; de Maulers à la chaussée du Bois-d'Ecû, nommée *Calciata*, dans un titre de l'abbaye de Froimont de l'année 1216. Après avoir passé Puy-la-Vallée et Oursel-Maison, où elle est nommée dans un titre de l'abbaye de Breteuil, chaussée de Beauvais à Amiens, *Inter calceiam per quam itur de Belvaco apud Ambianum*, elle descend dans une vallée dite la vallée Beauvoisine, *in valle Beauvoisien*, dans deux titres de la même abbaye, des années 1236 et 1237. Il est mention dans un autre acte de 1243 d'une pièce de terre située près de la vallée Bernard et de la vallée Beauvoisine, laquelle terre tenait à la chaussée d'Amiens: *Terra sita juxta calciatam Ambianensem prope vallem que dicitur Beauvoisien*. Dans un autre du mois d'avril 1244: *De super*

---
(1) Livre rouge de saint Pierre, f.° 1, r°.

valle Belvasina, videlicet de super calceiam. Dans un autre de l'abbaye de Breteuil, du mois de novembre 1258, touchant trois mines de terre ou environ situées *in valle Beauvoisien subtus calceiam.* Elle est nommée chaussée de Beauvais à Amiens, en passant sur le territoire de Thieuloy, dans un autre titre de la même abbaye du mois de septembre 1244 : *Quandam peciam terre sementis sitam in territorio de Tieuloy, juxta viam de Crepicordio contiguam calceie per quam itur de civitate Ambianensi ad civitatem Belvacensem.* Suivant le même titre, la chaussée entrait delà dans le bois de Planoy, pour passer entre le Crocq et Hardivillers, titre de 1230. Elle passait si près d'Hardivillers qu'une autre charte de l'an 1255, l'appelle chaussée d'Hardivillers : *Dimidiam peciam terre site apud villam Hardevillaris contigue calceie Hardevillaris.* Delà elle arrivait à la station de Cormeille, *Curmiliaca.* Depuis la montagne de Malle-Assise jusqu'à Cormeille, elle est nommée, dans un arpentage de l'an 1295 de la grange que l'abbaye de Froimont avait à Cormeille (1), *Magna calceia,* ou simplement *Calciata,* dans une charte du mois de juillet 1215.

L'Itinéraire compte de Beauvais à Cormeille treize milles. Il faut y substituer treize lieues gauloises, car M. d'Anville (2) observe que la distance de Beauvais étant d'environ treize mille toises qu'on peut comparer à onze lieues et demie gauloises, il faut transporter le nombre treize et prendre le nombre douze que la Notice a porté pour la distance d'Amiens à Cormeille. Le territoire la Grange ou ferme de l'abbaye de Froimont au terroir de Cormeille est dit *propre calceiam,* dans une autre charte du mois de Juillet 1215; la chaussée va de Cormeille à Blanc-Fossé ; elle est rompue en ce lieu et le bois a cru dessus, mais on la retrouve à un quart de lieue de là, en passant dans les bois situés entre Bonneuil et Fontaine-sur-Celle; un titre de l'an 850, en faveur de l'Eglise d'Amiens, la nomme *Callem, pervium Belvacensem, alta-via.*

La grande carte de France de l'Académie lui fait faire un coude un peu auparavant que d'entrer à Gouy-les-Groseillers pour gagner Sessolieu. Une déclaration donnée au chapitre d'Amiens en 1700, fait mention *d'un journau de terre scitué au terroir de Gouy, entre la chaussée de Brunehaut et le chemin qui conduit à la Fransure.* La carte de Guillaume de l'Isle la fait passer à Bonneuil, sur la droite de Fransures à Flers. Une personne qui se dit bien savoir la topographie du canton (3), assure que la chaussée de Brunehaut passait dans ce dernier village. (La lettre sur cette chaussée Brunehaut est de M. Brisson,

---

(1) Preuv., part. II, n°.
(2) Notice de la Gaule, p. 259 et 260.
(3) Mercure de France, mai 1749, p. 88.

inspecteur des manufactures de Lyon; voir *Bibliothèque de la France, du P. le Long,* tome ɪ, n.° 90, nouv. édit.)

La même Carte la dirige entre Essertaux et la ferme de Rossignol; ce qui peut être vrai. Au reste, elle arrivait à Sessolieu, non *Sainsolieu*, comme disent les Picards; *Sessionis-Locus* en latin, parce que c'était un lieu de repos. La voie militaire passant par ce terroir y prend le nom de *chaussée Brunehaut*, suivant un dénombrement du fief de *Ravios* du 29 septembre 1601, qui se trouve au greffe du bailliage d'Amiens.

« Item, soixante-douze journaux de terre de domaine en deux pièces, l'une
» de soixante-six journaux, à la chaussée Brunehaut et au chemin de Sessolieu
» à Conti, l'autre de six journaux aussi à la chaussé Brunehaut. »

Elle entre un peu au-dessus d'Heubecourt, dans la grande route de Paris qui passe à Dury et dans la ville d'Amiens, par le faubourg de Beauvais. Il est certain, par une déclaration servie au chapitre d'Amiens, que la chaussée passait à Heubécourt: *Deux journaux et demi de terre*, y lit-on, *au Cul-Roti à Heubécourt, joignant d'un côté à la chaussée Brunehaut, d'autre à la terre de l'église de Ver.* L'anonyme qui a fait imprimer une lettre dans le Mercure de France du mois de mai 1749 touchant cette chaussée, dit qu'elle est relevée en plusieurs endroits de dix pieds et davantage au-dessus des terres voisines, qu'elle est tracée assez directement et que ses lisières sont assez parallèles. M. D'Anville (1) compte environ quinze mille trois cents toises, qui renferment treize lieues gauloises et demie. Il faut donc substituer le nombre treize de la Notice au nombre douze, puisque la distance d'Amiens à Cormeille se trouve plus grande que celle de Cormeille à Beauvais. Dans la ville d'Amiens, la voie militaire passait au marché au blé, avant que d'entrer dans la cité par la porte du Castillon; d'où elle gagnait par les rues des Sergents, des Fourbisseurs et du Bloc, le pont construit sur la Somme, *Samarobriva*.

Nous croyons la direction de cette voie militaire démontrée depuis le pont l'Archer jusqu'à Amiens. L'abbé Lebœuf (2) reprochait à dom Michel Germain, de s'être applaudi d'avoir passé le *Litanobriga* à *Latiniacum* en Brie, *croyant, dit-il, qu'on lui en saurait bon gré.* Mais ce savant lui-même pouvait-il se persuader que ses *observations rendissent assez certaine la position du Litanobriga à Pont-l'Evêque ou à Pontoise près Noyon?* Ce lieu n'est-il pas indiqué dans l'Itinéraire entre *Cæsaromagus* et *Augustomagus?* Et pouvait-il, *sans craindre de se tromper beaucoup*, assigner la station de *Curmiliaca*, au village

---

(1) Notice de la Gaule, suprà. (2) Ecrits sur l'histoire de France, t. ɪ, p. 120.

de Domart-sur-la-Luce, sans autre raison que parce que le vallon dans lequel il est situé est le premier que l'on trouve au sortir de la banlieue d'Amiens, pour aller à Roye et delà à Soissons : comme si l'Itinéraire ne disait pas tout le contraire en plaçant le *Curmiliaca* entre *Samarobriva* et *Cæsaromagus.* Il se flattait néanmoins, *qu'en assignant*, contre la vérité de ce monument respectable, *cette première station des troupes à Domart, cette découverte donnerait encore plus de certitude à son sentiment*: c'est-à-dire qu'elle devait ajouter une seconde erreur à la première.

Après le grand pont de la ville d'Amiens, la voie militaire tirait à gauche vers le faubourg Saint-Maurice. Elle est nommée *le Quemin qui vient de la mer*, dans un procès-verbal de visite des bornes de la banlieue d'Amiens des 23 et 24 mai 1412. Elle passe au pied du camp de César, situé au terroir de Tirancourt, fait la séparation du terroir de Vaux et de Gaiencourt, comme il paraît par une charte de l'année 1175, qui transporte ce dernier lieu au chapitre d'Amiens. Elle va droit à Saint-Vast, dit *in Calceia*, dans un titre de l'an 1239. On écrit encore aujourd'hui, *Saint-Vast-en-Cauchée*. Elle traverse la forêt de *Vinacourt*. Il y avait dans les environs une colonne milliaire. La place est nommée *Petraclae*, dans une charte du seigneur de Flixecourt de l'an 1131 : *Pierre Cleuée*, dans une autre du mois de mars 1279, où il est dit que douze journaux de bois assis en *Pierre Cleuée* furent vendus pour fonder une chapellenie à Vinacourt (1). On trouve la même chose dans un dénombrement servi en 1300, par le seigneur de Picquigny à l'abbaye de Corbie : c'est un fief aujourd'hui, qui relève de cette abbaye. La carte de Guillaume de l'Isle a placé sur la droite de cette chaussée un hameau nommé *Pierre-Ronde*. Elle sort de la forêt de Vinacourt pour aller à Saint-Ouen (2), de là cotoyer le terroir d'Hiermont et de Roquemont. On lit dans un acte d'aveu et de dénombrement d'Isabelle de Was (3), veuve de Lallemant de Canapes, écuyer, servi en 1379 au Roi, en qualité de comte de Ponthieu, qu'elle tient noblement les terroirs d'Hiermont et de Roquemont, *depuis la cauchie Brunehaut* jusqu'au terroir de Ville. Elle passe à côté de dix-huit journaux de terre ou environ (4) faisant partie du fief de Neuville, séant à Saint-Léger. Ils sont dits tenant d'un côté à la chaussée Brunehaut, d'autre à la chaussée de Domart à Flixecourt ; ainsi que seize autres journaux situés à la Hayette, *tenant d'un côté au chemin de Bertaucourt à*

D'AMIENS A BOULOGNE-SUR-MER.

(1) Preuv., part. II, n°.
(2) Demi journel de terre à Béthencourt, vers le village de Saint-Huin, joignant à la cauchie Brunehaut et aux bois de Warengues. (Archiv. du chap. d'Amiens.)
(3) Regist. du comté de Ponthieu.
(4) Regist. des fiefs du Ponthieu.

Abbeville, d'autre à ladite chaussée, comme il appert par un dénombrement servi à Charles de Créqui, seigneur de Dommard, le 20 décembre 1603, par François de Groiseliers, seigneur de Saint-Léger : *Usque ad Calceiam Brunehaudis, in territoriis de Garacort et de Nuevirele in parrochia sancti Leodegarii* (1).

En passant entre Dommard et Vauchelles, elle portait le nom de *Chaussée Brunehaut*, dès le mois de juin 1248, selon une vente faite au prieur de Dommard, par Robert de Vauchelles, chevalier : *Quidquid habebat apud domum Medardum in villa et extra villam citra Calceiam que vocatur Brunehaut*. Elle portait encore ce nom en 1754, suivant un arpentage du chapitre d'Amiens, faisant mention de la chaussée Brunehaut, passant dans une pièce de terre de six journaux, à Gorenflos, faisait séparation des dîmes du fief de Ratel, d'avec la grande dîme de Gorenflos. En cotoyant ainsi le terroir de Gorenflos où était le bois du Tranloy, elle arrivait à *Duroicoregum*, Donqueur.

Ce lieu était une station lorsque la Table Théodosienne a été dressée. Elle compte de là à Amiens quatorze lieues gauloises, c'est-à-dire une lieue de plus que de Cormeilles à Amiens, à cause du détour. Cette station n'est pas marquée dans la Notice d'Antonin, qui est plus ancienne. Bucherius (p. 22, col. 2) reconnait que *Duroicoregum* est Donqueur. M. d'Anville, au contraire, pense (2) que c'est Dourier, sur la rivière d'Authie. Cette opinion souffre plusieurs difficultés.

1.° Quelques-uns croient que Dourier est une corruption du mot *Don-Riquier*, en latin *Domus Richarius*. 2.° L'Itinéraire ne marque qu'une station d'Amiens à la rivière d'Authie et l'assigne à *Pontes*, Ponches, qui n'est séparé de Dourier que par cette rivière. 3.° M. d'Anville convient qu'en plaçant *Duroicoregum* à Dourier, il faut diminuer presque tous les chiffres de la Notice pour trouver les vingt-deux lieues gauloises total de la distance de ce lieu à Boulogne. 4.° En plaçant la seconde station de la Table Théodosienne après Amiens, de l'autre côté de la rivière d'Authie, comme nous le dirons bientôt, les mesures de cette Table et de l'Itinéraire se trouvent conformes à peu de choses près, puisque M. d'Anville (3) déclare que l'intervalle de quatorze mille toises ne surpasse guères une lieue gauloise.

Nous avons parcouru cette chaussée depuis Donqueur jusqu'à Hansy. Elle est très-droite et très-tapissée de verdure. Elle est rompue absolument dans la vallée d'Hansy. Delà, elle va gagner Yvrench, autrefois Wivrench. On voit

---

(1) Titre de l'an 1242, du chap. d'Amiens.   (3) Notice de la Gaule, p. 528.
(2) Notice de la Gaule, page 281.

par une charte du mois de mars 1274 (1), que Dreux d'Amiens, seigneur de Vinacourt, remet à l'abbé de Saint-Riquier, en réparation des torts qu'il avait faits à cette abbaye, les fiefs et arrières fiefs, avec le droit de garenne qu'il tenait d'elle, *depuis la maladrerie de Wirench jusqu'à l'Authie, en allant selon le cauchie Brunehaut,* jusqu'au chemin qui mène de Labroye à Abbeville. La même chose se trouve dans une transaction passée le dernier décembre 1300, pardevant les auditeurs de la prévôté de Saint-Riquier, entre les chevaliers du Temple de Beauvoir et les Religieux de Saint-Riquier; dans des lettres du garde de la même prévôté du dernier décembre 1242; dans une saisine de la prévôté de Portes, située à Noyères, de l'an 1357 et dans un aveu du mois d'octobre 1380, et qui se trouve dans le Cartulaire rouge de Saint-Riquier, folio 177, portant: *tout au long de le cauchie Brunehaut, parmi le bois de Foillegage.*

La voie militaire va d'Yvrench à Noyères, aujourd'hui Noyelles, qui pour cette raison, est nommée *Noyelles-en-Chaussée.* Les archives de l'abbaye de Saint-Riquier fournissent un grand nombre de renseignements touchant cette chaussée passant sur le terroir de Noyères, à cause de la prévôté de Portes qui relève de cette abbaye. On voit dans un dénombrement de ce fief fourni le premier décembre 1407, un grand nombre de pièces de terre *accostant et aboutant à la cauchie Brunehaut:* entr'autres « ...... deux journaux de terre ou
» environ, accostant et aboutant aux terres de Bellinval et va la cauchie Brune-
» haut parmi. Item, quatre journaux tenant d'un côté au quemin qui mène de
» Brasly à Bellinval et d'un bout au bos de la grant cauchie de Bellainval. » Il en est mention aussi dans le dénombrement d'un fief situé à Gaishart du 25 octobre 1408, et dans un autre du fief de *Maison en Rolant* du 23 décembre 1399. De là, elle va passer sur la droite d'Etrée, qui tire son nom de cette chaussée et que l'on nomme par pléonasme, *Etrée-en-Cauchie.* Suivant le dénombrement d'un fief situé à Etrée du mois de décembre 1387, elle cotoyait un bois de dix journaux nommé le Tronquoy. Il est dit dans une charte de Guillaume, comte de Ponthieu, de l'année 1211, que le bois de Mons-sur-Authie s'étendait jusqu'au *Tronchoi.* Elle passe près les haies de la ferme de Branlicourt. Saint Josse et ses compagnons (2), venant d'Amiens, suivirent cette chaussée: *ducente itineris calle,* jusqu'à un peu au-delà. Alors ils prirent sur la droite pour gagner le village de Dompierre.

La voie militaire arrive à la station de Ponche, nommée en latin *Pontes* à cause du pont qui y était construit sur la rivière d'Authie. Ainsi le nom de ce lieu désigne que Ponches était plus voisin de la rivière qu'il n'est à présent. C'est la

---

(1) Cartul. S. Richarii, not. A, f.° 295, v°.   (2) Acta SS. Bened. Sæc. II, p. 567, n.° 3.

seule station que l'Itinéraire ait indiqué entre Amiens et Boulogne. La distance de *Samarobriva* à *Pontes* y est marquée de trente-six mille et de vingt-quatre lieues gauloises. La Table Théodosienne nous donne le nom d'*Adlullia* à la station de la rivière d'Authie, en comptant une lieue gauloise de plus que l'Itinéraire. Cette station peut revenir très-bien à Dourier, qui est de l'autre côté de la rivière, car il y a environ une lieue gauloise de Ponches à Dourier. M. Danville compte de Dourier à Amiens en ligne droite deux mille neuf cent cinquante toises ou vingt-six lieues gauloises. Avant que de passer la rivière, on trouve sur la gauche le hameau d'Estreval, *Stratevallis*, qui indique que la vallée se nommait en cet endroit la *Vallée-d'Etrée*. Le pont sur lequel passait la chaussée était appelé le *Haut-Pont*. Il a communiqué son nom au marais commun de Dourier, comme il appert par un aveu servi au Roi en 1690 par le seigneur de Dourier. La chaussée ne parait plus dans le marais, mais on nous a assuré que la dernière maison de ce bourg, du côté de Dammartin, était bâtie dessus. Toute cette partie de la chaussée est nommée *cauchie de Dourier* dans un acte de vente du premier février 138$\frac{5}{6}$ (1) faite par André, seigneur de Ponches à Edouard, roi d'Angleterre, comte de Ponthieu. Nous l'avons suivie le long des haies de Dourier jusqu'au haut de la montagne, de là jusqu'au bois, elle est moins dégradée. On la perd à l'entrée du bois, des arbres ont cru dessus. Elle reparaissait à la sortie du bois, avant qu'on eût planté la hayette. Malgré cela, il est encore facile d'en reconnaître la place, par l'élévation qui parait à l'endroit où elle passait. Il est mention de cette portion de la chaussée dans une charte de Hugues Quieret, seigneur de Dourier, qui confirme au mois d'avril 1205, la vente d'un droit de terrage sur le terroir de ce bourg, en faveur de l'abbaye de Valoires. Toutes les terres sujettes à ce droit sont dites situées *juxta calceiam Burnehaut*, c'est le plus ancien titre connu en faveur de ce surnom donné aux chaussées romaines.

Elle va ensuite descendre au village de Saint-Remy où elle est absolument rompue. On la revoit sur la montagne. On lit dans un titre de Mathieu, comte de Ponthieu, de l'an 1244, et dans un autre de Robert, comte d'Artois, du mois de mai 1248, touchant la vente de la partie du comté de Ponthieu, située au-delà de l'Authie : à *Wavans usque ad calceiam inter Maintenai et Dourier*. Elle laisse le village de Campagne à droite, et à gauche la ferme de l'abbaye de Saint-André-au-Bois, nommé *Brunelli-prati* dans une charte de Raoul de Brimeux, de 1160 ; et dans d'autres, *Brunel-pré*, *Brunehaut-pré*, *Bruneau-pré*, *Brignault-pré*, aujourd'hui *Brigno-pré* ; par où il paraitrait que *Brunellum* serait l'origine du

(1) Preuv., part. II, n°.

mot *Brunehaut*. Voici les observations de M. Dargnies de Fresne, avocat à Abbeville (1), sur l'état de cette chaussée, depuis Dourier jusqu'à Brimeux :

« .... C'est immédiatement après avoir passé l'Authie, que je l'ai vu le mieux
» conservé. Elle forme partout une levée couverte de gazon sans bas-côtés. Elle
» n'est revêtue de fossés que sur un seul bord et ce fossé est toujours pratiqué du
» côté où porte la pente des eaux. Il change quand la pente se trouve changée.
» A l'égard des matières dont cette chaussée est composée, j'ai remarqué en
» plusieurs endroits où elle se trouve rompue par les eaux sauvages, qu'elle est
» composée d'une couche de cailloux du pays, d'environ six à sept pouces d'é-
» paisseur, encaissée dans la terre et recouverte de quelques pouces de terre. Sa
» largeur varie en différents endroits, mais la partie ferrée en cailloux parait
» conserver quatorze à quinze pieds dans les endroits les mieux conservés. »

Descendue dans la vallée de la Canche, la voie militaire traversait cette rivière sur un pont à Brimeux, village dont le nom est composé de deux mots gaulois latinisés *Briva* et *Pont-Magus*, habitation ou station. Ce lieu est nommé *Brivermacum*, dans une charte de l'année 1042. La Table Théodosienne lui donne un autre nom, qui a rapport non au pont, mais au marais où il est situé. C'est *Lutto-Magus*, et elle compte sept lieues gauloises de là à *Adlulia*, Dourier. Il est dit dans un titre du mois de janvier $120\frac{6}{7}$ qui se trouve au cartulaire de Saint-Josse, folio 6 v.°, que Hugues, seigneur de Brimeux, doit entretenir à perpétuité la chaussée de Brimeux et empêcher que l'eau de la rivière ne la submerge. *Passagium vero calceie de Brimeu debet idem miles facere competentem et ad usum peregrinantium peditum in perpetuum conservare sine generali excremento aque.*

Entrée dans le Boulonois, elle va gagner Etrée. Il en reste des vestiges, ne serait-ce que le nom du village; de là Etréelles. Elle allait ensuite tomber dans la nouvelle route de Montreuil à Samer. Elle passait plus près que celle-ci du village de Verte-Voie, *Viridis-Via*, d'où elle tirait sur la gauche pour descendre dans le Bas-Boulonois, vers Tingri, comme il parait par une coupure faite dans la chaîne de montagnes qui renferme ce qu'on appelle la *Fosse-Boulonoise*. Nous avons aperçu des restes de cette chaussée à la faveur d'un filet d'eau qui avait formé un ravin au pied de la montagne de Samer, à trente pas en deçà de la fontaine de Saint-Wlmer. La chaussée y paraît enterrée de deux à trois pieds. On laboure dessus. Le *statumen* où le premier lit est formé de morceaux de grés ; le second, *Rudus*, de cailloux cimentés dans la glaise ; le troisième, d'une sorte de cîment placé entre deux lits de gravier ; le quatrième, ou le *summum dorsum*,

(1) Mém. MS. du 7 novembre 1768.

de cailloux réduits presqu'en poussière, de l'épaisseur de près de deux pieds dans le milieu. Le tout est soutenu sur les côtés par de longs et larges grés, et peut avoir vingt pieds de large. Nous pensons qu'elle laissait le bourg de Samer et la Lianne sur la droite, qu'elle allait passer cette rivière au Pont-de-Brique pour arriver à Boulogne, *Gessoriacum*, suivant la Notice d'Antonin, et suivant la Table Théodosienne, *Gesogiaco, quod nunc Bononia dicitur*, qui était le lieu de l'embarquement des Romains pour passer en Angleterre. Cette Table marque quatorze lieues gauloises de là à *Lutto-Magus*, Brimeu, comme l'a conjecturé M. d'Anville (1), ce qui joint à sept lieues de *Luttomagus* à *Adlullia*, à onze de Dourier à *Duroicoregum* et à quatorze de Donqueur à Amiens, fait la somme de quarante-six lieues gauloises, c'est-à-dire de cinquante-deux mille toises. L'Itinéraire donne en total à la voie romaine, dite militaire, de Boulogne à Reims, de cent soixante-quatorze mille pas, qui font cent seize lieues gauloises.

CCXXV.
LA VOIE MILITAIRE RACCOURCIE DEPUIS PONT-L'ARCHER JUSQU'A AMIENS.

Reprenons la voie militaire au Pont-l'Archer, en deça de Soissons. Cette chaussée de Rheims à Boulogne, telle que nous venons de la décrire, était d'un trajet très-long. On a songé dans la suite à l'abréger ; c'est ce que ces mots de l'Itinéraire *aut per compendium* semblent indiquer clairement. Ainsi, pour la rendre plus courte, Septime Sévère, (on verra bientôt pourquoi nous attribuons l'entreprise à cet Empereur) la fit diriger sur le plan que voici.

La nouvelle voie fourchait avec l'ancienne au Pont-l'Archer pour aller passer la rivière d'Aisne (2) sur la droite de Vi-sur-Aine, *Via super Axonam*, sur un pont dont on aperçoit encore les vestiges lorsque les eaux sont basses, vis-à-vis une croix, dite la *Croix du vieux Pont* ; delà elle traverse la prairie de Vi-sur-Aine, laissant Berny-la-Rivière à droite. M. l'abbé Carlier (3) dit qu'elle traversait aussi la place d'armes du château de Berny. On compte de Vi-sur-Aine à Soissons trois lieues et demi, ou huit milles toises qui reviennent presque à sept lieues gauloises, dont le calcul est de sept mille neuf cent trente-huit toises. M. Moreau de Mautour (p. 250, t. III de l'histoire de l'Académie des Inscrip.) et Dom de Monfaucon, (t. IV, pl. 45 du Suppl. de l'Antiquité expliquée) ont fait graver deux colonnes milliaires dont les nombres des distances marquées dessus peuvent revenir à ces

---

(1) Notice des Gaules, p. 430.
(2) Carlier, histoire du Valois, tom. I, p. 15.
(3) Ibid, p. 19.

trois lieues et demi, car elles portent l'une et l'autre sept lieues gauloises de l'endroit où elles étaient placées à Soissons, d'autant mieux encore que l'une est conservée dans la maison de campagne que l'abbé de Saint-Médard de Soissons a à Vi-sur-Aine et l'autre dans l'abbaye même. Mais, dira-t-on pourquoi deux colonnes à la même distance? Dom Monfaucon répond (1) que celle qui est à Vi-sur-Aine, avait été mise apparemment à la place de l'autre aussitôt après la mort de l'Empereur, afin que son successeur se trouvât le premier et le seul. Nous ne déciderons point cette question. Nous avons comparé les gravures de ces colonnes avec les dessins qui en avaient été envoyés à Dom Monfaucon. Comme nous avons cru y remarquer quelqu'inexactitude échappée à ce savant confrère ou à son graveur, et quant à la forme des colonnes et quant à la manière de lire les inscriptions, nous n'avons pas fait difficulté de les faire reparaître d'après les dessins originaux.

La première fut érigée après l'année 204 en l'honneur de l'empereur Septime DE PONT-L'ARCHER A Sévère et d'Antoine Caracalla son fils, qui était alors associé à l'empire par les NOYON; DEUX COsoins de Lucius-P. Postumus, comme il paraît par l'inscription, au défaut de LONNES MILLIAIRES laquelle Dom de Monfaucon et M. de Mautour ont suppléé ainsi. SUR CETTE VOIE.

> IMPERATORE CÆSARE LUCIO
> SEPTIMIO SEVERO PIO PER-
> TINACE AUGUSTO ARA-
> BICO ADIABENICO
> PARTHICO MAXIMO
> PATRE PATRIÆ CONSULE TERTIUM ET
> IMPERATORE CÆSARE
> MARCO AURELIO ANTONI-
> NO PIO FELICE
> (AUGUSTO PARTHICO MAXIMO) (2)
> CONSULE CURANTE LUCIO P.
> POSTUMO LEGATO AUGUSTORUM
> P. P. (PROPRÆTORE) AB AUGUSTA SUES-
> SIONUM
> LEUGA SEPTIMA. (Leugis septem.)

Le fût de la colonne porte quatre pieds dix pouces de haut, quatre pieds neuf pouces de circonférence par le bas, et quatre pieds cinq pouces par le haut. Sa base a quatorze pouces de hauteur et chaque face deux pieds deux pouces de largeur. Le trou qui est creusé au-dessus, annonce qu'elle n'est point entière.

(1) Ibid, p. 114.
(2) Nous croyons qu'il faut lire: Augusto Severi filio tribunicia potestate VII, consule III. Suppléé par M. de Mautour. Suprà, p. 250.

Cette colonne a été déterrée près de l'abbaye de Saint-Médard de Soissons, sur le chemin de Crouy, non en 1709 comme le dit Monfaucon, mais en 1708. Nous avons sous les yeux la lettre de Dom Eustache Giles, en date du premier juillet de cette année qui lui annonce cette découverte comme toute récente. Il ajoute qu'elle avait été une des quatre bornes qui, suivant la tradition, étaient plantées aux quatre coins de l'abbaye de Saint-Médard.

La seconde colonne, d'une pierre très-dure, ainsi que la précédente, est dressée dans la cour du château abbatial de Vi-sur-Aine. Elle fut découverte (1) dans les dernières années du siècle précédent, en travaillant à un bâtiment que M. de Pomponne avait ordonné de construire. Sa hauteur est celle d'un homme ordinaire. Elle était détachée de sa base qui n'a point été retrouvée. L'inscription n'avait rien souffert alors de l'injure du tems. La voici avec l'explication qu'en a donnée Dom de Monfaucon :

<pre>
           IMPERATORE CÆSARE
           MARCO AURELIO AN-
              TONINO PIO
           AUGUSTO BRITANNI-
          CO MAXIMO TRIBUNITIA
         POTESTATE XIIII. IMPERATORE II
          CONSULE IIII. PATRE PATRIÆ PRO-
             CONSULE AB AUGUSTA
           SUESSIONUM LEUGA VII.
</pre>

Ce monument est de l'empire de Marc-Aurèle-Antonin Caracalla (2). L'époque de sa puissance tribunitienne indique l'année 212 de l'ère chrétienne. Dom de Monfaucon (3) dit cependant que toutes les notes chronologiques concourent avec l'an de J.-C. 211. Quoiqu'il en soit, ce monument et le précédent font preuve que la nouvelle voie militaire ayant été commencée par le père fut achevée ou du moins bien avancée par le fils.

Arrivée sur la montagne de Vi-sur-Aine, elle laisse Autreches sur la droite, Puiseux sur la gauche. En longeant son terroir, elle prend le nom de *Via-publica*, dans un échange de l'année 1156, entre les abbayes de Saint-Médard de Soissons et d'Ourcamps; en traversant le terroir de Nancel, une charte (4) de 1142 lui donne le nom de *Chaussée* tout simplement : *Calceia in territorio de Nancel*. En passant sur la droite des Loges, l'abbé Le Beuf (5) lui donne le titre de grand

---

(1) Antiq. expl., p. 3 et Mém. MSS.
(2) Hist. de l'Acad. des Inscrip., tom. III, p. 254.
(3) Antiq. expl., sup.
(4) Cart. Ursicampi, folio 97 r.°.
(5) Diss. sur le Soisson., p. 37.

chemin militaire. Un peu plus loin, elle est qualifiée de *Voie royale*, dans un don fait en 1133 à l'abbaye d'Ourscamp, par Goislin, évêque de Soissons (1) : *Unum Campum.... interjacentem vie regie que vulgo appellatur Kalchie de Valle Kaneuheris*, (la vallée Quennévière). « Jusque-là, disent les mémoires manus-
» crits de feu M. Caillet, cette chaussée est dans son état d'antiquité; elle est
» composée de sablon et remplie en différents endroits de pierrettes blanches.
» Elle est relevée dans une bonne partie de son étendue, depuis cinq jusqu'à six
» pieds, et elle peut avoir de vingt-cinq à trente pieds de largeur, » y compris sans doute les côtés. Elle descendait vers Cus, suivant un titre du mois d'avril 1243 qui se trouve dans un cartulaire de l'abbaye de Saint-Barthélemy de Noyon, folio 172 v.° : *ad calceiam que ducit a villâ de Cus apud Viacum super Axonam, que Calcia dicitur Calceia Castellani*.

A Cus, elle forme un coude pour gagner Noyon qui est à deux lieues de là. Arrivée à Pontoise, la chaussée passait la rivière d'Oise sur un pont qui n'existait plus dès 1276 (2). On y avait substitué un bac qui servit en 1186 à rétablir le passage public que les évêques de Noyon avaient porté au village de Pont-l'Evêque. C'est le prélat Renold qui fit rétablir l'ancienne communication pour la plus grande utilité de sa ville de Noyon (3). En 1276, l'évêque s'obligeait d'entretenir et de réparer la chaussée et le quai du bac de Pontoise : *ad reficiendum et retinendum Calceyam in viam publicam, et quoddam opus quod vulgariter appellatur Kacs, ad retinendum et sustentandum Calceyam predictam prope baccum ipsius Episcopi de Pontisara versus Pontisaram.*

Cette chaussée passe un peu plus loin sur un autre pont dit le *Pont-Orgueil*. Elle continue de là en ligne droite jusqu'à Noyon sous les noms de *Regia Strata*, dans un titre de 1180; de *Calciata*, dans un autre de l'année 121$\frac{8}{9}$; de *chaussée de la rue d'Oroer* en plusieurs chartes du xv.ᵉ siècle de l'abbaye de Saint-Barthélemy de Noyon; de *chaussée de Noyon*, dans une charte du 10 janvier 142$\frac{3}{4}$ de l'abbaye de Saint-Eloy. L'Oroer, *Oratorium* de Saint-Eloy, c'est-à-dire l'abbaye de ce nom qui a été détruite pour bâtir une citadelle au xvi.ᵉ siècle, était établie sur la chaussée. Elle entre dans la ville actuelle par la porte de St.-Eloy et suit la rue de ce nom jusqu'à celle de l'évêché où était la porte de Noyon, (*Noviomagus*) poste du commandant des Letes-Bataves-Condrinois, *Præfectus Lætorum Batavorum Contraginensium Noviomago Belgicæ secundæ.*

La Notice d'Antonin compte de là à Soissons vingt-sept milles romains ou dix

---

(1) Cart. Ursicampi, folio 26 v°.
(2) Cart. rubr. Episc., folio 103 r.°.
(3) Preuv., part. II, n.°

huit lieues gauloises, ce qui, au jugement de M. d'Anville (1), n'est point exact, car l'espace entre Noyon et Soissons n'étant que de seize à dix-sept mille toises en droite ligne, ne répond qu'à quinze lieues gauloises.

Cette chaussée, depuis en deça de Pontoise jusqu'au bourg de *Vé*, avait été abandonnée avant l'an 1180, comme il est certain par un réglement de cette année de Rainold, évêque de Noyon. Le chemin public laissant Pontoise, la rue d'Oroer et Noyon sur la droite, allait traverser la rivière d'Oise à Pont-l'Evêque. Ce ne fut que cette même année 1180, que les choses furent rétablies comme du tems des Romains.

DE NOYON A ROIE-GLISE.
A la sortie de Noyon, la chaussée traverse une petite rivière au bourg de Vé, du latin *Vadum*, qui veut dire un passage public (2); et, comme nous l'apprenons d'une charte de Charles-le-Simple de la quatrième année de son règne : *in vado cum ponte petrino*, « de là, passant entre le rue qui vient de la fontaine du Mesnil, » et entre le rue qui vient du marais de Vauchelles, *dont toutes les terres qui sont* » *le long la cauchie sont tenues de M. l'Evêque* (3); » laissant Beaurain à droite, *inter Bellum Ramum*, dit une charte de l'an 1243 et *Calciam Roiensem* (4); entre le bois d'Oresmaux et Behencourt : *inter Flocort et Calceiam de Behencourt*, dit une autre charte de 1197 (5). Elle traverse la forêt de Bouvresse, qui était autrefois d'une plus grande étendue, passe entre Avricourt, *Avricorti* non *Diviscorti*, comme il est imprimé dans le *Gallia Christiana* (6) et à Maregny-aux-Cerises, selon le titre de fondation de l'abbaye de Monchy-le-Pierreux de l'année 1239, *Juxta Calceiam inter Diviscorti* (Avricorti) *et Mareniacum versus Molendinum*. Les terres du terroir de Maregny qu'elle cotoye, sont dites *terres de la chaussée, in terris de Calceia* dans une autre charte de l'an 1210 de l'église de Noyon. De là, elle arrive à Roieglise; ce lieu, quoique chétif village aujourd'hui, mérite quelqu'attention. Nous y reviendrons.

Ne quittons point la chaussée tracée par l'Itinéraire, qui, soit dit en passant, ne parle point de *Rodium*; cependant, avant que de pousser plus loin, faisons connaître la structure intérieure de cette chaussée; nous l'avons examinée au-dessus et au-dessous de Royeglise en 1768, lorsqu'on la détruisait pour en former une nouvelle à droite et presqu'à côté. Elle est établie sur une rangée de morceaux de grés et dans quelque endroits de pierres dures, posés à plat sur un massif de ciment et retenus par une bordure de grés ou de pierres dures posés de champ. Ce

---

(1) Notice de la Gaule, p. 496.
(2) Le Vasseur, annales de Noyon, p. 678.
(3) Cartul. Rouge de l'hôtel-de-v. de Noyon, f.° 39 r°.
(4) Cartul. S. Barthol. Nov., f.° 166 r°.
(5) Cartul. Ursicampi, f.° 52 v°.
(6) Gall. Christ., tom. x, col. 268, inst.

premier lit est rechargé d'un autre lit de cran, d'un pied d'épaisseur; celui-ci, d'un troisième formé de gros cailloux; par dessus ces cailloux, une autre charge de cran. La dernière couche qui peut être d'un pied d'épaisseur est composée de petits cailloux verdâtres et noirâtres, liés avec du sable fin. Elle était telle entre le village de Roieglise et la ville de Roie, surtout vis-à-vis Champien. Au-dessus du village, du côté de la forêt de Bouvresse, le *Nucleus* était formé de fragments de tuiles et de poteries romaines liés dans un lit de glaise. Elle y conserve le nom de *chaussée Brunehaut*. Elle est enterrée vers le milieu du village de Roieglise sous la chaussée récente. Les solins des premières maisons à gauche, en venant de Noyon, sont établis sur l'ancienne.

Cette voie militaire va de Roieglise à Roie: *Prope Royeglise versus castrum Royense, subtus viam regiam per quam itur de villa seu castro royensi apud Noviomum,* (Traité entre le chapitre de Noyon et celui de Roye, du jour de saint Luc 1320) (1). Elle tirait un peu vers la gauche, par conséquent son entrée dans cette petite ville n'était pas par la porte de Noyon, telle qu'elle existe aujourd'hui. Elle était plus directe à la porte d'Amiens, par laquelle elle descend dans le faubourg Saint-Médard, pour entrer dans le Santerre. Elle est nommée *Via publica*, en 858, dans un diplôme de Charles-le-Chauve (2) en faveur de l'abbaye de Corbie; et *chaussée d'Amiens*, dans une donation faite à l'abbaye d'Ourscamp, en 1280 (3): *Septem jornalia terre arabilis in territorio de Roya juxta Calceiam Ambianensem, et viam que ducit de Goiencort apud sanctum Medardum.*

DE ROIEGLISE A SE-TUCI, CAPITALE DU SANTERRE.

Delà, elle cotoie le terroir de Goiencourt (4), selon un titre de l'abbaye de saint Barthélemy de Noyon, du mois de décembre 1267: *In territorio de Goiencort contigua Calceie que ducit de Roya apud Bouchuerre.*

Elle passe au terroir de Dammery, dont l'église est sous l'invocation de saint Vast. Sur la droite, est le *bois de la chaussée*.

Simon, maire de Damery, au mois de juin 1262, vend au curé de Parvillé un bien situé au terroir de Damery (5), divisé en plusieurs portions de terre, dont deux, le long de la chaussée: *Terra autem illa sita est in sex locis; scilicet ultra Calceiam septem jornalia et dimidium..... alius campus situs est citra Calceiam secus viam Mouvereche.*

Elle laisse le Quenoi à droite. Gerard d'Athies, archevêque de Bezançon,

---

(1) Cart. H. de Noyon, folio 64, r.°, col. 1.
(2) Preuv., part. II, n°.
(3) Cart. Ursic., fol. 39, r°.
(4) Cartul. S. Bartol., fol. 239, v°.
(5) Cartul. Longipont. sive Heronval, charta 94.

donna cette seigneurie aux Célestins d'Amiens et de Sainte-Croix, par acte passé le 2 janvier 140$\frac{5}{6}$, qui fait mention de plusieurs pièces de terre tenant à la dite chaussée.

En passant sur le terroir de Bouchoires, un titre du 2 avril 1467 lui donne le nom de *chaussée Brunehaut :* « Deux jorneux de tere appartenant au cha-
» pitre de Roie, séant entre la chaussée Brunehaut qui mène d'Amiens à Noyon
» et le lieu de Folies, tenant au chapitre de Neelle, aboutissant à la dite
» chaussée. »

Elle portait le même nom en 1708, en passant sur le terroir d'Harvillers :
« Neuf journaux de terre situés au terroir d'Erviller, tenant d'une part aux
» Célestins d'Amiens, d'autre à la chaussée Brunehaut, conduisant d'Amiens à
» Roye, » (Titre du chapitre d'Amiens) ; en 1707, en traversant celui de Folies :
« terre proche les bois des prés à Folies, tenant d'un bout à la chaussée Brune-
» haut, d'autre à la sente des Folies à Hengest. (Ibid.) »

Il paraît par un autre titre du mois de mars 1224, qu'elle faisait séparation du terroir des Folies, de ceux d'Harvillers et d'Hangest : *De quinque Bovariis terre site inter Folies et Calceiam que ducit Ambianum.* Elle laisse sur la gauche Frénoy dit en *Chaussée.* Elle passe au pied des ruines de Saint-Mard, qui est dit aussi en *Chaussée.* Il y a en ce lieu (1) un fief relevant de la salle de Montdidier, qui porte le nom de *Chaussée Brunehaut :* « Ce fief est sur la
» *chaussée Brunehaut* et commence au chemin qui mène de Arviller à Folies,
» croisant la dite chaussée au lieu dit le Moulin-aux-blancs-Poulets et finit à
» un autre chemin aussi croisant la dite chaussée nommé le chemin de la *Tou-*
» *chaux*, qui maine de Maizières à Ignocourt, le long de la chaussée, qui contient
» quarante pieds de large. En l'estendue ci-dessus, le seigneur dudit fief a droit
» d'amende et de bornage des terres tenantes à la dite chaussée ; et si a droit
» de prendre des marchandises qui y passent pour le prix que les marchands
» ont acheté (2). »

Nous pensons avec M. d'Anville que la capitale des *Setuci* était placée vers cet endroit, comme nous le ferons voir bientôt.

DE LA CAPITALE DES SETUCI A AMIENS.

Des ruines de Saint-Mard, la chaussée cotoye le terroir de Maizières, qui est sur la gauche. Arnould, évêque d'Amiens, confirme au mois de novembre 1240, une vente faite à Saint-Martin-aux-Jumeaux d'Amiens, par Pierre de Wauber-court, consistant en dix-huit journaux de terre, dont onze journaux *juxta*

(1) Daire, Hist. de Montd., p. 129.

(2) Rôle des fiefs mouvants de la salle du Roi à Montdidier.

Calceiam que tendit apud Royam a sinistris. Quatuor vero jornalia et dimidium ad Arbrisellos juxta eamdem Calceiam..... ad mensuram virge de Demain (1).

La chausssé traverse aussi la petite rivière de Luce à Domard; va passer au pied d'une croix dite *Romarin, Romanorum;* au milieu des bois de Gentelles, et passe la petite rivière d'Avre à Longueau. Il est à présumer qu'elle descendait de là dans la vallée d'Amiens et aboutissait à la porte de l'Arquet où était la tour de *Jérusalem* autrement dite du *Gloria laus.* La chaussée est nommée en cet endroit par La Morlière (2), *la chaussée de l'ancienne porte de l'Arquet.* Il ajoute que le fossé de la ville était le long de la dite chaussée.

Maintenant, pour faire voir que la chaussée de la Table Théodosienne était la même que celle de l'Itinéraire d'Antonin, aux stations près, qui ne se trouvent point marquées dans l'Itinéraire, revenons sur nos pas. Toute la différence est de ce que ceux qui venaient de Rome ne trouvaient qu'une station entre Soissons et Amiens; au lieu que ceux qui venaient de la Gaule, en rencontraient trois sur leur route, dans le même espace. D'où vient cela? Nous ne donnerons pas dans des conjectures. Il est certain que la première, en partant d'Amiens, est assignée dans la Table à *Setucis,* à dix lieux gauloises du point de son départ. Ce lieu n'existe plus, mais comme *à* 11,000 *et* 3 *à* 400 *toises du centre d'Amiens,* dit M. d'Anville (3), *on se trouve vis-à-vis d'un lieu nommé Cayeux,* il s'ensuit que les *Setuci* étaient placés en cet endroit, c'est-à-dire, aux ruines de Saint-Mard, où l'on voit encore des élévations de terre qui annoncent que ce lieu a été considérable. Il n'y a pas longtemps qu'on y voyait des restes d'un village. Nous n'hésitons pas même de dire que ce lieu fut, avant Lihons, la capitale du Santerre, ou des peuples que les anciens monuments du pays nomment *Santois, Xantois,* nous approchent bien de celui de *Setucis.* La seconde station est marquée *Rodium,* à la même distance de dix lieues gauloises; or, pour retrouver les onze mille et trois à quatre cents toises de *Setucis* à *Rodium,* il ne faut pas s'arrêter. C'est encore le savant académicien qui parle (4), *à l'emplacement actuel de Roie; il faut aller jusqu'au clocher dont le nom est Roie-église, et vulgairement Roiglise.* En effet, deux autres chaussées dont nous parlerons bientôt, étaient dirigées sur ce village et non sur la ville de Roie.

La troisième station est indiquée à VIIII lieues gauloises de *Rodium,* en un lieu nommé *Lura,* qui est une faute dans la Table, comme l'a fort bien observé M. d'Anville (5). Il faut lire *Isara,* nom qui revient parfaitement au village

CETTE CHAUSSÉE DE LA TABLE THÉODOSIENNE NE DIFFÈRE PAS DE L'ITINÉRAIRE D'ANTONIN.

---

(1) Cartul. S. Martini ad gemell., fol. 80, r°.
(2) Page 343, Antiquités d'Amiens.
(3) Notice de la Gaule, p. 602.
(4) Ibid., p. 558.
(5) Page 387.

de Pontoise, *Pons Isare*, quoiqu'il se trouve plus de neuf lieues gauloises entre *Rodium* et *Isara*. Mais quand la Table Théodosienne pécherait par l'exactitude en ce point, cela ne serait pas surprenant. On pourrait lui objecter bien d'autres défauts d'exactitude, comme nous l'avons déjà dit. D'ailleurs, nous n'avons vu aucun titre dans l'église de Noyon qui fît connaître que la chaussée de Pont-l'Evêque à Sempigny fût plus ancienne que les évêques. Il est certain que le voisinage des stations de *Noviomagus* et d'*Isara* empêchaient que deux corps de troupe, dont l'un serait venu de Soissons et l'autre d'Amiens, se rencontrassent à loger dans un lieu aussi resserré qu'était alors Noyon. Nous verrons ailleurs que cette voie jetait trois branches.

CCXXVI.
PREMIÈRE BRANCHE DE LA VOIE MILITAIRE.

DE REIMS A MUENNAM OU AUXENNA.

De la voie militaire de Reims à Boulogne sortirent différentes branches de chaussées, pour avoir la facilité de communiquer à tous les lieux principaux de la province de Belgique. « La première, partant de Reims, sortoit aux champs, » dit Bergier (1), par l'ancienne porte de Mars, tirant à main dextre droit au » Cren de Brimont. C'est-à-dire à une large ouverture de montagne autrefois faite » par les Romains près du village de Brimont, pour donner un passage de plain » pied au chemin..... Ce chemin qui est tout rompu en cet endroit, porte delà » son étendue en droite ligne au Pont-Givar (sur la rivière de Suippe), Neuf-» Chastel, Lor, Nisi-le-Comte, Vouzi, Taveau, Montigny, laissant Mont-Cornet » en Tierrache à main droite. » Par conséquent, *Muennam*, erreur de copiste dans l'Itinéraire d'Antonin et Auxenna de la Table Théodosienne étaient ce que nous appelons aujourd'hui Neuf-Chatel, et en même tems la première station marquée à X lieues gauloises ou onze mille trois cent quarante-trois toises de Reims et dans l'Itinéraire et dans la Table. Il ne faut pas oublier que l'auteur de l'Itinéraire part de Bavai.

D'AUXENNA A MINATICUM OU NINTTEACI.

La chaussée de Neuf-Chatel va passer sur la gauche de Lor et se rendre à la seconde station nommée *Minaticum* dans l'Itinéraire, et *Nintteaci* dans la Table : deux noms qui indiquent bien faiblement le village de Nisy-le-Comte ; ils conviennent cependant à la position de ce lieu, relativement à Vervins, dont la distance est de treize lieues gauloises dans l'un et l'autre monument. M. d'Anville (2) observe qu'il a une dizaine de trop dans la somme des lieues gauloises

---

(1) Gr. chem. de l'Emp., livre 3, chap. 39, n.° 12.   (2) Notice de la Gaule, p. 462.

de *Minaticum* à *Muennam* de l'Itinéraire: que celle de IX de la Table y revient mieux. La chaussée est ensevelie absolument sous les marais de Nisy.

Après avoir passé au pied de la ferme du Haut-Chemin, *Alta-via*, elle va faire la séparation des terroirs de Boncourt, de Dizy, de Liommes, de Lapion, de Lislet, de Buissi et de Chaours, comme il paraît par une bulle d'Alexandre III, du 5 avril 1179, dans laquelle cette chaussée est appelée *Pirgus Romanus* (1). Elle est nommée dans un traité fait en 1192 entre les abbayes de Saint-Denis en France et celle de Cuissy, *voie publique*, et *chaussée de ceux qui vont à Rome: A metâ que dicitur via publica et Pirgo Romam euntium..... Que meta dividit territorium Bone curtis, territorium de Dizy et territorium de Chaoursia*. Un bornage des mêmes terroirs de cette année 1192 (2) dit la même chose; c'est-à-dire qu'au lieu d'aller droit à Mont-Cornet, elle tire sur la gauche, non pour passer à Montigny-le-Franc et à Tavaux, comme l'avait cru Bergier d'abord (3), il s'est corrigé quelques lignes après; mais pour passer la rivière de Serre à *Catusiacum*, Chaours, sur un pont qui a conservé le nom de *Pont-Cailloux*. DE NINTTEACI A CATUSIACUM.

« *Catusiacum*, dit Bergier, pourrait bien être Chaours, assis à un quart de
» lieue au-dessus du Mont-Cornet, distant de Vervins de trois lieues, qui répon-
» dent aux six milles de l'Itinéraire. »

C'est aussi le sentiment de d'Anville (4). Cette troisième station ne paraît pas dans la Table Théodosienne. L'Itinéraire d'Antonin marque VII mille pas (VII lieues gauloises) de *Minatioum* à *Catusiacum* et VI de là à *Verbinum*, Vervins. La Table ne met point de station à Chaours, mais elle compte de *Nintteaci* à *Vironum* XIII lieues gauloises, ce qui revient à la distance de Vervins à Nisi.

De Chaours, la chaussée va passer à Vigneux, Haris et près d'une ferme dite la *chaussée d'Haris*. Elle sert de limite au terroir de Cambronne, suivant un ancien ceuilloir des cens et rentes de l'abbaye de Thenailles (5): *Inter Calceiam et domum*, etc... et arrive à Vervins. C'est la quatrième station selon l'Itinéraire, et la troisième selon la Table, parce qu'elle n'en fait qu'une de Nisi-le-Comte à Vervins. Mais la somme des distances est la même dans l'une que dans l'autre, c'est-à-dire cinquante-trois lieues gauloises: *iter a Bagaco Nerviorum Durocortorum usque* M. P. LIII., ce qui décide absolument qu'il y a un X de trop à *Muennam*. DE CATUSIACUM A VERBINUM OU VIRONUM.

---

(1) Preuv. part. II, n.º
(2) Preuv., part. II, n.º
(3) Chap. 39, n.º 13.

(4) Notice de la Gaule, p. 218.
(5) Cart. Thenol., f.º 61 v.º

DE VIRONUM A BAGACO NERVIORUM.

A la sortie de Vervins, la chaussée prend le nom d'*Etrée* et donne son nom au hameau de la *Chaussée Letrée*, à la ferme d'Etraon, appartenant à Saint-Corneille de Compiègne, dont il est fait mention dans un cartulaire de cette abbaye (1) : *domus nostre de Straon ad Calceiam de Vrevins*, et au village d'Etrée-au-Pont : *Galeti*, dit le cartulaire de Thenailles (2), *loco qui dicitur au trou Milart, inter Calceiam per quam itur d'Estrées à Vrevin*.

Nous oublions de dire qu'au sortir de Vervins, la chaussée passait à *Haute-Bonde*, village qui indique qu'il y avait là une colonne milliaire. Ce village est omis dans la carte de l'Académie.

Avant que d'arriver à Etrée-au-Pont, elle traverse deux rivières; d'abord le Ton, ensuite l'Oise, vers le confluent de ces deux rivières. A la sortie d'Etrée elle passe au pied d'une montagne sur laquelle Saint-Eulogue fut inhumé. Cette montagne, disent les actes de ce saint, était entre la chaussée et l'endroit où la rivière de Sommeron se jette dans l'Oise au-dessous de Gergny : *In quodam monte juxta aggerem publicum super fluvium nomine Someron eo in loco ubi confluit in Oesiam.*

De là, elle va passer à *Frait-Etrée*, *Fracta-Strata*, suivant un titre de l'abbaye de Thenailles (3) de 1224, et non *Froid-Etrée*, comme on le prononce aujourd'hui. Sa direction, en effet, parait brisée en ce lieu pour gagner la Capelle, la Flamengerie, après quoi, elle sort du diocèse de Laon et aboutit à Bavai. L'on compte de là à Reims soixante-une mille toises ou environ.

CCXXVII.

DEUXIÈME BRANCHE DE LA VOIE MILITAIRE DE RHEIMS DANS LE HAINAUT.

Cette branche de chaussée était la même que la précédente jusqu'à Disi. De là elle va passer entre la rivière de Serre et Montigny-le-Franc. Elle traverse à Marle la même rivière et celle de Vilpion, conduit droit à Sons, de là à Foucosies (4). La partie de la chaussée qui va d'un lieu à l'autre est nommée *Etrée* dans une charte de l'an 1231 : *in Bergeliu sicut strata ducit de Foukosies ad Sons*; de Foucosies elle va droit à Guise. Elle en sort en tirant sur la droite, pour gagner Etreux, Landrecies et le Hainaut. Ce chemin n'est indiqué ni dans l'Itinéraire d'Antonin ni dans la Table Théodosienne, non plus que le suivant.

---

(1) Cart. de Comp., in-8.°, f.° 214 v.°
(2) Cart. Thenol., f.° 63 r°.
(3) Cart. sup., f.° 112 v.°
(4) Cartul. fusniac., f.° 88, v°.

CCXXVIII.

TROISIÈME BRANCHE DE LA VOIE MILITAIRE.

Une autre branche partant immédiatement de Reims par la porte de Mars, va passer la rivière d'Aisne à Béry, *Briva*, où est aujourd'hui un bac au lieu du pont que les Romains y avaient construit. De là elle va traverser le ruisseau de la *Miette*, passer au milieu du bourg de Corbeny et ensuite cotoyer les bois d'Anos au terroir d'Arency, qui, selon une charte de l'abbaye de *Foigny* de l'année 1273 (1), était contigu d'un côté *vie publice*.

On lit dans deux autres titres (2) des années 1253 et 1254: *Subtus magnam Calceiam, inter nemus quod dicitur Serain, et locum qui dicitur Bonda Rainoardi.*

Un autre de l'année 1253 (3) porte que le bois Serain était au-dessous d'Arenço: *infrâ Arenchot*. Elle laisse Aubigny à droite.

Il est mention dans deux titres, l'un de l'année 1239, l'autre de 1247 (4), d'un chemin qui conduisait à la grande chaussée, vers Aubigny: *Via que de magna Calceia versus Aubigny vadit, a parte leprosorum de Bruni.*

Là elle se trouvait au pied de la montagne du Vié-Laon, *Viœ-Laudunensis*, sur laquelle était placé le camp du Préfet des Sarmates-Gentils dont nous avons parlé. Ce camp était au levant et à seize cents toises de la chaussée.

D'Aubigny, elle va à Veslut: outre que l'étymologie latine *Viœ-lucus* de ce village l'indique, c'est que la direction de la chaussée depuis Corbeny jusqu'à Veslut est bien marquée dans deux chartes des années 1239 et 1253. On lit dans la première (5): *Magna Calceia que de Veelut apud Corbeni vadit*, en passant près les bois de Bruni; dans la seconde: *Subtus Calceiam per quam itur de Veelut versus Corbeni.* Une troisième de l'année 1252 (6) lui donne le nom de chaussée de Veslut à Reims: *Inter Calceiam que ducit de Veelut Remis.*

De Veslut, au lieu de tirer vers Laon, elle s'en éloignait du côté de l'est, pour passer à Athies et de là à Chambry, c'est-à-dire à dix-huit cents toises de la montagne de Laon. C'est le sentiment de M. le comte de Caylus (7); il s'est appuyé d'un titre de l'an 1254 de l'abbaye de Foigny (8), au sujet d'un pré situé à Veslut:

---

(1) Cartul. fusniac., fol. 177, r°.
(2) Ibid., fol. 168, v°, 169, r°.
(3) Ibid., fol. 168, r°.
(4) Ibid., fol. 156, r°, fol. 160-161.

(5) Ibid., fol. 154, v°.
(6) Ibid., fol., 162, r°.
(7) Recueil d'antiquités gaul., t. v, p. 318.
(8) Cart. sup., fol. 169, r°.

Secus Calceyam que ducit de Veeluy versus Chaumery. La chaussée va de là à Aulnoy, ensuite au Mont *fendu*, c'est-à-dire *coupé* pour y faire passer la chaussée, après avoir laissé sur la gauche le bois de Tranloy (1) dont il est parlé dans un titre d'Enguerrand de Couci, comte de Rouci, de l'an 1202. Du Mont-fendu elle va traverser la rivière de Serre, vers le village de Crécy; d'autres disent à Poilly d'où elle tire droit à Richecourt et Séry, où était un pont construit sur la rivière d'Oise. De là, tirant sur la gauche, elle longe le terroir de Chevresis-le-Meldeux, où elle prend le nom de *Haute-Voiye*, suivant le dénombrement servi au comte de Marle le 15 mars 1580, par François de Sons, écuyer, vicomte de Monanteuil. Elle passe par les villages de Montigny-sur-Clery, de La Ferté sur Péron, de Villers-le-Sec, ensuite deux bras de la rivière d'Oise au-dessous de la ville de Ribemont pour arriver à Catillon. De ce lieu, la chaussée est tirée en ligne droite sur la ville de Saint-Quentin, laissant Itencourt sur la gauche et passant dans un bois appartenant partie au Décanat de Saint-Quentin, partie à l'abbaye d'Ile. Cette partie, quoique détruite presqu'entièrement, conserva encore le nom de *chemin Romeré, via Romanorum.* De La Neuville-Saint-Amand elle descendait par la rue Mairesse, *Vicus-Major;* du faubourg d'Ile, droit au pont Terrescend, comme nous l'apprend une charte de l'année 1045 d'Othon, comte de Vermandois (2), en faveur de l'abbaye de Saint-Prix : *a Ponte Terrescende..... usque ad campum veteris villæ.* On dit que cette branche de chaussée est très-bien marquée encore en plusieurs endroits par de grandes levées de terre et des chemins verts.

Le pont Terrescend est célèbre par la découverte du corps de Saint-Quentin, que Rictius Varus avait fait jeter dans la rivière de Somme, près de ce lieu, disent les actes de l'invention des reliques du saint (3), où passait le chemin qui conduit d'Amiens vers Laon: *juxta fluenta Somine, ubi via publica transit ab Ambianensium civitate veniens contra Laudunum*: ou ce qui dit la même chose (4), *juxta fluvium qui vocatur Somna, ubi transit agger publicus qui venit de Ambianensium civitate et pergit contra Lugdunum clavatum.* Ce pont était un peu plus bas que celui qui correspond à la porte d'Ile. Il n'y eut point de pont dans cette partie jusques vers l'an 950, qu'Anselme, abbé de Saint-Quentin, en fit construire un en pierre pour la commodité de ceux de la ville (5), qui jusque là avaient été obligés de venir en bateaux visiter les reliques de Saint-Quentin : *Quapropter suprà memoratus Anselmus primum construxit pontem saxigenum, per quem citius veniretur ad insulæ locellum. Nam antea navigio veniebatur.*

(1) Preuv., part. II, n°.
(2) Hem. Aug. Virom. reg., p. 36.
(3) Codex reg., n°. 5575.
(4) Alt., n.° 5299.
(5) Hem. Sup., p. 23.

Du pont de Terrescend, la chaussée entrait dans l'Auguste de Vermandois et en sortait par la porte que nous nommerons *Porte d'Amiens*, qui répondait au détroit de Pontoilles. On lit dans un ancien bornage de la banlieue de Saint-Quentin (1): *item li destroit de Ponteulles dure toute le cauchie de devant le four de Ponteulles des kes à le porte et au lies devant Saint-Nicaise et dure encore toute la cauchie des Kes à Puisot.* Il parait qu'au détroit de Pontoilles, la chaussée se partageait en deux branches.

La principale branche va passer sur le territoire et dans les bois d'Holnon. Une charte de l'hôtel-de-ville de Saint-Quentin de l'année 1295 (2), en fait mention en ces termes: *Calceia, in territorio de Holnon*; ensuite la petite rivière d'Aumignon à Marteville où elle est nommée *la cauchie* dans un titre du mois de septembre 1260 (3), puis au pied du camp de Vermand. Nous avons observé en cet endroit que la chaussée avait pour base un lit de gros cailloux de deux pieds environ d'épaisseur : que ce lit était chargé, sur un pied et demi, d'un second lit formé partie de gros cailloux, partie de morceaux de grés liaisonnés ensemble avec du sable ; que celui-ci en avait un troisième, d'environ quatre pouces, qui n'était que de l'espèce de cailloux qu'on nomme *cornus* dans le pays : qu'enfin, le tout était recouvert de cran, à l'épaisseur d'un pied. Du camp de Vermand, elle passe sur les confins des terroirs de Pœuilly, de Vraignes, de Cauvigny, de Tertry (4), suivant une charte du mois d'août 1240 : *in territoriis de Peulli et de Vrignes et de Cauvigni subtus Calveiam versus Ais..... juxta terram Bartholomei Le Cot tres mencoldos de super Calceiam*, et une autre du mois de juin 1248: *in loco tenenti ad Calceiam versus Tritrich octoginta virgœ, tribus virgis minus* (5); puis à Etrée, *Estrees in Calceia*, dit un titre du mois de juillet 1296 (6). Arrivée à Brie, *Briva*, la chaussée y traversait la Somme sur un pont qui a laissé son nom moderne à un hameau qui est de l'autre côté de la rivière. Ce lieu, ainsi que le pont, appartenait en 1108 et en 1197 au prieuré de Lihons en Santerre (7). M. Lenain, ingénieur du Roi, parle de cette chaussée passant par Brie et Pont en ces termes (8) :

« Une chaussée militaire des Romains vient aboutir au village de Brie et se
» reprend au-dessus de Pont. C'est une des cinq chaussées militaires de la
» Belgique qui part de Bavai en Hainault et va passer à Amiens : et cependant

DE SAINT-QUENTIN A AMIENS. DEUXIÈME BRANCHE DE SAINT-QUENTIN.

(1) Archives de l'hôtel-de-ville de Saint-Quentin.
(2) Cart. S. Quent., p. 56.
(3) Preuv., part. I, n°·
(4) Cart. S. Barthol. noviom., fol. 187, v°.
(5) Preuv., part. II.
(6) Cartul. alter., fol. 10, v°.
(7) Cartul. Lehun., fol. 16, r.° et 12, r°.
(8) Plans MSS. des passages de la rivière de Somme, de 1644.

» nous ne voyons pas de marques de passage affermi dans les marais ni sur la
» rivière en ces endroits. »

De là, elle va gagner Villers-Carbonnel, nommé *Villers-en-le-Cauchie*, en un titre du mois de juillet 1263 (1). Elle est couverte de verdure depuis la Somme jusqu'à ce village exclusivement, et en assez bon état. Entrée dans le Santerre, elle va à Etrée, en cotoyant le terroir de Barleu. Il est mention de cette chaussée passant au terroir d'Etrée dans une charte du seigneur de Nesle de l'an 1146 (2) en faveur de l'abbaye de Saint-Crépin-le-Grand de Soissons. Elle va de là à Faucocourt. Elle traverse le territoire de Proyart : plusieurs journaux de terre de ce terroir sont situés les uns *au-dessous le cauchie en Coron ki vient vers la voie de Fremerville* ; les autres, *par devers Proyestel, desous la cauchie;* d'autre enfin, *desseur le cauchie Saint-Vaas*, comme porte un partage des dixmes de Proyart, dont l'église est sous le vocable de Saint-Vast, entre la collégiale de Saint-Fursi de Péronne et le prieuré de Lihons, du mois d'août 1257. De là elle entre dans le bois du Sart, suivant le dénombrement fourni le 13 novembre 1674 à l'abbaye de Corbie, par M. le marquis de Feuquières, d'un fief qu'il tenait du comté (3). Le territoire de Feuquières s'étendait aussi en deçà et au-delà de cette chaussée, suivant les lettres du prieur de Méricourt-sur-Somme, de l'année 1326 (4): *Subtus suprà Calceiam, usque ad viam que ducit de Mourecort apud Lihunum..... usque ad vallem de Flequieres, ad partem subtus Calceiam, versus dictam vallem de Flequieres....... super Calceiam ad partem versus Framerville.*

Il est dit aussi que le terroir de Cauviller est tout entier au-dessous de la chaussée : *Item territorium de Caviler non se extendit subtus Calceiam, sed totum est supra Calceyam.*

En passant sur le terroir de Bayonviller, elle laisse des indications que l'on retrouve dans les chartes. La collégiale de Saint-Quentin inféode, en 1266, deux journaux et un quart de terre, *juncta Calceie ex una parte* (5). Elle vend en 1311 (6) dix-sept journaux de terre séant en une pièce, au lieu que l'on dit Lambert-Selve, *tenante d'une part à le cauchie, par lequel on va d'Amiens à Saint-Quentin.* On lit dans un autre titre de la même église du mois de novembre 1267 : *A le Turele ad Calceiam..... ad Auteus ad Calceiam.* Un fief de l'abbaye de Corbie situé à Cérisy avait onze journaux de terre le long de la cauchie de

---

(1) Cartul. S. Barthol., sup., fol. 237, r°.
(2) Preuv., part. II, n°.
(3) Arch. de l'abb. de Corbie, arm. 3, liasse 2, n.° 5.
(4) Cartulaire de Lihons, fol. 47, v°.
(5) Cart. St.-Quint. Not. O., pag. 34.
(6) Ibid., p. 43.

Bayonviller, au lieu que l'on dit le *Vieil-Qaroug*, suivant un dénombrement servi à cette abbaye en 1320. On lit *Qarrouge* dans des lettres du prieur de Méricourt-sur-Somme, citées ci-dessus. On ne sait (1) si les quatre journaux et quinze verges de terre situés *à la cauchie*, dont Jacques Palet de Vers donne son aveu à la même abbaye en 1291, ne faisaient pas partie d'un autre fief. La chaussée passe au milieu du village de Lamotte en Santerre et à l'extrémité du terroir d'Abancourt, village ruiné, où était une colonne milliaire, *Vies Pierre*, vieille pierre dans l'acte de fondation d'une chapelle dans ce village, au mois de mars 1221 : *Tria jornalia et tres quartier, tribus virgis minus, ad vies Pierre*. Elle laisse Warfusée et Villers-Bretonneux du même côté (2), gagne par la vallée le village de Longueau, y traverse la rivière d'Avre, passe entre les vignes et les marais de la Bouteillerie, suit la chaussée de Saint-Acheul, ainsi nommée dans une ancienne notice des droits de l'Evêque d'Amiens, jusqu'à la porte de la cité où saint Martin donna à un pauvre la moitié de son manteau.

CCXXIX.

BRANCHE DE LA CHAUSSÉE DE SAINT-QUENTIN A AMIENS, VERS SAINT-CHRIST.

L'autre branche de la chaussée faisait un coude avec la précédente, au détroit de Pontoilles. Il semble qu'elle se terminait à Saint-Christ ou plutôt à Briot, plus bas au-delà de la rivière; car Briot doit venir de *Briva*, qui signifiait un pont en langue belgique, comme nous l'avons déjà dit, en passant près Savi, *Sarta via*; on lit dans des lettres d'amortissement du roi Philippe-le-Bel de 1295, en faveur de l'hôtel-dieu de Saint-Quentin : *ad Calceiam inter villas de Carteni et de Savi* ; à Etreilliers et à Ennemin ; on ne la voit plus au-delà de Briot, quoiqu'on ait assuré à M. de Caylus qu'elle allait gagner Etrée en Santerre (3).

TROISIÈME DE SAINT-QUENTIN.

CCXXX 1°.

BRANCHE DE LA CHAUSSÉE DE SAINT-QUENTIN, VERS LE HAINAUT.

M. l'abbé Peitavy, dans les mémoires manuscrits qu'il nous a envoyés le 17 décembre 1767, regarde comme une vraie branche de cette chaussée le

QUATRIÈME DE SAINT-QUENTIN.

---

(1) Cart. nig. Corb.; fol. 143, r°.
(2) On lit dans un titre du chapitre d'Amiens du 16 janvier 1635, qu'il y avait seize journaux de terre au terroir de Warfusée, tenant des deux côtés aux terres de l'abbaye de Corbie, d'un bout à la chaussée Brunehaut.
(3) Rec. d'antiq., t. v, p. 318.

chemin qui va de Catillon à Marcy et de là à Bavai, peut-être, quoiqu'elle soit nommée dans le pays la *voie de Cambray*. Cette voie, dit-il, a les plus grandes marques d'antiquité avant que d'arriver à Marcy, dont le nom, suivant lui, peut venir de *Marcus*, comme qui dirait *villa Marci*. On a trouvé, en effet, dans les environs, des restes de bâtiments romains. Un titre de l'abbaye de Saint-Quentin en l'Isle de l'année 1238 (1) nous apprend aussi que cette chaussée passait vis-à-vis Fonsomme, dans un champ dit le Champ-Ferré, *in Campo-ferrato*, à cause de la chaussée.

CCXXX 2°.
QUATRIÈME BRANCHE DE LA VOIE MILITAIRE.

DES ENVIRONS DE BREUIL A LA CHAUSSÉE DE SOISSONS A NOYON.

Nous pensons aussi qu'une quatrième branche de chaussée prenait vers Breuil, passait entre Courlandon et Romains, entre Maisy et Glennes et au milieu du village de Revillon, pour gagner le Pont-Arcy. Voici comme elle est indiquée dans deux chartes du chapitre de Laon (2). Dans la première du mois de janvier $121\frac{0}{1}$: *Semita de Ruulon se extendit a Ruella Landrici in publicam stratam, inter Glanam et Maisiacum ; et a publicâ stratâ illâ sicut se porrigit ad ciminum de Corlendon et a chemino usque ad ulmum de Romanis.*

Dans la seconde du mois de février de la même année : *Inter glanam et stratam que venit de Ruulon, sicut Ruella Landerici protenditur ad publicam stratam tendentem ad viam de Corlandon et a via de Corlandon usque ad ulmum quod est super Romanis.*

Après avoir passé la rivière d'Aisne à Pont-Arcy, où il n'y a qu'un bac aujourd'hui, elle allait droit à la ferme de Froidmont, *de fracto monte*, où elle faisait un coude pour aller de là vers l'Ange-Gardien, maison sur le chemin de Soissons à Laon ; traversait les terroirs de la Faux, de Neuville-Margival et le chemin de Soissons à Coucy, dans l'endroit où l'on voit trois arbres plantés. Jusque là, la chaussée est couverte d'une belle verdure. Elle allait gagner ensuite l'ancienne chaussée de Soissons à Saint-Quentin et vraisemblablement celle de Soissons à Noyon.

CCXXXI.
CINQUIÈME BRANCHE DE LA VOIE MILITAIRE.

E PONT D'ANCY DANS LE VALOIS.

L'abbé Lebeuf (3) nous apprend qu'on trouve dans des mémoires de la descente faite au pont d'Ancy, sur la rivière de Vesle, au-dessous de l'embou-

(1) Cart. parv., fol. 67, r°.
(2) Cart. S. Mart. laud., fol. 127, r.°, col. 2.
(3) Dissertation sur le Soissonnais, p. 48 et 49, not.

chure de la petite rivière de Lice, par M. Foucault, conseiller d'Etat, qu'il y avait en ce lieu des restes de quelques édifices romains et de plusieurs chemins qui y aboutissent. L'un de ces chemins se détachait de la voie militaire vis-à-vis Pont-d'Ancy et passait à Lesges où il est nommé *chaussée* dans le titre de fondation de l'office de la visitation de N.-D., en l'église de Soissons : *Item, un pichet* (de terre) *dessous la chapelle, tenant au chemin de la chaussée... un courtil à la chaussée...* On la perd au delà de Lesges.

CCXXXII.

SIXIÈME BRANCHE DE LA VOIE MILITAIRE.

Au faubourg de Crise commençait une autre branche. Elle conduisait de Soissons à Château-Thierry et delà à Montmirail. Voici la direction de cette chaussée telle que M. l'abbé Carlier nous l'a donnée (1).

PREMIÈRE DE SOISSONS. DE CETTE VILLE A MONTMIRAIL.

Elle passe par Vignoles, Noyan, entre Rozières et Aconin, après quoi on la perd de vue. On en retrouve des traces sur la montagne de Buzancy. Il dit ailleurs (2) que le lieu de Buzancy était situé sur la chaussée qui conduit de Soissons à Oulchy. Elle laisse Faux et Hartenne à gauche, Tigny à droite, traverse les bois de Saint-Jean, d'où elle gagne Oulchy-le-Chatel et la rivière d'Ourcq qu'elle passait à Breny, sur le pont Bernard. Nous pensons que ce lieu était une station, à cause de sa célébrité dans les premiers temps de la monarchie. Elle passe au hameau de la *Haie*, à Rocourt, près l'étang de l'abbaye de Val-Secret, la rivière de Marne à Château-Thierry, d'où elle se rend à Montmirail. Elle est tracée sur la grande carte de France. L'hôtel-dieu de Montmirail fut bâtie sur la chaussée, par le bienheureux Jean de Montmirail, comme nous l'apprenons d'une de ses chartes de l'année 1208 (3) : *Fundavimus domum Dei in Calceia montis-mirabilis in pauperum susceptionem.*

Une autre du mois d'octobre 1207 (4), porte : *Donavimus in Eleemosinam Domui Dei quæ est sita apud Calceiam.* Or, cette partie de la chaussée dont il est mention ici, passait sous la ville, comme il est évident par deux autres chartes, l'une de 1210 (5) : *in Calceia sub monte mirabili* ; l'autre de 1233 (6) : *Domui Dei de Calceia subtus montem-mirellum.*

---

(1) Histoire du Valois, t. I, p. 15.
(2) Ibid., t. II, p. 376.
(3) Bolland. acta SS. septembris, p. 196, n.° 70.
(4) Ibid., n.° 269.
(5) Ibid., n.° 70.
(6) Ibid., n.° 73.

CCXXXIII.

SEPTIÈME BRANCHE DE LA VOIE MILITAIRE.

DEUXIÈME DE SOIS- Nous conjecturons qu'une septième branche commençait au même lieu que
SONS. DE CETTE la précédente, qu'elle allait gagner Courmelles, le mont de Courmelles, Chau-
VILLE A CELLE DE dun, *Calceia Duni*, c'est-à-dire chaussée de la montagne et Longpont. Nous
MEAUX. trouvons en effet (1), avant que d'arriver à cette abbaye, *per veterem calcem,*
dans un titre de l'an 1162 (2) et dans une charte de la même abbaye de l'année
1213, que l'Etrée passant par derrière les murs de l'abbaye conduisait à la
grange des viviers : *Strata quæ per retro murum ducit ad grangiam vivarii;*
et dans une autre d'Haimard, évêque de Soissons, de l'an 1209, que cette
chaussée passait entre le pré de Longpont et le vivier de Chavigny : *Nemus quod
incipit et via cava super Calceatam que est inter pratum Longi Pontis et viva-
rium Caviniaci* (3). De là, elle allait à Silly; et après avoir traversé la rivière
d'Ourcq, elle se rendait à la Ferté-Milon, à Saint-Vast, à May et à Meaux (4).

CCXXXIV.

HUITIÈME BRANCHE DE LA VOIE MILITAIRE.

TROISIÈME DE SOIS- De la voie militaire sortant de la cité de Soissons par la porte occiden-
SONS. DE SOISSONS tale (nommée *Hosanne*, en latin *Hosanna*, et non aux Asnes, *ad portam
A CONDREN. CO- asinorum,* comme porte le traité du mois de novembre 1350 entre Guillaume,
LONNES MILLIAIRES évêque de Soissons, son chapitre, le comte et le prévôt municipal, au sujet de
DANS CET ESPACE. la justice dans la ville et les faubourgs), de la voie militaire se détachait au même
endroit une huitième branche de chaussée dite *Brunehaut*, dans le titre que nous
venons de citer, *(Item in burgo S. Christophori in domibus et locis qui sunt à
fossis ville ex parte riparie legendo viam dictam de Brunehaut in dextra usque
ad foveam clericorum et hinc directe ad iter de Pommiers et per illud veniendo
ad portam asinorum.)* qui laissait à droite le château d'Albatre, pour aller
traverser la rivière d'Aisne sur un pont qui est appelé le Pont vert, *Ponverti*,
dans une charte de 1195 (5), dans une autre de l'abbaye de Saint-Crepin-en-
Chaie, *Pont vert*, au mois de Janvier $127\frac{4}{5}$ (6), et *Ponte viridi* dans un titre du

---

(1) Muldrac, Chron. Longipont., p. 173. (4) Hist. du Valois, t. I, p 76.
(2) Preuve., part. I, n°. (5) Preuv., part. II, n°.
(3) Cart. S. Leod. suess., fol. 44, r°. (6) Cart., fol. 14, v°.

mois de juillet 1315. Il paraît par un autre du mois d'avril 1231 (1) de Raoul, comte de Soissons, en faveur de l'abbaye de Saint-Crépin de Chaye, que ce pont était construit vers le bac de Pommiers : *In territorio de Pommiers, a via qua dicitur Pont-Verd, quæ ducit ad villam de Valresis usque ad finem villæ de Pommiers.* Après avoir traversé la rivière, on trouve un lieu dit *Estrelles*, où fut donné, au mois de janvier 127$\frac{4}{5}$ déjà cité, une pièce de vigne à Saint-Crépin-en-Chaye. La chaussée ne paraît plus dans la vallée de Vauresis qu'elle coupe. Elle fait la séparation des terroirs de Chavigny, de Juvigny, de Beuxy. Les deux colonnes milliaires que l'on voit encore aujourd'hui dans le village de Juvigny, l'une dans le cimetière de la paroisse, l'autre sur la place publique, proviennent vraisemblablement de cette chaussée. Elles ont été tellement négligées, qu'à peine l'abbé Lebeuf a-t-il pu déchiffrer quelques lignes de l'inscription de l'une et quelques mots de l'inscription de l'autre (2).

L'inscription la plus maltraitée avait quatorze ou quinze lignes, dont il ne reste que quelques mots de lisibles, entre autres la distance de sept milles de Soissons ; ce qui fait voir qu'elle était plantée vis-à-vis Juvigny ; c'est-à-dire à deux lieues environ de Soissons. Il est surprenant que cette colonne soit marquée par milles, tandis que l'autre et les deux de Vi-sur-Aine, dont nous avons parlé, comptent par lieues. L'abbé Lebeuf (3) semble conjecturer du mot *Absariis*, que cette colonne était relative à quelques défrichements. La seconde est un peu moins maltraitée. Voici comme il faut lire :

   IMPERATORE CAESARE LUCIO SEPTIMO
   SEVERO PIO PERTINACE
   AUGUSTO ARABICO ADIABENICO
   PARTHICO MAXIMO
   IMPERATORE M. AURELIO
   . . . .
   . . . CONSULE. . . . .
   . . . . PRO CONSULE
   . . . ICO . . . . LEUGAS.

Le nom de l'Empereur Septime Sévère, joint aux titres que ses victoires lui ont acquis, indique que cette colonne a été dressée au commencement de l'ère chrétienne, dans le même tems que celle de Vi-sur-Aine, dont l'époque est plus certaine. Comme les chiffres qui marquaient les lieux sont effacés, nous ne savons

(1) Regnaut, Hist. du Soiss., preuv., fol. 19, r°.   (3) Ibid., 119.
(2) Dissertation sur l'hist. de Paris, t. II, p. 117 et 118.

où la placer, à moins que ce ne fut *Grande-Bonde*, située sur le bord du terroir de Bonne-Maison, dont il est parlé dans un ceuilloir de cens de l'abbaye de Nogent-sous-Coucy, de l'année 1296 (1).

La chaussée descend dans la vallée de Bagneux, où les Romains avaient des bains, comme nous l'avons déjà dit, par conséquent une habitation. Elle monte la montagne vis-à-vis la ferme de Mont-écouvée; de là jusqu'à la ferme de Bailly, elle est bien marquée, formant une terrasse tapissée de verdure. Nous avons observé qu'elle était formée dans tout cet espace de pierrettes qui proviennent des roches très-dures que produit le pays. Les bordures sont faites de gros moëlons de ces mêmes roches. La terrasse paraît avoir eu vingt pieds de large. Passant sur le terroir de Mareuil, elle y est indiquée sous différentes dénominations, dans un dénombrement du fief de Bayne, servi dans le siècle dernier, au seigneur de Coucy, par M. de la Vernade. « ... Item le grand champ nommé le Bayne... » tenant d'un lez vers Bagneux aux terres de Liéramont, d'un bout à la chaussée » Brunehaut. »

En séparant ensuite les terroirs de Crécy-au-Mont et de la ferme de Bonne-Maison et cotoyant le premier, elle y est nommée *Cauchie*, *Haut-Chemin*, comme il parait par le livre des cens de l'abbaye de Nogent, f.° 97 r.°; il y est question aussi du mont *Liémonval*, elle laisse la ferme Bailly à droite, pour descendre à Pont-St.-Mard, ainsi nommé du pont construit sur un ruisseau qui va se perdre dans la rivière d'Elette. L'église du village est bâtie précisément sur la chaussée. Le livre de cens déjà cité (2) indique sur le terroir de Pont-St.-Mard, deux cantons, savoir: Beeloy et Cateloy, qui servent de renseignement touchant le passage de cette chaussée.

Elle est ensevelie sous des marais depuis Pont-St.-Mard jusqu'à la rivière d'Elette. Au-delà, elle entre dans le bois de l'abbaye de Nogent. Le bois ayant cru dessus, on ne peut en bien apercevoir la direction que de la ferme de Bailly. De là on la voit tracée, pour ainsi dire, sur la cime des arbres, qui est bien plus basse que la tête de ceux qui ont cru sur les côtés. Elle traverse le parc de Folembray et le bois de Cincenis, ou la *Basse-Forêt*. En passant dans la basse forêt, elle y est nommée l'Etrée de Chauny à Soissons, comme il appert par un traité fait en 1222, entre le seigneur de Cincenis et la collégiale de Saint-Quentin (3): *Alia vero pars dicte terre est in forestello, versus stratam Calniaci et Suessionis*. Elle en sort près le moulin de Rouy, va passer un ruisseau dit le

---

(1) Liber censuum, fol. 59, v°.
(2) Ibid., fol. 59, v°.

(3) Cartul. S. Quint., not. O, p. 72.

Plebeau et ensuite la rivière d'Oise à Condren, *Contra-aginum*, non à Chauny, comme l'a pensé M. de Valois (1). Ce lieu où l'on voit encore des vestiges du pont sur lequel la chaussée passait, est la première station, après Soissons, marquée dans l'Itinéraire d'Antonin. Il compte de là à Soissons XIII mille pas (XIII lieues gauloises), c'est-à-dire quinze mille toises environ.

A la sortie de Condren, la chaussée passe dans un champ qui est appelé le *champ de la Chaussée* dans le livre des cens de l'abbaye de Nogent (2). De là, elle va passer entre le village et le moulin de Voel, *Via Lata*, et à peu de distance de la tombe dont nous avons parlé. Elle laisse *Lié*, *Lata Via*, un peu sur la gauche pour traverser le terroir de Rumigny. On voit par une charte de l'année 956 (3), qu'il y avait à Rumigny un aleu situé sur cette chaussée. De Rumigny elle va passer à Essigny-le-Grand. Hémeré nous apprend (4) que la bataille de Saint-Laurent fut donnée l'an 1557, entre Essigny et Liserolles, près de la chaussée qu'on appellait en cet endroit la *Blanque face*.

DE CONDREN A SAINT-QUENTIN. CINQUIÈME BRANCHE DE CETTE VILLE.

En passant sur le terroir d'Essigny, un titre de l'an 1304 (5) lui donne le nom de *Cauchie*. « Quatre septiers quarante-deux vergues tenant à la terre de Jehan » Clastres à le cauchie de Bourch.... à le cauchie du Bourch trois mencaudées et » dix-neuf vergues..... à la cauchie du Bourgch et chiunc sestrelées cinquante » verges tenant à la terre de Cappelains..... desseure le cauchie du Bourch » trois sestrelées soixante trese vergues, tenant à la terre de le grant Ho-» tellerie. »

Elle laisse sur la gauche Grugies, dont le terroir aboutissait à la chaussée, suivant un titre du 14 mai 1419 (6) : « ...... Item à la Roye ou Pasture » (de Grugies) que on dit la grant chauchie d'Essigny.... primes à ladite grant » chauchie, quinze septiers environ. »

Elle parait encore sur le haut de la montagne, en face de la ville de Saint-Quentin. Mais à la descente, pour gagner le pont Terescende, il ne reste que les deux rideaux entre lesquels elle passait. On laboure aujourd'hui au milieu. M. l'abbé Peitavy nous a fait passer l'extrait d'une lettre que l'abbé Lebœuf avait écrite à un particulier de Saint-Quentin le 31 octobre 1745 qui confirme l'existence de cette chaussée :

« Au sortir de notre ville, dit-il, je suivis la route romaine militaire, telle » à peu près que je me l'étais figurée entre Saint-Quentin et Condren. C'est vé-

(1) Notit. Gall., p. 156, col. 2.
(2) Lib. cens. sup., fol. 127, 128, r°.
(3) Preuv., part. 11, n°.
(4) August. Virom.
(5) Cart. S. Quint., not. Q, p. 9.
(6) Cart. S. Prœject, fol. 268, r°.

» ritablement celle dont il est parlé dans l'Itinéraire d'Antonin. Elle passe à
» travers le village d'Essigny où elle est cause que la rue de ce village est très
» large et comme tirée au cordeau. Elle passe aux approches de Liés où elle est
» interrompue à cause d'une petite rivière qui se trouve là, puis on la retrouve
» quand on a passé cette petite rivière où est le canal et qu'on a remonté jusque
» dans un bois, car de là elle va droit à Condren où il y a une lieue et demie. »

L'Itinéraire d'Antonin pose XIII mille pas (13 lieues gauloises), de la station de l'Auguste de Vermandois à Condren. M. d'Anville (1) n'en trouve que XI, ce qui ne suffit pas, dit-il, pour admettre les treize que répète l'Itinéraire. La Table Théodosienne, au contraire, est exacte, à peu de chose près, en marquant XXV lieues gauloises pour le total de la distance d'*Augusta Viromanduorum* à *Augusta Suessonum:* car, par le calcul le plus scrupuleux, cette distance est en effet de vingt-quatre à vingt-cinq lieues gauloises, c'est-à-dire entre vingt-sept et vingt-huit mille toises.

Du pont Terrescende où la chaussée joignait celle qui venait de Laon pour entrer dans l'Auguste, elle passait tout le long de l'étang (2), où elle n'est connue, dit-il, que de peu de personnes. Elle n'était inconnue ni au seigneur de Montigny ni à Dandelot. Le premier s'en est servi avantageusement en 1486, pour surprendre la ville de Saint-Quentin, et Dandelot l'a suivie en 1557, pour y faire entrer du secours. Au sortir du marais, elle montait vers la collégiale de Saint-Quentin et descendait en un endroit dit la descente de Rolland. Cet alignement est marqué ainsi dans une charte d'Othon, comte de Vermandois, de l'année 1045 (3), en faveur de l'abbaye de Saint-Prix : *a ponte supra dicto veterem viam Calceiatam usque ad Rollandi descensum et usque ad semitam quæ partitur terram de Bericurte.* La maison d'Epargnemail avait un peu plus loin une pièce de terre qui, selon une charte de l'official de Saint-Quentin du mois d'octobre 1247, *Sita est super Calceiam que tendit versus Cameracum* (4). De là, passant sur la droite de Tronquoy et Magny-la-Fosse, où elle reparaît, elle coupe la voie de Vermand au-dessus d'Etricourt *(Strati curtis)*, passe sur la droite de Nauroie *(Nigra-Via)*, qui est le dernier village du diocèse; sur la gauche du Mont-St.-Martin et de Gouy. Il est mention d'une chaussée passant sur le terroir de Gouy-en-Arrouaise, dans un arpentage du mois de décembre 1300 (5), des terres que l'abbaye du Mont-St.-Martin avait à Gouy : *entre le cauchie..... tenant*

---

(1) Not. de la Gaul., p. 244.
(2) Lafons, Hist. MS. de Saint-Quentin, t. II, p. 152.
(3) Hem. Aug. Virom., reg., p. 36.
(4) Arch. de N.-D. de Soissons.
(5) Cartul. MS. S. Martini, fol. 55, v°, in Bibl. reg.

à *le cauchie*..... *au monement de le cauchie;* de là jusqu'à Saint-Quentin, c'est un large chemin vert. Elle arrive à Cambray par Crève-cœur. Cette station est marquée dans l'Itinéraire à XVIII mille pas (dix-huit lieues gauloises) d'Auguste de Vermandois. Cependant l'espace n'étant que de dix-neuf mille toises (1), on n'en peut conclure qu'environ dix-sept lieues gauloises. Cette route est tracée aussi sur la carte Théodosienne, mais le nombre de la distance a été oublié.

De Cambray, la chaussée va traverser l'Artois en passant par Arras et la rivière de Clarence, entre Calonne et Camblain; après quoi, elle entre dans le pays des Morins, passe sur la gauche de Ferfay, sur la droite d'Auchy, entre le hameau et la chapelle de Tiremande, passe la petite rivière de Laquette au village d'Etrée-Blanche, *Strata-Alba*, et entre dans la ville de Térouanne, après avoir traversé la Lys. La Carte et l'Itinéraire marquent d'*Auguste en Vermandois à Arras*, XIIII mille pas (quatorze lieues gauloises) et de cette ville à Térouanne, XXII (2). Or le calcul de vingt-deux lieues gauloises ne fournit que vingt-quatre mille neuf cent quarante-huit toises: cependant l'espace entre Térouanne et Arras est de vingt-sept à vingt-huit mille toises; de même le calcul de quatorze donne seulement quinze mille huit cent soixante-seize toises, au lieu de dix-huit mille qu'il faudrait pour remplir la somme de ces lieues gauloises d'Arras à Cambray, d'où M. d'Anville a conclu qu'il y avait erreur dans les chiffres et qu'il fallait substituer XXV à XXII pour avoir la distance plus exacte de *Tarvenna à Nemetacum* et XVI à XIIII pour avoir celle de *Nemetacum à Camaracum*.

DE CAMBRAY A ARRAS ET A TÉROUANNE. PREMIÈRE BRANCHE DE TÉROUANNE.

Dans la suite, cette chaussée fut prolongée jusqu'à la Manche. Elle sortait de Térouanne du côté de Saint-Jean-au-Mont, abbaye de Bénédictins qui a été ruinée. Elle passe encore à Herbelle, la rivière d'Aa au-dessus d'Esquerdes. Sur la droite de Leulinghen, à Etrehen, *Stratum*, cité dans une charte de l'an 723, à Leulenne, à Cormette, à Disques. Au nord, Leulinghen, à Welles, *Via lata*, laissant à gauche un lieu dit encore Leulenne, d'où elle traverse la rivière de Hames au-dessous de Tournehem (3). On voit par la chronique d'Andres que l'abbé Pierre s'apercevant que la rivière de Tournehem débordait fréquemment et causait de grandes inondations, fit construire, en 1178, au-dessous du village d'*Elceka* que Malbrancq dit être *Elcau* où passait la chaussée, un beau pont de pierres: *Sub villa de Elceka in strata publica fluvium de Tornehem sœpius inundantem et naturalem alveum frequenter egredientem prospiciens.... eleganti*

DE TÉROUANNE A SANGATTE. — SECONDE BRANCHE DE TÉROUANNE.

---

(1) D'Anville, Not. de la Gaul., p. 122.
(2) Notice de la Gaule, par D'Anville, p. 480.
(3) Spicil. d'Ach., t. IX, p. 475.

opere pontem incepit..... lapidibus duris et quadratis. Il paraît, par la suite, qu'elle n'a pas existé longtemps. On voyait encore du tems de Lambert d'Ardres, des indices de cette chaussée, depuis le marais jusque dans la forêt : *Ubi nunc sulcante aratro reperitur pita sive via dura et lapidea, a marisco in sylvam calcata* (1) ; elle va de là à Haute-Berne, village nommé ainsi à cause de la colonne milliaire qui y était plantée, passe au camp du Drap d'Or, vis-à-vis l'emplacement de l'abbaye d'Andres. Elle y est indiquée on ne peut mieux dans une charte d'Henry de Campagne de l'année 1161 environ (2), sous le nom d'Etrée publique, allant de France en Angleterre : *Versus plagam meridianam a portâ monasterii usque ad stratam publicam a Francia tendentem in Angliâ.*

On voit dans un autre endroit qu'elle tirait de là à l'Occident pour gagner Guines. C'est le chemin que prit Saint-Thomas de Cantorbery pour se rendre dans cette petite ville (3) : *dum a parte occidentali hujus loci per stratam publicam iter faceret.*

Elle est nommée *Voie de la Mer* en passant entre la forêt de Guines et Fiennes dans un don fait en 1107 à l'abbaye d'Andres par Waren de Fiennes (4) : *Plana omnia quœ jacent in orientali parte viœ maris, inter Mas et mare fluens, videlicet inter vitzand et Donza.*

Elle passe à Saint-Blaise, de là à Leulingue, à Peuplingue, monte à Saint-Martin, descend à Sangatte et de là à la mer. Si l'on en croyait même Malbrancq (5), la chaussée s'apercevait encore de son tems, verdoyante, sous les eaux, jusqu'à une lieue au-delà : *Sub aquis marinis ab eâdem Sangatâ ad solidam leucam perspicitur, ac perdurat... Ut si in monte Sangatensi... pedem fixeris..... viridem longe in Oceano viam notabis.* Quant à ce qu'il ajoute, que les gens de mer lui donnaient le nom de la Voie des Saints, *Viœ sanctorum,* parce que les prédicateurs évangéliques prenaient cette chaussée pour passer de France en Angleterre ou d'Angleterre en France, cela peut être vrai, mais nous n'en avons point de preuves. Nous en croirions plutôt le P. Lequien (6), qui, dans sa dissertation sur le port *Icius,* nous assure qu'elle est nommée *chaussée Brunehaut* dans d'anciens titres. M. Garnier, subdélégué d'Ardres, nous a dit avoir lu dans quelques-uns, *Voie de l'Elene.* La grande carte de France lui donne le nom de chemin de *Leulingue,* à cause des villages de ce nom qu'elle parcourt depuis Térouanne jusqu'à Sangatte. Il est certain que c'était une ancienne route des

---

(1) Preuv. de l'Hist. de Guisne, par Duchesne, p. 141.
(2) Spic. d'Ach., t. ix, p. 456.
(3) Ibid., p. 459.
(4) Ibid. p. 389.
(5) De Morinis, t. i, p. 27.
(6) Desmollet, Mém. de littérature, t. viii, p. 348.

Romains; cependant, ni la Notice d'Antonin, ni la Table Théodosienne n'en font mention.

CCXXXV.
BRANCHE DE LA CHAUSSÉE DE SOISSONS A SANGATTE.

M. l'abbé Peitavy, chanoine de Saint-Quentin, nous a fait observer que le chemin tracé en ligne droite de Rumigny au grand Séraucourt était un large chemin verd qu'on nommait le chemin d'Arras et qu'il fallait le considérer comme un véritable chemin romain. Arrivé à Séraucourt, il traversait le marais et la rivière de Somme (1) sur une longueur de deux cent trente toises et une largeur proportionnée, passait au petit Séraucourt, d'où il gagnait ou Etreilly ou Beauvoir, comme il est tracé sur la grande carte de France. Là, faisant un coude, il suivait la chaussée de Saint-Christ jusque presque vis-à-vis Athies, où il en faisait un autre pour aller traverser la rivière d'Aumignon, la chaussée de Saint-Quentin à Amiens et le terroir de Brunetel. Nous avons plusieurs titres qui y indiquent son passage.

DE RUMIGNY A ENCRE.

Le premier est de l'an 1320 (2): *au Rez de Brunetel et de le cauchie*. Le second (3) est un aveu et dénombrement servi au mois d'avril 1342, à l'abbaye du Mont-Saint-Quentin (et qui se trouve dans les archives de cette abbaye), par Perote de Hardecourt, dame de Brunetel: 37 *journaux tant prés, bois, etc. séans et mouvans de le viés cauchie qui est au Lez vers le castel de Brunetel*.

Par le troisième du mois de février $139\frac{2}{3}$ (4), Renaut de Roye, chambellan de Charles VI, avoue tenir du Roi, à cause de son château de Péronne, *la vieille chaussée et le château Brunetel*.

Après avoir passé la petite rivière de Doing, laissé Péronne à gauche et le Mont-Saint-Quentin à droite, la chaussée allait gagner Cléry et ensuite Encre, en passant entre Carnoy et Bécordel; deux villages qui ont Saint-Vast pour patron.

CCXXXVI.
DE SAINT-QUENTIN A ARRAS.

Les Romains, pour abréger le chemin de Saint-Quentin à Arras, tracèrent une nouvelle chaussée. Quoiqu'il n'en reste presque plus rien aujourd'hui, il n'est pas moins certain qu'elle a existé. Elle prenait à la sortie de la cité des

SEPTIÈME BRANCHE DE SAINT-QUENTIN.

---

(1) Le Nain, plan MS. de la rivière de Somme.
(2) Cartul. S. Barthol. Novion., fol. 10, v°.
(3) Arch. de MS. Cant.
(4) Registres des fiefs du bailliage d'Amiens.

Vermandois. Elle se portait au moulin Pont-Ruel, *Pons-Rivuli*, où elle passait l'une des sources de l'Aumignon ; de là au terroir de Belléglise, où elle est appelée la *Plate-Cauchie* (1) dans un titre de l'abbaye du mont Saint-Martin, à Bouquaimont, aujourd'hui Quainemont, à Ronzoi, à la *viés cauchie de Ronsoy à Boukaimont*, dit un arpentage fait au xiv.ᵉ siècle des terres que l'abbaye du Mont-Saint-Martin (2) avait au terroir d'Argicourt, ensuite à Fins ou *Fines*, lieu qui séparait les Vermandois des Atrebates et des Nerviens et qui, en même temps, était une station. Après avoir traversé ce village par le milieu, elle passe au terroir d'Equancourt, en un lieu dit Béloy, laissant le village à droite ; dans la partie de la seigneurie d'Etricourt, *Strati-Curtis*, appartenant à l'abbaye du Mont-Saint-Quentin, comme il appert par une charte de l'abbé Godefroy, de la fin du xi.ᵉ siècle : *Publici Callis in ea parte que pertinet ad Dominicatum predicte ecclesie ;* et la petite rivière de Hale, *In villa Ostricurt*, dit le nécrologe de l'abbaye du Mont-Saint-Quentin, au 1.ᵉʳ octobre, *transitum Hale fluminis*, sous le nom de chaussée Brunehaut. Moyens de faux allégués au siècle dernier par les religieux du Mont-Saint-Quentin, contre le curé du Mesnil-en-Arrouaise, « dans lequel terroir d'Estricourt la *chaussée Brunehaut* passe pour
» aller dans le bois de l'Echelle, et laquelle, par conséquent, ne fait pas
» séparation du terroir du Bus et du Mesnil, comme allègue le sieur curé. »

A la sortie du terroir d'Etricourt, elle entre dans celui de l'Echelle qui était alors couvert de bois. On lit dans un ancien registre de la prévôté de l'abbaye du Mont-Saint-Quentin (3) : *à un bos près de l'Echielle nommé le bos de l'Echielle..... dont tout de la cauchie vers l'Echielle est Artois et se nomme le Sart-Milon*. Pierre Pugnet, laboureur à Bus en Artois, atteste par serment, dans une enquête du mois d'août 1665, « Que la cauchie allant de Saint-
» Quentin à Arras passait au milieu d'un bois, dont partie était du côté de
» Bus et de l'Echelle et autre partie du côté d'Etricourt et de Manencourt. »
Elle va passer au milieu du village de Roquigny : *ultra Calceiam de Rokennis* (4), (titre de l'année 1218) à Villers-au-Flot et de là à Arras.

CCXXXVII.
DE SAINT-QUENTIN A GUISE.

HUITIÈME BRANCHE DE SAINT-QUENTIN.   M. l'abbé Peitavy pense que l'on pourrait ajouter à la chaussée de Saint-Quentin à Térouanne, une seconde branche dont l'abbé Belay n'a point parlé.

(1) Cartul. M. S. Martini, fol. 2, v°. (3) Reg. prepos., fol. 66, r°.
(2) Ibid., fol. 2, 1°. (4) Preuv., part. 11, n°.

Celle-ci conduisait à Guise. Partant de Saint-Quentin, elle traversait le terroir d'Harly, en passant près d'une croix qui est nommée dans un titre de l'an 1222, en faveur de la trésorerie de la collégiale de Saint-Quentin (1), *le crois Beau-Cauchie ;* ensuite la chaussée de Laon et le village de Marcy. « A la sortie de » Marcy, il y en a, dit l'abbé Peitavy, un très-grand et très-beau morceau, » large, bombé, gravelé comme les anciennes voies; mais elle n'est pas con-» tinuée ainsi jusqu'à Guise. »

CCXXXVIII.
DE GUINES A CALAIS.

L'extension de la chaussée romaine de Térouane à Sangate jetait deux rayons ; l'un, après avoir passé la petite ville de Guines. Il nous est impossible de marquer précisément l'endroit d'où il partait. Nous voyons bien par l'histoire de Guines de Lambert d'Ardres (2), que cette chaussée passait sur les confins de la terre de Merc et du comté de Guines ; que Renaud, comte de Boulogne, vers la fin du XII.º siècle, pour fortifier sa terre de Merc contre le comte de Guines, fit creuser un grand fossé tout le long de la chaussée. Mais des trois lieux indiqués par où elle passait, nous ne reconnaissons que Calais : *Eustachius monachus..... populum Mercuritii territorii..... convocavit..... ut ad firmandam terram Mercuritiam... apud Axlas juxta calcatam, quæ ducit apud Nivennam, et inde apud Calaisiacum, statuto die convenirent, et ibi ex utraque parte calcatæ foderent, et maximo fossato terram Mercuriticam concluderent et contra Ghisnenses communirent.*

Cette chaussée est appelée *Leda* dans un titre du mois de janvier $121\frac{6}{7}$ dont voici les termes : *Ab orientali parte ipsius Ledæ (viæ latæ)... inter marescum de Gisnes et marescum Sancti Wilmari de nemore* (3).

CCXXXIX.
DE SANGATE A MERC.

L'autre rayon partait de Sangate et allait aboutir à Merc, en cotoyant la Manche. Elle est toute tracée dans une charte de l'abbaye de Saint-Bertin du mois d'août 1224. L'on y voit que du port de Sangate elle était dirigée droit au

(1) Cart. S. Quint., sup., p. 65.
(2) Duchesne. Maison de Gand et de Guisne, pr., p. 259.
(3) Du Cange, Gloss., au mot *Leda*.

courant d'eau qui venait de Guines, où elle rencontrait la chaussée dont nous venons de parler qui, venant du Midi, se rendait à Petresse, aujourd'hui faubourg de Calais. Au delà du fossé, elle déclinait à l'Orient vers les salines de Merc, d'où elle allait en droite ligne jusqu'à la paroisse du dit Merc : *A stratá que a mari venit et dirigitur usque ad cursum aque, que venit a terra Gisnensi vel Ardensi..... versus austrum usque ad stratam que versus orientem vadit ad salinas de Merch; et recta linea dirigitur usque ad parrochiam de Merch..... a stratá predictá versus austrum que vadit versus Petresse.*

Nous voyons par la Notice de l'Empire que les Romains avaient un corps de cavalerie étrangère sous les ordres du général de la seconde Belgique, en station à Merc : *Equites Dalmatæ Marcis.*

CCXL.

NEUVIÈME BRANCHE DE LA VOIE MILITAIRE.

PREMIÈRE DE SENLIS. DE CETTE VILLE A POMPOIN.

A Senlis, la voie militaire jetait deux branches ; la première, du côté de Pompoin, en cotoyant les murs de la cité de Senlis construits par Posthume, l'autre, en la traversant pour aller à Pont-Saint-Maxence. Nous regardons en effet, comme ouvrage des Romains, la chaussée qui est appelée *Chaussée de Pompoin* dans plusieurs cartes géographiques. Elle est tracée en ligne droite sur Saint-Gervais de Pompoin, élevée en terrasse en quelques endroits et couverte de gazons dans toute son étendue. Elle passe près du moulin de Vilvert, au-dessus duquel elle entre dans la forêt d'Halate. Arrivée à Pompoin, nous la perdons de vue, de façon qu'il n'est pas possible d'assurer si elle se terminait en ce lieu qui était autrefois considérable, ou si elle passait au-delà de l'Oise.

CCXLI.

DIXIÈME BRANCHE DE LA VOIE MILITAIRE.

DEUXIÈME DE SENLIS. DE CETTE VILLE A BAVAI.

La seconde branche, la seule qui traversât la cité de Senlis, en sortait par la porte de Saint-Rieul et, allant passer la petite rivière d'Aunette à Vilvert, à l'endroit qu'une charte de l'official de Senlis de l'année 1236 nomme le gué de Creil, (*terram sitam in fundo ejusdem ecclesie, ultra vadum Crediclii, majori srate contiguam*), entrant ensuite dans la forêt d'Halate, elle passait au pied du mont Christophe et descendait à Pont-Saint-Maxence, *Pontes*, qui est à cinq lieues gauloises de Senlis, comme nous l'avons dit, après y avoir traversé l'Oise sur le pont dont ce lieu a retenu le nom. C'était peut-être le lieu que les actes de saint Rieul nomment *Chanaa* (1), auquel lieu le saint Prélat rencontra l'exprès que le peuple de Beauvais lui envoyait pour lui annoncer la mort de saint Lucien : *Cum autem quodam die cum quibusdam suis clericis institutum arriperet iter, in Chanaá villá supra Isarœ fluvium legatum Belvacensis plebis obvium habuit.*

Elle allait droit au village qui porte aujourd'hui le nom de Saint-Martin-Longueau, point de réunion de deux autres branches de chaussée.

Celle de Senlis continuait droit à Etrée-Saint-Denis, *stratum*, en laissant sur la droite Sacy-le-Petit. Elle est nommée dans deux chartes de l'année 1229 de l'abbaye de Saint-Denis (2), touchant Ully-Saint-Georges, *Via Pontes, via ad Pontes*; c'est-à-dire, la voie qui va à Pont-Saint-Maxence et *Via publica* dans une charte de l'an 1164.

Nous présumons qu'il y avait une colonne milliaire sur le terroir d'Etrée, parce qu'il est dit dans un dénombrement de Raoul d'Etrée du 18 juillet 1406 : *Item à la Haute-Bonne d'Estrées, XV mines ou environ de terre.* Elle cotoye le terroir de Francières. Depuis ce terroir jusqu'à celui de Beaumanoir, cette chaussée prend le nom de *grand chemin d'Amiens*. Elle va de là passer la rivière d'Aronde à Gournay : *Ad Aratum Gornaci*. Un titre de l'an 1200 (3) de l'abbaye d'Ourscamp la nomme ainsi. Elle se détourne sur la droite de Séchelles du grand chemin actuel pour gagner Conchy-les-Pots. La chaussée, un peu avant le village de Tilloy, se joignait à celle de Beauvais à Bavai en Hainaut. Nous parlerons de cette autre chaussée, la même vraisemblablement que Guichardin (4) avait en vue en disant que l'on voyait encore de son temps les « restes d'une
» rue ou voie merveilleuse ou plutôt miraculeuse, laquelle va de droite ligne
» depuis ce lieu (Tongres) jusqu'à Paris, l'espace de plus de 80 lieues..... de
» sorte que le peuple esbay d'un ouvrage si excellent et de si haute entreprise,
» a inventé la fable de dire que le diable l'a bâtie en trois jours et trois nuits. »

CCXLII.
ONZIÈME BRANCHE DE LA VOIE MILITAIRE.

Une troisième branche de chaussée se détachant à Senlis de la voie militaire, allait droit à Meaux. Elle est tracée sur la carte Théodosienne, qui compte entre *Augustomagus* et *Fixtuinum*, capitale des Meldois, XVI lieues gauloises qui

TROISIÈME DE SENLIS DE CETTE VILLE MEAUX.

(1) Boll. act. SS. 30 Martii, pag. 824, n.° 16.
(2) Cart. Ulliaci. Dyon., p. 105-106.
(3) Cartul. Ursicamp., f.° 132, r°.
(4) Description des Pays-Bas, p. 443, col. 2.

font dix-huit mille cent quarante-quatre toises. La distance précise n'est cependant que d'environ dix-huit mille (1); mais la chaussée n'allait pas tout-à-fait en droite ligne et c'est ce qu'il ne faut pas oublier. On l'aperçoit dans la carte topographique des environs de Chantilly par La Vigne. Elle traverse la forêt d'Ermenonville. En passant vis-à-vis d'une portion de bois, dit le *bois de Borrêt*, elle est nommée *Via publica* dans une charte de l'église de Senlis de l'an 1243, et *Etrée publique* dans une sentence arbitrale de l'année 1255, sur un différent entre les hôtes de l'église de Senlis et ceux de sainte Géneviève de Paris, résidant à Boret : *Item in hoc quod passim et indifferenter, pro voluntate nostra, ut dicebant, in strata publica, ubi invenimus, capimus, seu capi facimus equos et alia mobilia hospitum.*

Un peu plus loin, elle passait dans un lieu dit les *Bruyères*, en cotoyant *Maceriam que vulgariter dicitur la Meziere Brunehaut in Brueriis*, comme nous l'apprenons d'une permission donnée au mois de mai 1279 par l'abbaye de la Victoire à la commune de Senlis, de tirer du sable au-delà de cette *Mézière Brunehaut*. Sortant du terroir d'Ermenonville, la chaussée entre dans le diocèse de Meaux.

CCXLIII.
DOUZIÈME BRANCHE DE LA VOIE MILITAIRE.

DE LA MORLAYE A LA CHAUSSÉE DE BEAUVAIS A WARTI.

A la Morlaye, la voie militaire jetait deux branches, l'une à droite et l'autre à gauche. La première allait passer sous le camp de César, situé près Gouvieux, où se trouve le hameau de la *Chaussée*. A peu de distance de là, est une chapelle dédiée à sainte Catherine, que Louvet (2) appelle *sainte Catherine de Gouvieux*, autrement de la *chaussée de Saint-Germer*. Elle traversait la rivière d'Oise à Saint-Leu-Desserans, celle du Terrain sous Cramoisi, passait à Saint-Vast-les-Mello, à Rousseloy, *Rufa-lata-via*, à Bri-voie, *Briva-via*, où l'on passe un ruisseau. De là, la chaussée entre dans la forêt de Hez; elle tombait vraisemblablement sur celle qui est nommée improprement de *Clermont à Beauvais ;* nous n'avons aucune preuve qu'elle s'étendît plus loin.

CCXLIV.
TREIZIÈME BRANCHE DE LA VOIE MILITAIRE.

DE LA MORLAYE A PARIS.

La seconde branche, à la sortie de la Morlaye, entrait presque aussitôt dans le pays des *Parisii*, allait gagner la capitale, en passant à Pierrefitte, *Petra ficta*, qui annonce une colonne milliaire en cet endroit, et à Saint-Denis de l'Etrée.

(1) D'Anville. Notice de la Gaule, p. 576.   (2) Louvet. Hist. de Beauvais, tom. I, p. 174.

CCXLV.

QUATORZIÈME BRANCHE DE LA VOIE MILITAIRE.

A Beauvais, cinq branches de chaussée partaient de la voie militaire comme autant de rayons d'un centre commun. La première traverse les terroirs de Laversines et de Brêles. Les titres du xiiie siècle l'y nomment tantôt *Calceiam* tout simplement, (titre de l'abbaye de Froimont de l'année 1241), tantôt *Calceia de Claromonte* (1): *Quatuor minatas terre juxta Calceiam de Claromonte per quam itur de Belvaco ad Clarummontem*, (charte de l'official de Beauvais du mois de mars 1260); *Duas minas et dimidiam terre sementis sitas juxta Calceiam ad Claromonte....... Item duas minas terre sementis sitas juxta dictam Calceiam*, (autre du même official du mois de juillet 1288). Un bornage, fait au carême de $129\frac{0}{1}$, de deux pièces de terre appartenant au même Hôtel-Dieu, sur le terroir de Laversines, porte que l'une était assise entre le lieu dit *Guates-Vignes et le Cauchie de Clermont*. Tantôt la *Haute-Chaussée; joignant d'un côté aux Célestins d'Amiens, aboutant à la Haute-Chaussée*, (bail à ferme du 22 novembre 1528, de quatre mines de terre situées au terroir de Brêle, au *Buquet Pouilleux; joignant d'un côté au chemin d'Essuiles, d'un bout à la Haute-Chaussée*, (déclaration du 5 janvier 1584). Elle est nommée de même dans les anciens papiers terriers de Beauvais concernant Laversines et Brêles, ainsi que dans les plans qui ont été dressés dessus. Du terroir de Brêles elle va passer sur celui de la Rue St.-Pierre et au pied du moulin à vent. Elle est presque totalement détruite au-dessus et au-dessous de ce moulin. En passant entre Lits, sur la rivière de Bresche, que quelques anciens titres appellent *Briga*, (que nous avions conjecturé d'abord le *Litano-Briga* de l'Itinéraire d'Antonin) et la Neuville-en-Hez, elle y prend le nom de chaussée de Beauvais, *Una minata terre sementis que est Presbiteri de Nova-Villa-Comitis sita juxta Calceiam Belvacensem* (2), (arpentage fait en 1290 de terres appartenant à l'abbaye de Froidmont, au terroir de la Neuville-en-Hez), et, au lieu de prendre en cet endroit le chemin de Clermont, comme disent les titres que nous avons cités, la chaussée descend à la rivière de Bresche par Etrée, qu'une ancienne notice du domaine de la Neuville-en-Hez dit être tout près du bois d'Ivrequin, faisant partie de la forêt de Hez. Elle passe la rivière à Ramecourt (3), où elle prend le nom de *Chaussée de Ramecourt*, dans des lettres de la

---

(1) Archives de l'Hôtel-Dieu de Beauvais.
(2) Arch. de l'abb. de Froidmont.
(3) Arch. de l'abbaye de Froidmont.

dame de Warti du 1.ᵉʳ février 128$\frac{6}{7}$, et dans d'autres de l'abbaye de Froidmont du 15 juillet 1440.

La chaussée gagne Warti, aujourd'hui Fitz-James, où elle prend le nom de Chaussée de Warti : *In tribus arpentis prati vel circiter sitis juxta Calceiam de Warti* (1), (sentence de l'official de Beauvais de l'an 1257 en faveur de l'abbaye de Froidmont contre le Prieur de Breuil-Vert), ou de *Cauchie de Warti : Tous men manoir de Cauchie de Warti*, disent les lettres de M.ᵗʳᵉ Renaud de Warti, chanoine de Senlis, qui, en janvier 126$\frac{2}{3}$, en fait don aux trinitaires de l'Hôtel-Dieu de Clermont (2), (titre du comté de Clermont, de l'an 1264) (3). « Et de » *Haute-Chaussée* sept mines ou environ de terre, joignant d'un côté aux reli- » gieux de St.-André, et d'autre côté à la Haute-Chaussée, aboutant d'un bout au » chemin qui mène du petit Warti au bois St.-Jean (4), » (acte d'échange du 23 juin 1533, entre Pierre de la Bretonnière, chevalier seigneur de Warti, et l'abbaye de Froidmont).

De Warti elle va à Bequerel. Plusieurs titres lui donnent les noms de *Calceita*, de *Cauchie de Becquerel : In novo molendino quod situm est in Calceita de Becquerel* (5), (charte de l'an 1222); *Près la cauchie de Becquerel*, (autres des années 1283, 1284 et du 27 juillet 1357). Celle-ci porte : « *la Cauchiette*..... située au- » dessoûb du castel de Clermont et séant près la cauchie de Becquerel, en ve- » nant devers Warti-St.-Pierre, droict à ladite cauchie de Becquerel, pardevant » la maison ou mur de la chapellerie de Berone. »

Même chose dans une constitution de cent sols de rente, du 15 novembre 1379, à prendre sur une maison située sur la *cauchie de Becquerel*. De même dans des lettres d'amortissement du 1.ᵉʳ janvier 128$\frac{3}{4}$ (6).

La chaussée passe à l'extrémité du parc Nointel, à Castenoy, dont l'église était sous le vocable de Saint-Vast, suivant des lettres de Milon, évêque de Beauvais, du mois de mars 1218 (7), et à la ferme d'Ourscamp. M. Simon, dans son Supplément à l'histoire de Beauvais, a confondu un chemin qui prend de cette ferme et conduit à Noyon, avec la chaussée. Elle tire à droite pour passer au pied de la montagne de Castenoy, où nous avons dit qu'était placé un camp romain ; à Sachy-le-Grand : *au terroer de Sacy-le-Grand, trois mines quatorze verges de terre desoub le Cauchie*, disent les lettres de Robert de France, comte de Clermont, de l'année 1284 ; à La Drencourt, *quarante-trois verges de terre à*

---

(1) Ibid, p. 83, n.° 1.

(2) Polip.ᵗ de Clermont. MS. de la Bibliot. du Roi, côté 9493. 5. 5. A., f.° 97, v.°

(3) Preuv., part. II, n.°

(4) Arch., p. 79, n.° 5.

(5) Ibid, case de Becquerel.

(6) MS. de la bibliot. du Roi, sup., f.° 107, v.°

(7) Louv., hist. de Beauvais, p. 299, tom. I.ᵉʳ

le Cauchie, dessus Landrencourt (1); d'où elle va joindre à St.-Martin-Longueau la chaussée de Senlis à Bavai.

CCXLVI.
QUINZIÈME BRANCHE DE LA VOIE MILITAIRE.

La seconde branche formait un angle aigu avec la précédente, à la porte de la cité de Beauvais, dite du *Gloria laus*. Voici sa direction, d'après une déclaration du dîmage de la ferme de Tillel, servie au trésorier de l'église de Beauvais entre 1405 et 1413 (2). « En allant droit à un buquet que on appelle *Campignoles*
» et de là à la justice de Morlaines, joignant à la cauchie de St.-Just, en allant
» au bos de Menonval, en allant au quemin de Valaines, en allant à la couture
» de Menonval, en allant tout Contreval, Pinchonlieu et à certaines pièces soub
» le cauchie de St.-Just, emprès le muy St.-Ladre, qui est vers la justice de
» Bracheul. »

DEUXIÈME DE BEAUVAIS. — DE CETTE VILLE A BAVAI.

Elle passe au calvaire de Fouquerolles, sur la droite de St.-Rimaud (3) : *Apud sanctum Rimoldum extra Calceiam et fossetum*, (charte donnée vers l'an 1180); *Septem minas terre sementis contiguas Calciate S. Rimondy*, (autre du mois de décembre 1227); *Le grant kemin qui s'en va de Beauvez à St.-Just* (4), (lettres à Raoul de St.-Rimaud, du mois de mai 1502); à Essuile, monument des anciens Hassi (Voyez la Notice). En ce lieu elle traverse la Brêche, près du moulin, va passer sur la droite de Nourard, à l'extrémité septentrionale de St.-Just, au pied du Plaissier, qu'elle laisse à droite. Elle y est nommée *Chemin des Poissonniers* : *Terre aboutissante au chemin de Ravenel, dit le Chemin des Poissonniers et au fief de Caillouet*, (ancien état du domaine de l'abbaye de St.-Just au Plessier). A gauche de Ravenel, à droite de Vaumont : *Inter peciam mediam a Calceiam de Vamont*, (charte de St.-Louis de l'an 1258, en faveur de l'abbaye de St.-Martin-au-Bois). De la ferme des Vallées, dite aussi de Vienne, qui est au bout de ce village, la voie passe dans Mongerain : *La chaussée qui mène de Mongerain à Courcelles*, (cueilloir des cens de l'abbaye de St.-Corneille de Compiègne, de 1518, concernant le fief de la cenne à Mongerain); *Le champ de l'Epinette le long de la chaussée Brunehaut.... La chaussée Brunehaut qui mène de Mongerain à Courcelles*, (déclaration du mois d'août même année, des terres tenus en champart du fief susdit). Le nom de *Chaussée Brunehaut* se trouve répété jusqu'à huit fois dans une décla-

---

(1) Preuv., part. II, n.°
(2) Liv. rouge du chap. de Beauvais, f.° 8, v.°
(3) Preuv., part. II, n.°
(4) Arch. de l'Hôtel-Dieu de Beauvais.

ration des terres de la ferme des *Obits* à Mongerain, donnée en 1552. Sur la droite de Tricot : *Trois quartiers de terre, séant au moulin de Tricot, tenant à la chaussée Brunehaut,* (déclaration de l'année 1518); *Decem et novem minas sementis terre site in territorio de Tricoc, in una pechia juxta Calceiam in loco qui dicitur cultura Daridel,* (lettres d'Alphonse de Rouvoi, du mois de mars 1284). Au milieu du village de Courcelles, au bout de Rollot, à peu de distance de l'église collégiale de la Madelaine, où la chaussée est nommée *le grand chemin du Beauvoisis,* comme le renseigne un papier terrier de St.-Corneille de Compiègne de l'an 1491 ; le long des allées de Bains ; dans Boulogne-la-Grasse ; le long du parc de Tilloloy, on le laisse à gauche et Beuvraines à droite. Elle coupe le beau chemin de Crapauménil à Roye, qui est l'ancien chemin de Compiègne ; elle sépare les terroirs de St.-Georges-les-Roye et de Verpillières. Les lettres de St.-Louis, du mois de septembre 1236, confirmatives des biens que l'église de Soissons avait sur le terroir de St.-Georges, portent : *In campo ad Calceiam* (1).

La chaussée est tellement bouleversée dans cette partie, qu'elle ne conserve plus que le nom de *Sentier de Beauvais*. Elle ne paraît plus même à l'approche du village de Royeglise, où elle passait près d'un petit bois, lequel est dit dans un titre de l'abbaye d'Ourcamp, de l'année 1257 : *Tenant à la Cauchie vers Royeglise*. Après avoir traversé la rivière d'Avre et le village de Royeglise, en face de la porte de l'Eglise, où l'on a découvert, depuis quelques années, des tombeaux de pierre très anciens, qui avaient été placés sur le bord de la chaussée, elle va gagner le village de Champien, ensuite Landevoisin, la rivière d'Ingon à Bi-Pont, autrefois Aubin-Pont, suivant un aveu de la seigneurie de Cressy, un lieu nommé Curtival où elle est nommée *Calceia* dans un titre de l'année 1226 ; le village de Voyenne (2), (il y a des lettres de Charles de Sainte-Maur, seigneur de Nelle, du 18 octobre 1460, pour les réparations à faire à une partie de la chaussée de Voyenne, auxquelles il était tenu avec le chapitre de Noyon) (3), où elle traverse la rivière de Somme pour gagner Ugny : « A l'un et à l'autre côté de la » rivière, dit M. le Nain, ingénieur du roi Louis XIII en Picardie (4), l'on » trouve la suite d'une chaussée militaire à toutes les marques de son antiquité. »

Elle va droit de Ugny à Vermand, passant le long de la terrasse du camp romain, de là à Bihecourt, à la source de la rivière d'Aumignon, vers Pont-Rue, *Pons rivi ;* elle coupe la chaussée de Saint-Quentin à Arras ; laisse Riqueval sur la droite *(séant à la cauchie desoubs Riqueval qui va à Vermans,* (titre du

---

(1) Preuv., part. II, n.º
(2) Cart. de Libons, f.º 20, v.º
(3) Cart. Noviom. Eccles. n.º 5, f.º XII^{xx} XVI, r.º
(4) Plans MSS. des passages de la rivière de Somme.

xiv.ᵉ siècle dans le cartulaire de l'abbaye de Mont-Saint-Martin, qui est dans la bibliothèque du Roi, fol. 72, r.°), passe sous le moulin à vent de Noroi, (quittance du droit d'amortissement du mois de mai 1295, pour seize verges de terre: *Ad Calchiam de subtus molindinum ad ventum de Noueroi*), (1) et entre dans le Cambresis à Etrée. Cette partie de la chaussée est mentionnée dans un titre de l'année 1247 du même cartulaire du Mont-Saint-Martin : *Inter Calceiam per quam itur de Estrées apud Mares : que nemora consistunt contigue inter dictam Calceiam et le Treu de Wiencourt* (2).

CCXLVII.
SEIZIÈME BRANCHE DE LA VOIE MILITAIRE.

Cette chaussée avait son commencement du côté du Midi, vers la porte Saint-Jean. Elle montait sur la droite de l'abbaye de Saint-Symphorien, pour gagner Saint-Martin-le-Neud, qu'elle laisse aussi un peu sur la droite, (on y a découvert d'anciens tombeaux sur les côtés de la chaussée.), pour passer entre Grumenil et le bois Dargy et à Mezanguy. Elle sort du Beauvoisis vers Jouy-en-Telles, d'où elle va rejoindre le chemin de Rouen à Paris, dans un lieu dit dans l'Itinéraire d'Antonin, *Petromantalum* et *Petrum viaco* dans la Table Théodosienne, c'est-à-dire à Magny ou à Bantelu. Cette chaussée que l'Itinéraire annonce pour être celle de Beauvais à Paris, *Iter à Cæsaromago Lutetiam usque*, y est marquée avec le nombre XVII de Beauvais à *Petromantalum*, et dans la Table avec le nombre XV de la même ville à *Petrum viaco;* mais, comme la distance de Beauvais à Magny passe dix-neuf mille toises, elle répond au nombre XVII indiqué dans l'Itinéraire, pour marquer non des milles, mais des lieues gauloises (3).

TROISIÈME DE BEAUVAIS. — DE CETTE VILLE A MAGNY-EN-VEXIN.

CCXLVIII.
DIX-SEPTIÈME BRANCHE DE LA VOIE MILITAIRE.

Une autre branche de chaussée tirait à l'occident, en sortant de Beauvais par la porte de Grès qui est bouchée depuis un grand nombre d'années. Elle suivait la rue Verte qui conduit à Saint-Lucien, jusqu'à l'encoignure de l'enclos de cette abbaye. Nous avons aperçu à l'entrée de cette rue un lit de cailloux arrangés comme dans les chaussées construites par les Romains. Après avoir traversé le

QUATRIÈME DE BEAUVAIS. — DE CETTE VILLE A LA MER.

---

(1) Colliette, Mém. du Verm., t. II, p. 540.
(2) Cartul., sup., f.° 114, v.°
(3) D'Anville, Not. de la Gaule, p. 519.

jardin et le village de Til, elle monte le long du bois Brulles, en suivant le circuit de la montagne; et, descendant vis-à-vis Miauroy, elle va gagner Troissereux et le Couroy, indication d'un gîte, ou du moins d'un lieu où l'on faisait halte. Elle passe entre Milly et Monceaux, où est un canton dit les *Cercueils* et à Saint-Aumer qui est encore nommé *Saint-Aumer-en-Chaussée*. C'était le chemin des marchands de poissons de mer: *Qualibet die decimâ cujuslibet anni per Milliacum et undecima cujuslibet anni per Milliacum et Sanctum Omerum*, (arrêt du Parlement de l'an 1314.) A un demi-quart de lieue de Saint-Aumer, la chaussée passe entre deux bois. (Le bois qui est à gauche, nommé *Bois Paradis*, n'est pas marqué dans la grande carte de France.) Elle ne suit pas le grand chemin actuel, mais elle passe un peu sur la droite jusqu'au premier village. Elle descend ensuite à Marseille, où elle est qualifiée d'Etrée publique, de Voie publique: *Apud Marselias supra stratam publicam*, (charte de l'année 1169); *Que Domus sita est propre domum Radulphy fabri; viâ publicâ intermediâ* (1), (donation faite à l'abbaye de Beaupré, d'une maison située à Marseille.)

Elle monte pour passer sur la gauche de Fontaines, où elle est nommée Chaussée de Fontaines: *Quatuor minas terre sementis sitas versus Calceyam de Fontaines, in loco qui dicitur Lesclatel* (2), (vente en faveur de l'abbaye de Lannoy, autrefois *Briostel)*. Elle est fort maltraitée en cet endroit, jusqu'à un antique tilleul qui a crû au milieu; les uns l'appellent l'arbre *Jacob*, d'autres, l'Ormeau *Jean-Grou*. Elle cotoye le bois *Tiegart*. Vis-à-vis de ce bois, la base de la chaussée parait en quelques endroits, exhaussée de près de deux pieds sur la surface de la nouvelle. Les épines qui ont crû dessus l'ancienne, ont conservé le côté septentrional, tandis que le méridional est absolument détruit. Elle est désignée clairement dans la déclaration du dimage et du champart de Therines fournie au commencement du xv.e siècle, au trésorier de Beauvais.

« Item joint à ladite terre dudit trésorier, du côté vers Saint-Maur en le cau-
» chie aux terres de Beaupré..... et joint ledit dimage..... d'un côté vers Fon-
» taines et d'un côté vers Saint-Mor..... et d'un bout à la cauchie qui maine de
» Saint-Mor à Marseille, joignant au bois Tiégard. »

Et dans une charte de Raoul de la Cengle de l'année 1164 (3): *In terra nostra de Arabla..... usque ad viam publicam.*

---

(1) Magn. Cartul. de Bello Prato, fol. 20, v.°, col. 2.

(2) Arch. de l'abb. de Lannoy, terroir de Fontaine-Lavaganne, ch. 68.

(3) Loisel. Mém. de Beauv., p. 276.

Cette chaussée est appelée *Alta via*, en passant sur le terroir de Saint-Maur, nom moderne qui a succédé à celui de Alta-Via, que la chaussée avait communiquée à l'habitation qui s'était formée en cet endroit : *dimidium terre que dicitur Altavium*, (bulle du pape Eugène III, du 8 des calendes de may 1147) (1) ; *Terra de alta via*, (charte de 1148) ; *Quecumque possidebant in territorio Alte vie*, (donation faite vers le même tems par un certain Rohard et Pierre son fils, du terroir de Saint-Maur). Cette voie va droit au village de Bronbos qui a pris la place d'un bois que l'on appelait *Brunus-Boscus*, au village de la Chaussée, *Calceia*, à Sarcus : *Duas minatas terre sitas ad Calceiam de Sarcus*, (titre du mois d'août 1255) (2).

Elle traverse le territoire de *Mérounessart*, aujourd'hui Menantissart. L'abbé de Foucarmont (3) ayant érigé en 1298 la cure de Saint Thibaud, lui donna le nom de Saint-Thibaud-en-Chaussée : *Sancti Theobaldi de Calceia*. Elle entre dans le diocèse de Rouen en traversant le village de Foulloy, laissant Dijon sur la droite pour aller gagner le bois Robin et descendre à la porte d'Aumale sur la rive droite de la Brèle qu'elle cotoye jusqu'à Sénarpont.

Elle va de là à Rambures, à Ramburelles ; passe entre le Tranloy et Bus-Ménard et cotoie le bois de Morival. Cette chaussée est indiquée depuis Sénarpont jusqu'à Morival dans un aveu et dénombrement de la chatellenie de Tranloy servi au roi le 10 octobre 1378 : « Entre..... les Rains du bois de Morival..... » un autre chemin (royal) venant de la mer, allant à Paris, passant devant la » porte du Bus-Ménard, allant à Sénarpont et le travers s'aperçoit devant le » château de Tranleel, et on peut suivre le défaillant jusqu'à Sénarpont (4).

Il y a aussi au même terroir de Morival un lieu dit *Drucloy*, comme qui dirait la *Voie dure*. De là, elle va passer sur le terroir de Baillon, en qualité de chaussée Brunehaut : 140 *journaux de terre ou environ en fief tout en une pièce à la chaussée Brunehaut et au chemin de Mainières à Fretemol* (5), (aveu du 6 septembre 1381.) Bail de trois journaux de terre au terroir de Mainières, *tenant à la chaussée Brunehaut* du 14 janvier 138$\frac{2}{3}$, (archives de l'abbaye de Corbie) (6).

Au sortir du terroir de Baillon, elle passe la petite rivière de Vismes, va à Vis (la voie), à Feuquières, à Valines, à Arrest, (il y a un fort beau chemin vert entre ces deux villages), à Etrée-Beuf ; là elle décline à droite pour passer à Herveloi, fief situé au terroir de Drancourt ; à la Neuville d'Estruine (*nova villa*

---

(1) Ibid. Tiroir des bulles des papes.
(2) Arch. de l'abbaye de Beaupré, boîte de Bronbos.
(3) Preuv., part. II, n.°
(4) Reg. du bur. des finances d'Amiens, coté Ponthieu.
(5) Ibid.
(6) Reg. Isaias, f.° 147.

— 484 —

strati) et arrive au port de Saint-Valery. Cette chaussée pouvait conduire également de Valines à Boulogne-sur-Mer, comme nous le ferons voir.

CCXLIX.

DIX-HUITIÈME BRANCHE DE LA VOIE MILITAIRE.

DE TILLEL A LA CA- A une lieue au-delà de Beauvais, c'est-à-dire à Tillel, la voie militaire en-
PITALE DES SETUCI. voyait une de ses branches dans le Santerre. Elle passe à Orouer sous le titre de chaussée de Breteuil : *Alia vero pecia sita est inter Calceiam de Brithulio et Queminum per quod itur apud Riu* (1), (lettres de l'official de Beauvais du lendemain de Pâques 1558, en faveur de Saint-Quentin de Beauvais); « Les hoirs » Pierre de Rieu, pour environ IX mines de terre joignant à la vigne dudict » Rieu, et aussi à la cauchie de Breteuil et aboutants à une voie qui va à Vi- » lers (2), » (déclaration des dîmes de la grange de Tillel donnée au trésorier de Beauvais au commencement du xve siècle); *Quarum duarum peciarum una, que continet sex decim minas terre sementis vel circiter, sita est, ut dicitur, inter terram Drogonis Majoris de Rieu ex una parte et Calceiam de Oratorio ex altera* (3), (lettres de l'official de Beauvais du mois d'avril 1288); « En allant à » une pièce qui est entre Guignecourt et la maison Pierre Lemaire, montant au » quemin de Breteuil, droit à la cauchie d'Oroir, en allant au bos de Morlai- » nes..... Item à la cauchie d'Oroir, une pièce de terre contenant X mines » ou environ, (4) » (déclaration du dimage de Tillel servie au trésorier de Beauvais).

D'Orouer elle traverse le bois de Saint-Martin... *Quatuor minas terre sementis apud Boscum sancti Martini juxta Calceiam sitas*, (charte du mois de mai 1226) (5); la Brèche à Reuil, et va droit à Noyers. Sa direction de Reuil à Noyers est indiquée par plusieurs titres. *Una pecia sita est juxta Calceiam, per quam itur de Ruolio ad Belvacum* (6), (titre du quatrième dimanche après Pâques, 1249). *Apud Ruolium septem minas terre contiguas Calceie ex una parte*, (autre du mois d'octobre 1303). *Item Duas minas terre sitas juxta Calceiam*, (autre du mois de mai 1208). Elle passe vis-à-vis la ferme de Mauregart : *Quatuor minas terre sementis sitas in territorio de Malregard, juxta Calceiam inter terras dictorum religio-*

---

(1) Arch. de St.-Quentin de Beauvais, lay. de Tilloy.
(2) Liv. rouge du chap. de Beauvais, f.° 6, r°.
(3) Arch. de l'Hôtel-Dieu de Beauvais.
(4) Livre rouge, supra, f.° 7, r°.
(5) Arch. de l'Hôtel-Dieu de Beauvais.
(6) Ibid.

sorum et villam de Noyers (1), (lettres de l'official de Beauvais du mois de janvier 127$\frac{4}{5}$); *Magna Calceia que ducit de Noyers ad Belvacum et magna et alta Calceia que ducit de Noyers ad Belvacum*, (arpentage des terres du terroir de Gouy fait en 1295, par ordre de Robert de Pierre-Font, abbé de Froidmont).

Au-dessus de Noyers, elle traversait la grande forêt de Noirvaux : *Vie-regie antiquum aggerem*, (sentence arbitrale prononcée vers l'an 1160 par l'évêque de Laon au profit de l'église de Beauvais). Au terroir de Noyers était vraisemblablement une colonne milliaire, comme il paraît par les lettres de Raoul de Houdencourt, chanoine de Beauvais et en même tems prieur de l'abbaye de Breteuil, de l'année 1310 : *Decime cujusdam fundi, sive loci qui dicitur ad prepetram pertusam versus les Ulliz, in territorio de Noyers* (2).

Elle passe sur la droite de *Sauvelieu: ad Calceiam de Britolio*, (titre du mois d'août 1240) (3); *Duas minas terre sementis..... que fuerunt quondam Radulfi de Ruelio ad Calceiam de Britolio sitas*, (autre de l'année 1245), et va descendre dans la vallée de Calmont, *Callis-Mons*, où elle ne parait plus qu'au delà de l'emplacement de l'ancien *Vendolisium*, c'est-à-dire au pied du mont *Catelet*. En passant dans la vallée de Calmont, au lieu dit *les Grands-Champs*, elle prend le nom de Chaussée Brunehaut, dans un aveu fourni en 1753 par les dames de Saint-François, à Charles, duc de Fitz-James. Serait-ce la même qui est nommée la *Chaussée aux Anges*, dans un mesurage des terres de Beauvoir en 1644?

Elle était tirée comme au cordeau sur le calvaire de Paillart, mais elle a été détruite par la charrue des laboureurs. Avant que d'arriver à Paillart, elle passait près d'un bois nommé l'*Autloie, bosci siti inter vallem de Paillart et Boscum qui dicitur le Autloie, ut iter ad Britulium*, (charte de l'an 1223). Il parait que la chaussée traversait celle de Senlis à Amiens, et la rivière de Noye, pour aller passer dans le parc de Folleville, à Sourdon, à Raineval, dont l'église est sous l'invocation de Saint-Vast, à Moreuil, qui a le même saint pour patron ; sur la rivière d'Avre et à travers le Santerre, entre Maizières et Frénoy-en-Chaussée, pour gagner la capitale des *Setuci*. Nous avons observé l'intérieur de cette chaussée au pied du *Mont-Catelet* : il n'est composé que de pierrettes avec une couche de cailloux par dessus. Il ne parait pas qu'elle ait été fort élevée, du moins depuis ce lieu jusqu'à Paillart. Nous ne l'avons pas suivie au-delà.

(1) Arch. de Froidmont, case 65, n.° 45.
(2) Arch. de l'abb. de Breteuil, lay. de Noyers, cote M. 9.
(3) Arch. de la maison des pauvres de Beauvais, lay. 25, liasse 2.

CCL.

DIX-NEUVIÈME BRANCHE DE LA VOIE MILITAIRE.

PREMIÈRE D'AMIENS. DE CETTE VILLE A ROUEN.

A Amiens, sept branches de chaussée partaient savoir : cinq de l'ancienne voie militaire et deux de la nouvelle. La première branche de l'ancienne voie militaire qui se présente en venant de Beauvais, est celle qui va passer la petite rivière de la Celle au Pont-de-Metz, elle avait sa naissance vers la porte de la cité, dite du *Castillon*. Suivant des déclarations du fief de Conty, situé dans la ville d'Amiens, il tenait au vieux chemin de Metz et à celui de Beauvais. Des titres de l'hôtel-de-ville d'Amiens de l'année 1350 font mention d'une chaussée royale qui conduisait de la ville à l'ancienne abbaye de Saint-Jean. Nous trouvons dans les registres du bailliage d'Amiens la saisine d'un fief assis à la chaussée du Pont-de-Metz, en date du 28 septembre 1580. Ce fief est nommé *Colon-Vilers* dans une autre saisine du 23 juillet 1621, en faveur de Charles Gorguette, sans doute parce qu'il y avait une colonne milliaire en cet endroit. De là elle enfilait la longue vallée de la Creuse, passait à Poix, coupait à Saint-Clair la chaussée de Beauvais à la mer, sortait au village de Romecamp, *Romanorum-Campus*, de la Picardie pour entrer dans la Normandie et se rendre à Rouen par Forges. Comme la direction que nous donnons de cette chaussée est plutôt fondée sur des conjectures que sur des preuves tirées des monuments, ou de la connaissance du local, nous l'abandonnons à la critique de ceux qui sont au fait de la carte du pays.

CCLI.

VINGTIÈME BRANCHE DE LA VOIE MILITAIRE.

DEUXIÈME D'AMIENS. DE CETTE VILLE A SAINT-VALERY, A DIEPPE, A LA VILLE D'EU.

La seconde branche partait d'Amiens par la *Hautoye*, ou mieux la *Haute-Voie* *(Alta via)*, suivait le faubourg de Ham où elle passait la petite rivière de Celle. A la sortie de ce faubourg, elle tirait sur la gauche, du côté de N.-D. de Grâce, entrait dans des bois et allait traverser la forêt d'Ailly-sur-Somme. Elle est nommée la *Voie dure*, dans une charte du seigneur d'Ailly portant dotation d'une chapelle audit lieu, au mois d'avril 1257 (1). Elle laisse Fourdrinoi sur la gauche, va droit au Mège où elle passe une petite rivière qui vient de Dreuil, et ensuite au Quenoy. Elle est détruite dans tous ces endroits, mais elle commence à reparaître entre le Quenoy et Airaines. M. le curé d'Hangest-sur-Somme nous a mandé qu'elle était formée en cet endroit de différents lits de cailloux, de pierrettes et de sable.

(1) Preuv., part. II, n.º

A la sortie d'Airaines, cette chaussée fourche la première division, va à Allery, passe entre Mérélessart et Viri, (un papier terrier de Mérélessart fait en 1694 en fait mention en plusieurs endroits, sous le nom de chaussée Brunehaut), et à Forceville. Elle fait un coude entre Oisemont et Tilloy pour aller passer dans Cérisy-Buleux, dans Herveloy, dans le bout de Martenneville, dans la vallée de Vimes, dit le Val-Sainte-Marie où elle est nommée *Chemin de la mer* dans un aveu de Jean de Cayeux, seigneur de Vimes, du 4 novembre 1388 (1). *Vimes* même peut n'être qu'un composé des mots latins *Via* et *Maris*. Elle longe ensuite entre le Ploui et Visme-Mont ; d'où elle monte à Tours, où était un temple payen, comme nous l'avons dit : et de là à Arrêt pour rejoindre la chaussée de Beauvais à la mer.

PREMIÈRE DIVISION DE CETTE CHAUSSÉE TIRANT A ST.-VALERY.

La seconde division à la sortie d'Airaines, va à Voirel qui est composé du mot *Voie*, à Oisemont, au moulin de Ramburelles, laisse le Tranloy et le Bus-Menart sur la droite, coupe la chaussée de Beauvais à la mer entre ces deux villages et arrive à Gamaches sur la Bresle, en cotoyant les bois de Séry. Elle est indiquée en plusieurs titres depuis Gamaches jusqu'à Oisemont : *Totam terram quæ est inter Calceiam et domum de Gastine Domini mei*, (charte d'Eustache d'Hélicourt de l'année 1190, en faveur de la léproserie du Val de Bugny). *Quatuor viginti unum jugera terre sita inter Fremicort et viam publicam quæ ducit ad abbatiam in Bosco ad Bus-Menart* (2), (lettres de l'an 1203 de fondation de l'hôpital de Bouvancourt). « L'advouant a droit de travers dans la
» dite chatellenie entre les Reins du bois de Séry et les Reins du bois de Morival,
» sur deux chemins royaux. Le premier chemin venant de Dieppe, passant par
» Gamaches, au Tranleel, à Oisemont, allant vers Amiens, » (aveu et dénombrement du fief de Tranloy, servi au Roi le 10 octobre 1378) (3).

DEUXIÈME DIVISION TIRANT A DIEPPE.

M. Capperon, dans ses remarques sur l'Histoire civile et ecclésiastique de la ville d'Eu (4), nous parle d'une chaussée ou plutôt *d'un chemin militaire*, qui, suivant lui, *conduit d'Amiens (même, à ce qu'on dit, de Soissons) directement à cette ville, et qui se fait voir encore aujourd'hui relevé en forme de chaussée dans les lieux où il passe*. Elle aboutissait à une ancienne porte de la ville d'Eu, laquelle a toujours porté le nom *de Porte de l'Empire, comme la rue qui y conduit le porte encore à présent; à cause de ce grand chemin des Romains qui venait s'y terminer*. Nous ne connaissons pas assez la ville d'Eu, ni ses environs pour décider

TROISIÈME DIVISION DE LA CHAUSSÉE D'AMIENS A EU.

(1) Rég. du bureau des finances d'Amiens, cote Ponthieu.
(2) Preuv., part. II. n°.
(3) Rég. du bureau des finances d'Amiens, suprà.
(4) Mercure de France, juillet 1730, p. 1544.

de la direction de ce chemin, du moins depuis cette ville jusqu'à Gamaches. Il est bien vrai que l'église de la Trinité d'Eu était située sur une chaussée: *Ecclesia sanctæ Trinitatis de Augo, quæ sita est in Calceia* (1), (titre du XII.ᵉ siècle de l'abbaye de Saint-Lucien de Beauvais); que l'ancienne et la nouvelle chaussée jusqu'au pont d'Hersende étaient de la paroisse qui appartenait à l'abbaye de Saint-Lucien: *Tota supra dicta Calceia vetus et nova usque ad Pontem Hersendis matris Durandi parochia est sancti Luciani Belvacensis* (2), (autre donnée vers l'an 1136); *Ecclesia Calceiæ Angi cum tota parochia veteris Calciæ et novæ à Ponte Hersendis* (3), (autre de Sanson, archevêque de Rheims de l'année 1137); *Omnem parochiam veteris et novæ Calceiæ usque ad Pontem Hersendis,* (autre de l'année 1159 de Thiery, évêque d'Amiens); et que cette chaussée aboutissait au pont de Hersende, pont, chose remarquable, qui portait le même nom que celui qui était bâti sur la Somme à Saint-Quentin en Vermandois, sur lequel passait la chaussée de Rheims à Amiens. Mais par où cette chaussée de la ville d'Eu communiquait-elle avec Amiens? Etait-ce en fourchant à Gamaches avec celle de Dieppe et en cotoyant la rive droite de la Bresle jusqu'à la ville d'Eu? *Sub judice lis est.*

CCLII.
VINGT-ET-UNIÈME BRANCHE DE LA VOIE MILITAIRE.

TROISIÈME D'AMIENS. DE CETTE VILLE A BAVAI.

A Amiens, la troisième branche de la voie militaire, branche qui est dite la grande Chaussée au Blé: *In vico qui dicitur ad magnam Calceiam ad bladum,* (titre de fondation de l'hôpital de St.-Jacques, de l'année 1364), tire vers le faubourg de St.-Pierre, d'où elle va traverser les deux bras de la rivière d'Hallu, l'un à Querrieu et l'autre à Pont-Noyelle, pour entrer dans l'ancienne forêt de *Bellen-Silva,* Besieu. Elle passe sur la gauche de la Houssoie en qualité de chaussée Brunehaut: *Une pièce de terre de trente-huit journaux dix verges de terre à Bosqués, à travers laquelle passe la chaussée Brunehaut,* (dénombrement du fief du Sénéchal, séant au terroir de la Houssoie, fourni le 23 août 1569, à François de Soyécourt); sur la droite de Franvillers: *Tenant d'un bout à la chaussée Brunehaut,* (autre dénombrement d'un fief appartenant à l'abbaye de Corbie); à l'extrémité du terroir d'Heilly: *Quinque jornalia terre site in territorio de Helly in duabus peciis, quarum una cita est ad Calceiam de supra Helliacum* (4), (titre du mois de mai 1254).

---

(1) Preuv., part. II, n°.
(2) Ibid, n.°
(3) Louv., hist. du Beauvois., t. I, p. 431.
(4) Cart. eccl. S.-Quint., signat. O, p. 50.

Au pied de Brunelieu, chef-lieu d'un des fiefs-pairie du comté de Corbie ; ce lieu est voisin de Ribemont, dont l'église est sous le vocable de St.-Vast. Cette chaussée est nommée Etrée au point où elle se trouve à distance égale de Warloi à Encre : *In strata hoc est in media via prefate ville* (de Warloi), (lettres de Jean de Corbie, vers l'année 1160). A la sortie d'Encre (1), pour gagner Bapeaume, elle passe sur le terroir de Brebières, où, suivant une charte du mois de juillet 1249, était un lieu dit : *In Comblello de le Calloe*. Elle va de là à Bapeaume, ensuite à Cambrai et arrive à Bavai.

CCLIII.
VINGT-DEUXIÈME BRANCHE DE LA VOIE MILITAIRE.

Cette quatrième branche, qui, partant d'Amiens, formait un angle assez ouvert avec la précédente, est dirigée droit à Reineville, où elle est nommée, dans des titres du xii.e siècle de l'église d'Amiens, *Calceia de Renisvilla*, *Calceia Oberti*. Elle laisse à droite le village de Pierregot, (il semble qu'il y avait en ce lieu, une colonne milliaire, ou du moins une pierre remarquable); celui de Rubempré. Elle passe à Pulcheviller, à peu de distance de Raincheval, dont l'église est dédiée à St.-Vast ; à Marieux et la rivière d'Authie à Tièvres, qui est le *Teucera* de la Table Théodosienne. Ce monument marque de là à Amiens, XII lieues gauloises et une de plus, c'est-à-dire XIII de *Teucera* à *Nemetaoum*, Arras. Ce qui fait vingt-cinq lieues gauloises d'Amiens à Arras, c'est-à-dire vingt-huit mille trois cent cinquante toises, distance qui s'accorde, à peu de chose près, avec les opérations faites sur les lieux et qui donnent vingt-huit à vingt-neuf mille toises (2). L'Itinéraire d'Antonin annonce une chaussée bien plus courte d'Arras à Amiens, c'est-à-dire XVI lieues gauloises seulement : *Iter per compendium a Nemetaco Samarobrivam M. P. XVI*. Les Romains ont fait des choses merveilleuses, mais certainement ils n'étaient pas des thaumaturges pour rapprocher ces deux villes de neuf lieues. QUATRIÈME D'AMIENS DE CETTE VILLE A ARRAS.

CCLIV.
VINGT-TROISIÈME BRANCHE DE LA VOIE MILITAIRE.

La cinquième chaussée qui se détache de son tronc à Amiens est dirigée sur Poulainville, où, suivant un dénombrement fourni en 1300 à l'abbaye de Corbie, par le seigneur de Picquigny, était une *pierre levée* (3), c'est-à-dire une colonne CINQUIÈME D'AMIENS. DE CETTE VILLE A TÉROUANNE.—TROISIÈME BRANCHE DE TÉROUANNE.

(1) Preuv., part. I, n.º
(2) D'Anville, notice de la Gaule, p. 640.
(3) Preuv., part. II, n.º

milliaire. On y avait bâti une cense à la place; là elle se trouvait avec le titre de *Via publica*, dans la forêt de *Vicogne*, comme porte la charte de fondation de l'abbaye de Corbie, de l'année 660 ou 661. Elle passe sur la gauche de Talmas ; il y avait en cet endroit un temple dédié à Mars ; sur la droite de Vicogne ; à Beauval, où elle s'éloignait tant soit peu du chemin actuel de Doullens pour s'approcher de Bagneux, lieu destiné à des bains, comme nous l'avons déjà dit, et pour traverser la rivière d'Authie, vis-à-vis la citadelle de Doullens. Malbrancq (1), dans sa carte du pays des Morins, l'a fait passer plus bas, savoir : entre Remesnil et Outrebois ; au reste elle allait gagner de là à Frévent, dont l'église est sous l'invocation de St.-Vast, passait à peu de distance d'un lieu dit Mont-Joie et arrivait à la capitale du pays Ternois. De St.-Pol, elle va à Hestrus, *Stratum* ; à Febvin ; à Estrée-Blanche, où elle joint la chaussée de St.-Quentin à Térouanne. Malbrancq (2) lui fait traverser deux fois la rivière de Laquette et l'éloigne par conséquent de la chaussée qui se trouve tracée dans la grande carte de France.

CCLV.

VINGT-QUATRIÈME BRANCHE OU PREMIÈRE DE LA SECONDE VOIE MILITAIRE.

SIXIÈME D'AMIENS. DE CETTE VILLE A SENLIS ET DE LA A PARIS.

Du même point d'Amiens, sortait deux autres chaussées ; non de l'ancienne voie militaire, mais de la nouvelle. La première prenait son commencement hors de l'ancienne porte de la cité, nommée depuis de *St.-Martin*. « Oultre le porte St.-» Denis devant le puch, en le grant Cauchie à aler à Paris d'un costé, et de l'autre à aler à St.-Acheul. » (3)

Le Cauchie du Roi notre Sire..... en le rue St.-Denis, (titre de 1401, contenant permission donnée par le prévôt du Roi au chapitre d'Amiens, de faire un ruisseau pour écouler les eaux de la maison dite le *Pourcession Regnart*) (4). Elle passait à la porte de Paris (5), qui fut fermée en 1550, rouverte en 1592, et interdite absolument en 1607 ; montait vers le *Mont-Joie* : « Vingt-trois journaux » de terre séant à Mont-Joie, tenant d'un bout au terroir de Dury, d'autre à le » grant cauchie de Paris..... Trente-quatre journaux de terre séant à Mont-Joie, » nommée le Camp des Moines, tenant... d'un bout au terroir de le Bouteillerie, » d'autre bout à le cauchie de Paris. » (Papier terrier de l'abbaye de St.-Fucien, de l'année 1526).

(1) Malbranq de Morinis, tom. 1, p. 1.
(2) Ibid, pag. 596.
(3) Regist. des cens et rentes dûs à la maladrerie d'Amiens, du mois de juin 1245.

(4) Regist. de l'Hôtel-de-Ville d'Amiens, coté A.
(5) Daire, histoire d'Amiens, t. 1, p. 485.

Elle gagnait le village de St.-Fuscien ; elle passe dans les jardins de l'abbaye, du côté de la marre, (elle y a été aperçue depuis deux ou trois ans), au milieu de l'église, directement sous le clocher, sous le chapitre, sous le réfectoire, sous la cuisine et dans le jardin abbatial. C'est en cet endroit que *Rictius-Varus* fit trancher la tête aux trois saints Gentien, Victoric et Fuscien. Leurs actes du viii.e siècle ne lui donnent d'autre nom que de chemin de Paris. .... *Die quadam Parisius urbem carpentibus iter obvius extitit percunctator (Gentianus).* Mais de là à Sains, le papier terrier déjà cité nomme cette chaussée tantôt *la vieille cauchie de Paris*, tantôt *le vieil chemin de le cauchie de Paris,* tantôt *la cauchie* tout simplement, tantôt *le grant chemin de Paris.*

Elle va de Sains à Etrée, dite Etrée-en-Cauchie, dans un dénombrement des fiefs d'Etrée et de Maucreux, de l'année 1382 (1), et dans un aveu du 20 janvier 1604, *Chemin de Paris*. Elle passe à côté du fief de Tieuloy, situé au terroir de Berny, dans le parc du Chaussoy, le long du bois de la Faloise ; à Paillart, où elle coupe celle de Beauvais à *Setuci* ; sur la gauche de Bonviller ; (ce lieu paraît indiquer une colonne milliaire) ; dans le voisinage d'Ansauviller. Une transaction non datée entre M. Le Bel, curé de Wavignies, et les particuliers et habitants le long de cette chaussée, du côté de Wavignies, lui donne les noms de *rue des Poissonniers* et de rue Verte d'Ansauviller. Elle porte le nom de chaussée d'Ansauviller dans une enquête du 28 septembre 1488, en faveur de l'Hôtel-Dieu de Beauvais, au sujet du Blanc-Fossé. De même dans un ancien état des terres que l'abbaye de St.-Just avait au territoire de Quincampoix, que la chaussée cotoye. A St.-Just, d'où elle monte vers Boutenangle et Erquinviller, qu'elle laisse à gauche ; à Noroy, *Nigra-Via* ; à Fouilleuse ; à Mainbeville ; à Epineuse ; au bois de Favières et rejoint la chaussée de Senlis à St.-Martin-Longueau ; elle est tracée ainsi dans la carte de Guillaume de l'Isle.

CCLVI.1.°

VINGT-CINQUIÈME BRANCHE ; SECONDE DE LA NOUVELLE VOIE MILITAIRE.

La seconde chaussée ne quittait pas à Amiens la nouvelle voie militaire, mais vis-à-vis le Fort Manoir, elle passait à St.-Nicolas de Boves ; sur la gauche de Moreuil ; la rivière d'Avre à Pierrepont ; ensuite elle montait à Montdidier, si l'on en croit des mémoires manuscrits de M. Sellier, bourgeois de cette ville. « ..... On y a découvert, dit-il, une très-belle chaussée de pavé, le long du

SEPTIÈME D'AMIENS. DE CETTE VILLE A COMPIÈGNE ET PEUT-ETRE AU CAMP DE CHAMPLIEU.

(1) Daire, Histoire d'Amiens, t. i, p. 544.

» fossé, depuis la porte d'Amiens jusqu'à la tour de Jouvency qui tendait vers
» le fond ou la vallée de St.-Martin. »

Peut-être serait-il plus vrai de croire qu'elle passait dans le faubourg de St.-Martin, au sud-ouest de la ville. Quoiqu'il en soit, on ne commence à la reconnaître qu'à St.-Martin-du-Pas, *Passus Sancti Martini*, ainsi nommé parce que St.-Martin, qui servait dans la cavalerie romaine, traversa en ce lieu, un bras de la rivière du Don, au moins est-ce la tradition du pays. Elle passe entre le Frétoy, *Fracta-Via* et Tronquoy; coupe la chaussée de Beauvais à Bavai, au village de Courcelles; laisse Belloi sur la gauche; passe devant la ferme de Portes, avec le nom d'Etrée publique: *Strata publica que est ante grangiam de Portes* (1), (sentence de Barthélémy, évêque de Beauvais, de l'année 1170, touchant un différent entre l'abbaye d'Ourcamp et le prieuré d'Hélincourt). Elle est nommée *Strata-Compendii*, dans un titre de l'année 1200, de la même abbaye (2), et la carte générale de France de M. Cassini met cette chaussée dans la classe des chaussées Brunehaut.

Après avoir coupé les chaussées de Beauvais à Bavai et de Senlis à Tilloloy, elle traversait la rivière d'Aronde à Monchy, d'où elle allait passer aux Sept-Voies, *Septem-Vias*, ferme appartenant à l'abbaye de St.-Corneille de Compiègne; à Corbeaulieu, ferme de l'Hôtel-Dieu de la même ville, où les indices de la chaussée sont très apparents, jusqu'à la descente de la montagne de Venette. Sa direction est vers l'église du village, pour aller traverser la rivière d'Oise au moulin de Venette, qui est sur la rive gauche; longe les dernières maisons de St.-Germain-les-Compiègne et va se perdre dans l'ancienne forêt de Cuise. Cette chaussée aboutissait donc à Compiègne. L'Itinéraire d'Antonin se sert du mot *Compendium* pour désigner une voie raccourcie d'un lieu à un autre. Nous ne voyons que le camp de Champlieu qui pût être rapproché d'Amiens par la route dont il est question. Dans cette supposition, St.-Martin allant du camp de Champlieu à Amiens serait passé en effet à St.-Martin-du-Pas.

CCLVI.²°

VINGT-CINQUIÈME BRANCHE OU TROISIÈME DE LA NOUVELE VOIE MILITAIRE.

NOYON A ARRAS. Cette nouvelle voie jetait une troisième branche à Noyon. Elle allait du côté de Nesle. De Noyon à cette petite ville du Vermandois la chaussée est appelée dans un titre de l'an 1189, tantôt *Calciata Belli-loci*, tantôt *Calciata nigelle;*

---

(1) Cartul. Ursi-Campi, f.° 132, v.° (2) Ibid, f.° 132, r.°

dans un autre du 15 juillet 1201, *Calceia de Beaulieu* (1); dans un autre enfin du seigneur de Nesle du xiii.ᵉ siècle (2), *Calceta de Bello-loco*. Elle passe à Froitmont, en latin *Fractus mons*. De Nesle à Péronne cette même chaussée est nommée chemin royal dans une charte du mois d'octobre 1241 (3), dans un traité fait en 1304, entre Simon, sire de Nesle et l'abbaye de N.-D. de Soissons (4). On trouve sur cette route Licourt et Eterpigny, indications d'une chaussée romaine. Elle traverse celle de Saint-Quentin à Amiens entre Brie et Villers-Carbonnel. La verdure dont elle est tapissée dans la plus grande partie de son étendue, semble lui assurer un rang parmi les chaussées romaines. Elle sortait de Péronne par la porte du château qui est bouchée depuis plus d'un siècle et allait passer la petite rivière d'Hale vis-à-vis Feuillaucourt. Entrée dans l'Artois, elle traversait la forêt d'Arrouaise au Tronc Béranger, *Truncus Berengarii*, aujourd'hui Lamotte-Béranger.

« La tradition est, dit l'avocat Maillart (5), que c'est le tombeau de ce
» voleur insigne, qui détroussoit les voyageurs qui passoient par ce grand chemin
» romain, cette chaussée Brunehaut, ou voye militaire. »

Elle passait à la porte de l'abbaye d'Arrouaise, que les actes de saint Hildemart, ermite en ce lieu en 1097 (6), disent être située sur l'*Etrée publique*: *Hic itaque locus super stratam publicam constitutus in silva, quæ dicitur Aridagamantia situs..... lucè clarius apparet eosdem impios* (7) *(Berengarium, etc.) non in hoc tantum loco, sed et in finitimis circumquaque locis, et maximè per stratas publicas longè latèque discurrentes, quam diù liquit, suam exercuisse et protelasse malitiam.*

De là à Villers-au-Flot, en laissant sur la gauche Bapeaume et le Tranloy elle se joint à la chaussée qui conduit de Saint-Quentin à Arras. Cette branche de chaussée est nommée dans les anciens manuscrits (8), *Via sanctorum*; sans doute à cause du grand nombre de pieux Ecossais et Hibernois qui se rendaient par cette voie ou à Arrouaise ou à Péronne.

CCLVII.
VINGT-SIXIÈME BRANCHE DE LA VOIE MILITAIRE.

Après le passage de la Canche, la voie militaire jette une branche du côté de Térouanne. Elle passe par Saint-Vandrille, par Bellevue, par Val-du-Fresne,

(1) Cart. S. Barth. de Noyon, p. 37, v.°
(2) Cart. de Lehun. f.° 11, r.°
(3) Preuv., part. I, n.°
(4) Histoire de l'abbaye de Soissons, p. 209.
(5) Mercure de France, juillet 1737, p. 1524.
(6) Boll. act. SS. 13 janv. p. 831, col. 2, n.° 3.
(7) Ibid., pag. 832, col. 1, n.° 4.
(8) Mercure de France, sup.

par Rimeu, par Wandome, traverse la Lys vers sa source et entre dans l'ancienne capitale des Morins du côté de Nielles. Elle est tracée dans la grande carte de France comme chaussée Brunehaut, mais elle ne se terminait pas à Térouanne. Elle passait de là à Cassel, *Castellum*, indiqué dans l'Itinéraire d'Antonin et que la Table Théodosienne a nommé par méprise *Castellum-Menapiorum* au lieu de *Morinorum*. Elle passe à la Cauchie d'Ecques, traverse les neuf fossés avant Bavinchove et arrive à Cassel. L'Itinéraire marque VIIII milles, (lieues gauloises) de Térouanne à Cassel, mais comme l'intervalle d'environ douze mille toises, dit fort bien M. d'Anville (1), surpasse la mesure de neuf lieues gauloises dont il ne résulte que dix mille toises, il s'en suit qu'il y a faute dans le nombre.

CCLVIII.

CHAUSSÉE DE CASSEL A MARDICK ET A BAC-A-TIENNE.

Le même savant académicien nous apprend qu'une autre chaussée tendait à Mardick (2) et qu'une troisième était dirigée de Cassel vers le Midi, au bord de la Lys, à un endroit nommé Bac-à-Tienne, entre Aire et Saint-Venant. Malbrancq (3) fait passer celle-ci par Oxelare et par Etaples, en quoi il diffère de la grande carte de France sur laquelle elle est pointée différemment, et celle là par la gauche de Stene, qu'il dit être la même chose qu'Etrée (4) : laquelle chaussée, avant de traverser le canal de Bergues, paraît avoir décliné à droite pour passer par Spiker et se rendre à Mardick. Il y a tant de canaux factices depuis Cassel jusqu'à Mardick, qu'il n'est pas aisé de la reconnaître, ainsi que plusieurs autres construites le long des côtes.

CCLIX.

VINGT-SEPTIEME BRANCHE DE LA VOIE MILITAIRE.

D'AUDISQUE-LE-HAUT A LISLE-BONNE.

On voyait partir de la voie militaire, vers Audisque-le-Haut, une chaussée qui longeait les côtes. Elle passait dans les marais du Choquet, paroisse de Condette, dans la forêt d'Hardelot, à Neuf-Chatel, où elle conserve le nom de *Chemin-Vert*, sur la gauche de Widehen, (on y voit encore les restes d'un ancien chemin) et à Frencq. Malbrancq dit que l'on voyait autrefois en ce dernier lieu,

---

(1) Notice de la Gaule, p. 633. (3) De Morin., p. 599.
(2) Ibid, p. 209. (4) Ibid, p. 600.

une pierre de plus de dix pieds de haut. Il la prend pour une borne du comté de Boulogne. C'était vraisemblement une colonne milliaire qui était placée en cet endroit (1). Nous pensons que la chaussée allait traverser la Canche entre Audique et Esnocq pour gagner Quentavic, *Quantiæ-Via*, lorsque ce port fameux existait. Vismarais, Montevis-Dessus, Montevis-Dessous, sont trois lieux qui indiquent l'emplacement de Quentavic ou plutôt *Quintavie;* mais au milieu du xii.ᵉ siècle, cette chaussée conduisait à Attin, en passant près de Bréxen, comme il est prouvé par une charte de 1248. De Quentavic, la chaussée allait passer à l'extrémité du terroir de Merlimont, près d'un bois nommé le bois du Tonquoy (*Truncata-Via*), dans le registre aux fiefs du bailliage de Waben; à Airon N.-D., à Airon Saint-Vast, à Verton, à Waben, où était une colonne milliaire, chef-lieu, au xiv.ᵉ siècle, d'un fief appelé *le Pierre de Sains*, dont le dénombrement fut servi au roi le 22 novembre 1377 (2); à Conchy-le-Temple, traversait l'Authie à Pont-à-Colines et le Marquenterre, par Vercourt, par Arry, par Forêt-Montier, par Nouvion et par la forêt de Cantate, pour passer la Somme à la Blanque-Taque. C'était là le chemin d'Abbeville à Nouvion en 1100 : *Super Calceiam que ducit de Abbatis villa Noviomum* (3), (charte de Guy, comte de Ponthieu, en faveur de Saint-Pierre d'Abbeville). Cette direction est un peu différente de celle qui se voit dans les Mémoires de l'Académie des inscriptions et belles-lettres (4). Elle aboutissait au village de Port où est un champ nommé le *Tran-Leel: Quatuor jornalia terre site in Campo du Tran-Leel, versus aquam* (*Somone*), (charte de l'official d'Amiens de l'année 1257, en faveur de l'abbaye de Valloire).

Là était le passage fameux de la Blanque-Taque et non *au Crotay* (Crotoy), où, dit Froissart, *ledit passage sied* (5). Voici l'indication qu'en donna au roi d'Angleterre, un certain Gobin Agache qui était du pays, au mois d'août 1346 (6). « Sire... il y a certaines mettes de passaige que vous passerez avecques douze hom-
» mes de front deux fois entre jour et nuit, et n'auront de l'eaue plus avant que
» jusques aux genoulx: mais quand le floc de la mer est venant, il regorge la ri-
» vière si contremont, que nul ne la pourroit passer : et quand ce floc......
» s'en est tout rallé, la rivière demeure là en droit si petite, qu'on y passe bien
» aisément et sans dangier à pied et à cheval, et à ce passaige y a gravier de blan-

---

(1) De Morinis, t. ii, p. 313.
(2) Rég. du bureau des finances d'Amiens.
(3) Gall. Christ. X, col. 288, instr.
(4) Hist. de l'Academ., tom. xix, p. 638.
(5) Chron. de Froissart, liv. 1, ch. 126.
(6) Ibid, ch. 126.

» che pierre forte et dure sur quoy l'on peut fermement charier et pour ce
» l'appelle len la Blanchetaque. »

Il est parlé de la Blanche-Taque dans des lettres des maire et échevins du Marquenterre, du mois de septembre 1264 (1). Au-delà de la rivière, la chaussée va passer entre Campagne et Haimeville. Robert de Camberon vend en 1271, à l'église de Saint-Wulfran d'Abbeville (2), dix-sept journaux de terre, séant au terroir d'Haimeville divisés en plusieurs pièces, dont l'une était située *in loco qui dicetur Avesne Sarrazine*. Nous avons dit ailleurs que les ouvrages des Romains étaient attribués dans les xii.ᵉ et xiii.ᵉ siècles aux Sarrasins. L'autre était située *juxta albam viam*, à Saint-Mard en cauchie, laquelle, disent les Mémoires de l'Académie des inscriptions (3), *est un monument subsistant de cette ancienne chaussée*. Elle coupe les chaussées d'Amiens et de Beauvais, passe au lieu dit Thieuloy, au terroir de Fresseneville, sur la droite de Voincourt, *Via in curte*, à Meneslies, *Mansio late vie*, à Aoust, *Augusta*, et à Pons, où elle traverse la rivière de Bresle pour gagner Dieppe. Elle est encore très-bien marquée depuis le Four à Chaux entre la ville d'Eu et Harancourt, jusqu'à Saint-Vast de Guillemecourt en Normandie.

CCLX.

VINGT-HUITIÈME BRANCHE DE LA VOIE MILITAIRE.

PREMIÈRE DE BOULOGNE. — DE CETTE VILLE A TÉROUANNE. CINQUIÈME BRANCHE DE TÉROUANNE.

Enfin la voie militaire arrivée à Boulogne jette quatre branches. Malbrancq parle avec une espèce d'enthousiasme d'une chaussée qu'on nomme, dit-il (4), dans le pays, la *Grande chaussée de Bouloine*. Il y fait passer tous les Empereurs qui s'embarquèrent à Boulogne pour aller en Angleterre et la qualifie par cette raison de Noble Chaussée, *Nobilem dabimus*. Ce que nous trouvons de plus vrai dans son récit, c'est qu'à la sortie de Boulogne la chaussée va à Bainctun, traverse la forêt de Boulogne, passe à Wirwigne, sur la droite de Desurenne, un hameau de la chaussée et au pied du Mont-Hulin, d'où elle gagne le haut de la montagne. Elle passe à Senlecque, cotoie le bois de Timbrone, laisse Vimes, *Via maris*, sur la gauche, va à Ouve, composé encore du mot *Via*, et arrive à Térouanne. L'Itinéraire n'est pas exact dans la distance de *Gessoriacum* à *Taruenna*, car XVIII milles ou plutôt XVIII lieues gauloises ne peuvent pas reve-

(1) Arch. de l'abb. de Saint-Valery, layette E et B, pièce cotée C.
(2) Cart. Nig. S. Wulfr., p. 195.
(3) Suprà.
(4) De Morin., t. I.ᵉʳ, p. 43.

nir à vingt-quatre ou vingt-cinq mille toises, qu'il y a en droite ligne de Boulogne à Térouanne. Cette somme renferme près de vingt-deux lieues gauloises. M. d'Anville pense (1) qu'il faut substituer X à V. La dissertation du P. Le Quien sur le *Portus Iccius* (2) donne mal à propos cette chaussée pour la grande voie d'Agrippa. Malbrancq (3) a eu raison de dire qu'elle laisse apercevoir encore l'habileté et la magnificence Romaine. Nous avons été surpris nous même de voir cette chaussée, après tant de siècles, si bien conservée en plusieurs endroits.

CCLXI.
VINGT-NEUVIÈME BRANCHE DE LA CHAUSSÉE MILITAIRE.

Cette branche partant de Boulogne par Saint-Martin, passe à l'extrémité de la forêt de Boulogne, à Saint-Vast, à Bavelinghen, coupe la voie de Sangatte à Estrehen, arrive à Sitieu, aujourd'hui Saint-Omer, d'où elle va à Arques. Malbranq a tracé cette chaussée depuis Wast jusqu'à Arques. Nous la trouvons citée sous le nom de *Strata publica* et de *Magna strata publica*, depuis Saint-Omer, jusqu'au lieu d'Arques : DEUXIÈME DE BOULOGNE. DE CETTE VILLE A CASSEL PAR SAINT-OMER.

Terram quam habebat (Giso Ecluse) *prope monasterium S. Bertini super Ripam fluminis et aliam terram ultra stratam ibi contiguam que vocatur Tarweland,* (charte de décembre 1208, en faveur de l'abbaye de Saint-Bertin) (4); *Banleuca..... S. Audomari versus Arkes extendit secundum quod itur a villa sancti Audomari per magnam stratam publicam ante Eclesiam B. M. Magdalene, versus Arkes..... et usque ad illas primas duas metas dicte strate..... Aliovero meta que stat ab opposito primo mete juxta predictam Stratam et tendit versus Leveiam..... ab utraque parte strate publice prope actium de Arke in loco qui dicitur Bare,* (compromis du mois d'avril 1247, entre Robert comte d'Artois et l'abbaye de Saint-Bertin, et la commune de Saint-Omer, au sujet de la banlieue de cette ville.)

D'Arques, elle va tomber sur celle de Térouanne à Cassel. Cette chaussée de Boulogne à Cassel étant plus courte par Saint-Omer que par Térouanne, pourrait bien être celle qui est tracée dans la Table Théodosienne avec le nombre XXIIII, en substituant XXVIII à XXIIII (5), car trente et un à trente-deux mille toises qui se trouvent entre Boulogne et Cassel, demandent vingt-huit lieues gauloises.

(1) Notice de la Gaule, p. 633.
(2) Mém. de littérat. de Desmolet, t. VIII, pag. 358.
(3) Suprà.

(4) Cart. S. Bertini. Vulgo vivitoris, f.° 61, r.° Cart. S. Petri de Sithieu, bib. reg., cod. MS. 5439, p. 314.
(5) D'Anv. Notice de la Gaule, p. 209.

CCLXII.

TRENTIÈME BRANCHE DE LA CHAUSSÉE MILITAIRE.

La trentième branche se détachait de la précédente au bourg de Wast. Elle avait sa direction sur la gauche par Alembon, Licques, Clercques, Guemi, Tournehem, Welles, où elle coupe la chaussée de Sangatte; elle passe entre Pauvre-Strades et Nord-Strades, pour aller traverser la rivière d'Aa à Watten.

Nemus meum (1) *de Wlverdingha in Australi parte in latum et longum, usque ad stratam que veniens de Wlverdingha juxta coppam in Menscod descendit..... tradidi,* (charte de donation de l'année 1190, de Philippe, comte de Flandre, en faveur de l'abbaye de Saint-Bertin.)

On la voit ensuite sur la droite de Wlverdinghe. Après avoir passé la rivière de Peene et le village de Vemaeres, *Voie de la mer*, elle arrive à Cassel. Malbrancq (2) a parlé aussi de cette chaussée passant à Watten et à Tournehem. Mais Ebrard, chanoine régulier de l'abbaye de Watten, en fait une mention plus particulière dans la chronique de cette abbaye, qu'il a composée entre les années 1080 et 1085 (3).

Publicæ atque regales viæ utrimque convenientes præmonstrant: quarum illa quæ a diffusa orientis plaga, ad nos usque dirigitur, alveo subterfluente clauditur; altera vero a pharo altissimo, quæ domus olim specularia in hiberna Romanorum dicebatur, Bononiæ muro contigua, ad portum oceani sita, Britanniam Deirorum insulam prospectans, ab occidentali parte supra dictum eundem terminatur in amnem: quem, sicut vetustatis fama loquitur, per ambas vadosum stratas fuisse accolarum commenta ferunt.

Ainsi, il regarde comme un conte la tradition du pays qui veut que l'on passât à gué la rivière sur cette chaussée.

CCLXIII.

TRENTE-ET-UNIÈME BRANCHE DE LA VOIE MILITAIRE.

Quoique le père Le Quien (4), dans sa dissertation sur le *Portus Iccius*, reproche à M. du Cange d'avoir pris pour des voies romaines plusieurs chemins verts tortueux et en zigzag, qui n'ont rien d'approchant des ouvrages des Romains, cepen-

---

(1) Cart. supr.
(2) De Morinis, t. I, p. 599.
(3) Marten. Thes. Anecd., t. III, p. 800.
(4) Desmollets. Suprà, p. 546.

dant nous avons de la peine à nous persuader qu'aucune de ces chaussées ne passât à Wissant, lieu formé vraisemblablement par deux mots latins *Via et sanctorum*, la Voie des Saints. En effet ce lieu a servi au débarquement de plusieurs saints missionnaires, comme nous le dirons à l'article de cet endroit. Ces saints personnages abordés à Wissant, prenaient ou la voie militaire qui conduisait à Boulogne ou celle qui allait passer à Sangatte, selon que leur zèle les portait au septentrion ou au midi : mais revenons à notre chaussée.

Nous la conduisons de Boulogne à Wuimille. Le nom de ce lieu parait composé de *Via* et de *Mille*, comme qui dirait le mille ou la colonne milliaire de la voie. Elle traversait en ce lieu la rivière de Vimereu, *Via maris*, nouvel indice de la chaussée. De là à Ambleteuse, elle y est encore tracée ; ensuite à Wissant.

Nous avons parlé du camp romain qui y était placé ; on trouve sur la route de Wissant à Sangatte le hameau d'Estrouanne, dont le nom est composé en partie de *Stratum*. Le P. Malbrancq (1) n'a pas omis cette chaussée depuis Boulogne jusqu'à Wissant. Il eut mieux fait de ne point omettre sa continuation de Wissant à Sangatte, que de nous entretenir des sept voies romaines prétendues, qu'il fait aboutir au pied d'une croix plantée du côté du Mont-Hulin. Tous les gens sensés regardent ces sept voies romaines comme une chimère et avec raison, car les anciens monuments n'en font nulle mention. Il y a un lieu nommé de même du côté de Compiègne. Personne ne s'est jamais avisé de croire que le nom de *Sept Voies* vint de la réunion des sept chaussées romaines.

CCLXIV.
CHAUSSÉES INCERTAINES.

Voilà toutes les chaussées de la Picardie que nous regardons comme l'ouvrage des Romains. Il peut s'en trouver d'autres que nous avons omises, faute de monuments assez certains, quoique nous ayons des indices pour croire que quelques-uns de ces chemins soient très-anciens. Par exemple, le chemin de Soissons à Laon est nommé *Ager publicus* dans les actes de saint Ansric, évêque de Soissons, en parlant de l'église de Saint-Etienne, aujourd'hui l'abbaye de Saint-Paul : *Ecclesia sancti Stephani extra urbis muros super aggerem publicum Croyaci* (2). Le même chemin, passant vis-à-vis le château Cornelle, c'est-à-dire avant que d'entrer dans Chivi, est nommé *Regium iter* dans une charte de 1140 de l'église de Laon.

---

(1) De Morinis, t. 1, p. 594. (2) Boll. Act. SS., 3 sept., p. 548, n.° 14.

DE NOYON A CHAUNY. Le grand chemin de Noyon à Chauny est dénommé *Callis regius* dans des lettres de Baudoin, évêque de Noyon, de l'an 1155, en faveur de la grange d'Héronval, appartenant à l'abbaye de Longpont. *A calce regio qui est juxta Varinpont, usque ad fossata de Baloi et usque ad Halonval...... propre terras cultas a calle regio et extra* (donation par Hugues le Fournier de Chauny); et *cauchie* de Chauny dans un ancien papier terrier de l'évêché de Noyon.

DE NOYON A TOROTE. Il paraît, par une charte donnée par Baudouin III, évêque de Noyon, après le milieu du XII.ᵉ siècle, en faveur de l'abbaye d'Ourcamp, qu'il y avait une chaussée romaine de Noyon à Torote qui passait à Chiri : ...... *Tempore Balduini predecessoris mei homines de Chiri abstulerant et obstruxerant fratribus Ursicampi antiquam viam que ducit a quadrigaria ad Ursicampum et ab ipsa quadigaria ad stratam publicam que ducit ad Thorotam.... ad faciendam viam a campo vivarii, usque ad predictam stratam publicam.*

Le grand chemin de Noyon à Compiègne ne fut tracé qu'en 1472, par les ordres de Louis XI (1).

DE NOYON AU-DELA D'ATTICHE. Le même Cartulaire d'Ourcamp (2) renferme une charte de 1170, qui indique une chaussée passant entre le Mont-Attiche et le hameau de Ste.-Colombe : ......*Versus Sanctam Columbam terram que adjacet inter nemus de Vinemont et inter Calceiam; et ad ipsa Calceia, versus montem (de Attichiis).*

DE CHEVRINCOURT A PORTES. Nous avons tiré de différentes chartes de l'abbaye de St.-Riquier, concernant la seigneurie qu'elle possédait à Chevrincourt, quelques indications touchant une ancienne chaussée qui passait près de ce village. Il est parlé de la croix de la *chaussée de Mélicot*, dans un traité du mois de juillet 1315, entre les religieux de cette abbaye et ceux du prieuré de St.-Amand; dans un titre de l'an 1213, d'un lieu dit *Tronquoi*, joignant au bois de Chevrincourt, et dans la même pièce, des habitants de *Vitry*, *Via Strata*. Ce lieu n'existe plus. La chaussée en passant au pied de la motte d'Oisemont, pouvait aller rejoindre la chaussée de Compiègne à Amiens, à la ferme de Portes, où celle-ci fait un coude, en effet, comme pour aller vers Chevrincourt.

DE HAM A ST.-QUENTIN. La chaussée de Ham à St.-Quentin est nommée *Etrée* dans une charte du mois d'août 1263, de l'abbaye de St.-Barthélémy de Noyon : *Strata publica, que strata ducit de Hamo ad Sanctum Quintinum* (3).

(1) Levasseur, ann. de Noyon, p. 1077.
(2) Ibid, f.° 133, r°.

(3) Cart. S. Barthol. nov., f.° 226 r.°

Enfin il paraît qu'il y avait une branche de chaussée qui se détachait de celle DE POIX DANS LE d'Amiens à Harfleur, au bourg de Poix. Elle allait à Thieuloi-l'Abbaye, à Hornoy, VIMEU. à Villers-Campsart, à Andainville, dont l'église est dédiée à St.-Vast.

CCLXV.

LES PLUS ANCIENS ÉTABLISSEMENTS DE LA PICARDIE, FORMES SUR LES GRANDES ROUTES ROMAINES.

C'est sur ces grandes routes romaines que se sont formés dans la Picardie, comme dans tous les autres pays, les plus anciens établissements : *Ad has vias locatæ sunt civitates atque mansiones* (1). Les noms de ceux du premier âge sont dérivés de la langue belgique; les noms de ceux du moyen-âge, de la langue romaine, et les autres, du langage vulgaire. La position de ces différentes habitations sur le bord des rivières, sur les montagnes, dans les vallées, au milieu des bois, n'a pas moins contribué à la formation des noms qu'elles ont conservés jusqu'ici.

(1) Campden. — Britannia, p. 45.

TABLES.

SOMMAIRE

DE L'INTRODUCTION

A

L'HISTOIRE GÉNÉRALE

DE PICARDIE.

CHAPITRES.		PAGES.
I.	Etendue de la Picardie au moyen-âge.	1
II.	Picardie. Gouvernement militaire. Son étendue	2
III.	Picardie. Gouvernement féodal divisé en deux grands bailliages.	6
	Ressort du bailliage d'Amiens.	6
	Ressort du bailliage de Vermandois.	9
	Démembrement de ce bailliage pour former celui de Senlis.	9
IV.	Picardie, païs d'Etat, faisant partie de la langue d'Oil. Son étendue.	12
V.	Nation de l'Université. Son étendue.	13
VI.	Sentiments des géographes sur l'étendue de la Picardie	15
VII.	Sentiments divers des écrivains sur l'origine des noms *Picard* et *Picardie*.	16
VIII.	Ces deux noms viennent de celui de Pique, arme offensive, particulière aux Picards.	19
IX.	Les habitants de notre province méritent à juste titre le nom de Picards, par leurs exploits militaires	22
X.	Les femmes de Picardie partagent la bravoure avec les hommes	29
XI.	Ardeur des Picards pour les armes, que les Rois ont bien de la peine à modérer.	32

CHAPITRES.		PAGES.
XII.	La fidélité des Picards	34
	D'Amiens.	34
	D'Abbeville . . . . , . .	34
	De Beauvais	35
	De Saint-Quentin	35
	De Péronne	36
	De Senlis	36
XIII.	Défauts des Picards comparés avec ceux des Gaulois, leurs ancêtres . . .	37
XIV.	Antiquité du nom de Picard	40
XV.	Les cantons de la Picardie conservent longtemps le nom de leur capitale.	41
XVI.	La Picardie, province noble par excellence	42
XVII.	Dialecte propre à la Picardie, nommé *Langue picarde*	42
	Ses caractères aux XIIe, XIIIe, XIVe et XVe siècles.	45
XVIII.	Ce qui a le plus contribué au progrès du langage picard	47
	Les traductions en cette langue.	47
	Les ouvrages en prose	49
	Les ouvrages de poésie	50
	Les Confréries de N.-D. du Puy à Amiens et à Abbeville. . . .	52
	Les *Rebus* de Picardie.	52
XIX.	L'ancienne Picardie renfermait la plus grande partie de la seconde Belgique.	54
XX.	Sa jonction avec la Grande-Bretagne par un isthme	54
XXI.	Causes de la destruction de l'isthme	56
XXII.	Indices du séjour de la mer	56
	Dans le Pays reconquis	56
	Dans le Boulonois	58
	Dans le Ponthieu	59
	Dans l'Amiénois	59
	Dans le Beauvoisis et le Noyonnois	61
XXIII.	Golfe prétendu entre Abbeville et Amiens	62
XXIV.	Port de mer à Hangest-sur-Somme	63
XXV.	Excursions de la mer en Picardie, depuis la destruction de l'isthme . . .	64
XXVI.	Rivières de Picardie qui portent leurs eaux à la mer directement. , . .	65
XXVII.	La Belgique toute couverte de bois avant la population	65
	La forêt d'Ardenne s'étendait beaucoup dans la Picardie	66
	La forêt de Tiérache. — Démembrement de celle d'Ardenne . .	67
	La forêt charbonnière. — Autre démembrement de l'Ardenne . .	68
XXVIII.	Défrichement des forêts de la Picardie	69
	Par les Romains, ou par eux-mêmes, ou par les Lètes	70
	Par les Francs	71
	Par le clergé des premières églises	71
	Par l'ordre bénédictin	72
	Favorisés par les Rois et les grands seigneurs	74

CHAPITRES.		PAGES.
XXIX.	Cités ou diocèses de la Picardie	75
	Ces cités divisées en *pagi*	76
XXX.	Auguste change l'ancienne division de la Belgique	76
XXXI.	Ce pays n'était plus peuplé alors de Belges *aborigènes*, mais de Germains .	77
XXXII.	Conjectures touchant la formation du *Belgium*.	77
XXXIII.	Conjectures touchant la formation de la province Belgique.	78
XXXIV.	Caractère des Belges.	78
XXXV.	Gouvernement des Cités, partie monarchique, partie aristocratique . .	79
XXXVI.	Conservé par César à toutes, excepté aux cités des Soissonnois et des Morins.	80
XXXVII.	Titre de citoyens-romains accordé aux principaux des cités. — Seconde révolution	81
	En conséquence les Belges s'établissent dans l'Italie, et les Romains, dans la Belgique.	82
	Gouvernement municipal introduit dans certaines cités	83
	Lois de la colonie en d'autres	84
XXXVIII.	Constantin fait un diocèse de la seconde Belgique. — Troisième révolution.	85
	Nos diocèses répondent mieux que nos gouvernements à l'étendue des anciennes cités.	86
XXXIX.	Changements faits par Clovis dans le gouvernement général	87
	Division des *Pagi* en centenies et décanats	87
XL.	L'érection des communes ne change rien dans la justice municipale des cités.	88
XLI.	Les Romains travaillent à la sureté de la capitale de chaque cité . . .	89
XLII.	Distinction entre *civitas* et *oppidum*.	89
XLIII.	Habitations des Belges. Ce qu'étaient leurs *oppides*.	90
XLIV.	Les Romains leur apprennent à fortifier les villes. — Leur forme et leur bâtisse	92
	Pourquoi les murs de ces anciennes villes sont nommés *Sarrazins* .	93
XLV.	Les connaissances des Belges, très-bornées en tous les arts, s'étendent et se perfectionnent à l'école des Romains	94
XLVI.	Restes des arts belgico-romains dans notre province	95
	De l'architecture.	95
	De sculpture	97
	De peinture à fresque	97
	De peinture en mosaïque	98
	Mosaïque dite placage.	99
	La mosaïque se perpétue dans la province sous les Francs . . .	100
	La peinture sur verre prend sa place.	101
XLVII.-XLVIII.	Plusieurs autres connaissances viennent aux Belges par la même source. — Les thermes dont faisaient partie les arènes	102
	D'Amiens	102
	De Soissons.	102
	De Senlis	103

CHAPITRES.		PAGES.
XLIX.	Les thermes étaient destinés aussi aux jeux gymnastiques	104
	Les restes sont le Mahon et la Pye à Amiens.	104
	Les joutes, savoir : les Tournois	105
	La table ronde	106
	L'escrime, dit Behourdis, qui fait époque dans notre histoire	106
	La quintaine	108
	Les barres	109
	L'escrime du fleuret et du poignard	109
	Les courses de bagues à pied et à cheval	110
	Cavalcade du quarrel de Saint-Gentien ou la fête aux cornets à Corbie	110
	Usage très-ancien de boire dans des cornes d'animaux.	110
	Course du chapelet à Saint-Quentin	111
	Des bouchers de Soissons.	112
	Jeux du battoir et du tamis	112
	Jeux de la chole	112
	Jeux de la crosse, espèce de chole.	114
	L'exercice de tirer l'oiseau avec l'arc et la flèche	114
	Spectacles cruels représentés par les mystères ou *Jeux de Dieu*	115
L.	Bains des Belges-Romains	115
	A Réaulieu.	115
	A Athies, ils sont nommés Thermes	117
	Plusieurs villages de la province tiennent leur nom des bains publics ou particuliers	117
LI.	Les Belges Francs ont donné aux bains le nom d'Etuves	117
	A Amiens	117
	A Abbeville.	118
	A Compiègne	118
	A Corbie, le nom des bains s'y était conservé	118
	A Laon	118
	A Marle.	118
	A Montdidier	118
	A Noyon.	119
	A Péronne	119
	A Senlis.	119
	A Soissons	119
	A Vervins	119
	Les étuves y tombent dans le mépris.	119
LII.	L'art militaire des Belges-Gaulois	121
LIII.	Ustensiles militaires	121
	Chariots armés de faulx.	121
	Covins	123
	Bennes	123

CHAPITRES.		PAGES.
LIV.	La Cavalerie médiocre. — L'Infanterie meilleure	124
LV.	Armes offensives et défensives	124
	Haches de cailloux	125
	Haches de métal	126
	Fers de lance de métal	127
LVI.	Trompette des Belges-Gaulois. Leur manière de faire passer très-rapidement une nouvelle	128
LVII.	Ruses de guerre des Bellovaces	129
LVIII.	Fabriques d'armes des Belges-Romains	129
	A Amiens et à Soissons	129
	Plusieurs anciennes armes découvertes en Picardie	130
LIX.	Camps de César ou camps romains	130
	Du Bac à Bery	130
	De Commun	132
	Du Vié Laon	132
	Premier camp de César en Beauvoisis, inconnu	133
	Second camp sur le mont de Froidmont	134
	Troisième camp près de Montreuil-sur-Terain	135
	Premier camp des Bellovaces	135
	Second camp	136
	Camps de César dans le Beauvoisis qui sont incertains	136
	— du mont Ganelon	137
	Cimetière de ce camp	137
	Pourquoi cette montagne porte le nom de Ganelon	137
	Camp de Catenoy	138
	— de Gouvieux ou de Chaumont	139
	Camps réputés de César dans l'Amiénois	141
	— de Cagny	141
	— de Camon	141
	— de Picquigny ou mieux de Tirancourt	141
	— de l'Etoile-sur-Somme	143
	— de Pont-de-Remy ou plutôt de Dunc	144
	— de Wissant en Boulonois	145
	— de Neufchâtel au même canton	147
	— de Merc, au pays reconquis	147
	— d'Epagny en Soissonnois, incertain	147
	— de Champlieu en Valois	148
	— de Noyon	148
	— de Vermand en Vermandois	149
LX.	Médailles romaines trouvées dans les camps de César	150
	De Vermand	150
	De Champlieu	151

CHAPITRES.		PAGES.
	De Tirancourt	151
	De Gouvieux	152
	Du mont Ganelon	152
	Du mont de Froidmont.	153
LXI.	La langue romaine prend la place de la langue belgique; idiôme de la gauloise.	153
LXII.	Altération de la langue belgique par les Germains et par les Francs . . .	155
LXIII.	La tudesque bannie par la romance, source de la langue française. . .	156
LXIV.	Chronologie belgico-gauloise	156
	Les Belges comptaient par nuits et non par jours	157
	Cette manière de compter changée par les Romains. Rétablie par les Francs dans les actes civils et militaires.	158
	Perpétuée longtemps dans le barreau	160
LXV.	Les années belgico-gauloises, belgico-romaines, belgico-françaises . . .	161
LXVI.	L'usage des étrennes au premier de janvier.	161
LXVII.	L'année des Picards commençait au jour de l'Annonciation en certains lieux.	162
	En d'autres, le Samedi-Saint après la bénédiction du cierge paschal.	163
LXVIII.	L'année fixée par toute la France au premier jour de janvier, par Charles IX.	164
LXIX.	Religion belgico-gauloise	165
	Culte rendu aux élémens et aux astres.	165
	Aux arbres, particulièrement au chêne	166
LXX.	L'invasion de la Belgique par les Germains ne change rien de l'ancien culte.	166
LXXI.	Les Belges-Gaulois de polythéistes, deviennent idolâtres	167
	Noms de leurs dieux	167
	On croit trouver dans le nom de plusieurs lieux de Picardie ceux d'*Esus* et de *Camulus*	168
	Celui de *Taranis*	169
	Celui de *Belenus*	169
	Celui de *Teutates*	169
LXXII.	Noms d'autres divinités qui se sont perpétués dans notre province . . .	170
	De la lune	170
	De la terre	170
	De deux attributs de Mercure	170
	Du dieu *Alcis*	171
LXXIII.	Des dieux belgico-gaulois indigètes	171
LXXIV.	Des dieux belgico-gaulois topiques	172
LXXV.	Statues dans les premiers temps de la Belgique	173
LXXVI.	Temples dans ces mêmes temps	174
LXXVII.	Temples dans le second temps	175
LXXVIII.	Pierres prises pour des indices de sépulture	176
LXXIX.	Conjectures touchant ces pierres et touchant celles qu'on nomme *Pierres-levées*	176
LXXX.	Tombelles, autels des anciens Belges.	177
	Dans le Boulonois	177

CHAPITRES.		PAGES.
	Dans le Ponthieu	177
	Dans le Laonnois	177
	Dans le Soissonnois	178
	Dans le Noyonnois	178
	Dans le Vermandois	178
LXXXI.	Les tombes doivent passer de même pour des autels belgiques.	180
	Dans le Ponthieu, le Vimeu, l'Amiénois, le Soissonnois, la Tiérache, le Laonnois et le Senlisien	180
	Dans le Vermandois	181
	Opinions diverses touchant ces tombes	182
LXXXII.	Ministres de la religion belgico-gauloise	185
	Leur croyance touchant l'immortalité de l'âme	186
	Leurs superstitions	186
	Superstition du Guy de chêne	187
	Les Druides changent leur nom en celui de *Senani*. Vestiges de ce nom	188
	Restes du nom de Druides	189
LXXXIII.	Religion belgico-romaine	190
LXXXIV.	Temples	191
	A Amiens	193
	A Beauvais	193
	A Senlis	193
	A Soissons	193
	A Saint-Quentin	193
LXXXV.	Mont-Joies, lieux consacrés à Jupiter	193
LXXXVI.	Temples de Mars connus sous différents noms. — Lieux de la Picardie qui les ont retenus	196
LXXXVII.	Monuments consacrés à Mercure	197
	Autel et statues de Mercure découverts près de Beauvais	198
	Petites figures de Mercure	201
	Milius, nom de Mercure, a passé à quelques lieux de Picardie	202
	Temple de Mercure en plusieurs endroits de la Picardie	202
LXXXVIII.	Lieux consacrés à Apollon	202
	Apollon nommé *Delius*	203
LXXXIX.	Lieux consacrés à Bacchus. Plusieurs de ses figures	204
	Temple de Bacchus près Beauvais. Sa description	205
	Son surnom de *Liber*, resté à quelques lieux de Picardie	206
XC.	Monuments de Cybèle	206
	Restes de son temple au village de Tours	208
	Reste du culte du berger Atys, dans le nom de plusieurs lieux de Picardie	209
XCI.	Monuments de Cérès, que quelques-uns prennent pour Cybèle, les autres pour Isis	209

CHAPITRES.		PAGES.
	Statue trouvée à Soissons qu'on a prise pour celle d'Isis	210
	Petite figure d'un prêtre d'Osiris, trouvée en Picardie.	211
	Idoles de Cérès	211
	Restes des fêtes de Cérès, nommées *Brandons* dans la Picardie.	211
	Dans l'Amiénois	212
	— le Beauvoisis.	213
	— le Corbiois	213
	— le Laonnois	213
	— le Noyonnois	214
	— le Ponthieu.	214
	— le Senlisien.	214
	— le Soissonnois	215
	— le Vermandois	216
	La cérémonie des cierges de la Chandeleur a pris sa place.	216
XCII.	Culte de Diane dans la Belgique.	217
XCIII.	Temples de divinités inconnues	218
XCIV.	Ministres de la religion belgico-romaine	219
	Collège sacerdotal de la ville d'Amiens	219
	— des villes de Soissons et de Vermand	221
XCV.	Culte de Janus à Soissons	221
XCVI.	— d'Hercule à Boulogne; d'*Asclepius* et de *Verjugodumnus* à Amiens.	222
XCVII.	— de Priape à Amiens; monument découvert près cette ville.	222
	Autre monument d'un priapiste de la ville de Reims.	223
XCVIII.	Culte d'Angerone et de Lucine à Boulogne; de Diomède à Beauvais; de Palès en quelques lieux de Picardie	225
XCIX.	Monument de la divinité de Verberie	226
C.	Funérailles des Belges dans les premiers temps.	226
	Ils brûlaient les corps suivant plusieurs indices	227
CI.	Caveaux construits pour les morts	229
	A Amiens et à Beauvais.	229
	Au faubourg de Boulogne : sa description	230
	Au village de Ver, diocèse de Senlis ; à Soissons ; à Pont-d'Ansy; à Saint-Quentin.	231
	A Amblainselve.	232
CII.	Tombeaux en forme de coffres découverts	234
	A Amiens: description des pièces qu'il renfermait	234
	En Boulonois, au château de Cours	236
CIII.	Sarcophages découverts.	236
	A Lardières, en Beauvoisis; dans les environs de Champlieu et de Soissons	236
	Au Mont Caperon, près des Capucins de Beauvais, et dans la banlieue de Boulogne-sur-Mer	237

CHAPITRES.		PAGES.
	Dans le pays des Morins et dans les environs d'Abbeville. . . .	238
	Dans le Vermandois ; dans le Vimeux.	239
	Autre sarcophage découvert dans le Vimeux ; sa description. .	240
	Sarcophage conservé dans l'église de saint Corneille de Compiègne.	240
	Autre, enchassé dans le mur du cloître de l'abbaye de saint Médard de Soissons	241
	Sarcophages trouvés près Amiens, près Montdidier, près le village de Warloy.	242
	Sur la montagne de Buchy ; près Puisieux ; entre Milly et Monceau, etc., en Beauvoisis	243
	Sur le bord de la chaussée romaine de Soissons à Vic-sur-Aine ; dans un des faubourgs de Noyon ; au moulin de Rouy, etc. . .	243
	Dans les anciens cimetières d'Amiens	244
	De Nogent-sous-Coucy et de Nogent-la-ville	245
	Du parc de Fère-en-Tardenois	245
	De Champlieu-en-Valois ; de Trevecon-en-Vermandois ; de St.-Quentin	246
	De Marteville ; de Ville-Chole	247
CIV.	Cercueils de bois trouvés	248
	A Amiens.	249
	A Beauvais	249
	Dans les environs de Roye. Description de ces tombeaux . . .	249
CV.	Sépulture sans sarcophage et sans cercueil.	253
	A Amiens ; à la Calique-en-Boulonois	253
	A Vron-en-Ponthieu	254
	A Ville près Flixecourt en Ponthieu ; au terroir de Crouy-en-Soissonnois ; à Saint-Quentin	255
CVI.	Vases de terre renfermés dans les tombeaux	255
CVII.	Fabrique de vases de terre et de verre dans la deuxième Belgique. .	256
	A Savignies, en Beauvoisis	257
	A Amiens.	257
	Près Renneville.	257
CVIII.	Briques et tuiles romaines. Leurs dimensions.	258
CIX.	Destruction de l'idolâtrie et établissement du christianisme dans la seconde Belgique	260
CX.	Saint Rufin et saint Valère, premiers prédicateurs de l'évangile dans le Soissonnois	261
CXI.	Saint-Quentin dans l'Amiénois, le Beauvoisis et le Vermandois . . .	262
CXII.	Saint Lucien dans le Beauvoisis	264
CXIII.	Saints Fuscien et Victoric chez les Morins et chez les Amiénois . . .	264
CXIV.	Saint Rieul à Senlis.	265
CXV.	Saints Crépin et Crépinien à Soissons	266
CXVI.	Saint Firmin à Beauvais	267

65.

CHAPITRES.		PAGES.
CXVII.	Saints Sixte et Sinice à Soissons ; le second, I.er évêque de cette ville	268
CXVIII.	Eglise des premiers chrétiens à Amiens	269
CXIX.	A Beauvais.	270
CXX.	A Senlis.	271
CXXI.	A Soissons	271
CXXII.	Dans la capitale du Vermandois.	272
CXXIII.	A Térouanne.	272
CXXIV.	On grave des épitaphes sur les tombeaux des chrétiens après la persécution. Leur formule	273
CXXV.	Deux tombeaux dans l'église de N.-D. de Soissons. Marque du progrès du christianisme en Picardie	274
	L'un donné à saint Drausin et l'autre à saint Voué	275
CXXVI.	Défense d'enterrer dans les églises conservée jusqu'après le milieu du vi.e siècle	276
CXXVII.	Les chrétiens placent dans le tombeau un vase d'eau bénite et un autre rempli de charbons et d'encens	277
CXXVIII.	Usage des païens d'enfermer dans les tombeaux à boire et à manger..	279
CXXIX.	Pasts fondés dans les églises tiennent lieu de cet ancien usage	280
	Ces repas funéraires dégénèrent en abus	281
CXXX.	Les pasts du jour natal d'un saint, tolérés par l'église.	282
CXXXI.	Parterre de fleurs et de verdure, fait sur les tombeaux des personnes distinguées	283
CXXXII.	Lois des empereurs Constantin et Licinius en faveur du christianisme.	284
CXXXIII.	Saint Martin prédicateur de la foi dans la Picardie	285
CXXXIV.	Saint Victrice prédicateur de l'évangile dans le pays des Morins	286
CXXXV.	Propagation de l'évangile retardée dans notre province. Pourquoi ?	287
CXXXVI.	Conjectures touchant le temps du martyre de saint Just, de saint Dinoald, de sainte Benoite, etc., en Picardie	287
	Conjectures touchant celui de sainte Elevare, de sainte Sponsare, de sainte Méroflette, de sainte Maxence, etc.	288
CXXXVII.	Le tyran Constantin confirme les constitutions de ses prédécesseurs contre le paganisme	289
CXXXVIII.	Saint Firmin, confesseur, achève la conversion des Amiénois et travaille à celle des Morins	290
CXXXIX.	Les Soissonnois replongés dans le paganisme sont dociles à la voix de saint Onésime, leur évêque	291
CXL.	Saint Germain d'Auxerre contribue à la conversion d'une partie de la Picardie	291
CXLI.	Saint Germain, évêque régionnaire, prêche la foi sur les confins du diocèse d'Amiens et de Rouen	292
CXLII.	Le bouleversement de l'empire romain contribue à la conversion des idolâtres.	292

CHAPITRES.		PAGES.
CXLIII.	Les Francs favorables au christianisme. Mérite des prélats d'alors.	293
CXLIV.	Baptême de Clovis et de plusieurs milliers de Francs à Reims.	294
CXLV.	Zèle de saint Remy contre l'idolâtrie	295
CXLVI.	Obstacles à la destruction du paganisme de la part de Ragnacaire et de Reinier	295
CXLVII.	Saint Vast, coopérateur de saint Remy	296
CXLVIII.	Autres obstacles de la part de Cararic	296
CXLIX.	Saint Remy établit un évêque à Laon pour travailler à la conversion des habitants de la Tiérache.	297
CL.	Saint Principe, coopérateur de saint Remy, à Soissons	298
CLI.	Lois des enfants de Clovis et des conciles contre le paganisme.	298
	De Childebert	299
	De Clotaire. Zèle de la reine sainte Radegonde pour la conversion des peuples de notre province	300
CLII.	Zèle des SS. évêques Alomer et Médard pour la conversion des Vermandois.	300
CLIII.	Zèle de Faustin, successeur de saint Médard	301
CLIV.	Zèle de l'évêque saint Bandrid pour la conversion des Soissonnois	302
CLV.	Zèle de saint Berchond pour la conversion des Amiénois. Fruits de ses retraites dans le Vimeux	303
CLVI.	Etablissement des monastères dans la seconde Belgique. Moyen efficace pour achever d'y détruire l'idolâtrie.	303
CLVII.	Celui de Luxeu fournit le plus grand nombre de missionnaires. Prédication à Centule ou Saint-Riquier.	304
CLVIII.	Saint Wlgain et ses compagnons avaient déjà répandu les lumières de l'évangile dans le pays des Morins.	305
CLIX.	Saint Valdolen et saint Valery, moines de Luxeu, vont catéchiser dans le Vimeux. Conversions faites dans ce pays, quelques années auparavant, par saint Loup, évêque de Sens	306
CLX.	Miracles de saint Valery. Destruction des idoles du Vimeux par saint Blimond, son élève	307
CLXI.	Saint Riquier et saint Josse annoncent l'évangile dans le Ponthieu	308
CLXII.	Propagation de la foi par saint Aichar dans le diocèse de Noyon	309
CLXIII.	Saint Amand fait les fonctions apostoliques dans le Laonnois, le Noyonnois et le Beauvoisis.	309
CLXIV.	Le zèle apostolique porte saint Victrice de Rouen dans le pays des Morins	310
CLXV.	Saint Eloy achève la conversion des Noyonnois et des Flamands	311
	Superstitions encore existantes de son temps	312
	Condamnées par les conciles et les écrivains ecclésiastiques.	314
CLXVI.	Saint Momble, prédicateur évangélique dans le Vermandois	315
CLXVII.	Saint Fursy, prédicateur évangélique dans le Ponthieu, l'Amiénois, le Vermandois et l'Artois	315
CLXVIII.	Saint Adalgise, saint Gobain, prédicateurs évangéliques dans le Laonnois.	316

CHAPITRES.		PAGES.
	Ils ne s'arrêtèrent point dans le Corbiois, parce qu'ils y trouvèrent des moines occupés du même ministère.	317
CLXIX.	Saint Ursmer, prédicateur évangélique sur les confins de la Tiérache et du Hainaut ; et saint Silvain, dans le pays des Morins	317
CLXX.	Ordonnances des rois de la seconde race, touchant la destruction de l'idolâtrie	318
CLXXI.1°	Pepin, Charlemagne et quelques prélats conservent sur leurs sceaux des restes du paganisme.	320
CLXXI.2°	Décrets ecclésiastiques contre les superstitions.	320
CLXXII.	Plusieurs choses à l'usage des païens convertis, à l'usage des chrétiens . .	321
CLXXIII.	Retour de la superstition causée par les troubles de la famille de Louis-le-Débonnaire	322
CLXXIV.	Saint Humfroi, évêque de Térouanne, veut retourner dans son monastère. — Saint Riculphe, évêque de Soissons, s'occupe plus particulièrement de l'instruction de ses ouailles	323
CLXXV.	Les superstitions qui ont existé et qui existent encore, ramenées par les Normands	324
CLXXVI.	La divination ou le sort des saints a existé longtemps en Picardie . . .	324
	A Laon et à Nogent.	325
	A Boulogne	326
CLXXVII.	Divination par le court bâton et la longue paille.	327
CLXXVIII.	Divination par le serment sur les choses saintes	328
	Sur l'autel	328
	Sur les reliques.	328
	Sur les tombeaux des saints.	328
	Sur l'oratoire de saint Martin et sur les reliques des saints . . .	329
CLXXIX.	Divination par le combat singulier, c'est-à-dire par le duel	331
	Dans l'église de N.-D. de Soissons	332
	Les champions s'y rendaient-ils par respect pour le tombeau de saint Drausin ou pour la croix	333
	A Laon, à Soissons, à Corbie, à Noyon	333
	En Vermandois, en Ponthieu et en Beauvoisis	334
	Abolition du combat singulier	336
CLXXX.1°.	Divination ou épreuve par le fer rouge.	337
CLXXX.2°	L'épreuve du feu employée pour constater la vérité des reliques	338
CLXXXI.	Epreuve de l'eau chaude	338
CLXXXII.	Epreuve de l'eau froide. Cérémonies observées.	339
	A Soissons	340
	A Noyon et à Montdidier	341
	Elle est employée dans la suite pour découvrir les sorciers et les magiciens.	341
CLXXXIII.1°	Anneau magique, trouvé à Amiens.	342

CHAPITRES.		PAGES.
CLXXXIII.2°	Superstitions touchant les jours heureux et malheureux et touchant certains régimes placés à la tête des livres liturgiques.	342
CLXXXIV.	Vestiges des mystères du dieu Mytras à Saint-George-lès-Roye	344
CLXXXV.	Restes du culte rendu aux arbres en Picardie	345
	La cérémonie du mai.	345
	La ramée, branches d'arbres dont on tapissait les murs des églises.	347
	Branches d'arbres portées aux processions	348
	Cabanes de verdure	348
	La jonchée dans les églises.	349
CLXXXVI.	Couronnes de feuilles d'arbres et de fleurs	350
CLXXXVII.	Restes des saturnales dans les églises de Picardie.	352
CLXXXVIII.	Fête des diacres, le jour de saint Etienne	353
	Dans l'église d'Amiens	353
	— de Senlis.	353
	— de Soissons.	353
CLXXXIX.	Fête des prêtres le jour de saint Jean l'évangéliste	354
	Dans l'église d'Amiens	354
	— de Laon.	355
	— de Senlis.	355
CXC.	Fêtes des jeunes clercs, le jour des Innocents.	355
	Dans l'église d'Amiens	355
	— de Beauvais.	356
	— de Laon.	356
	— de Noyon	357
	Division dans le chapitre à cette occasion.	358
	Dans l'église de Saint-Fursy de Péronne.	359
	— de Saint-Florent de Roye	359
	Dans le monastère de Saint-Quentin-en-l'Ile	360
	Dans l'église de Senlis.	360
CXCI.	Fête des sous-diacres le 1.er janvier, autrement dite la fête des fous.	360
	Dans l'église d'Amiens on y faisait un pape.	361
	Evêque des fous dans l'hôpital de Rue	362
	Dans l'église de Beauvais la fête de l'ane. Son cérémonial.	362
	Représentation de la fuite en Egypte dans la même église. Son cérémonial	363
	Dans l'église de Senlis. Election d'un pape	365
CXCII.	Cérémonie du bâton des confréries dans les églises. Reste de la fête des fous.	365
CXCIII.	Fêtes des fous.	366
	A Ham	367
CXCIV.	Fête des sous-diacres dans l'église de Noyon, la veille des Rois	370
	Fêtes des vicaires et des chapelains dans l'église de Laon	370
CXCV.	Le roi de la fève ou le roi boit.	372
	Origine du roi des confréries et des corps et métiers	374

CHAPITRES.		PAGES.
CXCVI.	Les folies du carnaval : représentation des orgies, des bacchanales et des lupercales	374
	Le charivari en est un reste	375
	Divertissements des religieuses de N.-D. de Soissons le dimanche de la septuagésime	376
CXCVII.	La joute au coqs, le jeudi-gras	376
	A Amiens, à Corbie, etc.	376
	A Péronne	376
	A Abbeville	377
	A Senlis	377
	Ce divertissement connu chez les Athéniens	378
	Ancien usage de tirer la poule	378
CXCVIII.	Ancien usage à Péronne le jour du mardi-gras	378
CXCIX.1°	Quaresmel et quaresmiaux, anciennes dates employées dans la Picardie.	378
CXCIX.2°	*Carnilevarii, Carniprivii*, autres époques	379
CC.	Cérémonial de la fête des Brandons le premier dimanche de carême, en plusieurs lieux de Picardie	380
CCI.	Cérémonie du cloqueman de la ville de Ham le vendredi-saint	382
CCII.	Cérémonie du sépulcre, le samedi-saint, dans les églises de la Picardie.	382
	Dans l'église d'Amiens	382
	Dans les églises de Beauvais et de Laon	383
	Dans l'église de Saint-Fursy de Péronne	383
	— de Senlis	384
CCIII.	On jouait en cadence à la paume, le jour de Pâques, après les vêpres, dans les églises de la province. Labyrinthe de la nef de l'église d'Amiens.	385
CCIV.	Opinion superstitieuse touchant l'abstinence de chair, le jour des grandes fêtes	386
CCV.	Représentation dans l'église de Beauvais des pélerins d'*Emmaüs*, le lundi de Pâques	386
CCVI.	Dragon ou autre animal monstrueux, porté aux processions des Rogations.	386
CCVII.	On figurait dans nos églises la descente du Saint-Esprit le jour de la Pentecôte	388
CCVIII.	Cérémonie dans les églises du diocèse d'Amiens aux matines de Noël. Cri de Noël	389
	A Amiens, le jour de Noël à matines	389
CCIX.	Représentation entre la procession et la grande messe, le jour des fêtes principales, dans l'église de Beauvais	391
CCX.	L'homme verd dans l'église d'Amiens, le jour de la translation de saint Firmin, martyr	391
CCXI.	Superstitions du jour de la chaire de saint Pierre à Antioche	393
CCXII.	Mystère de l'annonciation à Péronne	394
CCXIII.	Superstition de la Saint-Jean	394
	Feux de la Saint-Jean, dits *Feux d'os*. On en fait aussi dans la Picardie pour honorer les grands	394

CHAPITRES.		PAGES.
	Eau, herbe et charbon superstitieux de la Saint-Jean.	396
CCXIV.	Régal de la fête des sept Dormans, à Senlis	397
CCXV.	Fête licencieuse des saints Crépin et Crépinien, à Senlis.	397
CCXVI.	Désordres les jours de saint Martin, de sainte Catherine et de saint Nicolas.	398
CCXVII.	Truffes, sorte d'exclamation pendant l'office. Obits sifflés dans l'église d'Amiens	399
CCXVIII.	Moyens superstitieux employés contre l'orage.	400
CCXIX.	Mystères ou jeux de Dieu sont très en vogue dans la Picardie.	400
	A Amiens	402
	A Abbeville.	404
	A Beauvais	405
	A Laon	405
	A Saint-Quentin	406
	A Péronne	406
	A Senlis.	407
	A Soissons	407
	A Noyon.	408
	A Corbie.	409
	A Foucarmont, à Verberie, à la Ferté-Milon	409
	A Guise et à Vadencourt	410
CCXX.	Réglements ecclésiastiques contre les superstitions et l'idolâtrie	410
	Contre le culte rendu aux pierres, aux arbres et aux fontaines	410
	— les sortilèges	410
	— les moyens superstitieux pour guérir les maladies	411
	— les mais, les branches d'arbres et les couronnes	412
	— les fêtes des diacres, des prêtres, des sous-diacres, des enfants de chœur, et les spectacles en général.	412
	— les mascarades du 1.er de janvier	413
	— la fête des fous	415
	— le bâton des confréries	416
	— les folies du carnaval	417
	— le charivari	417
	— le combat des coqs	418
	— les brandons	418
	— l'usage d'habiller une fille en vierge le jour de la chandeleur.	419
	— la superstition du jour de la fête de saint Pierre à Antioche; contre les feux de la Saint-Jean, etc.	419
	— les pratiques licencieuses de la saint Martin, de la sainte Catherine et de la saint Nicolas.	420
	— les obits sifflés, les truffes et le bruit des stalles, etc.; et contre les pratiques pour détourner l'orage	421
	— les mystères ou jeux de Dieu	421
CCXXI.	Chaussées romaines de la seconde Belgique.	422

CHAPITRES.		PAGES.
	Elles servent beaucoup à la propagation de la foi	422
	Elles sont dénommées plus communément chaussées Brunehaut. Pourquoi ?	423
	Leur construction	424
	Leur division en voies militaires et en voies de traverse. . . .	425
	Des moyens pour reconnaître ces chaussées	425
CCXXII.	Auguste et Agrippa font travailler à la première grande route qui devait traverser la Belgique.	427
CCXXIII.	Empereurs qui firent travailler aux chaussées de deuxième ordre. . . .	428
CCXXIV.	Voie militaire de Rome à Boulogne-sur-mer	428
	De Rheims à Soissons	429
	De Soissons à Senlis	431
	De Senlis à Beauvais	432
	De Beauvais à Amiens.	437
	D'Amiens à Boulogne-sur-mer	441
CCXXV.	La voie militaire raccourcie depuis Pont-l'Archer jusqu'à Amiens. . . .	446
	De Pont-l'Archer à Noyon; deux colonnes milliaires sur cette voie.	447
	De Noyon à Roieglise.	450
	De Roieglise à Setuci, capitale du Santerre	451
	De la capitale des Setuci à Amiens	452
	Cette chaussée de la Table Théodosienne ne diffère pas de l'Itinéraire d'Antonin	453
CCXXVI.	Première branche de la voie militaire	454
	De Reims à Muennam ou Auxenna	454
	D'Auxenna à Minaticum ou Nintteaci.	454
	De Nintteaci à Catusiacum.	455
	De Catusiacum à Verbinum ou Vironum	455
	De Vironum à Bagaco Nerviorum	456
CCXXVII.	Deuxième branche de la voie militaire de Rheims dans le Hainaut . . .	456
CCXXVIII.	Troisième branche de la voie militaire.	457
	De Rheims à Saint-Quentin. Première branche partant de Saint-Quentin	457
	De Saint-Quentin à Amiens. Deuxième branche de Saint-Quentin .	459
CCXXIX.	Branche de la chaussée de Saint-Quentin à Amiens, vers Saint-Christ . .	461
	Troisième de Saint-Quentin.	461
CCXXX.1°	Branche de la chaussée de Saint-Quentin, vers le Hainaut	461
	Quatrième de Saint-Quentin	461
CCXXX.2°	Quatrième branche de la voie militaire	462
	Des environs de Breuil à la chaussée de Soissons à Noyon. . .	462
CCXXXI.	Cinquième branche de la voie militaire	462
	De Pont d'Ancy dans le Valois	462
CCXXXII.	Sixième branche de la voie militaire	463
	Première de Soissons. De cette ville à Montmirail	465

CHAPITRES.		PAGES.
CCXXXIII.	Septième branche de la voie militaire	464
	Deuxième de Soissons. De cette ville à celle de Meaux	464
CCXXXIV.	Huitième branche de la voie militaire	464
	Troisième de Soissons. De Soissons à Condren. Colonnes milliaires dans cet espace	464
	De Condren à Saint-Quentin. Cinquième branche de cette ville	467
	De Saint-Quentin à Cambray. Sixième branche de cette ville	468
	De Cambray à Arras et à Térouanne. Première branche de Térouanne	469
	De Térouanne à Sangatte. Seconde branche de Térouanne	469
CCXXXV.	Branche de la chaussée de Soissons à Sangatte	471
	De Rumigny à Encre	471
CCXXXVI.	De Saint-Quentin à Arras	471
	Septième branche de Saint-Quentin	471
CCXXXVII.	De Saint-Quentin à Guise	472
	Huitième branche de Saint-Quentin	472
CCXXXVIII.	De Guines à Calais	473
CCXXXIX.	De Sangatte à Merc	473
CCXL.	Neuvième branche de la voie militaire	474
	Première de Senlis. De cette ville à Pompoin	474
CCXLI.	Dixième branche de la voie militaire	474
	Deuxième de Senlis. De cette ville à Bavai	474
CCXLII.	Onzième branche de la voie militaire	475
	Troisième de Senlis. De cette ville à Meaux	475
CCXLIII.	Douzième branche de la voie militaire	476
	De la Morlaye à la chaussée de Beauvais à Warti	476
CCXLIV.	Treizième branche de la voie militaire	476
	De la Morlaye à Paris	476
CCXLV.	Quatorzième branche de la voie militaire	477
	Première de Beauvais. De cette ville à Saint-Martin-Longueau	477
CCXLVI.	Quinzième branche de la voie militaire	479
	Deuxième de Beauvais. De cette ville à Bavai	479
CCXLVII.	Seizième branche de la voie militaire	481
	Troisième de Beauvais. De cette ville à Magny-en-Vexin	481
CCXLVIII.	Dix-septième branche de la voie militaire	481
	Quatrième de Beauvais. De cette ville à la mer	481
CCXLIX.	Dix-huitième branche de la voie militaire	484
	De Tillel à la capitale des Setuci	484
CCL.	Dix-neuvième branche de la voie militaire	486
	Première d'Amiens. De cette ville à Rouen	486
CCLI.	Vingtième branche de la voie militaire	486
	Deuxième d'Amiens. De cette ville à St-Valery, à Dieppe, à la ville d'Eu	486
	Première division de cette chaussée tirant à Saint-Valery	487
	Deuxième division tirant à Dieppe	487

Chapitres.		Pages.
	Troisième division de la chaussée d'Amiens à Eu	487
CCLII.	Vingt-et-unième branche de la voie militaire	488
	Troisième d'Amiens. De cette ville à Bavai	488
CCLIII.	Vingt-deuxième branche de la voie militaire	489
	Quatrième d'Amiens. De cette ville à Arras	489
CCLIV.	Vingt-troisième branche de la voie militaire	489
	Cinquième d'Amiens. De cette ville à Térouanne. Troisième branche de Térouanne.	489
CCLV.	Vingt-quatrième branche ou première de la seconde voie militaire.	490
	Sixième d'Amiens. De cette ville à Senlis et de là à Paris	490
CCLVI. 1º	Vingt-cinquième branche ; seconde de la nouvelle voie militaire	491
	Septième d'Amiens. De cette ville à Compiègne et peut-être au camp de Champlieu.	491
CCLVI. 2º	Vingt-cinquième branche ou troisième de la nouvelle voie militaire	492
	De Noyon à Arras.	492
CCLVII.	Vingt-sixième branche de la voie militaire	493
	De Brimeu à Térouanne. Quatrième branche de Térouanne.	493
CCLVIII.	Chaussée de Cassel à Mardick et à Bac-à-Tienne.	494
CCLIX.	Vingt-septième branche de la voie militaire	494
	D'Audisque-le-Haut à Lisle-Bonne.	474
CCLX.	Vingt-huitième branche de la voie militaire	496
	Première de Boulogne. De cette ville à Térouanne. Cinquième branche de Térouanne.	496
CCLXI.	Vingt-neuvième branche de la chaussée militaire	497
	Deuxième de Boulogne. De cette ville à Cassel par Saint-Omer	497
CCLXII.	Trentième branche de la chaussée militaire	498
	Troisième de Boulogne. Autre de cette ville à Cassel	498
CCLXIII.	Trente-et-unième branche de la voie militaire.	498
	Quatrième de Boulogne. De cette ville à Sangatte	498
CCLXIV.	Chaussées incertaines	499
	De Soissons à Laon.	499
	De Noyon à Chauny	500
	De Noyon à Torote	500
	De Noyon au-delà d'Attiche.	500
	De Chevrincourt à Portes	500
	De Ham à Saint-Quentin.	500
	De Poix dans le Vimeu	501
CCLXV.	Les plus anciens établissements de la Picardie, formés sur les grandes routes romaines.	501

TABLE DES MATIÈRES.

A.

ABBAYES. Andres, pag. 470. — Ardres, 282. — Arouaise, 195, 493. — Beaupré, 281, 288, 482. —Bertaucourt, 109, 389.—Breteuil, 93, 184, 438, 439. — La Celle, 316. — Chalis, 10, 51, 431. — Charoux, 73. — Chesy, 72, 215. — Choisy, 72. — Cluny, 431. — Coincy, 195, 431. — Corbie, 49, 50, 63, 105, 118, 156, 161, 196, 197, 212, 213, 257, 280, 316, 322, 334, 343, 346, 347, 349, 350, 355, 379, 388, 394, 400, 401, 441, 451, 460, 483, 488. — La Croix-Saint-Ouen, 72, 75. — Cuissy, 455. — Dammartin, 60. — Fleury, 413. —Foigny, 457. — Foucarmont, 483.—Froimont, 153, 203, 213, 434, 435, 438, 439. — Gard, 61, 125. — Homblières, 194, 279, 351. — Ile, 458. — Jumièges, 322. — Launoy, 331, 482. — Longpont, 500. — Luxeu, 304, 306, 309, 310, 311, 317. — Marmoutier, 73. — Molème, 73. — Mont-Saint-Martin, 45, 472, 481. — Mont-Saint-Quentin, 17, 72, 471. — Nogent-sous-Couci, 73, 182, 195, 326, 466, 467.—Ourcamp, 40, 206, 216, 448, 449, 451, 475, 478, 480, 492, 500. — Panthemont, 203. — Prémontré, 292. — Retonde, 72. — Royal lieu, 215. — Saint-Acheul-lès-Amiens, 82, 102, 171, 270, 290. — Saint-Amand, 280, 500. — Saint-André-aux-Bois, 444. — Saint-Augustin de Térouanne, 6. — Saint-Barthélemi de Noyon, 119, 178, 216, 379, 449, 451, 500. — Saint-Bertin, 8, 57, 79, 106, 493. — Saint-Corneille de Compiègne, 43, 49, 118, 240, 322, 400, 456, 479, 480, 492. — Saint-Crépin-en-Chaye, 96, 102, 464, 465. — Saint-Crépin-le-Grand de Soissons, 72, 119, 179, 258, 271, 282, 407, 460. — Saint-Denis, 11, 158, 215, 320, 330, 455. — Saint-Eloi de Noyon, 178, 179, 270, 334, 406, 449. — Saint-Eloy-Fontaine, 158, 181.—Saint-Faron, 215.—Saint-Fuscien, 194, 195, 490.—Saint-Germer, 43, 177, 380.—Saint-Jean-au-Mont, 6, 234. — Saint-Jean-aux-Bois, 431. — Saint-Jean d'Amiens, 49, 152, 249, 253, 387, 486. —Saint-Jean de Laon, 178, 334.—Saint-Jean-des-Vignes, 103, 189, 392.—Saint-Josse-sur-Mer, 59, 64, 160. — Saint-Just, 206, 230, 395, 396, 491.—Saint-Just-au-Plessier, 479. — Saint-Léger de Soissons, 431.—Saint-Lucien-lès-Beauvais, 279, 280, 281, 282, 283, 321, 331, 334, 349, 437, 438, 488. — Saint-Martin-au-Bois, 194, 479. — Saint-Martin-aux-Jumeaux, 452. — Saint-Médard de Soissons, 23, 75, 96, 97, 241, 242, 303, 314, 447, 448. — Saint-Nicaise, 238, 263. — Saint-Nicolas d'Arouaise, 216. —Saint-Paul, 499. — Saint-Prix, 107, 216, 458, 468.—Saint-Quentin de Beauvais, 213, 484. — Saint-Quentin-en-Isle, 335, 360,

462. — Saint-Riquier, 63, 213, 288, 342, 500. — Saint-Sauve de Montreuil-sur-Mer, 107, 124. — Saint-Symphorien, 436, 481. — Saint-Valery, 60, 108. — Saint-Vast d'Arras, 305. — Saint-Vincent de Laon, 109, 180, 214. — Saint-Vincent de Senlis, 433. — Sauve-Majeur, 73. — Sithiu, 280. — Thenailles, 49, 113, 118, 205, 213, 345, 455, 458. — Val-Secret, 195, 463. — Valoires, 213, 444, 495. — La Victoire, 476. — Vieux-Moutier, 311.

ACADÉMIE (dictionnaire de l'), 19.

AFFICHES DE PICARDIE, 233, 236.

AGAPES. Leur rapport avec les *Charisties*, 269, 393.

AGER PUBLICUS. Nom donné à certaines voies romaines, 422, 499.

AGNENELLES. Voy. *Ognenelles*.

AGRIPPA (voie d'). Voie militaire des Romains. Son étendue, 429. De quelle manière elle était construite, 429, 431, 497.

A GUI L'AN NEUF (cri d'), 187, 188.

ALBIGEOIS (les), 26.

ALLEMANDS (les) 23, 26, 294, 304.

ALODIUM REGIUM. Nom donné à l'abbaye de Senlis, 433.

ALTA VIA. Nom donné aux voies romaines dans les anciens titres latins, 422. Voy. *Callis*.

AMBARVALES (les), 217.

AMBIANI, 75, 90, 257, 428.

AMIÉNOIS (les), 124, 133, 171, 290, 291, 299, 303.

AMIÉNOISES (les), 30.

AMIENS (hôtel-de-ville d'), appelée *Œuvrœul au Cloquier*, 46, 194.

AMIENS (Tours d'), assiégées et défendues par les femmes, 30.

ANE (fête de l'), 362.

ANGE GARDIEN (l'). Maison située sur le chemin de Soissons à Laon.

ANGLAIS (les), 14, 17, 27, 28, 30, 56, 93, 283, 305, 308, 367.

ANGLETERRE (nation d'). Une des quatre nations de l'Université de Paris, 14.

ANNEAU magique trouvé à Amiens, 342.

ANNONCIATION. Premier jour de l'année en Picardie, 162.

ANTUERPIENS (les), 312.

APIA. Nom donné à la terre par les Scythes et les Thraces, 170.

AQUITAINS (les), 154, 173.

ARABES (les), 343.

ARBRES (culte rendu aux), 410.

ARC (l'). Arme offensive en usage chez les Belges, 125. — Les Picards l'adoptent, 114.

ARCHERS (les), 23.

ARCHITECTURE DES BELGES, 90. — Restes qui existent encore en Picardie, 95.

ARDENENSES. Nom donné aux habitants de la baronnie d'Ardres, 41.

ARÈNES (les), 102.

ARIENS (hérésie des), 338.

ARMES (des) offensives et défensives chez les Belges, 121, 122, 123, 124 et suiv. Fabriquées à Amiens et à Soissons, 129. Découvertes en Picardie, 130.

ARMES (roi d'), 373.

ARRIÈRE (fête de l'), 418.

ARQUET (porte de l') à Amiens, 453.

ARTÉSIENS (les), 41.

ARTS (des) chez les Belges, 94, 95 et suiv.

ASINORUM (porta). Nom donné à la porte Hosanne à Soissons, 464.

ATHÉNIENS, 378.

ATHIS (roman d'), 426.

ATREBATES (les), 56, 77, 80, 86, 133, 189, 296, 472.

AUDOMARENSES. Nom donné aux habitants de Saint-Omer, 41.

AU-GUI-GNELLES. Voy. *Ognenelles*.

AULERCI, 133.

AUMALE (porte d'), 483.

B.

BACCHANALES, 374.

BAGUE A PIED ET A CHEVAL (courses de), 104.

BAILLIAGES de Picardie, 6 et suiv. De Vermandois, 9. De Senlis, 9.

BAINS DES BELGES ROMAINS, à Reaulieu, 115, et suiv. A Corbie, 118.

BARBANÇONS (les), 24.

BARBARES (les), 290, 348.

BARBARI. Voy. *Barbares*.

BARBIERS (rois des), 373.

BARRES (jeu des), 109.

BAS-EMPIRE, 149.

BASOCHE (roi de la) 346, 373.
BATAVES (les Lètes), 71.
BATTOIR (jeu du), 104, 112.
BAVAROIS (code des), 304.
BEAUVOISINS (les), 26, 77, 124, 267, 299.
BEGARDS (les), 16.
BÉGUINE (mystère de la), 421.
BÉGUINS (les), 16.
BEHOURDIC (fête du), 106, 107, 108, 380, 381.
BEHOURDIS (le). Jeu d'escrime. V. *Behourdic* (fête du).
BELGES (les), 21, 23, 39, 45, 51, 55, 70, 75, 77, 80, 82, 90, 92, 94, 97, 102, 115, 122, 124, 125, 129, 131, 135, 136, 153, 154, 155, 167, 168, 170, 173, 177, 191, 196, 226, 233, 256, 258, 260, 268, 345, 378, 426.
BELGES FRANCS (les), 117, 161, 311, 324.
BELGES GAULOIS (les), 121, 128, 156, 157, 161.
BELGES ROMAINS (les), 117, 129, 130, 227, 233, 256.
BELLOVACES (les), 77, 79, 90, 91, 128, 129, 133, 135, 136, 147, 177, 202, 263, 264, 270, 291, 428, 429.
BELLOVACI. Voy. *Bellovaces* (les).
BÉNÉDICTINS (les) 72, 75.
BENNE. Sorte de char militaire en usage chez les Belges, 123, 124.
BEOURDICH. Forme du mot *Behourdic*. Voy. *ce mot*.
BERNARDINS (les), 73, 75.

BERRY (habitants du), 75.
BETISY (Saint-Martin de). V. *Saint-Martin de Betisy*.
BIBRAX (déroute de), 38.
BLOC (rue du) à Amiens, 440.
BOLONOIS (les), 84.
BOLONIENSES, 41.
BORDES OU BORDÉES. Autre dénomination de la fête des Buires, 212.
BOUCLIER. Arme défensive en usage chez les Belges, 124. Sa forme, 124, 125.
BOUHOURDIS. Forme du mot *Behourdic*. Voy. *ce mot*.
BOULONAIS (les) 311.
BOURDICH. Forme du mot *Behourdic*. Voy. *ce mot*.
BOURGUIGNONNE (faction), 346.
BOURGUIGNONS (les), 30, 31.
BOURREAU (rue du), à Beauvais.
BRAELLE (porte de), à Beauvais. V. *Brêle* (porte de).
BRAMINS (les) des Indes, 223.
BRANDONS (les), 106, 117, 380, 381, 418.
BRANDONS (fêtes des) en Picardie, 211 et suiv. 380.
BRÊLE (Porte de) à Beauvais, 198, 437.
BRÉTIGNY (traité de), 5.
BRETONS (les), 54, 122, 168, 177.
BRIQUES romaines, 258.
BROUAGE (faubourg de), à Chauny, 243.
BUIRES (le dimanche de), 382.
BURES OU BUIRES (fêtes des) en Champagne, 211, 212.
BURGONDIONES, 293.

C.

CALCEIA. Nom donné aux voies romaines dans les anciens titres latins, 422.
CALDENSES, 290.
CALETES (les), 133.
CALIVALI. Forme ancienne du mot *Charivari*. — Voy. *ce mot*.
CALIVARI. Forme ancienne du mot *Charivari*. — Voy. *ce mot*.
CALLIS PUBLICA. Nom donné aux voies romaines dans les anciens titres, 422.
CAMP DES BELLOVACES, 135.
CAMPS DE CÉSAR OU CAMPS ROMAINS, 130. — Nombreux en Picardie, 130. — Il en existait au Bac à Bery, 130. — A Commun, 132. — Au Vié Laon, 132. — Au mont de Froidmont, 134. — Près Montreuil-sur-Térain, 135. — Dans le Beauvoisis, 136. — Au Mont-Ganelon, 137. — A Catenoy, 138. — A Gouvieux, 139. — Dans l'Amiénois, 141. — A Cagny, 141. — A Camon, 141. — A Picquigny, 141. — A l'Étoile-sur-Somme, 143. — A Pont-de-Remy, 144. — A Wissant-en-Boulonois, 145. — A Neufchâtel, 147. — A Merc, 147. — A Épagnies-en-Soissonnais, 147. — A Champlieu-en-Valois, 148. — A Noyon, 148. — A Vermand, 149, 441.
CANADIENS (les), 19.
CANONS A MAIN, 29.
CAPITOLE (le), 192, 193.
CARIVARI. Forme ancienne du mot *Charivari*. — Voy. *ce mot*.

CARNAVAL (des folies du), 374 et suiv.
CARNILEVARII, 379.
CARNIPRIVII, 379.
CARON (barque de), 228, 249.
CARTHAGINOIS (les), 186.
CARTULAIRE DE SAINT-JOSSE, 445.
CASTILLON (porte du), à Amiens, 440, 486.
CATALAUNOIS, 86.
CAVALERIE (de la) chez les Belges, 124.
CAVEAUX (des) construits pour les morts, 229. — Lieux où on les rencontre, 229, 230.
CÉLESTINS (les), 291.
CÉLESTINS-LÈS-SOISSONS (les), 314.
CÉLESTINS d'Amiens (les), 452.
CÉLESTINS de Sainte-Croix (les), 452.
CELTES (les), 75, 158, 173, 184, 394.
CENTENIES, 87.
CERCUEILS (des) en bois, 248, 249.
CÉRÉMONIES (des) du Cloqueman, 382. — Du Sépulcre, 382. — De Noël, 389.
CÉSAR (camps de). Voy. *Camps de César.*
CHALDÉENS (les), 185.
CHAMPENOIS (les), 15.
CHAMPION des dames, ouvrage de Martin Franc. — 366.
CHANANÉENS (les), 122.
CHAPEAU-DE-VIOLETTES, à Amiens (rue du), 351.
CHAPELET. Chapeau fait de fleurs, de soie et de broderies, 111.
CHARISTIES, 393.
CHATEAU. Albâtre, 96, 98, 99, 103, 130, 210, 259, 464. — Bains, 117. — Berny, 446. — Breny, 328. — Cornelle, 499. — Cours, 236.— Crise, 130. — Fiennes, 20. — Ganelon, 137. — Picquigny, 40.— La Quintaine, 109.—Selvesse, 258, 259. — Les Tournelles, 148. — Tranleel, 483. — Vendeuil 97, 99.
CHAUSSÉE. Nom donné aux voies romaines dans les anciens titres, 423.
CHAUSSÉE-BRUNEHAUT. Nom donné aux voies romaines dans les anciens titres, 423.
CHAUSSÉES (des) de St.-Quentin à Laon, 232. — D'Arras à Térouanne, 238. — De Noyon à Vic-sur-Aisne, 243- — De Soissons à Château-Thierry, 244. — D'Amiens à Arras, 257. — En Picardie, 422. — Leurs différents noms, 423. — Leur construction, 424. — Leur division en voies militaires et en voies de traverse, 425. — Des moyens employés pour reconnaître ces chaussées, 425. — Voie militaire de Rome à Boulogne-sur-Mer, 428 et suiv. — De Pont-l'Archer à Amiens, 446 et suiv. — Branches diverses de cette voie militaire, 454 et suiv. — Chaussées incertaines, 499 et suiv.
CHARIVARI. Fête en usage dans la Picardie, 375-417.
CHARTREUX (les), 169.
CHAULE. Forme ancienne du mot *chole.* Voy. *ce mot.*
CHEMIN DES CHASSE-MARÉES. Nom donné aux voies romaines dans les anciens titres, 423.
CHEMINS DE LA MER. Nom donné aux voies romaines dans les anciens titres, 423, 487.
CHEMIN RONCERÉ. Nom donné aux voies romaines dans les anciens titres, 422.
CHEMIN VERT. Nom donné aux voies romaines dans les anciens titres, 423.
CHÊNE (le) adoré par les Belges-Gaulois, 166.
CHEOLE. Forme ancienne du mot *chole.* Voy. *ce mot.*
CHOLE (jeu de la), 104, 112 et suiv.
CHRISTIANISME (du) dans la seconde Belgique, 260. — De son établissement définitif par le zèle des prédicateurs de l'Evangile, 260 et suiv.
CHRONOLOGIE (de la) en usage chez les Belges-Gaulois, 156 et suiv.
CISTERCIENS (les), 73.
CITEAUX (ordre de), 73.
CITÉS DE LA PICARDIE, 75. — Leur gouvernement, 79, 80, 89.
CIVITAS. Sa différence avec *oppidum*, 89.
CLAUDIENS (Sorts), 325.
CLERCS (fêtes des jeunes), 355.
CLIPÉENNE (porte), à Amiens, 102.
CLOQUEMAN (cérémonie du) à Ham, 382.
CLUNY (ordre de), 73.
COCINIENCES. Nom donné aux habitants de Coucy, 41.
CODE THÉODOSIEN, 299.
COLLÉGE SACERDOTAL, à Amiens, 219, 220.
COLLÉGES du cardinal Lemoine, 370.— De Navarre, 48, 343.
COLLÉGIALE de Saint-Fursy, à Péronne, 119, 163, 164, 181, 216, 281, 342, 350, 359, 373, 379, 383, 398, 399, 417, 480. — Saint-Pierre au parvis de Soissons, 376, 389. — Saint-Rieul de Senlis, 93, 104, 347, 360, 365. — Saint-Vast de

Beauvais, 270. — Saint-Vulfran d'Abbeville, 93, 330, 348, 376, 379, 404, 496.

COLONNES MILLIAIRES, à Juvigny, 465.—A Haute-Berne, 470.—A Etréc, 475.—A Pierrefitte, 476.—A la chaussée du Pont-de-Metz, 486.—A Pierregot, 489.—A Bonviller, 491.—A Frencq, 494 et 495.

COMPTES (chambre des). Voy. *Mémoires de la chambre des comptes.*

CONCILES d'ARLES, 410, 448. — Auxerre, 420. — Bâle, 361, 415. — Beauvais, 340. — Bourges, 415. — Brague, 277.—Cognac, 418. — Cologne, 269. — Elvire, 412.—Latran, 341.—Mayence, 277. — Milan, 412. — Nice, 161. — Narbonne, 399. — Noyon, 86. — Orléans, 296, 298, 300. — Paris, 416. — Reims, 410. — Soissons, 319, 419. — Tours, 314, 410, 419.

CONDRINOIS (les), 71.

CONFRÉRIE DE N. D. DU PUY à Amiens. — Voy. *Notre-Dame du Puy (confrérie de).*

COQS (combat de), 104, 376, 418.

COQUETTES (les), surnom donné aux femmes de Paris et de Touraine, 38.

CORBÉIENS (les), 409.

CORDELIERS d'Abbeville (les), 379.

CORNETS (la fête aux), à Corbie, 110.

CORSINI (villa), 233.

COTYS (la fête de), 198.

COUCY (lignage de), rédigé en 1303, 50.

COULOMBIERS (bastion de) à Saint-Quentin, 247.

COURSES du chapelet, à Saint-Quentin, 111. — Des Bouchers à Soissons, 112.

COUTUMES DU BAILLIAGE d'Amiens, 7. — De Beauvoisis, 44. — De Champagne, 9. — De Senlis, 10. — Du Vermandois, 10. — De Vervins, 44.

COVIN, sorte de char pour la guerre, en usage chez les Belges, 123.

CRAVAL (victoire de), 29.

CRÉTOIS, (les), 22.

CREUSES. Nom donné aux grottes souterraines, 315.

CROSSE (jeu de la), 114.

CULTE (du) chez les Belges-Gaulois, 165. — Rendu aux éléments et aux astres, 165. — Aux arbres et particulièrement au chêne, 166. — Au berger Atys, 209. — A Diane, 217. — A Janus, 221.— A Hercule, 222. — A Asclepius, 222. — A Verjugodumnus, 222. — A Priape, 222. — A Angerone et à Lucine, 225. — A Diomède et à Palès, 225. — Restes du culte rendu aux arbres, 345. — De la cérémonie du mai, 345. — De la Ramée, 347. — Des branches d'arbres portées aux processions, 348.—Des cabanes de verdure, 348. — De la jonchée, 349.

D.

DAGAR (le). Nom donné au cérémonial de Saint-Pierre au parvis de Soissons, 389.

DAME-JEANNE (faubourg de), à Noyon, 388.

DAUPHIN (fort) dans l'île de Madagascar, 183.

DÉCANAT. Subdivision des pagi, 87.

DÉLOIR. Ancien nom du faubourg de Saint-Quentin à Beauvais, 203.

DENDROPHORES, 348.

DIACRES (fête des), 353.

DII TERMINI, 198.

DIOCÈSES DE LA PICARDIE, 75, 85, 86.

DIVINATION (de la) en usage en Picardie, 324. — Par le serment, 328 et suiv.—Par le combat singulier, 332 et suiv.

DIVINITÉS (des) honorées chez les Belges-Gaulois, 167.—Leurs noms entrent dans la composition de ceux de plusieurs lieux de la Picardie, 168 et suiv.—Des divinités belgico-gauloises indigètes, 171. — Des divinités belgico-gauloises topiques, 172. — Temple des divinités inconnues, 218, 219. — De la divinité de Verberie, 226.

DRAGON porté aux processions des Rogations, 386.

DRECQUEREQ. Nom d'un faubourg de Boulogne, 230.

DRUIDES (les), 79, 176, 185, 186, 187, 188, 189, 190, 208, 221, 260.

DUNI PACIS. Noms donnés aux tombelles en Ecosse, 182.

E.

ECOSSAIS (les), 305.

EDONIENS (les), 198.

EDUENS (les), 79.

EGLISES des premiers chrétiens à Amiens, 269. —

Beauvais, 270. — Senlis, 271. — Soissons, 271. — Vermand, 272. — Térouanne, 272. — On défend d'y enterrer, 276, 277.

EGYPTIENS (les), 169, 223.

EMPIRE (porte d') à Eu, 487.

ENJOUÉES (les), surnom donné aux femmes du Languedoc, 38.

EPÉE. Arme en usage chez les Belges, 124.

EPITAPHES sur les tombeaux des chrétiens après la persécution, 278. — Leur formule, 273, 274.

EPREUVES (des) du feu, 338.—De l'eau chaude. 338.— De l'eau froide, 339.

ESCOUVETTES (chevaucheurs d'). Voy. *Ramons.*

ESCRIME (exercice de l') appelé Behourdis. — Voy. *ce mot.*

ESSEDIRII. Noms donnés aux conducteurs de chariots de guerre, 121.

ESSEDÆ. Nom donné aux chariots des Francs, 121.

ESTRÉE. Nom donné aux voies romaines dans les anciens titres, 422.

ESTRELLES (rue d'). Nom ancien donné à la rue du bourreau à Beauvais, 436.

ETALAGE (fief de l') des boulangers de la ville de Saint-Quentin, 108.

ETRÉE. Nom commun à certaines villes, 426, 429.

ETRENNES (de l'usage des), 161.

ETRUSQUES (les), 154.

ETEUF OU DU TAMIS (jeu de l'), 112.

ETUVES. Bains établis par les Belges Francs à Amiens, 117. — Abbeville, 118. — Compiègne, 118. — Laon, 118. — Marle, 118. — Montdidier, 118. — Noyon, 118. — Péronne, 119. — Senlis, 119.—Soissons, 119.—Vervins, 119.—Tombent dans le mépris, 119.

ETUVES (hôtel des), à Amiens, 117.

ETUVES (tour dite des), à Compiègne, 118.

EVANGILE (tour de l'), à Soissons, 431.

F.

FERALES (les), 393.

FÉRONS (porte aux), à Reims, 429.

FERS DE LANCE, en usage chez les Belges, 127.

FÊTE-AUX-GOURMANDS, en usage à Noyon, 392.

FÊTES (des) de Cérès, appelées brandons dans la Picardie, 211 et suiv. — Remplacées par la cérémonie des cierges de la chandeleur, 216. — Des diacres, 353. — Des prêtres, 354. — Des jeunes clercs, 355. — Des sous-diacres, autrement dites fête des fous, 360 et suiv. — Du carnaval, 374.—Les règlements ecclésiastiques les défendent, 413 et suiv.—Voy. *Cérémonies.—Joutes.— Mystères.—Représentations.*

FEUX-D'OS. Nom donné en Picardie aux feux de la Saint Jean, 394.

FÈVE (fête appelée le roi de la), ou le Roi boit, 372.

FLAMANDS (les), 20, 23, 25, 26, 28, 301, 311, 312.

FLAMBARDS (fêtes des) en Normandie, 211.

FLANDRENSES. Voy. *les Flamands.*

FOLIES DU CARNAVAL (les), 374, 413, 417.

FONTAINES (culte rendu aux), 410.

FORESTIERS DE FLANDRE, 68.

FORÊTS (les) couvrent la Belgique, 65.— Forêt d'Ardenne, 66.—Forêt charbonnière, 68.—Leur défrichement en Picardie, 69. — Par les Romains, 70. — Par les Francs, 71. — Par le clergé, 71.— Par les Bénédictins, 72. — Les rois et les grands seigneurs favorisent ce défrichement, 74.

FORTIFICATIONS DES VILLES BELGES, 92.

FOURBISSEURS (rue des), à Amiens, 440.

FOUS (fête des), autrement dite des Sous-Diacres, 360, 361 et suiv., 413, 414.

FRANÇAIS (les), 25, 27, 29, 94, 332.

FRANCS (les), 71, 85, 158, 167, 293, 294, 295, 296, 300, 303, 304, 307, 319, 322, 329, 374, 426.

FRISONS (les), 97, 312.

FROMENTRESSE (rue), à Noyon, 96.

FRONDE (la), arme offensive en usage chez les Belges, 125.

FU D'OS. Voy. *feux d'os.*

FUNÉRAILLES (des) chez les Belges, 226. Voy. les mots *Caveaux, Cercueils, Sarcophage, Sépulture, Tombeaux.*

G.

Galates (les), 155.
Gantois (les), 309.
Gaulois (les), 18, 22, 38, 39, 45, 80, 81, 89, 91, 94, 114, 123, 128, 129, 132, 136, 154, 155, 158, 165, 166, 167, 173, 183, 184, 186, 187, 188, 194, 200, 203, 219, 222, 226, 242, 247, 293, 299.
Gayant (porte du), autrement dite de Saint-Maurice à Amiens, 229.
Germains (les), 22, 23, 39, 77, 80, 91, 93, 155, 158, 166, 169, 173, 183, 226, 327, 426.
Gesates (les), 23.
Gesoriacenses-muri. Nom donné par le rhéteur Eumenius aux murs romains de la ville de Boulogne, 92.
Gisnenses. Nom donné aux habitants de Guines, 42.
Gloria-Laus (porte de), à Beauvais, 479.
Godins (rue des), au calvaire d'Abbecourt, 435.
Gæsum. Nom donné à un dard pesant, 23.
Grand chemin royal. Nom donné aux voies romaines dans les anciens titres, 423.
Grecs (les), 74, 104, 154, 158, 169, 190, 203, 242.
Grès (porte de), à Beauvais, 437, 481.
Grivoises (les). Surnom donné aux femmes de Flandre. 38.
Grosse-tête (maison de la), à Soissons, 365.
Gymnosophistes (les), 185.

H.

Hache. Arme en usage chez les Belges, 125. — Haches de cailloux, 125. — de métal, 126.
Hallebardes. Armes des Normands, 20.
Hastiludium. Nom latin de la fête des Behourdis. Voy. *ce mot.*
Heaume (hôtel du). Nom donné à l'hôtel des Etuves à Amiens, 117.
Hébreux (les), 158, 169.
Hébreux (tribu des), 77.
Heler. Terme exprimant les divertissements de la veille du jour de l'an, 188.
Herauts-d'armes (livre des), appelés Provinciaux, 42.
Héristal (capitulaire d'), 333.
Herma terra. Dénomination affectée ordinairement aux terres en friche, 198.
Hermas. Nom donné par les Grecs à certaines pierres carrées placées à l'entrée des temples et des maisons particulières, 197.
Hermes. Nom donné par les Saxons aux monuments érigés en l'honneur de Mars, 197.
Hermin. Forme du mot Hermes. Voy. *ce mot.*
Hierabotane (l'herbe appelée), employée par les anciens dans les sortilèges, 187.
Hogninelles. Voy. *Ognenelles.*
Homme (l') verd, 391, 392.
Hôtel-Dieu de Beauvais, 436.
Hôtel-Dieu de Saint Gervais de Soissons, 210.
Hôtel-Dieu (porte de l'), à Beauvais, 436.
Hôtellerie (porte de l'). Ancien nom de la porte de l'Hôtel-Dieu à Beauvais, 436, 437.
Huni. Voy. *Huns* (les).
Hunni. Voy. *Huns* (les).
Huns (les), 70, 71, 287, 293, 301.
Hypodiaconorum (festum). Voy. *Fous* (fête des).

I.

Idolatrie (de l') chez les Belges, 167 et suiv. — Est détruite et remplacée par la religion chrétienne, 260 et suiv. — Ordonnances des rois de la 2e. race touchant la destruction de l'idolâtrie, 318.— Règlements ecclésiastiques rendus contre l'idolâtrie, 410 et suiv.
Infanterie (de l') chez les Belges, 124.
Innocents (jour des), 355, 357, 358, 359, 360.
Israelites (les), 175, 325, 348.
Itinéraire d'Antonin, 425, 426, 428, 429, 432, 453, 455, 456, 467, 468, 471, 477, 481, 492, 494.

J.

Javelot (le). Arme offensive en usage chez les belges, 125.

Jeux en usage en Picardie, 104 et suiv.

Jonchée (la). Reste du culte rendu aux arbres en Picardie, 345, 350.

Josi. Nom d'une rue de Soissons, 210.

Josienne. Nom d'un ancien moulin de Saint-Médard. Voy. *Saint-Médard (moulin de)*.

Joutes (les), 104.

Joute (de la) aux coqs, le jeudi gras, dans les différentes villes de Picardie, 376 et suiv.

L.

Labyrinthe de la nef de l'église d'Amiens, 385.

Langue picarde, 42, 43, 44, 45, 46, 47.

Langues parlées en Gaule (des), 153.—De la langue romaine, 153. — De la langue belgique et de l'idiôme gaulois, 153. — Altération de la langue belgique par les germains et les francs, 155. — De la langue tudesque bannie par la romance, 156. — Origine de la langue française, 156.

Lares viales. Pilastres ou colonnes placées à la rencontre de plusieurs chemins, 198.

Large voie. Nom donné aux voies romaines dans les anciens titres, 423.

Large voie de la mer. Nom donné aux voies romaines dans les anciens titres, 423.

Larriere (fête de M.), 375, 376.

Lata via. Nom donné aux voies romaines dans les anciens titres latins, 422.

Latins (les), 227.

Latte. Nom donné à l'herbe de la saint Jean, 396.

Lètes (les) 70, 71.

Lètes-Bataves-Condrinois (poste du commandeur des), 449.

Lètes-Bataves-Condrinoises (troupe des), 148.

Lex salica. Voy. *Loi salique.*

Liais ou de Senlis (Pierre de), 241.

Libérales. Nom donné aux fêtes de Bacchus, 206.

Lieue. Mesure agraire des Belges, 426.

Liez. Nom donné aux voies romaines dans les anciens titres, 423.

Ligue-belgique, 78.

Liomer. Nom donné aux voies romaines dans les anciens titres, 423.

Loi salique, 158.

Lorrains (les), 332.

Lupercales (fêtes des), 216, 374.

Lycaoniens (les), 352.

Lys (fleur de), 15.

M.

Macédoniens (les), 19.

Machabées (les), 190.

Mages (les), 185.

Mahon. Nom donné au cuivre des médailles sous saint Louis, 150.

Mahon (le). Exercice gymnastique en usage dans la Picardie, 104.

Mai (champ de), 319.

Mairesse (rue), 458.

Manche (habitants des côtes de la), 75.

Manichéens (les), 340.

Marconnelles (hôtel des), à Amiens, 249.

Mardi-gras, 378.

Marignan, (Victoire de), 29.

Mars (porte de), à Reims, 454, 457.

Mars (champ de), 319.

Martyrologe gallican, 318.

Médailles romaines, 150. — Trouvées dans les camps de César, 150. — A Vermand, 150. — A Champlieu, 151.—A Tirancourt, 151. — A Gouvieux, 152.—Au mont Ganelon, 152.—Au mont de Froidmont, 153.

Médicis (palais de), 82.

Melat. Nom donné par les Bas-Bretons au jeu de Chole. Voy. *ce mot*.

Mélilot. Nom donné à l'herbe de la saint Jean, 396.

MÉNAPIENS (les), 66, 67, 91, 311.
MÉNESTRELS (les), 401.
MÉNESTRIERS (roi des), 373.
MER (la) a laissé des marques de son passage dans le pays reconquis, 56. — Dans le Boulonais, 58. — Dans le Ponthieu, 59. —Dans l'Amiénois, 59. — Dans le Beauvoisis et le Noyonnais, 61.
MERCURE (monuments consacrés à), 197.
MÈRE-FOLLE (société de la), 368.
MERDANSON (rue de) à Beauvais, 436.
MILLE. Mesure agraire des romains, 426.
MOLIÈRES. Nom donné aux pâturages dans le Marquenterre, 60.
MONTJOIE. Nom du roi d'armes des Français, 42.
MONASTÈRES établis dans la 2e. Belgique, 303, 304.
MONTJOIE. Nom donné aux tombelles, 177.
MONT-JOIES. Lieux consacrés à Jupiter, 193 et suiv.

MONT-SAINT-DENYS. Dénomination semblable à celle de Mont-Joie, 194.
MONUMENTS (des), consacrés à Mercure, 197 et suiv. — A Apollon, 202, 203. — A Bacchus, 204. — A Cybèle, 206. — A Cerès, 209. — A Priape 222, 223. — A la divinité de Verberie, 226.
MORINI. Voy. *(les) Morins*.
MORINS (les), 8, 57, 59, 62, 64, 66, 67, 69, 72, 74, 76, 78, 80, 83, 85, 86, 87, 91, 94, 96, 124, 145, 146, 168, 196, 203, 204, 220, 228, 238, 264, 265, 272, 273, 286, 287, 290, 291, 296, 305, 310, 311, 317, 327, 329, 375, 469, 490.
MOSAÏQUE (la), en usage chez les Belges, 99. — Sous les Francs, 100. — Est remplacée par la peinture sur verre, 101.
MYRIONYMÆ. Un des noms sous lesquels Isis était adorée, 210.
MYSTÈRES (des), 394. — En vogue dans la Picardie, 400 et suiv. — Des règlements ecclésiastiques les défendent, 421.

N.

NATION TRÈS-FIDÈLE. Qualification donnée par l'université à la nation de Picardie, 14.
NECROCORINTHIA. Nom donné à certains vases, 256.
NERVIENS (les), 66, 67, 91, 128, 141, 286, 472.
NOEL (cri de) 389.
NOFF. Nom désignant une espèce de cercueil dans la loi Salique, 248.

NORMANDS (les), 8, 14, 20, 28, 58, 68, 73, 92, 303, 323, 324, 325.
NORMANNI. Voy. *Normands (les)*.
NOTRE-DAME (rue), à Amiens, 348.
NOTRE-DAME DU PUY (confrérie de), 52, 53, 419.
NOYON (porte de), à Amiens, 29, 102, 270.

O.

OC (Langue d'), 12.
ŒUF DE SERPENT. Cérémonie observée pour recevoir cet œuf, 187.
OIL (langue d'), 12, 13.
OGNENELLES (les). Chansons sur la nouvelle année, 188.
O-GUEGNELLES. Voy. *Ognenelles*.
O-GUENOLEN. Voy. *Ognenelles*.

OPPIDUM (distinction entre la Civitas et l'), 89.
ORACLES SYBILLINS, 325.
ORAGE (moyens superstitieux employés contre l'), 400
ORCUM. Nom donné à Pluton, 197.
ORDRE (tour d'), à Boulogne, 64, 170, 221, 258.
ORFÈVRES (fête des), 348.
ORGIES (les), 206, 374.
OVUM ANGUINUM. Voy. *Œuf de serpent (l')*.

P.

P. COURONNÉ. Devise des bourgeois de Péronne, 36.
PAGI, 76, 87.
PALILIES. Fêtes célébrées en l'honneur de Palès, 225.
PAPOIRE. Nom donné au dragon ou autre animal, 386.

PASTS. Fondés dans les églises pour célébrer l'anniversaire de ceux qui mouraient, 280, 282.
PASTOUREAUX. Nom donné à de petites pierres carrées, 258.

Paume (jeu de la), 385.
Pays d'Etat, 12, 13.
Peinture (de la) chez les Belges, 97. — De la peinture à fresque, 97. — De la peinture en mosaïque, 98.
Picard (origine du mot), 1, 17, 21, 40.
Picardi. Voy. *Picards*.
Picards (les), 8, 14, 15, 16, 17, 18, 19, 20, 21, 22, 23, 24, 25, 26, 27, 28, 29, 33, 34, 37, 38, 39, 44, 45, 46, 50, 94, 97, 105, 124, 342, 348, 370, 375, 378, 390, 396.
Picardes (les), 29.
Pierres (culte rendu aux), 410.
Pierres levées (conjectures touchant les), 176.
Pighards. Voy. *Picards*.
Piquars. Voy. *Picard*.
Pique. Arme offensive particulière aux Picards, 19, 20, 21, 22.
Planoye. Nom donné aux voies romaines dans les anciens titres, 423.

Poihiers. Nom donné aux habitants de Poix, 42.
Poissonniers (rue des). Nom donné à une voie romaine, 491.
Porte-Comtesse, à Abbeville, 118.
Porte-aux-Farons. Voy. *Farons*.
Portes (ferme de), 492, 500.
Prémontrés (les), 195.
Prémontré (ordre de), 74. 75.
Prêtres (fêtes des), à Amiens, 354.
Prieurés de Beaulieu, 179. — Hélincourt, 492. — Machemont, 126. — Saint-Pierre à Gouy, 107. — Saint-Martin-des-Champs de Paris, 71. — D'Ully Saint-George. 435.
Prince de la jeunesse (le) à Soissons, 345, 346.
Priscillianistes, 340.
Proverbes picards, 38.
Pyrgus romanorum. Nom donné aux voies romaines dans les anciens titres latins, 422.

Q.

Quacuel. Espèce de médaille de bronze, 150.
Quarrel de Saint-Gentien (cavalcade du) également appelée la fête aux cornets, à Corbie, 110.

Quaresmiaux (les). Ancienne date employée dans la Picardie, 378, 379.
Quintaine (la). Exercice à la lance en usage dans la Picardie, 108. 109.

R.

Rabuissons (rue des), à Amiens, 249.
Ramons ou d'Escouvettes (chevaucheurs de). Nom donné aux sorciers dans le Valois, 341.
Rébus de Picardie, 52, 53, 375.
Religion (de la) chez les Belges-Gaulois, 165, 185, et suiv. — Chez les Belges-Romains, 190, 219, et suiv.
Remois (les), 26, 67, 71, 79, 86, 91, 128, 135, 150, 269.
Représentations (des) dans les églises, 386, 391.
Ribauds (roi des), 373.
Richelieu (bastion de), à Saint-Quentin, 228, 255.
Ripuaires (les), 328.
Rivières en Picardie, 65.
Robigailles (fête des) doit son origine à Numa, 216. — C'était une procession pour préserver les biens de la terre de la gelée, des chenilles et surtout de la rouille (*rubigo*), 216, 217.
Rocinenses. Nom latin donné aux habitants du comté de Roucy, 41.
Rois de la Fève, 372.
Romains (les), 70, 74, 81, 82, 83, 84, 91, 92, 93, 95, 97, 100, 102, 104, 111, 115, 117, 121, 122, 128, 129, 131, 132, 135, 136, 137, 150, 153, 155, 156, 158, 159, 161, 165, 167, 168, 169, 171, 173, 183, 186, 188, 190, 191, 218, 219, 223, 227, 229, 255, 257, 258, 260, 261, 263, 292, 293, 297, 352, 375, 378, 422, 424, 425, 426, 428, 429, 446, 450, 454, 466, 471, 474, 481, 487, 489.
Romans écrits en dialecte picard, 50, 51.
Roquignelles. Voy. *Ognenelles*.
Royaux chemins. Nom donné aux voies romaines dans les anciens titres, 422.
Rubardiaux (procession des), 406.

S.

Saint-Acheul (cathédrale de), 30.
Saint-Albien (paroisse de), de Corbie, 346, 347, 349.
Saint-Albin. Voy. *Saint-Albien de Corbie.*
Saint-Amance d'Angoulême, 266.
Sainte Angadresme (messe de), 31.
Saint-André (religieux de), 478.
Saint-Arnoul (religieux de), à Crépy-en-Valois, 160.
Saint-Augustin de Térouanne (abbaye de). Voy. *Abbayes.*
Saint-Barthélemi (abbaye de), à Noyon. Voy. *Abbayes.*
Saint Benoît (règle de), 73.
Saint-Bertin (abbaye de). Voy. *Abbayes.*
Saint-Corneille de Compiègne (abbaye de). Voy. *Abbayes.*
Saint-Corneille de Compiègne (bénédictins de), 73.
Saint-Corneille de Compiègne (église de), 97.
Saint-Crépin-le-Grand de Soissons (abbaye de). Voy. *Abbayes.*
Saint-Denis (cimetière de), à Amiens, 46.
Saint-Denis (jeu de), 406.
Saint-Denis (porte), à Amiens, 490.
Saint-Eloi de Noyon (abbaye de). Voy. *Abbayes.*
Saint Esprit (descente du). Figurée dans les églises le jour de la Pentecôte, 388.
Saint-Esprit de Rue (église du), 388.
Saint-Etienne (église de), à Beauvais, 436.
Saint-Etienne (église de), aujourd'hui abbaye de Saint-Paul. Voy. *Abbayes.*
Saint-Etienne de Corbie (église de), 348, 352.
Saint-Etienne et Saint-Laurent (église de), à Beauvais, 270.
Saint-Eustache (église de), à Paris, 307.
Saint-Firmin-le-Confesseur (chanoines de), à Amiens, 351.
Saint-Florent de Roye (église de), 359.
Saint-Frambourg de Senlis (église de), 397.
Saint-François (dames de), 485.
Saint-Fursy (collégiale de), à Péronne. Voyez *Collégiale.*
Saint-Fuscien (quartier), à Amiens, 188.
Saint-George (église de) près Roye, 344.
Saint-Germain-des-Prés, 161.
Saint-Gervais (Hôtel-Dieu de), à Soissons, 210.

Saint-Gervais (chanoines de) de Soissons, 392.
Saint-Gervais de Pompoin, 474.
Saint-Gilles (fontaine), à Senlis, 119.
Saint-Hilaire (église de), de Poitiers, 76, 275.
Sainte Hostie (mystère de la), 407.
Saint Jacques (histoire de), 410.
Saint-Jacques (hôpital de), à Amiens, 488.
Saint-Jean d'Amiens (abbaye de). Voy. *Abbayes.*
Saint-Jean de Laon (abbaye de). Voy. *Abbayes.*
Saint-Jean-des-Vignes (abbaye de). Voy. *Abbayes.*
Saint-Jean (bastion de), à Saint-Quentin, 228.
Saint-Jean (porte de), à Beauvais, 436, 481.
Saint-Jean (rue de), à Beauvais, 436.
Saint Joseph (jeu de), 409.
Saint Josse (cartulaire de). Voy. *Cartulaire.*
Saint Julien (filles de), 102.
Saint-Laurent (église de), à Beauvais, 436.
Saint-Laurent (bataille de), livrée en 1557, 467.
Saint-Laurent (cimetière de), à Beauvais, 437.
Saint-Léger de Soissons (abbaye de). Voy. *Abbayes.*
Saint-Leu d'Amiens (paroisse de), 376.
Saint-Louis de Senlis (hôpital de), 215.
Saint-Marcel (faubourg de), à Paris, 17.
Saint-Martin (église de), à Amiens, 242.
Saint-Martin (église de), à Boulogne, 196.
Saint-Martin (église), à Reims, 233.
Saint-Martin de Noyon (église de), 357.
Saint-Martin-au-Parvis (église de), à Laon, 355, 371.
Saint-Martin de Térouanne (église de), 196.
Saint-Martin (faubourg), à Senlis, 433.
Saint-Martin (porte de), à Amiens, 490.
Saint-Martin-des-Champs de Paris (prieuré de). Voy. *Prieurés.*
Saint-Martin (rue), à Beauvais, 436.
Saint-Maurice (porte de). Voy. *Gayant (porte du).*
Saint-Maurice de Noyon (fabrique de), 119.
Saint-Maurice (faubourg de), à Amiens, 441.
Saint-Maxime de Pierrefond (église de), 431.
Saint-Médard (faubourg de), à Roye, 451.
Saint-Médard de Soissons (abbaye de). Voy. *Abbayes.*
Saint-Médard (moines de), 72.
Saint-Nicaise de Reims (religieux de), 72.
Saint-Nicolas d'Amiens (confrérie de), 373.
Saint-Nicolas de Courson, 431.

Saint-Nicolas de Boves, 491.
Saint-Nicolas (église de), à la Ferté-Milon, 101.
Saint-Pierre (faubourg), à Amiens, 223, 234, 488.
Saint-Pierre de Beauvais (chapitre de), 390.
Saint-Pierre (église de), à Commines, 330.
Saint-Pierre (prieuré de), à Gouy. Voy. *Prieurés*.
Saint-Pierre de Corbie (abbaye de). Voy. *Abbayes*.
Saint-Pierre-au-Parvis (Eglise de), 216.
Saint-Pierre-au-Parvis de Soissons (collégiale de). Voy. *Collégiale*.
Saint-Pierre de Senlis (église de), 347, 349, 388.
Saint-Pierre dit a la Chaux (église de), à Soissons, 431.
Saint-Quentin de Beauvais (abbaye de). Voy. *Abbayes*.
Saint-Quentin de Beauvais (faubourg de'), 203.
Saint-Quentin de Capelnove (chapelle de), 218.
Saint-Remy (église de), à Reims, 428.
Saint-Rieul (porte de), à Senlis, 474.
Saint-Rieul de Senlis (collégiale de). Voy. *Collégiale*.
Saint-Sauve de Montreuil-sur-mer (abbaye de). Voy. *Abbayes*.
Saint-Sauve de Montreuil (bénédictins de), 73, 351.
Saint-Sauveur (confrérie de), 348.
Saint-Sébastien (jeu de), 407.
Saint-Silvestre d'Halinghen (église de), 236.
Saint-Sixte de Reims (église de), 263.
Saint-Vast (église de), à Boren, 435.
Saint-Vast d'Andainville (église de), 501.
Saint-Vast (église de), à Beauvais, aujourd'hui Saint-Etienne, 436.
Saint-Vast de Castenoy (église de), 478.
Saint-Vast (église de), à Dammery, 451.
Saint-Vast de Frévent (église), 490.
Saint-Vast d'Arras (moines de), 72.
Saint-Vast de Beauvais (collégiale de). Voy. *Collégiale*.
Saint-Vast (église de), à Proyart, 460.
Saint-Vast de Raincheval (église de), 489.
Saint-Vast de Raineval (église de), 485.
Saint-Vast de Ribemont (église de), 489.
Saint-Victor (bibliothèque du couvent de), à Paris, 406.
Saint-Vincent de Senlis (abbaye de). Voy. *Abbayes*.

Saint-Vincent de Laon (abbaye de). Voy. *Abbayes*.
Saint-Vulfran d'Abbeville (collégiale de). Voy. *Collégiale*.
Saint-Vulfran d'Abbeville (chanoines de), 113.
Sainte-Barbe (jeu de), 406.
Sainte-Catherine de Gouvieux (chapelle), 476.
Sainte-Marguerite (porte de), à Beauvais, 437.
Saint-Godeberte (église de), à Noyon, 96.
Sainte-Croix (confrérie de), 348.
Sainte-Geneviève de Paris (chanoines de), 74.
Sainte-Geneviève de Paris, 365, 476.
Sainte-Marie-des-champs (église de), près Boves, 207.
Salade (casque appelée), 20.
Samolus (herbe appelée), 187.
Sancti Petri de calce seu de calceia (ecclesia), 431.
Sarcophages (des), 236. — Lieux où ils ont été trouvés, 237 et suiv.
Sarmates gentils (les), 133, 150.
Sarmates-gentils (camp du préfet des), 457.
Sarrazins (murs), 93.
Saturnales (des), 352.
Saxanus. Epithète donnée à Hercule, 175.
Saxons (les), 197.
Saxons (idole des). Voy *Erminsule*.
Sceaux, du moyen-âge, qui conservent des types payens, 320.
Sculpture (de la) chez les Belges, 97. — Restes qui nous sont conservés, 97.
Selago (herbe appelée), 187.
Semanéens (les), 185.
Sénani. Nom des druïdes, 188.
Senantes. Dénomination affectée à plusieurs lieux, 188.
Sept-dormans (fête des), en usage à Senlis, 397.
Sépulcre (cérémonie du), célébrée le samedi-saint dans les églises de la Picardie, 382.
Sépulture (de la) sans sarcophage et sans cercueil, 253, 254, 255. — Chez les chrétiens, 277.
Sergents (la rue des), à Amiens, 440.
Sexviri Augustales. Prêtres augustaux, 219.
Simples (les). Surnom donné aux femmes de Picardie, 38.
Soissonnaise (porte). Nom donné à la porte aux Férons à Reims, 429.
Sole. Forme ancienne du mot *Chole*.

— 535 —

Soleil (le). Nom donné à Apollon, 192.
Soul ou Soule. Formes anciennes du mot *Chole*.
Sous-diacres (fête des). Voy. *Fous (fête des)*.
Srata. Nom donné aux voies romaines dans les anciens titres latins, 422.
Statues (des) dans les premiers temps de la Belgique, 173. — Statue trouvée à Soissons, 210.
Strata publica. Nom donné aux voies romaines dans les anciens titres latins, 422.
Strata regia. Nom donné aux voies romaines dans les anciens titres latins, 422.

Strata via. Nom donné aux voies romaines dans les anciens titres latins, 422.
Suèves (les), 71, 293, 294, 312.
Suevi (les). Voy. *Suèves*.
Suisses (les), 20, 22, 29.
Superstitions (des), 312, 324 et suiv. 342, 386, 393, 394. — Décrets et règlements ecclésiastiques rendus contre les superstitions, 320 et suiv., 410 et suiv.
Sylvanectes (les), 71, 75, 80, 86, 89, 218, 271, 298.

T.

Table Théodosienne, 425, 432, 444, 446, 453, 454, 455, 468, 469, 471, 475, 481, 489, 494, 497.
Table ronde (exercice de la). Sorte de joûte, 106.
Tamis (jeu du), en usage dans la Picardie, 104, 112.
Temple (chevaliers du), 443.
Temples (des) dans les premiers temps de la Belgique, 174. — Dans le second temps, 175. — Chez les Belges-Romains, 191, 192. — A Amiens, 193. — Beauvais, 193. — Senlis, 193. — Soissons, 193. — Saint-Quentin, 193. — Consacrés à Mars, 196. — A Mercure, 202. — A Bacchus, 205. — A Cybèle, 208. — A des divinités inconnues, 218.
Termini. Nom des pierres qui servaient de bornes aux champs, 314.
Terre (la), 175.
Thermes (les) d'Amiens, 102. — De Soissons 102, De Senlis, 103. — D'Athies, 117.
Thioise (langue), 13.
Thraces (les), 170.
Tisseranderie (rue de la), à Paris, 249.

Tombe percée, près de Cressy, 179.
Tombeaux (des) en forme de coffres, 234. — Des tombeaux des chrétiens, 273 et suiv.
Tombelles (des). Autels des anciens Belges, 177. — Dans le Boulonois, 177. — Dans le Ponthieu, 177. — Le Laonnois, 177. — Le Soissonnois, 178. — Le Noyonnois, 178. — Le Vermandois, 178.
Tombes (des), 180. — Elles ont dû servir d'autel chez les Belges, 180. — Lieux où on les rencontre, 180. — Opinions diverses touchant ces tombes, 182.
Tournésiens (les), 86.
Trévirois (les), 66, 155.
Trévisans (les), 84.
Trinité (église de la), à Eu, 488.
Tripudia (danse), 352.
Trompette. Instrument en usage chez les Belges-Gaulois, 128.
Truffes. Sorte d'exclamation pendant l'office, 399.
Tuiles (des) romaines, 258.

U.

Université, 13, 14, 15, 17, 44.
Université d'Orléans, 14. — De Poitiers, 14, 15.

Ursulines de Beauvais, 95.
Ursulines (couvent des), à Boulogne, 222.

V.

Valoise (porte). Nom donné à la porte aux Férons, à Reims, 429.
Vandales (les), 92, 293, 300.

Vases de terre renfermés dans les tombeaux, 255. — De terre et de verre dans la deuxième Belgique, 256. — Lieux où on les fabriquait, 256, 257.

Vaudois (les), 16.
Vélocasses (les), 133.
Vénitiens (les), 29.
Vénus (porte de). Nom donné à la porte aux Férons à Reims, 429.
Ver. Nom donné aux voies romaines dans les anciens titres, 422.
Vermandois (les), 28, 75, 300, 472.
Vern. Diminutif de Vernemetis. Voy. *ce mot*.
Vernemetis. Mot celte qui signifie grand temple, 218.
Vernemptoe. Voy. *Vernemetis*.
Vernimptoe. Voy. *Vernemetis*.
Veromandui. Voy. *Vermandois (les)*.
Verte (rue), à Beauvais, 481.
Verte d'Ansauviller (rue), 491.
Vertueuses (les). Surnom donné aux femmes de Champagne, 38.
Verveine, en usage dans les sortilèges, 187.
Vesle (porte de). Ancien nom de la porte aux Férons, 429.
Vi. Nom donné aux voies romaines dans les anciens titres, 422.
Via. Nom donné aux voies romaines dans les anciens titres latins, 422.
Via-lata. Nom donné aux voies romaines dans les anciens titres latins, 422.

Via maris. Nom donné aux voies romaines dans les anciens titres latins, 422.
Via publica. Nom donné aux voies romaines dans les anciens titres latins, 422.
Via regia. Nom donné aux voies romaines dans les anciens titres latins, 422.
Via romanorum. Nom donné aux voies romaines dans les anciens titres latins, 422.
Via strata. Nom donné aux voies romaines dans les anciens titres latins, 422.
Vicaires (fêtes des), à Laon, 370.
Vicus-Major. Voy. *Mairesse (rue)*.
Virgiliens (sorts), 325.
Viromandenses. Voy. *Vermandois (les)*.
Vi-tel (rue et carrefour), à Senlis, 433.
Vitri. Nom donné aux voies romaines dans les anciens titres, 422.
Voie. Nom donné aux voies romaines dans les anciens titres, 422.
Voie unie. Nom donné aux voies romaines dans les anciens titres, 423.

X.

Xantois (les), 453.

TABLE

DES

NOMS DE PERSONNES.

A.

Aaldehem (Hésard d'). Voy. *Hésard d'Aaldehem.*
Abbeville (Bernard d'). Voy. *Bernard d'Abbeville.*
Acci (Philippe d'). Voy. *Philippe d'Acci.*
Acy (curé d'), p. 382.
Adalberon, évêque de Laon, 83.
Adalhard. Voy. *Saint Adalhard.*
Adam (M.), 241.
Adèle de Champagne. Voy. *Alixe ou Adèle de Champagne.*
Adrien (l'empereur), 95.
Adrien. Surnom donné au prêtre Frichor. Voy. *ce nom.*
Adrien de Brimeu, seigneur d'Imbercourt, 29.
Afforty, doyen de Saint-Rieul de Senlis, 140, 152.
Agache (Gobin), 495.
Agencourt (Nicolas d'), curé de Saint-Ladre. Voy. *Nicolas d'Agencourt.*
Agincourt. Il est fait chevalier, 29.
Agnès, épouse de Gilon de Versailles, 11.
Agobart, archevêque de Lyon, 337.
Agrippa, 427, 428.
Ailly (seigneur d'), 50, 486.
Aimond (le duc), 315.
Aire (chanoine d'). Voy. *Desmoulin (Guiard).*
Aire (prévôt d'). Voy. *Thierry (Maistre).*
Aire (seigneur d'). Voy. *Espagne (le roi d').*
Alaude (Guillaume). Voy. *Guillaume l'Allouète.*
Albéric (chronique d'), 106.
Albin des Avenelles, chanoine et chantre de la cathédrale de Soissons, 407.
Alcis (le Dieu), 171, 174.
Alcuin, 69.
Aldegonde, 289.
Alexandre. (Médailles frappées en l'honneur de l'empereur), 151.
Alexandre-le-Grand, 40, 222, 284.
Alexandre III, pape, 203, 455.
Alexandre IV, pape, 40.
Alexandre d'Alexandre, 229.
Alfri ou Aufri, 48.
Alinère (d'). Voy. *Etienne.*
Alixe ou Adèle de Champagne, 363.
Alliot (Dom Hyacinthe), 201.
Alomer, évêque de Vermand, 300.
Alphonse de Rouvoi, 480.
Alquines (curé d'). Voy. *Luto.*
Allouète (Guillaume l'). Voy. *Guillaume l'Allouète.*
Amicie, dame de Breteuil, 281.

AMIÉNOISE (une), 82.
AMIENS (bailli d'} 33, 34.
AMIENS (baillis d'). Voy. *Raimond de Rappestain. — Robert de Marines. — Galeran de Vaux. — Le Courant (Pierre).*
AMIENS (chancelier de l'église d'). Voy. *Richard de Fournival.*
AMIENS (Dreux d'), seigneur de Vinacourt. Voy. *Dreux d'Amiens, seigneur de Vinacourt.*
AMIENS (Enguerrand d'). Voy. *Enguerrand d'Amiens.*
AMIENS (évêque d'), 86, 307, 415, 461.
AMIENS (évêques d'). Voy. *Bernard d'Abbeville. — Guillaume de Mâcon. — François de Halleuwin. — Gui. — Garin. — Simon de Goucamp. — Thibaut. — Roricon. — Saint Firmin. — Edèbe. — Saint Berchond. — Berthefroi. — Faure. — Arnould. — Thierry.*
AMIENS (maire d'). Voy. *Coquerel (Jean).*
AMIENS (René d'). Voy. *René d'Amiens.*
AMIENS (Vidame d'). Voy. *Enguerrand de Picquigny.*
ANCHY (seigneur d'). Voy. *Jean de Mailly.*
ANDRÉ, seigneur de Ponches, 444.
ANDRÉ LE JEUNE, bailli de Vermandois, 10.
ANGELARD (Pierre), bailli de Vermandois, 9.
ANGERONE, déesse du silence. Son culte à Boulogne, 225.
ANGILBERT, abbé de Corbie, 280, 305.
ANGLETERRE (reine d'), 101.
ANGLETERRE (roi d'), 5, 7, 8, 27, 162.
ANGLETERRE (rois d'). Voy. *Henri VI. — Edouard III.*
ANGOULÊME (comte d') connétable de France, 3.
ANGOULÊME (madame d'), mère de François Ier., 53.
ANNE COMNÈNE, 332.
ANONYME, chanoine de Saint-Quentin, 51.
ANSELME, évêque de Laon, 326.
ANSELME, 333, 334.
ANSELME (maître) 339, 340.
ANSELME, abbé de Saint-Quentin, 458.
ANSON D'OFFEMONT, 40.
ANTOINE (M.), 136.
ANTOINE de Béthisy, 107.
ANTOINE de Mons, 32.
ANTOINE de Rubempré, 105.
ANTONIN. Voy. *Itinéraire d'Antonin, à la table par ordre de matières.*
ANTONIN (l'emp.), 151, 152, 153.
ANTONINS (les), 229, 249.

ANTOUING (M. d'), 401.
APOLLON, 173, 175, 191, 192. Lieux qui lui sont consacrés, 202 et suiv. Nommé *Delius*, 203, 222, 373.
ARADION, 183.
ARAGON (Pierre d'). Voy. *Pierre d'Aragon.*
ARBALESTRIERS (grand maître des). Voy. *Hugues de Chatillon, sire de Dampierre, etc.*
ARBALÉTRIERS (roi des), 373.
ARCHAMBAUD, maire du palais. Voy. *Erchinoald.*
ARDIES (Renaudus d'). Voyez. *Renaud d'Argies.*
ARGIES (Renaud d'). Voy. *Renaud.*
ARIOVISTE, 155.
ARNOUL D'AUDENEHEM OU D'AUDREHAN, 3.
ARNOULD, évêque d'Amiens, 452.
ARRAS (châtelain d'). Voy. *Antoine de Waurans.*
ARRAS (avoué d'). Voy. *Daniel.*
ARTAXERCE, 111.
ARTOIS (le comte d'), 7.
ARTOIS (comtes d'). Voy. *Espagne (le roi d'). — Robert, comte d'Artois.*
ARVALES (les frères), 217.
ASCLEPIUS, 222.
ATHECHI (Perron d'). Voy. *Perron d'Attichi.*
ATHÉNÉE, 38, 106.
ATHIES (Gérard d'). Voy. *Gérard d'Athies.*
ATILIA, épouse de Faustinien, 273.
ATTICHI (Perron d') chevalier, 40.
ATTICUS, 82, 237.
ATTILA, roi des Huns, 95, 270.
ATTILIA, femme d'Agrippin, 82.
ATYS (le berger), 207, 209.
AUDENEHEM (Arnould d'). Voy. *Arnould d'Audenehem.*
AUDREHAN (Arnould d'). Voy. *Arnould d'Audenehem.*
AUGUSTE, (l'empereur), 39, 75, 76, 80, 89, 104, 153, 191, 219, 220, 284, 424, 427, 429, 433.
AURÉLIEN, 150.
AURÉLIUS (Victor), 220.
AUSTRASIE (reine d'). Voy. *Brunehaut.*
AUTIEX (Baudoin des). Voy. *Baudoin.*
AUTRICHE (archiduc d'), 68, 406.
AUTIE (Simon d'). Voy. *Simon d'Autie.*
AUXERRE (évêque d'), 295.
AUXERRE (Robert d'). Voy. *Robert d'Auxerre.*
AUXILIUS, 193.
AVENELLES (Albin des). Voy. *Albin.*
AVRANCHES (év. d'). Voy. *Robert Senau.*
AUXI-MONCEAUX (mad.lle d') dame de Friaucourt, 240.

B.

BACCUUS, 204, 205, 206, 222, 232, 233, 321.
BANIER (l'abbé), 174, 187, 190, 209.
BAR (Jean de) évêque de Beauvais. Voy. *Jean de Bar.*
BARBANÇON (Jean de), seigneur de Canny. Voy. *Jean de Barbançon.*
BARBANÇON (Marie de). Voy. *Marie de Barbançon.*
BARBANÇON (Michel de). Voy. *Michel de Barbançon.*
BARBENTIUS, 289.
BARRES (Jean de). — Voy. *Jean de Barres.*
BARTHÉLEMY, évêque de Beauvais, 492.
BARTHÉLEMY de Roye, 24.
BAUCHANT (Jacques), de Saint-Quentin, 49.
BAUDOUIN, dit Bras de fer, 68.
BAUDOUIN, comte de Flandres, 57.
BAUDOUIN III, évêque de Noyon, 500.
BAURAIN (M. de), 146.
BEAUDOIN des Autiex, 51.
BEAUDOUIN II, comte de Guines, 43, 48, 49, 282.
BEAUDOUIN du Plessié, 215.
BEAUJEU (Edouard de), 3.
BEAUGENCI (seigneur de). Voy. *Simon.*
BEAUMONT (le comte de), 24.
BEAUMONT (comtesse de). Voy. *Eléonore.*
BEAURAIN (Jean de). Voy. *Jean de Beaurain.*
BEAURAINS (Maiheu de). Voy. *Maiheu de Beaurains.*
BEAUQUESNE (prévôt de), 7.
BEAUSAULT (Guillaume de). Voy. *Guillaume.*
BEAUVAIS (chanoines de). Voy. *Etienne d'Alinere. — Nully (M. de).*
BEAUVAIS (chatelain de). Voy. *Guillaume, chatelain de Beauvais.*
BEAUVAIS (Eudes de). Voy. *Eudes de Beauvais.*
BEAUVAIS (évêque de), 86, 87, 162, 213, 330.
BEAUVAIS (évêques de). Voy. *Odon. — Philippe de Dreux. — Jean de Dormans. — Henry de France. — Jean de Bar. — Choart de Buzenval. — Juvenal des Ursins (Jean). — Eudes II. — Henry. — Eudes IV, cardinal de Chatillon-Coligni. — Barthélemy. — Milon.*
BEAUVAIS (official de), 213.
BEAUVAIS (Raoul de). Voy. *Raoul.*
BEAUVAL (M. de), lieutenant de chasse à Beauvais, 126, 237.
BECQUET (M.), de Beauvais, 257.
BELAY (l'abbé), 472.

BEJOT, garde de la bibliothèque royale, 54.
BELETH, chanoine d'Amiens, 278, 352, 353, 385, 386, 387, 395.
BELENUS, 169.
BELGES (roi des). Voy. *Brunehaut.*
BELLERY (M.), 61.
BELLEY (l'abbé), 81, 221.
BELLOSALMA (Guillelmus de). Voy. *Guillaume de Beausault.*
BELLO SALTU (Guillelmus de). Voy. *Guillaume de Beausault.*
BELNE (Mathieu de). Voy. *Mathieu de Belne.*
BELOTTE, chanoine de Laon, 278, 351, 387, 400.
BELOUDE (Jehan), 436.
BENDIER, 149, 150, 228.
BERENGARIUS, 318.
BERGERON, 93.
BERNARD, auteur des annales de Calais, 58.
BERNARD d'Abbeville, évêque d'Amiens, 101.
BERNARD de May, 404.
BERNARD de Moreuil, abbé de Saint-Pierre de Corbie, 49.
BERNARD de Moreuil, seigneur de Villers-sur-Authie, 330.
BERNARDET (Etienne), chanoine de Beauvais, 281.
BERNIEUL, frère de Créqui-Canaple. Il est fait chevalier, 29.
BERTHEFROI, évêque d'Amiens, 317.
BERTIN (M.), 98.
BESTISIACO (Radulfus de). Voy. *Renaud de Bétisy.*
BETHFORT (duc de), 29.
BÉTHISY (Antoine de). Voy. *Antoine de Béthisy.*
BÉTHISY (saint Adrien de). Voy. *saint Adrien de Béthisy.*
BÉTISI (Renaud de). Voy. *Renaud de Béthisy.*
BÉTHUNE (seigneurs de). Voy. *Daniel, avoué d'Arras, — Espagne (le roi d').*
BESANÇON (archevêque de). Voy. *Gérard d'Athies.*
BEZE (Jean de). Voy. *Jean de Beze.*
BIGNON, intendant de Picardie, 39.
BISÉE (messire), 212.
BISTOW, libraire, 237.
BIZET (M.), 61.
BLAEU (Guillaume), 21, 57.
BLITMUNDUS (B.). Voy. *saint Blimond.*

LONDEL, surnom de Godefroy. Voy. *ce nom.*
LONDUIAX de Nesle, 51.
OCHARD, 123, 167, 338.
OCHEREL, 341.
ODON (l'abbé), 280.
OHÊME (roi de). Voy. *Ladislas.*
OISTEL (Jean) ménestrel, 401.
ONAMY (M.), 155.
ONNŒIL (Guillaume de). Voy. *Guillaume de Bonnœil.*
OREL, 56, 134, 136.
OSON-LANDEGISIL (le duc), 306.
OTTÉE, 278.
OUCICAUT. Surnom donné à Jean-le-Maingre. Voy. *ce nom.*
OUDART dit MOREAU (Jean), 215.
OUGAINVILLE (Ricart de). Voy. *Ricart de Bougainville.*
OUGELLE (Jean), curé de Saint-Pierre de la Basse-Œuvre de Beauvais, 349.
OUGERON (Pierre), marchand de Senlis, 433.
OULAINVILLERS (comte de), 89.
OULOGNE (comtes de). Voy. *Philippe.* — *Renaud de Dammartin.*
OULOGNE (évêque de). Voy. *Saint Omer.*
OULOGNE (Girard de). Voy. *Girard de Boulogne.*
OULOGNE (vicaire de). Voy. *Gobelin.*
OURBON (bâtard de). Voy. *Hector.*
OURBON (Charles de). Voy. *Charles de Bourbon.*
OURBON (ducs de). Voy. *Pierre.* — *Louis III.*
OURBON (Jacques de). Voy. *Jacques de Bourbon.*
OURGEOIS (Absalon), 372.
OURGOGNE (comte de). Voy. *Philippe.*
OURGOGNE (comte de), 41.
OURGOGNE (duc de), 7, 20, 28, 163, 402.
OURGOGNE (ducs de). Voy. *Jean.* — *Philippe.* — *Charles-le-Téméraire.*

BOURNEL (Guillaume), lieutenant-général du sénéchal de Ponthieu, 404.
BOVELLES (Charles), 424.
BOVES (seigneur de), 107.
BRAI (Nicolas de). Voy. *Nicolas de Brai.*
BRASSEUSE (Guillaume de). Voy. *Guillaume de Brasseuse.*
BRAY (Simon de). Voy. *Simon de Bray.*
BRAY (Pierre de). Voy. *Pierre de Bray.*
BRAYART (Laurent), 372.
BREBŒUF, 186.
BRETEUIL (dames de). Voy. *Amicie.* — *Sully (duchesse de).*
BREUIL-VERT (prieur de), 478.
BRIMEU (Adrien de), 29.
BRIMEU (Jehan de). Voy. *Jehan de Brimeu.*
BRIMEUX (seigneur de). Voy. *Hugues de Brimeux.*
BRIMEUX (Raoul de). Voy. *Raoul de Brimeux.*
BRIQUIGNY (Jean de). Voy. *Jean de Briquigny.*
BRISSON (M.), 439.
BROCHANT DU BREUIL, 367, 368. 373.
BRULARD DE SILLERY, évêque de Soissons, 242, 411, 416, 418.
BRUNETEL (dame de). Voy. *Perotte de Hardecourt.*
BRUNEHAUD (la reine), 185, 423.
BRUNEHAUT, roi des Belges, 423.
BRYE (Gilles de). Voy. *Gilles de Brye.*
BUCELIN (Martyrologes de), 316.
BUCHANAN, 182.
BUCQUET (Théobald). Voy. *Buquet.*
BUGNIATRE (D.), 317.
BULES (Manasserus de). Voy. *Manasserus.*
BUQUET, 135, 136, 153, 372.
BURCHARD, évêque de Vorms, 413.
BUZENVAL (Choart de). Voy. *Choart de Buzenval.*

C.

AGNIÉ (l'abbé), 256.
AIGNART, maire de Saint-Quentin, 150, 228.
AILLET (M.), 252, 449.
ÆCILIUS, 284.
ESAR. Voy. *César.*
AIUS JULIUS HEALISSUS, 82, 199.
AIUS FURIUS SABINUS. Præfectus cohortis fidelis Galliæ, 14.
AIUS TREBONIUS. 134.

CALIGULA, 261.
CALIXTE PATRICE, 82.
CAMBERON (Robert de)). Voy. *Robert de Camberon.*
CAMPAGNE (Henry de). Voy. *Henry de Campagne.*
CANAPES (Lallemant de). Voy. *Lallemant de Canapes.*
CANNET (Jacques), chanoine, 357.
CANNY (seigneurs de). Voy. *Jean de Barbançon.* — *Michel de Barbançon.*
CANTORBÉRY (official de), 19.

CANTORBÉRY (Saint Thomas de). — V. *Saint Thomas de Cantorbéry.*
CAPERON (M.), 306, 487.
CAPPERONIER (Claude), 182, 185.
CAPUT (Pierre), 370.
CARARIC, 296, 297.
CARLOMAN, 318.
CARPENTIER (D.), 18, 108.
CARACALLA (Marie-Aurèle-Antonin), 447, 448.
CASAUBON, 154.
CASSINI, 139, 141, 143, 492.
CASTOR, 171.
CATENOY (curé de), 138.
CATHERINE DE LYS, 30.
CATHERINE DE POIX, 31.
CAULINCOURT (dom Antoine de), 409.
CAYEU (Guillaume de). Voy. *Guillaume de Cayeu, seigneur de Senarpont.*
CAYEUX (Jean de), seigneur de Vimes. Voy. *Jean de Cayeux.*
CAYLUS (le comte de), cité p. 126, 127, 130, 132, 152, 154, 175, 176, 182, 186, 204, 206, 207, 208, 223, 225, 240, 241, 242, 243, 245, 246, 248, 254, 257, 258, 342, 457, 461.
CENIALIS (T.-P.), 83.
CENSORINUS (L.), 82.
CERÈS. Monuments qui lui sont consacrés, 209, 210, 211, 216.
CERISIUS, 82.
CÉSAR, 23, 38, 49, 57, 62, 63, 66, 67, 69, 75, 76, 77, 78, 80, 89, 90, 91, 111, 121, 122, 124, 128, 129, 131, 133, 134, 135, 136, 138, 139, 141, 144, 146, 148, 150, 154, 155, 156, 166, 167, 170, 185 n., 190, 191, 197, 255, 321, 427, 428.
CHAM, 190.
CHAMPAGNE (Alixe de). Voy. *Alixe ou Adèle de Champagne.*
CHAMPAGNE (comte de). Voy. *Thibaut.*
CHAMPAGNE (Gozon de). Voy. *Gozon de Champagne.*
CHANCELIER de France. Voy. *Hugues.*
CHARGNY (Geoffroy de). Voy. *Geoffroy de Charni.*
CHARLEMAGNE, 13, 73, 86, 88, 96, 101, 137, 159, 242, 320, 323, 325, 328, 331, 333, 337, 410, 421.
CHARLES-LE-CHAUVE, 68, 87, 156, 159, 160, 451.
CHARLES-LE-SIMPLE, 450.
CHARLES V, roi de France, 4, 11, 15, 20, 34, 36.

CHARLES VI, roi de France, 5, 9, 13, 20, 48, 375, 417, 471.
CHARLES VII, 29, 34, 35, 415.
CHARLES VIII, 13.
CHARLES IX, 6, 31, 164.
CHARLES DE BOURBON, 162.
CHARLES DE CRÉPIN, seigneur de Dommard, 442.
CHARLES, duc de Fitz-James, 485.
CHARLES DE FRANCE, frère du roi Saint-Louis, 26, 27.
CHARLES DE LONGUEVAL, seigneur de Maigremont, 34.
CHARLES-MARTEL, 319.
CHARLES DE MONTMORENCY, capitaine général de Picardie, chambellan du roi, 3, 43.
CHARLES-QUINT, 32, 36, 96.
CHARLES DE ROUCY, évêque de Soissons, 416.
CHARLES DE SAINTE-MAUR, seigneur de Nelle, 480.
CHARLES-LE-TÉMÉRAIRE, duc de Bourgogne, 30.
CHARLOTTE DE SAVOYE, femme de Louis XI, 390, 396, 403.
CHARNI (Geoffroy de). Voy. *Geoffroy de Charni.*
CHARPENTIER (M.), 239.
CHARTRES (évêque de). Voy. *Saint Thomas de Cantorbéry.*
CHASSEBRAS DE CRAMEILLES (M.), 278.
CHATEAUGUION (seigneur de). Voy. *Gui de Honcourt.*
CHATILLON (de), 18.
CHATILLON (Gaucher de). Voy. *Gaucher de Châtillon.*
CHATILLON (Gui de). Voy. *Gui de Châtillon.*
CHATILLON (Hugues de), sire de Dampierre, etc. Voy. *Hugues.*
CHATILLON (seigneur de), 50.
CHATILLON (Elisabeth de), 215.
CHATILLON-COLIGNI (cardinal de). Voy. *Eudes IV.*
CHAYDOC, prêtre, 305.
CHENART (Jean), théologal de Beauvais, 49.
CHEPY (sieur de), 29.
CHILDEBERT, 298, 304, 329.
CHILDÉRIC Ier., 248, 293, 309.
CHILPÉRIC Ier., roi de Soissons, 103.
CHINIAC (M. de), 169.
CHOART DE BUZENVAL, évêque de Beauvais, 411.
CHRISTI (M.) chanoine de Saint-Quentin, 228.
CICÉRON, 128, 141, 154, 166, 319.
CINCENIS (seigneur de), 466.
CLASTRES (J.), 467.
CLAUDE (empereur), 81, 153, 261.
CLAUDE II, 153.

CLAUDE TIBÈRE, 235.
CLAUDIA LEPIDILLA, 82.
CLAUDIANUS, 82.
CLAUDIEN, 54, 166.
CLÉMENCE, épouse de Raoul de Coudun, 330.
CLÉMENCE de Maintenai en Ponthieu, 44.
CLÉMENT, surnommé Picardus, 17.
CLEMENTIUS, habitant de Buci, 340.
CLEREMBAUD de Vendeuil, 109.
CLERMONT (comte de), 26.
CLERMONT (comtes de). Voy. *Raoul.* — *Robert de France.*
CLERMONT (Raoul de). Voy. *Raoul.*
CLERMONT en Beauvaisis (seigneur de). Voy. *Pierre, duc de Bourbon.*
CLERMONT-TONNERRE (de), évêque de Noyon, 411.
CLOTAIRE I.er, 117, 158, 300, 302, 304.
CLOTAIRE II, 158, 306, 307, 328.
CLOTAIRE III, 316, 317.
CLOTILDE, 294.
CLOVIS I.er, 85, 87, 271, 293, 294, 295, 296, 297, 298, 304.
CLOVIS II, 316.
CLOVIS III, 158.
CLUVIER, 66, 67, 427.
COINCY. Voy. *Gauthier de Coincy.*
COLARS li bouteiller de Senlis, 51.
COLONNE (Prosper), 29.
COLON DE COUDUN, 24.
COMMODE (l'empereur), 230.
COMPIÈGNE (Robin de). Voy. *Robin de Compiègne.*
CONCHY (Gérard de). Voy. *Gérard.*
CONDÉ (Prince de), 96.
CONNÉTABLES de France. Voy. *Gaucher de Châtillon.* — Angoulême (comte d'). — *Robert de Fiennes.*
CONSTANCE, 150, 151, 275.
CONSTANCE II, 151.
CONSTANCE (le prêtre), 291.
CONSTANCE-CHLORE, 70, 268.
CONSTANT, fils du tyran Constantin, 153.
CONSTANTIN, empereur, 70, 85, 90, 151, 152, 242, 269, 275, 276, 284, 285, 289, 333, 339, 428.
CONSTANTIN (le tyran), 153.
CONSTANTIN (les), 150, 151, 152.
CONTAI (Louis de). Voy. *Louis de Contai.*
CONTY (Evrard de), médecin de Charles V. Voy. *Evrard.*

COQUEREL (Jean), maire d'Amiens, 101.
CORBICHON (Jean-Augustin), chapelain du roi Charles V, 7, 15, 20, 44.
CORBIE (Jean de). Voy. *Jean de Corbie.*
CORBIE (abbés de). Voy. *Jean I.* — *Hugues II.* — *Nicolas de Moreuil.* — *Hugues de Ver.*
CORNELIUS NÉPOS, 197.
CORRÉ, chef des Bellovaces, 79, 124, 135, 136.
CORTENAI (Pierre de), capitaine de Calais. Voy. *Pierre.*
COTHON, curé de Gislocourt en Valois, 189.
COUCY (Enguerrand de). Voy. *Enguerrand.*
COUCY (châtelain de). Voy. *Regnault.*
COUCY (seigneur de). Voy. *Raoul.*
COUCY (sire de). Voy. *Enguerrand VII.*
COUDUN (Colon de). Voy. *Colon de Coudun.*
COUDUN (Jean de). Voy. *Jean de Coudun.*
COUDUN (Raoul de). Voy. *Raoul de Coudun.*
COULAUBIER (M.), gouverneur de Saint-Quentin, 228.
COURCELLES (Gilles de). Voy. *Gilles.*
COURT (M. de), 230.
COURTE-BARBE, 51.
CRAMEILLES (Chassebras de). Voy. *Chassebras de Crameilles.*
CRAPAUMÉNIL (seigneur de). Voy. *Jean du Plessis.*
CRASSUS (M.), 136.
CRÉQUI-CANAPLE. Fait chevalier, 29.
CRÉQUI (Charles de). Voy. *Charles de Créqui.*
CRÉQUI (Robinet de), seigneur de Rebertenghe. Voy. *Robinet.*
CRESSON-ESSART (Robert de). Voy. *Robert de Cresson-Essart.*
CRÈVECŒUR (Enguerrand de). Voy. *Enguerrand de Crèvecœur.*
CRÈVECŒUR (Philippe de), seigneur des Querdes. Voy. *Philippe.*
CRISPINE, 152, 153.
CROILAND (abbé de). Voy. *Ingulfe.*
CROY (M. de), 401.
CRUSIUS (André), 157.
CUGNIÈRES (Pierre de). Voy. *Pierre de Cugnières.*
CYBÈLE, 173. Monuments qui lui sont consacrés, 206, 208, 209, 211.
CYRUS, 111.

— 543 —

D.

Dadon, 83.
Dagobert (le roi), 304, 310.
Daire (le P.), 3, 14, 274, 345, 367, 386, 394, 396, 402 n., 403.
Damery (maire de). Voy. *Simon.*
Damartin (Renaud de). Voy. *Renaud de Damartin, comte de Boulogne.*
Dammartin (comte de). Voy. *Lancelin.*
Dampierre (sire de). Voy. *Hugues de Chatillon.*
Daniel, avoué d'Arras et seigneur de Béthune, 7.
Danse, 135, 153, 236, 243.
D'Anville (M.), 66, 432, 433, 439, 440, 442, 444, 446, 450, 452, 453, 454, 468, 469, 494, 497.
Dargnies de Fresne, 145, 188, 207, 208, 239, 445.
Dauphin (Robert), 20.
Davenescourt (seigneur de). Voy. *Michel de Barbançon.*
Davesne (Jehan), 359.
David, roi de Jérusalem, 121.
Davity, 23.
Dèce (l'empereur), 261, 262, 268.
Décence (l'empereur), 275.
Des Barres (Guillaume). Voy. *Guillaume des Barres.*
Des Essarts (seigneur). Voy. *Nicolas d'Herberoy.*
Des Fontaines (Pierre), bailli de Vermandois, 9.
Desjardin, évêque des Innocents, 359.
Deslions (M.), 212, 380, 382, 416.
Desmarest (M.), 55.
Des Maisons (le président), 151.
Desmoulin (Guiard), chanoine d'Aire, 48.
Devis (dom), prieur de Saint-Eloy de Noyon, 127, 128.
Diane, 174, 175, 191, 192. — Son culte dans la Belgique, 217, 218, 313.
Didius Julianus, 76.
Dineaut. Voy. *saint Dinoald.*
Dinet (M.), 224.
Dioclétien, 76, 150, 152, 261, 262.
Diodore de Sicile, 90, 91, 93.
Diomède. Son culte à Beauvais, 225.
Dion Cassius, 122.
Domart-en-Ponthieu (prieur de), 423.
Domitien, 152, 204.
Dommard (seigneur de). Voy. *Charles de Créqui.*
Dormai, 96, 210, 242.
Dormans (Jean de). Voy. *Jean de Dormans.*
Douai (châtelain de). Voy. *Espagne (le roi d').*
Dourier (seigneur de), 423.
Dourier (Piquet de). Voy. *Piquet de Dourier.*
Dourier (seigneur de), 444. Voy. *Quieret (Hugues).*
Douville (M.), 208.
Drach (Barthélemi du), trésorier des guerres, 3.
Dreux (Philippe de). Voy. *Philippe de Dreux.*
Dreux d'Amiens, seigneur de Vinacourt, 50, 156, 443.
Dreux du Radier, 182, 275, 345.
Drogo, major de Rieu, 484.
Drogon d'Amiens. Voy. *Dreux d'Amiens.*
Drouin (Jean), 49.
Du Bellay, 32.
Du Cange, cité 2 n., 3 n., 4 n., 14 n., 19, 20, 33 n., 34 n., 42, 43 n., 83, 105, 106 et n., 108, 112, 114, 146, 156, 171, 274, 312, 331, 375, 498.
Du Caurroy, médecin de Beauvais, 198, 199, 201.
Ducrocq (dom), 58.
Dudon, évêque de Laon, 83.
Du Mont (M.), 218, 236, 248.
Du Plessier (Jean). Voy. *Jean du Plessier, seigneur de Crapaumesnil.*
Du Plessis (Dom Toussaint), 168, 350.
Du Puy (Jean), 405.
Durand, 395.
Du Tillet, 5 n., 10 n.
Du Vau (M.), 151.

E.

Ebale, archidiacre, 334.
Ebbes, archevêque de Reims, 339.
Ebbon, archevêque de Reims, 341.
Eberhard (annales d'), 40 et 41.
Ebrard, habitant de Buci, 340.
Ebrard, chanoine, 498.
Ebrebaldus, 274.
Ebroïn, 382.

ECHANSON (grand) de France. Voy. *Enguerrand VII, sire de Coucy.*
EDÈBE, évêque d'Amiens, 300.
EDOUARD I.er, roi d'Angleterre, 214.
EDOUARD III, roi d'Angleterre, 444.
EGILBERT, 328.
EILBERT (comte), 315.
ELÉONORE, comtesse de Beaumont et du Valois, 101.
ELÉONOR, comtesse de Vermandois, 10, 88, 334.
ELINAND, évêque de Laon, 335.
ELISABETH de Chatillon, abbesse de N.-D. de Soissons, 215.
ELISABETH, comtesse de Vermandois, 9.
EMMAÜS, 386.
ENÉE, 183.
ENGUERRAND D'AMIENS, 160.
ENGUERRAND III DE COUCY, comte de Rouci, 26, 458.
ENGUERRAND IV DE COUCY, comte de Perche, 345.
ENGUERRAND VII, sire de Coucy, comte de Soissons, grand échanson de France, 5.
ENGUERRAND DE CRÉVECŒUR, 334.
ENGUERRAND DE MÉRY, 351.
ENGUERRAND DE PICQUIGNY, vidame d'Amiens, 106.
ENGUERRAND, vidame de Picquigny, 109.
ENGUERRAND DE SAINT-FUSCIEN, 101.
EPINOY (le marquis d'), 207.
ERCHINOALD ou ARCHAMBAUD, maire du Palais, 312, 316.
ERKEMBOD, abbé de Sithiu, 87.
ERIC (comte), 282.
ERMENSULE, idole des Saxons, 97.
ERNALDUS, 334.
ERODOC, 40.
EROSABEIA, 289.
ESAGGUS, 82.
ESCULAPE, 222.

ESPAGNE (le roi d'), comte d'Artois, seigneur de Lens, d'Aire, de Béthune, d'Hesdin, châtelain de Lille, de Douai et d'Orchies, 7.
ESRUISSEAUX (seigneur d') 219.
ESSEX (comte d'). Voy. *Henri, comte d'Essex.*
ESTHER, 323.
ESUGGUS, pater Setubogii, 172.
ESUS ou MARS, 168, 175, 186.
ETAMPES (comte d'). Voy. *Jean, comte de Nevers, etc.*
ETIENNE, évêque de Noyon, 334, 341.
ETIENNE D'ALINÈRE, chanoine de Beauvais, 51.
ETIENNE de Vignole, dit la Hire, 5.
ETOILE (le curé de l'), 381.
ETOILE (seigneur de l'). Voy. *Jourdain.*
ETRÉES (d'), évêque de Laon, 420.
ETRÉE (Raoul d'). Voy. *Raoul d'Etrée.*
EU (comte d'), 42.
EUCHER, fils de Stilicon, 287.
EUDES II, évêque de Beauvais, 86, 156.
EUDES IV, cardinal de Châtillon-Coligni, évêque de Beauvais, 435.
EUGÈNE II, 339.
EUGÈNE III, pape, 168, 181, 483.
EUMÈNE, 339, 428.
EUMÉNIUS, 70.
EUROPE, nymphe, 320.
EUSÈBE, 268, 285.
EUSÉBIE, dame romaine, 272.
EUSTACHE D'HÉLICOURT, 487.
EUSTACHE DE RIBEMONT, 27.
EUSTACHIUS, 473.
EVE, 190.
EVRARD DE CONTY, médecin de Charles V, 49.
EVRARD DE SISSAY, 105.
EXSPECTATUS, 82.

F.

FABIUS (C.), 63, 147, 148.
FABER (Radulphus), 482.
FAUCHARD, 347.
FAUCHET, 19, 21, 40, 49.
FAURE, évêque d'Amiens, 396.
FAUSTIN, 301.
FAUSTINE, 230.
FAUSTINE la jeune, 151, 152, 153, 239.
FAUSTINE la mère, 151, 152.

FAUSTINE, femme de Marc Aurèle, 152.
FAUSTINIEN, 82, 85, 273, 274.
FAUSTINIEN, sénateur, 267, 268.
FAUVEL DE WADENCOURT, 13.
FAVIN (André), 30, 31.
FAYEL (dame de), 51.
FAYOLLE (M.), 204, 208.
FERRAND (comte), 25.
FEUQUIÈRES (marquis de), 460.

FIENNES (Waren de). Voy. *Waren de Fiennes.*
FIENNES (Robert de), connétable de France. Voy. *Robert de Fiennes.*
FILLEBERT, 404.
FITZ-JAMES (duc de). Voy. *Charles.*
FLANDRE (comte de) 24.
FLANDRE (comtes de). Voy. *Guillaume, comte de Flandre.—Beaudoin.—Gui.—Philippe de Flandre.*
FLANDRE, (comtesse de). Voy. *Richilde.*
FLANDRE (Guillaume de). Voy. *Guillaume de Flandre.*
FLAVIUS-TITUS-JANUS, 273.
FLIXECOURT (seigneur de) 441.
FLODOART, 124.
FLORENT de Hangest, 26.
FONTAINES (M. de), seigneur de Vron, 254.
FONTENU (de), 130, 135, 138, 139, 143, 144, 145, 146, 147, 154.
FORTUNAT, 189, 218, 310.
FOSSATIS (S. de). Voy. *Simon des Fossés, Bailli de Vermandois.*
Fossés (Simon des), bailli de Vermandois. V. *Simon.*
FOSSEUX (M. de), 401.
FOUACHE (Jehan), 409.
FOUCARMONT (abbé de), 483.
FOUCAULT (M.), 463.
FOUGEROUX de Bondaroy, 98.

FOUILLOT (seigneur de), 114.
FOULQUES de Crôte, 50.
FOURÉ (Marie), héroïne Péronnaise, 32.
FOURNIVAL (Richard de). Voy. *Richard.*
FRANCE (Charles de). Voy. *Charles de France, frère du roi Saint-Louis.*
FRANCE (Henri de). Voy. *Henri de France.*
FRANCE (Louis de). Voy. *Louis de France.*
FRANÇOIS 1er., 29, 32, 36, 37, 53, 101, 164.
FRANÇOIS DE GROISELIERS, seigneur de Saint-Léger, 442.
FRANÇOIS DE HALLEUUIN, évêque d'Amiens, 53.
FRANÇOIS DE MELUN, évêque de Térouanne, 414.
FRANÇOIS DE SONS, écuyer, vicomte de Monanteuil, 458.
FRANÇOIS DE SOYÉCOURT, 488.
FRESNE (Dargnies de). Voy. *Dargnies de Fresne.*
FRIAUCOURT (dame de). Voy. *Auxi-Monceaux (Mademoiselle de).*
FRICHOR, surnommé Adrien, prêtre, 305.
FROIDMONT (abbé de). Voy. *Robert de Pierre-Font.*
FROIMONT (abbaye de), 477, 478.
FROISSART (chronique de), 2, 4, 5, 8, 27, 50, 162, 495.
FRONTO (Claudius), préfet de la seconde légion de Langres, 226.

G.

GABRIEL (ange), 394.
GAILLARD (M.), 74.
GALBA, 151.
GALBA, roi des Soissons, 79.
GALDRIC, évêque de Laon, 326.
GALERAN de Vaux, bailli d'Amiens, 312.
GALILÉE (empereur de), 346.
GALLIEN, empereur, 151, 200, 232.
GANTEZ de Marseilles, 50.
GARIN, évêque d'Amiens, 88.
GARNIER, 470.
GAUCHER, châtelain de Noyon et de Thorote, 40.
GAUCHER DE CHATILLON, comte de Porcéans, connétable de France, 2.
GAUCHER DE CHATILLON, comte de Saint-Pol, 23.
GAULLIÈRE (M.), subdélégué de l'intendant d'Amiens à Roye, 249, 250.
GAUTIER, évêque de Laon, 303.

GAUTIER, seigneur d'Hallencourt, 330.
GAUTIER de Coincy, 48.
GAUTIER SILENS ou le Silentieux, 49.
GAYANT (Pierre), 405.
GEOFFROI (maître), 48.
GEOFFROY DE CHARNI, 3.
GEOFFROY DE VENDOME, 159.
GÉRARD D'ATHIES, arch. de Besançon, 451.
GÉRARD DE CONCHY, doyen de la Cathédrale d'Amiens, 50.
GÉRARD, seigneur de Picquigny, 180.
GERMAIN (D. Michel), 156, 440.
GERONTIUS, 289.
GERSON, 414.
GEUFFRIN (François), 358.
GILDARD, 18.
GILES (Dom Eustache), 448.
GILLES DE BRYE, 409.

GILLES DE COURCELLES, 11.
GILON DE VERSAILLES, 11, 330.
GIRARD DE BOULOGNE, 51.
GIRARD DE MONTREUIL, 51.
GIRARDIN D'AMIENS, 51.
GOBELIN, vicaire de Boulogne en Italie, 8.
GODEFROY, dit Blondel, 335.
GODEFROY, évêque de Senlis, 431.
GODEFROY, abbé du Mont-Saint-Quentin, 472.
GOFFUIN (Albert), 371.
GOLTZIUS, 84.
GONEAU, 16.
GORDIEN PIE, 150.
GOTESCALC, moine d'Orbais, 339.
GOISLIN, évêque de Soissons, 449.
GORGUETTE (Charles), 486.
GOUCAMP (Simon de). Voy. *Simon de Goucamp.*
GOUVIEUX (curé de), 140.
GOZON DE CHAMPAGNE, évêque de Laon, 214.
GRAND-FERRÉ (paysan surnommé le), 28.
GRANUS. Surnom donné à Apollon, 203.
GRATIEN, 151, 221, 285.
GREBALN (Ernoul), 404.
GRÉGOIRE XIII, 165.
GRÉGOIRE DE TOURS, 71, 103, 208, 271, 322, 328.
GRIBEAUVAL (Jean), chanoine de Noyon, 413.
GROISELIERS (François de). Voy. *François de Groiseliers.*
GRUTER, 171, 226.
GRYNEUS. Surnom donné à Apollon, 203.
GUERIN DE LORRAINE, 333.
GUETTARD (M.), 55.
GUI, évêque d'Amiens, 88.
GUI, évêque de Noyon, 216.
GUI DE CHATILLON, 4.
GUI DE HONCOURT, seigneur de Chateauguion et de Laidaing, 9.
GUI DE NESLE, seigneur de Mello, 3.

GUI, comte de Saint-Pol, 4, 5.
GUIBERT DE NOGENT, 30, 182, 245, 280, 325, 326, 333, 338, 340.
GUICHARDIN, 475.
GUIGNEULES (Isabeau), 45.
GUILLAUME ALAUDE. Voy. *Guillaume l'Allouète.*
GUILLAUME L'ALLOUÈTE, 28.
GUILLAUME DE BEAUSAULT, 9.
GUILLAUME DE BONNŒIL, 404.
GUILLAUME DE BRASSEUSE, 214.
GUILLAUME DES BARRES, 24.
GUILLAUME, châtelain de Beauvais, 34.
GUILLAUME-LE-BRETON, 22, 123.
GUILLAUME DE CAYEU, seigneur de Senarpont, 349.
GUILLAUME-LE-CONQUÉRANT, 110.
GUILLAUME DE FLANDRE, fils du comte Robert, 101.
GUILLAUME, comte de Flandre, 336.
GUILLAUME DE GUILLERVILLE, 51.
GUILLAUME DE HANGEST, 212.
GUILLAUME DE MACON, évêque d'Amiens, 101.
GUILLAUME, comte de Ponthieu, 60, 443.
GUILLAUME DE SAINT-AMOUR, chanoine de Beauvais, 49.
GUILLAUME, évêque de Senlis, 103.
GUILLAUME, évêque de Soissons, 464.
GUILLAUME, fils de Guy, bouteiller de France, 432.
GUILLELMUS DE BELLO SALTU. Voy. *Guillaume de Beausault.*
GUILLELMUS DE BELLOSAMA. Voy. *Guillaume de Beausault.*
GUILLERVILLE (Guillaume de). Voy. *Guillaume de Guillerville.*
GUINES (comte de). Voy. *Baudouin.*
GUY, bouteiller de France, 432.
GUY, fils de Guy, bouteiller de France, 432.
GUY, comte de Flandre, 43.
GUY, comte de Ponthieu, 495.
GUYARD (Guillaume), 17, 20.

H.

HACHETTE (Jeanne). Voy. *Laisné (Jeanne).*
HADRIEN, 76, 83, 153, 200, 229, 239, 249.
HAGEC (Winceslas), 16.
HAIMARD, évêque de Soissons, 464.
HALINGHEN (M. d'), 222, 225.

HALLENCOURT (d'), 29.
HALLENCOURT (Gautier, seigneur de). Voy. *Gautier, seigneur d'Hallencourt.*
HALLEUIN (François de), évêque d'Amiens. Voy. *François de Halleuuin.*

HALLEY, 56.
HALOT (Adam), bailli de Senlis, 10.
HANGEST (M. le curé d') 380, 486.
HANGEST (Florent de). Voy. *Florent de Hangest.*
HANGEST (Guillaume de). Voy. *Guillaume de Hangest.*
HANGEST (seigneur de), 50.
HARDECOURT (Perote de). Voy. *Perote de Hardecourt.*
HARDOUIN, membre de la Société littéraire d'Arras, 8.
HARIULFE, 88, 100, 305.
HAROLD, 60.
HAROLD (duc), 110.
HAVARS (Jean), écuyer, 214.
HEALISSUS (Caïus-Julius). Voy. *Caïus-Julius Healissus.*
HECQUET (M.), 240.
HECTOR, bâtard de Bourbon, 346.
HEILLY (seigneur d'), 50.
HEILLY-PISSELEU (seigneur de), 32, 37.
HELCELINUS, 318.
HÉLICOURT (Eustache d'). Voy. *Eustache d'Hélicourt.*
HELINAND, 51.
HELIUS GRACILIS, 76.
HELGAND, moine de l'abbaye de Fleury, 111.
HELLE, rédacteur du catalogue du cabinet du duc de Sully, 201.
HELVIDE, abbesse de l'abbaye Notre-Dame de Soissons, 156.
HÉMÉRÉ (Claude) 181, 182, 228, 406, 467.
HENNEQUIN, évêque de Soissons, 408.
HENRI I.er, 41.
HENRI II, 409.
HENRI III, 35.
HENRI IV, 36, 68, 404.
HENRI VI, roi d'Angleterre, 29.
HENRI (comte), 429.
HENRI, comte d'Essex, 332.
HENRI DE FRANCE, évêque de Beauvais, 363.
HENRI DE SISSAY, 105.
HENRY (le duc), 333.
HENRY, évêque de Beauvais, 168.
HENRY DE CAMPAGNE, 470.
HERBERAY (Nicolas d'), seigneur des Essarts. Voy. *Nicolas.*
HERCULE, 173, 175, 190; son culte à Boulogne, 222, 313, 404.
HERCULES DEUSONENSIS, 200.

HERCULES MAGUSANUS, 200.
HERMAN (le moine), 339.
HÉRODE, 395.
HERRARD (l'abbé), 280.
HERSINDE, (comtesse), 315.
HESYCHIUS, 287.
HESDIN (comte de), 124.
HESDIN (Jacques de). Voy. *Jacques de Hesdin.*
HESDIN (seigneur de). Voy. *Espagne (le roi d').*
HILDEBAÜT DE SOISSONS, 86.
HILDEBERT, abbé de Corbie, 280.
HILDEGARDE, 242.
HINCMAR, archevêque de Rheims, 83, 319, 337, 343.
HIPPOCRATE, 222.
HIRTIUS, 122, 124, 128, 136.
HIRTIUS PANSA, 37.
HISPADIUS, 289.
HOCQUINCOURT, fait chevalier, 29.
HOMÈRE, 190, 325.
HONCOURT (Gui de). Voy. *Gui.*
HONORIUS (l'empereur), 86, 287, 289.
HORACE, 157, 352.
HOSTILIEN, 151.
HOULON, chanoine d'Amiens, 143, 144, 239.
HOULON (M.), conseiller au bailliage d'Amiens, 151.
HOURDEI (Crépin) prêtre religieux de Saint-Crépin-le-Grand, 407.
HOVEDEN (Roger), 6, n.
HUBOLT, 292.
HUBRELAND (Jean), 371.
HUCBAUD, moine de Saint-Amand, 280.
HUET, 112.
HUGUES I.er, 326, 330.
HUGUES II, abbé de Corbie, 160.
HUGUE, abbé de Saint-Riquier, 336.
HUGUES, chancelier de France, 280.
HUGUES, évêque de Soissons, 103.
HUGUES, fils légitime de Charlemagne, 242.
HUGUES, seigneur de Brimeux, 445.
HUGUES DE CHATILLON, sire de Dampierre et de Rollaincourt, grand-maître des arbalestriers, 4.
HUGUES DE VER, abbé de Corbie, 105, 401.
HUGUES LE FOURNIER DE CHAUNY, 500.
HUON DE MERI, en Beauvaisis, 51.
HUNS (roi des). Voy. *Attila.*
HYGINUS, 140.

I.

Imbercourt (seigneur d'). Voy. *Adrien de Brimeu.*
Ingulfe, abbé de Croiland, 426.
Innocent III, 412, 421.
Innocent IV, 14, 336.
Innocent VI, 19.
Innocents (Evêque des), 358, 359, 371, 372. Voy. *Desjardin.*

Iperius, abbé de Saint.-Bertin, 41, 101.
Isabelle de Was, épouse de Lallemant de Canapes, 441.
Isis, 83, 190, 209, 211, 243.
Isis myorionyme, 210.
Ittencourt (curé d'), 382.

J.

Jabin (roi), 122.
Jacob, 182.
Jacques de Bourbon, comte de Ponthieu, 160.
Jacques de Guise, 40, 423.
Jacques de Hesdin, 51.
Jake de Tofflet, 45.
Jakemon de Tofflet, 45.
Janus. Son culte établi à Soissons, 221.
Janus bifrons, 221.
Janvier, 325.
Japhet, 190.
Jaquemain, 381.
Jardel (M.), à Braine, 99, 130, 245, 246, 342.
Jean, 289.
Jean, Picard, 19.
Jean I.er, abbé de Corbie, 160.
Jean, chatelain de Noyon, 74.
Jean, comte de Nevers, de Rhetel et d'Etampes, 5, 105.
Jean, duc de Bourgogne, 5.
Jean, fils ainé du comte de Soissons, 26.
Jean, roi de France, 3, 5, 6, 8, 12, 13, 28, 33.
Jean, seigneur de Sailly-en-Aroise, 5.
Jean, vidame d'Amiens, 107.
Jean de Bar, évêque de Beauvais, 30, 405.
Jean de Barbançon, seigneur de Canny, 32, 37.
Jean de Barres, seigneur de Neuvi-sur-l'Allier, en Bourbonnais, 31.
Jean de Beaurain, maire de Montreuil-sur-Mer, 214.
Jean de Beze, 431.
Jean de Briquigny, 30.
Jean de Caveux, seigneur de Vimes, 487.
Jean de Corbie, 489.
Jean de Coudun, 24.

Jean de Dormans, évêque de Beauvais, 322, 338.
Jean de la Chapelle, 101, 348.
Jean de la Croix, 16.
Jean de la Fère, chanoine de Roye, 51.
Jean de Lamotte, 417.
Jean de Laude, 13.
Jean Levasseur, argentier de l'hôtel-de-ville d'Abbeville, 114.
Jean de Long, 49.
Jean de Mailly, seigneur d'Anchy, 32, 37.
Jean le Maingre, dit Boucicaut, 27.
Jean de Montigny, bailli de Vermandois, 11.
Jean de Montmirail (le bienheureux), 463.
Jean, seigneur de Nesle, 26, 281.
Jean du Plessier, seigneur de Crapauménil, 216.
Jean de Pont-l'Évêque, 214.
Jean de Salisbery, 332, 429.
Jean de Sarisbery. Voy. *Jean de Salisbery.*
Jean de Thanes, 107.
Jean de Torote, 214.
Jean de Tricot, dit Monsière, 194.
Jean de Sempy, bailli de Senlis, 215.
Jean d'Ypres, abbé de Sithiu, 8, 308, 311, 423.
Jeanne, femme de Nicolas de Lambersart, 44.
Jeanne Hachette. Voy. *Laisné (Jeanne).*
Jehan le Bouchier, 107.
Jehan de Brimeu, 404.
Jehan de Lambersart, 44.
Jehan de Le Ruel, 119.
Jehan de Limeu, 404.
Jehan de Marguerie, 402.
Jehan le pionnier, 18.
Jehenne, femme de Rogenon, 45.
Johannes, dictus Picardus, 17.
Johel, 289.

JONAS, 171.
JONES (Inico), 176.
JOSEPH l'historien, 276.
JOSSELIN (Adrien), 362.
JOSSELIN, évêque de Soissons, 334.
JOURDAIN (Monsieur), 144, 151.
JOURDAIN, seigneur de l'Étoile, 128.
JUDAS, 382.
JUDITH, fille de Baudouin Bras-de-fer, 68.
JULIA VITALICA, 231.
JULIA VITUTICA, 83.

JULIEN, vicaire du préfet R. Varus, 264.
JULIEN L'APOSTAT, 231, 272, 321, 426, 428, 434.
JUPITER, 157, 173, 174, 190, 192, 193, 194, 196, 201, 220, 313, 319, 320, 352.
JUPITER gaulois, 191.
JUSTE-LIPSE, 146, 156.
JUSTIN, 18, 38.
JUSTINIEN, 82.
JUVENAL DES URSINS (Jean), évêque de Beauvais, 35.
JUVENAL DES URSINS (Jean), archev. de Reims, 415.

K.

KECKERMAN, 284.

KEYSLER, 176, 177.

L.

LABAN, 182.
LABBE (le P.), 69.
LABIENUS, 91, 128, 129, 146.
LA BLETTERIE (abbé de), 167.
LA BRETONNIÈRE (Pierre de). Voy. *Pierre de la Bretonnière.*
LA CHAPELLE (M. de la), 21, 22.
LA CHAPELLE (Jean de la), 167. Voy. *Jean de la Chapelle.*
LACTANCE, 186.
LA CENGLE (Raoul de). Voy. *Raoul de la Cengle.*
LADISLAS, roi de Bohême, 16.
LA FÈRE (Jean de), chanoine de Roye. Voy. *Jean de la Fère.*
LA FERTÉ (seigneur de), 180.
LA GUESLE (de), procureur général de Henri IV, 68.
LA HIRE. Voy. *Etienne de Vignole.*
LAIDAING (seigneur de), Voy. *Gui de Honcourt.*
LAISNÉ (Jeanne), femme de Colin Pilon, autrement dite Jeanne Hachette, 30.
LALANDE (M. de), 183.
LALLEMANT DE CANAPES, 441.
LA MARTINIÈRE, 66.
LAMBERSART (Nicolas de). Voy. *Nicolas de Lambersart.*
LAMBERSART (Jehan de). Voy. *Jehan.*
LAMBERT D'ARDRES, 43, 48, 69, 105, 106, 113, 218, 470, 473.
LA MORLIÈRE. 2. n., 14, 38, 52, 82, 88, 230, 242, 273, 390, 404.

LA MOTTE (Jean de). Voy. *Jean de La Motte.*
LANCELIN, comte de Dammartin, 335.
LANDIER (Jehan), 404.
LANDRY DU MAISNIL, 330.
LANDRY DE WALLANIO, 48.
LANGEAC (marquis de), 207.
LANGEAC (marquise de), 208.
LANGLE (M. de), 327.
LANNOY (seigneur de), 50.
LAON (évêques de), 371, 415, 485.
LAON (évêques de). Voy. *Gozon de Champagne, St.-Genebaud, Gautier, St.-Cannoald, Galdric, Anselme, Elinand, Pardulphe, Etrées (d'), Adalberon, Dudon.*
LA PALU (Pierre de). Voy. *Palu (Pierre de la).*
LA PORTE (le Père de), 198.
LARIER (dame de), 31.
LATEUX (M.), maire de Boulogne, 196, 230, 238.
LA THAUMASSIÈRE, 45.
LA TOURNELLE (Pierre de). Voy. *Pierre de la Tournelle.*
LA TRÉMOUILLE (seigneur de), 50.
LAUDE (Jean de), Voy. *Jean de Laude.*
LE BEL (M.), 491.
LE BOEUF, 69, 92, 104, 117, 130, 131, 139, 147, 149, 168, 177, 181, 182, 189, 202, 210, 211, 218, 231, 232, 249, 252, 275, 276, 277, 300, 322, 333, 343, 344, 348, 440, 448, 462, 465, 467.
LE COCQ (Adrien), chanoine, 407.
LE CORIER (Jehan), 402.

Le Cot (Bartholomeus), 459.
Le Courant (Pierre), bailli d'Amiens, 213.
Le Couvreur (M.), lieutenant criminel du bailliage de Roye, 250.
Lectoure (évêque de). Voy. *Philippe.*
Le Flameng (Fr.-Michel), Jacobin, 403.
Le Laboureur, 27, 28.
Le Leu, chanoine de Laon, 246.
Lemaire (Pierre), 484.
Le Mercier (Jehan), trésorier des guerres. 4. n.
Le Mon, 46.
Lenain (M.), 60, 99, 143, 144, 149, 228, 247, 253, 459, 480, 497, 498.
Lendelinus, 274.
Lenfant (Jacques), 16.
Lens (seigneur de). Voy. *Espagne (le roi d').*
Léoberie, martyre, 288.
Leonius, chanoine de N.-D. de Paris, 365.
Leperon (M. de), 242.
Lequien (le P.), dominicain, 145, 147, 225, 238, 470.
Le Sueur (Pierre), 408.
Le Tellier (Maurice), archevêque de Reims, 277.
Leuillier (Nicolas), garde-du-sceau de la prévôté d'Augy, 405.
Le Vasseur, 205.
Le Vasseur (Jean), argentier d'Abbeville, 106.
Le Vasseur (Jacques), 357, 358.
Levêque (Catherine), 31.
Liber. Surnom donné à Bacchus, 206.
Lice (Catherine de). Voy. *Catherine de Lice.*
Licinius, empereur, 284.
Licinius père, 153.
Lille (châtelain de). Voy. *Espagne (le roi d').*
Limeu (Jehan de). Voy. *Jehan de Limeu.*
Lioberia. Nom latin de Leoberie. Voy. *ce mot.*
Lisiard, évêque de Soissons, 340.
L'Isle (Guillaume de), 434, 439, 441, 491.
Littleton, 45.

Livain, évêque de Senlis, 300.
Lobes (abbé de), 317.
Loisel, 5. n., 203.
Long (Jean de). Voy. *Jean.*
Longius Félix (L.), 83.
Longueval (seigneur de), 50.
Longueval (Charles de). Voy. *Charles de Longueval.*
Longueville (duc de), 6, 35, 36.
Lorraine (Guérin de). Voy. *Guérin.*
Louis III, duc de Bourbon, 50.
Louis-le-Débonnaire, 322, 323, 339.
Louis VI, 156, 195, 334.
Louis VII, 74, 333, 363.
Louis VIII, 26, 330, 351.
Louis IX. Voy. *Saint Louis.*
Louis X, 7, 11, 33.
Louis XI, 2, 5, 7, 8, 20, 31, 34, 342, 390, 396, 403, 500.
Louis XIII, 143, 480.
Louis XIV, 101.
Louis de Contai, 105.
Louis-de-France, 58.
Louis-le-Germanique, 156.
Louvet, 88, 95, 225, 249, 282, 283, 289, 356, 388, 405, 436, 476.
Lucain, 22, 49, 123, 174, 185 n, 191.
Luce III, pape, 103.
Lucien, 170.
Lucilla-Augusta, 151.
Lucine. Son culte à Boulogne, 225.
Lucinia Bononiensis, 225.
Lucius longius felix, 231.
Lucius, P. Postumus, 447.
Luitprand, 156.
Lupus, 82.
Luto (M.), curé d'Alquines, 225.
Lybeneus, 84.
Lyon (archev. de). Voy. *Agobart.*

M.

Mabile (Aloux), 350.
Mabillon (D.), 68, 161, 209, 274, 275, 276, 277.
Machiavel, 22.
Macon (Guillaume de). Voy. *Guillaume.*
Machy (Pierre de). Voy. *Pierre de Machy.*
Magnence (l'empereur), 249, 253, 274, 275.

Mahaud (comtesse), 8.
Maigremont (seigneur de). Voy. *Charles de Longueval.*
Maiheu de Beaurains, 404.
Maiheu de Pont, 404.
Maillart (l'avocat), 493.

MAILLY (Jean de). Voy. *Jean de Mailly, seigneur d'Anchy.*
MAILLY (Thibaut de). Voy. *Thibaut.*
MAISNIL (Landry du). Voy. *Landry du Maisnil.*
MAINFROY, 27.
MAINTENAI (Clémence de). Voy. *Clémence de Maintenai en Ponthieu.*
MALBRANCQ (le père), 57, 59, 60, 62 n., 69 n., 196, 202, 228, 229, 233, 234, 238 et n., 310, 469, 490, 494, 496, 497, 498, 499.
MALHERBE (Andrieux de), 101.
MAMEROT (Sébastien), 49.
MANASSERUS DE BULES, 281.
MANENCOURT (curé de). Voy. *Saint Belvacque.*
MAQUART (Erardus), 378.
MARC-AURÈLE, 76, 151, 152, 153, 191, 237.
MARCULPHE, 339.
MARCUS, 462.
MARDOCHÉE, 325.
MARÉCHAL DE FRANCE. Voy. *Gui de Nesle, seigneur de Mello.*
MARGUERIE (Jehan de). Voy. *Jehan de Marguerie.*
MARIA OTACILLA SEVERA AUGUSTA, épouse de Philippe le père, 152.
MARIE DE BARBANÇON, 31.
MARIE, comtesse de Ponthieu, 118.
MARINES (Robert de). Voy. *Robert de Marines.*
MARLOT (D.), 224, 263, 287.
MAROT, 52.
MARS, 184, 191, 209, 287, 319, 490.
MARS romain, 196.
MARTEL DE WALHUION, écuyer, 4.
MARTEVILLE (sieur de). Voy. *Montmorency (M. de).*
MARTIN, arbalétrier, 19.
MARTIN, surnommé Picard, 17.
MARTIN (le duc), 328.
MARTIN (D. Jacques), 168, 298, 201.
MARTIN (François), 163.
MARTIN FRANC, poète, 366.
MATHIEU DE BELNE, bailly de Vermandois et de Senlis, 10.
MATHIEU, comte de Ponthieu, 444.
MATHIEU DE ROYE, 27.
MAUREGARD (le curé de), 152.
MAUREPAS (M. de), 225.
MAUTOUR (Moreau de). Voy. *Moreau de Mautour.*
MAXENCE (le tyran), 289.

MAXENT (le prince), 289.
MAXIEN ou Messien. Voy. *Saint Maximien.*
MAXIME le père, 153.
MAXIME, Empereur, 153.
MAXIME DE TYR, 184, 196.
MAXIMIEN, 150, 152, 261.
MAXIMIEN HERCULE, 262, 266, 267.
MAY (Bernard de). Voy. *Bernard de May.*
MÉDARD, 18.
MEDARDICUS, abbas, 24.
MEGNIÈRES (Will. de). Voy. *Willaume de Mégnières.*
MELA, 123.
MELLO (seigneur de). Voy. *Gui de Nesle.*
MELUN (François de). Voy. *François de Melun, évêque de Térouane.*
MELLIAND, intendant de Soissons, 210.
MENAGE, 43, 52, 53, 123, 375.
MENNEVILLE (curé de), 254.
MENOT (le Cordelier), 118, 120.
MEPHUIS (Dom), 130, 245.
MERCURE, 82, 153, 169, 170, 171, 175, 191, 192, 194, 197, et suiv., 220, 230, 240, 319.
MERCURE (statue de), 97.
MERCURE GAULOIS, 197.
MERCURE GREC, 197.
MERCURE-TEUTATÈS, 184.
MERCURIUS. Voy. *Mercure.*
MÉROVÉE, 155.
MERS. Nom donné à Mars, suivant Varron, 197.
MERULA (Paul), 84, 187.
MÉRY (Enguerrand de). Voy. *Enguerrand de Méry.*
MÉRY (Huon de). Voy. *Huon de Méry.*
MESSIEN. Voy. *Saint Maximien.*
MICHEL DE BARBANÇON, seigneur de Davenescourt, Canny, etc., lieutenant du roi en Picardie, 31.
MICHEL (F.), Jacobin, 402.
MILIUS. Nom donné à Mercure. A Formé plusieurs noms de ville, 202.
MILLET (l'abbé), 283.
MILLIANUS. Voy. *Milius.*
MILLIACUM. Forme latine de Milly, 482.
MILLY (Robert de). Voy. *Robert de Milly.*
MILLY (seigneur de), 213.
MILO (Johannes), 437.
MILON, évêque de Beauvais, 478.
MINERVE, 167, 173, 203, 204, 210, 242, 313, 320.
MOÏSE, 190, 276.

Molanus (martyrologes de), 316.
Moloch, 186.
Momus, 367.
Monanteuil (vicomte de). V. *François de Sons*, 458.
Moncby (seigneur de), 50.
Mongault (abbé), 242.
Mons (Antoine de). Voy. *Antoine de Mons.*
Monsière. Voy. *Jean de Tricot.*
Monstrelet, 29, 346.
Montcavrel (sieur de), 29.
Montfaucon (Dom de), 125, 176, 201, 218, 233, 238, 446, 447, 448.
Montfort (comte de). Voy. *Robert de Montfort.*
Montguyot (madame de), 98, 260.
Montguyot (famille de), 115.
Montguyot (M. et M.ᵐᵉ de), 116.
Montigny (Jean de). Voy. *Jean de Montigny.*
Montigny (le seigneur de), 468.

Montmirail (Jean de). Voy. *Jean de Montmirail.*
Montmorenci (Charles de). V. *Charles de Montmorenci.*
Montmorency (M. de), seigneur de Marteville, 248.
Montreuil (Girard de). Voy. *Girard de Montreuil.*
Montreuil-sur-Mer (maire de). Voyez *Jean de Beaurain.*
Montreuil (prévôt de), 7.
Moreau de Mautour (M.), 200, 204, 446, 447.
Moreuil (Bernard de). Voy. *Bernard de Moreuil.*
Moreuil (Nicolas de). Voy. *Nicolas de Moreuil, abbé de Corbie.*
Moreuil (seigneur de), 50.
Mulgrave (Guillaume), 176.
Munatius Plancus, 136.
Musée, 325.
Musgrave, 55, 64.
Myre (évêque de). Voy. *Saint Nicolas.*
Mytras (le Dieu), 345.

N.

Nassau (comte de), 32.
Nelle (seigneur de). Voy. *Charles de Sainte-Maur.*
Neptune, 190, 204.
Néron, 153, 284.
Nesle (Gui de), seigneur de Mello. Voy. *Gui.*
Nesle (Jean de). Voy. *Jean de Nesle.*
Nesle (seigneur de), 460, 493.
Nesle (sire de). Voy. *Simon.*
Neuvi sur l'Allier en bourbonnais (seigneur de). Voy. *Jean de Barres.*
Nevers (comte de). Voy. *Jean.*
Nevelon, évêque de Soissons, 195.
Nicaise, 209.
Nicaise, abbé de St.-Josse-sur-Mer, 160.
Nicolas, pape, 323.
Nicolas d'Agencourt, curé de St.-Ladre d'Amiens, 281.
Nicolas de Brai, 26.

Nicolas d'Herberay, seigneur des Essarts, 51.
Nicolas de Lambersart, 44.
Nicolas de Moreuil, abbé de Corbie, 395.
Nivelon, évêque de Soissons, 333, 353, 412.
Nivernais (le duc de), 85, 86.
Nole (évêque de). Voy. *St.-Paulin.*
Normandie (duc de), régent du royaume, 3, 13.
N.-D. de Soissons (abbesse de). Voy. *Élizabeth de de Chatillon.*
Noyon (chanoine de). Voy. *Gribeauval (Jean).*
Noyon (châtelains de). Voy. *Jean, châtelain de Noyon, Gaucher.*
Noyon (évêques de). Voy. *Vermond, St.-Aichar, Etienne, Gui, Clermont-Tonnerre (de), Renold, Baudouin III.*
Noyon (évêque de), 107.
Nully (M. de), chanoine de Beauvais, 211, 221.
Numa, 216,

O.

Odeur (M. d'), 438.
Odon, évêque de Beauvais, 282.
Offemont (Anson d'). Voy. *Anson.*
Ogmius, 170.
Orbais (moine d'). Voy. *Gotescalc.*
Orchies (le châtelain d'). Voy. *Espagne (le roi d').*

Orcum. Nom latin donné à Pluton, 197, 313.
Osiris, 210, 211.
Othon (empereur), 7, 24.
Othon, comte de Vermandois, 458, 468.
Ovide, 57, 101, 187.

P.

PAGI (le P.), 269.
PALET (Jacques), 461.
PALÈS. Son culte en quelques lieux de Picardie, 225.
PALU (Pierre de la), seigneur de Varembon, 2.
PANNELIER le jeune (M.), 94, 126, 127.
PAPYRIUS, 82.
PARC (Abbesse du), 431.
PARDULPHE, évêque de Laon, 343.
PARIS (évêque de), 295.
PARIS (Mathieu), 17.
PARMENION, 287.
PARVILLÉ (curé de), 451.
PASQUIER, 373.
PATRICIUS, 140.
PAUL Diacre, 171.
PEITAVY (l'abbé), 99, 115, 182, 461, 467, 471, 472, 473.
PÉLAGE, 292.
PELLERIN (M.), 225.
PELLOUTIER, 158, 169, 172, 174, 175, 176, 184, 186, 197, 198, 282, 394.
PÉPIN, 159, 318, 319, 320.
PERCHE (comte de). Voy. *Enguerrand de Coucy.*
PEREFIX (de), 10.
PERITHOUS, 426.
PEROTE DE HARDECOURT, 471.
PERRON D'ATHECHI. Voy. *Perron d'Attichy.*
PERRON D'ATTICHI, 40.
PERTINAX, 76.
PETIT, procureur du roi à Soissons, 99, 125.
PETIT (Sébastien), prince de la jeunesse, auteur du jeu d'Élysée, d'Achab et de Jézabel, 346, 408.
PEZ (Bernard), 341.
PEZRON (le Père), 114.
PHEBÉ, 373.
PHÈDRE, 173.
PHILIPPE (le Père), 151, 152.
PHILIPPE Ier., 41, 43.
PHILIPPE-AUGUSTE, 6, 7, 11, 34, 64, 74, 109, 178, 330, 335.
PHILIPPE III le Hardi, 33.
PHILIPPE IV le Bel, 33, 215, 336, 461.
PHILIPPE V le Long, 33, 110.

PHILIPPE VI, 6, 36.
PHILIPPE, comte de Boulogne, 26, 196, 330.
PHILIPPE, comte de Bourgogne, 4, 5.
PHILIPPE, duc de Bourgogne, 64.
PHILIPPE-LE-BON, 368.
PHILIPPE, comte de Flandre, 498.
PHILIPPE, évêque de Lectoure, 13.
PHILIPPE D'ACCI, secrétaire de Perron d'Attichi, 40.
PHILIPPE DE CRÈVECŒUR, seigneur des Querdes, 5.
PHILIPPE DE DREUX, 320.
PHILOSTRATE, 95.
PICARD, auteur de la Celtopedia, 187.
PICARDIE (capitaine général de). Voy. *Charles de Montmorency.*
PICQUIGNY (Enguerrand de). Voy. *Enguerrand de Picquigny, Vidame d'Amiens.*
PICQUIGNY (Gérard de). Voy. *Gérard de Picquigny.*
PICQUIGNY (Vidame de). Voy. *Enguerrand.*
PICQUIGNY (seigneur de), 441, 489.
PIE II, pape, 8.
PIERRE (l'abbé), 469.
PIERRE, cardinal du titre de saint Georges.
PIERRE D'ARAGON, 27.
PIERRE DE BLOIS, 40.
PIERRE, duc de Bourbon, seigneur de Clermont en Beauvoisis, 3.
PIERRE DE BRAY, 417.
PIERRE DE LA BRETONNIÈRE, 478.
PIERRE DE CORTENAI, capitaine de Calais, 5.
PIERRE DE CUGNIÈRES, 49.
PIERRE DE FONTAINE, bailli de Vermandois, 49.
PIERRE DE MACHY, 46.
PIERRE DE LA PALU, seigneur de Varembon, 2.
PIERRE DE PLAUQUES, sergent à Maches, 106.
PIERRE DE LA TOURNELLE, 24.
PIERRE DE VERBERIE, prévôt de Senlis, 10.
PIERRE-FONT (Robert de), abbé de Froidmont. Voy. *Robert de Pierre-Font.*
PIERRE DE RIEU, 484.
PIERRE DE WAUBERCOURT, 452.
PIGAULT, 58.
PIGNON OU PICGNON, général d'Alexandre-le-Grand, 40.
PILON (Colin), mari de Jeanne Hachette, 30.

Piquet de Dourier, chanoine et prévôt du chapitre d'Amiens, 419.
Pius Paullinus, 82.
Planques (Pierre de). Voy. *Pierre de Planques.*
Plaute, 198, 387.
Pless.é (Beaudouin du), 215.
Pline, 54, 94, 165, 170, 173, 187, 216, 227, 350.
Plutarque, 197.
Pluton, 168, 190, 197, 211, 217, 232, 233, 313.
Poix (Catherine de). Voy. *Catherine de Poix.*
Polignac (le cardinal de), 241, n.
Pollux, 171.
Polybe, 143.
Polydor, 183.
Polyhistor, 184.
Pompeius Festus, 123.
Pomponne (M. de), 448.
Pont (Maiheu de). Voy. *Maiheu de Pont.*
Ponches (seigneur de). V. *André, seigneur de Ponches.*
Ponthieu (Guillaume, comte de). Voy. *Guillaume de Ponthieu.*
Ponthieu (comtes de), 75, 198, 334, 441.
Ponthieu (comtes de). Voy. *Guillaume. — Jacques de Bourbon. — Edouard III. — Mathieu. — Guy.*
Ponthieu (marie, comtesse de) V. *Marie de Ponthieu.*
Ponthieu (sénéchal de). Voy. *Bournel (Guillaume).*
Pont-l'Evêque (Jean de). Voyez *Jean de Pont-l'Evêque.*
Porcéan (comte de). Voy. *Gauthier de Châtillon.*
Posthume, père, 153.
Posthume, 93, 149, 152, 200, 232, 428, 433.
Potier (Augustin), 205.
Poules (roi des). Voy. *Fanay (Edme).*
Poupart (le père), 275, 276.
Presle (Raoul de). Voy. *Raoul de Presle.*
Prévôt, avocat du roi et maire de Roye, 250.
Priape. Découvert à Amiens, 222, 223, 235.
Probus, 80, 152, 153, 183, 204, 232, 233.
Procope, 183, 227.
Proserpine, 211, 216.
Protin de le Ruel, 119.
Prudence, poète, 284.
Ptolemée, 76.
Publius Sulpitius Rufus, 145.
Pugnet (Pierre), 472.
Punicius Cenialis (Titus), 84, 85, 200.
Puy (évêque du), 33.
Pythagore, 186.

Q.

Querdes (seigneur des). Voy. *Philippe de Crèvecœur.*
Quieret (Hugues), 444.
Quilien, 305.
Quintilien, préfet de Senlis, 220.
Quintilien, gouverneur, 266.
Quitilius, préfet, 192.
Quintus Arenius Verecundus, tribun de la flotte britannique, 231.

R.

Radbert (Paschase), 276, 333.
Radbod, 301.
Ragnacaire, 295, 296, 297.
Raimond de Rappestain (Pierre), bailli d'Amiens, 212.
Ranson (Jacques de). Voy. *Jacques de Rançon.*
Raoul (le comte), 195.
Raoul de Beauvais, 51.
Raoul de Brimeux, 444.
Raoul de Clermont, 184.
Raoul, comte de Clermont, 330.
Raoul, seigneur de Coucy, 170.
Raoul de Coudun, 330.
Raoul d'Etrée, 475.
Raoul de Houdenc en Beauvoisis, 51.
Raoul de la Cengle, 482.
Raoul de Presles, 49, 195, 203.
Raoul de St.-Rimaud, 479.
Raoul, comte de Soissons, 50, 465.
Rappestain (Raimond de). Voy. *Raimond de Rappestain.*
Ratold, 280.

RAVISIUS (Jean), 217.
RÉBERTINGHE (seigneur de). Voy. *Robinet de Créqui*.
RECIOPORUS, CARNIFEX, 265.
REGNAULT, châtelain de Coucy, 51.
REGNIER, curé de St.-Nicolas de Marle, 118.
REMBAULT, notaire à Crévecœur, 438.
REGNY (Thomas de). Voy. *Thomas de Regny*.
REGULUS, 192.
REINIER, 295, 296.
RENAUD DE BETISY, 431.
RENAUD, comte de Boulogne, 473.
REIMS (archevêques de). Voy. *Letellier (Maurice)*. —Sanson.—Hincmar.—Ebbes.—Ebbon.—Juvenal des Ursins (Jean).—Turpin.
REIMS (Réol de). Voy. *Réol de Reims*.
RENAUD (comte), 334.
RENAUD D'ARGIES, 9.
RENAUD DE BETISY, bailli de Vermandois et de Senlis, 6, 10, 330.
RENAUD DE DAMARTIN, comte de Boulogne, 24.
RENAUD DE ROYE, 27.
RENAUT DE ROYE, chambellan de Charles VI, 471.
RENAUD DE WARTI (M.), 478.
RENAUDUS D'ARDIES. Voy. *Renaud d'Argies*.
RÉNÉ D'AMIENS, 26.
RENOLD, évêque de Noyon, 449, 450.
RÉOL DE REIMS, 328.
RECLUS, Remensis urbis. Voy. *Réol de Reims*.
RHEA, 209.
RHETEL (comte de). Voy. *Jean*.
RIBEMONT (Eustache de). Voy. *Eustache de Ribemont*.
RICARD DE BOUGAINVILLE, 402.
RICHARD DE FOURNIVAL, chancelier de l'église d'Amiens, 51.
RICHELIEU (cardinal de), 149, 228.
RICHILDE, comtesse de Flandre, 41.
RICTIOVARE, 83, 192, 217, 224, 261, 262, 263, 264, 265, 266, 287, 288, 458, 491.
RICTIUS-BARUS. Voy. *Rictiovare*.
RIENCOURT (de), 47.
RIÈS (évêque de). Voy. *St.-Maxime*.
RIEU (Pierre de). Voy. *Pierre de Rieu*.
RIGOBERT DE REIMS, 429.
RIGOLET DE JUVIGNY, 74.
RIGORD, 24, 25.
RIVET (Dom), 154, 298.
ROBERT, roi de France, 48, 111.

ROBERT (le comte), fils aîné du comte de Flandre, 26.
ROBERT (comte), père de Guillaume de Flandre, 101.
ROBERT, comte d'Artois, 444, 497.
ROBERT D'AUXERRE, 74.
ROBERT DE CAMBERON, 496.
ROBERT DE CRESSON-ESSART, évêque de Senlis, 214.
ROBERT DE FIENNES, connétable de France, 3, 8.
ROBERT DE FRANCE, comte de Clermont, 478.
ROBERT DE MARINES, bailli d'Amiens, 212.
ROBERT DE MILLY, 330.
ROBERT, comte de Montfort, 332.
ROBERT DE PIERRE-FONT, abbé de Froidmont, 485.
ROBERT DE VAUCHELLES, 423, 442.
ROBIN DE COMPIÈGNE, 51.
ROBINET DE CRÉQUI, seigneur de Rebertinghe, 20.
ROGATUS, 82.
ROGENON, 45.
ROHARD (Pierre), 483.
ROLLAINCOURT (sire de). Voy. *Hugues de Chatillon, sire de Dampierre*.
ROMANORUM (rex). Vid. *Rudolfus*.
RORICON, évêque d'Amiens, 270, 290.
ROSE (Guillaume), évêque de Senlis, 417.
ROUCY (comte de), 26.
ROUCI (comte de). Voy. *Enguerrand de Couci*.
ROUCY (Charles de). Voy. *Charles de Roucy, évêque de Soissons*.
ROUCY (M. de), 210.
ROUEN (archevêque de), 86, 87.
ROUEN (évêque de). Voy. *St.-Victrice*.
ROUSSEL, curé de St. Sauveur, 342.
ROUSSEVILLE (de), 3.
ROUVOI (Alphonse de). Voy. *Alphonse de Rouvoi*.
ROYE (Barthelemy de). Voy. *Barthelemy de Roye*.
ROYE (Mathieu de). Voy. *Mathieu de Roye*.
ROYE (Renaud de). Voy. *Renaud de Roye*.
ROYE (Renaut de), chambellan de Charles VI. Voy. *Renaut de Roye*.
ROYE (chanoine de). Voy. *Jean de la Fère*.
RUBEMPRÉ (Antoine de). Voy. *Antoine de Rubempré*.
RUDOLFUS, ROMANORUM REX, 41.
RUE (évêque de), 362.
RUELLE (Jehan de le). Voy. *Jehan*.
RUELLE (Protin de le). Voy. *Protin*.
RUMET, 15, 16, 30, 65, n.
RUTILIUS, 81.

S.

Sacco, potier romain, 230.
Sailly en Aroise (seigneur de). Voy. *Jean.*
Saint-Acair. Nom donné à Saint-Aichar. V. *ce mot.*
Saint-Acheul, 244, 268, 273.
Saint-Adalgise, 316, 317.
Saint Adhalard, 18, 280.
Saint Aichar ou Saint Acair, évêque de Noyon ou de Tournai, 309, 311.
Saint-Amand, 280, 309, 310.
Saint-Ambroise, 282.
Saint Amour (Guillaume de), 49.
Saint-Andoche, 275.
Saint Angilbert, 100.
Saint Antimond, évêque de Térouanne, 297, 310.
Saint Antoine, hermite, 48.
Saint Arnould, 283, 338.
Saint Athalbert, 310.
Saint Augustin, 153, 270, 287, 301, 322, 325.
Saint Bandrid, évêque de Soissons, 170, 302.
Saint Barthelemy, 401.
Saint Béat, 297, 298, 317.
Saint Benoit, 279.
Saint Berchond, évêque d'Amiens, 303.
Saint Blimond, 307.
Saint Blimond (marquis de), 244.
Saint Boniface, 374.
Saint Cannoald, évêque de Laon, 309.
Saint Christophe, 380.
Saint Colomban, 304, 305.
Saint Crépin, 82, 103, 192, 198, 202, 203, 217, 261, 262, 266, 267, 268, 282.
Saint-Crépin-le-Grand (abbé de), 334, 345.
Saint-Crépin-le-Grand (abbé de). Voy. *Teulfe.*
Saint Crépinien, 82, 103, 198, 202, 203, 217, 261, 262, 266, 267, 268, 282.
Saint Denis, 195, 261, 265, 266.
Saint Dinoald, 287, 288.
Saint Drausin, évêque de Soissons, 275, 332, 333.
Saint Ebertrand, 311.
Saint Eleuthère de Tournai, 301.
Saint Eloi, évêque de Noyon, 51, 83, 94, 197, 204, 218, 226, 311, 312, 314, 315, 323, 328, 329, 361, 392, 420.
Saint Etienne, 352, 353, 354, 355, 360, 365, 412.

Saint Eulogue, 456.
Sainte Eusebie, 407.
Saint Eustache, 310.
Saint Félix, 275.
Saint Firmin, martyr, 14, 30, 52, 82, 85, 102, 267, 268, 270, 273, 290, 297, 310, 330, 351, 391, 392, 402, 403, 404.
Saint Firmin (actes de), 193, 198.
Saint Fursy, 72, 315, 316, 330, 374.
Saint Fuscien, 32, 37, 244, 261, 262, 265, 286, 310, 491.
Saint Fuscien (Enguerrand de). Voy. *Enguerrand de.*
Saint Genebaud, évêque de Laon, 297.
Saint Gentien, 82, 202, 398. Sa mort, 491.
Saint Georges, 376.
Saint Georges (cardinal du titre de). Voy. *Pierre.*
Saint Germain, d'Auxerre, 63, 291, 292.
Saint Gervais, 348, 351, 384.
Saint-Gilles (curé de), 194.
Saint Gobain, 316.
Saint Grégoire-le-Grand, 283.
Saint Hilaire (M. de), 230.
Saint Hildemart, hermite, 493.
Saint Hubert, 329.
Saint Humfroi, évêque de Térouanne, 323.
Saint Isberge, 69.
Saint Jacques et Saint Philippe, 412.
Saint Jean-Baptiste, 394, 395, 396.
Saint Jean, 313, 326, 348, 349, 350, 352, 354, 355, 360, 420.
Saint Jean l'évangéliste, 409, 413.
Saint Jean de Péronne (curé de), 413.
Saint Jérome, 123, 155.
Saint Joseph, évêque de Sens, 306.
Saint-Josse (abbé de), 160.
Saint Josse, 308, 331, 443.
Saint Julien, 202.
Saint Just, 82, 287.
Saint-Ladre d'Amiens (curé de), Voy. *Nicolas d'Agencourt.*
Saint Laurent, 330.
Saint Léger, 351.
Saint-Léger (seigneur de). Voy. *François de Groiseliers.*

Saint Léon, 285.
Saint Leu, 139.
Saint Leu. Voy. *Saint Loup, évêque de Sens.*
Saint Louis, 3, 7, 26, 33, 74, 150, 156, 179, 194, 342, 479, 480.
Saint Loup, évêque de Soissons, 300.
Saint Loup, de Troye, 291.
Saint Luc, 326.
Saint Lucien, 192, 193, 261, 263, 264, 265, 267, 288, 349, 481.
Saint-Lucien (abbé de). Voy. *Chatillon (cardinal de), évêque de Beauvais.*
Saint Marc, 345, 348, 386, 387.
Saint Marcel, 161.
Saint Martin, 272, 285, 286, 292, 304, 413, 420, 461, 492.
Saint-Martin de Senlis (curé de), 384.
SS. Martyrs (fête des), 283.
Saint Mathias, 325.
Saint Maxien, 202.
Saint Maxime, évêque de Ries, 196, 272, 330.
Saint Maximien, 264.
Saint Médard, 218, 272, 300, 301, 302, 303.
Saint Médard (actes de), 221.
Saint-Médard (l'abbé de), 25.
Saint Michel, 360, 376.
Saint Momble, 315, 316.
Saint Mommolin, 311.
Saint-Nicaise de Reims (bénédictin de). Voyez *Marlot (D).*
Saint Nicolas, évêque de Myre, 14, 360, 376, 398, 399, 420, 421.
Saint Nicolas de Tolentin. Sa vie, 403.
Saint Omer, évêque de Térouanne et de Boulogne, 203, 254, 309, 310, 311, 329, 497.
Saint Onésime, évêque de Soissons, 291.
Saint-Ouen, 48, 51, 83, 329, 441.
Saint Paul, 266.
Saint Paulin de Nole, 71, 286.
Saint Pierre, 312, 348, 350, 374, 391, 393, 401, 405, 419, 420.
Saint-Pierre d'Abbeville (prieur de). Voy. *Vert (Dom de).*
Saint-Pierre de la Basse-Œuvre de Beauvais (curé de). Voy. *Bougelle (Jean).*
Saint-Pierre et Saint-Paul, 271.
Saint-Pierre-aux-Champs (maire de), 380.

Saint-Pol (comtes de). Voy. *Gui.—Gaucher de Chatillon.*
Saint-Pol (comte de), capitaine-général des pays de Picardie et Westfrise, 20, 26.
Saint-Pol (comte de), lieutenant du régent en Picardie, 12.
Saint Principe, 298.
Saint Protais, 384.
Saint-Quentin, 185, 261, 262, 263, 272, 289, 404, 406, 458.
Saint-Quentin (actes de) 193, 198, 202.
Saint-Quentin (abbé de). Voy. *Anselme.*
Saint-Quentin (chanoine de). Voy. *Anonyme,* 51.
Saint-Quentin (maire de), 228.
Saint Remy, évêque de Reims, 75, 86, 195, 273, 294, 295, 296, 297, 298, 428.
Saint Riculphe, évêque de Soissons, 323.
Saint Rieul, 193, 202, 265, 271, 348, 350.
Saint Rieul (actes de), 192, 217, 220, 475.
Saint-Rieul de Senlis (doyen de). Voy. *Afforty.*
Saint-Rimaud (Raoul de). V. *Raoul de Saint-Rimaud.*
Saint Riquier, 303, 305, 308.
Saint-Riquier (abbé de). Voy. *Hugues, abbé de Saint-Riquier.*
Saint Riquier (reliques de), 348.
Saint-Riquier (abbé de), 443.
Saint Roch (vie de), 407.
Saint Rufin, 261, 262.
Saint Sauve (actes de), 268.
Saint-Sauveur (curé de). Voy. *Roussel.*
Saint Sidoine Apollinaire, 298.
Saint Silvain, 317, 318.
Saint Simphorien, 208, 282.
Saint Sinice, 268, 269.
Saint Sixte, 268, 269.
Saint Souffrant (marotte), 368.
Saint Theodefroi, 317.
Saint-Thibaud (curé de), 483.
Saint Thomas, 353, 354, 386.
Saint Thomas de Cantorbéry, 332, 470.
Saint Thyrse, 275.
Saint Ursmer, abbé de Lobes, 317.
Saint Valdolent, 306.
Saint Valère, 261, 262.
Saint-Valery (seigneurs de), 198, 334.
Saint-Valeri (Thomas de). Voy. *Thomas de Saint-Valery.*

Saint Vast, 141, 296, 464, 471.
Saint Victoric, 82, 202 et suiv. — 261, 262, 265, 286, 297, 310, 491.
Saint Victrice, évêque de Rouen, 71, 272, 286, 287, 304, 310.
Saint Vincent de Senlis (abbé de), 397, 398.
Saint Voué, confesseur, 275, 276.
Saint Vulfran, 330.
Saint Walbert, 59.
Saint Wulgan, 349.
Saint Wlgain, 305, 306.
Saint Yved de Braine, 101.
Sainte Agathe, 214.
Sainte Austreberte, 59.
Sainte Barbe (vie de), représentée à Amiens en 1448, 402.
Sainte Bathilde, 317.
Sainte Benoite, 287, 288, 289.
Sainte Brigide, 289, 352.
Sainte Catherine, 398, 420, 421.
Sainte Elevore, 288.
Sainte Foy, 48, 410.
Sainte-Geneviève (curé de), 384.
Sainte Hunégonde, 195.
Sainte Macre, 83, 288.
Sainte Macre (actes de), 193, 198.
Sainte Marguerite, 409.
Sainte Maure, 289.
Sainte-Maur (Charles de), seigneur de Nelle. Voy. Charles de Saint-Maur.
Sainte Maxence, 288, 289.
Sainte Méraflette, 288.
Sainte Protaise, 288.
Sainte Radegonde, 117, 300.
Sainte Romaine, martyre, 288.
Sainte Rotrude, 338.
Sainte Salaberge, 298.
Sainte Sponsare, 288.
Saiseval (seigneur de), 32, 37.
Salisbery (Jean de). Voy. Jean de Salisbéry.
Salluste, 49.
Salomon, 184.
Salonine, femme de Gallien, 151, 152.
Samson, archevêque de Reims, 282, 488.
Samson, 190.
Sanson, 86.
Sanguin (Denis), évêque de Senlis, 416.

Sarcus (M. de), premier capitaine-général du régiment de Picardie, 32, 37.
Saturne, 186, 190, 191, 192, 203, 209, 322, 352, 373.
Saulmon (M.), 61.
Savoye, (Charlotte de). Voy. Charlotte de Savoye.
Saxanus, épithète donnée à Hercule, 175.
Scaliger, 375.
Scheffer (Jean), 122, 123.
Scipion l'africain, 143.
Scrieck (Adrien), 154.
Sechelles (seigneur de), 107.
Secousse (M. de), 12, 161.
Segeste (déesse), 151.
Sellier (M.), 491.
Sem, 190.
Sempy (sire de), 27.
Senan (Robert), évêque d'Avranches, 23.
Senarpont (seigneur de), 292.
Senarpont (seigneur de). Voy. Guillaume de Cayeu.
Senlis (baillis de). Voy. Halot (Adam). — Renaud de Bétisy. — Jean de Sempy.
Senlis (bailli de), 33.
Senlis (bouteiller de). Voy. Colars.
Senlis (évêque de), 415.
Senlis (évêques de), Voy. Robert de Cresson-Essart. Livain. — Sanguin (Denis). — Rose (Guillaume). — Guillaume. — Godefroy.
Senlis (prévôt de). Voy. Pierre de Verberie.
Sens (évêque de), Voy. Saint Loup.
Sens (évêque de), 295.
Serapis, 210, 211, 320.
Sergius, 267.
Servius, 123.
Setubogius, Esuggi filius, 82, 172, 202.
Sévère, évêque de Trèves, 291.
Sextus Rufus, 76.
Sezille (M.), 214, 399.
Sforza (François), 23.
Siagrius, 293.
Sicile (Diodore de). Voy. Diodore de Sicile.
Sidoine-Apollinaire, 155.
Sigebert, 71.
Sigebertus. Voy. Sigebert.
Silence (déesse du). Voy. Angerone.
Silius Italicus, 38, 123.
Sillery (Brulard de). Voy. Brulard de Sillery.
Siméon, 326.

— 559 —

Siméoni (Gabriel), 93.
Simon (M.), 130, 136, 478.
Simon (maitre), 48.
Simon, cardinal légat, 14.
Simon, évêque de Soissons, 119.
Simon d'Autie, 51.
Simon, seigneur de Beaugency, 14.
Simon de Bray, 280,
Simon-le-Duc, 179.
Simon des Fossés, bailli de Vermandois, 10.
Simon de Goucamp, évêque d'Amiens, 113.
Simon, sire de Nesle, 493.
Simon, maire de Damery, 451.
Simonet (Jean), 23.
Simplette (Mariette), 119.
Sirmond (le P.), 86.
Sissay (Evrard de). Voy. *Evrard de Sissay.*
Sissay (Henri de). Voy. *Henri de Sissay.*
Sithiu (abbés de). Voy. *Erkembod. — Jean d'Ippre.*
Sixte-Quint, 102.
Slechta (Jean), 16.
Soissons (comte de), 42, 44, 215.
Soissons (comtes de). Voy. *Enguerrand VII, sire de Coucy. — Raoul.*
Soissons (évêque de), 415.
Soissons (évêques de). Voy. *Saint Drausin. — Saint Onésime.—Saint Loup.—Faustin.—Saint Bandrid.* — *Saint Riculphe. — Hugues I.er. — Nivelon. — Jocelin. — Lisiard. — Symphorien. — Hennequin. —Charles de Roucy.—Simon.— Brulard de Sillery. — Nevelon. — Ansric. — Haimard. — Goislin.— Guillaume.*
Soissons (Hildebaut de), 86.
Soissons (Jean, fils de comte de). Voy. *Jean.*
Soissons (roi de). Voy. *Chilpéric I.er.*
Soissons (roi des), 79.
Soissons (seigneur de), 50.
Solin, 184.
Sophrone, évêque de Vermandois, 300.
Sons (François de). *François de Sons.*
Soubise (prince de), 161.
Soyecourt (François de). Voy. *François de Soyecourt.*
Spanheim, 81.
Spiker, 494.
Spon, 172, 209.
Stene, 494.
Stilicon, 287, 289.
Strabon, 22, 38, 39, 66, 75, 90, 95, 154, 255, 428, 429.
Stupan, 26.
Suétone, 89, 104, 284.
Sulpice Sévère, 286.
Sully (duchesse de), dame de Breteuil, 201.
Symphorien, évêque de Soissons, 408.

T.

Tabarie (Hue de), 48.
Tacheron (Pierre), maitre vitrier, 101.
Tacite, 39, 67, 158, 167, 174, 227, 261, 327.
Taillandier (Dom), 233.
Taranis ou Jupiter, 168, 169.
Tauric, 305.
Térouanne (évêques de). Voy. *saint Omer.— Saint Humfroi. — François de Melun.—Saint Antimond.*
Tertullien, 226, 261, 268, 321.
Tétricus, 153.
Tétricus-le-Jeune, 151, 152.
Teucera, 480.
Teucera (Thièvres), 169.
Teulfe, abbé de Saint-Crépin-le-Grand, 334.
Teutatès, 167, 169, 186, 197.
Thanes (Jean de). Voy. *Jean de Thanes.*
Thasilo, 318.
Thémistocle, 378,
Theodoret, 285.
Thevenon, 18.
Thevet (André), 16, 19.
Thibault (M.), 132.
Thibaut (M.), contrôleur des actes à Saint-Quentin, 232.
Thibaut, comte de champagne, 51.
Thibaut, évêque d'Amiens, 84.
Thibaut (Zacharie), 16.
Thibaut de Mailly, 51.
Thierry (maistre), prévôt d'Aire, 8.
Thierry (le roi), 304.
Thierry, évêque d'Amiens, 488.
Thomas, picard, 18.
Thomas de Regny, 101.
Thomas Galerici. Voy. *Thomas de Saint-Valeri.*

THOMAS DE SAINT-VALERI, 24.
THORIBIUS. Voy. *Titus Horibius*.
THOROTE (châtelain de). Voy. *Gaucher, châtelain de Noyon*.
THOU (de), 16, 169.
TIBÈRE, 75, 219.
TIBERINUS, 82.
TIBULLE, 284.
TILLEMONT, cité 1, 262, 267, 286, 288.
TITE. Voy. *Titus*.
TITE-LIVE, 146, 227.
TITUS, empereur, 80, 115, 200.
TITUS HORIBIUS, 274.
TITUS Punicius Cenialis, 204.
TOBIE, 279, 281, 282.
TOFFELET (Jackemon de). Voy. *Jackemon*.
TORIN, receveur des aides, 250.
TOROTE (Jean de). Voy. *Jean de Tarote*.
TOURNAI (évêque de). Voy. *saint Aichar, évêque de Noyon*.
TOURNON (baron de), seigneur de Ville-sous Flischecourt, 126, 127.
TRAJAN, 151, 152, 153.
TREBATIUS, 141.
TREBONIUS (C.), 136.
TRÈVES (évêque de). Voy. *Sévère*.
TRICOT (Jacques), bailli de Gaucher, châtelain de Noyon.
TRICOT (Jean de), dit Monsière. Voy. *Jean de Tricot*.
TRIE (Mathieu de), 2.
TRISTAN (Pierre), chambellan de Philippe-Auguste, 74.
TRITHÈME, 43.
TUBALCAÏN, 190.
TUEPOIS (Pierron), 45.
TUIS, fils de Tuiston, 169.
TUISTON, 169.
TURPIN, archevêque de Reims, 137.
TUYSON (M. de), 208.
TYR (Maxime de). Voy. *Maxime de Tyr*.

U.

ULBIUS ATTICUS, 82.
ULMAR, 427.
ULPIEN, 81, 85.

URSICINUS, 289.
URSINS (Jean Juvenal des). Voy. *Juvenal des Ursins (Jean), évêque de Beauvais*.

V.

VAISSETTE (D.), 21, 22.
VALENS, 152.
VALENTINIEN, 152.
VALENTINIEN Ier, empereur, 221.
VALÉRIEN, empereur, 268.
VALOIS (M. de), cité 1, 17, 18, 66, 68, 81, 83, 87, 242, 309, 467.
VALOIS (comtesse de). Voy. *Eléonore*.
VALON DE MONTIGNY, 24.
VANDELGARIUS, 87.
VARENBON (seigneur de). Voy. *Paler (Pierre de la)*.
VARRON, 198, 229.
VASOR (abbé de), 315.
VAUCHELLES (Robert de). Voy. *Robert de Vauchelles*.
VAUX (Galeran de). Voy. *Galeran de Vaux*.
VEGÈCE, 142, 143, 148.
VENDEUIL (Clérembaud de), Voy. *Clérembaud de Vendeuil*.
VENDEUIL (le curé de), 201.
VENDÔME (abbé de), 336.
VENDÔME (Geoffroy de). Voy. *Geoffroy de Vendôme*.
VENUS, 173, 190, 230, 239.
VER (Hugues de). Voy. *Hugues de Ver*.
VERBERIE (Pierre de). Voy. *Pierre de Verberie*.
VERCINGETORIX, 75.
VERECUNDUS, officier des finances, 231.
VERJUGODUMNUS, Dieu des Amiénois, 171, 172, 222.
VERMAND (évêque de). Voy. *Sophrone. — Alomer*.
VERMANDOIS (baillis de), 10, 33, 34, 214. Voy. *Desfontaine (Pierre). — Angelard (Pierre). — Renaud de Bétisy. — André le Jeune. — Simon des Fossés. — Mathieu de Belne. — Jean de Montigny*.
VERMANDOIS (comte de), 88.
VERMANDOIS (comte de). Voy. *Othon*.
VERMANDOIS (comtesses de). V. *Elisabeth. — Eléonor*.
VERMOND, évêque de Noyon, 281, 379.

Versailles (Gilon de). Voy. *Gilon de Versailles.*
Vert (Dom de), prieur de St-Pierre d'Abbeville, 399.
Verus, 151.
Vespasianus, empereur, 200.
Vespasien, 80, 152.
Vibius, 237.
Victor, 283.
Victorin (les), 152.
Vignole (Etienne de), dit la Hire. Voy. *Etienne.*
Villehardouin, 333.
Ville-sous-Flischecourt (seigneur de). Voy. *Tournon (baron de).*

Vimes (seigneur de). Voy. *Jean de Cayeux.*
Vinacourt (Dreux d'Amiens, seigneur de). Voy. *Dreux d'Amiens.*
Vinacourt (seigneur de), 162.
Virgile, 54, 121, 183, 227, 234, 324.
Vitellot (le cardinal), 82.
Vitruve, 260.
Voltaire, cité p. 223.
Vopiscus (Flavius). 183.
Vron (seigneur de). Voy. *Fontaines, seigneur de Vron.*
Vulcain, 190.

W.

Wadencourt (Fauvel de). V. *Fauvel de Wadencourt.*
Wadding, 40.
Walhuion (Martel de), écuyer. Voy. *Martel.*
Wallanio (Landry de). Voy. *Landry.*
Waren de Fiennes, 470.
Warti (dame de), 478.
Was (Isabelle de). Voy. *Isabelle de Was.*
Watelain (le père), 66.
Waubercourt (Pierre de). V. *Pierre de Waubercourt.*

Waurans (Antoine de), châtelain d'Arras. Voyez *Antoine de Waurans.*
Wiard (D.), 99, 201, 219.
Wilhelmus Picardus, 17.
Willard, 334.
Willeman (M.), 390.
Willaume de Megnières, 44.
Wit (Richard), 170.
Worms (évêque de). Voy. *Burchard.*

Y.

Ypres (Jean d'), abbé de Sithiu. Voy. *Jean.*
Yvart (Pierre), 401.

Yves, doyen de Saint-Pierre de Beauvais, 136.

Z.

Zacharie (le pape), 319, 374.

TABLE GÉOGRAPHIQUE.

A.

Aa (l'), rivière, 1, 57, 65, 172, 469, 498.
Abancourt, 461.
Abbecourt (terroir d'), 435, 436.
Abbeville, 8, 33, 34, 35, 47, 52, 62, 63, 64, 106, 109, 114, 118, 120, 126, 143, 144, 145, 168, 169, 180, 188, 207, 208, 227, 238, 239, 240, 254, 255, 331, 335, 348, 366, 377, 379, 387, 401, 404, 413, 442, 443, 445, 495.
Abbeville (cartulaire rouge de la ville d'), 45.
Abbeville (doyenné d'), 101.
Abbeville (Saint-Pierre d'). Voy. à la table des matières *Saint-Pierre d'Abbeville*.
Abbeville (Saint-Vulfran d'). Voyez à la table des matières *Saint-Vulfran d'Abbeville*.
Abladana (canton nommé), 268.
Achy ou Acy, 168, 214.
Acon (vallée d'), 142.
Aconin, 463.
Acre, en Palestine, 17.
Acy. Voy. *Achy*.
Ad fundenæ, 238.
Adlulia, 444, 445, 446.
Aesia. Nom latin d'Oise, 168.
Agniona. Nom latin de l'Aa, 172.
Agrappin (île), près Amiens, 82.
Ahedem. Voy. *Aldehem*.

Ailette (l'), rivière, 172.
Ailles, 131.
Ailly-sur-Somme, 486.
Aips, village du Laonnois, 170.
Airaines, rivière, 64.
Airaines, 63, 486, 487.
Aire, 6, 7, 8, 69, 101, 494.
Aisne (l'), riv., 2, 67, 89, 124, 131, 132, 172, 267, 333, 446, 457, 462, 464.
Aix, hameau du Vermandois, 168.
Aix-en-Ergnie, 168.
Aix-en-Issart, 168.
Aix-la-Chapelle, 96, 159, ses eaux, 173.
Aizecourt en Vermandois, 168.
Aizelles en Soissonnais, 168.
Aizy, 168.
Alba. Nom latin de l'Aube, 172.
Alba via, 496.
Albatre (château d'), 96, 98, 99, 103, 130, 210, 259, 464.
Albert, anciennement Encre, 44, 197, 381, 471, 480.
Alembon, 498.
Allemagne (l'), 16, 175, 177.
Allery, 487.
Allonville, 194.

ALPES (les), 153.
ALTA-VIA. Nom d'une chaussée, 483.
ALTA VIA. Forme latine de la Hautoye, 486.
ALTA-VIA. Nom latin de haut-chemin, 455.
ALTA-VIUM. Voy. *Alta-Via*.
ALTEÏA. Nom latin de l'Authie, 172.
ALUCIA. Nom latin de l'Aluste, 172.
ALUSTE (l'), rivière, 172.
AMBIANENSES (communiæ). Voy. *Amiens*.
AMBLAINSELVE, 204, 232.
AMBLENY, 431.
AMBOISE, 6.
AMBLETEUSE, 499.
AMIÉNOIS (l'), 1, 2, 6, 41, 42, 54, 59, 70, 75, 77, 89, 91, 108, 141, 150, 196, 202, 212, 225, 258, 262, 263, 264, 267, 315, 316, 344.
AMIENS, 4, 7, 8, 10, 11, 13, 14, 25, 26, 29, 32, 33, 34, 37, 47, 49, 50, 51, 52, 62, 63, 77, 82, 85, 88, 89, 90, 92, 95, 102, 104, 105, 108, 114, 117, 118, 120, 129, 133, 136, 141, 142, 143, 149, 150, 151, 162, 163, 181, 188, 192, 193, 194, 196, 202, 212, 219, 220, 222, 223, 227, 229, 233, 235, 239, 242, 244, 249, 253, 257, 259, 261, 262, 263, 267, 268, 269, 273, 278, 281, 287, 292, 300, 303, 331, 342, 343, 348, 349, 351, 353, 354, 355, 356, 360, 361, 366, 373, 375, 376, 382, 385, 387, 388, 389, 390, 391, 392, 394, 396, 399, 400, 401, 402, 403, 404, 409, 414, 417, 419, 420, 421, 424, 426, 428, 429, 432, 437, 438, 439, 440, 441, 442, 445, 446, 451, 452, 454, 458, 459, 460, 471, 477, 485, 486, 487, 489, 490, 491, 492, 493, 496, 500, 501.
AMIENS (académie d'), 21, 55.
AMIENS (bailliage d'), 2, 6, 7, 11, 12, 13, 164.
AMIENS (cathédrale d'), 45, 101.
AMIENS (chapitre d'), 180.
AMIENS (comté d'), 88.
AMIENS (diocèse d'), 73, 169, 170, 426.
AMIENS (évêché d'), 188.
AMIENS (chanoines de Saint-Firmin à). Voyez à la table des matières *Saint-Firmin-le-Confesseur (chanoines de)*.
AMIENS (Saint-Jean d'). Voyez à la table des matières *Saint-Jean d'Amiens (abbé de)*.
AMIENS (Saint-Leu d'). Voyez à la table des matières *Saint-Leu (paroisse)*.

AMIENS (Saint-Nicolas d'). Voyez à la table des matières *Saint-Nicolas d'Amiens*.
ANCRE. Voy. *Encre*.
ANDAINVILLE, 501.
ANDAINVILLE (église de Saint-Vast d'). Voy. à la table des matières *Saint-Vast d'Andainville (église)*.
ANDESAGINA SUPER AUCIA. Nom latin d'Ansène, 306.
ANDRES, 338.
ANDRES (abbaye d'), 470.
ANDRES (chronique d'), 469.
ANDRIA. Nom latin de l'Andrie en Tiérache, 172.
ANDRIE EN TIÉRACHE, 172.
ANEL, 126, 137, 138.
ANGLETERRE (l'), 1, 6, 13, 19, 28, 36, 40, 55, 57, 58, 63, 64, 110, 136, 145, 170, 171, 175, 257, 272, 283, 292, 302, 305, 308, 332, 446.
ANGOULÊME (Saint-Amance d'). Voy. *Saint-Amance d'Angoulême*, 266.
ANGY, 405.
ANIÈRES, près Paris, 253.
ANJOU (l'), 175.
ANOS (bois d'), 457.
ANSAUVILLER, 491.
ANSÈNE, village, 306.
ANTIOCHE, 393, 419.
AOUST, 89, 306, 307, 496.
APENNIN (mont), 183, 227.
AQUILA. Nom latin de l'Ailette, 172.
ARABLA (terra de), 482.
ARAINES, 103.
ARBRISSELLOS (ad), 453.
ARCHANIA, forêt située à la porte de Corbie, 174.
ARCHER (le pont l'), près Amblemy, 431, 432, 440, 446, 447.
ARDE (l'), rivière, 172.
ARDENNES (forêt des), 1, 66, 67, 68, 69, 174, 217.
ARDER, montagne du Soissonnais, 170.
ARDRES, 218, 258.
ARDRES (abbaye d'), 282.
ARDRES (baronnie d'), 41.
ARDRES (chronique d'), 94.
ARDUINA. Nom donné aux Ardennes, 175.
ARENA. Voy. *Airaines*.
ARENCHOT. Voy. *Arenço*.
ARENÇO, 457.
ARENCY (terroir d'), 457.
ARGICOURT, 472.

Arguel, 68.
Argone (bois d'), 9.
Aricie (forêt d'), 218.
Arida. Nom latin de l'Arde, 172.
Aridagamance. Voy. Arouaise.
Aridagamantia. Nom latin de l'Arouaise, 174.
Arles (concile d'), 410, 418.
Arkes. Voy. Arques.
Armentieres, 311.
Arona. Nom latin de l'Aronde, 172.
Aronde (l'), rivière, 137, 172, 310, 475, 492.
Arouaise (abb. d'), 493.
Arouaise (forêt de l'), 68, 174, 175, 493.
Arques, 497.
Arquet (chaussée de l'ancienne porte de l'), 453.
Arras, 7, 8, 25, 28, 69, 77, 142, 150, 238, 257, 295, 296, 305, 366, 423, 469, 471, 472, 480, 489, 492, 493.
Arras (Saint-Vast d'). Voyez à la table des matières Saint-Vast d'Arras.
Arrech, 114.
Arrest, 483.
Arrêt, 487.
Arry, 495.
Artain en Valois, 170.
Artanes (forêt d'). Voy. Artenes.
Artemps en Valois, 170.
Arten en Vermandois, 170.
Artenes (forêt d'), 189.
Arthenes (village d'), 189.
Arthèse ou Saint-Baudrid, 170.
Arthois. Voy. Artois.
Artois (l'), 1, 2, 3, 5, 6, 7, 8, 11, 42, 68, 141, 296, 305, 315, 469, 493.
Artolf, en Allemagne, 177.
Arvillers. Voy. Harvillers.
Arvernes, 129.
Asceium. Forme latine d'Achy ou d'Acy, 168.
Asciacus. Forme latine d'Achy ou Acy, 168.
Ascium. Forme latine d'Achy ou Acy, 168.
Asie-Mineure, 209.
Assyrie (l'), 185.
Athies en Vermandois, 117, 209, 457, 471.
Atin, 58, 59, 495.
Attin. Voy. Atin.
Attiche (mont), 500.
Attomna. Nom latin de l'Automne, 172.

Attrebatæ (communiæ). Voy. Arras.
Atys en Laonnois, 209.
Au. Nom donné à la Bresle, 172.
Aube (l'), 172.
Aubigny, 457.
Aubin-Pont, aujourd'hui Bipont. Voyez ce mot.
Aubrechicourt. Voy. Aubregicourt.
Auchi-le-Chateau, 381, 382.
Auchy, 469.
Auchy-les-Moines (bénédictins d'), 73, 318.
Auchy, près d'Aumale, 171.
Audique, 495.
Audisque (fief d'), 58.
Audisque-le-Haut, 494.
Augum. Forme latine d'Eu, 488.
Augusta-Suessionum, 90, 447.
Augusta-Veromanduorum, 90.
Augusta. Forme latine d'Aoust, 496.
Auguste (l') du Vermandois, 96, 229, 262, 459, 468, 469.
Auguste des Soissonnois. Nom de la ville de Soissons, 210.
Augustomagus, 89, 432, 433, 440, 475.
Aulnoy, 458.
Aumale, 68, 171, 292.
Aumignon (l'), riv., 149, 459, 471, 472, 474.
Aumont (montagne d'), 382, 417.
Aunette. 474.
Auriniacum. Nom latin d'Origny-sur-Oise, 288.
Auste. Forme d'Aoust. Voyez ce mot.
Auteus, 460.
Auteux (les), 51.
Authie (l'), riv., 59, 60, 65, 68, 89, 172, 381, 442, 443, 444, 489, 490, 495.
Autloie (bois de), 485.
Automne (l'), 172, 431.
Autreches, 448.
Autun, 274, 428.
Auva. Nom donné à la Brêle, 172.
Auve (l'). Nom de la Brêle, 306.
Auviler (ferme d'), 177.
Auxenna, 454.
Auxerre, 110, 291.
Auxerre (concile d'), 428.
Auxerre (église d'), 385.
Auxerre (Saint-Germain d'). Voyez à la table des matières Saint-Germain d'Auxerre.

AVARICUM OPPIDUM, 75.
AVELON (l'), rivière, 91.
AVESNE SARRAZINE (locus qui dicitur), 496.
AVESNES (la haie d') 66.
AVIGNON, 94.

AVRE (l'), riv., 68, 172, 195, 453, 461, 480, 485, 491.
AVRICORTE. Voy. *Avricourt.*
AVRICOURT, 450.
AXLAS (terra apud), 473.
AXONA. Nom latin de l'Aise, fleuve, 172.

B.

BAC-A-BERY, 130, 131.
BAC-A-TIENNE, 494.
BACTRIANE (la), 185,
BAGACO NERVIORUM DUROCORTORUM, 455.
BAGNEUX-EN-AMIÉNOIS, 117, 490.
BAGNEUX-EN-SOISSONNOIS, 117, 466.
BAHIHEAD, 55.
BAILLON (terroir de), 483.
BAILLEUL, 135.
BAILLY (ferme de), 466.
BAINA. Nom latin de la Baine, 174.
BAINCTUN, 496.
BAINE (forêt de), en Noyonnais, 67, 72, 174.
BAINGHEM, 47.
BAINGTHUN, 117.
BAINS (les), 115.
BAINS (château de), 117.
BAINS (allée des), 480.
BAISIEU (forêt de), ou de Belen selve, 68, 174, 175.
BAISIEU, 174, 488. Voy. *Bezieux.*
BALAGNY, 432.
BALÉARES (îles), 22.
BALTIQUE (mer), 55, 57.
BALDUINI (Vallis), 437.
BALE (concile de), 361, 415.
BALOI, 500.
BANTELU, 481.
BAPAUME, 204, 489.
BARBARIE, 54.
BARE (locus qui dicitur), 497.
BARISY, en Laonnois, 309.
BARISY (religieux de), 72.
BARLEU (territoire de), 460.
BARON, 176.
BARRES (les), 109.
BAS-BOULONOIS, 445.
BAS-LAGNY, 289.
BASSE-BRETAGNE, 175.
BASSE-FORÊT (la), 466.

BAYEUX (tapisseries de la cathédrale de), 110.
BAZOCHES, 261, 262.
BAVAY, 149, 181, 257, 454, 456, 459, 462, 475, 479, 488, 492.
BAVELINGHEM, 497.
BAVIÈRE (la), 210.
BAVINCHOVE, 494.
BAYNE (fief de), 466.
BAYONVILLER, 460, 461.
BEAU-CAUCHIE (la croix), 473.
BEAULIEU, 179, 378.
BEAULIEU (calceia de), 493.
BEAULIEU (moulin de), 378.
BEAULIEU (prieuré de), 179.
BEAUMONT (comté de), 42.
BEAUPRÉ (abbaye de), 281, 288, 482.
BEAUVAIS, 5, 7, 61, 77, 82, 88, 90, 92, 93, 95, 97, 104, 105, 130, 134, 136, 168, 193, 195, 196, 198, 199, 202, 203, 205, 213, 225, 229, 230, 243, 249, 258, 261, 263, 264, 266, 267, 270, 281, 282, 283, 288, 289, 320, 321, 322, 330, 331, 335, 336, 348, 349, 356, 360, 362, 363, 381, 383, 386, 387, 388, 391, 405, 412, 417, 429, 432, 433, 435, 436, 437, 438, 439, 440, 475, 476, 477, 478, 479, 480, 481, 482, 484, 485, 486, 487, 488, 491, 492, 496.
BEAUVAIS (bailliage de), 213.
BEAUVAIS (comté de), 42, 196.
BEAUVAIS (concile de), 340.
BEAUVAIS (dames de), 31.
BEAUVAIS (diocèse de), 73, 194, 195.
BEAUVAIS (Dominicains de), 31.
BEAUVAIS (église de Saint-Etienne à). Voy. à la table des matières *Saint-Etienne à Beauvais (église de).*
BEAUVAIS (église de Saint-Etienne et Saint-Laurent à). Voyez à la table des matières *Saint-Etienne et Saint-Laurent à Beauvais (église de).*
BEAUVAIS (église Saint-Michel de). Voyez à la table des matières *Saint-Michel de Beauvais.*

BEAUVAIS (abbaye de Saint-Quentin à). Voyez à la table des matières *Saint-Quentin de Beauvais (église de)*.
BEAUVAIS (collégiale de Saint-Vast). Voy. à la table des matières *Saint-Vast de Beauvais (collégiale de)*.
BEAUVAIS (sentier de), 480.
BEAUVOISIS (coutumes de), 44.
BEAUVOIR, 181, 211, 471.
BEAUVOIR (maison de templiers à), 443.
BEAUVOISINS (pays des), 67.
BEAUVOISIEN (vallis), 438, 439.
BEAUVOISINE (vallée), 438.
BEAUVOISIS (le), 1, 2, 3, 4, 5, 6, 9, 17, 28, 41, 42, 51, 54, 61, 62, 70, 75, 83, 133, 134, 136, 160, 168, 169, 170, 171, 177, 189, 192, 195, 197, 198, 202, 236, 243, 256, 259, 262, 264, 266, 287, 289, 303, 310, 334, 335, 338, 395, 429, 481.
BEAUVOISIS (le grand chemin du), 480.
BÉCORDEL, 471.
BEELOY, 466.
BEHENCOURT, 450.
BELEN-EGLISE, en Vermandois, 169.
BELEN SELVE (forêt de). Voy. *Baisieu*.
BELEN SILVA. Nom latin de Belen Selve ou Baisieu, 174.
BELEN. Voy. *Baisieu*.
BELGIQUE (ancienne), 15.
BELGIQUE, 16, 22, 54, 56, 62, 65, 66, 75, 76, 78, 82, 89, 91, 94, 136, 139, 155, 156, 166, 171, 173, 185, 191, 198, 203, 204, 209, 217, 218, 219, 222, 247, 260, 262, 265, 285, 426, 427, 428, 429, 454, 459.
BELGIQUE (haute), 76.
BELGIQUE (seconde), 20, 54, 65, 85, 86, 147, 260, 262, 267, 286, 295, 297, 301, 303, 422, 428.
BELGIQUE ROMAINE, 223, 227.
BELGIUM (le), 77, 136, 141, 189.
BELLÉGLISE, 472.
BELLEN-SILVA ou BAISIEU, 488.
BELLEVUE, 493.
BELLIFONTAINE, 144, 145.
BELLINCOURT EN PONTHIEU, 169.
BELLINVAL (terroir de), 443.
BELLO-LOCO (calceta de), 493.
BELLOI, 492.
BELLUM RAMUM. Forme latine de Beaurain, 450.
BELOY, 426, 472.

BELVACI (communiæ). Voy. *Beauvais*.
BELVASINA (Vallis). Nom latin de la vallée Beauvoisine, 439.
BENEGEN EN BERRY (château de), 31.
BEQUEREL, 478.
BERENGER (tronc de). Voy. *Tronc de Berenger*.
BERGIER, 21, 85, 101, 138, 146, 424, 425, 428, 429, 454, 455.
BERGUES (canal de), 494.
BERKAMPSTEDE, 28.
BERICURTE (terra de), 468.
BERNARD (le pont) sur l'Ourcq à Breny, 463.
BERNARD (vallée), 438.
BERNE (bibliothèque de), 49, 395.
BERNES, 435.
BERNY (terroir de), 491.
BERNY (le château de), 446.
BERNY-LA-RIVIÈRE, 446.
BERONE (chapellerie de), 478.
BERSACLES, 63.
BERTANGLES (bois de), 142.
BERTAUCORT. Voy. *Bertaucourt*.
BERTAUCOURT, 64, 441.
BETISY (Saint-Martin de). Voyez à la table des matières *Saint-Martin de Betisy*.
BÉRY, 457.
BÉSIEUX. Voy. *Baisieu*.
BETHENCOURT, 441.
BETISIACUM, 432.
BÉTISY, 334, 434.
BÉTISY (arbre de), 382.
BÉTISY EN VALOIS, 130.
BÉTHUNE, 4, 8. 164.
BÉTHUNE (château de), 7.
BEUVRAINES, 480.
BEUXY, 465.
BEZIEUX. Appelé Belen et Belenus, 169.
BIACHE, 179.
BIARCH (territorium de), 179.
BIAUVOIS. Voy. *Beauvais*.
BIBRAX, 90, 91.
BIHECOURT, 480.
BIPONT, autrefois Aubin-Pont, 480.
BITURIGUM (civitas), 75.
BLACKNESS, 55.
BLANC-FOSSÉ, 281, 439, 491.
BLANCHETAQUE, 496.

Blandecque, 57.
Blanque-Face (la). Nom donné à une chaussée, 467.
Blanzi, 215.
Blanzi (terroir de), 178.
Blanque-Taque, 495.
Blois (états de), 35.
Bohème, 16.
Bois-en-Ardres, 259.
Bois d'écu, 438.
Bois-Paradis, 482.
Bologne en Italie, 84.
Boncourt, 435, 455.
Bonda Rainoardi (locus qui dicitur), 457.
Bone curtis (territorium). Voy. *Boncourt*.
Bongenou, 436.
Bonnay (marais de), 127, 256.
Bononiensis (comitatus). Voy. *Boulogne (comté de)*.
Bonne-Maison (terroir de), 466.
Bonneuil, 439.
Bonneuil (mont de), 61.
Bononia. Forme latine de Boulogne-sur-Mer, 446, 498.
Bonviller, 491.
Bordeaux (fontaine de), 173.
Boren, 435.
Borret, 176, 227, 476.
Borret (bois de), 476.
Bosqués, 488.
Bosquillon, 278.
Bouberch, 114.
Bouberch (prairie de), 113.
Bouchoires, 451, 452.
Bouchuerre. Voy. *Bouchoires*.
Bouilly-Haut, 435.
Boukaimont. Voy. *Bouquaimont*.
Boulogne, 3, 8, 27, 37, 47, 58, 64, 69, 83, 88, 92, 97, 104, 107, 142, 145, 147, 153, 170, 196, 222, 230, 237, 238, 253, 259, 272, 273, 287, 288, 289, 291, 318, 326, 327, 375, 423, 426, 428, 442, 445, 446, 454, 484, 497, 496, 499.
Boulogne (comté de), 8, 20, 22, 24, 42, 109.
Boulogne (diocèse de), 170.
Boulogne (forêt de), 69.
Boulogne (Saint-Martin de). Voyez à la table des matières *Saint-Martin de Boulogne (église de)*.
Boulogne-la-Grasse, 114, 117, 480.
Boulonnois (le), 2, 3, 6, 41, 58, 64, 69, 86, 93, 108, 169, 177, 180, 188, 189, 198, 218, 225, 236, 253, 259, 375, 445.
Boulonois (forêt du), 73.
Boulonois (sénéchaussée du), 7.
Bouquaimont. Voy. *Quainemont*.
Bourch, 467.
Bourcine, 334.
Bourdon, 63.
Bourdon (marais de), 128.
Bourg d'Ault, 240.
Bourg-Fontaine (terroir de), 180.
Bourgemont (bois de), 178.
Bourges (concile de), 415.
Bourgogne, 13, 40, 275, 332, 428.
Boutenangle, 491.
Boutillerie (terroir de le), 194, 490.
Bouvancourt, 487.
Bouvresse (forêt de), 67, 450, 451.
Boves, 188, 217, 381.
Boves (Saint-Nicolas de). Voyez à la table des matières *Saint-Nicolas de Boves*.
Boves (église de Sainte-Marie-des-Champs près). Voyez à la table des matières *Sainte-Marie-des-Champs près Boves*.
Bovines (bataille de), 22, 23, 24.
Brabant (le), 7.
Brabant (duché de), 14.
Bracheul, 479.
Brague (le concile de), en Espagne, 277.
Braine, 130.
Branlicourt (ferme de), 443.
Brasly, 443.
Bratuspance, 91.
Bratuspantium, 89, 90.
Brebières, 489.
Brèche (la), rivière, 172, 477.
Bredenarde, 57.
Brêle. Voy. *Bresle*.
Breny, 463.
Breny (palais de), 328.
Bresle, 61, 62, 65, 203, 292, 306, 307, 457.
Bresle (la), riv., 89, 172, 483, 487, 488, 496.
Bretagne, 5, 13, 54, 122, 427.
Bretagne (île de), 79, 146.
Breteuil, 9, 61, 93, 195, 206, 221, 381, 484, 485.
Breteuil (abbaye de), 93, 184, 438, 439.
Breteuil (Notre-Dame de), 99.

BRETIGNY (religieux de), 72.
BREUIL, 462.
BREUIL-LE-VERT, 138, 139.
BREXEN, 495.
BRIÉ (la), 1, 5, 459, 493.
BRIGA. Nom latin de la Brèche.
BRIGNAULT-PRÉ, aujourd'hui Brigno-Pré. Voyez *ce nom*.
BRIGNO-PRÉ, 444.
BRIMEUX, 445, 446, 493.
BRIMONT (village de), 454.
BRIOSTEL, ancien nom de Lannoy. Voy. *ce nom*.
BRIOT, 461.
BRITANNIA DEORUM (insula?), 498.
BRITHULIUM. Forme latine de Breteuil. Voy. *ce mot*.
BRITOLIUM. Forme latine de Breteuil. Voy. *Breteuil*, 485.
BRIVA. Forme latine de Brie, 459.
BRIVA. Forme latine de Brimeux, 443.
BRIVA. Forme latine de Bery, 457.
BRIVA-VIA. Forme latine de Bri-voie, 476.
BRIVERMACUM, 445.
BRI-VOIE, 476.
BROBURG (castellania de), 57.
BRONBOS, 483.
BROUNE, rivière, 59.
BROYE, 184.
BROYE (montagnes de), 61.
BRUCIERIÆ, 434, 435.
BRULLES (bois de), 482.

BRUNEAU-PRÉ, aujourd'hui Brigno-Pré. Voy. *ce nom*.
BRUNECHILDIS (calceria), 423.
BRUNEHAUDIS (tumulus), monticule des environs de Laon, 181.
BRUNEHAUT (tomba quæ dicitur), 180, 181.
BRUNEHAUT-PRÉ, aujourd'hui Brigno-Pré. Voyez *ce nom*.
BRUNELIEU, 489.
BRUNELLI-PRATI. Ferme de l'abbaye de Saint-André-au-Bois, aujourd'hui Brigno-Pré.
BRUNEL-PRÉ, aujourd'hui Brigno-Pré. Voy. *ce nom*.
BRUNELLUM. Origine du mot Brünehaut, 444.
BRUNETEL, 471.
BRUNI, 457.
BRUNUS-BOSCUS. Forme latine de Bronbos, 483.
BRUYÈRES, 139, 434, 435.
BRUYÈRES (les), 476.
BUACHE, 55.
BUCHERIUS, 442.
BUCHY (montagne de), 243.
BUCI-LE-LONG, 340, 375.
BUISSY, 555.
BUISSU, près Péronne, 379.
BULES (seigneurie de), 281.
BUS (terroir de), 472.
BUSANCY (montagne de), 463.
BUSSY-LE-LONG. Voy. *Bucy-le-Long*.
BUS-MÉNARD, 483, 487.
BUTTE DE TAN (la), 190.

C.

CACQUE, 64.
CAEN, 52.
CAGNY, 141.
CAGNY (terroir de), 194.
CAILLOEL EN BEAUVOISIS, 424.
CAILLOUET (fief de), 479.
CALAIS, 3, 5, 6, 27, 56, 58, 147, 162, 288, 473, 474.
CALAISIACUM. Forme latine de Calais, 473.
CALCEIA (magna), 431.
CALCEIA CASTELLANI, 449.
CALCEIA DE BEAULIEU, 493.
CALCEIA DUNI. Forme latine de Chaudun, 464.
CALCETA DE BELLO-LOCO, 493.

CALCIATA BELLI-LOCI, 492, 493.
CALCIATA NIGELLE, 492.
CALIQUE-EN-BOULONOIS (la), 253.
CALLIS. Nom donné à une chaussée romaine de Cormeille à Blanc-Fossé, 439.
CALLIS MONS. Forme latine de Calmont, 485.
CALMONT, 485.
CALNIACUM. Forme latine de Chauny, 466.
CALONNE, 479.
CAMBLAIN, 469.
CAMBRAI, 114, 295, 297, 336, 366, 375, 377, 419, 468, 469, 489.
CAMBRAISIS (le), 1, 5, 9, 179, 296, 481.
CAMBRON, 60.

CAMBRONNE, 455.
CAMELIN, 169.
CAMERACUM, 468, 469.
CAMIERS (port de), 147.
CAMON, 141, 349.
CAMP-DES-MOINES (le), 194.
CAMPAGNE, 444, 496.
CAMPERMONT (fief de), 107.
CAMPIGNOLES (bois), 479.
CANCHE (la), riv., 58, 59, 64, 65, 152, 381, 493, 495.
CANCHE (vallée de la), 445.
CANCEI, 114.
CANLI, 171.
CANLY EN BEAUVOISIS, 169.
CANTATE (forêt de), 495.
CANTORBÉRY, 305.
CAPELHOVE (chapelle de Saint-Quentin). Voyez à la table des matières *Saint-Quentin de Capelhove.*
CAPELLE, 456.
CAPLY (vallée de), 100.
CAPONES (cense de), 181.
CAPPELAINS (terre de), 467.
CAPRON (mont), 130.
CAPUCINS (enclos des), 429.
CARBONARIA. Voy. *Charbonnière (forêt).*
CARCASSONNE (savetiers de), 43.
CARDON, riv., 63.
CARNELLE (forêt de), 67, 72.
CARNOY, 471.
CARTENI, 461.
CARTHAGE, 151.
CARTHAGÈNE, 184.
CASSEL, 41, 494, 497, 498.
CASTELLUM. Forme latine de Cassel, 494.
CASTELLUM MENAPIORUM, 494.
CASTENOY, 478.
CASTENOY (montagne de), 227.
CASTENOY (église de Saint-Vast de). Voyez à la table des matières *Saint-Vast de Castenoy (église de).*
CASTRES, 350.
CASTRIMONS. Nom latin de Camon. Voy. *ce nom.*
CATELET (le mont), 483.
CATELOY, 446.
CATENOY (camp de), 137, 138.
CATILLON, 130, 458, 462.
CATILLON (mont), 244.
CATUSIACUM. Forme latine de Chaours, 455.

CAULAINCOURT, 239.
CAUNIACUM. Nom latin de Chauni, 335.
CAUVIGNY, 459.
CAUVILLER, 460.
CAVILER. Forme de Cauviller, 460.
CAUX (le pays de), 1.
CAUX, 290.
CAVINIACUM. Forme latine de Chavigny, 464.
CANERON (terre de), 124.
CAYEUX, 453.
CELLE (la), rivière, 486.
CENI (lieu nommé), 189.
CENTULE, aujourd'hui Saint-Riquier. Voy. *Saint-Riquier.*
CERCUEILS (canton dit les), 482.
CERISY, 460.
CERISY-BULEUX, 487.
CERNY, 132.
CÉSAR (le mont), 134.
CHALIS, 329, 330, 434.
CHALIS (abbaye de), 10, 51, 431.
CHAMBLY, 87, 435.
CHAMBLY EN BEAUVOISIS, 169, 335, 381.
CHAMBLY (Notre-Dame de), 213.
CHAMBRY, 457.
CHAMOUILLE EN LAONNOIS, 169.
CHAMP-DU-CHATEAU (le), près Montdidier, 250.
CHAMPAGNE (la), 1, 5, 9, 38, 132, 212, 428.
CHAMPAGNE (coutume de), 9.
CHAMP-FERRÉ, 462.
CHAMPIEN, 451, 480.
CHAMPLIEU, 130, 148, 151, 236, 237, 246, 431, 491, 492.
CHAMP-POURRI, 243.
CHANAA, 475.
CHANTILLY, 139, 140, 148, 476.
CHANTILLY (forêt de), 67, 181, 433, 434.
CHAOURS, 455.
CHAOURSIA. Forme latine de Chaours, 455.
CHARBONNIÈRE (la), 67, 68, 69, 158.
CHARLE-PONT, 330.
CHAROUX (abbaye de), 73.
CHARTRAIN (pays), 133.
CHARTRES, 189.
CHARTRES (bailliage de), 5.
CHATEAUDUN (cartulaire de Saint-Avit de), 17.
CHATEAU-THIERRY, 215, 244, 463.

Chateau-Thomas, en Ponthieu, 239.
Chaudun, 464.
Chaumont (camp), 139.
Chauny, 130, 178, 179, 181, 182, 188, 243, 334, 466, 467, 500.
Chauny (prévôté de), 120.
Chaussée (bois de la), près Damery, 451.
Chaussée d'Amiens, 437.
Chaussée aux Anges, 485.
Chaussée au Blé (grande), 488.
Chaussée de Maulers, 437, 438.
Chaussée du Roi, 438.
Chaussée Saint-Germer (la), 476.
Chaussée de Tillé, 437.
Chaussoy, 168.
Chaussoy (parc du), 491.
Chavigny, 464, 465.
Chelles, 431.
Chemin-le-Roi, 435.
Chemin de Paris, 491.
Chepoix, 93.
Chesy (abbaye de), 72, 215.
Chevincourt-sur-le-Mas, 168.
Chevresis-le-Meldeux (terroir de), 458.
Chevrincourt, 500.
Chiri, 500.
Chivi, 499.
Chivry (forêt de), 67.
Choisi-au-Bac, 110.
Choisy (abbaye de), 72.
Choquet (marais du), 494.
Choule (prés de la), 114.
Christophe (mont), 474.
Chuignoles, 71.
Chuines, 71.
Chuni, 71.
Civegnie (tomba de), 181.
Cincenis (bois de), 466.
Clairoy, 137, 152.
Clairvaux (religieux de), 43.
Clarence (rivière de), 469.
Clarque (paroisse de), 234.
Clarus mons. Forme latine de Clermont, 477.
Clercques, 498.
Clermarais, 57.
Clermont en Beauvoisis, 61, 168, 198, 213, 227, 230, 283, 338, 476, 477, 478.
Clermont en Beauvoisis (comté de), 9, 42.
Clermont en Auvergne, 93.
Clery, 471.
Cluny (abbaye de), 431.
Cæsaromagus, 89, 432, 433, 440, 441.
Cæsaromagus-Bellovacorum, 90.
Coblentz, 66.
Cognac (concile de), 418.
Coincy (abbaye de), 195, 431.
Coinsi. Voy. Coincy.
Collenuces, 26.
Cologne (concile de), 269.
Colon-Vilers (fief de), 486.
Comelle (ferme de), 181.
Comines (église Saint-Pierre de). Voyez à la table des matières Saint-Pierre de Comines (église de).
Commines (village de), 330.
Commun, 132.
Commun (camp de), 180.
Compendii (communiæ). Voy. Compiègne.
Compiègne, 13, 25, 26, 27, 62, 111, 118, 125, 126, 137, 159, 160, 198, 202, 208, 210, 215, 225, 227, 237, 240, 329, 346, 480, 491, 492, 499, 500.
Compiègne (états de), 12.
Compiègne (forêt de), 67, 148, 151, 170, 178, 431. Voyez aussi Cuise (forêt de).
Compiègne (hôpital de), 11.
Compiègne (abbaye de Saint-Corneille de). Voyez à la table des matières Saint-Corneille de Compiègne (abbaye de).
Conchy-les-Pots, 475.
Conchy-le-Temple, 495.
Condette, 494.
Condren-sur-Oise, 71, 182, 195, 464, 466, 468.
Conflans-Sainte-Honorine, 65.
Conroy, 482.
Constance, sur le Haut-Rhin, 311.
Contescourt, 350.
Conti. Voy. Conty.
Contra-aginum. Forme latine de Condren, 467.
Contreval, 479.
Conty, 381, 440.
Conty (doyenné de), 101.
Conty (fief de), 486.
Corbeaulieu, 492.
Corbeia. Nom latin de la Corbie, 172.
Corbeienses, 41.

Corbeii (communiæ). Voy. *Corbie.*
Corbeny, 457.
Corbicamp, 135, 316.
Corbie (la), riv., 172, 256.
Corbie, 4, 8, 25, 26, 87, 110, 114, 118, 125, 127, 130, 141, 144, 160, 163, 169, 174, 188, 314, 316, 333, 351, 367, 375, 376, 409, 489, 490.
Corbie (abbaye de), 49, 50, 63, 105, 118, 156, 161, 196, 197, 212, 213, 257, 280, 316, 322, 334, 343, 346, 347, 349, 350, 355, 379, 388, 394, 400, 401, 441, 451, 460, 483, 488.
Corbie (bénédictins de), 73.
Corbie (cartulaire de l'abbaye de), 45.
Corbie (comté de), 42.
Corbie (église de Saint-Etienne de). Voyez à la table des matières *Saint-Etienne de Corbie (église de).*
Corbie (religieux de), 72.
Corbie (vieillards de). Voy. *Vieillards de Corbie.*
Corbiois, 41, 42, 213, 317.
Corceloi. Port sur la rive droite de l'Oise, 434.
Corinthe, 255.
Corlendon. Ancienne forme de Courlendon.
Cormeille, 439, 440, 442.
Cormette, 469.
Cornelle (château de), 499.
Coruriacensis, 83.
Coste-Resti. Forme de Cotterets, 170.
Cote-Rets. Forme de Cotterets, 170.
Cotia. Nom latin de la Cuise, 174.
Cottenchy, 109.
Cotticus. Forme latine de Coucy, 170.
Coucy, 462.
Coucy-la-Ville, 130.
Coucy-le-Chateau, 180.
Coucy (forêt de), 67.
Coudun, 137.
Courbiois. Voy. *Corbiois.*
Courcelles, 479, 480, 492.
Courlandon, 462.
Courmelles, 464.
Courmont, 227.
Courmont (paroisse de), 314.
Cours, 217.
Cours (château de), 236.
Courson (Saint-Nicolas de). Voyez à la table des matières *Saint-Nicolas de Courson.*
Court-de-Dimanche. Village situé au-delà de Pontoise, 203.

Courte-Manche, 203.
Cramoisy, 11.
Craone, 131, 132.
Craonelle, 131, 132.
Crapauménil, 480.
Crécy, 188, 458.
Crécy-au-Mont, 466.
Crécy-au-Mont (montagne de), 195.
Crécy en Ponthieu (forêt de), 68, 73, 75, 171, 174, 180.
Crediclium. Forme latine de Creil, 474.
Creil, 27, 28, 433, 474.
Creil (chatellenie de), 170.
Cremery, 179.
Cren de Brimont, 454.
Crepicordio (via de), 439.
Crepicordium. Forme latine de Crévecœur, 439.
Crépy en Laonnais, 170, 213.
Crépy en Valois, 148, 160, 254, 432.
Cressonsac, 74.
Cressy, 179.
Cressy (seigneurie de), 480.
Crête, 50.
Creuse (vallée de la), 486.
Crévecœur, 469.
Crise (la), rivière, 130, 172, 463.
Crise (château de), 130.
Crisia. Nom latin de la Crise, 172.
Crocq, 439.
Croix-Guérin (la), 431.
Croix du vieux Pont (la), 446.
Croix-Saint-Ouen (abbaye de la), 72, 75.
Crotay. Voy. *Crotoy (le).*
Crotoy (le), 495.
Crouy en Soissonnais, 255, 435, 448.
Crouy (forêt de), 72.
Croy. Forme ancienne de Crouy, 43.
Croyacum, 499.
Cue, village, 188.
Cuffies, 215.
Cugny en Vermandois, 279.
Cuignet. Voy. *Cuignot.*
Cuignot ou Cuignet, 390.
Cuise, 174, 175.
Cuise (forêt de), 67, 72, 75, 94, 170.
Cuissy (abb. de), 455.
Cuissy (bois de), 131.

Cuke (canton de), 14.
Cul-Roti à Heubécourt (lieu dit), 440.
Curi, 132.
Curmiliaca. Nom latin de Cormeille, 439, 440, 441.
Curt-de-Manchen, 203.
Curtis-Dominica, 203.
Curtival, 480
Cus, 449.

D.

Damery, 254, 451.
Dammartin, 434, 444.
Dammartin (abbaye de), 60.
Dammery (église Saint-Vast de). Voyez à la table des matières *Saint-Vast de Dammery.*
Dandelot, 468.
Danube, 173.
Dordonne (la), 172.
Dargy (bois de), 481.
Daridel (terra quæ dicitur), 480.
Daula. Nom latin de la Daule, 172.
Daule (la), rivière, 172.
Delavigne, 434.
Delii-Mons, aujourd'hui Morimont, 203.
Delismont. Ancien nom du Mont de Froimont, 203.
Demain, 453.
Desurène, 253, 496.
Desuresne (forêt de), 69.
Dhuisel, 126.
Dieppe, 486, 487, 488, 496.
Dijon, 209, 368, 483.
Dilgia. Nom latin de la Douille.
Disques, 469.
Diva. Nom latin de la Dive. 172.
Dive (la), rivière, 172.
Divitiac, 79.
Divona, 173.
Dizy, 455.
Doing (le), rivière, 471.
Dolent (champ de), 435.
Dom (rivière du), 203.
Domart-en-Ponthieu, 351, 453.
Domart-sur-la-Luce, 441, 442.
Dommartin-sur-l'Authie, 108.
Domni-Medardi (villa). Nom latin de Domart-en-Ponthieu, 423.
Domum medardum. Nom latin de Domart.
Dom-Vast, 114.
Dompierre, 443.
Domus Richarius. Forme latine de Don-Riquier, 442.
Don (le), 68, 492.
Donqueur, 442, 446.
Don-Riquier, 442.
Donza, 470.
Dormans, 340.
Douai, 8, 366.
Douai (bailliage de), 2.
Douai (châtellenie de), 7.
Douai (parlement de), 8.
Douille (la), rivière, 172.
Doulens, 106, 490.
Doulens (doyenné de), 101.
Dourier, sur Authie, 442, 445, 446.
Douvre, 56.
Drancourt en Vimeux, 189, 483.
Dreuil, 486.
Driencourt en Vermandois, 189.
Droizy. Voy. *Drucy.*
Druciacum, 189.
Drucy en Soissonnois, 189.
Drueloy, 426, 483.
Drugi en Ponthieu, 189.
Druisencurtis, 189.
Drusciacum, 189.
Dunc (camp de), 144.
Dunc-sur-Somme, 150.
Duroicoregum. Forme latine de Donqueur, 442, 466.
Dury (terroir de), 179, 490.

E.

Eburons (les), 66.
Echelle (bois de l'), 472.
Ecosse, 182, 315.
Ecques (cauchie d'), 494.

EDIVINIA. Nom latin de la Dordonne, 172.
EGUE (l'), rivière, 174.
EGYPTE, 185.
EIKER (canton de), 14.
ELECKA, 469.
ELENE (voie de l'), 470.
ELETTE (l'), rivière, 132, 148, 466.
ELNA. Nom latin de l'Iane.
ELVIRE (concile d'), 412.
ENCRE. Voy. Albert.
ENCRE (pairs du château d'), 44.
ENNEMIN, 461.
ENNONA. Nom latin de l'Aa, 172.
ENOCQ, 58.
EPAGNE, 238.
EPAGNY, 147.
EPARGNE-MAILLE, 288.
EPARGNEMAIL, 465.
EPINE (bois de l'), 436.
EPINETTE, 479.
EPINEUSE, 491.
EPTE (l'), rivière, 172.
EQUANCOURT, 472.
ERCHE, 170.
ERCHEUX, 170.
ERCI EN PONTHIEU, 170.
ERGNIES EN PONTHIEU, 170.
ERMENONVILLE (terroir d'), 476.
ERMENONVILLE (forêt de), 67, 476.
ERQUE (fief de), 170.
ERQUERY EN LAONNOIS, 170.
ERQUINVILLER, 491.
ERQUY EN BEAUVOISIS, 170.
ERREUSE EN BEAUVOISIS, 170.
ERVILLER. Ancienne forme d'Harvillers, 452.
ESCAUT (l'), 8, 66, 68, 76, 142.
ESGUA. Nom latin de l'Egue, 174.
ESIAUS. Lieu situé près de Bétizy en Valois, nommé depuis le Mesnil, 168.
ESI-MONS. Nom latin d'Oisemont, 168.
ESOA-FAUS, 168.
ESNOCQ, 495.
ESOVILER, 168.
ESPAGNE, 14, 153, 184, 277, 338.
ESQUERDES, 469.
ESSERTANA, 440.

ESSIGNY-LE-GRAND, 211, 467, 468.
ESSIGNY-LE-PETIT, 211.
ESSUILE (terroir d'), 196.
ESSUILES (chemin d'), 477, 479.
ESTEVENART, 45.
ESTRÉE, 74.
ESTRÉE-BLANCHE, 490.
ESTRÉES IN CALCEIA. Forme d'Etrée, 459.
ESTRÉES EN PONTHIEU, 89.
ESTREHEN, 497.
ESTRELLES, 465.
ESTREVAL, 444.
ESTROUANNE (hameau d'), 499.
ETAPLES, 58, 59, 64, 188, 494.
ETAPLES (moulin d'), 180.
ETERPIGNY (commanderie d'), 17, 493.
ETOILE (l'), 63, 127, 128, 143, 144, 145, 147, 150, 151.
ETRAELLE, 426.
ETRAON, 426.
ETRAON (ferme d'), 456.
ETRÉE, 456, 459, 460, 475, 481.
ETRÉE (fief d'), 491.
ETRÉE-AU-PONT, 456.
ETRÉE-BŒUF, 483.
ETRÉE-BLANCHE, 469.
ETRÉE-EN-CAUCHIE, 443, 491.
ETRÉE EN PONTHIEU (fief d'), 107.
ETRÉELLES, 445.
ETRÉE DE MAIENPRÉ, 431.
ETRÉE SAINT-DENIS, 475.
ETRÉE-EN-SANTERRE, 461.
ETREHEN, 469.
ETREILLERS, 181, 461.
ETREILLY, 471.
ETREUX, 456.
ETRICOURT, 468.
ETRICOURT (seigneurie d'), 472.
ETRILLET (la Motte d'), 181.
ETRUM EN HAINAUT, 142.
ETRUN, près d'Arras, 142.
EU, 86, 306, 486, 487, 488, 490.
EU. Voy. Bresle (la).
EURE (l'), 173.
EUSOIE, 289.

F.

FAIEL (bois de), 438.
FAIGNE (forêt de la), 317.
FANIA. Nom latin de la forêt de la Faigne, 317.
FAUCOCOURT, 460.
FAUCOCOURT (tombe de), en Santerre, 181.
FAUX, 463.
FAVIÈRES (bois de), 491.
FAY (bois de), 345.
FEBVIN, 490.
FECAMP, 110.
FÉES (mont de), 184.
FÈRE (forêt de), 67.
FÈRE-EN-TARDENOIS (parc de), 245, 246.
FERFAY, 469.
FERRIÈRES (bois de), 181.
FERTÉ-LÈS-SAINT-RIQUIER (bois de), 180.
FERTÉ-MILON (église de Saint-Nicolas à la). Voyez à la table des matières *Saint-Nicolas de la Ferté-Milon.*
FESC, 435, 436.
FESTIEUX (bois de), 180.
FERTÉ-MILON (la), 464.
FEU, 431.
FEUQUIÈRES EN VIMEUX, 240, 483.
FEUILLANCOURT, 493.
FIENNES, 470.
FIENNES (château de), 20.
FINS ou FINES, 472.
FITZ-JAMES. Autrefois Warti, 478.
FIXTUINUM. Capitale des Meldois, 475.
FLAMENGERIE (la), 456.
FLAMERVILLE, 460.
FLANDRÆ. Voy. *Flandres.*
FLANDRE (la), 1, 2, 3, 5, 7, 8, 11, 17, 20, 23, 31, 38, 40, 41, 43, 50, 57, 64, 67, 211.
FLAY (moines de). Voy. *Saint Germer.*
FLEQUIÈRES. Forme de Feuquières, 460.
FLEQUIERES (vallis de), 460.
FLERS, 439.
FLEURY (abbaye de), 413.
FLIXECOURT, 255.
FLOCORT, 450.
FLORI-MONT (colline de), 228.
FLUQUIÈRES, 179.

FOIGNY EN TIÉRACHE, 180.
FOIGNY (abbaye de), 457.
FOILLEGAGE (Bois de), 443.
FOILLOUEL (bois de), 179.
FOLLEMBRAY, 170.
FOLLEMBRAY (forêt de), 67.
FOLLEMBRAY (parc de), 466.
FOLIES (lieu de), 452.
FOLLEVILLE, 485.
FONDS-DU-FEU (lieu dit), 179.
FONS ARENARUM, 103.
FONSOMME, 462.
FONTAINE-SUR-CELLE, 439.
FONTAINE AU CHESNE (la), 189.
FONTAINE-LES-HERMANS, 228, 238.
FONTAINES, 482.
FORCEVILLE, 487.
FOREST (terroir de), 181.
FORESTELLUM. Nom latin donné à la *Basse-Forêt.* Voy. *ce mot.*
FORÊT-MONTIER (forêt de), 73, 495.
FORFOLZ (forêt du), 366.
FORGES, 486.
FORT MANOIR (le), 491.
FOSSE-BOULONOISE, 445.
FOSSE AUX ESPRITS (la), 219.
FOUCARMONT, 409, 437.
FOUCOSIES, 456.
FOUILLEUSE, 491.
FOULLOY, 483.
FOUQUEROLLES (calvaire de), 479.
FOUR A CHAUX, 496.
FOURDRINOI, 486.
FRACTA STRATA, 456.
FRACTA-VIA. Forme latine de Fretoy, 492.
FRACTUS MONS. Forme latine de Froitmont, 493.
FRAIT-ETRÉE, 456.
FRANCE (la), 6, 19, 20, 28, 40, 43, 55, 69, 92, 194, 197, 315, 320, 323, 324, 332, 380, 385, 398, 401, 404, 416.
FRANCIÈRES, 475.
FRANLEU, 114.
FRANSURE (la), 439.
FRANVILLERS, 488.

FREMERVILLE, 460.
FREMICORT, 487.
FRENCQ, 494.
FRÉNOY EN BEAUVOISIS, 171.
FRÉNOY EN CHAUSSÉE, 452, 485.
FRESSENEVILLE, 496.
FRETEMOL, 483.
FRETOY, 492.
FREVENT, 490.
FREVENT (église Saint-Vast de). Voyez à la table des matières *Saint-Vast de Frevent (église de)*.

FRIAUCOURT-EN-VIMEUX, 240.
FRIÈRES (bois de), 181.
FROID-ETRÉE, 456.
FROIDMONT (ferme de), 462.
FROIMONT, 122, 153, 198.
FROIMONT (abbaye de), 153, 203, 213, 434, 435, 438, 439.
FROIMONT (cartulaire de), 424.
FROIMONT-LA-VILLE, 134.
FROITMONT, 493.
FROMESSENT, 180.

G.

GAIENCOURT (terroir de), 441.
GAISHART (fief de), 443.
GALETS (bois des), 61.
GALLOIS (le triège des), 436.
GAMACHES, 487, 488.
GANELON (château), 137.
GANELON (mont), 62, 125, 126, 137, 138, 152.
GARD (abbaye du), 61, 125.
GATINE (Domus de), 487.
GATINOIS (le), 5.
GAUDECHARD, 177.
GAUFFOCOURT. Voy. *Gaufrecourt*.
GAUFRECOURT, 93.
GAULE AQUITANIQUE, 155, 427.
GAULE CELTIQUE, 155, 427.
GAULE BELGIQUE, 55, 425, 432.
GAULE SEPTENTRIONALE, 261.
GAULES (les) 23, 66, 70, 75, 76, 77, 79, 80, 85, 93, 131, 139, 153, 154, 155, 156, 169, 170, 188, 191, 194, 197, 209, 217, 220, 249, 261, 264, 277, 289, 291, 293, 301, 304, 311, 317, 426, 427, 453.
GENABUM, 129.
GENLIS (terroir de)', 179.
GENTIEN, 265.
GENTELLES (bois de), 453.
GEO-SILVA, entre Canli et Frénoy en Beauvoisis, 171.
GERGNY, 456.
GERMANIE (la), 155, 171, 326.
GERMANIE inférieure, 76.
GERMANIE supérieure, 76.
GESOGIACO. Voy. *Gessoriacum*.
GESSORIACUM, 446, 496.

GEVAUDAN (lac), 172.
GIFFECOURT, 179.
GIRINIACUS. Nom latin donné à Condren, 313.
GISLOCOURT EN VALOIS, 189.
GIVOT, 68.
GLANA. Forme latine de Glennes. Voyez ce mot.
GLENNES, 462.
GOD. Voy. WODAM.
GODE-SILVA, près d'Abbeville, 171.
GOÉ. Voy. *Geo-Silva*.
GOÉ-SELVE (la), 174, 175.
GŒSELVE (forêt de la), 72.
GOE-SILVA. Nom latin de Goé-Selve, 174.
GOIENCORT. Voy. *Goiencourt*.
GOIENCOURT, 451.
GORENFLOS, 442.
GOURNAY, 475.
GOUVIEUX, 11, 476.
GOUVIEUX (Sainte-Catherine de). Voyez à la table des matières *Sainte-Catherine de Gouvieux (chapelle de)*.
GOUVIEUX (camp de), 137, 139, 148, 152.
GOUY, 107, 195, 439, 485.
GOUY (prieuré Saint-Pierre de). Voyez à la table des matières *Saint-Pierre à Gouy (prieuré de)*.
GOUY-LES-GROSEILLERS, 439.
GRAND CHEMIN D'AMIENS. Nom donné à une chaussée, 475.
GRAND-MAISON (seigneurie de), 278.
GRANDE-BONDE, 466.
GRANDE-BRETAGNE, 54, 260, 289, 291.
GRANDE-CHAUSSÉE DE BOULOINE, 496.
GRANDE-ÉTOILE (la), 434.

GRAND SAINT-BERNARD (mont du), 194.
GRANDSARS, 144, 145.
GRANDS CHAMPS (les), 485.
GRANDVILLERS, 101.
GRANGE (territoire de la), 439.
GRASSE (forêt de, 67.
GRAVELINES, 57, 147.
GRÈCE, 54, 155, 184, 378.
GRÈS (dismes du), 437.
GRINET ou GRINEY (pointe de). Voy. *Pointe de Griney (la)*.
GROTTE DE SAINT-MAURICE, 317.
GRUGIES, 467.
GRUMENIL, 481.
GUADEN, 171.
GUADEN SELVE, 175.

GUELDRE (la), 84.
GUELDRES (duché de), 14.
GUEMI, 498.
GUIGNECOURT, 484.
GUINES, 3, 6, 58, 470, 473, 474.
GUINES (comté de), 8, 20, 22, 42, 105, 177, 338.
GUINES (forêt de), 69.
GUISCARD, 178.
GUISCARD EN VERMANDOIS, 45.
GUISNES. Voy. *Guines*.
GUISE, 410, 456, 473.
GUISONVILLE (bois de), 180.
GUO. Voy. *Geo-Silva*.
GUODAM. Voy. *Wodam*.
GURY, 259.

H.

HABLE (le), 65.
HAIE (la), hameau, 463.
HAILLES, 195.
HAINAUT, 1, 2, 7, 31, 257, 317, 456, 461.
HALA. Nom latin de la Hale, 172.
HALATA. Nom donné à l'Halate, 174.
HALATE (L'), 174.
HALATE (forêt de), 67, 198, 474.
HALE (la) 172, 472, 488, 493.
HALINGHEN (église Saint-Silvestre d'). Voyez à la table des matières *Saint Silvestre d'Halinghen (église de)*.
HALONVAL, 500.
HAM, 10, 178, 179, 367, 368, 375, 382, 500.
HAMA. Nom latin de l'Avre. Voyez *ce mot*.
HAMES (le), rivière, 469.
HAMUM, forme latine de Ham, 500.
HANGEST-SUR-SOMME, 60, 452.
HANSY (vallée d'), 442.
HAPPENCOURT, 179.
HARANCOURT, 496.
HARBONNIÈRES, 69.
HARDERC. Voy. *Arder*.
HARDELOT (forêt d'), 494.
HARDEVILLARIS (villa), 439.
HARDIVILLERS, 439.
HARFLEUR, 501.
HARIS (chaussée d'), 455.

HARLY, 473.
HARTENNE, 463.
HARVILLE (tombe d'), 181.
HARVILLERS, 452.
HASSI, 479.
HAUT-CHEMIN (ferme du), 455.
HAUT-PONT (le), 444.
HAUTE-BANDE, 456.
HAUTE-BERNE, 470.
HAUTE-BORNE, 435.
HAUTE-CHAUSSÉE, 437.
HAUTE-FONTAINE, 431, 432.
HAUTE-VOIYE, 458.
HAUTOYE (la), 486.
HAUTS-LIEUX (les), 184.
HAYETTE, 441.
HAZOY (bois de), 75.
HELINCOURT (prieuré d'), 492.
HEILLY (terroir de), 488.
HELLIACUM. Forme latine de Heilly, 488.
HELPES (rivière d'). Voy. *Hèpres*.
HELVETIORUM (civitas), 75.
HÈPRES, rivière, 67.
HERBELLE, 469.
HERBINGHEN, 177.
HERCINIE (forêt d'), 71, 111.
HERCULANUM, 127.
HÈRE, hameau du Marquenterre, 170.

Herelle, 170.
Herly, 59, 170.
Herme (l'), forêt, 174, 175.
Hermes, 135, 198.
Hermes ou Hermenc, aujourd'hui Saint-Cristophe, dans la forêt d'Halate, 198.
Hermes. Nom d'un bois situé dans le Vimeux, 198.
Hermes (mont de), 62, 134.
Hérouval (grange d'), 178, 500.
Herpits (canton de), 14.
Hersende (pont d'), 488.
Herveloy, 483, 487.
Hes (forêt de). Voy. *Hez*.
Hesdin, 8, 49, 59, 106.
Hesdin (forêt de), 69.
Hesdin l'abbé, 177.
Hestrus, 490.
Hétomenil en Beauvoisis, 177.
Heubecourt, 440.
Hez, 135.
Hez, (forêt de), 62, 67, 168, 174, 476, 477.

Hez (montagne de), 177.
Hiermont, 214, 441.
Hocquet (moulin du), 350.
Hodan-l'Évêque. Voy. *Hosdencq-l'Évesque*.
Hollande (comté de), 14.
Holnon (bois de), 459.
Holst (canton de), 14.
Homblière, 169.
Homblières (abbaye d'), 194, 279, 351.
Horges-sur-la-Luce, 206.
Horn (canton de), 14.
Hornin, village de Flandre, 8.
Hosanna. Forme latine d'Hosanne. Voy. *ce nom*.
Hosanne. Nom d'une porte de la ville de Soissons, 464.
Hornoy, 501.
Hosdencq-l'Évesque, 435, 436.
Hourges, 206.
Houssoie (la), 488.
Hustin (tombelle), 179.

I.

Iane (l'), rivière, 172.
Iccius (port), 57, 63, 470, 497, 498.
Ignocourt, 452.
Ingon (l'), rivière, 480.
Ikeleby-sur-le-Wart, 226.
Ile (abbaye d'), 458.
Iles Britanniques. Voy. *Angleterre*.
Indes (les), 185, 223.
Irlande, 289, 304.
Isembart (la tombe d'), 180.
Isara, 431, 453, 454.

Isiacensis parrochia. Nom latin d'Essigny, 211.
Isiniacus. Nom latin d'Essigny, 211.
Isle (châtellenie de l'), 7.
Isle-Adam (l'), 86.
Isle-Adam (forêt de l'), 67.
Isle de France (l'), 2, 5.
Isque, 58.
Ista. Nom latin de l'Epte, 172.
Italie, 19, 54, 82, 197, 332, 426, 427.
Itencourt, 458.
Ivrequin (bois d'), 477.

J.

Jacob (l'arbre), 482.
Jausi, 210.
Javagias, près Viviers-en-Valois, 195.
Jean-Grou (l'ormeau), 482.
Jérusalen, 115.
Jérusalem (tour de), 453.
Jonchée (pré de la), 348.
Jonglerie (fief de la), 405.
Joui, 195.
Jouisse (la), rivière, 392.

Jouy, 334.
Jouy-en-Telles, 481.
Jovia Pratella, 195.
Joviam, 195.
Jovis-Villaris. Nom d'un village du Soissonnais, 195.
Jumièges (abbaye de), 322.
Juvignies, 195.
Juvigny, 195, 465.
Juvi-Lets, 195.

K.

KALCHIE DE VALLE KANEUHERIS. Voy. *Kaneuheris.*
KANEUHERIS (Kalchie de Valle), aujourd'hui la vallée Quonnevière, 449.
KES (Cauchie des), 459.
KESSEL (canton de), 14.

L.

LA BOUTILLERIE (marais de), 461.
LA BRÈCHE, 484.
LABROIE, 89, 443.
LABROYE. Voy. *Labroie.*
LA CHAPELLE, 259.
LA CHAUSSÉE (village de), 483.
LA DRENCOURT, 478.
LA FALOISE, 491.
LA FAUX, 462.
LA FERTÉ SUR PÉRON, 458.
LA FÈRE EN TARDENOIS, 10, 115, 278, 342.
LA FÈRE (châtellenie de), 177.
LA FÈRE (forêt de), 67.
LA FERTÉ, 239.
LA FERTÉ-MILON, 74, 101, 409.
LA FONS, 112.
LA GATTELIÈRE, 103.
LAGNY-LE-SEC, 329.
LAGNY-SUR-MARNE, 5, 316.
LAI, 426.
LAIGUE (forêt de), 67, 72, 74.
LA MAIE (canal de), 60.
LAMBERCOURT (terroir de), 168.
LAMBERT-SELVE (lieu dit), 460.
LA MORLAYE, 140, 434, 476.
LAMOTTE-BÉRANGER, autrefois Tronc Béranger, 493.
LAMOTTE-EN-SANTERRE, 461.
LA MUETTE, lieu de la forêt de Compiègne, 127.
LANDEVOISIN, 480.
LANDOUZI (tombe de), 180.
LANDRECIES, 456.
LANDRENCOURT, 479.
LANDRICI (ruella), 462.
LANGLE (pays de), 57.
LANGUEDOC, 38.
LANNOY (abbaye de), 331, 482.
LAON, 10, 11, 14, 22, 118, 131, 133, 181, 185, 214, 232, 244, 278, 288, 297, 298, 303, 309, 317, 330, 325, 326, 328, 333, 336, 339, 355, 356, 370, 381, 383, 387, 391, 404, 413, 423, 456, 457, 458, 462, 468, 473, 485, 499.
LAON (diocèse de), 195.
LAON (montagne de), 195.
LAON (abbaye de Saint-Jean de). Voyez à la table des matières *Saint-Jean de Laon (abbaye de).*
LAON (église de Saint-Martin-au-Parvis de). Voyez à la table des matières *Saint-Martin-au-Parvis de Laon (église de).*
LAON (Saint-Vincent de). Voyez à la table des matières *Saint-Vincent de Laon.*
LAONNOIS (le), 1, 2, 5, 6, 9, 41, 54, 74, 75, 132, 169, 170, 177, 180, 185, 189, 203, 206, 209, 213, 278, 297, 298, 309, 329.
LAPION, 455.
LAQUETTE (la), 469, 490,
LARBROYE, 177.
LARDIÈRES EN BEAUVOISIS, 236.
LARGE VOIE. Voie romaine, 423.
LASSIGNY, 107.
LATA VIA. Forme latine de Lié, 467.
LATINIACUM EN BRIE, 440.
LATRAN (concile de), 341.
LAUDUNUM. Forme latine de Laon, 458.
LA VALLÉE. Lieu près d'Amiens du côté de la porte de Noyon, 29.
LA VERNADE (de), 466.
LAVERSINES (terroir de), 477.
LAYA, 426.
LE CALLOE (comblellum de), 489.
LÉDA, 426.
LEDA. Nom donné à une chaussée, 473.
LEIA, 426.
LE HAMEL, 61.
LERY, 328.
LES-LE-VILLE (tombelle de), 179.
LES ARCHERS. Lieu situé au terroir d'Ambleny, 431.
LESCLATEL (locus qui dicitur), 482.
LESGES, 463.

— 580 —

Lesica. Nom latin de l'Egue, 174.
Les Sept Voies (lieu dit), 198.
Les Neuf Chemins (lieu nommé), 198.
Les Ulliz, 485.
Leuconaus. Voy. *Leuconay*.
Leuconay (montagne de), aujourd'hui Saint-Valery, 303, 306, 307.
Leulenne, 469.
Leulinghen, 469.
Leulingue, 470.
Leveia, 497.
Levre-Mont (ferme de), 206.
Ley, 426.
Lez, 437.
Lézard (cap), 55.
Lia, 426.
Liancourt, 179, 335.
Lianne (la), rivière, 58, 65, 446.
Liberi-Curtis, 206.
Liberi-Mons, 206.
Liber-Mont, village du Vermandois, 206.
Lice (la), rivière, 463.
Licourt, 493.
Licques, 177, 498.
Lié, 426, 467.
Liège, 14.
Liémonval (mont), 466.
Licramont, 466.
Liessie, 316.
Ligeris. Voy. *Loire (la)*.
Lihons-en-Santerre, 71, 179, 188, 453, 459.
Lihunum. Forme latine de Lihons, 460.
Lille, 8, 366.
Lille (bailliage de), 2.
Limercourt, 206.
Limeu, 196.
Liommes, 455.
Lis, 426.
Lisciæ (flumen), 43.
Liserolles, 467.

L'Isle. Vsy. *Lille*.
Lisle-Bonne, 494.
Lislet, 455.
Listre, ville de Lycaonie, 352.
Litano-Briga, 432, 433, 440, 477.
Lits, village, 434, 477.
Litz, 140.
Loetia. Nom latin de la Lis, 172.
Lœuilly, 84.
Loges, 448.
Loire (la), 75, 158.
Lollien, 93.
Lombrai, 243.
Londres, 237.
Long, 108.
Longameta (terra de), 435.
Longa Roga (locus qui dicitur), 179.
Longpont (abbaye de), 500.
Longpont (cartulaire de), 178.
Longueau, 453, 461.
Longpont, 462.
Longueil, 27.
Longueville (bastion de), 247, 255.
Loost (comté de), 14.
Lor, 454.
Losières, 180.
Louvency (tour de), 492.
Louvres, 202.
Loys (tombe), 181.
Luce, 453.
Lucheu (forêt de), 68.
Lura, 453.
Lutèce, 261.
Lutto-Magus, 445, 446.
Luxeu (abbaye de), 304, 306, 309, 310, 311, 317.
Lycaonie, 352.
Lyon, 16, 153, 191, 219, 427, 428.
Lys (la), 6, 69, 172, 469, 474.
Lys (forêt du), 67.

M.

Macédoine (la), 198.
Machemont (prieuré de), 126.
Macret (le mont), 123.
Macro, 83.

Madagascar, 183.
Madeleine-lès-Amiens (maladrerie de), 212.
Madelaine (église collégiale de la), 480.
Maestricht, 14.

Magnus Ferratus. Voy. *Grand-Ferré.*
Magny en Vexin, 481.
Magny-la-Fosse, 468.
Maiempré (étrée de). Voy. *Etrée de Maiempré.*
Maia. Nom latin de la Maie, 172.
Maie (la), rivière, 65, 172.
Mainbeville, 491.
Maine, 175.
Mainières, 483.
Mainnoise (bois de), 214.
Maintenai, 444.
Maisiacum. Forme latine de Maisy. Voy. *ce mot.*
Maisicourt, près Nesle, 179.
Maison en Rolant (fief de), 443.
Maisoncelles, 438.
Maisy, 462.
Maizieres, 452, 485.
Malle-Assise (montagne de), 439.
Malpart (Noa de). Voy. *Noa.*
Malregard. Forme ancienne de Mauregard, 484.
Mamers, aujourd'hui Mamets, près Encre, 197.
Mamets, près Encre, 197.
Manche (la), 1, 55, 56, 58, 60, 62, 64, 66, 169, 473.
Manencourt, 472.
Mansio late cie. Forme latine de Meneslies, 496.
Marcaix-Viller, 179.
Marck, 57.
Marcone, 59.
Marconnelle, 59.
Marcy (village de), 178, 259, 462, 473.
Mardick, 57, 494.
Mare-aux-Saulx, 438.
Maregny-aux-Cerises, 450.
Marenc, 59.
Mareniacum versus Molendinum. Nom latin de Maregny-aux-Cerises, 450.
Marenlas, 59.
Mares, 481.
Mareskina terra. Voy. *Marquenterre.*
Mareskine terre. Voy. *Marquenterre.*
Mareuil (territoire de), 466.
Mariekerke, 57.
Marieux, 489.
Marigny, 75.
Maris-Mons. Voy. *Mermont.*
Maris-Mons. Voy. *Merlimont.*

Marissel (terroir de), 198, 249.
Marisy-Saint-Mard, 74.
Marlay, 246.
Marle, 118, 177, 456.
Marle (comté de), 42, 458.
Marles, 59.
Marmoutier (abbaye de), 73.
Marne (la), rivière, 463.
Maroie, 45.
Marais (terroir de), 178.
Marquenterre (le), 60, 64, 65, 169, 170, 280, 362, 495, 496.
Marquine, 57.
Marquise, 234.
Marseille, 50, 191.
Marseille en Beauvoisis, 195, 213, 482.
Marseliæ. Forme latine de Marseille, 482.
Marso. Nom latin de la rivière de Mas, 197.
Mars-Villa. Lieu du Vimeux, 196.
Martel, 179.
Martenneville, 487.
Marteville, 196, 247, 459.
Martimont, 184, 196.
Martimont (tombelles de), 177, 197.
Martis-Mons, 184, 196.
Martis-Villa. Nom latin de Marte-Ville, 196.
Mas (rivière du), 197.
Matrona. Nom latin de la Marne, 172.
Maucreux (fief de), 491.
Maunice, 318.
Maureaucourt, 143.
Mauregard, 484.
Maurepas (ferme de), 279.
Mautor en Vimeux, 180.
May, 464.
Mayence (concile de), 277.
Meaux, 215, 464, 475.
Meaux (bailliage de), 5.
Meaux (diocèse de), 476.
Mège (le), 486.
Mein, 173.
Meldois (capitale des). Voy. *Fixtuinum.*
Mélicot (chaussée du), 500.
Melun, 4.
Melun (bailliage de), 5.
Menantissart, autrefois Meronnessart, 483.
Meneslies, 496.

MENIL-SAINT-DENYS, 435.
MENONVAL (bois de), 479.
MENSCOD, 498.
MENSONGE (bois du), près le parc de Fère en Tardenois, 246.
MER D'AUTHYE, la même chose que Court de Dimanche. Voy. *ce mot.*
MERC ou MARC, au pays reconquis, 57, 147, 202, 473, 474.
MERCK. Voy. *Merc.*
MERCURII VALLIS, 202.
MERCURII VILLA, 202.
MERCUBITIA (terra), 473.
MERCURITICA (terra), 473.
MÉRÉLESSART, 487.
MERE-MONT, 197.
MÉRICOURT-SUR-SOMME, 460, 461.
MERLIMONT, 59, 495.
MERMONT, 63.
MERO ATTIMACUM. Nom donné à Atin. Voy. *ce nom.*
MEROILLE-EN-AMIÉNOIS, 202.
MEROSOY, 68.
MEROUNESSART, aujourd'hui Menantissart. Voy. *ce nom.*
MERVAL EN SOISSONNAIS, 202.
MÉRU EN BEAUVOISIS, 236, 243.
MESNIL (le), 168.
MESNIL (Fontaine du), 450.
MESNIL (terroir du), 472.
MESNIL-EN-ARROUAISE, 472.
MESNIL-MADAME-RANCE, 152.
METZ, 6.
MEZANGUY (bois de), 481.
MÉZIÈRE-BRUNEHAUT (la), 476.
MÉZIÈRES, 68.
MEUSE (la), 14, 66, 68.
MIAUROY, 482.
MIETTE (la), 457.
MILAN, 282.
MILAN (concile provincial de), 412.
MILANAIS, 29.
MILLY, 202, 243, 288, 482.
MILLY (châtellenie de), 213.
MINATICUM, 454, 455.
MOINES (le camp des), 490.
MOLÈME (abbaye de), 73.
MOLLIENS-AU-BOIS, 257.

MOLLIENS-LE-VIDAME, 51.
MONCEAU DE MERCURE, 184.
MONCEAUX, 243, 482.
MONCHY, 492.
MONCHY-LAGACHE, 179.
MONGERAIN, 479, 480.
MONS-MIRABILIS. Forme latine de Montmirail, 463.
MONS-SUR-AUTHIE (bois de), 443.
MONS EN LAONNOIS (paroisse de), 180.
MONS HERMARUM EN BEAUVOISIS, où fut fondée l'abbaye de N.-D. de Trie, actuellement Froimont, 198.
MONTAIGU EN LAONNOIS, 41.
MONT-A-VIS-LE-BAS, 198.
MONT-A-VIS-LE-HAUT, 198.
MONT-DE-BRUNEHAUD, 185.
MONT-CAPRON, 205, 237.
MONT-CAPRON (temple du), 95, 97.
MONT DU CATELET, 211.
MONT-CORNET, 454, 455.
MONTDIDIER, 61, 71, 107, 114, 118, 120, 126, 162, 203, 242, n., 249, 259, 279, 341, 452, 491.
MONT-ÉCOUVÉE (ferme de), 466.
MONTENVIE, 246.
MONT-FENDU, 458.
MONT DE FROIMONT, 203.
MONT-GANELON (le), 201, 204, 208, 227, 259.
MONT-GEVIN, 194.
MONT D'HERMITAGE, ancien nom de St.-Gobain, 316.
MONT-HULIN, 496, 499.
MONTIACUTENSES, 41.
MONTIGNY, 454.
MONTIGNY (vallon de). Voy. *Vallon de Montigny.*
MONTIGNY-LE-FRANC, 455, 456.
MONTIGNY-SUR-CLERY, 458.
MONT-JAET, 195.
MONT-JAOUST, village du diocèse de Rouen, 194.
MONT-JOIE, 490.
MONTJOIE (chapelle de), 195.
MONT-JOU, ou Grand-Saint-Bernard, 194.
MONT-JUVIEN, 195.
MONT-DES-MARAIS. Voy. *Morimont.*
MONTMARTRE, 116, 207.
MONT-MÉLIAND (châtellenie de), 215.
MONT-MILLE, 264.
MONTMIRAIL, 463.
MONTONVILLERS (bois de), 142.

MONTREUIL-SUR-MER, 59, 64, 126, 254, 308, 348, 351, 445.
MONTREUIL-SUR-MER (abbaye de), 107.
MONTREUIL-SUR-MER (Saint-Sauve de). Voyez à la table des matières *Saint-Sauve de Montreuil-sur-Mer.*
MONTREUIL-SUR-TERAIN, 135.
MONT-ROBIN (le), 259.
MONT-SAINT-DENIS, près Breteuil, 195.
MONT-SAINT-ELOI, 150.
MONT-SAINT-MARTIN (abbaye de), 45, 468, 472, 481.
MONT-SAINT-QUENTIN, 211, 376.
MONT-SAINT-QUENTIN (abbaye de), 17, 72, 471.
MONT-DE-SAINT-SIMÉON, 206.
MONTEM-JOVE, aujourd'hui Mont-Gérain, 194.
MONTEM-MIRELLUM. (...apud) Forme latine de Mont-mirail, 463.
MONTEVIS-DESSOUS, 495.
MONTEVIS-DESSUS, 495.
MORCOURT, 194.
MOREINES (terroir de), 180.
MOREUIL, 114, 485, 491.
MORIMONT ou MONT-DES-MARAIS, 203.
MORINORUM (civitas), 59.
MORINS (forêt des), 73.

MORIVAL, 483.
MORIVAL (les Rains du bois de), 483, 487.
MORLAINES, 479.
MORLIÈRE (la), chaussée, 453.
MORNIENVAL (moines de), 72.
MORTAIGNE, bourg de la Flandre wallone, 8.
MORTE-FONTAINE, 434.
MOTTE, 182.
MOTTE (la), 169.
MOTTE (la), près Saint-Omer, 203.
MOTTE-CATEL (la), 146.
MOTTE DE LE MONT-JOIE (le), 194.
MOUFLERS, 143.
MOULIN-AUX-BLANCS-POULETS, 452.
MOULIN-BLEU, 127, 151.
MOURCOURT. Voy. *Morcourt.*
MOURECORT. Forme de Mericourt-sur-Somme.
MOUVERECHE, 451.
MOY EN VERMANDOIS, 185.
MOY (chemin de), 181.
MOY (tombe de), 181.
MOYEN-VIVIER, 179.
MUENNA, 454, 455.
MYRE, 373.

N.

NAMUR (comté de), 315.
NANCEL (terroir de), 448.
NAOURS, 194.
NAPLES, 395.
NAPLES (royaume de), 26.
NARBONNE (concile de), 399.
NAUROIE, 468.
NEELLE (chapitre de), 452.
NEGILIENSES, 41.
NEGREPONT, 54.
NEMETACUM, 469, 489.
NEMETES. Voy. *Nemeto.*
NEMETO, 189.
NEMETOSENA. Voy. *Nemtocenna.*
NEMETO-SENA, temple des Senes, 189.
NEMTOCENNA, ancien nom de la capitale des Attrebates, 189.
NEPPE (forêt de), 69.
NERY (montagne de), 431.

NESLE, 41, 179, 281, 492.
NESS, 55.
NEUFCHATEL, 145, 147, 454, 494.
NEUF-FOSSÉ (le), 1, 57, 494.
NEUFLIEU, près Chauny, 181.
NEUSTRIE (la), 306.
NEUVILLE, 115.
NEUVILLE-LE-ROI, 74.
NEUVILLE-SAINT-PIERRE, 281.
NEUVILLE (fief de), à Saint-Léger, 441.
NEUVILLE D'ESTRUINE, 483.
NEUVILLE-EN-HEZ (la), 477.
NEUVILLE-MARGIVAL, 462.
NEUVILLE-SAINT-AMAND (la), rivière, 458.
NEWENA, du côté de Guisne, 172.
NICÉE (concile de), 161.
NIELLES, 494.
NIEVRE, rivière, 64.
NIGRA-VIA. Forme latine de Nauroie, 468.

NIGRA-VIA. Forme latine de Noroy, 491.
NIL (le), 291.
NIMÈGUE, 284.
NINTTEACI, 454, 455.
NISI-LE-COMTE, 454, 455.
NISY (marais de), 455.
NISMES, 248, 250, 256, 257.
NIVENNA, 473.
NOA DE MALPART, 431.
NOEMA, 190.
NOE-SAINT-REMY, 259.
NOAILLES (bois de), 435.
NOBLE-CHAUSSÉE, 496.
NOGENT-L'ARTAUD, 330.
NOGENT-LA-VILLE, 245, 325.
NOGENT-SOUS-COUCY, 130, 181, 245.
NOGENT-SOUS-COUCY (abbaye de), 73, 182, 195, 326, 466, 467.
NOIA. Nom latin de la Noye, 172.
NOINTEL (parc de), à Castenoy, 478.
NOIR-MONT (colline de), 228.
NOIRVAUX EN BEAUVOISIS (forêt de), 67, 303, 485.
NONETTE, 139.
NORD-STRADES, 498.
NORMANDIE, 5, 13, 34, 40, 110, 211, 367, 486, 496.
NOROI (moulin de), 481.
NOROY, 491.
NORREMUM, 238.
NOTRE-DAME DE BRETEUIL, 99.
NOTRE-DAME DE GRACE, 486.
NOTRE-DAME DE LIESSE, 408.
NOTRE-DAME DE SOISSONS, 332, 333.
NOTRE-DAME DE SOISSONS (abbaye de), 274, 275, 276, 376, 493.
NOTRE-DAME DE TRIE, aujourd'hui Froimont, 198.
NOTRE-DAME-DU-THIL, 270, 349.
NOUEROI, ancien nom de Noroi, 481.
NOURAND, 479.
NOUVICN, 495.

NOVA VILLA STRATI. Forme latine de Neuville d'Estruine, 485.
NOUVION (forêt de), 68.
NOVIODUNUM, 90, 91.
NOVIOMAGUS, 454.
NOVIOMENSES, 41.
NOVIOMENSIS, 83.
NOVIOMUM. Forme latine de Nouvion, 495.
NOYAN, 463.
NOYE (la), rivière, 172, 195, 485.
NOYELLE, 180.
NOYELLES. Voy. *Noyères*.
NOYELLE-SUR-MER, 177, 184, 197.
NOYÈRES, ancienne forme de Noyelles, 443.
NOYERS, 485, 485.
NOYON, 62, 71, 92, 96, 114, 119, 137, 148, 149, 150, 163, 164, 170, 171, 177, 206, 214, 216, 239, 243, 244, 259, 270, 301, 309, 311, 312, 314, 315, 321, 333, 337, 338, 339, 341, 357, 358, 370, 383, 386, 387, 388, 394, 408, 412, 420, 421, 428, 429, 440, 446, 447, 449, 450, 451, 452, 454, 462, 478, 480, 492, 500.
NOYON (châtellenie de), 160.
NOYON (comté de), 42.
NOYON (concile de), 86.
NOYON (diocèse de), 73, 126, 206.
NOYON (religieux de), 72.
NOYON (tombelle de), 185.
NOYON (Saint-Barthélemy de). Voyez à la table des matières *Saint-Barthélemy de Noyon (abbaye de)*.
NOYON (Saint-Eloi de). Voyez à la table des matières *Saint-Eloi de Noyon (abbaye de)*.
NOYON (Saint-Martin de). Voyez à la table des matières *Saint-Martin de Noyon*.
NOYON (Saint-Godeberte de). Voyez à la table des matières *Saint-Godeberte de Noyon (église de)*.
NOYONNOIS (le), 2, 9, 41, 61, 114, 178, 214, 329, 380.
NOYONNOIS (les), 311.
NUINSELE (villa que dicitur). Voy. *Winchelse*.

O.

OBERTI (calceia), même chose que calceia de *Renisvilla*. Voy. *ce dernier mot*.
OBITS (ferme des), à Mongerain, 480.
OCÉAN (l'), 66, 427.

OIGNON, 431.
OISE, rivière, 1, 2, 4, 6, 65, 68, 75, 86, 139, 148, 172, 175, 214, 243, 315, 316, 381, 433, 434, 449, 456, 458, 467, 475, 474,

OGUEUGUY, ancien nom du fief de Saint-Souply, 188.
OISEMONT, 168, 207, 487, 500.
OMISSY, 179.
OMUSSI. Voy. *Omissy.*
ONETA. Nom latin de l'Onète, 172.
ONÈTE (l'), rivière, 172.
ONS-EN-BRAIE, 71.
ONVANA. Voy. *Onéa.*
ONVILER, 71.
OPPIDUM, 76.
ORATORIUM. Forme latine d'Oroer, 449.
ORCAMP, abbaye de Bernardins, 40, 206, 216, 448, 449, 451, 475, 478, 480, 492, 500.
ORCHIES (châtellenie d'), 7.
ORESMAUX, 450.
ORGES, 206.
ORGEVAL, village du Laonnois, 200.
ORGI-CAMPUS. Nom latin d'Orcamp, 206.
ORGIS-SCELLA, moulin près de Breteuil, 206.
ORGIVAL, lieu près de Clermont, 206.
ORGIVAL. Voy. *Orgeval.*
ORIGNY-SUR-OISE, 288.
ORLÉANS, 129, 289, 326, 359.
ORLÉANS (concile d'), 296, 298, 300.

ORLÉANS (états d'), 164.
ORLÉANS (université d'), 14.
ORMICOURT, 157.
OROER (l'), 449, 450.
OROER (chaussée de la rue), 449.
OROIR. Voy. *Orouer.*
OROUER, 282, 484.
ORVAL. Voy. *Val d'or.*
OSTRICURT. Voy. *Etricourt.*
OUCHE, 131.
OUCHY-LA-VILLE, 280.
OUCHY-LE-CHATEAU, 215, 463.
OUESSENT (île d'), 55.
OULCHY, 244, 463.
OURCAMP (abbaye d'). Voy. *Orcamp.*
OURCQ (l'), 172, 314, 463, 464.
OURSCAMP (abbaye d'). Voy. *Orcamp.*
OURSEL-MAISON, 438.
OUTRE (l'), rivière, 172.
OUTREAU, 58.
OUTREBOIS, 490.
OUVE, 496.
OXELARE, 494.
OYE (comté d'), 42.

P.

PAELLE (mont de la), 135.
PAILLART, 485, 491.
PAISSY, 131.
PALIART-EN-AMIÉNOIS, 225.
PALI-ORTUS. Nom latin de Paliart, 225.
PANTEMONT (abbaye de), 203.
PARACLET (le), 195.
PARCENC (moulin de), 435.
PARIS, 13, 15, 17, 38, 93, 103, 105, 116, 124, 139, 207, 243, 244, 248, 253, 254, 257, 259, 265, 279, 322, 346, 351, 359, 365, 367, 370, 378, 414, 416, 428, 434, 441, 475, 476, 481, 483, 490.
PARIS (concile de), 416.
PARIS (vicomté de), 5.
PARIS (église Saint-Eustache, à). Voyez à la table des matières *Saint-Eustache, à Paris (église de).*
PARIS (église Saint-Martin-des-Champs, à). Voyez à la table des matières *Saint-Martin-des-Champs, à Paris (prieuré de).*

PARIS (Sainte-Geneviève de). Voyez à la table des matières *Sainte-Geneviève de Paris.*
PARISIENS (les), 261.
PARISII, 476.
PARISIS (le), 1.
PARISIUS. Voy. *Paris.*
PAS-DE-CALAIS, 1, 55.
PASLY EN SOISSONNOIS, 225.
PASSUS SANCTI MARTINI, 491.
PAUVRE-STRADES, 498.
PAYS-BAS (les), 6, 14, 16, 47, 332.
PAYS (le) reconquis, 2, 189, 202.
PEENE, rivière, 498.
PELAGES (les), 184.
PENDÉ (parc de), 244.
PERONENSES, 41.
PÉRONNE, 5 et n., 8, 12, 13, 31, 32, 36, 41, 72, 105, 107, 119, 120, 163, 179, 181, 188, 211, 216, 281, 316, 330, 335, 344, 359, 373, 375,

74.

376, 377, 378, 379, 394, 406, 407, 408, 417, 420, 421, 471, 493.

PÉRONNE (Saint-Fursy de). Voyez à la table des matières *Saint-Fursy, à Péronne (collégiale de)*.

PÉRONNE (comté de), 42.

PÉRONNE (femmes de), 31, 32.

PERVIUM BELVACENSE. Nom donné à une chaussée romaine. Voy. *Callis*.

PERSE (la), 185

PERSES (les), 165, 184, 378.

PERSIN (la tombelle en), 179.

PÉTRACIAE, 441.

PETRA CONCHIE, 180.

PETRA-FICTA. Forme latine de Pierrefite. V. *ce mot*.

PETRA-LEVATA, lieu situé entre Noyon et Larbroye, 177.

PÉTRESSE (la), 65.

PETROMANTALUM, 481.

PETRUM VIACA, 481.

PEULLI. Forme de Pœuilly. Voy. *ce mot*.

PEUPLINGUE, 470.

PICARDIA. Voy. *Picardie*.

PICARDIE (nation de), 14.

PICARDIE (la). Son étendue au moyen-âge, 1. — Son étendue comme gouvernement militaire, 2, 4, 5. — Sa division en deux grands bailliages, 6. — Ressort de ces bailliages, 7, 8, 9. — Devient pays d'État, 12, 13. — Son étendue, 15. — Forme une des nations de l'université, *ibid*. — Origine de son nom, 16, 17, 20, 21, 23, 27, 28, 29, 31, 33, 34, 37, 38, 39, 40, 41. — Province noble par excellence, 42. — Dialecte qui lui est propre, 42, 43, 46, 47, 50, 52. — Etait réunie à la Grande-Bretagne par un isthme, 54, 55. — Excursions de la mer dans cette province, 56 et suiv. — Ses rivières, 65. — Ses forêts, 65 et suiv. — Ses cités ou diocèses, 75. — Ses pagi, 76, 88, 89, 91, 99, 104, 105, 108, 109, 114, 115, 123, 130, 142, 143, 149, 156, 161. — Plusieurs lieux de Picardie se sont formés des noms des dieux belges-gaulois, 168 et suiv., 175, 177, 187, 188, 193, 196, 198, 202, 204, 206, 207, 208, 209, 211, 212, 214, 216, 217, 223, 237, 248, 255, 256, 269. — Progrès du Christianisme dans cette province, 274, 284, 285, 287, 291, 292, 296, 321, 324, 328, 338, 339, 342, 344, 345, 348, 352, 366, 367, 369, 373, 375, 376, 378, 379, 380, 382, 391, 394, 398, 399, 400, 401, 402, 410, 423, 426. — Chaussées romaines qui traversent cette province, 427 et suiv., 480, 486, 499, 501.

PICARDIE (régiment de), 32.

PICGNON. Voyez *Pignon* à la table des noms de personnes.

PICQUIGNY, 128, 142, 143, 156.

PICQUIGNY (château de), 40.

PICQUIGNY (pont de), 109.

PIÉMONT, 242.

PIERRE-AUX-FÉES, 177.

PIERRE CLEUÉE, près Vinacourt, 441.

PIERREFITTE, 476.

PIERREFONDS, 346, 431.

PIERREFONDS (église Saint-Maxime de). Voyez à la table des matières *Saint-Maxime de Pierrefonds (église de)*.

PIERREGOT, 489.

PIERREPONT EN LAONNOIS, 83.

PIERRE PUANTE, 275.

PIERRE-RONDE (hameau de), 441.

PIERRE DE SAINS (fief dit le), 495.

PINCHONLIEU, 479.

PIRGUS-ROMANUS. Nom donné à une chaussée, 455.

PISE, 159.

PLAISSIER, 479.

PLANOY (bois de), 439.

PLANQUETTES (vivier des), 179.

PLATE-CAUCHIE (la). Nom donné à une chaussée, 472.

PLEBEAU (le), ruisseau, 466, 467.

PLESSIER (le), 244.

PLESSIER DE ROYE, 259.

PLOUI, 487.

PŒUILLY (terroir de), 459.

POILLY, 458.

POINTE DE GRINEY ou GRINET (la), lieu situé sur la côte de Boulogne, 203.

POISSONNIERS (chemin des). Nom donné à une chaussée, 479.

POITIERS, 275.

POITIERS (Saint-Hilaire de). Voyez à la table des matières *Saint-Hilaire de Poitiers (abbaye de)*.

POITIERS (terre de), 229.

POITIERS (université de), 14, 15.

POITOU, 175.

POIX, 331, 486, 501.

POIX (doyenné de), 14.

POMMIERS, 465.
POMMIERS (iter de), 464.
POMPOIN, 474.
POMPOIN (Saint-Gervais de). Voyez à la table des matières *Saint-Gervais de Pompoin*.
PONCHES, 426, 442, 443, 444.
PONS, 496.
PONS-ISARE. Forme latine de Pontoise, 454.
PONS RIVI. Forme latine de Pont-Rue. Voy. *ce mot*.
PONS-RIVULI. Forme latine de Pont-Ruel, 472.
PONT (moulin du), 215.
PONT (village de), 306, 307, 459.
PONT-A-COLINES, 495.
PONT-ARCY, 132, 180, 462.
PONT-A-VER, 131, 132.
PONT-CAILLOUX, près Chaours, 455.
PONT-D'ANCHY. Voy. *Pont-d'Ancy*.
PONT-D'ANCY, 97, 99, 231, 232, 259, 462, 463.
PONT DE BRIQUE, 446.
PONT DE METZ, 486.
PONT-DE-REMY, 144.
PONTES. Forme latine de Ponches, 442, 443, 444.
PONTEULLES. Forme de Pontoilles. Voy. *ce mot*.
PONT-GIVOR, 454.
PONTHIEU (le), 2, 41, 42, 59, 75, 108, 126, 169, 170, 177, 180, 189, 198, 214, 239, 255, 259, 273, 305, 308, 315, 316, 334.
PONTICUM. Voy. *Pontieu (le)*.
PONTIF. Voy. *Pontieu*.
PONTINENSES, 290.
PONTIUM. Voy. *Ponthieu (le)*.
PONTIVENSES. Voy. *Pontinenses*.
PONTIVUM. Voyez *Ponthieu*.
PONT-L'ARCHER, 447.
PONT-L'EVÊQUE, 114, 440, 450, 454.
PONT-MAGUS, 445.

PONT-NOYELLE, 488.
PONTOILLES, 216, 459, 461.
PONTOISE, 107, 203, 440, 449, 450, 454.
PONT-ORGUEIL (le), 449.
PONT-RUE, 480.
PONTRU (tombe de), 181.
PONT-RUEL, 472.
PONTUDIENSIS (tumulus), 182.
PONT-SAINT-MARD, 148, 466.
PONT-SAINTE-MAXENCE, 289, 433, 474.
PONT VERT (le), sur l'Aisne, 464, 465.
PONVERTI. Forme latine du mot Pont vert. V. *ce mot*.
PONTE VIRIDI. Forme latine de Pont vert. Voy. *ce mot*.
PORT, 180, 495.
PORTES (prévôté de), à Noyères, 443.
PORTES (ferme de), 492, 500.
PORTUS-ICCIUS. Voy. *Iccius (port)*.
POULAINVILLE, 194, 489.
PRÈLES, 246.
PRÉMONTRÉ, 292.
PRESSY, 243.
PRÉVILERS, 61.
PROVENCE (la), 50, 68.
PROYART, 460.
PROYART (église de Saint-Vast, à). Voyez à la table des matières *Saint-Vast, à Proyart (église de)*.
PROYESTEL, 460.
PUCHEVILLERS, 114.
PUISIEUX, 243, 448.
PUISOT, 439.
PUITS (moulin du), 250.
PULCHEVILLER, 489.
PUY-LA-VALLÉE, 438.
PYCARDIE. Voy. *Picardie*.
PYE (la), 104.
PYTRISHEIN (canton de), 14.

Q.

QUANTIA. Nom latin de la Canche, 172.
QUANTIÆ-VIA. Forme latine de Quentovic, 495.
QUAINEMONT, autrefois Bouquaimont, 472.
QUARROUGE, 461.
QUENNEVIÈRE (vallée), 449.
QUENOY (le), 451, 486.
QUENT, 60.

QUENTOVIC, 58, 495.
QUERRIEU, 488.
QUESNOY (montagne du), 61.
QUINCAMPOIX, 491.
QUIMOS (massacre de), 183.
QUINTAINE (château de la), 109.
QUINTINIENSES, 41.

R.

Rabbati, 121.
Raimbercourt (chapelle de), 107.
Raincheval, 489.
Raincheval (Saint-Vast de). Voyez à la table des matières *Saint-Vast de Raincheval.*
Raineval, 485.
Raineval (Saint-Vast de). Voyez à la table des matières *Saint-Vast de Raineval.*
Rains. Voy. *Reims.*
Rambures, 483.
Ramburelles, 483, 487.
Ramée (la), 347, 348.
Rameru (village de), 378.
Raré, 431.
Ratel (fief de), 442.
Ravenel, 479.
Ravenne, 96.
Ravias (fief de), 440.
Raynonardi (tombeaux), dans les bois de Festieux, 180.
Réaulieu, 97, 115, 117, 259, 260.
Regalis locus. Voy. *Réaulieu.*
Regium iter, 499.
Regny, 169.
Reimboviler, 438.
Reims, 41, 75, 83, 85, 131, 133, 148, 150, 162, 177, 223, 224, 233, 238, 262, 263, 268, 269, 281, 287, 294, 296, 297, 315, 322, 352, 385, 386, 398, 417, 419, 421, 428, 429, 436, 446, 454, 456, 457, 488.
Reims (concile provincial de), 410.
Reims (concile de), 415.
Reims (église Saint-Martin de). Voyez à la table des matières *Saint-Martin de Reims (église de).*
Reims (Saint-Nicaise de). Voyez à la table des matières *Saint-Nicaise de Reims.*
Reims (Saint-Sixte de). Voyez à la table des matières *Saint-Sixte de Reims (église de).*
Remois (le pays des), 434.
Remi-Campagne, 318.
Renancourt, 114.
Renisvilla. Forme latine de Reineville, 489.
Renneville, 257.
Resson-sur-Matz, 259, 310.

Rest, 174.
Rethel (comté de), 42.
Retonde (abbaye de), 72.
Retourne (la), 172.
Rets (forêt de), 67, 72, 184.
Reuil, 484.
Revillon, 462.
Rhetia. Nom donné à la Rest, 174.
Rhin (le), 66, 67, 76, 173.
Rhin (le haut), 311.
Rhône, 191, 219.
Rhuys, 175, 227.
Ribecourt, 27.
Ribelmontenses, 41.
Ribemont, 41, 67, 458, 489.
Ribemont (Saint-Vast de). Voyez à la table des matières *Saint-Vast de Ribemont.*
Richecourt, 458.
Riercourt (tumbella de), 179.
Rieu, 437, 484.
Riqueval, 480.
Rimeu, 494.
Riu. Voy. *Rieu.*
Ris (forêt de), 67.
Rivery, 223, 234.
Roberval (fief de), 215.
Robin (le bois), 483.
Rocourt, 463.
Rodium, 450, 453, 454.
Roie, 451, 452, 453.
Roieglise (village de), 450, 451, 453.
Rokennis (de). Forme latine de Roquigny, 472.
Rolemont (bois de), 243.
Rollot, 480.
Romains, village, 462.
Romanis (ulmum de). Forme latine de Romains. Voyez *ce nom.*
Romanorum campus. Forme latine de Romecamp, 486.
Romarin (croix dite), 453.
Rombly, 64.
Rome, 81, 84, 85, 101, 102, 151, 191, 193, 216, 218, 219, 220, 229, 233, 261, 262, 263, 265, 274, 285, 287, 370, 374, 422, 426, 428, 453, 455.

Romecamp, 486.
Romere (chemin), 458.
Romescams (fief de), 184.
Ronquerolles-lès-Chelles en Valois, 93.
Ronsoy. Voy. *Ronzoi.*
Ronzoi, 472.
Roquemont, 441.
Roquigny, 472.
Rosemont (bois de), 130.
Rosoy, 382.
Rossignol, 440.
Rotumna. Nom latin de la Retourne, 172.
Roucy (comté de), 41.
Rouen, 52, 481, 483, 486.
Rouen (diocèse de), 194.
Rousseloy, 476.
Roussillon (le), 164.
Rouy, près Chauny, 130.
Rouy (moulin de), 243, 244, 466.
Rovre (villa que dicitur), 289.
Royal Lieu (abbaye de), 215.
Royaumont, 433.
Roye, 96, 179, 188, 194, 239, 249, 250, 252, 253, 256, 344, 441, 480.
Roye (église de Saint-Florent de). Voyez *Saint-Florent de Roye (église de).*
Roye-sur-Mas (forêt de), 67.
Royense castrum, 451.
Royeglise, 480.
Rozet, 112.
Rozières, 463.
Rubempré, 489.
Ruolium. Forme latine de Reuil. Voyez *ce mot.*
Rue, 33, 108, 362.
Rue Saint-Pierre (terroir de la), 477.
Rue (Saint-Esprit de). Voyez à la table des matières *Saint-Esprit de Rue (église du).*
Ruelle-aux-Bains, sise à Corbie, 118.
Rufa-lata-via. Forme latine de Rousseloy, 476.
Ruisseau des Bains, à Corbie, 118.
Ruisseloi, 437.
Rumigny, 467, 471.
Ruricourt, 194.
Rutus (bois de), 137.
Ruulon (semita de), 462.

S.

Sachy-le-Grand. Voy. *Sacy-le-Grand.*
Sacy-le-Grand, 138, 139, 478.
Sacy-le-Petit, 495.
Sailly-Lorette, 197.
Saine (rivière de), 5.
Sains, 83, 265, 491.
Sainsolieu. Voy. *Sessolieu.*
Saint-Acheul-lès-Amiens (abbaye de), 82, 102, 171, 277, 290.
Saint-Acheul (chaussée de), 461.
Saint-Amand (abbaye de), 280, 500.
Saint-André-au-Bois (abbaye de), 444.
Sanctus Audomarus, 497.
Saint-Aumer, 482.
Saint-Aumer-en-Chaussée, autrefois Saint-Aumer, 482.
Saint-Beat (grotte de), 317.
Saint-Blaise, 470.
Saint-Christ, 461.
Saint-Christ (chaussée de), 471.
Saint-Christophe en Halate (bénédictins de), 73.
Saint-Clair, 486.
Saint-Crépin en Chaye (abbaye de), 96, 102, 464, 465.
Sainte-Croix (célestins de), 452.
Saint-Denys (abbaye de), 11, 158, 215, 320, 330, 455.
Saint-Denis (moines de), 72, 74.
Saint-Denis de l'Etrée, 476.
Saint-Denys (le mont), 32.
Saint-Eloy-Fontaine (abbaye de), 158, 181.
Saint-Etienne, près Pierrefonds, 431.
Saint-Faron (abbaye de), 215.
Saint-Félix (village de), 62.
Saint-Firmin-en-Castillon d'Amiens, 392.
Saint-Fuscien, village, 491.
Saint-Fuscien (abbaye de), 194, 195, 490.
Saint-Fuscien (bénédictins de), 73, 83.
Saint-Fuscien-au-Bois, 249.
Saint-George-les-Roye, 344, 480.
Saint-Germain-sur-Bresle, 292.
Saint-Germain-en-Laye, 7.

Saint-Germain-les-Compiègne, 492.
Saint-Germer (abbaye de), 43, 177, 380.
Saint-Germer, de Flaye (moines de), 72.
Saint-Gobain (ville de), 316.
Saint-Gobain (forêt de), 67.
Saint-Godebaut (grotte de), 317.
Saint-Huin (village de), 441.
Saint-Jean (bois de), 463, 478.
Saint-Jean-au-Mont (abbaye de), près Térouanne, 6, 234, 469.
Saint-Jean-le-Vieux, 93.
Saint-Jean-au-Bois (abbaye de), 431.
Saint-Josse-sur-Mer (abbaye de), 59, 64, 160.
Saint-Josse (bénédictins de), 73.
Saint-Julien (mont), 316, 317.
Saint-Just (abbaye de), en Beauvoisis, 206, 230, 395, 396, 491.
Saint-Just (cauchie de), 479.
Saint-Just-au-Plessier (abbaye de), 479.
Saint-Ladre (le muy), 479.
Saint-Lazare (bois de), 436.
Saint-Léger, ville, 441.
Saint-Léger (fief de), près Domart-en-Ponthieu, 351.
Saint-Léger (seigneurie de), 196.
Saint-Leu d'Esserent, 139, 476.
Saint Lucien, 475.
Saint-Lucien (fontaine), 438.
Saint-Lucien-lès-Beauvais (abbaye de), 279, 280, 281, 282, 283, 321, 331, 334, 349, 437, 438, 488.
Saint-Lucien de Beauvais (moines de), 72.
Saint Lugle, 318.
Saint Luglien, 318.
Saint-Mard, 452, 453.
Saint-Mard en Cauchie, 496.
Saint-Martin, village, 470, 497.
Saint-Martin (bois de), 484.
Saint-Martin (vallée de), 491.
Saint-Martin (oratoire de), 329.
Saint-Martin-aux-Bois (abbaye de), 194, 479.
Saint-Martin-aux-Jumeaux (abbaye de), 452.
Saint-Martin de Betisy, 431.
Saint-Martin-du-Pas, 492.
Saint-Martin-le-Neud, 481.
Saint-Martin-Longueau, 475, 477, 479, 491.
Saint-Maur (terroir de), 483.
Saint-Maurice-le-Vieux, 93.
Saint-Maximin (village de), 140.

Saint-Médard (moulin de), 210.
Saint-Michel en Tiérache (bénédictins de), 73.
Saint-Nicaise (abbaye de), à Senlis, 238, 263.
Saint-Nicolas d'Arouaise (abbaye de), 216.
Saint-Nicolas-au-Bois, 169.
Saint-Nicolas-au-Bois (bénédictins de), 73.
Sanctus-Omerus. Forme latine de Saint-Aumer, 482.
Saint-Omer, 2, 3, 8, 41, 43, 48, 57, 58, 101, 106, 203, 273, 280, 336, 343, 414.
Saint-Pan-au-Bourg, 317.
Saint-Paul (abbaye de), 499.
Saint-Pol (Comté de), 8, 20, 42, 59, 68, 69.
Saint-Prix (abbaye de), 107, 216, 458, 468.
Saint-Prix (prieuré de), 164.
Saint-Quentin, 437.
Saint-Quentin, 8, 13, 35, 36, 41, 49, 83, 88, 92, 97, 99, 107, 108, 111, 112, 115, 133, 149, 178, 179, 181, 192, 193, 194, 202, 216, 221, 222, 228, 231, 232, 246, 247, 248, 255, 259, 261, 280, 309, 311, 335, 360, 398, 406, 418, 457, 458, 459, 460, 461, 462, 466, 467, 468, 469, 471, 472, 473, 480, 488, 490, 493.
Saint-Quentin (bourgeois de), 33, 109.
Saint-Quentin (chapitre de), 350.
Saint-Quentin-en-Isle (abbaye de), 335, 350, 462.
Saint-Quentin (châtellenie de), 109.
Saint-Quentin de Tormont en Marquenterre, 169.
Sanctus Quintinus. Forme latine de S.t-Quentin, 500.
Saint-Remy, village, 444.
Saint-Rimaud, 479.
Sancti-Rimondy calciata. Forme latine de Saint-Rimaud, 479.
Sanctus-Rimoldus. Forme latine de Saint-Rimauld, 479.
Saint-Riquier (abbaye de), 63, 213, 288, 342, 500.
Saint-Riquier (bénédictins de), 73, 443.
Saint-Riquier (doyenné de), 101.
Saint-Riquier (femmes de), 31, 32.
Saint-Siméon (montagne de), 148.
Saint-Sulpice (terroir de), 435, 436.
Saint-Symphorien (abbaye de), 436, 481.
Saint-Symphorien (montagne de), 136, 436.
Sanctus-Theobaldus in Calceia. Forme latine de Saint-Thibaud, 483.
Saint-Thibaud-en-Chaussée, 483.
Saint-Valery, 8, 28, 239, 303, 306, 307, 380, 484, 486.

SAINT-VALERY (abbaye de), 60, 108.
SAINT-VALERY-SUR-SOMME (bénédictins de), 73.
SAINT-VALERY (cap de), 55, 56.
SAINT-VANDRILLE EN BEAUVOISIS, 17, 493.
SAINT-VAST, 427, 497.
SAINT-VAST IN CALCEIA. Ancienne forme de Saint-Vast en Cauchie, 441.
SAINT-VAST-EN-CAUCHIE, 441.
SAINT-VAST DE GUILLEMECOURT, 496.
SAINT-VAST LES MELLO, 476.
SAINT-VENANT, 494.
SAINT-WLMER (fontaine), 445.
SANCTA COLOMBA. Forme latine de Sainte-Colombe, 500.
SAINTE-COLOMBE (hameau), 500.
SAINTE-GENEVIÈVE, village, 435.
SAINTINES, 396.
SAINTS (voie des), 470.
SALA. Nom latin de la Selle. Voy. *ce mot.*
SALENCY, 352.
SALENCY (bois de), 178.
SALENCY (moulin de), 178.
SALISBURY, 176.
SAMAROBRIVA. Voy. *Amiens.*
SAMAROBRIVA AMBIANORUM. Voy. *Amiens.*
SAMAROBRIVE, 89, 90, 91, 141.
SAMARRA. Nom latin de la Somme, 172.
SAMBRE (la), 66, 67, 68.
SAMER, 58, 230, 445, 446.
SAMER (bénédictins de), 73.
SANCTI POLENSES, 41.
SANCTUS-BERTINUS. Voy. *Saint-Bertin (abbaye de).*
SANDWICH (îles de), 57.
SANGATTE, 61, 469, 471, 473, 497, 498, 499.
SANSÉ (la), 142.
SANTERRE (le), 2, 68, 69, 71, 170, 181, 382, 451, 484, 485.
SANTOIS, 453.
SARA. Nom latin de la Sere, 172.
SARCUS, 483.
SARGINE (la), 178.
SARON, 189.
SARONDES (les), 189.
SARRAGOSSE (concile de), 338.
SART (bois du), 460.
SART-MILON (le), 472.
SARTA-VIA. Forme latine de Savi. Voy. *ce mot.*

SAUVELIEU, 485.
SAULIEU EN BOURGOGNE, 275.
SAUVE-MAJOUR (abbaye de la), 73.
SAVI, 461.
SAVIGNIES EN BEAUVOISIS, 257.
SAVIGNY, 237.
SAVY (terroir de), 179.
SAVONNIÈRES (fief de), 257, 259.
SAXE (la), 315.
SCALDA. Voy. *Escaut (l').*
SCARPE (la), 8.
SCARPE (haute et basse), 142.
SCIREDALA (vallée de), 318.
SCYTHES (les), 170.
SEBASTE, 395.
SECHELLES, 475.
SEINE, 65, 75, 76.
SELAQUE (la), 65.
SELLE (la), 172, 180.
SELVE (forêt de), 67.
SELVESSE (château de), 258, 259.
SEMPIGNY, 454.
SENA. Ile voisine des Gaules, 188.
SENANTES, village du Beauvoisis, 189, 381.
SENARPONT, 292, 483.
SENAVE, hameau du Vermandois, 189.
SENDENEUF, 189.
SENDENODUM. Nom latin de Sendeneuf, 189.
SÉNÉCHAL (fief de), 488.
SENEFLE, 189.
SENERCY EN LAONNOIS, 189.
SENERENT, hameau du Vermandois, 189.
SENES (temple des). Voy. *Nemeto-Sena.*
SENLECQUE EN BOULONNOIS, 189, 496.
SENLIS, 5, 9, 10, 12, 14, 29, 36, 37, 92, 93, 95, 103, 104, 119, 148, 160, 176, 192, 193, 196, 202, 212, 214, 215, 217, 220, 231, 234, 259, 266, 271, 288, 300, 330, 349, 353, 355, 360, 364, 377, 382, 384, 388, 391, 398, 407, 429, 432, 433, 434, 435, 474, 475, 476, 479, 485, 490, 491, 492.
SENLIS (bailliage de), 11, 12, 13.
SENLIS (comté de), 9, 42.
SENLIS (coutume de), 10.
SENLIS (diocèse de), 73, 202.
SENLIS (chaussée de), 431.
SENLIS (église de), 17.

SENLIS (Saint-Frambourg de). Voyez à la table des matières *Saint-Frambourg de Senlis (église de)*.
SENLIS (Saint-Pierre de). Voyez à la table des matières *Saint-Pierre de Senlis*.
SENLIS (Saint-Rieul de). Voyez à la table des matières *Saint-Rieul de Senlis (collégiale de)*.
SENLIS (Saint-Vincent de). Voyez à la table des matières *Saint-Vincent de Senlis (église de)*.
SENLISIEN (le), 168, 178, 180, 198, 214.
SENLISIS (le), 1, 5, 6, 9, 10, 11, 54.
SENQUATIUM. Nom latin de Senqueux, 189.
SENQUEUX EN BEAUVOISIS, 189.
SENS (bailliage de), 5.
SEPT-MONT, 216.
SEPT VOIES (les), 492, 499.
SERAIN (nemus quod dicitur), 457.
SERAUCOURT, 471.
SERRE (la), 172, 455, 456, 458.
SERONVILLE (fief de), 89.
SERY, 458, 487.
SERY (les reins du bois de), 489.
SESSIONIS LOCUS. Nom latin de Sessolieu, 440.
SESSOLIEU, 439, 440.
SETUCI, 451, 452, 453, 484, 485, 491.
SICILE (la), 26, 54.
SIDRAGA. Nom latin de la Sidrague, 172.
SIDRAGUE (la), au comté de Saint-Josse-sur-Mer, 172.
SILLY, 435, 464.
SILVANECTES. Voy. à la table des mat. *Sylvanectes*.
SILVANECTUM. Voy. *Senlis*.
SINUS GALLICUS, 63.
SITIEU, aujourd'hui Saint-Omer, 497.
SITHIEU, 203, 311.
SITHIU (abbaye de), 280.
SITHIU (bénédictins de), 73.
SITHIU (religieux de). Voy. *Saint-Bertin*.
SOISSONNOIS (le), 1, 2, 5, 6, 10, 22, 25, 26, 41, 54, 72, 74, 75, 76, 78, 80, 86, 89, 90, 91, 121, 125, 147, 168, 169, 170, 175, 176, 178, 180, 189, 194, 195, 198, 202, 210, 215, 225, 240, 241, 242, 255, 261, 262, 266, 268, 270, 276, 291, 302, 314, 324, 328, 329, 382.
SOISSONS, 10, 11, 14, 41, 49, 72, 75, 82, 90, 96, 97, 98, 99, 101, 102, 103, 112, 119, 121, 125, 129, 156, 178, 192, 193, 194, 196, 202, 209, 210, 211, 216, 217, 221, 227, 231, 232, 236, 237, 241, 244, 255, 259, 261, 262, 266, 268, 269, 271, 274, 275, 282, 291, 293, 296, 298, 300, 318, 332, 333, 334, 335, 336, 340, 341, 343, 346, 348, 351, 353, 365, 375, 381, 384, 407, 408, 428, 429, 431, 432, 441, 446, 447, 450, 453, 454, 462, 463, 464, 465, 466, 467, 471, 480, 487, 499.
SOISSONS (cathédrale de), 101.
SOISSONS (concile de), 319, 417.
SOISSONS (diocèse de), 73, 169.
SOISSONS (évêché de), 215.
SOISSONS (Saint-Crépin-le-Grand de). Voyez à la table des matières *Saint-Crépin-le-Grand de Soissons (abbaye de)*.
SOISSONS (Saint-Gervais de). Voyez à la table des matières *Saint-Gervais de Soissons (chanoines de)*.
SOISSONS (Saint-Léger de). Voyez à la table des matières *Saint-Léger de Soissons (abbaye de)*.
SOISSONS (Saint-Médard de). Voyez à la table des matières *Saint-Médard de Soissons (abbaye de)*.
SOISSONS (Saint-Pierre du parvis de). Voyez à la table des matières *Saint-Pierre-au-Parvis de Soissons*.
SOISSONS (église de Saint-Pierre, dite à la chaux). Voyez à la table des matières *Saint-Pierre dit à la chaux, à Soissons (église de)*.
SOMBRAI (vivier de), 179.
SOMBRE (la), 146.
SOMME (la), 2, 6, 7, 13, 40, 59, 60, 61, 63, 65, 68, 69, 91, 92, 97, 128, 141, 142, 143, 144, 172, 180, 188, 195, 256, 264, 265, 293, 295, 306, 368, 380, 381, 390, 440, 458, 459, 471, 480, 488, 495.
SOMMERON, 456.
SOMNA. Forme latine de la Somme, 458.
SOMONA. Voy. *Somme (la)*.
SONS, 456.
SORRES, près Montreuil, 308.
SOUPIRS (fontaine aux), 178.
SOURDON, 485.
SOYECOURT (terroir de), 179.
STRASBOURG, 259.
STRATA-ALBA. Nom latin d'Etrée-Blanche, 469.
STRATA COMPENDII, 492.
STRATI CURTIS. Forme latine d'Etricourt, 468.
STRATEVALLIS. Forme latine d'Estreval, 444.
STRATI-CURTIS. Forme latine d'Etricourt, 472.

STRATUM. Forme latine d'Hestrus, 490.
STRATUM. Forme latine d'Etrehem, 469.
SUESSIONENSES, 41.
SUESSIONNES, 75.
SUESSONES. Voy. *Soissonnois*.

SUIPPE (la), 172, 454.
SUPPIA. Nom latin de la Suippe. Voy. *ce mot*.
SUZY EN LAONNOIS, 203.
SYTHIENSIS (terra). Voy. *Sithiu*.

T.

TAF (bois de), 189.
TALAONENSES, 290.
TALEMARS, village de l'Amiénois, 196.
TALMA, fief du comté de Beauvais, 196.
TALMA (ville de), au terroir d'Essuile, 490.
TANCARVILLE, 4.
TARA. Nom latin de Térain, 169.
TARAWANA, 59.
TARDENOIS (le), 67, 72, 342.
TARECENSIS (urbs). Voy. *Tarvanensis*.
TARUENNA, 469, 496.
TARVANENSIS (urbs), 265.
TARVISINA, 84.
TARWELAND, 497.
TAU EN SOISSONNOIS, 169, 189.
TAU (bois de), 176.
TAVAUX, 454, 455.
TAVELLONS, 213.
TÉLAU, 169.
TELLAU. Nom de la Telle, 174.
TELLE (la), 174.
TELLE (forêt de), 67, 72, 169.
TEMPLUM-MARTIS. Nom latin de Talemars, 196.
TENAILLES (abbaye de). Voy. *Thenailles*.
TEORACIA. Forme latine du mot Tiérache, 169, 174.
TÉRAIL (le), 431.
TÉRAIN (le), 2, 62, 91, 133, 135, 169.
TÈRE. Forme du Térain, 169.
TERNOIS (le pays), 490.
TERNOIS (pays du), 280, 318.
TERNOISE (la), 172.
TÉROUANNE (comté de), 8, 20.
TÉROUANNE (diocèse de), 73.
TERRAIN SOUS CRAMOISI, 476.
TÉROUANNE, 4, 6, 7, 8, 11, 14, 59, 84, 90, 92, 96, 104, 227, 228, 234, 238, 253, 272, 287, 288, 297, 310, 311, 318, 321, 323, 326, 327, 330, 423, 429, 472, 473, 489, 493, 494, 496, 497.
TÉROUANNE (abbaye de Saint-Augustin de). Voy. à la table des matières *Saint-Augustin de Térouanne (abbaye de)*.
TÉROUANNE (église Saint-Martin de). Voyez à la table des matières *Saint-Martin de Térouanne (église de)*.
TERRE-SAINTE, 3, 395.
TERRESCENDE (pont), 458, 459, 467.
TERRUANENSIS (comitatus). Voy. *Térouanne (comté de)*.
TERTRY, 459.
TERVANNA MORINORUM, 90.
THARA. Nom latin de la There ou Térain, 172.
THENAILLES (abbaye de), 49, 118, 119, 205, 213, 345, 455, 456.
THEORATIA. Forme latine du mot Tiérarche, 169.
THÈRE (la) ou TÉRAIN, 172.
THERINES, 482.
THÉROUANNE. Voy. *Térouanne*.
THÉROUANNE (comté de). Voy. *Térouanne*.
THEVE (la), 172.
THIEULOI, 426, 439, 491, 496, 501.
THIMUM (locus qui dicitur). Voy. *Thin-le-Moutier*.
THIN-LE-MOUTIER, 68.
THIOULIS (grangia de), 103.
THOIX EN BEAUVOISIS, 169.
THOROTA. Forme latine de Thorote, 500.
THURY EN BEAUVOISIS, 169.
TIEGART (bois), 482.
TIÉRACHE (la), 1, 2, 67, 124, 169, 174, 180, 316, 317, 345, 382.
TIÉRACHE (forêt de la), 67, 68, 72, 217, 297.
TIEULAINES, 239.
TIEULOY. Voy. *Thieuloy*.
TIÈVRES, 489.
TIGNY, 463.
TIL (N.-D. du), 95.
TIL (village de), 482.
TILLART, 435.
TILLÉ, 437, 438.

TILLEEL (calceia de), 437.
TILLEL, 437, 479, 484.
TILLOLOY (parc de), 480, 492.
TILLOY, 475, 487.
TIMBRONE (bois de), 496.
TINGRI, 445.
TIRANCOURT, 141, 142, 143, 151, 152, 441.
TIREMANDE, 469.
TOENA. Nom latin de la Ternoise, 172.
TOLENTIN (Saint-Nicolas de). Voyez à la table des matières *Saint-Nicolas de Tolentin.*
TOMBE (la), lieu, 180.
TOMBE (le camp de le), 180.
TOMBE (la), au terroir de Forest, 181.
TOMBE (ferme de), 181.
TOMBEL (campus au), 179.
TOMBEL (le), lieu situé près de Roye, 179.
TOMBÈLE (la), 259.
TOMBÈLE (cens de la), 178.
TOMBÈLE (fief de la), 179.
TOMBELLE (bois de la), 178.
TOMBELLE (canton dit de la), vis-à-vis Ormicourt, 177.
TOMBELLES, 177.
TOMBES (les), 180.
TOMBES (voies des), 181, 434.
TON, rivière de la Tiérache, 169, 456.
TONGRES, 428, 475.
TONQUOY (bois du), 495.
TORCY EN BOULONOIS, 169.
TORIGNY. Forme du Vermandois, 169.
TORI-MONS. Voy. *Tormont.*
TORMONT. Voy. *Saint-Quentin de Tormont.*
TORMONT (terre de), 280.
TORNACENSIS, 83.
TORNEHEM, 42, 469, 498.
TORNELIENSES ou TORNEHENSES. Nom donné aux habitants de Tornehem, 42.
TOROTENSES, 41.
TORSINCOURT, 169.
TORTOIS, ferme du Laonnois, 169.
TORY, aujourd'hui Thury en Beauvoisis, 169.
TOTEINGHEM EN BOULONOIS, 169.
TOTENDAL EN BOULONOIS, 169.

TOTINCTUM EN BOULONOIS, 169.
TOUCHAUX (chemin de la), 452.
TOULOUSE, 52.
TOURAINE, 38.
TOURNAI (diocèse de), 8.
TOURNAISIS, 5.
TOURNAY, 4, 7, 8, 11, 12, 14, 301, 309, 311, 366.
TOURNEHEM. Voy. *Tornehem.*
TOURNEHEN (forêt de), 69.
TOURNELLES (château des), 148.
TOURS EN VIMEUX, 184, 207, 208, 487.
TOURS (conciles de), 314, 410, 419.
TRANLEEL, 487, 475.
TRANLEEL (château de), 483.
TRANLOY, 426, 483, 487.
TRANLAY (bois du), 442, 458.
TRANSLATA-VIA. Forme latine de Transloy, 426.
TREFAY, 69.
TREPIÉ (village de), 64.
TREVECON EN VERMANDOIS, 246, 247.
TREVERORUM (civitas), 75.
TREVISE, 84.
TRIA. Nom latin de la Trie, 172.
TRICOT, 480.
TRIE (la), 172.
TRISTE (forêt de), 69.
TRISTIACENSIS SYLVA. Voy. *Triste (forêt de).*
TRITRICH, 459.
TROISSEREUX, 482.
TRONC (le) de Béranger, près Bapaume, 7, 9, 493.
TRONCHOI. Voy. *Troncoy.*
TRONCOY, 426, 438, 443, 468, 492, 500.
TRONQUOY. Voy. *Troncoy.*
TRONQUOY (bois de), 443.
TRUNCA VIA. Forme latine de Troncoy, 426.
TRUNCATA-VIA. Forme latine de Tronquoy, 495.
TROUSSURE (granges de), 10.
TROYES, 291.
TUIGNY EN VERMANDOIS, 169.
TUISONS, près d'Abbeville, 169.
TUMBÈLE (la), 178.
TURELE (a le), 460.
TUVA. Nom latin de la Theve, 172.

U.

UGNY, 480.
ULLY-SAINT-GEORGE, 215, 475.

ULLY-SAINT-GEORGES (prieuré de), 435.
ULTER. Nom latin de l'Outre, 172.

Ure. Nom donné à l'Ourcq.
Ursicampus. Forme latine d'Orcamps. Voy. *ce mot.*

Urvillers, 115, 117.

V.

Vadencourt, 410.
Vadolina, 274.
Vadum. Forme latine de Vé, 450.
Val de Bugny, 487.
Val du Fresne, 493.
Val d'or, 268.
Val-Sainte-Marie, 487.
Val-Secret (abbaye de), 195, 463.
Valaines (quemin), 479.
Valenciennes, 336.
Valines, 483, 484.
Vallée (fief de la), à Amiens, 351.
Vallées (ferme des), 479.
Vallis en Afrique, 231.
Valoires (abbaye de), 213, 444, 495.
Valois (le), 1, 2, 5, 6, 9, 10, 11, 67, 175, 189, 227, 237, 244, 246, 254, 259, 278, 279, 341, 396, 462.
Valresis (villa de), aujourd'hui Vauresis, 465.
Vamont. Forme ancienne de Vaumont. Voy. *ce mot.*
Vandeuil, 181.
Varinpont, 500.
Vaste selve (forêt de), 69.
Vastus salvus. Voy. *Vaste selve.*
Vauban (forêt de), 174.
Vauchelles, 442.
Vauchelles (marais de), 450.
Vauclair, 131.
Vaulx (ravins de), 436.
Vaumont, 479.
Vauresis, 465.
Vaux (terroir de), 441.
Vauxbuin, 125.
Vaux-Gérain (montagne de), 435.
Vé, 426.
Vè (bourg de), 450.
Vecosia. Voy. *Voois.*
Veelud, 426.
Veelut. Voy. *Veslut.*
Veeluy. Voy. *Veslut.*
Velle (la). Voy. *Vesle (la).*
Vemaeres, 498.

Vendeuil, 195, 201, 211, 219, 221, 259.
Vendeuil (château de), près Breteuil, 97, 99.
Vendeuillois (pays), 93.
Vendolisium, 485.
Venette, 492.
Venise, 84.
Ver. Diminutif de Vernemetis. Voy. *ce mot.*
Ver, 87, 180, 231, 329, 375, 440.
Verberie, 148, 175, 226, 259, 409.
Verbinum. Forme latine de Vervins, 455.
Vercourt, 495.
Verinbria. Nom latin de Verberie, 226.
Vermand, 91, 104, 149, 150, 181, 182, 221, 247, 248, 263, 311, 468, 480.
Vermand (camp de), 459.
Vermandois (le), 1, 2, 4, 5, 6, 9, 11, 41, 42, 54, 66, 67, 68, 71, 75, 83, 86, 89, 90, 91, 96, 99, 108, 115, 117, 124, 149, 150, 168, 169, 178, 179, 181, 189, 193, 196, 204, 206, 209, 210, 216, 228, 239, 246, 259, 262, 263, 272, 279, 280, 300, 311, 312, 315, 324, 334, 335, 367, 378, 406, 492.
Vermandois (bailliage de), 6, 9, 11, 12, 13.
Vermandois (comté de), 9, 10.
Vermandois (coutume de), 10.
Vermandoviller, 181.
Vermeria. Nom latin de Verberie, 226.
Veromanduensis, 83.
Verpillières, 480.
Vers, 461.
Versa. Nom latin de la Verse, 172.
Versailles, 208.
Verse (la), 172.
Vertefeuille, 194.
Verte-Voie (village de), 445.
Vervins, 119, 345, 382, 454, 455, 456.
Vervins (coutumes de), 44.
Ves. Ancienne capitale du Valois, 171.
Vésaponin, 147, 148.
Vesle (la), 67, 97, 172, 262, 429, 462.
Veslut, 457.
Vi, 426.

VIA AD PONTES. Nom d'une chaussée qui allait de Senlis à Pont-Saint-Maxence, 475.
VIA CÆSAREA, 428.
VIA IN CURTE. Forme latine de Voincourt, 496.
VIA LATA. Forme latine de Welles, 469.
VIA LATA. Forme latine de Voel, 467.
VIA MARIS. Forme latine de Vi-mi, 426.
VIA MARIS. Forme latine de Vimereu, 499.
VIA PONTES. Voy. *Via ad pontes*
VIA-PUBLICA. Voy. *Via ad pontes.*
VIA SANCTORUM. Forme latine de Wissant, 499.
VIA SOLEMNIS, 428.
VIA STRATA. Forme latine de Vitry, 500.
VIA SUPER AXONAM. Forme latine de Vi-sur-Aine, 446.
VIACUM SUPER AXONAM. Forme latine de Vi-sur-Aisne, 449.
VIÆ-LAUDUNENSIS. Forme latine de Vic-Laon, 132.
VIÆ-LUCUS. Forme latine de Veslut, 457.
VIACI, 198.
VIACOS, 198.
VIC. Voy. *Vi*.
VIC-SUR-AISNE, 243. Voy. aussi *Vi-sur-Aisne*.
VICOGNE (la), 72, 174, 490.
VIC-TELLUS. Forme latine de Vi-Tel, 433.
VICTOIRE (abbaye de la), 476.
VIDULA. Nom latin de la Vesle, 172.
VIÉ-LAON (camp du), 132, 150.
VIÉ-LAON (montagne du), 457.
VIEIL-QAROUG, 461.
VIENNE (ferme de). Même chose que la ferme des Vallées. Voy. *ce mot.*
VIES PIERRE, 461.
VIEUX-MOUTIES, près Sithiu (monastère du), 311.
VIGNEUX HARIS, 455.
VIGNOLES, 463.
VILLE, 312, 441.
VILLEBLAIN, 381.
VILLE-CDOLE, 247, 248.
VILLE, près Flixecourt en Ponthieu, 255.
VILLEFRANCHE, 29.
VILLE-METRIE, 178.
VILLERS-AU-FLOT, 472, 493.
VILLERS-BRETONNEUX, 461.
VILLERS-CAMPSART, 501.
VILLERS-CARBONNEL, 460, 493.
VILLERS-COTTERETS, 194, 215.
VILLERS-COTTERETS (forêt de), 67.

VILLERS-EN-LE-CAUCHIE, 460.
VILLERS-LE-SEC, 458.
VILLERS-LES-HELONS, 215.
VILLERS-SAINT-LUCIEN, 437.
VILLERS-SAINT-SÉPULCRE, 135.
VILLERS-SOUS-CATENOY, 138, 139.
VILLERS-SUR-AUTHIE (seigneur de), 331, 331.
VILLEVERT, 348.
VILLIERS-SOUS-SAINT-JOSSSE, 59.
VILPION, rivière, 456.
VILVERT (moulin de), 474.
VIMEREUX, rivière, 58, 65, 499.
VIMES (vallée), dite le Val-Sainte-Marie, 487.
VIMEUX (le), 2, 24, 108, 168, 180, 188, 189, 196, 198, 207, 208, 239, 240, 244, 273, 303, 306, 307, 330, 381, 501.
VIMEUX (forêt de), 73.
VI-MI, 426.
VIMMACENSES, 290.
VINACOURT (forêt de), 441.
VINEMONT (nemus de), 500.
VINIMACUS (pagus). Nom latin du Vimeux, 306.
VINNIACENSES, 290.
VIOLETTE (mont), 147.
VIRIACUM. Nom latin de Viry, 335.
VIRIDIS-VIA. Forme latine de Verte-Voie, 445.
VIROMUM, 455.
VIRY, 334, 487.
VIS, 483.
VISMA. Nom latin de la Visme, 172.
VIS-MARAIS, 198.
VIMES, 487.
VISME (la), 172, 483.
VISMES, 207, 272.
VISMES-MONT, 487.
VISTRE (la), à Nismes, 173.
VI-SUR-AISNE, 198, 431, 446, 447, 448, 465.
VITRI, 426, 500.
VITSANDUM. Nom latin de Wissant, 423.
VITZAND, 470.
VIVIERS EN VALOIS, 195.
VOEL, 426, 467.
VOEL (tombe de), 181, 182.
VOIE DE LA MER, 498.
VOIE DURE (la), 486.
VOIE SOLEMNELLE, 434.
VOINCOURT, 496.

VOIREL, 487.
VONNA, dans le Bredenarde, 172.
VOOIS. Forêt entre Folembray et Crépy en Laonnois, 170.
VOSACUS. Voy. *Vouais (la)*.
VOSGES (forêt de), 67; 72.
VOUAIS (la), 174.
VOUAIS (forêt de). Voy. *Vosges*.
VOUZI, 454.

VOYENNE, 426, 480.
VRAIGNES (terroir de), 179, 459.
VREVIN. Ancienne forme française de Vervins, 456.
VRIGNES. Ancienne forme française de Vraignes. Voy. *ce mot*.
VRON, 130, 254.
VRON (moulin de), 126, 259.
VUINDOLA. Nom latin de la Vesle. Voy. *ce mot*.
VY-SUR-AUTIE, 198.

W.

WABEN, 60, 495.
WADESIA. Voy. *Voois*.
WADOGIA. Voy. *Vouais (la)*.
WAFAULT, 174.
WAFOLT, forêt près de Noyon, 171. Voy. *Wafault*.
WAILLY (terroir de), 259.
WANDOME, 494.
WARENGUES (bois de), 441.
WARFUSÉE, 461.
WARINI (tombella), 179.
WARLOY, 130, 242, 243, 489.
WARTI, 476, 478.
WASCONINGALA, au comté de Guines, 172.
WAST, 497, 498.
WATTEN, 498.
WAVANS, 444.
WAVIGNIES, 491.

WELLES, 469, 498.
WES. Ancienne capitale du Valois. Voy. *Ves*.
WESTFRISE, 20.
WIDEDEN, 494.
WIENCOURT (treu de), 481.
WINCHELSE, 28.
WINDEGONIA. Nom latin de Vicogne, 174.
WIRENCH. Forme de Yvrench, 443.
WIRWIGNE, 496.
WISERNES, 57.
WISSANT, 55, 57, 145, 146, 305, 423, 499.
WIVRENCH. Ancienne forme de Yvrench, 442.
WLVERDINGHA, 498.
WLVERDINGHE, 498.
WORSTS (canton de), 14.
WUIMILLE, 499.

Y.

YONNE (l'), 173.
YORK (comté d'), 226.

YPRES, 49, 154.
YVRENCH, 442, 443.

Z.

ZOTEUX EN VIMEUX, 184.